行政法研究 1

行政救濟의 基本原理

[第1全訂版]

鄭 南 哲 著

法 文 社

제1전정판 머리말

출간 후 근 1년 만에 第1全訂版을 내게 되었다. 本書가 출간된 후 各界의 날카로운 批判과 따뜻한 激勵가 있었다. 그 사이 발표된 수편의 論文을 추가하여 개정판을 내고 싶었으나, 여건이 허락하지 않아 전정판의 형태로 출간한다. 全訂版에서는 본문의 誤 · 脫字를 바로잡고, 내용 중 설명이 부족하거나 오해의 소지가 있는 부분을 수정 · 보완하였다. 또한 본서의 출간 후 일부 내용과 관련된 判例에 새로운 변화가 있었다. 대법원은 판례변경을 통해 建築申告의 반려행위에 대해 처분성을 인정하였고(2008두167), 인 · 허가의제의 효과를 수반하는 건축신고를 '수리를 요하는 신고'로 판시하였다(2010두14954). 건축신고에 관한 일련의 대법원 전원합의체 판결들은 신고제도에 관한 根源的인 熟考를 하도록 만들었다. 그러나 이러한 판례의 변경에도 불구하고 신고제도와 관련하여 여전히 미해결의 과제를 남겨 두었다. 未完의 課題는 입법자의 몫이라는 것이 所信이며, 건축신고의 입법적 제도개선에 대한 주장은 여전히 유효하다. 또한 헌법재판소는 지역균형개발 및 지방중소기업 육성에 관한 법률 제18조 제1항 등 위헌소원사건(2011헌마172등)에서 종전과 달리 헌법불합치결정을 내렸다. 본서에서는 私人을 위한 公用收用에 있어서 '공공필요'의 요건을 보다 엄격히 심사해야 한다는 점을 강조한 바 있는데, 이러한 주장이 위 결정에 다소나마 반영된 것은 다행스러운 일이다. 이러한 새로운 판례의 내용에 대해서는 관련 부분의 脚註에 부기해 두었다.

전정판을 준비하던 도중에 갑작스런 眼疾로 연말을 病床에서 보내었다. 乙未年 새해를 맞이하는 각오는 여느 때와 다르다. 무엇보다 가족의 소중함과 고마움을 새삼 느낀다. 밤새 병간호를 해 주고, 전정판 작업에 큰 도움을 준 사랑하는 아내 善雅에게 특별히 고마운 마음을 전한다. 그리고 煩雜한 연구의 日常으로 함께 하는 시간이 부족해 불만이 많은 家兒 宰珉에게도 지면으로나마 미안한 마음을 대신하고자 한다. 그 밖에 출판사의 어려운 사정에도 불구하고 전정판의 발간을 허락해 주신 法文社 장지훈 차장님께 謝意를 표한다. 또한 편집의 수고를 맡아 늘 애써주시는 노윤정 차장님과 출간을 위해 物心兩面으로 도와주신 정해찬 氏께도 진심으로 감사드린다.

2015년 2월

著 者

머 리 말

　行政法學은 '행정'의 현실과 이론이 서로 교차하면서 역동적으로 발전하는 현상을 규범적으로 탐구하는 학문이다. 행정은 행정목적의 달성을 위해 法治國家原理에 따라 법률을 위반하지 않고 법률에 근거하여 이루어져야 하나, 때로는 개인의 자유나 권리를 제한할 수 있다. 그러한 이유로 行政과 司法은 늘 긴장관계를 유지하고 있다고 볼 수 있다. 行政救濟는 바로 行政과 司法의 경계선에 존재하는 영역이며, 행정과정이라는 旅程에 있어서 終着驛이기도 하다. 또한 행정구제는 행정법의 이론과 개별법상의 특수한 문제들이 서로 遭遇하고 교류하는 場이다. 本書는 국가배상, 공용수용과 손실보상, 그리고 행정소송 등 행정구제에 관하여 발표한 글들을 모은 論文集으로서, 원래 발표한 내용 중 일부를 수정·보완한 것이다. 비록 행정구제에 관한 체계적인 단행본이라고 말하기는 어려우나, 행정구제에 관한 基本的인 問題들을 대부분 망라하고 있다. 현실과 접목된 행정법학은 정체된 학문이 아니며, 변화하고 또 진화한다. 진보하지 않는 학문은 도태된다는 것이 엄연한 사실인데, 오늘날 학문으로서 '法學'은 중대한 危機에 봉착하고 있다. 現實을 도외시한 學問은 空虛하지만, 理論이 없는 實務는 삭막하다. 이러한 상황 속에서 법학은 결코 풍요로울 수 없다. 本書는 기본적으로 행정법의 '이론서'이지만, 동시에 사안의 해법을 찾는 實務者들에게 해결의 실마리를 제공할 수 있는 '參考書'의 성격도 가진다. 나아가 저자는 본서가 대학에서 강의를 수강하는 학생들에게 '副敎材'로서의 역할도 충실히 해 내기를 바란다.

　本書를 出刊함에 있어서 恩師이신 李尙圭 교수님(현 법무법인 세아

고문변호사)과 金南辰 교수님(현 학술원 회원)의 學恩에 깊이 감사드린다. 또한 독일 유학시절에 陰으로 陽으로 큰 도움을 주셨던 훔볼트(Humboldt) 대학교의 Ulrich Battis 名譽敎授(현 Gleiss Lutz 소속 변호사)님과 Hans Meyer 名譽敎授(前 훔볼트 대학교 總長)님께 감사의 말씀을 드리고 싶다. 더불어 저자에게 硏究年 滯留의 기회를 주신 버클리 로스쿨(UC Berkeley School of Law)의 Harry N. Scheiber 敎授님께도 감사드린다.

그 밖에 편집의 수고를 맡아주신 법문사의 노윤정 차장님과 출간을 도와주신 정해찬 선생님께도 진심으로 謝意를 표한다.

2013년 12월

著 者

차   례

第 1 編 國家責任法

第 2 編 行政訴訟法

行政救濟의 基本原理
[행정법연구 1]

第2編　行政訴訟法

第 1 編

國家責任法

第1部 國家賠償

第1章

國家賠償訴訟과 先決問題
− 특히 構成要件的 效力, 旣判力 그리고 違法槪念을 중심으로 −

I. 序 說

1. 論議의 前提: '公定力'槪念의 批判

건축허가의 취소와 더불어 철거명령을 한 후, 일정한 기한 내에 해당 건축물을 철거하지 않으면 대집행계고를 하고 대집행영장에 의해 철거가 이루어진 경우에, 건축물의 소유주가 건축허가의 취소와 철거명령을 다투지 아니하고 곧바로 행정처분의 위법을 이유로 국가배상을 청구할 수 있다. 이 경우에 수소법원인 민사법원이 처분의 위법을 판단할 수 있는지 여부가 소위 "先決問題"(Vorfrage)이다. 또한 선결문제는 前訴인 행정법원의 인용판결이 後訴인 수소법원(민사법원)의 선결문제에 대한 구속력을 가질 수 있는지가 문제된다. 이 문제는 국가배상소송의 위법과 행정소송의 위법을 어떻게 보아야 하는지와 밀접한 관련이 있다.

　　이러한 선결문제는 종래 '공정력'과 관련하여 논의되어 왔으나,[1] 독일법의
영향으로 '구성요건적 효력'(Tatbestandswirkung)과 밀접한 관련을 가진다
고 보는 견해가 유력하다.[2] 행정법도그마틱(Verwaltungsrechtsdogmatik)
의 根幹을 이루고 있는 '공정력'개념은 종래 사법심사에 있어서 당해 행
정행위가 무효가 아닌 한 적법한 것으로 추정되는 것으로 보았다. 그러
나 이러한 실체법적 공정력개념은 더 이상 설득력을 가지지 못하고, 절
차법적 공정력개념에 의해 압도되고 있다.[3] 즉 당해 행정행위가 무효가
아닌 한, 권한 있는 기관에 의해 취소될 때까지 그 행정행위는 잠정적인
통용력을 가진 것으로 이해되고 있다.[4] 이러한 공정력개념은 연혁적으로
일본의 행정법학에서 유래되었다. 제2차 세계대전 이전에 美濃部達吉은
자신의 著書인『日本行政法』에서 행정행위에 대한 쟁송을 제기하거나
취소할 권한을 가진 자가 이를 다투거나 취소하지 않는 한, 누구도 그 효
력을 부인할 수 없는 효력이라고 보고 있다. 다만, 흥미롭게도 美濃部는
공정력개념과 관련하여 독일의 "Rechtskraft"라는 용어를 사용하고 있
다. 그러나 이 용어는 오늘날 판결의 효력의 하나인 '확정력'에 상응하는
것이다.[5] 즉 일본에서의 공정력개념은 법원의 판결과 행정청의 행정행위를
대등한 것으로 보고 공정력이론을 발전시킨 것임을 알 수 있다.[6] 그 후 田
中二郎은 Otto Mayer의 소위 '自己確認說'(Selbstbezeugungstheorie)[7]

1) 이상규, 신행정법론(상), 신판, 법문사, 1993, 407면; 박윤흔·정형근, 최신행정법강의
　(상), 박영사, 2009, 1130면 이하; 김동희, 행정법 I, 박영사, 2009, 312-314면, 홍준형,
　행정법총론, 제4판, 한울아카데미, 280면 이하 등.
2) 김남진·김연태, 행정법 I, 법문사, 2009, 256면; 석종현·송동수, 일반행정법(상), 제12
　판, 삼영사, 2009, 274면 이하; 홍정선, 행정법원론(상), 박영사, 2009, 368면.
3) 독일 행정절차법 제43조 제2항을 '실체적 공정력'으로 보고, 우리의 소위 절차법적 공
　정력개념을 '推定的 公定力'으로 표현하는 견해도 있다(朴正勳, 행정소송의 구조와 기
　능, 392면). 다만, 독일 행정절차법 제43조 제2항에는 "행정행위는 취소, 철회 그 밖의
　방식으로 폐지되거나, 또는 시간의 경과나 다른 방식으로 종결되지 않는 한, 효력을 가
　진다."고 규정하고 있으나, 당해 규정은 행정행위의 효력기간에 관한 것으로서 공정력
　이 아닌 존속력과 밀접한 관련이 있다.
4) 박윤흔·정형근, 전게서, 107-108면; 김동희, 전게서, 309면.
5) 용어사용의 학설현황 및 문제점에 대해서는 이상규, 전게서, 409면.
6) 美濃部達吉, 日本行政法上卷, 1936, 257頁.
7) Otto Mayer, Deutsches Verwaltungsrecht, Bd. I, 3. Aufl., 1924, S. 95 f.

을 기초로 하여 공정력이론을 발전시켰고, 행정행위는 권한 있는 행정청의 '自己確認'(Selbstbezeugung)의 所産이므로 적법성이 추정된다고 보았다. 즉 공정력은 공권력의 발동에 의한 행정처분이 당연무효가 아닌 한 적법하게 추정되고, 상대방은 물론 법원·행정청 등 다른 국가기관도 구속하며, 따라서 일정한 절차에 의하지 않고 행정처분의 효력을 무시하거나 그 존재를 부정할 수 없다고 보았다.[8] 또한 田中二郎은 그 근거로서 행정청이 구체적으로 적절한 판단을 할 지위에 있고 다른 국가기관은 그러한 행정청의 판단을 존중해야 한다고 이해하였다.[9] 이와 같이 일본의 공정력개념은 독일의 이론을 受容하여 판결에 비견되는 행정행위(행정처분)의 효력을 인정하기 위해 창안된 것이다.[10]

그러나 戰後에 일본학계의 일각에서는 적법성추정을 전제로 하는 이러한 전통적인 공정력이론에 대해 비판을 제기하는 견해가 유력하게 부상하였다. 그러한 비판적 견해의 先鋒에 선 대표적 학자는 兼子仁이다. 兼子 교수는 1961년에 발효한 "行政行爲의 公定力理論"(原題: 行政行爲の公定力の理論)이라는 논문에서, 공정력이 적법성추정의 효력이 아니라 당해 처분의 취소쟁송 외의 쟁송절차에서는 그 효과를 부정할 수 없는 효력, 즉 위법하여 취소될 때까지 유효하게 지속되는 절차법적 효력을 의미하는 것이라고 주장하였다.[11] 그 후 일본에서는 공정력 개념을 둘러싸고 실로 치열한 논쟁이 있었고, 지금도 여전히 迷宮(Labyrinth)의 상태이다. 공정력을 적법성의 추정으로 보는 견해[12]도 있는가 하면, 공정력의 근거를 '취소제도의 배타성'이나 '자력집행력' 등에서 찾는 견해도 있다. 특히 塩野宏 교수는 "행정행위가 설사 위법하여도 취소권한을 가진 자에 의해 취소될 때까지는 어느 누구도(사인, 재판소, 행정청)도 그

---

8) 田中二郎, 新版行政法上卷, 全訂第二版, 弘文堂, 1973, 33頁, 105頁.

9) 田中二郎, 前揭書, 133頁.

10) 日本의 '公定力'槪念의 탄생배경에 대해서는 兼子仁, 行政法學, 岩波書店, 1997, 152頁 참조.

11) 兼子仁, 行政法學, 岩波書店, 1997, 151-153頁; 同人, 行政行爲の公定力の理論, 1961.

12) 南博方·原田尙彦·田村悅一(編), 行政法(1), 第3版, 224-225頁 참조.

효과를 부정할 수 없는 것"이라고 정의하면서, 공정력의 제도적 근거를 취소소송의 배타적 관할에서 찾고 있다(行政事件訴訟法 제3조 제2항, 제8조 이하 등).13) 이와 같이 공정력의 개념을 적법성의 추정과 같이 강한 효력이 아니라, 점차 純化된 효력으로 이해하는 견해가 유력해지고 있다. 즉 "행정행위의 법규효과의 통용력 이상의 것은 아니다"14)라고 하거나, 또는 "처분에 의한 규율을 상대방에 대해 통용하는 힘"15) 정도로 평가하는 견해가 그러하다.

공정력개념과 선결문제에 관한 일본학계의 논의는 우리의 학설 및 판례에 지대한 영향을 미쳤다. 즉 초기의 판례는 공정력을 "특별한 사유가 없는 한 적법 유효한 것으로" 보아 '적법성의 추정'으로 판시한 경우도 있으나,16) 대체로 "행정처분이 아무리 위법하다고 하여도 그 하자가 중대하고 명백하여 당연무효라고 보아야 할 사유가 있는 경우를 제외하고는 아무도 그 하자를 이유로 무단히 그 효과를 부정하지 못하는"것으로 이해하고 있다.17) 그러나 위에서 살펴본 바와 같이 공정력개념은 19세기 절대주의국가에서 행정당국의 결정이 국민에 대해 우월한 효력을 가지고 법원의 판결에 비견되는 시기에 탄생된 것이다. 공정력개념은 역사적 의미를 가질 뿐, 민주적 법치국가에서 더 이상 실체법적 구속력을 유지하기 어렵다. 오히려 독일에서는 행정절차법 제43조18)

---

13) 일본 최고재판소판사인 藤田宙靖 교수도 이러한 경향을 반영하여 공정력을 "특정한 기관이 특정한 절차에 의하여 취소하는 경우를 제외하고, 一切의 자는 한번 내린 행정행위에 구속되는" 것으로 보고 있다(同人, 行政法 I(總論), 改訂版, 靑林書院, 2005, 212頁.

14) 小早川光郎, 先決問題と行政行爲, 公法の理論, 田中二郎先生古稀記念, 上卷, 371-404頁.

15) 小早川光郎, 行政法(上), 弘文堂, 1999, 269頁.

16) 대법원 1961. 3. 27. 선고 4291행상45 판결.

17) 대법원 2007. 3. 16. 선고 2006다83802 판결. 특히 판례는 공정력과 불가쟁력에 대하여, "행정행위는 공정력과 불가쟁력의 효력이 있어 설혹 행정행위에 하자가 있는 경우에도 그 하자가 중대하고 명백하여 당연 무효로 보아야 할 사유가 있는 경우 이외에는 그 행정행위가 행정소송이나 다른 행정행위에 의하여 적법히 취소될 때까지는 단순히 취소할 수 있는 사유가 있는 것만으로는 누구나 그 효력을 부인할 수는 없고 법령에 의한 불복기간이 경과한 경우에는 당사자는 그 행정처분의 효력을 다툴 수 없다"고 판시하고 있다(대법원 1991. 4. 23. 선고 90누8756 판결).

18) 독일 행정절차법 제43조(행정행위의 효력)

에 규정된 행정행위의 '효력'과 관련하여 존속력 개념이 중요한 위치를 차지하고 있으며, 나아가 선결문제에 있어서는 오히려 구성요건적 효력 또는 경우에 따라서는 확정효가 중요한 의미를 가질 뿐이다.[19] 따라서 절차법적 의미를 가지는 공정력은 후술하는 바와 같이 실질적 존속력 (불가변력)에서 충분히 보장될 수 있다는 점에서 별도로 논할 실익이 없다. 따라서 이하에서는 '존속력'개념을 재조명하여 전통적인 행정행위 효력론을 재구성할 필요가 있다.

2. '存續力'을 통한 行政行爲效力論의 再構成

(1) 공정력개념의 존치필요성을 검토하기 이전에 행정행위의 효력에 관한 문제를 새로이 고찰할 필요가 있다. 공정력을 비롯한 행정행위의 효력은 중첩된 부분이 없지 않다. 우선 행정행위가 적법요건을 충족하면 행정행위는 내·외부적 효력[20]을 발하고, 그 결과로서 구속력을 가진다.[21] 그러나 행정행위의 효력과 관련하여 중요한 위치를 차지하고 있는 것은 '존속력' 개념이다.[22] 독일의 행정절차법 제3편 제2절에는 '존속력'(Bestandskraft) 개념이 표제로 사용되고 있으나, 그 내용에 대한 명확한 규정이 없어 논란이 되고 있다. 다만, 존속력은 행정행위의 효력 및 폐지가능성과 관련하여 논의되는 것이 보통이며, 특히 형식적

---

① 행정행위는 상대방 또는 이해관계인에 대해 통지된 시점에 효력이 발생한다. 행정행위는 통지된 내용으로 효력을 발한다.

② 행정행위는 취소, 철회 그 밖의 방식으로 폐지되거나, 또는 시간의 경과나 다른 방식으로 종결되지 않는 한, 효력을 가진다.

③ 무효인 행정행위는 효력이 없다.

19) 이에 대해서는 Kopp/Ramsauer, VwVfG, 9. Aufl., § 43 Rn. 1 ff.

20) 내부적 효력은 행정행위의 구체적 규율에서 담고 있는 실체적 법효과를 의미하고, 외부적 효력은 통지에 의해 상대방 또는 관계인에 미치는 영향을 말한다(Kopp/Ramsauer, a.a.O., § 43 Rn. 5 f.).

21) 한편, 行政行爲의 效力(Wirksamkeit)과 拘束力(Verbindlichkeit, Bindungswirkung)을 구분하는 견해가 있다. 즉 행정행위의 상대방에 대한 구속력(내용적 구속력, 공정력, 불가쟁력), 행정행위의 제3자에 대한 구속력, 행정행위의 처분청에 대한 구속력(불가변력), 행정행위의 타 국가기관에 대한 구속력(구성요건적 효력), 선행행위의 후행행위에 대한 규준력 등으로 분류하고 있다(金南辰, 行政法의 基本問題, 新版, 256면 이하).

22) Maurer, Allgemeines Verwaltungsrecht, 16. Aufl., § 11 Rn. 1.

존속력(불가쟁력)이 발생한 경우에는 행정청뿐만 아니라 상대방 및 이해
관계인에 대해 '포괄적'인 구속력을 가진다.[23]

(2) 존속력은 헌법적으로 법치국가원리(특히 법적 안정성)에 기초하
고 있음은 물론이다.[24] 존속력은 대체로 '不可爭力'(Unanfechtbarkeit)
을 의미하는 形式的 存續力과 '不可變力'(Unabänderbarkeit oder
Unabänderlichkeit)을 의미하는 實質的 存續力으로 구분된다. 특히 후
자(실질적 존속력)는 다시 이해관계 있는 당사자와 행정청(처분청)에 대
해 영향을 미치는 '拘束效'(Bindungswirkung)와 행정행위의 폐지(취
소·철회) 이전까지 효력을 유지하는 '制限된 廢地可能性'(beschränkte
Aufhebbarkeit)으로 구분될 수 있다.[25] 특히 '拘束效'는 통지된 행정행
위의 내용에 따른 구속으로서, 행정청은 원칙적으로 행정행위의 존속력
(특히 불가쟁력)이 발생하기 이전에 적법하게 성립되어 효력을 발생한
행정행위의 규율에 기속된다. 즉 구속효는 행정청에 대해 불가쟁력이
발생하기 이전에 잠정적으로 구속력을 가지는 것으로서, 행정청은 자신
이 내린 행정행위와 모순되는 또 다른 결정을 내려서는 안 된다는 의미
를 가진다.[26] 즉 구속효는 당해 '행정청'에 대해 선행결정과 모순·저촉
되는 결정의 회피라는 의미에서의 '기속'을 의미한다. 이는 소위 "矛盾
禁止"(Abweichungsverbot)의 문제이다.[27] 한편, 국내학설은 이를 '내용
적 구속력' 내지 '협의의 구속력'이라고 하여 존속력과 별도로 다루고
있거나,[28] 불가변력을 대체로 準사법적 행정행위에 한정하고 있다.[29]
그러나 행정행위가 적법하게 성립된 경우에 그 적법성에 대해 의심이

---

23) Kopp/Ramsauer, a.a.O., § 43 Rn. 15.
24) Sachs, in: Stelkens/Bonk/Sachs(Hg.), VwVfG, § 43 Rn. 8.
25) Battis, Allgemeines Verwaltungsrecht, 3. Aufl., S. 174; Maurer, a.a.O., § 11 Rn. 5 ff.
26) BVerwG, DVBl. 1978, S. 212.
27) Merten, Bestanskraft von Verwaltungsakten, NJW 1983, S. 1996.
28) 김남진·김연태, 전게서, 250면 이하; 정하중, "행정행위의 실질적 존속력과 흠의 승계", 고시연구, 2003. 06, 182면.
29) 박균성, 행정법론(상), 제8판, 박영사, 125면.

있거나 부인하려고 하는 경우에도, 법적 안정성을 위해 일단 이를 존중
해야 한다는 의미에서 내용적 구속력은 행정행위의 효력 중 '실질적' 존
속력에 포함시켜 다루는 것이 타당하다. 또한 '불가변력'과 관련하여 행
정청은 직권취소의 가능성이 있으나, 그 취소 전까지 발급된 행정행위
에 기속된다. 또한 상대방도 상황에 따라서 취소・철회를 요구할 수 있
으나 스스로 행정행위를 폐지할 수는 없다. 이와 같이 존속력은 행정행
위가 창출한 법률관계, 즉 주로 당사자, 그리고 이해관계인 또는 처분권
한을 가진 자(행정청)에 대해 포괄적 효력을 미친다.

　(3) 한편, 행정행위의 효력의 '결과'에 해당하는 구성요건적 효력, 그
리고 경우에 따라서 확정효는 존속력과 구분된다.[30] 우선 構成要件的
效力(Tatbestandswirkung)은 선결문제에 있어서 다른 국가기관에 대한
구속력으로서의 의미를 가진다.[31] 행정행위의 효력이 미치는 상대방 또
는 행정청에 대한 구속력과 행정행위의 효력 그 자체와는 무관한 다른
국가기관에 대한 구속력은 서로 구분되어야 한다. 후자는 독일에서 '구
성요건적 효력'으로 다루어지고 있으며, 전자는 존속력의 문제로 접근
하고 있다.[32] 이와 같이 구성요건적 효력은 존속력과 달리 당해 행정행
위와 이해관계 없는 제3자, 특히 행정행위의 폐지에 관한 권한(취소권・
철회권)을 갖지 않는 다른 행정청이나 법원에 대한 구속을 의미한다.[33]
그러한 점에서 공정력개념은 지나치게 광범위한 효력이다. 특히 수소법
원(민사법원)은 행정청이 발급한 행정행위의 효력을 부인할 수 있는가의

---

30) Kopp/Ramsauer, a.a.O., § 43 Rn. 14 ff.
31) 構成要件的 效力의 유래에 대한 상세한 소개는 정하중, "행정행위의 공정력, 구속력 그
리고 존속력", 공법연구 제26집 제3호, 1998. 6, 333-338면.
32) 한편, 공정력은 행정행위에 대한 쟁송을 제기하거나 취소할 권한을 가진 자가 이를 다
투거나 취소하지 않는 한, 누구도 그 효력을 부인할 수 없는 효력으로 이해하고 있으므
로, 모든 관청이나 시민에 대해 효력이 미치는 것으로 이해되고 있다(대법원 2007. 3.
16. 선고 2006다83802 판결; 박윤흔・정형근, 전게서, 108면 참조). 이러한 견해는 美
濃部達吉이 정립한 공정력개념에서 연원하고 있다(同人, 前揭書, 257頁). 그러나 공정력
의 효력이 상대방, 이해관계인, 모든 행정청 등에 포괄적으로 미치는 점은 구성요건적
효력과 확연히 구별되는 점이다.
33) Erichsen/Knoke, Bestandskraft von Verwaltungsakten, NVwZ 1983, S. 188 f.

문제이다. 즉 '선결문제'에 있어서 의미가 있는 것은 다른 국가기관에 대한 행정결정(행정처분)의 '구속력'이다. 이러한 구성요건적 효력은, 모든 국가기관이 유효한 행정행위에 대해 이를 존중하고 주어진 '成立要件' 내지 '構成要件'(Tatbestand)으로서 그 국가기관의 판단에 있어 그 기초로 삼아야 한다는 것을 의미한다. 그러나 구성요건적 효력은 무효인 행정행위에는 적용되지 않는다.34) 이러한 국가기관에는 다른 행정청은 물론이고, 법원도 포함된다. 민사법원은 행정행위의 무효를 심사할 수 있으나, 단지 위법사유에 그치고 무효가 아닌 한, 행정행위의 효력을 부인할 수 없다. 즉 관할권을 가지는 행정법원에 의해 취소될 때까지 위법한 행정행위를 하나의 '사실' 내지 '주어진 것으로'(als gegeben) 받아들여야 한다.35) 구성요건적 효력은 이미 오래전에 국내에 소개되었으나, 아직까지 대법원판례에 도입되어 있지는 않다. 공정력 개념은 위에서 살펴본 바와 같이 그 胎生的 限界를 가지고 있다. 즉 적법성의 추정을 의미하는 실체법적 공정력개념은 더 이상 유지되기 어렵고, 절차법적 의미의 공정력은 형식적 존속력(불가쟁력)을 통해 충분히 보장될 수 있다. 요컨대 공정력은 효력기간, 실질적 존속력의 내용 중 하나인 제한된 폐지가능성에서 그 의미를 찾을 수 있을 뿐이다.

이러한 구성요건적 효력은 '확정효'와 구별되어야 한다. 確定效(Feststellungswirkung)는 다른 행정청이 발급한 행정행위의 규율내용 뿐만 아니라, 그 이유제시에서 —법적 또는 사실적으로— 확정된 사실에 대해서도 기속된다는 것을 의미한다. 예컨대 독일의 聯邦失鄕民法(BVFG,

---

34) Maurer, a.a.O., § 11 Rn. 9. 구성요건적 효력의 기원에 대해서는 Knöpfle, BayVBl. 1982, S. 228.

35) Schmitt Glaeser/Horn, Verwaltungsprozessrecht, 15. Aufl., Rn. 74. 그러한 의미에서 '구성요건적 효력'이라는 용어는 그 내포된 의미를 충분히 그리고 제대로 전달하지 못하고 있다. 일부학설은 구성요건적 효력을 '要件事實的 效力'로 표현하기도 한다(김도창, 일반행정법론(상), 제4전정판, 437면; 홍준형, 행정법총론, 275면). 그러나 "Tatbestandswirkung"은 다른 국가기관이 행정청에 의해 인정된 행정행위의 성립요건을 주어진 사실로 받아들인다는 의미에서 '要件所與效' 내지 '要件前提效' 등의 의미를 가진다. 그러나 本稿에서는 혼동을 피하기 위해 일반적인 용어례에 따라 '구성요건적 효력'으로 표현하기로 한다.

Bundesvertriebenengesetz) 제16조에 규정된 확정된 실향민자격의 입증 사실(증명서)이나 자료는 독일국민인지 여부의 확정에 대해 다른 행정청에도 구속력을 가진다.[36] 이러한 확정효는 발급된 행정행위의 규율내용 그 자체가 아니라, 예외적으로 개별 법률에 규정된 상당수의 행정행위와 관련된 효력이다.[37] 행정행위의 구속력은 구성요건적 효력, 경우에 따라서는 확정효와 관련하여 의미를 가지며, 특히 선결문제에 있어서는 더욱 그러하다. 다수의 학설[38] 및 판례[39]는 여전히 '공정력' 개념을 사용하고 있으나, 위에서 언급한 바와 같이 '존속력'에 의해 거의 대체될 수 있다. 일본에서 유래된 공정력 개념은 이제 終焉을 고할 때가 되었다. 이와 같이 공정력개념을 유지할 실천적 의미는 많이 퇴색되었고, 소위 '구성요건적 효력'을 중심으로 국가배상과 선결문제를 다룰 필요가 있다.

이하에서는 국가배상청구소송의 선결문제와 '위법'판단(II), 국가배상소송의 선결문제에 대한 기판력(III), 국가배상의 본질과 주관적 책임구조의 완화(IV), 그리고 소송형식과 선결문제(V) 등의 順으로 검토하도록 한다.

---

36) Maurer, a.a.O., § 11 Rn. 9; BVerwGE 34, 90; 70, 159.

37) Kopp/Ramsauer, a.a.O., § 43 Rn. 26.

38) 국내학설은 현재 ① 공정력 대신 '豫先的 效力'으로 대체하자는 견해(김도창, 전게서, 440-441면), ② 구성요건적 효력을 否認하는 견해(김동희, 전게서, 317-318면; 洪準亨, 전게서, 276면), ③ 구성요건적 효력을 공정력의 一內容으로 보거나 混用하는 견해(박윤흔·정형근, 전게서, 108면 이하), 그리고 ④ 공정력과 구성요건적 효력을 구분하는 견해(김남진·김연태, 전게서, 252면; 석종현·송동수, 전게서, 272면 이하; 홍정선, 전게서, 368면, 정하중, 행정법총론, 제3판, 261면 이하)로 구분된다. 그 밖에 구성요건적 효력을 주장하는 견해도 공정력개념을 그대로 유지(병행)하면서도 권위주의적 개념인 공정력을 "行政行爲의 暫定的 通用力'으로 대체하자는 견해도 있다(박균성, 전게서, 114면). 한편, "공정력을 좁은 개념으로 한정하여 그것을 구성요건적 효력과 병행한다고 해서 그칠 문제는 아니다"라고 비판하는 견해도 있다(김철용, 행정법 I, 제12판, 267-268면).

39) 대법원 2007. 3. 16. 선고 2006다83802 판결; 대법원 1994. 11. 11. 선고 94다28000 판결; 대법원 1991. 4. 23. 선고 90누8756 판결 등.

Ⅱ. 國家賠償訴訟의 先決問題와 違法判斷

(1) 위에서 살펴본 바와 같이 행정처분의 위법을 이유로 국가배상을 청구한 사건에서, 행정행위의 취소에 관한 관할권이 없는 수소법원이 처분의 위법을 판단할 수 있는지의 문제가 선결문제이다. 이러한 선결문제는 관할권을 서로 달리 하는 것에서 비롯하며, 그 연결고리는 '위법'개념이다. 비록 상고심에서 공법문제에 관한 사건이든 사법문제에 관한 사건이든 대법원에 모두 통일적으로 歸一되는 것이 사실이나, 우리의 법체계는 적어도 형식적으로는 공·사법 이원구조로 되어 있다. 특히 국가배상청구권의 법적 성질에 대해 공권으로 보는 것이 다수설이지만, 실무상 민사소송으로 다루어지고 있다.40) 이와 같이 공·사법 이원구조에서는 '선결문제'가 필연적이다. 이 경우에 수소법원인 민사법원은 국가배상소송의 '위법'을 판단함에 있어 선결문제로서 행정소송을 거치지 아니하고 곧바로 행정작용의 위법 여부를 판단할 수 있는지가 문제된다. 행정청의 행정행위는 구성요건적 효력을 가지므로, 다른 국가기관(행정청 또는 법원)도 무효가 아닌 한 권한 있는 기관에 의해 취소될 때까지 그 행정행위의 존재나 효력을 존중하여야 한다. 수소법원은 행정청의 행정행위가 설사 위법의 의심이 있다고 하여도 유효한 행정행위를 곧바로 취소할 수 있는지가 문제된다. 구성요건적 효력과 관련된 선결문제를 판단하기 위해서 수소법원이 행정행위의 위법을 판단하는 것은 행정법원의 권한 내지 관할권을 침해할 우려가 있고, 제1차적 권리구제수단인 항고소송의 기능(위법한 행정작용의 제거)을 무력하게 할 수 있으며(이에 대해서는 Ⅲ. 2.에서 후술함), 나아가 행정청의 제1차적 판단권한을 제약하여 '구성요건적 효력'이 사실상 부인되는 결과에 이를 수도 있다.

---

40) 대법원 1971. 4. 6. 선고 70다2955 판결.

(2) 한편, 獨逸에서는 선결문제를 '구성요건적 효력'과 관련하여, 민사법원이 행정행위의 위법성과 국가배상요건의 충족 여부를 독자적으로 판단할 수 있다는 견해가 지배적이다.[41] 독일도 공·사법 이원체계로 구성되어 있기 때문에 중복소송을 방지하기 위해 선결문제는 불가피하다. 민사법원이나 형사법원은 행정행위의 무효 여부의 판단에 한하여 심사할 수 있고, 단지 행정행위가 위법한 경우에는 행정법원의 취소판결이 있을 때까지는 행정행위를 주어진 것으로서 받아들여야 한다. 그러나 국가배상소송 또는 수용유사침해에 근거한 손실보상청구소송과 같이, 민사소송으로 적법하게 구하는 법효과가 바로 행정행위의 적법 여부인 경우에는 예외가 적용될 수 있는 것으로 보고 있다.[42] 즉 위법한 행정행위의 발급에 의한 국가배상소송의 경우에, 민사법원은 행정행위의 유효 여부와 상관없이 그 적법성 여부를 심사할 수 있다고 한다.[43] 日本에서는 여전히 '공정력'과 선결문제를 연결해서 이해하는 것이 일반적이다. 특히 塩野宏 교수는 국가배상청구소송에서 선결문제가 된 행정처분의 위법 여부의 판단을 하여 위법이 인정되고 국가배상청구소송의 요건이 충족되는 경우에는 인용판결을 할 수 있으며, 이러한 점이 행정행위의 효과 그 자체와는 관련이 없기 때문에 취소소송의 배타적 관할제도에 반하는 것은 아니라고 보고 있다.[44]

(3) 국가배상소송과 관련하여, 민사법원이 행정행위의 위법을 판단할 수 있는지 여부에 대해 국내학설은 소극설과 적극설이 대립하고 있다. 소극설은 무효가 아닌 취소할 수 있는 행정행위는 적법·유효한 것으로 사실상 통용되며, 행정법원의 배타적 관할권에 비추어 민사소송의 수소법원은 행정행위의 위법성을 심리·판단할 수 없다고 주장한다.[45] 반면, 적극설은 취소할 수 있는 경우에도 행정행위의 효력 자체를 부인

---

41) Ossenbühl, Staatshaftungsrecht, 5. Aufl., S. 122.
42) Schmitt Glaeser/Horn, Verwaltungsprozessrecht, 15. Aufl., Rn. 74.
43) Ossenbühl, a.a.O., S. 122.
44) 塩野宏, 行政法 I, 제4판, 有斐閣, 2005, 131-134頁.
45) 이상규, 전게서, 408면.

하는 것이 아닌 한, 부당이득반환청구소송과 달리 행정행위의 위법 여부를 심리·판단할 수 있는 것으로 본다.[46] 후자의 견해가 다수설이다. 판례도 행정처분의 하자가 당연무효라고 인정될 경우에는 이를 전제로 판단할 수 있으며,[47] 그 행정처분의 취소판결이 있어야만 그 위법임을 이유로 피고에게 배상청구를 할 수 있는 것은 아니라고 판시하고 있다.[48] 그러나 판례는 그 하자가 단순히 취소사유에 그칠 때에는 법원이 그 효력을 부인할 수 없다고 보고 있다.[49]

생각건대 국가배상청구와 관련된 선결문제에서, 수소법원인 민사법원은 비록 취소사유가 있는 행정행위라 할지라도 그 효력을 부인하는 것이 아닌 한, 그 행정행위의 위법을 판단할 수 있다고 보는 '적극설'이 타당하다. 또한 후술하는 바와 같이 국가배상소송의 선결문제에 대해 기판력이 인정될 수 있다는 점에서, 행정법원의 권한을 침해한다고 보기 어렵다. 특히 구성요건적 효력에 기초하고 있는 독일, 그리고 공정력이론에 근거하고 있는 일본에서도 적극설이 지배적이다. 특히 쟁송제기기간이 도과하여 행정행위의 불가쟁력이 발생한 경우에, 국가배상청구소송에서 행정행위의 위법확인은 당사자의 권리구제를 위해 중요한 의미를 가진다.

---

46) 김남진·김연태, 전게서, 257면; 김동희, 전게서, 313면; 김철용, 전게서, 264면; 박균성, 전게서, 120면; 박윤흔·정형근, 전게서, 118면; 홍정선, 전게서 371면; 홍준형, 전게서, 283면 등.

47) 대법원은 "갑종근로 소득세의 부과처분은 무효인만큼 이 부과처분의 무효여부가 민사소송법상 선결문제로 된 때에는 민사법원에서 판단할 수 있다"고 판시하고 있다(대법원 1971. 5. 24. 선고 71다744 판결).

48) 대법원 1972. 4. 28. 선고 72다337 판결.

49) 대법원 1973. 7. 10. 선고 70다1439 판결.

Ⅲ. 國家賠償訴訟의 先決問題에 대한 取消判決의 旣判力

1. 論議의 基礎

(1) 取消判決의 旣判力에 관한 論議現況

선결문제와 관련하여 또 다른 문제는 행정법원의 취소소송판결이 수소법원(민사법원)의 선결문제에 대해 구속력을 가질 수 있는지 여부이다. 판례는 "어떠한 행정처분이 후에 항고소송에서 취소되었다고 할지라도 그 기판력에 의하여 당해 행정처분이 곧바로 공무원의 고의 또는 과실로 인한 것으로서 불법행위를 구성한다고 단정할 수는 없다"고 판시하여, 後訴의 선결문제에 대한 旣判力의 문제로 접근하고 있다.50) 다른 한편, 판례는 "취소판결의 기판력은 소송물로 된 행정처분의 위법성 존부에 관한 판단 그 자체에만 미치는 것이므로 전소와 후소가 그 소송물을 달리하는 경우에는 전소 확정판결의 기판력이 후소에 미치지 아니한다"고 하여,51) 소송물을 달리하는 경우에는 기판력이 미치지 아니한다고 보고 있다. 특히 조세판결에서도 처분의 위법성 일반을 소송물로 보고, 주된 납세의무자가 제기한 前訴와 제2차 납세의무자가 제기한 後訴가 각기 다른 처분에 관한 것이어서 그 소송물을 달리하는 경우에 前訴 확정판결의 기판력이 後訴에 미치지 않는다고 판시한 바 있다.52) 한편, 日本에서는 국가배상청구소송에 대한 취소판결의 기판력을 긍정하는 견해가 통설·판례의 입장이다.53)

旣判力이란 재판이 확정되는 경우에 당사자가 동일한 소송물에 대하

---

50) 대법원 2007. 5. 10. 선고 2005다31828 판결; 대법원 2003. 12. 11. 선고 2001다65236 판결; 대법원 2000. 5. 12. 선고 99다70600 판결.
51) 대법원 1996. 4. 26. 선고 95누5820 판결.
52) 대법원 2009. 1. 15. 선고 2006두14926 판결.
53) 阿部泰隆, 抗告訴訟判決의 國家賠償訴訟에 對する 旣判力, 判例タイムズ, 35卷16号(525), 1984. 07, 15-33頁 이하 참조. 그 밖의 학설소개는 徐元宇, "取消訴訟判決의 國家賠償訴訟에 대한 旣判力", 法務部 法務資料 제141집, 1991. 06, 515-532면 참조.

여 다시 소를 제기할 수 없고 법원도 이와 모순·저촉되는 판단을 할 수 없는 구속력을 말한다.54) 우리 행정소송법에는 기판력에 관한 규정이 없으나,55) 학설은 기판력에 관한 민사소송법의 규정이 준용된다고 보고 있다(행정소송법 제8조 제2항 참조).56) 즉 행정소송법 제30조 제1항에는 "처분 등을 취소하는 확정판결은 그 사건에 관하여 당사자인 행정청과 그 밖의 관계행정청을 기속한다"고 규정하고 있을 뿐, 기판력에 관한 규정이 없다. 이를 두고 기판력설과 특수효력설이 대립하나, 후설이 통설이다.57) 여기에서 旣判力과 羈束力의 關係가 문제된다. 우선 기판력은 당사자 및 당사자와 동일시할 수 있는 자에게만 미치며, 제3자에게는 미치지 않는 것이 원칙이나(주관적 범위), 기속력은 주로 당사자인 행정청과 그 밖의 관계행정청을 구속한다. 또한 기판력은 객관적 범위와 관련하여 확정판결의 주문에 포함된 것에 한하여 발생하고 판결이유에 설시된 그 전제가 되는 법률관계의 존부에까지 미치지 않지만,58) 기속력은 판결주문 및 그 전제가 된 요건사실의 인정과 효력의 판단에도 미친다(민사소송법 제216조 제1항). 따라서 기판력은 판결주문에 포함된 것에 한하므로 '소송물'(처분의 위법성 일반)의 판단에 대해서

---

54) 즉 대법원도 "확정판결의 기판력이라 함은 확정판결의 주문에 포함된 법률적 판단의 내용은 이후 그 소송당사자의 관계를 규율하는 새로운 기준이 되는 것이므로 동일한 사항이 소송상문제가 되었을 때 당사자는 이에 저촉되는 주장을 할 수 없고 법원도 이에 저촉되는 판단을 할 수 없는 기속을 의미하는 것이고 이 경우 적극당사자(원고)가 되어 주장하는 경우는 물론이고 소극당사자(피고)로서 항변하는 경우에도 그 기판력에 저촉되는 주장은 할 수 없다"고 판시하고 있다(대법원 1987. 6. 9. 선고 86다카2756 판결).

55) 한편, 기판력과 기속력의 관계에 대해 구분하는 견해가 다수설이나, 취소판결의 기판력에 관한 법적 근거를 행정소송법 제29조 제1항에서 찾고, 형성력과 기속력을 포괄하는 취소판결의 기본적 효력으로서 기판력을 파악하는 견해가 있다(朴正勳, 전게서, 366면). 그러나 행정소송법 제29조 제1항은 제3자에 대한 취소판결의 '형성효'를 규정하고 있으며, 주로 소송당사자(승계인 포함)와 법원에 대한 구속인 기판력과 구별된다. 또한 소송당사자(피고)에 대한 취소소송의 특수한 효력인 '기속력'에 대해서는 행정소송법 제30조 제1항에 별도로 규정하고 있다는 점도 그러한 사실을 傍證하고 있는 것이다.

56) 김남진·김연태, 전게서, 742면; 김동희, 전게서, 754면; 박윤흔·정형근. 전게서, 861면; 이상규, 전게서, 884면; 홍정선, 전게서, 962면.

57) 김남진·김연태, 전게서, 745면.

58) 대법원 1987. 6. 9. 선고 86다카2756 판결.

만 발생하나, 기속력은 판결주문 외에 취소판결에서 판단된 개개의 '위법사유' 내지 '처분사유'도 포함된다. 다만, 행정청은 다른 위법사유 내지 처분사유를 보완하는 경우, 특히 재량행위나 계획재량의 경우에는 再處分을 할 수 있고, 기속력에도 저촉되지 아니한다고 볼 수 있다.[59] 이와 같이 학설은 기판력과 기속력을 구분하는 견해가 다수설이다.[60] 다만, 판례는 반복금지 내지 재처분금지와 관련하여, 기속력과 기판력을 명확히 구별하지 않은 경우도 있다.[61]

　한편, 獨逸에서는 기판력을 '實質的 確定力'(materielle Rechtskraft)이라고 부른다. 즉 실질적 확정력은 당사자 사이에 확정된 동일한 사안에 대해 법원의 결정이 옳은지 여부와 상관없이 장래에 당사자 및 그 승계인에 대해 소송물에 관하여 형식적으로 확정력이 발생한 판결에 기속되는 것을 의미한다.[62] 실질적 확정력은 쟁송기간이 도과한 경우에 정식재판을 통해 다툴 수 없는 형식적 확정력과 구별된다. 이러한 실질적 확정력은 새로이 분쟁이 발생하는 것을 차단하는 기능을 가진다. 독일 행정법원법 제121조에는 "확정판결은 소송물에 관하여 판단된 범위 내에서 당사자(Beteiligten) 및 그 승계인을 기속한다"고 규정하고 있으며, 여기에서 말하는 '당사자'는 원·피고, 참가인 및 대리

---

59) 행정계획의 경우에는 행정청에 비교적 광범위한 형성의 자유(계획재량)가 인정되므로, 취소판결의 기속력이 미치는 경우에 일정한 한계가 있을 수 있다. 예컨대 도시계획결정을 함에 있어서 형량의 요소를 흠결하거나 형량을 잘못한 경우에 취소판결에 의해 당해 도시계획결정의 위법성이 인정된다. 그러나 당해 계획행정청이 다시 형량요소를 포함하거나 정당한 형량을 한 경우에도 선행처분과 동일한 결론에 이르면, 다시 동일한 도시계획결정을 하더라도 취소판결의 기속력에 위배된다고 볼 수 없다.

60) 김도창, 전게서, 814면 이하; 김동희, 전게서, 749면 이하; 박윤흔·정형근, 전게서, 859면 이하; 이상규, 전게서, 883면 이하; 홍정선, 전게서, 955면 이하. 반대견해로는 朴正勳, 전게서, 469-470면.

61) 판례는 羈束力에 관한 내용을 旣判力으로 표현하거나(대법원 2002. 5. 31. 선고 2000두4408 판결; 대법원 2002. 7. 23. 선고 2000두6237 판결), 旣判力을 羈束力을 포함하는 의미로 새기고 있다(대법원 1987. 6. 9. 선고 86다카2756 판결). 이에 대한 비판으로는 박윤흔·정형근, 전게서, 861면; 朴正勳, 전게서, 408면 참조. 그러나 이러한 현상은 우리 소송실무가 지나치게 민사소송 위주로 운영되어 왔기 때문에 초래되는 현상으로 볼 수 있다.

62) Kopp/Schenke, VwGO, § 121 Rn. 2.

인을 의미하나(독일행정법원법 제63조), 학설은 당해 법원 및 다른 법원
뿐만 아니라 행정청에 대한 구속도 포함하는 것으로 해석하고 있다.[63]
이를 '소송법적 확정력'(prozeßrechtliche Rechtskraft)이라 한다.[64] 이러
한 구속력에 의해 행정청은 형식적으로 동일한 소송물에 대한 결정을
할 수 없으며, 실질적으로도 법적 및 사실적 상태가 변경되지 않은 경
우에 내용상 기속된다. 이와 같이 독일의 기판력(실질적 확정력)은 행정
청에 대한 구속력인 反復禁止效(Wiederholungsverbot)[65]를 포함하여
논하고 있다. 이러한 효력은 우리의 '기속력'에 상응하는 효력으로 볼
수 있다. 따라서 독일의 기판력 논의를 우리의 선결문제에 대한 기판
력에 그대로 대입하는 것은 주의를 요한다.

독일에서는 국가배상소송의 수소법원이 행정법원의 선행결정에 기속
되는지와 관련하여, 행정소송은 국가배상소송에 대해 선결효를 가지고
있다고 본다. 즉 취소소송에서 행정행위가 취소되면 동일한 소송당사자
는 국가배상소송에서 더 이상 그 위법 여부를 다투어서는 안 된다는
것이다.[66] 이와 같이 독일에서는 기판력이 후소의 선결문제에 미치는
구속력을 선결효(Präjudizialität)의 문제로 접근하고 있다.[67] 다만, 주의
할 것은 '선결효' 내지 '선결적 효력'이라는 개념은 後訴의 선결문제에
대한 기판력에만 인정되는 특수한 효력이 아니다. 이러한 개념은 행정
소송뿐만 아니라 행정절차에서도 인정된다.[68] 선결적 효력(präjudizielle
Wirkung)은 오히려 행정행위의 실질적 존속력과 밀접한 관련을 가진

---

63) 다만, 독일 행정소송의 피고는 國家 또는 公共團體 등 행정주체이며, 행정청을 피고로
　　하고 있는 우리의 입법례와 차이가 있다. Hufen, Verwaltungsprozessrecht, 7. Aufl.,
　　§ 12 Rn. 2.
64) Hufen, a.a.O., § 38 Rn. 25 ff.
65) Detterbeck, Das Verwaltungsakt-Wiederholungsverbot, NVwZ 1994, S. 35 ff. 이
　　를 '矛盾禁止效'(Abweichungsverbot)라고 보는 견해도 있다(Bettermann, FS für
　　Wolff, 1973, S. 468).
66) Rüfner, in: Erichsen/Ehlers(Hg.), Allgemeines Verwaltungsrecht, 12. Aufl., § 47
　　Rn. 17. 다만, Rüfner는 취소소송의 소송물을 행정행위의 위법성이라고 보고 있다.
67) Detterbeck, a.a.O., S. 35; 朴正勳, 전게서, 387면.
68) Erichsen/Knoke, a.a.O., S. 191.

다.[69] 예컨대 단계적인 행정행위에서 부분허가의 구속효가 후행처분에 미치는 경우를 상정하여, 선행처분을 통해 설정된 법효과가 후행처분에 대하여 선결적 효력을 미치고, 그 내용은 이후의 결정에 대해서 중요할 뿐만 아니라 그 근거를 이룬다고 보고 있다. 즉 건축허가신청에 대한 거부처분에 대해 건축법상 실체적 위법성이 확정되면, 후행처분(철거하명)에 대해서도 구속력을 가지는 경우가 그러하다.

(2) 旣判力의 準據로서 '訴訟物'

실질적 확정력의 결정적 기준은 소송물(Streitgegenstand)이다.[70] 소송물은 심판의 대상으로서 기판력의 객관적 범위 외에 법원의 심리범위, 피고적격, 제3자의 소송참가 및 소의 변경 등과 관련하여 중요한 의미를 가진다. 취소소송에서 소송물이 무엇인지에 대해 학설상 다툼이 있다. 독일에서는 취소소송의 소송물(Streitgegenstand)을 계쟁 행정행위의 위법성으로 보는 견해(제1설),[71] 원고의 소송상 청구권(예컨대 취소청구, 의무이행청구 등)으로 보는 견해(제2설),[72] 그리고 행정행위가 위법하고 자신의 권리를 침해하였다는 원고의 법적 주장으로 보는 견해(제3설)[73]로 대별할 수 있다. 그 밖에 계쟁 행정행위의 취소와 그 (객관적 위법성이 함축된) 주관적 권리침해의 '확정'으로 보는 견해도 유력하다.[74] 제1설은 객관적 위법성을 주장하는 것으로서 주관소송인 취소소송

---

69) Martens, Die präjudizielle Wirkung bestandskräftiger Verwaltungsakte, NVwZ 1982, S. 366 ff. 참조.

70) Hufen, a.a.O., § 38 Rn. 24.

71) Ferdinand O. Kopp/Ferdinand J. Kopp, Grenzen der Rechtskraftwirkung von Urteilen aufgrund von Anfechtungsklagen, NVwZ 1994, S. 1; Niese, Über den Streitgegenstand der Anfechtungs- und Vornahmeklagen im Verwaltungsprozeß, JZ 1952, S. 353 ff.; Bettermann, Wesen und Streitgegenstand der verwaltungs-gerichtlichen Anfechtungsklage, DVBl. 1953, S. 163 ff.

72) Detterbeck, a.a.O., S. 35 ff.; ders., Streitgegenstand und Entscheidungswirkungen im öffentlichen Recht, 1995.

73) Hufen, a.a.O., § 10 Rn. 7; Schmitt Glaeser/Horn, Verwaltungsprozeßrecht, 15. Aufl., Rn. 113; Clausing, in: Schoch/Schmidt-Aßmann/Pietzner (Hg.), VwGO, § 121 Rn. 61; Würtenberger, Verwaltungsprozeßrecht, 2. Aufl., Rn. 246.

의 특성에 적합하지 않고, 현재 동조자를 찾기 어렵다. 또한 제2설의 '소송상 청구'란 新소송물이론의 하나인 소위 二分肢說(Lehre vom zwei-gliedrigen Streitgegenstand)[75)에 따라 원고의 법적 주장 이외에 생활관계도 포함하여 동일한 유형의 행정행위에 대한 취소도 취소소송의 소송물로 보고 있다.[76) 그러나 소송상 청구권이란 정당한 경우에 원고의 법적 주장, 즉 행정행위의 위법 및 권리침해와 다를 바 없으며, 양자는 함께 파악될 수 있는 것이라는 비판이 제기되고 있다.[77) 현재 독일의 통설 및 판례[78)는 제3설이다.

국내학설은 원고의 권리침해만으로 보는 견해,[79) 행정행위(행정처분)의 위법성과 권리침해의 결합으로 보는 견해[80) 등이 있다. 그러나 통설[81) 및 판례[82)는 '처분의 위법성'이라고 보고 있다. 기판력은 당사자와 법원을 규율하는 준거로서,[83) 당사자에게는 확정판결의 주문에 포함

---

74) Rennert, in: Eyermann, VwGO, 13. Aufl., 2000, § 121 Rn. 26; Kopp/Schenke, VwGO, 12. Aufl., § 90 Rn. 10; Schenke, Verwaltungsprozessrecht, 12. Aufl., Rn. 610. Schenke는 원고의 법적 주장을 취소소송의 소송물로 보았으나, 현재 학설을 변경하여 계쟁 행정행위가 원고의 주관적 권리를 침해하고 계쟁 행정행위의 취소를 구하는 원고의 청구권이 존재한다는 '확인' 내지 '확정'을 소송물로 보고 있다. 이는 계속 확인소송을 절단된(절취된) 취소소송으로 보는 연장선상에서 계속확인소송의 소송물이 계쟁 행정행위의 위법성 확인이기 때문에 취소소송의 소송물도 계쟁 행정행위의 취소를 구하는 원고의 청구권이 존재한다는 '확인' 내지 '확정'으로 보고 있다.

75) 민사소송에서도 소송물과 관련하여 舊실체법설(舊訴訟物理論), 소송법설(新訴訟物理論), 新실체법설 등의 학설이 대립하고 있으며, 판례는 대체로 舊訴訟物理論에 근거하고 있다. 이에 반해 독일에서는 신청(청구취지)과 사실관계(Sachverhalt)를 소송물의 구성요소로 보는 二分肢說이 통설이다(상세한 학설소개로는 李時潤, 신민사소송법, 제4판, 210면 이하 참조). 특히 연방행정법원도 이러한 입장에 서 있다(BVerfGE 52, 247/249; 70, 110/112; 96, 24/2).

76) Detterbeck, NVwZ 1994, S. 37 f.

77) Hufen, a.a.O., § 11 Rn. 10.

78) BVerwGE 29, 210/211 f.; 39, 247/249; 40, 101/104; 91, 256/257.

79) 류지태·박종수, 행정법신론, 제13판, 692면.

80) 김남진, "취소소송의 기판력과 국가배상소송과의 관계, 고시연구, 2000. 12, 194면; 홍준형, 행정구제법, 527면; 洪井善, 전게서, 845면.

81) 金道昶, 전게서, 806면; 김남진·김연태, 전게서, 742면; 박윤흔·정형근, 전게서, 767면; 石鎬哲, 註釋 行政訴訟法(김철용·최광율 編), 953면; 정하중, 행정법총론, 제3판, 695면.

82) 대법원 1996. 4. 26. 선고 95누5820 판결; 대법원 1990. 3. 23. 선고 89누5386 판결; 대법원 1987. 3. 24. 선고 85누817 판결.

83) 대법원 1987. 6. 9. 선고 86다카2756 판결.

된 내용과 동일사항을 되풀이하여 다투는 소송이 허용되지 아니하며, 또한 법원도 다시 재심사하여 이에 모순되거나 저촉되는 판단을 해서는 아니 된다는 의미를 가진다. 이 경우 소송의 동일성 여부를 판단하는 기준이 '소송물'이다. 행정소송에서는 특히 각 위법사유마다 소송물을 별개로 보아야 할 것인지가 문제된다. 판례의 주류는 舊소송물이론에 근거하고 있으나, 학설은 신청(청구취지)과 사실관계(청구원인의 사실관계)를 소송물의 구성요소로 하는 견해(二分肢說)가 유력하다. 이에 대해 '사실관계'는 매우 모호하여 이를 확정하는 것이 쉽지 않다는 비판도 있다.[84] 행정소송(취소소송)에서 수개의 위법사유는 대체로 위법한 처분의 제거를 구하면서 공격방어방법을 달리하는 것이 보통이라는 점에서, 각 위법사유마다 소송물이 별개라고 보기 어렵다.[85] 처분의 위법성 일반을 소송물로 보는 견해가 우리나라 및 일본에서의 통설·판례이다. 그러나 이러한 견해는 객관소송에 기초한 것으로서 주관소송인 취소소송 등 항고소송의 소송물로 보는 것은 타당하지 않고,[86] 독일에서도 이미 오래 전에 그 영향력을 상실하였다. 또한 취소소송을 私法上形成訴訟과 동일하게 파악하여 행정행위의 취소를 구하는 소송상의 청구권을 소송물로 보는 견해가 독일에서 거론되고 있으나, 우리나라에서는 이를 지지하는 견해를 발견하기 어렵다. 이 견해는 사실관계를 소송물의 구성요소로 포함시켜 동일한 종류의 행정행위에 대한 취소도 동일한 소송물로 보고 있다.[87] 그러나 취소소송과 실체법상의 형성권에 기초한 사법상의 형성소송의 차이점을 간과하고 있으며,[88] 위법성이 소송물에서 배제되어 취소판결의 기판력이 후소(국가배상소송)에 미칠 수 없어 취소소송의 독자적 위상, 소송경제 등의 관점에서 문제점이 제기

---

84) 李時潤, 전게서, 213면.
85) 李時潤, 전게서, 226면.
86) 朴正勳, 전게서, 371면.
87) 한편, 소송물인 처분의 위법성 일반을 "당초 처분 및 이와 동일한 규율인 처분의 위법성 일반"으로 보는 견해도 있다(朴正勳, 전게서, 411면).
88) 박윤흔·정형근, 전게서, 767면 참조.

될 수 있다. 나아가 우리 행정소송법은 행정법원법 제113조 제1항과 같이 '권리침해'를 명시적으로 규정하고 있지 않으나, 권리침해가 완전히 배제되어 있다고 보기 어렵다. 행정소송법 제1조에는 "행정청의 위법한 처분 그 밖에 공권력의 행사·불행사 등으로 인한 국민의 권리 또는 이익의 침해를 구제하고"라고 규정하여, 개인의 권익구제를 행정소송의 제1차적 목적으로 하고 있다. 또한 행정소송법 제12조에서도 "처분 등의 취소를 구할 법률상 이익이 있는 자"가 제소할 수 있다고 하여, '법률상 이익'의 침해를 원고적격의 내용으로 보고 있다. 이와 같이 취소소송의 소송물에 처분의 위법성 이외에 권리침해도 내포되어 있다고 볼 수 있다. 비록 訴訟의 入口(소의 요건심사)에서 원고적격의 심사를 하지만 본격적인 심사는 여전히 본안판단에서 처분의 위법성과 더불어 이루어지고 있다고 볼 수 있다. 따라서 분쟁의 일회적 해결을 위해서도 '원고의 법적 주장'(처분의 위법과 권리침해)을 소송물로 보는 것이 타당하다.

한편, 원고의 법적 주장을 소송물의 구성요소로 보는 견해는 처분의 위법성이 매개되어 있어, 後訴인 국가배상소송의 선결문제에 대해서도 前訴(취소판결)의 기판력이 미친다고 볼 수 있다. 그러나 취소소송의 기각판결도 국가배상소송의 선결문제에 구속력을 갖는지가 문제된다. 이와 관련하여 인용판결과 달리 기각판결에는 기판력이 미치지 않는다고 보는 소위 '기판력일부긍정설' 내지 '인용·기각판결 구분설'이 유력하다.[89] 이 견해는 국가배상의 위법을 취소소송의 위법보다 넓게 이해하고 전소의 기각판결이 후소에 기판력을 미치지 않는다고 보아, 국가배상소송에서 직무행위의 위법을 다툴 기회를 부여할 수 있는 장점을 가진다. 그러나 후소에 대한 기판력의 문제를 인용판결과 기각판결로 구분하여 달리 해석하는 것이 분쟁의 일회적 해결과 모순금지를 내용으로 하는 기판력이론에 부합하는 것인지는 의문이다. 이러한 문제를 해

---

89) 김동희, 전게서, 751면; 박균성, 전게서, 1148면. 이러한 견해는 행정소송의 '위법'과 국가배상의 '위법'을 달리 해석하고 있다.

결하기 위해서는 후소의 선결문제에 관한 기판력의 연결고리로서 위법
개념을 고찰할 필요가 있다.

2. 先決問題를 貫流하는 '違法'槪念

(1) 國家賠償의 違法槪念

국가배상의 위법성 판단기준으로 결과불법설, 행위불법설 및 상대적
위법성설 등이 있다. 우선 結果不法說은 국가배상의 위법을 가해행위
의 결과인 '손해'의 불법을 의미하는 것으로 이해하고 있다. 行爲不法
說은 행위 자체의 법령위반으로 이해하는 좁은 의미의 행위불법설과,
위법을 엄격한 의미의 법령위반 이외에도 신의칙·인권존중 등 조리(행
정법의 일반원칙)에 위반되거나 공무원의 '직무상 손해방지의무'와의 관
련하여 행위의 양태(공권력행사의 방법·수단)도 위법성 판단의 대상으로
보는 넓은 의미의 행위불법설로 나누어진다. 그 밖에 相對的 違法性說
은 국가배상법상의 위법개념을 행위 자체의 위법뿐만 아니라, 被侵害
利益의 성격과 침해의 정도 및 가행행위의 태양 등을 종합적으로 고려
하여 행위가 객관적으로 정당성을 결한 경우를 의미하는 것으로 보고
있다. 상대적 위법성설은 일본의 통설·판례의 입장이며,[90] 위법의 개
념을 유책성의 문제와 결부하여 매우 유연하게 해석할 수 있는 특징을
가진다.

한편, 대법원은 경찰관들의 시위진압에 대항하여 시위자들이 던진 화
염병에 의해 발생한 화재로 인하여 손해를 입은 주민의 국가배상청구
를 인정한 원심판결을 법리오해를 이유로 파기한 사건에서 좁은 의미
의 행위불법설에 근거하여 판시한 경우도 있으나,[91] 판례의 주류는 광

---

90) 徐元宇, "취소소송판결의 국가배상소송에 대한 기판력, 고시계, 1987. 10, 163면 이하.
91) 즉 대법원은 "국가배상책임은 공무원의 직무집행이 법령에 위반한 것임을 요건으로 하
   는 것으로서, 공무원의 직무집행이 법령이 정한 요건과 절차에 따라 이루어진 것이라면
   특별한 사정이 없는 한 이는 법령에 적합한 것이고 그 과정에서 개인의 권리가 침해되
   는 일이 생긴다고 하여 그 법령적합성이 곧바로 부정되는 것은 아니라고" 판시하였다
   (대법원 1997. 7. 25. 선고 94다2480 판결 참조).

의의 행위불법설에 기초하고 있다. 즉 대법원은 교통법규 등을 위반하
고 도주하는 차량을 순찰차로 추적하는 직무를 집행하는 중에 그 도주
차량의 주행에 의하여 제3자가 손해를 입은 경우, 행위태양 및 교통상
황 등 개별적·구체적 상황을 고려하여 경찰관의 추적행위를 기준으로
위법성을 판단하고 있다.[92] 한편, 상대적 위법성에 근거한 판례가 소개
되고 있다. 즉 행위 자체의 위법뿐만 아니라 피침해이익의 성질, 가해
행위의 태양 및 손해의 정도 등을 종합적으로 고려하여 객관적 정당성
을 상실하였는지 여부를 판단하고 있다는 것이다.[93] 그러나 위 판례는
위법성에 관한 판단인지 공무원의 '과실'유무의 판단에 관한 것인지가
불분명하며, 담당공무원이 보통 일반의 공무원을 표준으로 한 경우에
비해 객관적 주의의무를 결하여 그 처분이 객관적 정당성을 상실하였
다고 인정될 정도에 이르면 국가배상책임의 요건을 충족하였다고 보고
있다. 즉 판례는 공무원의 위험관리업무를 다하지 아니하여 직무상 의
무위반으로 국가배상법상 위법 ― 정확히는 '과실'을 인정한 것으로 보
이나― 을 인정한 사건에서, 그 의무위반의 판단기준으로 '객관적 정
당성'을 상실하였는지를 판단하고 있는 것이다.

(2) 職務上 違法의 判斷要否

광의의 행위불법설의 입장에서 공무원의 손해방지의무의 위반여부를
위법판단의 요소로 인정할 필요가 있다고 주장하는 견해도 있다.[94] 판
례는 군산윤락업소 화재사건에서, 경찰관에게 부여된 권한의 불행사가
직무상의 의무를 위반하여 위법하다고 보고 있다.[95] 그러나 공무원의

---

92) 즉 대법원은 "경찰관이 교통법규 등을 위반하고 도주하는 차량을 순찰차로 추적하는 직
　　무를 집행하는 중에 그 도주차량의 주행에 의하여 제3자가 손해를 입었다고 하더라도
　　그 추적이 당해 직무 목적을 수행하는 데에 불필요하다거나 또는 도주차량의 도주의 태
　　양 및 도로교통상황 등으로부터 예측되는 피해발생의 구체적 위험성의 유무 및 내용에
　　비추어 추적의 개시·계속 혹은 추적의 방법이 상당하지 않다는 등의 특별한 사정이 없
　　는 한 그 추적행위를 위법하다고 할 수는 없다"고 판시하고 있다(대법원 2000. 11. 10.
　　선고 2000다26807, 26814 판결).
93) 대법원 2000. 5. 12. 선고 99다70600 판결.
94) 박균성, 전게서, 664면.

손해방지의무는 독일 국가책임법제의 '직무상 의무'(Amtspflicht)를 연상시킨다. 명문의 규정 없이 이러한 의무(손해방지의무, 위험관리의무 등)를 적극적인 직무행위의 경우에 항상 적용할 수 있을 지는 의문이다. 나아가 이러한 의무는 '부작위'의 위법을 판단함에 있어서 '작위의무'에 상응하는 것으로 볼 수 있다.

판례는 직무상 의무위반이 위법하기 위해서는 단순히 공공일반의 이익이 아니라 사회구성원 개개인의 안전과 이익을 위해 설정되어야 한다고 판시하고 있다.[96) 부작위의 위법을 인정하기 위해서는 작위의무가 필요하고, 이러한 작위의무에 상응해서 ―판례에 의하면― 법규상 또는 조리상의 신청권이 있어야 한다. 이러한 논리에 의하면 당연히 공권성립의 요소로서 '사익보호성'이 요청될 수밖에 없다. 직무상 의무위반은 독일입법례에서 유래하는 것이며, 독일에서도 개념의 모호성 때문에 학설상 논란이 있다. 이와 달리 우리의 국가배상법제에는 "직무상 의무"의 위반이 아니라 곧바로 '위법'이 배상책임의 요건이며, 독일과 달리 대위책임에 기초하고 있지 않다. 독일의 대위책임의 핵심요소는 '직무상 의무'의 위반에 있으며, 대위책임을 "직무책임"(Amtshaftung)이라고 부르고 있다. 이와 같이 국가배상의 본질이 국가책임(소위 "자기책임설")에 근거하고 있다고 보는 한, 반드시 직무상 의무를 매개할 필요가 없다.

(3) 國家賠償의 '違法'과 行政訴訟의 '違法'

국가배상소송과 선결문제를 관통하는 연결개념은 '위법'개념이다. 위에서 살펴본 바와 같이 국가배상소송의 선결문제에 대한 기판력, 특히 취소소송의 소송물의 범위를 어떻게 확정하는지는 '위법'개념과 밀접한 관련이 있다. 이와 관련하여 국가배상의 위법과 취소소송의 위법이 동일한지 여부가 다투어지고 있다. 우선 양자를 동일한 것으로 보는 견해

---

95) 대법원 2004. 9. 23. 선고 2003다49009 판결. 同旨判例: 대법원 2001. 3. 9. 선고 99다64278 판결.
96) 대법원 2006. 4. 14. 선고 2003다41746 판결.

는 취소소송의 기판력이 국가배상소송에 대해 영향을 미친다고 본다.[97) 그러나 결과불법설·상대적 위법성설 등 양자를 다른 것으로 보는 견해에 의하면 취소소송의 기판력은 국가배상소송에 미치지 않는다. 한편, 국가배상의 위법개념을 취소소송의 위법개념보다 넓게 보는 입장은 취소판결(인용판결)의 기판력이 후소인 국가배상소송의 위법판단에 미치나, 기각판결의 경우에는 미치지 않는다고 본다.

한편, 국가배상의 위법을 행정소송의 위법보다 넓게 보는 견해 중에는 취소판결의 기판력이 후소인 국가배상소송에 미친다고 보는 논거로서, 국가배상소송의 제2차적 권리구제수단을 강조하는 견해도 있다. 실제 독일에서는 국가배상이나 손실보상은 2차적 권리구제수단으로 보고, 먼저 행정소송을 통해 처분의 위법성을 제거할 것을 요구하고 있다(독일 민법 제839조 제3항). 즉 제1차적 권리구제수단인 행정소송을 통해 행정행위를 취소를 구하고, 남는 부분에 대해 결과제거 및 원상회복을 청구한다. 그리고 마지막으로 손해전보를 통해 권리구제를 강구하도록 하고 있다. 이와 같이 독일에서는 위법한 행정행위의 제거→위법한 침해의 사실상의 결과제거 및 원상회복 → 손해전보(손실보상·국가배상)의 순으로 권리구제가 실현되고 있다.[98) 이러한 구조에서 1차적 권리구제수단과 2차적 권리구제수단 사이의 위법을 달리보고, 국가배상소송의 위법을 넓게 해석하는 견해는 1차적 권리구제수단을 통해 처분의 취소를 구하지 못한 경우에 국가배상소송에서 '보완적'으로 위법을 다툴 수 있다고 주장한다.[99) 특히 이 견해는 불가쟁력이 발생한 경우에 국가배상의 선결문제로서 행정행위의 위법을 넓게 해석할 실익이 있다고 보고 있다. 독일의 통설 및 연방행정법원은 불가쟁력이 발생한 경우에도 국가배상청구권이 배제되지 않고, 민사법원이 행정행위의 위법성을 심사할 수 있다고 본다. 그러나 이러한 사정이 국가배상소송에서 행정행

97) 김남진, "취소소송의 기판력과 국가배상소송의 관계", 고시연구, 2000. 12; 김철용, "취소소송판결과 국가배상소송", 고시계, 1985. 7; 정하중, 행정법총론, 제3판, 775면.
98) Ossenbühl, a.a.O., S. 117.
99) 朴正勳, 전게서, 387-388면.

위의 위법을 넓게 해석할 논리필연적 이유가 될 수 없다.[100]

筆者는 국가배상소송과 항소소송에서 사용되는 '위법'개념을 완전히 다른 내용으로 해석하는 것은 타당하지 않다고 본다.[101] 특히 취소소송의 대상과 국가배상의 가해행위가 동일한 처분인 경우에는 더욱 그러하다. 예컨대 철거하명에 대한 취소소송과 국가배상청구소송이 제기된 경우에, 철거하명의 위법성을 다투는 취소소송에서 인용판결이 내려지면, 취소판결의 기판력(실질적 확정력)에 의해 그 처분의 위법성은 국가배상소송에서도 인정되어야 한다. 따라서 분쟁의 1회적 해결, 모순금지라는 기판력이론의 본질에 비추어 소송당사자는 그 처분의 적법을 주장해서는 아니 되며, 기각판결의 경우에도 마찬가지이다. 이러한 논증은 행정소송의 소송물을 '처분의 위법성'으로 보는 통설·판례, 그리고 위법한 처분에 의해 권리침해를 입었다는 원고의 법적 주장으로 보는 견해에 의하더라도 동일한 결론에 이를 수 있다.

다만, 국가배상의 위법과 행정소송의 위법이 다르게 판단될 수 있는 것은 그 대상이 다른 경우이다.[102] 실제 국가배상법상 '직무행위'에는 행정행위뿐만 아니라, 사실행위·부작위도 포함된다. 그 밖에 司法行爲나 입법행위도 포함될 수 있다. 이와 같이 국가배상법상의 직무행위의 범위는 행정소송의 경우보다 매우 넓다. 국가배상법상의 위법개념은 단순히 법령 등의 위반뿐만 아니라 행위태양이나 사건의 정황 등을 종합적으로 고려해야 한다. 그러한 이유에서 국가배상의 위법개념은 대상이 동일한 경우에 취소판결의 기판력이 인용판결이든 기각판결이든 국가배상소송에 미칠 수 있으나, 그 대상이 다른 경우에는 국가배상의 위법판단은 취소소송의 기판력에 의해 좌우되지 않는다. 예컨대 불법건축물에

---

100) Ossenbuhl, a.a.O., S. 122; Maurer, a.a.O., § 26 Rn. 47a.

101) 위법개념의 다양화에 대한 비판적 견해로는 이상규, 전게서, 604-605면.

102) 이와 관련하여 위법판단의 대상이 동일한 경우에만 기속력이 미친다고 보는 견해도 유력하다. 즉 국가배상소송에서 취소된 처분 자체가 가해행위가 된 경우에는 취소소송의 인용판결의 기판력이 국가배상소송에 미치나, 취소된 처분 자체가 가해행위가 아니라 처분에 수반되는 손해방지의무 위반이 손해의 원인이 되는 경우에는 위법의 대상이 다르므로 기판력이 미치지 않는다는 것이다(박균성, 전게서, 1148면).

대한 철거하명의 취소판결의 기판력은 철거하명 이후 대집행의 실행으로 발생한 손해에 대한 국가배상소송의 위법판단에 미치지 않는다. 실제 광의의 행위불법설에 해당하는 사례는 그 직무행위가 (권력적) 사실행위에 해당하는 경우가 적지 않다.

3. 小　結

판례는 일정한 행정처분이 후에 항고소송에서 취소되었다고 할지라도 그 기판력에 의하여 당해 행정처분이 곧바로 공무원의 고의 또는 과실로 인한 것으로서 불법행위를 구성한다고 단정할 수 없다고 판시하고 있으나, 이러한 판례의 입장을 後訴에 대한 既判力을 부인하는 것으로 해석하는 것은 타당하지 않다. 오히려 판례는 위법과 책임의 구별을 전제하고, 처분의 위법이 인정된다고 하여 곧바로 공무원의 유책의 문제로 이어지는 것은 아니라고 보고 있다.

생각건대 국가배상소송의 가해행위와 동일한 행정행위를 대상으로 하는 취소소송의 기판력은 기각판결·인용판결을 불문하고 후소의 선결문제에 기판력이 미친다고 볼 수 있다. 취소소송에서 처분의 위법성이 확정되면 그 처분 자체가 가해행위인 後訴(국가배상소송)에서도 위법성이 인정되어야 한다. 다만, 국가배상법상의 직무행위의 범위는 행정소송의 대상보다 넓고, 위법성도 달리 판단될 수 있다. 이러한 경우에 국가배상의 위법개념은 취소소송의 기판력에 의해 좌우되지 않을 수 있다.

Ⅳ. 國家賠償의 本質과 主觀的 責任構造의 緩和

1. 國家賠償의 本質과 責任모델의 再檢討

(1) 國家賠償의 本質에 관한 學說

국가배상법상의 배상책임의 본질에 관한 학설로는 대위책임설, 자기책임설 및 중간설, 新自己責任說 등이 있다. 우선 代位責任說은 공무원의 위법한 직무행위로 인한 국가 등의 손해배상책임은 피해자보호를 위하여 가해공무원을 대신하여 지는 책임으로, 가해공무원에 대한 구상이 가능하다.103) 이에 반해 自己責任說(국가책임설)은 국가 등의 배상책임은 일종의 위험책임으로서 자기의 행위에 대한 책임을 스스로 지는 것이라고 보고 있다. 이 견해는 우리 헌법과 국가배상법에 "공무원에 대신하여"라는 규정이 없다는 점을 논거로 든다.104) 한편, 中間說은 공무원의 고의·중과실에 대한 배상책임을 대위책임의 성질을 가진 것으로, 경과실에 대한 배상책임을 자기책임의 성질을 가진다고 보고 있다.105)

한편, 고의·중과실의 경우에는 기관행위로서의 품격을 상실하여 공무원 자신의 책임이지만, 당해 행위가 직무행위의 외형을 갖추고 있는 한, 피해자의 구제를 위하여 피해자와의 관계에서는 일종의 자기책임을 진다는 견해가 있다. 이 견해는 경과실의 경우뿐만 아니라 고의·중과실의 경우에도 자기책임으로 보고 있다. 이 견해는 고의·중과실의 경우에도 자기책임으로 본다는 점에서 중간설과 구별되며, '新자기책임설' 또는 '折衷說'로 부르고 있다.106) 한편, 대법원은 전원합의체 판결에서 종전의 판례를 변경하여 중간설의 입장에 서 있다고 볼 수 있다.107) 특

---

103) 박윤흔·정형근, 전게서, 594면; 홍정선, 전게서, 673-674면.
104) 대부분의 헌법학자들은 '자기책임설'의 입장이다(계희열, 헌법학(중), 신정판, 645면; 권영성, 헌법학원론, 2006, 609면; 양건, 헌법강의 I, 법문사, 2007, 609면; 許營, 한국헌법론, 2007, 579면. 행정법학계도 점차 '자기책임설'에 동조하는 견해가 늘고 있다(김남진·김연태, 전게서, 533면). 한편, 金道昶 博士는 일찍이 대위책임설이 통설이나 자기책임설로 전환되어야 함을 밝힌 바 있다(同人, 전게서, 636면).
105) 이상규, 신행정법론(상), 612면. 학설은 이를 "折衷說"이라고 부르기도 한다.
106) 박균성, 전게서, 650면. 다만, 本稿에서는 '中間說'과의 혼동을 피하기 위하여, '新자기책임설'로 부르도록 한다.
107) 즉 대법원은 "국가배상법의 입법취지가 국가 등에게 선임·감독상의 과실여부에 불구하고 손해부담책임을 부담시켜 국민의 재산권을 보장하되, 공무원이 직무를 수행함에 있어 경과실로 타인에게 손해를 입힌 경우에는 그 직무수행상 통상 예기할 수 있는 흠이 있는 것에 불과하므로 이러한 공무원의 행위는 여전히 국가 등의 행위로 보아 그로 인하여 발생한 손해에 대한 배상책임도 전적으로 국가 등에만 귀속시키고 공무원 개인에게 그로 인한 책임을 부담시키지 아니하고, 반면에 공무원의 위법행위가 고의·중과실에 기인한 경우에는 비록 그 행위가 그 직무와 관련된 것이라고 하더라도 위와 같은 행위는 그 본질에 있어 기관행위로서의 품격을 상실하여 국가 등에게 그

히 "공무원의 위법행위가 고의·중과실에 기인한 경우에는 비록 그 행위가 그 직무와 관련된 것이라고 하더라도 위와 같은 행위는 그 본질에 있어 기관행위로서의 품격을 상실하여 국가 등에게 그 책임을 귀속시킬 수 없으므로"라고 판시한 부분은 '대위책임'의 성격을 분명히 보여주고 있다. 그러나 대법원의 전원합의체 판결을 新자기책임설(절충설)에 근거하고 있다고 보는 견해도 있다.[108] 이러한 견해대립은 판례의 모호성에서 기인할 수도 있으나, 당해 판결은 공무원의 면책문제, 그리고 이와 관련된 구상권과 선택적 청구권과 관련된 것으로 볼 수 있다. 따라서 이 판결을 국가배상책임의 본질과 직접 관련된 것으로 보기는 어렵다.

한편, 독일의 책임모델은 公務員責任(Beamtenhaftung), 國家責任(Staatshaftung) 및 職務責任(Amtshaftung)으로 구분되고 있다. 이 중 직무책임은 '대위책임' 내지 '간접책임'을 의미하는 반면, 국가책임은 '직접책임'을 의미한다. 한편, 공무원책임은 "자기책임"(Eigenhaftung) 내지 "개인책임"(persönliche Haftung)으로 표현되고 있다. 우리나라에서는 공무원책임에 관한 설명이 없고, 대부분 국가책임(자기책임)과 직무책임(대위책임)만을 논의하고 있을 뿐이다. 특히 '자기책임'을 국가책임으로 사용하고 있으나, 독일에서는 공무원책임의 의미로 사용하고 있다.[109] 따라서 앞으로 우리도 '자기책임'이라는 표현 대신 '국가책임'이라는 표현을 사용하는 것이 적절하다고 생각한다.

독일에서는 1981. 6. 26. 제정된 國家責任法(Staatshaftungsgesetz)이 관할권 위반으로 위헌판결을 받았기 때문에,[110] 현재 독일기본법 제34

책임을 귀속시킬 수 없으므로 공무원 개인에게 불법행위로 인한 손해배상책임을 부담시키되, 다만 이러한 경우에도 그 행위의 외관을 객관적으로 관찰하여 공무원의 직무행위로 보여질 때에는 피해자인 국민을 두텁게 보호하기 위하여 국가 등이 공무원 개인과 중첩적으로 배상책임을 부담하되, 국가 등이 배상책임을 지는 경우에는 공무원 개인에게 구상할 수 있도록 함으로써 궁극적으로 그 책임이 공무원에게 귀속되도록 하려는 것이라고 봄이 합당하다."고 판시하고 있다(대법원 1996. 2. 15. 선고 95다38677 전원합의체 판결).

108) 朴均省, 전게서, 631면.
109) Maurer, a.a.O., § 26 Rn. 1.

조111) 및 독일 민법 제839조112)에 근거하여 국가배상을 청구할 수 있다. 독일 민법 제839조는 연혁적으로 '위임이론'에 근거한 공무원책임에 기초하고 있다. 이에 의하면 공무원에게는 적법행위에 대한 위임만 있고, 공무원의 위법행위는 국가에 귀속시킬 수 없다. 따라서 그 위법행위로 인한 손해배상책임은 공무원이 책임을 져야 한다는 것이다. 그 후 국가책임의 시대적 요청으로 인해 주(란트)의 입법자들은 공무원책임을 국가에게 전가하는 입법을 하였고, 바이마르헌법 제131조는 모든 공무원에 대해 책임인수, 즉 대위책임을 구속적으로 규정하였다. 독일기본법 제34조도 대위책임사상에 근거하고 있다.113) 이와 같이 독일의 국가책임사상은 독일 민법 제839조에 의해 공무원 개인책임의 성립을 전제로 한 후, 독일 기본법 제34조에 의해 다시 이를 국가가 공무원을 대신하여 책임을 지는 구조로 되어 있다. 즉 독일 민법 제839조는 독일 기본법 제34조 제1문의 귀속규범에 의해 수정되었다.114)

독일 기본법 제34조 제1문에는 "제3자에 대한 직무상 의무"를 위반하여 손해를 야기하는 것에 대해 국가 또는 공공단체가 배상책임을 진다고 규정하고 있다. 이를 소위 "職務責任"이라고 한다. 이러한 직무책임은 원칙적으로 이러한 책임을 우선 공무원이 부담하나, 국가가 대신 책임을 대위하여 간접적 또는 파생적으로 진다고 설명하고 있다(대위책임설).115) 따라서 국민은 공무원에 대해 국가배상청구권을 주장할 수

---

110) BVerfGE 61, 140.
111) 독일기본법 제34조(직무의무위반에 있어서 책임)
누군가 위임받은 공적 직무수행을 함에 있어 제3자에 대한 직무상 의무를 위반하면, 국가 또는 그가 소속하는 공공단체가 원칙적으로 책임을 진다. 고의 또는 중대한 과실로 인한 경우에는 구상권이 유보되어 있다. 손해배상청구 및 구상권을 위해 통상법원의 권리구제가 배제되지 아니한다.
112) 독일민법 제839조
① 공무원이 고의 또는 과실로 제3자에 대한 직무상 의무를 위반하여 손해가 발생한 경우에, 그 공무원은 제3자에 대해 배상하여야 한다. 공무원에게 과실만 있는 경우에는 손해를 입은 자는 다른 방식으로 배상을 청구할 수 없는 경우에만 청구할 수 있다. ②-③ (생략)
113) Maurer, a.a.O., § 26 Rn. 2 ff.
114) Ossenbühl, a.a.O., S. 10.

없다. 다만, 공무원의 고의 또는 중과실이 있는 경우에 한하여 구상을
청구할 수 있고, 경과실의 경우에 공무원의 책임은 배제된다(독일 기본
법 제34조 제2문). 실제 독일에서는 기본법 제34조에 규정된 "職務上
義務"(Amtspflicht)의 의미와 관련하여 학설상 대립이 있다. 즉 국가와
공무원의 내부관계에 관한 직무상 의무로 보는 견해[116]와 국가와 국민
의 외부관계에서 법적 의무와 동일한 의미로 해석하는 견해[117]가 있다.
후설이 다수설이다. 공무원이 재량지침을 위반하여 재량의 한계를 일탈
하거나 유월한 경우에, 직무상 의무위반이면서 위법할 수 있다. 그러나
공무원이 행정기관 내부의 지침이나 훈령을 위반해서 직무상 의무를
위반하였지만 위법이 아닌 경우도 존재할 수 있고, 반대로 직무상 의무
를 위반하지는 않으나 위법인 경우도 존재할 수 있기 때문에 '직무상
의무'의 해석에 관한 논란은 무의미하지 않다. 행정규칙의 법규성을 인
정하면서, 직무상 의무의 위반이 외부관계에 직접적으로 영향을 줄 수
있다고 보는 견해도 있다.[118]

(2) 批判 및 判斷

구상이 가능한 고의·중과실의 경우에 대위책임으로 보고, 구상이 불
가능한 경과실의 경우에는 자기책임의 성질을 가진다고 보는 中間說은
이론적으로 精緻하다. 그러나 구상권의 인정문제는 행정주체 내부의 문
제이며, 배상책임의 본질과 반드시 일치하는 것은 아니다. 독일기본법
제34조의 규정에도 고의·중과실의 경우에 구상권에 관한 규정을 두고
있지만, 민법 제839조와의 관련하여 직무책임(대위책임)으로 보는 것이
지배적이다. 한편, 新자기책임설은 공무원의 고의·중과실로 인한 위법
행위인 경우에는 기관행위로서의 품격을 상실하였지만 직무와 무관하지

---

115) Maurer, a.a.O., § 26 Rn. 1.
116) Maurer, a.a.O., § 26 Rn. 16.
117) Papier, in: Maunz/Dürig, GG, Art. 34 Rn. 18 ff.
118) Ossenbühl, a.a.O., S. 41 f.

않는 한 직무행위로서의 외형을 갖추고 있으므로 피해자와의 관계에서 당해 공무원의 행위도 국가기관의 행위로 인정하여 국가의 자기책임을 인정할 수 있다고 보고 있다. 이 견해는 고의・중과실의 경우에도 기관 행위로 보는 '자기책임설'과 구별된다고 한다.[119] 이러한 해석은 대법원 판례의 검토에 있어서도 마찬가지이다. 그러나 新자기책임설은 고의・중과실이나 경과실 모두를 자기책임으로 보면서, 고의・중과실의 경우만 '기관책임'으로서의 품격을 상실하여 원칙적으로 국가책임을 인정할 수 없다고 본다. 다만, 이 견해는 피해자를 두텁게 보호하기 위해 고의・중과실의 경우에도 기관행위로 인정하여 국가책임을 구성하고 있다. 그러나 이러한 해석은 지나치게 의제적이다. 이와 같이 고의・중과실부분에 대한 新자기책임설의 논증은 여전히 國家無責任說에 근거하고 있는 것으로서, 피해를 입은 국민의 입장에서는 공무원의 직무행위로 인한 손해는 고의・중과실이든 경과실이든 모두 '국가책임'(소위 "자기책임")일 뿐이다. 또한 중과실과 경과실의 구분은 내부적 책임관계(구상권)에서만 의미를 가진다.

생각건대 국가배상의 본질은 각국의 역사적 배경, 입법상황 등에 맡겨져 있다. 우리 헌법 제29조 및 국가배상법 제2조는 독일입법례와 달리 국가책임, 즉 '자기책임설'에 기초하고 있다.[120] 특히 국가배상법 제2조 제1항에도 "국가 또는 지방자치단체는 …… 그 손해를 배상하여야 한다"고 하여, 국가책임(자기책임)을 보다 명확히 규정하고 있다. 독일 민법 제839조와 같이 공무원의 개인책임을 기초로 하고 있지 않다. 대위책임설을 도입한 독일에서는 그 도입이유로 첫째 손해를 입은 자의

---

119) 박균성, 전게서, 650면.
120) 制憲憲法 제27조 제2항에는 "공무원의 직무상 불법행위로 인하여 손해를 받은 자는 국가 또는 공공단체에 대하여 배상을 청구할 수 있다. 단 공무원 자신의 민사상이나 형사상의 책임이 면제되는 것은 아니다"고 규정하고 있었다. 또한 1951년 9월 8일 법률 제231호로 제정된 국가배상법 2조에도 "공무원이 그 직무를 행함에 당하여 고의 또는 과실로 법령에 위반하여 타인에게 손해를 가하였을 때에는 국가 또는 공공단체는 그 손해를 배상할 책임이 있다."고 하여, 배상책임의 주체를 국가 외에 '公共團體'로 규정하고 있었다.

두터운 보호, 경과실의 경우에 공무원 개인의 손해저감의 방지와 결단
력고양 등을 들고 있다.[121] 그러나 자기책임설에서도 비슷한 논거를 주
장할 수 있다. 즉 공무원자신의 책임이나 공무원에 대한 구상은 공무원
의 근무의욕의 고취나 사기저하방지 등을 고려한 법정책적 규정이라는
점에서도 국가가 직접 책임을 지는 것으로 봄이 타당하다고 판단된다.
이와 같이 우리 국가책임법제는 '직무책임'에 기초한 국가책임, 즉 직무
상 의무를 위반한 공무원책임을 국가가 대신해서 지는 '대위책임'에 근
거하고 있는 독일법체계와 다르다. 이러한 代位責任說은 법치주의원리
와 조화되기 어려운 國家無責任說에 기초하고 있다. 요컨대 '자기책임
설'이 타당하다.

(3) 求償權과 選擇的 請求權의 問題

구상권 범위의 인정문제는 행정주체 내부관계의 문제이며 손해를 입
은 자의 권리구제를 두텁게 보호하기 위한 정책적 측면에서 인정되므
로, 이를 배상책임의 본질과 연결해서 이해하여서는 안 된다.[122] 즉 구
상권의 인정은 내부관계의 문제이며, 구상권의 인정이 바로 대위책임
또는 국가책임(소위 '자기책임')의 근거로 사용될 수 없다. 또한 선택적
청구가능성에 대해 학설이 대립하고 있다. 적어도 이론적으로는 대위책
임설을 주장하면서 선택적 청구를 주장하는 견해[123]는 타당하지 않다.
대위책임설을 채택하고 있는 독일에서는 외부관계에서 공무원에 대한
배상청구를 할 수 없다고 보고 있다.[124] 자기책임설은 원칙적으로 국가
가 책임을 지지만, 헌법 제29조 제1항 단서에서 "공무원 자신의 책임은
면제되지 아니한다"는 명문규정에 근거하여 공무원에 대한 배상청구를
할 수 있다고 볼 수 있다. 독일에서도 이와 비슷한 규정을 두고 있으나,

121) Ossenbühl, a.a.O., S. 41 f.
122) 계희열, 전게서, 645면; 허영, 전게서 580면.
123) 김철수, 헌법학개론, 948면; 허영, 전게서, 581면.
124) Ossenbühl, a.a.O., S. 118; Maurer, a.a.O., § 26 Rn. 10.

연혁적으로 독일의 국가배상법제는 공무원의 개인책임(또는 국가무책임 사상)에서 출발하여 대위책임설로 발전된 것이다. 대위책임설에서는 공무원의 책임을 인정하고 이를 국가책임으로 전가하는 구조를 가졌기 때문에, 공무원의 책임이 면제되지 않는다는 규정은 의미가 있다. 우리는 독일과 달리 민법에 의한 공무원책임이 아닌, 헌법과 국가배상법에 의해 국가의 자기책임을 인정하고 있다. 독일에서는 직무책임에 관한 해석을 둘러싸고 학설상 논란이 있으며, 대위책임에 관한 입법이 법리적인 어려움에 봉착하고 있다고 혹평을 받고 있는 것도 사실이다.[125)]

2. 違法과 責任의 關係

민사상 손해배상소송은 "고의 또는 과실로 인한 위법행위로 타인에게 손해를 가한 자는 그 손해를 배상할 책임이 있다"고 규정하여, 위법과 유책을 엄격히 구분하여 판단하고 있다(민법 제750조). 그러나 헌법 제29조에서는 "공무원의 직무상 불법행위"만을 규정하고 있을 뿐, 공무원의 유책 여부를 명시하고 있지 않다. 다만, 국가배상법 제2조에서 "고의 또는 과실로" 손해가 발생할 것을 규정하여, 주관적 책임요소를 추가하고 있다. 이러한 사정은 독일도 비슷하다. 그러나 독일 기본법에도 주관적 요소를 명시하지 않고 있으며, 민법 제839조에서 고의 또는 과실을 규정하고 있다. 독일입법례는 원래 민법 제839조에 기초한 '공무원책임'에서 출발하여, 대위책임으로 발전하였다. 따라서 과실책임주의에 기초한 공무원책임을 인정한 후 국가가 대위책임을 지도록 하는 구조는 주관적 책임요소를 요구하는 것이 당연하다. 그러나 '자기책임설'의 입장에 서 있는 한, 법인인 국가의 주관적 책임요소(고의, 과실)를 엄격히 요구할 필요는 없다. 따라서 공무원의 유책성을 어느 정도 완화해서 해석할 필요가 있다고 본다.[126)] 그럼에도 불구하고 자기책임설의

---

125) 이에 대해서는 Ossenbühl, a.a.O., S. 6.
126) 徐基錫, 註釋 民法[債權各則(7)](편집대표 朴駿緒), 제3판, 141-142면. 한편, 자기책임설의 입장에서 가해공무원의 주관적 책임요소의 비중이 저감되어야 한다는 견해로는

입장에서 위법과 책임의 관계를 어떻게 재정립해야 하는지는 여전히 難題이다. 양자를 통합적으로 판단하거나, 또는 위법성이 인정되면 책임이 추정되는 이론구성을 통해 책임요건을 완화할 수도 있다. 즉 과실의 객관화, 일응추정의 법리를 통한 입증책임의 완화 등이 그러하다. 한편, 국가배상의 위법성 판단기준으로 거론되는 상대적 위법성설도 위법과 유책의 판단을 상대화하여, 그 판단기준을 완화한 것으로 볼 수 있다.

한편 취소판결이 후소인 국가배상소송에 대해 기판력이 미치는지에 대하여, 판례는 기판력에 의하여 "당해 행정처분이 곧바로 공무원의 고의 또는 과실로 인한 것으로서 불법행위를 구성한다고 단정할 수는 없다"고 판시하고 있으나, 이는 先訴의 기판력을 부인한 것이라기보다는 '위법'과 '유책'의 문제를 峻別하여 판단하고 있음을 의미한다. 그러나 이미 언급한 바와 같이 항고소송의 기판력에 의해 국가배상소송의 위법이 인정되는 경우에 유책성의 판단을 지나치게 엄격히 할 필요는 없는 것으로 보인다. 다만, 판례는 공무원이 객관적 주의의무를 결하여 행정처분이 객관적 정당성을 상실하게 되는 경우에 국가배상책임을 인정하고 있다.127) 생각건대 과실판단에 의해 국가배상책임을 인정하거나, 또는 과실에 의해 위법이 인정되는 법리를 구성하는 것은 本末이 顚倒된 것이다. 주관적 책임구조의 문제점은 바로 여기에 있다. 과실개념을 객관화하는 것은 긍정적으로 볼 수 있으나, 대위책임설에 서 있지 않는 한, 과실이 위법을 견인하는 구조가 되어서는 아니 된다.

Ⅴ. 訴訟形式과 先決問題

독일과 같이 국가책임법이 존재하지 않아 기본법 제34조와 민법 제

김중권, "국가배상법상 과실책임주의의 이해전환을 위한 소고", 법조 제635권, 2009. 8, 75면 참조.
127) 대법원 2003. 12. 11. 선고 2001다65236 판결; 대법원 2003. 11. 27. 선고 2001다 33789, 33796, 33802, 33819 판결.

839조에 근거하여 손해배상책임을 묻는 구조에서는 민사상 불법행위법
리가 적합할 수 있으나, 자기책임설에 기초하여 헌법 및 국가배상법에
근거하여 국가배상청구를 하는 경우에는 '공권설'에 기초한 법리를 구
성하여야 한다. 이미 행정법원이 출범한지도 어언 십여 년이 지났고,
국가배상법을 더 이상 민법의 '특별법'으로 다루어야 할 이유는 없다.
실제 국가배상소송을 민사소송을 처리하면서, 지나치게 주관적 책임구
조에 얽매이는 부작용도 초래하고 있다.[128] 그 단적인 사례는 직무행위
의 위법성판단에 있어서 '직무상 의무위반'을 위법으로 보는 점이다. 이
는 독일입법례의 영향으로 보이나, 우리 국가배상법제에 적합한 해석은
아니다.[129] 이와 같이 국가배상소송을 민사소송으로 해결하는 한, 공법
상의 법리를 보다 발전시킬 수 없다. 다만, 국가배상소송을 민사소송에
서 행정소송(당사자소송)으로 변경하는 경우에, 소송실무의 현실과 부담
을 간과할 수 없다. 이와 관련하여 지방법원의 경우에는 큰 문제가 없
을 것으로 보이나, 서울행정법원의 경우에는 현재보다 조직을 확대하는
방안을 고려할 수 있다.

　만약 국가배상소송을 당사자소송으로 전환하는 경우에는 선결문제가
발생할 수 없고, 또한 행정법원에 관련청구소송(당해 처분등과 관련되는
손해배상·부당이득반환·원상회복 등 청구소송)을 병합하는 방법도 적극
적으로 고려할 수 있다. 최근 대법원은 보험료부과처분에 대한 취소소
송에서, 보험료부과처분 중 일부에 대해 부과처분취소를 주장하면서 관
련 청구로 병합된 부당이득반환소송을 그 처분의 취소를 전제로 인용
여부를 판단하지 않고 처분의 취소가 확정되지 않았다는 이유로 기각
한 것은 위법하다고 판시한 바 있다.[130] 즉 보험료부과처분의 취소소송
에서 당해 처분의 취소를 선결문제로 하는 부당이득반환청구가 행정법
원에 병합된 경우, 부당이득반환청구가 인용되기 위해서는 그 소송절차

---

128) 한편, 국가배상법제에 대한 民事的 不法行爲의 접근으로부터의 脫皮를 주장하는 견해
　　도 있다(김중권, 전게논문, 84-85면).
129) 대법원 1971. 4. 6. 선고 70다2955 판결 참조.
130) 대법원 2009. 4. 9. 선고 2008두23153 판결.

에서 판결 이유로 당해 처분이 취소되면 충분하고 그 처분의 취소가 확정되어야 하는 것은 아니라고 보고 있다. 이 판결은 민사법원의 선결문제와 달리 행정법원에 보험료부과처분의 취소소송과 부당이득반환청구가 병합된 것이며, 행정소송에 있어서 관련청구병합을 확대하였다는 점에서 의미를 찾을 수 있다. 예컨대 민사법원에 부당이득반환청구권이 청구된 경우에는 행정행위가 존재하는 이상 법률상 원인 없이 부당이득을 한 것이 되지 않기 때문에, 처분의 존재를 전제로 한 부당이득반환청구소송은 인용될 수 없다. 판례도 조세과오납금반환청구소송에서 처분이 당연무효인 경우에만 판단할 수 있고 취소사유에 불과한 때에는 그 효력을 부인할 수 없다고 판시하고 있다.131) 부당이득반환청구소송의 선결문제가 된 사건에서 행정처분의 효력을 부인하기 어렵기 때문에, 취소소송에 관련청구의 병합을 통해 해결하는 것이 보다 효과적이다(행정소송법 제10조 제1항 참조). 그 동안 행정소송에서 관련청구소송의 병합이 충분히 활용되지 못한 측면이 없지 않았으나, 위 보험료부과처분 취소소송사건은 새로운 轉機를 마련할 수 있을 것으로 보인다.

Ⅵ. 結 語

위에서 고찰한 바와 같이 국가배상소송의 선결문제는 행정소송과 민사소송의 관할권의 차이에서 비롯하고 있음을 알 수 있다. 국가배상소송의 관할권을 민사소송에 맡겨두는 한, 국가배상소송의 선결문제가 발생할 수밖에 없다. 그러나 이러한 선결문제는 종래 공정력개념과 관련하여 논의되었으나, 19세기의 시대적 상황을 배경으로 탄생한 공정력개념은 더 이상 존립이유가 없다. 오히려 행정행위의 존속력개념을 통해 '행정행위 효력론'을 재구성할 필요가 있다. 특히 실질적 존속력은 구속효와 제한된 폐지가능성을 내용으로 하며, 당사자와 이해관계인 그리고

---

131) 대법원 1973. 7. 10. 선고 70다1439 판결.

처분권한을 가진 행정청에 대해 포괄적 효력을 갖는다. 이러한 실질적 존속력은 내용적 구속력(협의의 구속력)은 물론, 공정력의 상당부분을 포함하고 있다고 볼 수 있다. 그러나 국가배상소송의 선결문제는 처분의 다른 법원에 대한 구속에 관한 문제이므로 '구성요건적 효력'과 밀접한 관련을 가질 뿐이다. 따라서 공정력은 구성요건적 효력과 병존할 수 없고, 이를 해체하여 존속력이나 구성요건적 효력 등에 의해 대체하는 것이 바람직하다.

오늘날 국가배상소송의 수소법원인 민사법원은 비록 취소사유가 있는 행정행위라 할지라도 그 효력을 부인하는 것이 아닌 한, 선결문제가 된 처분의 위법성을 판단할 수 있다고 보는 적극설이 대세이고, 또한 타당하다고 본다. 다만, 취소소송의 기판력이 국가배상소송의 선결문제에 대해 구속력을 가지는지 여부에 대해 긍정적으로 판단할 필요가 있다. 이에 대해 판례가 부정적 견해를 가지고 있다고 판단하는 것은 速斷이다. 이 문제를 합리적으로 해결하기 위해서는 선결문제의 연결고리인 '위법'개념을 정확히 이해할 필요가 있다. 필자는 국가배상의 위법과 행정소송의 위법이 다르지 않다고 보나, 국가배상의 위법판단의 대상인 '직무행위'가 취소소송의 대상보다 넓기 때문에 대상이 다른 경우에는 위법판단의 요소가 달리 고려될 수 있다고 본다. 그리고 기판력의 결정적 준거가 되는 소송물도 취소소송의 본질에 적합하게 처분의 위법과 권리침해를 내용으로 하는 '원고의 법적 주장'으로 보는 것이 타당하다. 따라서 처분의 위법성 일반만을 내용으로 하는 대법원판례의 입장은 再考의 여지가 있다. 독일에서도 계쟁 행정행위의 위법성을 취소소송의 소송물로 보는 견해가 있었으나, 오늘날 학설 및 판례의 지지를 얻지 못하고 있다. 마지막으로 우리 국가배상법제는 소위 "자기책임설"에 근거하고 있고 독일의 입법례와 달리 대위책임제적 구조가 아니므로, 주관적 책임요소를 완화하여 판단할 필요가 있다.

第2章

規範上 不法에 대한 國家責任

Ⅰ. 問題의 狀況

국가배상책임에 대한 이해는 각국의 상황에 따라 상이하게 발전하여 왔다. 현행법상 국가배상청구권이 성립하기 위해서는 "공무원의 직무상 불법행위"로 인하여 타인에게 손해가 발생하여야 한다(헌법 제29조 및 국가배상법 제2조 참조). 이러한 "직무행위"는 규범에 근거한 집행행위 (Vollzugsakt)에 의해 이루어지는 것이 보통이다.[1] 그러나 국가배상법 상의 직무행위에 '立法作用'이 포함될 수 있는지는 오랫동안 논의의 대상이 되어 왔다. 전통적으로 학설은 '立法上 不法에 대한 國家責任'을 인정하는 것에 대하여 대단히 소극적이었다.[2] 특히 현대국가는 代議民主制를 기초로 함으로써, 의회가 행사하는 국가권력은 주권의 행사로서 어떠한 구속으로부터도 자유로우며 자기지배적인 것으로서 여겨져 왔다.[3] 무엇보다 의회는 對政府 統制機能을 수행하고 시민의 권익을 보호하는 대의기관으로서 각인되어 있었기 때문에 의원의 입법행위가 불법행위가 될 수 있다는 것을 想定한다는 것은 결코 쉽지 않았다. 또한

---

1) 현행법 해석상 '職務行爲'의 범위에 대해서는 학설상 논란이 있다. 현재 다수설은 權力 作用과 管理作用을 포함하는 廣義說을 취하고 있다. 그러나 대법원판례는 일관된 입장을 보이고 있지는 않지만 私經濟的 作用까지 포함한 最廣義說을 채택한 경우도 있다 (대법원 1972. 2. 22. 선고 71다1599 판결; 대법원 1974. 11. 12. 선고 74다997 판결).

2) Wolff/Bachof, Verwaltungsrecht Ⅰ, 9. Aufl., 1974, S. 562; Schack, DÖV 1971, S. 446 ff.

3) M. Oldiges, Die Staatshaftung bei legislativem Unrecht, Der Staat 1976, S. 384.

의원 개개인의 불법적인 입법행위에 대하여 과실을 입증하기도 현실적으로 매우 어려운 일이었다.4) 나아가 의회가 제정한 형식적 법률과 이에 근거한 법률하위규범(법규명령, 조례 등)은 일반·추상적 규율로서 대외적인 구속력을 발하고 있으며, 특정인에 대한 개별적 규율이 아니라 불특정다수인을 그 수범자로 하기 때문에 개인의 권익침해를 이유로 국가배상을 주장하기가 사실상 어려웠고, 제3자 관련성을 인정하기도 용이하지 않았다. 한편, 실질적 의미의 법률에 속하는 이러한 법규범에 대한 사법적 통제는 현행법하에서 제도적 장치가 비교적 잘 정비되어 있는 편이다. 예컨대, 위헌인 형식적 법률에 대해서는 헌법재판소가 위헌법률심사권을 통하여(헌법 제111조 제1항 제1호, 헌법재판소법 제41조 참조), 위헌·위법인 명령 또는 규칙에 대해서는 구체적 규범통제를 통하여 사법심사가 이루어지고 있다(헌법 제107조 제2항). 그러나 입법상의 불법에 대한 국가책임은 여전히 이론적으로나 실무적으로 論難이 많은 것이 사실이다. 그러나 현재 우리 현실을 뒤돌아보면, 대의민주주의가 제대로 기능하지 못하고 의회에 대한 불신이 고조되고 있는 것 또한 사실이다. 나아가 국회에서 제정된 다수의 법률이 위헌판결을 받고 있으며,5) 입법부작위에 대한 위헌소원도 늘고 있는 추세이다.6) 또한 정당국가화의 경향으로 의원들이 자유위임에 의한 의정활동을 하기보다 정당에 기속되어 사실상 그 활동에 제약을 받고 있다. 이러한 상황은 '議會民主主義의 危機'라고까지 표현되고 있다.7) 이와 더불어 대

---

4) 金性洙, 일반행정법, 법문사, 2001, 585면.

5) 1988년 출범한 헌법재판소는 1988. 9. 1.부터 2004. 2. 29. 현재까지 처리한 437건의 위헌법률심판사건 가운데 위헌 85건, 헌법불합치 26건, 한정위헌 15건을 처리하였다.

6) 우리 헌법재판소는 헌법에서 기본권보장을 위해 명시적인 입법위임을 하였음에도 입법자가 아무런 입법조치를 하고 있지 않거나, 헌법해석상 특정인에게 구체적인 기본권이 생겨 이를 보장하기 위한 국가의 작위의무 내지 보호의무가 발생하였음이 명백한 경우에 한하여 眞正立法不作爲에 대한 憲法訴願을 인정하고 있으며, 不眞正立法不作爲에 대해서도 그 불완전한 규정 자체를 대상으로 한 憲法訴願을 인정하고 있다(헌재 1996. 6. 13. 93헌마276).

7) 權寧星, 헌법학원론, 개정판, 법문사, 2004, 849-850면 참조. 한편, 한국공법학회는 2004. 9. 18. "의회민주주의의 위기와 직접민주주의의 도전"이라는 주제로 제118회 학술발표회를 개최한 바 있다.

의민주주의가 헌법상 중요한 기본원리로서 인정된다고 하더라도, 의원의 입법행위(법제정행위)가 과연 불법으로부터 자유로울 수 있는가 하는 의문이 一角에서 강하게 제기되었고, 입법상의 불법에 대한 국가배상책임을 부인하려는 사고는 점차 변하기 시작하였다. 즉 의회도 국가기관으로서의 역할을 수행하고 있으며 그 구성원인 의원은 국가에 대해 직무관계를 이루고 있기 때문에 직무상 의무를 진다고 보는 견해가 유력하다.[8]

한편, 독일에서는 일찍이 1970년대를 전후하여 이와 관련된 다양한 논의가 있었다. 1973년 독일연방정부에 의해 설치된 國家責任委員會(Staatshaftungskommission)[9]는 國家責任法의 草案을 마련하였고, 1981. 6. 26. 國家責任法(Staatshaftungsgesetz)이 제정되었다. 동법에서 주목할 점은 입법상의 불법에 대한 책임문제를 명시하고 있다는 것이다.[10] 그러나 독일의 판례는 이에 대하여 대체로 유보적인 입장을 보이고 있다.[11] 다만, 연방통상법원(BGH)은 그 법형식에 따라 서로 상이한 판결을 내리고 있다. 즉 연방통상법원은 형식적 법률이나 법규명령에 대해서는 국가책임을 부인하나,[12] 도시계획조례의 형식으로 수립된 지방자치단체의 建築計劃(Bebauungsplan)[13]이 위법한 경우에는 국가

---

8) Oldiges, a.a.O., S. 884 f.

9) 당시 國家責任委員會에는 부의장 Walter Reimers 博士, Otto Bachof 敎授, Bernd Bender 辯護士, Karl August Bettermann 敎授, 정부고위관료인 Diether Haas 博士, 연방판사인 Friedrich Kreft 博士, Hermann Weitnauer 敎授 및 연방판사인 Felix Weyreuther 敎授가 속해 있었다. M. Oldiges, a.a.O., S. 381.

10) 특히 國家責任法 제5조에서는 "司法 및 立法上 責任"이라는 題下에, 司法 및 立法上 不法에 대한 국가책임을 인정하고 있다. 동조 제3항은 "立法者의 위법한 행위에 있어서 義務違反이 존재하면, 법률이 이를 정하는 경우에 한하여 책임이 발생한다. 단지 입법자의 행위에만 기초하는 執行權 또는 司法權의 의무위반에 대한 책임은 이와 무관하다"라고 규정하고 있다.

11) 한편, 독일의 帝國法院(RG)은 종래 일련의 판례를 통하여 立法上 不法에 대한 손해배상을 일관되게 부인하는 판시를 한 바 있다(RGZ 118, 325; 128, 134; 130, 319).

12) BGHZ 56, 40/44 ff.; 84, 292/300.

13) 우리 계획법에는 법형식에 있어서 이와 유사한 계획유형이 존재하지 않으므로 번역에 어려움이 따른다. 학자에 따라서는 이를 "建設計劃"(金鍾甫, 도시계획의 수립절차와 건축물의 허용성에 관한 연구, 서울대학교 법학박사학위논문, 1997, 250면) 또는 "地區詳細計劃"(김해룡, 독일 지방자치법 연구, 한울아카데미, 1994, 158면 이하) 등으로 번역

책임을 인정하고 있다.[14)]

　이러한 입법상의 불법에는 위헌법률을 제정하거나 또는 위법한 입법
부작위로 인하여 ―행정의 집행행위를 매개함이 없이― 개인에게 직접
손해를 발생시키는 경우를 고려해 볼 수 있다. 그러나 종래 "입법상의
불법에 대한 국가책임"이라는 題下에 의회가 제정한 형식적 법률에 의
한 경우뿐만 아니라 法律下位規範으로서 법규명령이나 조례 등에 의한
경우를 모두 포함하여 소개하는 것이 보통이었다.[15)] Boujong은 전자를
"立法上 不法"(legislatives Unrecht), 후자를 "規範上 不法"(normatives
Unrecht)이라고 명명하였다.[16)] 실제 독일의 학설 가운데에도 이러한 구
분을 따르는 견해도 있다.[17)] 그러나 언어논리적인 관점에서 본다면, 이
러한 개념구분은 타당하지 않다.[18)] 왜냐하면 立法上 不法은 직접 위헌
법률에 의하거나 또는 위법한 입법부작위에 의해 손해가 발생한 경우
에 제한되기 때문이다.[19)] 그러한 이유에서 위헌인 법률뿐만 아니라 위
헌·위법인 법규명령이나 조례 등 법률하위규범을 포함하는 상위개념
으로는 '規範上 不法'이라는 표현이 더 적확하다고 판단된다. 또한 엄

하여 사용하고 있다.

14) BGHZ 84, 292/301 f.

15) 李惠衍, "입법불법에 대한 국가책임", 司法行政, 1995. 6, 13면 이하. 특히 Ossenbühl
　　교수는 行政規則의 직접적 외부효를 주장하므로, 법률하위규범에 행정규칙도 포함해서
　　설명하고 있다(Ders., Staatshaftungsrecht, 5. Aufl., S. 104). 일부학설은 형식적 법
　　률, 법규명령 및 조례 등을 포함한 개념을 最廣義의 立法上 不法으로 보고, 법규명령과
　　조례를 제외한 "廣義의 立法上 不法"의 개념을 사용하기도 한다. 또한 廣義의 立法上
　　不法에는 처분적 법규에 의해 손해가 발생한 경우(狹義의 立法上 不法)와 위헌법률에
　　근거한 집행행위를 포함하는 것으로 본다. 鄭夏重, "입법상의 불법에 대한 국가책임의
　　문제", 司法行政, 1993. 3, 5면 참조.

16) Boujong, Staatshaftung für legislatives und normatives Unrecht in der neueren
　　Rechtsprechung des Bundesgerichtshofes, in: FS für Geiger, 1989, S. 430.

17) 예컨대 Maurer, Allgemeines Verwaltungsrecht, 12. Aufl., § 25 Rn. 51; Ossenbühl,
　　a.a.O., S. 5 ff.

18) Ossenbühl, a.a.O., S. 104.

19) Rohna Fetzer, Die Haftung des Staates für legislatives Unrecht, 1994, S. 1;
　　Heike Dohnold, Die Haftung des Staates für legislatives und normatives
　　Unrecht in der neueren Rechtsprechung des Bundesgerichtshofes, DÖV 1991,
　　S. 152.

격한 의미에서 규범상 불법에는 포함시킬 수 없으나, 위헌·위법인 법규범에 근거하여 발급된 집행행위, 즉 소위 基因行爲(Beruhensakte)와 기타 사유에 의한 위법한 집행행위에 관한 국가책임도 함께 검토될 필요가 있다.[20] 이러한 법률하위규범(법규명령이나 조례 등)에 의한 경우와 위헌·위법인 법규범에 근거한 집행행위는 엄밀히 말하면 입법작용이 아니라 행정작용으로서의 성격을 가진다.[21] 本稿에서는 立法上 不法에 대한 責任(Ⅱ)에 관한 論議를 중점적으로 고찰하고, 이와 관련하여 違法한 法律下位規範에 대한 責任(Ⅲ) 및 違法한 規範에 근거한 執行行爲에 대한 責任(Ⅳ)의 문제를 차례대로 검토하도록 한다.

Ⅱ. 立法上 不法에 대한 國家責任

1. 立法上 不法의 意義 및 特徵

입법상 불법이란 대체로 의원의 위헌적인 법제정행위로 인하여 국민이 손해를 입는 경우를 말한다. 여기에서 말하는 입법상 불법의 대상은 형식적 법률에 의한 경우에 제한된다. 즉 위헌법률의 제정이나 필요한 법률상 규정을 위법하게 방치(부작위)하여 행정법상의 집행행위를 매개하지 않고 직접 타인에게 손해를 야기한 경우를 말한다.[22] 이러한 입법상의 불법으로 인하여 발생한 손해에 대하여, 국민은 헌법 제29조 및 국가배상법 제2조 등을 근거로 배상청구권을 행사할 수 있는지가 바로 입법상 불법에 대한 국가책임의 문제이다.

이러한 立法上 不法이 성립하기 위해서는 먼저 의원의 입법행위가 국가배상법상의 '公務員의 職務行爲'에 해당하는지, 또한 이러한 직무

---

20) 일찍이 Bettermann은 국가책임을 "高權的 不法에 대한 責任"으로 정의한 바 있다 (Ders., Rechtsgrund und Rechtsnatur der Staatshaftung, DÖV 1954, S. 299). 이러한 개념정의는 매우 넓은 의미로서 이해되며, 행정작용뿐만 아니라 입법·사법작용도 포함할 수 있는 것으로 보인다.
21) 金南辰, 行政法의 基本問題, 新版, 법문사, 1994, 433면.
22) Fetzer, a.a.O., S. 19.

행위를 함에 있어 '직무상 의무'를 위배하였는지 등을 검토하여야 한다. 국회의원은 비록 해당 지역선거구에서 선출되었지만, 無羈束(自由)委任 의 원칙에 따라 자유로운 의사결정을 할 수 있는 등 국민전체의 대표 자로서의 지위를 가진다고 보는 것이 일반적이다.[23] 또한 국회의원은 면책특권(헌법 제45조)과 不逮捕特權(헌법 제44조)을 가지고 있다. 그러 나 국회의원도 선거직공무원으로서 다른 공직자와 마찬가지로 국민에 대한 책임과 의무를 지고 있으며(헌법 제7조),[24] 나아가 우리 헌법은 국 회의원에 대하여 淸廉의 義務나 國益優先義務 등을 규정하고 있다(헌 법 제46조). 또한 국회의원은 임기 초 국회에서 헌법준수의 선서를 하여 야 한다(국회법 제24조 참조). 이와 같이 국회의원에게는 헌법상 두터운 신분 보장을 하고 있음에도 불구하고, 국민의 신임을 위배하여 행한 위 헌적인 입법행위에 대하여 국가배상책임을 부인할 수 있는가에 대하여 贊・反 兩論이 첨예하게 대립하고 있다.

2. 賠償責任의 認定與否에 관한 學說의 現況

입법상 불법에 대한 국가책임의 인정여부에 대하여 독일과 한국에서 제시되고 있는 학설상의 쟁점들을 정리하여 소개하면 다음과 같다.

(1) 獨逸에서의 學說上 論議

우선 독일에서 제시되는 입법상의 불법에 대한 책임을 부인하는 견해 의 주요한 論據를 정리하면 다음과 같다. 첫째, 연방하원의 의원은 보

---

23) 국회의원의 국민대표자로서의 지위에 대하여 法的 代表否認說(政治的 責任說)과 法的 代表認定說이 대립하고 있으나, 국회의원은 국민의 대표성을 가지고, 그 대표성은 헌법 자체에서 나온다고 보는 憲法的 代表說이 타당하다고 생각한다(金哲洙, 헌법학개론, 第 10全訂新版, 913면). 이에 대하여 일부견해는 이러한 구분이 무의미하며, 국민의 국회 의원에 대한 신임은 일종의 '代議的 信任'임을 강조하고 있다(許營, 한국헌법론, 新3版, 890면). 그러나 이러한 견해는 국회의원의 불법에 대하여 단지 정치적 책임(투표를 통 한 신임여부의 판단)을 물을 수 있을 뿐이라는 점에서 政治的 責任說에 가까운 것으로 보인다.
24) 金哲洙, 전게서, 912면; 許營, 전게서, 890면.

통·평등·직접·비밀·자유선거의 방식으로 국민에 의해 선출되지만 선거인단체나 국민으로부터 어떠한 위임이나 지시에 기속되지 않는 無羈束委任의 원칙에 따라 전 국민을 대표하고 있고(기본법 제38조 제1항 제2문 참조), 하원의원에게는 免責特權(Indemnität)이 부여되어 있다는 점(기본법 제46조 제1항) 등을 이유로 하여 입법상의 불법의 경우에는 원칙적으로 국가배상이 배제된다고 주장한다.25) 둘째, 의원에게는 外部的 職務義務(externe Amtspflicht)가 없고,26) 의원은 다만 헌법에 기속되어 있으므로 이러한 외부적 직무의무는 헌법 자체에서 도출될 수 있을 뿐이나, 기본법에는 직접적인 명문의 규정이 없다고 한다.27) 셋째, 책임부인론은 입법상의 불법에 대한 손해배상을 인정하는 것은 국가의 배상책임을 무한대로 확장하는 것으로서, 이는 자칫 "國庫의 과도한 부담"등을 초래할 수 있다고 주장한다.28) 마지막으로 독일민법 제839조는 공무담당자가 제3자에 대하여 부여된 직무상 의무를 위반하였을 것을 요건으로 하고 있다. 이를 이유로 책임부인론은 입법상의 불법을 인정함에 있어서 第3者 關聯性, 즉 제3자에 대해서도 직무상 의무를 인정하기가 쉽지 않다는 점을 지적하고 있다. 왜냐하면 의원은 一般公衆에 대하여 공적 임무를 수행하지만, 법률의 일반·추상적 규율의 특성으로 인하여 특정한 개인이나 집단(제3자)에 대한 개별성을 인정하기가 곤란하기 때문에 제3자에 대한 의원의 책임을 인정하기가 용이하지 않다고 주장한다.29) 따라서 책임을 부인하는 입장에서는 국가배상법에 근거하여 立法상 不法에 대한 책임을 일반적으로 인정하기는 곤란하나, 예외적으로 個別事例法律(Einzelfallgesetz)이나 處分法律(Maßnahmegesetz) 등을 통하여 이를 인정할 수 있다고 본다.30)

25) Bender, Staatshaftungsrecht, 2. Aufl., 1974, S. 293; Bettermann, Grundrechte III/2, 1959, S. 836.
26) Bender, a.a.O., Rn. 654 f.
27) Ossenbühl, a.a.O., S. 104.
28) Menger, VerwArch. Bd. 63, S. 85; A. Arndt, BB 60, S. 1351 f.
29) BGHZ 56, 40/46.
30) BGHZ 56, 40/46; 102, 350/367; Ossenbühl, a.a.O., S. 106. m.w.N.

그러나 이러한 입법상 불법에 대한 책임을 부인하는 것에 대하여 有力한 反論이 제기되고 있다.[31] 입법상 불법에 대한 책임인정의 主要한 論據를 검토하면 다음과 같다. 먼저 의원의 입법행위가 국가배상법상의 公務員의 職務行爲에 해당하여야 하는데, 과거에 의원은 공무원이 아니라는 이유로 국가배상이 부인되었으나 그 사이 의원은 공적 임무의 주체라는 것이 인정되고 있다. 즉 독일기본법 제34조의 공무원개념은 넓은 의미로 해석되고 있으므로,[32] 여기에는 의원도 속한다고 볼 수 있다.[33] 이러한 점은 기본법 제48조 제2항의 문언으로부터도 도출될 수 있다. 즉 동조항의 해석을 통하여 연방하원은 국가기관으로서의 성격이 인정되며,[34] 하원의원은 그 구성원으로서의 의미를 가지게 되었다.[35] 특히 연방헌법재판소는 의원이 공직의 담당자임을 명백히 인정하고 있다.[36] 둘째, 의원에게 입법활동을 함에 있어 준수해야 할 外部的 職務義務가 존재하는지에 대하여 독일기본법상에는 여기에 대한 직접적인 명문의 규정이 없으나, 의원의 외부적 직무책임은 基本權保障의 규정으로부터 직접 도출될 수 있다는 유력한 반론이 제기되고 있다.[37] 그리고 의원에게는 憲法上의 成文·不文法則을 준수해야 할 직무상 의무가 인정되고 있다. 즉 이러한 직무상 의무이행은 헌법기관으로서 연방의회뿐만 아니라 그 구성원인 의원에게도 인정된다.[38] 나아가 입법은 주로 공적 임무와 관련된 것이기 때문에, 법률을 제정·공포하는 것 역

---

31) Fetzer, Die Haftung des Staates für legislatives Unrecht, 1994, S. 49 ff.; Schenke, Die Haftung des Staates bei normativem Unrecht, DVBl. 1975, S. 121 ff.; Schenke/Guttenberg, Rechtsprobleme einer Haftung bei normativem Unrecht, DÖV 1991, S. 949 ff.; Scheuing, Haftung für Gesetze, FS für Bachof, 1984, S. 343 ff.
32) Papier, in: Maunz/Dürig, GG, Art. 34 Rn. 108; Jarass/Pieroth, GG, Art. 34 Rn. 6.
33) Dohnold, a.a.O., S. 152. m.w.N.
34) BVerfGE 6, 84/92.
35) Haverkate, Amtshaftung bei legislativem Unrecht und die Grundrechtsbindung des Gesetzgeber, NJW 1973, S. 442.
36) BVerfGE 40, 296 ff.
37) Haverkate, a.a.O., S. 442; Feltzer, a.a.O., S. 58.
38) Haverkate, a.a.O., S. 442.

시 국가배상법상 공무원의 직무행위에 해당하는 것이라고 볼 수 있
다.[39] 요컨대, 의원 개인의 직무상 의무는 立法의 憲法羈束性에서 도
출될 수 있다는 것이다.[40] 셋째, 責任否認論은 직무상 의무의 第3者
關聯性을 인정하기가 곤란하다고 주장한다. 즉 독일연방통상법원은 입
법의 영역에 있어서 의원은 특정한 개인이나 단체에 대한 것이 아니라
一般公衆에 대하여 임무를 수행한다는 원칙을 제시하고 있다.[41] 그러
나 최근 입법상의 불법에 대한 국가책임을 주장하는 입장에서는 기본권
의 내용에 있어서 변화가 이루어지고 있음을 이유로, 기본권으로부터
國家의 保護義務(Schutzpflicht)를 도출함으로써 입법상의 불법에 대한
책임을 근거지울 수 있다고 주장한다.[42] 또한 특정한 개인이나 또는 단
체에 대한 구체적인 私益保護性은 단지 좁게 한정된 인적 범위와 관
련된 이익(사익)만을 규정하고 있는 처분법률이나 개별사례법률의 경
우에 인정될 수 있다. 즉 이러한 경우에 입법자는 제한된 인적 범위에
있는 제3자에 대하여 그러한 이익영역의 보호를 위한 직무상 의무를
진다. 따라서 의무를 부과하는 법규범을 통하여 사실상 이익을 줄 뿐
만 아니라, 주어야 하는 경우에 제3자 보호성이 인정될 수 있다고 한
다.[43] 이와 관련하여 Oldiges는 개별사례법률 및 처분법률의 경우에

---

39) Dohnold, a.a.O., S. 152.
40) Oldiges, a.a.O., S. 387.
41) BGHZ 56, 40/46.
42) Haverkate, a.a.O., S. 442 f. 우리 헌법재판소도 국가가 1980년 공권력의 부당한 행사
를 통하여 헌납명목으로 청구인들의 재산을 강제취득한 것과 관련하여 입법자에게 그
보상 등을 위한 특별입법의 의무가 발생하였는지 여부를 판단하면서, 국가의 기본권 보
호의무로부터 국가 자체가 불법적으로 국민의 기본권을 침해하는 경우 그에 대한 손해
배상을 할 국가의 행위의무가 도출된다고 판시하였다. 즉, 「헌법 제10조 제2문은 "국가
는 개인이 가지는 불가침의 기본적 인권을 확인하고 이를 보장할 의무를 진다"고 규정
함으로써, 소극적으로 국가권력이 국민의 기본권을 침해하는 것을 금지하는데 그치지
아니하고 나아가 적극적으로 국민의 기본권을 타인의 침해로부터 보호할 의무를 부과
하고 있다. 이러한 국가의 기본권 보호의무로부터 국가 자체가 불법적으로 국민의 생명
권, 신체의 자유 등의 기본권을 침해하는 경우 그에 대한 손해배상을 해주어야 할 국가
의 행위의무가 도출된다고 볼 수 있다」(헌재 2003. 1. 30. 2002헌마358, 판례집 15-1,
151면).
43) BGHZ 56, 40/46.

제3자와 관련된 직무의무는 공익뿐만 아니라 사익보호를 규정하고 있는 헌법규정에서 도출된다고 주장한다.[44] 종래 독일에서는 입법자가 독일 기본법 제14조 제1항의 재산권보장규정을 위반한 경우에 국가배상에 의해서가 아니라 이른바 收用類似侵害理論(enteignungsgleicher Eingriff)에 의하거나,[45] 非財産權에 대한 침해의 경우에는 犧牲補償請求權(Aufopferungsanspruch)에 의해 해결하고 있다.[46] 넷째, 국가배상은 違法할 뿐만 아니라, 有責할 것을 요구하고 있다(국가배상법 제2조 제1항 참조). 즉 독일 민법 제839조에 의하여도 직무의무의 위반은 유책할 것을 요구함은 분명하다. 그러나 입법의 영역에서는 의원의 책임을 인정하기가 쉽지 않다. 다만, 의도하는 규율의 합헌성을 심사하는 경우에 필요한 면밀성을 간과하게 되면, 적어도 輕過失이 고려될 수 있을 뿐이다. 즉 의원이 위헌적인 법제정행위에 참여한다면 이에 대해서 적어도 경과실은 추정될 수 있다는 것이다.[47] 그 밖에 立法上 不法에 대한 국가배상이 인정되기 위해서는 損害가 발생하여야 한다. 다시 말하면 필요한 주의를 기울이지 않아 제정된 위헌법률이 국민의 권리와 이익을 침해하여야 한다. 물론 이러한 주장은 행정행위의 객관적 위법성과 권리침해를 연결해서 파악하는 違法性牽聯性(Rechtswidrigkeitszusammenhang)[48]을 주장하는 입장에서는 부인될 수 있으나, 일반적으로는 위법성과 별도로 손해발생을 그 요건으로 하며 직무상 불법행위와 손해 사이에는 상당한 인과관계가 존재하여야 한다.[49] 요컨대, 의원에게는 개인의 기본

---

44) Oldiges, a.a.O., S. 890.

45) Nüßgens/Boujong, Eigentum, Sozialbindung, Enteignung, 1987, Rn. 446.

46) Dohnold, a.a.O., S. 155 ff.

47) Haverkate, a.a.O., S. 444.

48) Wahl, in: Schoch/Schmidt-Aßmann/Pietzner, VwGO, § 42 Abs. 2 Rn. 49 ff. 이에 대한 소개는 朴正勳, "행정소송법 개정의 주요쟁점", 公法硏究 제31집 제3호, 50-51면. 한편 朴均省 교수는 대법원판례(대법원 1997. 6. 13. 선고 96다56115 판결)를 분석하면서, 국회가 국민에 대한 직무상 의무위반을 위법으로 보는 견해에 서 있다고 보고, 이러한 입장에서는 위법과 과실이 동시에 판단된다고 한다(朴均省, 행정법론(상), 박영사, 2004, 508면).

49) 대법원 2001. 10. 23. 선고 99다36280 판결.

권을 침해하지 않도록 헌법을 준수할 직무상 의무가 존재한다. 이를 위반한 의원에게는 유책성이 인정되어야 하며, 개인은 이로 인한 자신의 기본권침해(손해발생)를 이유로 손해배상을 청구하여야 한다고 주장한다.50)

한편, 입법상의 불법에 대한 국가배상책임을 인정하는 것과 관련하여, 立法者의 不作爲로 인하여 손해가 발생한 경우에도 인정될 수 있다. 물론 이러한 입법부작위는 헌법 자체에서 특정한 법률을 제정해야 할 구체적 의무가 도출되어야 직무상 의무로서 인정될 수 있으나, 입법자에게는 形成的 自由가 보장되어 있으므로 입법부작위의 요건은 매우 엄격하게 해석되고 있다.51) 이와 관련하여 독일 연방헌법재판소도 역시 직무상 의무의 위반은 입법자가 그러한 직무의무를 명백히 침해한 경우에만 인정될 수 있다고 판시하고 있다.52)

(2) 國內學說의 現況

종래 立法作用은 국가배상의 死角地帶로 다루어져 왔으나, 점차 국내문헌 가운데에도 이러한 영역에 대한 적극적 관심을 보이고 있음은 주지의 사실이다. 그 가운데에서도 독일학설의 영향으로 立法上 不法

---

50) Haverkate, a.a.O., S. 444.
51) Ossenbühl, a.a.O., S. 106. 故 柳至泰 교수는 眞正不作爲와 不眞正不作爲로 구분하여, 후자의 경우에는 입법행위에 대한 부작위로 보기 어렵기 때문에 前者만을 그 대상으로 하여야 한다고 주장한다(同人, 행정법신론, 343면). 한편, 우리 헌법재판소도 1950. 8. 20. 전후하여 제주도 각 경찰서에서 구금 중이던 민간인들을 처형한 사건에 대한 진상조사 및 동 사건 피해자들의 명예회복·호적정정·피해배상 등 국가의 의무이행을 위한 법률을 제정하지 아니한 立法不作爲의 違憲確認을 구하는 憲法訴願審判請求에서 부적법 각하결정을 내리면서, 입법부작위의 요건을 매우 제한적으로 해석하고 있다. 즉「헌법상의 권력분립원칙과 민주주의원칙에 의하여 입법부작위에 대한 헌법재판소의 재판관할권은 한정적으로 인정할 수밖에 없다고 할 것이므로, 헌법에서 기본권보장을 위하여 법령에 명시적인 입법위임을 하였음에도 불구하고 입법자가 이를 이행하지 아니한 경우이거나, 헌법해석상 특정인에게 구체적인 기본권이 생겨 이를 보장하기 위한 國家의 行爲義務 내지 保護義務가 발생하였음이 명백함에도 불구하고 입법자가 아무런 입법조치를 취하지 아니한 경우에 한하여 입법자에게 입법의무를 인정한다」라고 판시하고 있다(헌재 2003. 6. 26. 2000헌마509, 2001헌마305(병합) 전원재판부).
52) BVerfGE 56, 54/80 f.; 77, 381/405; 79, 174/202/ 85, 191/212; 92, 26/46.

에 대한 국가책임에 대하여 적어도 법이론적으로는 긍정적인 입장을
보이고 있다. 특히 金南辰 교수는 "우리나라에는 법률제정을 통한 불
법행위에 대한 국가책임(배상책임)을 제한한 아무런 규정도 없다. 따라
서 국가배상법 제2조가 규정하고 있는 요건이 충족되는 한 국가에 대
한 손해배상의 청구가 가능하다고 일단 말할 수 있다. 그러나 그에 관
한 요건 하나하나를 음미할 때, 입법상의 불법을 이유로 한 배상청구가
실질상 용이하지 않음을 이해할 수 있다. 여기에 바로 입법상의 불법행
위에 대한 국가책임과 행정상의 불법행위에 대한 국가책임을 同列에
놓기 어려운 점이 있다고 하겠다"고 주장한다.[53] 이 견해는 입법상의
불법에 대한 국가책임이 이론상 가능하다는 점은 인정하고 있으나, 구
체적인 요건을 심사함에 있어서 국가책임을 현실적으로 인정하기가 용
이하지 않다고 지적하고 있다. 또한 鄭夏重 교수는 "오늘날 집행적 법
률(처분적 법률)의 형태의 법률이 증가하고, 이들에 의하여 개인의 자유
와 재산이 직접 침해되고 있는 현실에 비추어 이러한 관점도 절대적이
될 수 없게 되었다. 이에 따라 국회의 입법작용도 원칙적으로 국가배상
의 대상이 된다는 데 대하여는 오늘날 원칙적으로 합의가 존재하고 있
다"고 평가하면서, 입법상 불법에 대한 국가배상의 문제를 (執行的) 法
律에 의하여 직접 손해가 발생된 경우와 법률에 근거한 행정청의 처분
에 의하여 손해가 발생한 경우를 나누어 설명하고 있다. 즉 전자의 경
우에는 입법과정에서 위헌성을 판단하기는 어려우나 여론이나 입법에
반대하는 의원에 의해 구체적으로 지적된 경우에는 과실을 인정할 수
있다고 보고 있다. 그러나 후자의 경우에는 근거법률이 헌법재판소에
의해 위헌·무효가 되면 수권의 근거가 없게 되어 위법성을 인정하는
데 어려움은 없으나, 당해 공무원이 위헌법률 여부를 심사할 수 없으므
로 그의 과실을 인정하기가 용이하지 않다고 본다. 또한 鄭夏重 교수
는 결론적으로 입법작용에 대한 국가배상은 執行的 法律에 의하여 직

---

53) 金南辰, 행정법의 기본문제, 436면.

접 손해가 발생한 경우에 한하여 인정하고 있으며, 구체적인 배상책임
의 요건과 그 범위에 대해서는 특별한 규율을 요하며, 이에 대하여 독
일의 국가책임법 제5조가 좋은 참고가 됨을 지적하고 있다.[54] 한편, 金
東熙 교수는 법률에 의거한 행정청의 구체적 처분에 의하여 개인의 권
익이 침해된 경우와 (처분)법률에 의하여 직접적으로 개인의 권익이 침
해된 경우로 구분하여, 전자의 경우에는 당해 처분을 중심으로 배상책
임 발생요건의 충족 여부가 판단되어야 할 것이라고 하면서, 이러한 경
우가 통상적인 경우라고 한다. 또한 후자의 경우, 즉 법률에 의하여 직
접적으로 개인의 권익이 침해된 경우를 처분법규에 의한 침해로 제한
하여 파악하면서, 당해 처분법규는 위헌이므로 그 위법성의 인정에는
문제가 없으나, 이러한 처분법규의 입법과정상에 과실을 인정하는 데는
여러 가지 어려운 점이 있다고 주장한다.[55] 요컨대, 이러한 견해들은
적어도 법이론적으로는 입법상의 불법에 대한 국가책임을 인정하는 것
으로 보인다. 다만 처분적(또는 집행적) 법률에 의하여 직접적으로 개인
의 권리나 이익을 침해하는 경우에 한정하여 이를 검토하고 있는 점이
특징적이다. 그러나 법률에 의거한 행정청의 구체적 처분에 의하여 개
인의 권익이 침해된 경우는 진정한 의미의 立法上 不法(立法作用에 의
한 불법행위)이라고 볼 수 없고, 행정작용으로서 후술하는 위법한 규범
에 근거한 집행행위에 대한 책임에 해당한다. 또한 현실적으로 國會議
員의 過失(有責)을 입증하기가 곤란하다고 보고 있다.

金性洙 교수는 입법행위(법률, 법규명령 및 조례를 포함)에 대한 국가
책임에 대해서는 이론적으로는 가능하나 현실적으로는 의원 개개인의
過失의 입증이 사실상 불가능하며, 법집행을 하는 공무원은 대법원에
의한 無效確認前까지 위헌·위법이 의심되는 법령을 적용하지 않아야
할 기대가능성이 없으므로 당해 공무원의 과실을 인정할 수 없으며, 위
헌·위법인 법령에 대한 손해배상의 청구가 권리구제방식으로 친숙하

54) 鄭夏重, 행정법총론, 제2판, 법문사, 2004, 515-517면.
55) 金東熙, 행정법 I, 제9판, 박영사, 488면.

지 못하다는 점을 이유로 책임을 인정하기가 쉽지 않다고 한다. 다만, 이 견해는 입법상의 불법에 대한 국가책임 대신 헌법상 보장된 사법적 통제수단인 위헌법률심사와 법률에 대한 헌법소원제도를 통해 해결되어야 한다고 주장한다.56) 그 밖에 李憲衍 교수는 "독일에서 立法不法에 대한 국가책임문제는 학설과 판례가 일반적으로 소극적인 입장에도 불구하고 이에 대하여 이론적으로 설득력 있는 反論이 계속 제기되고 있을 뿐만 아니라 실무상으로도 —특히 국가재정부담의 관점에서— 주목되는 論題의 하나이다. 위에서 결론내린 바와 같이 비판론자들의 적극적인 입장에 따른다면 法治國家의 본질적인 요청인 포괄적인 권리구제의 관점에서 立法不法으로 인한 권리침해의 경우를 국가책임의 대상에서 전면적으로 배제하여야 할 아무런 法理上의 理由가 없다"고 하여, 원칙적으로 입법상의 불법에 대한 국가책임을 인정하고 있다. 동시에 이 견해는 "立法不法에 대한 국가책임문제는 궁극적으로 보상관계법률의 제정을 통해 입법적으로 해결하는 것이 가장 바람직하다고 할 것이나 보상체계가 정비되어 있지 못한 현재로서는 收用類似侵害制度가 재정부담을 적정한 선에서 제한하면서 국가책임체계상의 공백을 메울 수 있는 유일한 대안이다"라고 하여, 수용유사침해이론에 의한 문제해결을 대안으로 제시하고 있다.57) 李日世 교수 역시 "입법상의 불법에 대한 국가배상책임은 여러 가지 제약요건으로 인하여 현실적으로 성립되기가 매우 어렵다고 할 것이다. 이는 독일의 학자가 적절하게 지적하는 바와 같이 국가배상제도가 입법화될 당시에는 법을 집행하는 개개 공무원의 위법한 행위로 인한 손해배상을 규율하는 것을 의도하였을 뿐, 입법이나 사법과 같은 특수한 국가작용으로 인한 손해배상문제는 예상하지 못하였기 때문에 발생하는 문제라 할 것이다. 따라서 입법상의 불법으로 인한 국민의 손해의 전보에 관해서는 특별한 규율이 필요하다고 생각되며, 이 때 반드시 국가배상적 법리에 의해 해결할 필요는

56) 金性洙, 전게서, 585-586면.
57) 李憲衍, "입법불법에 대한 국가책임", 司法行政, 1995. 6, 26-27면.

없고, 손실보상의 측면도 고려해 볼 만할 것이다"라고 하여,[58] 손실보상의 측면에서 접근할 것을 강조하고 있다.

3. 判例의 立場

立法上 不法에 대한 國家賠償責任을 인정한 사례로 거론되는 대표적인 하급심판례에는 서울民事地法이 1989. 12. 18. 위헌판결을 받은 國家保衛立法會議法 부칙 제4항에 근거하여 면직당한 국회사무처 및 국회도서관직원의 국가배상청구를 인정한 사건이 있다.[59] 그러나 동 판례를 자세히 살펴보면, 수권법률인 국가보위입법회의법 부칙 제4항에 의하여 직접 원고의 권리가 침해당한 것이 아니라 헌법재판소에 의해 위헌판결을 받은 동 법률에 근거하여 발급된 무효인 免職處分으로 인하여 면직원고들의 就勞가 거부당해 원고의 권익침해가 발생한 것이다. 즉 서울民事地法의 판결은 법률에 근거한 행정청의 처분에 의하여 손해가 발생한 경우로서 국가의 歸責事由(過失)를 인정하고 있다. 또 다른 下級審判例 가운데에는 원칙적으로 국회의원은 선거 등에 의한 정치적 책임만을 지므로, 이를 넘어 입법행위 또는 그 부작위에 대하여 법적 책임을 귀속시키는 것은 원칙적으로 가능하지 않다고 보면서, 예외적으로 국회의 입법형성권도 헌법에 의하여 부여된 것이기 때문에 헌법질서 내에서만 그 정당성이 인정되는 것이므로 헌법에서 기본권보장을 위하여 법령에 명시적인 입법위임을 하였을 경우, 헌법해석상 특정인에게 구체적인 기본권이 생겨 이를 보장하기 위한 國家의 行爲義務 내지 保護義務가 발생하였을 때에는 입법권자인 국회에게 헌법상의 입법의무가 부여되었다고 할 수 있는 경우에 한하여 立法不作爲가 위헌 내지 위법한 것으로 평가될 수 있다고 판시한 경우가 있다.[60]

58) 李日世, "입법상의 불법에 대한 국가의 배상책임", 現代公法學의 再照明, 金南辰敎授停年記念論文集, 198면.
59) 서울지방법원 1992. 10. 2. 선고 91가합84035 판결. 여기에 대한 판례평석은 鄭夏重, 전게논문, 4면 이하 참조. 다만 사건번호는 일치하나 선고일자에 다소 차이가 있는 듯하다. 즉 당해 판결을 1992. 8. 28. 자로 인용하고 있으나, 이는 변론종결일이다.

한편, 大法院은 "우리 헌법이 채택하고 있는 議會民主主義下에서 국회는 다원적 의견이나 각가지 이익을 반영시킨 토론과정을 거쳐 다수결의 원리에 따라 통일적인 국가의사를 형성하는 역할을 담당하는 국가기관으로서 그 과정에 참여한 국회의원은 입법에 관하여 원칙적으로 국민 전체에 대한 관계에서 政治的 責任을 질 뿐 국민 개개인의 권리에 대응하여 법적 의무를 지는 것은 아니므로, 국회의원의 입법행위는 그 입법 내용이 헌법의 문언에 명백히 위반됨에도 불구하고 국회가 굳이 당해 입법을 한 것과 같은 특수한 경우가 아닌 한 국가배상법 제2조 제1항 소정의 위법행위에 해당된다고 볼 수 없다"라고 판시하여,[61] 의원의 입법행위가 국가배상법상의 위법성요건을 충족하는지 여부에 대하여 입장을 밝히고 있다. 동 판결은 日本 最高裁判所의 判例[62]의 영향을 강하게 받은 것으로 보인다.[63] 그러나 내용상 위법성의 문제가 아니라, 고의 또는 과실에 해당하는지 여부에 관한 유책의 문제로 이해하는 것이 보다 타당하다고 생각한다.[64] 또한 상기 판결에 대하여 국회의원의 입법행위는 국가배상법 제2조 제1항 소정의 위법행위에 해당되지 아니한다고 해석하는 견해도 있으나,[65] 대법원의 태도가 이 문제에 대해 매우 명확한 것은 아니라고 생각한다. 즉 우리 대법원은 입법상의 불법에 대한 국가배상책임을 전면적으로 부인하는 것은 아니고, 당해 의원의 법제정행위가 "憲法의 文言에 明白히 違反되는" 경우임에도 불구하고 입법을 강행한 경우에는 국가배상을 인정할 수 있는 여지를 남겨두고 있다. 생각건대 당해 대법원판결은 명백한 위헌의 소지가 있

---

60) 서울지법 남부지원 1999. 2. 25. 선고 98가합15904 판결.

61) 대법원 1997. 6. 13. 선고 96다56115 판결.

62) 最判昭和 60(1985)・11・12 民集39卷7號 1512면, 行政判例百選 II, 140事件. 塩野 宏, 行政法 II, 第二版, 有斐閣, 1995, 242면. 동판례에 대한 상세한 소개는 李日世, 전게논문, 185면 이하.

63) 한편, 日本에서는 입법작용이 '公權力의 行使'에 해당된다고 보는 견해가 유력하게 제기되고 있다. 塩野 宏, 전게서, 236면.

64) 同旨見解: 金東熙, 전게서, 488면.

65) 金性洙, 전게서, 586면 참조.

는 입법행위와 같이 매우 제한적인 경우에 적어도 立法上 不法에 대한 國家責任이 허용될 수 있음을 전제하고 있다고 판단된다.

한편, 대법원은 司法上 不法과 관련하여서도 매우 주목할 만한 판례를 내놓고 있다. 즉 법관의 재판에 법령의 규정을 따르지 아니한 잘못이 있다고 하더라도 이로써 바로 그 재판상 직무행위가 국가배상법 제2조 제1항의 위법한 행위로 되어 국가배상책임이 발생하는 것은 아니고, 국가배상책임이 인정되기 위해서는 당해 법관이 위법 또는 부당한 목적을 가지고 재판을 하였다거나 법이 법관의 직무수행상 준수할 것을 요구하고 있는 기준을 현저하게 위반하는 등 법관이 그에게 부여된 권한의 취지에 명백히 어긋나게 이를 행사하였다고 인정할 만한 특별한 사정이 있어야 된다고 한다. 나아가 재판에 대하여 불복절차 내지 시정절차 자체가 없는 경우에 부당한 재판으로 인하여 불이익 내지 손해를 입은 사람이 국가배상 이외의 방법으로는 자신의 권리 내지 이익을 회복할 방법이 없는 경우에는, 배상책임의 요건이 충족되는 한 국가배상책임을 인정하지 않을 수 없다고 판시하고 있다.66) 이와 같이 법관의 재판(사법작용)에 의한 국가배상책임에 대해서 종래 부정적인 견해가 압도적이었으나, 상기 대법원판례에서 보는 바와 같이 보충성의 원칙 등 매우 엄격한 요건 하에서 이를 인정할 수 있는 가능성이 열려져 있는 것으로 보인다. 이러한 새로운 판례는 입법상의 불법에 대한 국가배상책임에 있어서도 시사하는 바가 크다고 생각한다.

4. 小　結

종래 입법상의 불법에 대한 국가책임을 부정하는 것이 일반적이었으나, 근년에 들어와서는 국가책임이 인정될 수 있다는 反論이 유력하게 제기되고 있음은 이미 언급한 바와 같다. 즉 國會議員은 국가기관인 의회의 구성원으로서 公務員으로서의 지위가 인정된다. 또한 국가배상

---

66) 대법원 2003. 7. 11. 선고 99다24218 판결.

법상의 공무원은 넓은 의미로 파악되고 있으며 여기에는 국가공무원법
뿐만 아니라 지방공무원법상의 공무원 그리고 공무수탁사인을 망라하고
있다.67) 나아가 국회의원은 헌법상의 成文·不文法則을 준수해야 할
직무상 의무가 인정되고 있으며, 이러한 직무상 의무를 수행함에 있어
서는 헌법에 기속된다. 그밖에 第3者 關聯性에 있어서도 기본권의 내
용으로부터 국가의 보호의무가 인정되며, 이를 통하여 立法上 不法에
대한 책임의 근거를 제공할 수 있다. 이러한 점은 이미 소개한 헌법재
판소의 판례에서도 확인할 수 있다. 따라서 현행 국가배상법 제2조상의
'公務員의 職務行爲'에는 立法作用도 포함된다고 볼 수 있다.68)

　국내학설은 대체로 處分法律의 경우에 국회의원의 입법행위의 위법
성을 인정할 수는 있으나, 국회의원의 有責을 입증하기가 사실상 곤란
하다고 보고 있다. 또한 법이론적으로는 입법상의 불법에 대한 국가책
임을 인정할 수 있다고 하더라도, 국회의원의 過失을 입증하는 것은 현
실적으로 용이하지 않다고 보고 있다. 그러나 여론이나 대중매체 등을
통하여 위헌의 개연성이 높은 법률의 제정에 의도적으로(惡意로) 또는
중대한 과실로 참여함으로써 개인이나 특정한 집단에게 손해를 입힌
경우에 그 의원의 위법·유책을 인정할 수 있을 것이다. 또한 일반적으
로는 개별적인 사안을 검토하여, 의원의 인식가능성을 기준으로 그 유
책 여부를 판단하는 것이 보다 타당할 것이나,69) 근년에는 적어도 의원
이 위헌적인 법제정행위에 참여하는 것에 대해서는 우선 輕過失 정도
는 추정될 수 있다는 주장70)이 유력하게 제기되고 있다. 그밖에도 過
失의 客觀化71) 또는 過失의 立證責任을 緩和(소위 一應推定의 法理)
하여 입법상의 불법에 책임을 물을 수 있다. 즉 입증책임을 완화하여

---

67) 대법원 1970. 11. 24. 선고 70다2253 판결.
68) 동지견해: 金道昶, 일반행정법론(상), 제4전정판, 청운사, 622면.
69) Schenke, Die Haftung des Staates bei normativem Unrecht, DVBl. 1975, S. 127.
70) Haverkate, a.a.O., S. 444.
71) 李尙圭, 신행정법론(상), 新版, 법문사, 599-600면.

被害者側에서 공무원의 위법한 직무행위에 의하여 손해가 발생하였음을 입증하면 공무원이 과실이 있는 것으로 一應 추정되고(prima facie), 피고인 국가가 反證에 의해 이를 번복하지 못하면 배상책임을 지도록 하는 것이다. 大法院도 공무원의 고의 또는 과실로 인하여 불법행위가 성립하기 위해서는 행정처분의 담당공무원이 일반공무원을 표준으로 하여 볼 때 객관적 주의의무를 결하여 그 행정처분이 객관적 정당성을 상실하였다고 인정될 정도에 이른 경우에 국가배상법 제2조 소정의 요건을 충족한다고 판시하고 있다.72) 한편, 국회의원도 공무원이므로 위헌 또는 위법성을 심사할 권한이 없다는 견해도 있으나, 여기에는 찬동할 수 없다고 본다. 왜냐하면 국회의원은 입법행위를 함에 있어 헌법준수의무, 즉 法律의 憲法適合性에 항상 주의를 기울여야 하고, 이를 태만히 하여 위헌의 개연성이 높은 법제정행위에 참가한 경우에는 위법성을 충분히 인정할 수 있기 때문이다.73)

Ⅲ. 違法한 法律下位規範에 대한 國家責任

규범상의 불법 가운데 형식적 법률에 의한 불법을 제외한 法律下位規範에 의한 불법에 대한 책임문제도 검토할 필요가 있다. 이러한 영역은 주로 행정작용(특히 행정입법)의 성격을 가진다. 그러한 이유에서 이를 "行政不法"(Verwaltungsunrecht)이라고 부르기도 한다.74) 그러나 행정입법 가운데에도 행정규칙이 여기에 포함될 수 있는지에 대하여는 학설상 다툼이 있다.75) 한편, 독일 연방통상법원(BGH)은 종래에 입법상의 불법에 대한 국가책임을 부인하고, 위법한 법률하위규범에 의한 침

---

72) 대법원 2003. 11. 27. 선고 2001다33789, 33796, 33802, 33819 판결.
73) Dohnold, a.a.O., S. 152; v. Arnim, Die Haftung der Bundesrepublik Deutschland für das Investitionshilfegesetz, 1986, S. 38 f.
74) Fetzer, a.a.O., S. 19. m.w.N.
75) 최근 行政立法을 법규명령에 한정해서 이해하는 견해도 제시된다(洪準亨, "행정입법에 대한 국회의 통제", 韓國公法學會 제116회 학술발표회, 61면 참조).

해에 대해서 收用類似侵害理論[76])을 적용하였다. 그러나 근년에는 도시
계획조례의 형식으로 수립된 지방자치단체의 建築計劃(Bebauungsplan)
에 대해서 국가책임을 인정하고 있음은 주목할 만한 사실이다.[77])

연방통상법원은 法規命令을 발급할 경우에 ―개별사례법률 및 처분
법률과 같은 예외적인 경우를 제외하고― 명령제정권자는 개인이나 개
별집단에 대해서가 아니라, 단지 一般公衆에 대해서만 직무상 의무를
부담한다고 보고 있다.[78]) 또한 同法院은 제3자에 대한 직무상 의무는
명령이 완전히 특정되고 좁게 한정된 인적 범위와 관련된 경우에 한해
서만 인정하고 있다. 즉 處分法規에 유사한 경우에 대해서만 인정하고
있다.[79]) 또한 이러한 원칙을 長官이나 기타 官職 등에 의해 제정되는
위법한 行政規則까지 확대하고 있다.[80]) 그러나 학설은 이러한 연방통
상법원의 판례에 대하여 명령제정권자의 기본권을 준수할 직무상 의무
가 개별 基本權主體에 대해서만 존재하고 있음을 이유로 반대하고 있
다.[81]) 즉 독일 민법 제839조의 제3자 관련성을 인정하여 위법한 법규
명령의 발급에 대한 국가배상청구권을 인정하고 있다.

독일 건설법전 제10조에 기초한 지방자치단체의 建築計劃(Bebauung-
spläne)의 경우에도 마찬가지이다. 이 경우 지방의회의 의원은 국가책임
법상 일종의 공무원으로서의 의미를 가진다.[82]) 특히 제3자가 保護規範

---

76) 收用類似侵害理論의 법적 근거는 독일기본법 제14조 제3항에서 찾는 것이 보통이나
   (Battis, Allgemeines Verwaltungsrecht, 3. Aufl., S. 354), Ossenbühl 교수는 연방
   통상법원이 초기에 그 법적 근거를 기본법 제14조 제3항이 아니라, 기본법 제14조 전
   체에 두고 있었다고 주장한다(Ders., a.a.O., S. 216 f.).
77) BGH, JZ 1989, S. 1122(1124).
78) BGHZ 56, 40/44 ff. 이에 대한 상세는 Rüfner, in: Erichsen/Ehlers, Allgemeines
   Verwaltungsrecht, 12. Aufl., § 47 Rn. 24.
79) BGHZ 56, 40/44 ff. 대법원도 예외적으로 행정청의 법제정행위가 다른 집행행위를 기
   다릴 것 없이 직접 개인의 권익을 침해하는 소위 '處分的 命令'을 인정하고 있다(대법
   원 1954. 8. 19. 선고 4286행상31; 대법원 1996. 9. 20. 선고 95누8003 판결).
80) BGHZ 91, 243/249. 李惠珩 교수는 양자를 포함하여 "違法한 行政立法에 대한 國家責
   任"을 설명하고 있다. 同人, 전게논문, 23면 참조.
81) Papier, in: MünchKomm, § 839 Rn. 221; Dohnold, a.a.O., S. 157. m.w.N.
82) Ossenbühl, a.a.O., S. 107.

(Schutznorm)의 침해를 입증하는 경우에 도시계획법상의 형량명령은 매우 중요한 의미를 가진다. 이 경우 문제가 되는 것은 건축법상의 규정이 제3자 보호의 의미를 가지는가이다. 이와 관련하여 독일 건설법전 제8조 제2항에서는 지방자치단체의 건축계획이 土地利用計劃(Flächen-nutzungsplan)에 기초해서 수립되어야 한다고 규정하고 있다. 그러나 이러한 의무는 단지 공익에만 기여하였기 때문에 국가배상청구권의 침해를 이끌어내지 못하였다.[83] 그러나 연방통상법원은 최근 독일 건설법전 제1조 제6항(§ 1 Abs. 6 BauGB)의 형량명령에 관한 규정이 제3자 보호적 효력을 가짐을 인정하고 있다.[84] 이와 관련하여 동법원은 考慮命令(Rücksichtnahmegebot)[85]이 이해관계인을 위하여 제3자 보호적 효력을 발하고, 그에게 주관적 공권을 인정하고 있다.[86]

Ⅳ. 違法한 規範에 근거한 執行行爲에 대한 國家責任

이상의 논의는 주로 일반·추상적 규율에 의한 불법으로 인하여 손해가 발생한 경우에 해당하나, 이하에서는 위헌·위법인 법규범에 근거하여 발급된 집행행위로 인하여 개인에게 손해를 끼치는 경우로서 規範上 不法의 執行과 適用에 관한 것이다. 이 경우에는 행정이 헌법이나 법률에 위반됨에도 불구하고 규범을 집행하거나 적용해야 할 의무가 있는지 또는 해당 규범의 적용을 배제할 권한이 있는지가 문제된다.[87] 문제가 되는 규범을 적용하는 공무원의 집행행위는 사법심사에 의해 위법·무효가 될 때까지는 유책하지 않을 것을 전제로 한다.[88] 만약 규범이 명백히 위법·무효이거나 헌법재판소에 의해 위헌으로 판

---

83) BGHZ 84, 292/301 f.
84) BGHZ 106, 323/332.
85) 拙稿, "건축법상의 고려명령과 인인보호를 위한 법적 의미", 土地公法硏究 제21집, 445면 이하.
86) BGHZ 92, 34/51 ff. Rüfner, a.a.O., § 47 Rn. 24. m.w.N.
87) Ossenbühl, a.a.O., S. 108.
88) Boujong, in: FS für Geiger, 1989, S. 440(443).

결된 경우에 당해 공무원이 이를 집행한다면, 이는 직무상 의무를 위반하는 것이 된다. 왜냐하면 行政의 法律適合性의 원칙에 비추어 공무원이 적법한 직무를 행하여야 함은 당연하기 때문이다.[89] 그러나 이러한 경우를 제외하고는 공무원에게 위헌이 의심되는 해당 법률의 적용을 거부할 법적 의무가 없다고 보는 것이 일반적이다.[90] 따라서 해당 공무원이 수권법률을 스스로 합헌이라고 판단하여 집행한 후, 헌법재판소에 의해 위헌판결이 내려진다 하더라도 당해 공무원의 직무상 책임을 묻기는 어렵다.[91] 독일연방통상법원은 법규명령 및 조례 등 法律下位規範에 의한 책임에 대해서는 수용유사침해이론에 의한 책임을 인정하고 있으나,[92] 입법상의 불법에 대해서는 이를 부인하고 있다.[93] 왜냐하면 동법원은 집행행위의 위법성은 수권법률의 위헌성에 기초하고 있고, 이 경우 국회의원의 불법이 행정의 위법한 집행행위에 정착된 것이기 때문에, 그 책임은 위헌법률을 제정한 의회에 귀속된다고 보았다.[94]

V. 맺음말

이상의 논의를 종합하면 전통적으로 立法上 不法에 대한 國家責任을 인정하는 것에 대하여 소극적인 견해가 지배적이었으나, 오늘날에는 오히려 立法上 不法에 대한 國家責任을 긍정하는 입장이 보다 더 유력해지고 있음을 알 수 있다. 한편, 우리 대법원은 입법상의 불법에 대한 전통적인 입장에 기초하여 원칙적으로 부정적인 입장을 취하고 있다. 그러나 국내학설은 적어도 법이론적으로는 의원의 위헌적인 입법행위로 인하여 개인에게 손해가 발생할 수 있음을 是認하고 있는 것으로

---

89) Dohnold, a.a.O., S. 158.
90) 鄭夏重, 전게논문, 11면.
91) BGH, NJW 1988, S. 478(482).
92) BGHZ 78, 41.
93) BGHZ 100, 136/145.
94) Dohnold, a.a.O., S. 158.

보인다. 다만, 현실적으로 국가배상법상의 개별요건을 검토함에 있어 의원의 위법성이나 과실을 인정하기가 용이하지 않음을 지적하고 있다. 사견으로는 이러한 현실적인 문제들은 위법·유책에 관한 입증책임의 문제이므로, 법기술적으로 책임의 요건을 완화한다면 충분히 입법상의 불법에 대한 국가책임을 물을 수 있다고 본다. 예컨대 일부의원이 신문이나 방송과 같은 언론매체나 여론 등에 의해 위헌성이 강하게 제기되는 법률의 제정행위에 적극적으로 참여한 경우에, 적어도 경과실 정도는 인정할 수 있다고 본다. 한편, 대법원판례 가운데에는 시위대에 대한 전투경찰의 과도한 최루탄사용 기타 과도한 시위진압 등으로 인하여 시위참가자를 사망에 이르게 한 사건 등에서 공무원을 특정하지 않은 경우에도 국가의 배상책임을 인정한 사례가 있다(대법원 1995. 11. 10. 선고 95다23897 판결 참조).

또한 현실적으로 가해공무원의 고의 또는 과실을 입증하는 것은 용이하지 않음이 사실이나, 근년에는 '過失의 客觀化'또는 '危險責任論' 등을 통한 입증책임을 완화하려는 노력이 傾注되고 있다. 나아가 국회의원은 일반공무원과 달리 헌법준수의무가 부여되어 있다고 여겨지며(국회법 제24조, 국가공무원법 제56조 및 지방공무원법 제48조 참조), 그러한 이유에서 입법을 함에 있어서 법률의 합헌성 여부에 대한 고도의 주의의무가 요구된다고 판단된다. 이러한 입법상의 불법에 대한 국가책임을 인정하는 것이 의원의 입법활동을 위축시킬 우려도 있을 수 있으나, 근년에는 이해관계인의 로비(lobby)와 議會의 通法府化로 인한 拙速立法이 많이 이루어지고 있으며, 의회의 본연의 기능에 불신을 야기하는 일들이 많이 발생하고 있음도 간과해서는 안될 것이다. 무엇보다 입법상의 불법에 대한 국가책임을 인정하는 것은 한편으로는 입법의 헌법기속성에 비추어 의원의 헌법준수의무가 더욱 강조되는 측면이 있으며, 다른 한편으로는 의원의 입법활동이 신중해질 수도 있다. 특히 독일 연방통상법원이 도시계획조례 형식으로 수립된 지방자치단체의 建築計劃(Bebauungsplan)에 대해서 국가책임을 인정한 것은 매우 주목할

만한 점이라고 생각한다. 또한 국내학설 가운데에는 입법상의 불법에
대한 국가책임문제를 收用類似侵害理論에 따라 해결하려는 시도가 있
다. 즉 위법·유책한 경우가 아니라 違法·無責한 재산권침해에 대해
서는 국가배상책임의 기초를 결하게 되는데, 독일 연방통상법원은 이러
한 경우에 收用類似侵害의 法理를 통하여 해결하고 있다. 다만, 수용
유사침해이론의 법리는 賠償의 문제가 아니라 補償(!)의 문제임에 주의
해야 한다. 따라서 보상과 배상의 문제는 서로 구별하는 것이 타당하다
고 생각한다. 또한 수용유사침해이론은 독일 연방헌법재판소의 자갈채
취판결 이후 새로운 변화의 국면을 맞고 있다. 요컨대 입법상의 불법에
대한 국가책임은 적어도 법이론적으로는 인정될 수 있다는 점에 대해
서 충분히 공감대를 형성하고 있다. 다만 구체적인 위법·유책(특히 과
실의 인정)을 검토함에 있어 현실적인 어려움이 상존하므로, 이러한 문
제를 해결하는 데에 이론적 논의가 집중되어야 한다고 생각한다. 입법
론으로는 독일의 국가책임법의 경우처럼 현행 국가배상법을 재정비하여
입법상의 불법에 관한 명문규정을 두는 것도 적극적으로 검토할 필요
가 있다고 여겨진다.

第3章

行政代執行과 國家賠償訴訟

– 대상판결: 대법원 2010. 1. 28. 선고 2007다82950, 82967 판결 –

[事件의 槪要]

피고 한국토지공사는 이 사건 토지를 포함한 X지구 일대의 택지개발사업에 편입되는 이 사건 토지를 취득하고 그 지장물의 이전을 위하여 원고들과 협의하였으나 협의가 성립되지 아니하여 중앙토지수용위원회(이하 '중토위'라 한다)에 재결을 신청하였다. 중토위는 2002. 4. 16. 원고들 소유의 이 사건 토지를 수용하고, 그 지상 건물 등 지장물을 이전하게 하는 재결을 함과 아울러 그 수용시기를 2002. 6. 4.로 정하였으며, 2002. 6. 11. 위 원고들의 영업의 손실 등에 대한 영업권 보상으로 영업설비 등 물건을 이전하도록 재결하고 수용시기를 2002. 7. 30.로 정하였다.

원고들이 위 수용재결에 따른 손실보상금이 낮다는 이유로 각 손실보상금의 수령을 거절하자, 피고 한국토지공사는 수용시기 전인 2002. 5. 31.과 2002. 7. 29. 이를 각 공탁하였다. 이에 위 원고들은 이의재결을 신청하여 2002. 11. 12. 중토위로부터 보상금의 증액을 내용으로 하는 재결을 받았으나, 이에 다시 불복하여 서울행정법원 2002구합42398호로 토지수용이의재결처분 등 취소소송을 제기하여 같은 법원으로부터 2003. 11. 28. 일부 승소판결을 받았다.

피고 한국토지공사는 2003. 3. 14.경부터 2004. 1. 29.경까지 원고 甲, W엔지니어링에게 6차례에 걸쳐 관련 보상절차가 완료되었다는 이유로 이 사건 토지상의 각 건물에 대한 철거와 지장물 이전을 요청하는 내용의 계고를 하였다. 그러나 원고들이 이에 응하지 아니한 채 이 사건 토지 및 그 지상 공장건물 등을 계속 사용·수익하자, 피고 한국토지공사는 2004. 1. 30. 피고 S산업개발(주)과 행정대집행 철거도급계약을 체결한 후 2004. 2. 5.부터 같은 해 2. 9.까지 사이에 피고 乙(한국토지공사 직원)을 행정대집행 책임자로 삼아 피고 한국토지공사의 직원들과 피고 S산업개발(주)에서 고용한 인부들을 지휘·감독하여 행정대집행을 실시하였다.

원고는 2004. 5. 3. 의정부지방법원 고양지원에 위 대집행이 불법행위에 해당한다며 손해배상소송을 제기하였으나, 피고 한국토지공사는 원고들이 수용시기부터 이 사건 대집행이 종료한 날까지 이 사건 토지를 권한 없이 사용·수익하였음을 이유로 위 기간 동안의 임대료 상당의 부당이득반환청구를 요구하는 반소를 제기하여 일부승소를 받았다. 이에 원고는 서울고등법원에 항소하였으나, 원심도 1심을 인용하여 원고의 항소를 기각하였다. 다만, 원심은 피고 한국토지공사가 국가배상법 제2조의 공무원에 해당한다고 하여 배상책임이 고의·중과실로 제한된다고 판시하였다.

[對象判決의 要旨]

한국토지공사는 구 한국토지공사법(2007. 4. 6. 법률 제8340호로 개정되기 전의 것) 제2조, 제4조에 의하여 정부가 자본금의 전액을 출자하여 설립한 법인이고, 같은 법 제9조 제4호에 규정된 한국토지공사의 사업에 관하여는 공익사업을 위한 토지 등의 취득 및 보상에 관한 법률 제89조 제1항, 위 한국토지공사법 제22조 제6호 및 같은 법 시행령 제40조의3 제1항의 규정에 의하여 본래 시·도지사나 시장·군수 또는 구청장의 업무에 속하는 대집행권한을 한국토지공사에게 위탁하도록 되어 있는바, 한국토지공사는 이러한 법령의 위탁에 의하여 대집행을 수권받은 자로서 공무인 대집행을 실시함에 따르는 권리·의무 및 책임이 귀속되는 행정주체의 지위에 있다고 볼 것이지 지방자치단체 등의 기관으로서 국가배상법 제2조 소정의 공무원에 해당한다고 볼 것은 아니다.

I. 序 說

대상판결은 행정대집행의 법률관계를 새로이 조망할 수 기회를 제공하였으며, 국가배상법 제2조의 배상책임의 요건 중 하나인 '공무원'개념의 범위와 관련하여 중요한 시사점을 던져 주고 있다. 당해 사건에서 피고 한국토지공사1)는 택지개발사업을 함에 있어서 원고들 소유의 토지·지장물 등을 수용한 후 행정대집행으로 공장 등을 철거하였고, 이에 원고들은 위 대집행이 불법행위에 해당함을 이유로 피고 한국토지공사 및 그 임직원, 철거도급계약을 체결한 회사 및 그 직원 등에 대하여 손해배상소송을 제기하였다. 이에 대해 피고 한국토지공사는 이 사건 토지를 수용한 날부터 대집행완료일까지 원고들이 수용된 토지를 무단으로 점유·사용한 것에 대해 임대료 상당의 부당이득반환을 청구하는 反訴를 제기하였다.

이 사건에서 원심은 한국토지공사법령에 의해 대집행권한을 위탁받은 한국토지공사가 행정대집행을 한 경우에 국가배상법 제2조의 '공무원'에 해당한다고 보았으나, 대법원은 피고 한국토지공사가 이러한 법령의 위탁에 의하여 이 사건 대집행을 수권받은 자로서 공무인 대집행을 실시함에 따르는 권리·의무 및 책임이 귀속되는 '행정주체'의 지위에 있으며 지방자치단체 등의 기관으로서 국가배상법 제2조 소정의 공무원에 해당한다고 볼 수 없다고 판단하였다. 또한 대상판례는 피고 한국토지공사와 그 임직원, 철거도급계약을 체결한 회사와 그 고용인부들이 대집행을 실시하거나 대집행 이후 물건을 보관하면서 사회통념에서 벗어나 용인될 수 없는 방법을 사용하는 등 고의 또는 과실로 인한 위

---

1) 한국토지공사는 현재 한국주택공사와 통합되어 '한국토지주택공사'로 명칭이 변경되었다.

법행위로 원고들에게 손해를 가하였다고 보기 어렵고, 따라서 한국토지공사에 대해서도 손해배상책임을 부담시킬 여지가 없다고 보고 있다.

우선 통상적인 행정대집행의 법률관계는 행정청과 제3자(사기업) 그리고 대집행 의무자로 이루어져 있다. 그러나 이 사건과 같이 법령에 의해 행정청의 대집행권한이 다른 공공단체에 위임·위탁된 경우에 그 법률관계를 어떻게 이해해야 하는지가 문제된다. 특히 법령에 의해 대집행권한을 위탁받은 피고 한국토지공사의 법적 지위가 무엇인지를 검토할 필요가 있다. 당해 사건의 경우에도 행정대집행의 주체는 원칙적으로 시장이나, 대집행권한을 위탁받은 한국토지공사도 대집행의 주체가 될 수 있는지가 문제된다. 또한 국가배상법상의 '공무원'개념은 비교적 넓게 이해되고 있으며, 공무수탁사인도 포함하고 있는 것이 보통이다. 그러나 공무수탁사인의 범위를 어느 정도까지 확대할 수 있는지도 검토될 필요가 있다. 2009. 10. 21. 개정된 국가배상법은 공무원 이외에 "공무를 위탁받은 사인"도 명시하여, 공무수탁사인에 의한 직무행위에 대해서도 국가배상을 청구할 수 있다는 점을 보다 명확히 하고 있다.

대상판결은 대집행에 참여한 피고 한국토지공사의 직원(乙), 용역계약을 체결한 회사(S산업개발) 및 그 직원(丙)이 공무인 대집행에 실질적으로 종사한 자라고 보아 국가배상법 제2조 소정의 공무원에 해당한다고 판시하였다. 그러나 국가배상법상의 공무원개념을 피고 한국토지공사와 용역계약을 체결한 회사(법인)에게도 확대할 수 있는지가 문제된다. 국가배상은 민사상 불법행위책임과 달리 경과실로 인한 위법행위의 경우에 면책가능성이 있어 공무원개념의 해석은 매우 중요한 의미를 가진다. 따라서 한국토지공사의 법적 지위, 한국토지공사와 용역계약을 체결한 사기업(용역업체)에 대한 국가배상가능성 등이 쟁점이다.

이하에서는 대집행의 위임·위탁에 있어서의 법률관계(II.), 독일의 입법례(III.), 대집행실행에 대한 국가배상책임(IV.), 개정 국가배상법 제2조 제1항의 문제점(V.), 그리고 대상판결과 관련된 평가(VI.) 등의 순서로 고찰하도록 한다.

II. 代執行의 委任·委託과 그 法律關係

1. 代執行의 法律關係

(1) 一般的인 代執行의 경우

행정대집행은 대체적 작위의무에 대한 강제수단의 하나이다. 즉 의무자가 대체적 작위의무를 이행하지 않은 경우에 행정청이 의무자가 이행해야 할 일을 스스로 하거나 또는 제3자로 하여금 이를 행하게 함으로써 의무의 이행이 있었던 것과 같은 상태를 실현시킨 후 그 비용을 의무자로부터 징수하는 행정작용이다(행정대집행법 제2조 참조). 다만, 행정대집행법에는 제3자가 대행하는 '타자집행'(Fremdvornahme) 외에도 의무자의 비용부담으로 행정청 스스로 대체적 작위의무를 이행하는 '자기집행'(Selbstvornahme)을 함께 규정하고 있다.[2] 그러나 자기집행의 경우에 직접강제와의 구별이 어렵다. 독일의 연방행정집행법(VwVG)에는 타자집행만을 규정하고 있으나(제10조), 주(란트)의 행정집행법에는 재정상의 이유로 타자집행뿐만 아니라 자기집행을 규정한 경우가 적지 않다(예컨대 § 59 Abs. 1 NRW VwVG; § 25 Bad.-Württ. VwVG).[3]

한편, 자기집행의 경우에는 대집행의 비용징수를 국세징수법에 의할 수 있고, 대집행에 관하여 불복이 있는 자는 행정심판 및 행정소송을 징수할 수 있는 등 공법적 성질을 가지고 있다고 볼 수 있다(행정대집행법 제6조, 제7조 및 제8조 참조). 그러나 타자집행의 경우에는 ① 행정청과 의무자, ② 행정청과 제3자, 그리고 ③ 제3자와 의무자라고 하는 三面關係로 구성되어 있다. 우선 행정청과 의무자 사이의 법률관계는 공법적 성질을 가진 것으로 볼 수 있다. 특히 비용징수와 관련하여 행

---

2) 一說은 대집행절차의 주체가 행정청이고 제3자가 단순이행보조자인 경우에는 '자기집행'이라고 보고 있다(김용섭, "대집행에 관한 법적 고찰", 행정법연구 제4호(1999. 4), 127면).

3) Maurer, Allgemeines Verwaltungsrecht, 16. Aufl., § 20 Rn. 14.

정청은 의무자에게 공법상 부당이득반환청구권을 행사할 수 있다. 또한 제3자와 의무자 사이에는 아무런 법률관계가 존재하지 않고 의무자는 대집행에 대해 수인의무만 부담할 뿐이다. 다만, 행정청과 제3자 사이의 법률관계는 통설에 의하면 도급계약에 의해 형성된 사법적 법률관계로 보고 있다.[4]

(2) 委任 · 委託에 의한 代執行의 경우

(가) 委託의 許否 및 法的 根據

행정대집행은 위에서 살펴본 바와 같이, 행정청 스스로 의무자가 해야 할 대체적 작위의무를 하거나 또는 제3자로 하여금 이를 하게 할 수 있다. 그러나 행정청의 대집행권한을 보조기관이나 하급행정기관, 다른 행정기관 또는 공공단체나 개인에게 위임 또는 위탁을 할 수 있는지가 문제된다. 행정대집행법 제2조에는 대집행의 주체를 '당해 행정청'으로 규정하고 있다. 또한 공익사업을 위한 토지 등의 취득 및 보상에 관한 법률(이하 '공익사업법'이라 한다) 제89조 제1항에는 행정대집행의 주체를 시 · 도지사나 시장 · 군수 또는 구청장(이하 '시장 등'이라 한다)으로 정하고 있다. 즉 "이 법 또는 이 법에 의한 처분으로 인한 의무를 이행하여야 할 자가 그 정하여진 기간 이내에 의무를 이행하지 아니하거나 완료하기 어려운 경우 또는 그로 하여금 그 의무를 이행하게 하는 것이 현저히 공익을 해한다고 인정되는 사유가 있는 경우에 사업시행자는 시 · 도지사나 시장 · 군수 또는 구청장에게 행정대집행법이 정하는 바에 따라 대집행을 신청할 수 있다"라고 규정하고 있다. 따라서 대집행의 주체는 '시장 등'과 같은 행정청이며, 공공단체는 원칙적으로 대집행의 주체가 될 수 없다.[5] 그러나 구 한국토지공사법(2007. 4. 6. 법률 제8340호로 개정되기 전의 것) 제22조 제6호에 의하면 공익사업법 제89조의 대집행권한은 대통령령이 정하는 바에 따라 '위탁'될 수

---

4) 홍준형, 행정구제법, 제4판, 한울아카데미, 719면; 김용섭, 전게논문, 127면.
5) 대법원 1972. 10. 10. 선고 69다701 판결.

있다. 즉 동법 시행령 제40조의3에는 "지방자치단체의 장은 공사가 토지개발사업을 행하는 경우에는 법 제22조의 규정에 의하여 법 제22조 제6호의 권한을 공사에 위탁한다"고 규정하여, 토지개발사업과 관련된 대집행권한이 법령에 의해 한국토지공사에 위탁되어 있다.

한편, 정부조직법 제6조 제3항에는 "행정기관은 법령으로 정하는 바에 따라 그 소관사무 중 조사·검사·검정·관리 업무 등 국민의 권리·의무와 직접 관계되지 아니하는 사무를 지방자치단체가 아닌 법인·단체 또는 그 기관이나 개인에게 위탁할 수 있다"고 규정하여, '민간위탁'에 관한 근거규정을 두고 있다. 이와 같이 권한의 위탁은 위임과 이론적으로 구별되는 것이 보통이다. 즉 위임은 법률에 규정된 행정청의 권한의 일부를 그 보조기관 또는 하급행정기관의 장이나 지방자치단체의 장에게 맡겨 그의 권한과 책임 아래 행사하도록 하는 것을 말하나(행정권한의 위임 및 위탁에 관한 규정 제2조 제2호), 위탁은 동등한 행정청이나 지휘감독관계에 있지 않는 다른 행정청에 대해서 행해진다.

택지개발사업의 사업시행자는 시장 등에게 대집행을 신청하고 신청을 받은 '시장 등'은 정당한 사유가 없는 한 이에 응하도록 하고 있어 행정대집행의 주체는 원칙적으로 '시장 등'이라고 볼 수 있다. 따라서 당해 사건의 경우에는 '시장'이 원칙적으로 행정대집행의 주체이나, 구 한국토지공사법 제22조 제6호 및 동법 시행령 제40조의3 제1항의 의하여 택지개발사업의 시행자인 한국토지공사에게 대집행권한이 위탁된 것으로 볼 수 있다.

(나) 韓國土地公社의 法的 地位

관계 법령에 의하여 대집행권한을 위탁받은 한국토지공사는 구 한국토지공사법 제2조, 제4조에 의하여 정부가 자본금의 전액을 출자하여 설립한 법인이며, 특수법인기업(공기업)으로서 「공공기관의 운영에 관한 법률」의 적용을 받는다.6) 또한 법령의 위탁에 의해 공무인 대집행권한

---

6) 김동희, 행정법 II, 제15판, 298면.

을 위탁받은 한국토지공사는 대집행의 법률관계에서 행정청의 지위를 대신한다고 볼 수 있다.

한편, 한국토지공사가 공무원에 해당하는지가 문제된다. 우선 국가배상법상 '공무원'개념은 넓게 파악되며, 국가공무원법 및 지방공무원법상의 공무원 및 공무수탁사인(Beliehene)을 망라하고 있다.[7] 국내학설은 공무수탁사인에 대해 행정주체로 보는 것이 일반적이며,[8] 독일에서도 공무수탁사인을 행정주체로 보는 견해가 지배적이다.[9] 그러나 우리 행정절차법은 행정청을 "행정청에 관한 의사를 결정하여 표시하는 국가 또는 지방자치단체의 기관 기타 법령 또는 자치법규에 의하여 행정권한을 가지고 있거나 위임 또는 위탁받은 공공단체나 그 기관 또는 사인"이라고 정의하고 있어, 공무수탁사인을 행정주체가 아닌 행정청(행정기관)으로도 파악할 수 있다. 또한 판례는 동원중인 향토예비군 대원[10], 시청소차 운전수,[11] 통장[12] 등을 국가배상법 제2조의 공무원에 포함시키고 있다. 이에 대해 국내학설은 대체로 공무수탁사인으로 보고, 국가배상법상의 '공무원'에 포함된다고 보고 있다.[13] 이와 같이 공무수탁사인은 행정주체 또는 행정기관, 그리고 국가배상법상의 공무원으로 다양하게 파악될 수 있다.

그러나 공무수탁사인의 범위를 어느 정도까지 확대할 수 있는지는 논란의 여지가 있다. 판례는 의용소방대원에 대한 국가배상책임을 부인

---

7) 대법원 1970. 11. 24. 선고 70다2253 판결.
8) 박균성, 행정법론(상), 제9판, 93면.
9) Maurer, a.a.O., § 21 Rn. 56.
10) 대법원 1970. 5. 26. 선고 70다471 판결.
11) 대법원 1980. 9. 24. 선고 80다1051 판결; 대법원 1971. 4. 6. 선고 70다2955 판결.
12) 대법원 1991. 7. 9. 선고 91다5570 판결.
13) 이상규, 신행정법론(상), 593면; 김철용, 행정법 I, 제12판, 479면; 김동희, 행정법 I, 제15판, 512-513면. 판례도 "국가배상법 제2조 소정의 '공무원'이라 함은 국가공무원법이나 지방공무원법에 의하여 공무원으로서의 신분을 가진 자에 국한하지 않고, 널리 공무를 위탁받아 실질적으로 공무에 종사하고 있는 일체의 자를 가리키는 것으로서, 공무의 위탁이 일시적이고 한정적인 사항에 관한 활동을 위한 것이어도 달리 볼 것은 아니다"라고 판시하여(대법원 2001. 1. 5. 선고 98다39060 판결), 공무원개념을 매우 넓게 이해하고 있다.

하고 있으나,[14] 학설은 이에 대해 대체로 비판적이다.[15] 그러나 의용소방대원은 공무수탁사인이 아니라 '행정보조인'(Verwaltungshelfer)으로 볼 여지가 있다. 즉 구 소방법 제40조(1958년 3월 11일 법률 제485호)에는 "서울특별시와 시, 읍은 소방서장의 소화나 수방의 의무를 보조하게 하기 위하여 의용소방대를 둔다"고 규정하여, 의용소방대의 법적 근거를 두고 있다. 또한 현행 소방법 제87조에도 "의용소방대원이 소방상 필요에 의하여 소집된 때에는 출동하여 소방본부장 또는 소방서장의 소방업무를 보조한다"라고 규정하고 있다. 즉 의용소방대의 설치근거만 있을 뿐, 행정청의 권한에 대한 '위임'이나 '위탁'이 있었다고 보기 어렵다. 다만, 독일의 판례는 후술하는 바와 같이 행정보조인에 대한 국가배상책임도 인정하고 있다.

대상판례는 한국토지공사가 법령의 위탁에 의해 대집행권한을 수권받은 자로서 공무인 대집행을 실시함에 따르는 권리·의무 및 책임이 귀속되는 '행정주체'의 지위에 있어 공무원개념에서 배제된다고 판시하고 있다.

2. 代執行 法律關係의 二元的 構造와 公法的 理論構成 與否

대집행은 한편으로 고권적 명령에 근거하고 있지만, 다른 한편으로 그 실행은 민간업체와의 사법상 계약을 통해 이루어진다. 독일에서는 사법관계와 공법관계가 공존하는 타지집행의 이중적 구조에 대해 비판하고, 행정청과 제3자 사이의 법률관계를 공법적으로 파악하려는 견해도 있다. 즉 행정청(경찰청)과 사기업(차량견인업체) 사이의 법률관계를 사법상 계약(특히 도급계약)으로 보는 통설[16]에 대해 一說은 이를 동의에 의한 행정행위(Verwaltungsakt auf Zustimmung)로 보고 있다.[17]

---

14) 대법원 1966. 11. 22. 선고 66다1501 판결.
15) 김남진·김연태, 행정법 I, 제14판, 511면; 이일세, "국가배상법상의 '공무원이 직무를 집행함에 당하여'에 관한 고찰(상)", 사법행정, 1997. 5, 21면.
16) Erichsen, in: Erichsen/Ehlers(Hg.), Allgemeines Verwaltungsrecht, 12. Aufl., § 21 Rn. 12; Maurer, a.a.O., § 20 Rn. 13.

이 견해는 행정청과 민간업체 사이의 계약을 공법적으로 파악하였다는
점에서 의미가 있다. 그러나 대집행에 있어서 행정청(또는 행정주체)과
제3자 사이에는 계약에 의해 법률관계가 형성되고, 여기에는 계약(체결)
의 의사(Vertragswille)가 중요하다. 따라서 동의에 의한 행정행위로 보
는 견해는 타당하지 않다고 비판을 받고 있다.[18] 실제 동의에 의한 행정
행위와 공법상 계약의 구별은 쉽지 않다. 당사자의 의사표현은 동의에
의한 행정행위에 있어서는 '적법요건'(Rechtsmäßigkeitsvoraussetzung)이
나 공법상 계약에 있어서는 '존재요건'(Existenzvoraussetzung)이 된다는
점에서 차이가 있다.[19] 즉 당사자의 의사가 없으면 공법상 계약은 성립
하지 않지만, 동의에 의한 행정행위에 있어서는 단지 하자있는 행정행
위가 되어 무효 또는 취소사유가 된다.

행정청과 제3자 사이의 계약을 '공법상 계약'으로 볼 수 있는지를 검
토할 필요가 있다. 사법상 계약과 공법상 계약의 구별에 관한 명확한
기준은 지금까지 제시되고 있지 않다. 다만, 판례는 '소송물'을 기준으
로 판단하는 것으로 보인다. 예컨대 대법원은 전원합의체 판결에서 "오
납한 조세에 대한 부당이득반환청구권을 실현하기 위한 수단이 되는
과세처분의 취소 또는 무효확인을 구하는 소는 그 소송물이 객관적인
조세채무의 존부확인으로서 실질적으로 민사소송인 채무부존재확인의
소와 유사할 뿐 아니라, 과세처분의 유효 여부는 그 과세처분으로 납부
한 조세에 대한 환급청구권의 존부와 표리관계에 있어 실질적으로 동
일 당사자인 조세부과권자와 납세의무자 사이의 양면적 법률관계라고
볼 수 있다"고 보아[20], 조세과오납금반환청구소송을 민사소송으로 다루

---

17) Burmeister, Die Ersatzvornahme im Polizei- und Verwaltungsvollstreckungsrecht
    JuS 1989, S. 261 ff.
18) Höfling/Krings, Der verwaltungsrechtliche Vertrag: Begriff, Typologie, Fehlerlehre,
    JuS 2000, S. 626 참조.
19) Maurer, a.a.O., § 14 Rn. 18 f.
20) 즉 대법원은 "일반적으로 위법한 행정처분의 취소, 변경을 구하는 행정소송은 사권을
    행사하는 것으로 볼 수 없으므로 사권에 대한 시효중단사유가 되지 못하는 것이나, 다
    만 오납한 조세에 대한 부당이득반환청구권을 실현하기 위한 수단이 되는 과세처분의
    취소 또는 무효확인을 구하는 소는 그 소송물이 객관적인 조세채무의 존부확인으로서

고 있다. 그러나 이 판결의 반대의견은 그 이유에서 "행정처분의 무효확인 또는 부존재확인의 대상은 그 처분 자체의 무효 또는 부존재일 뿐이지 그 처분을 전제로 한 조세채무의 무효 또는 부존재라고 볼 것은 아니다"라고 하여, 공법적 성질을 가진 것으로 이해하고 있다. 한편, 판례는 국가배상소송을 일관되게 민사소송의 특별법으로 다루고 있다.[21]

한편, 독일에서는 공법상 계약과 사법상 계약의 구별기준으로 계약의 대상, 즉 계약에서 규율하고 있는 권리·의무에 따라 구별하는 '대상설'(Gegenstandstheorie)이 유력하다. 이에 의하면 공법상 계약은 공법상 법규범의 집행에 기여하는지, 계약의 내용에 행정행위나 기타 행정작용의 발급의무를 포함하는지, 그리고 공법상 권리·의무와 관련이 있는지 등을 기준으로 인정될 수 있다.[22] 대집행의 법률관계에서 행정청과 사기업 사이의 철거에 관한 계약은 대집행의 실행에 관한 내용으로서 공법상 법규범의 집행에 관련된 것으로 보이며, 제3자와 의무자 사이에는 아무런 법률관계가 존재하지 않음에도 불구하고 행정청과 제3자 사이의 계약에 의해 '수인의무'가 발생한다. 다만, 대상판례에서 한국토지공사(행정주체)와 제3자(사법인) 사이의 계약을 대집행 실행에 관한 공법상 계약으로 볼 여지도 있으나, 행정청과 제3자 사이의 계약 내용은 건물의 철거를 내용을 하는 '도급'계약이고, 법적으로 강요된 것이 아니라 민간업체의 자발적인 의사에 의한 것이다. 따라서 한국토지공사와 S산업개발(주) 사이의 계약은 사법상 계약으로 보는 것이 타당하다.

실질적으로 민사소송인 채무부존재확인의 소와 유사할 뿐 아니라, 과세처분의 유효 여부는 그 과세처분으로 납부한 조세에 대한 환급청구권의 존부와 표리관계에 있어 실질적으로 동일 당사자인 조세부과권자와 납세의무자 사이의 양면적 법률관계라고 볼 수 있으므로, 위와 같은 경우에는 과세처분의 취소 또는 무효확인청구의 소가 비록 행정소송이라고 할지라도 조세환급을 구하는 부당이득반환청구권의 소멸시효중단사유인 재판상 청구에 해당한다고 볼 수 있다."고 판시하고 있다(대법원 1992. 3. 31. 선고 91다32053 전원합의체 판결).

21) 대법원 1971. 4. 6. 선고 70다2955 판결.
22) Maurer, a.a.O., § 14 Rn. 10 f.

3. 小 結

위에서 살펴본 바와 같이 대상판례는 한국토지공사를 법령에 의해 대집행권한을 위탁받은 행정주체의 지위를 인정하고 있으나, 당해 사건에서 한국토지공사는 대집행의 법률관계에서 행정청의 지위를 대신하는 것으로 볼 수 있다. 만약 한국토지공사의 대집행권한이 부인되면, 권한 없이 사기업과 용역계약을 체결한 것이 되어 당해 법률관계는 무효가 될 수 있다. 그러나 한국토지공사는 법령에 의해 대집행권한을 위탁받은 공공단체로서 행정기관의 지위에서 직접 대집행을 실행할 수 있고, 또는 사기업과 철거도급계약을 체결하여 대집행을 행할 수도 있다(행정대집행법 제2조 참조). 또한 원고는 S산업개발(주)과 아무런 법률관계가 없으나, S산업개발(주)의 대집행실행을 수인할 의무가 있다.

한국토지공사와 S산업개발(주) 사이의 법률관계가 문제되나, 사법상 계약으로 보는 것이 타당하다. 다만, 사법상 계약에 의해 대집행이 실현된다고 하여 대집행의 고권적 성질이 상실되는 것은 아니며, 여전히 행정청의 공법적 과제를 수행하는 것을 보조하는 자로서 활동하고 있다. 따라서 이러한 대집행행위로 인해 손해를 입은 자는 행정청 또는 민간기업에 대해 국가배상청구를 고려할 수 있다. 그러나 당해 사건에서 한국토지공사와 그 임직원, 그리고 철거업체와 그 직원이 대집행을 함에 있어 상대방에게 손해를 야기한 경우에, 대집행의 상대방인 원고는 한국토지공사에 대해 국가배상을 청구할 수 있는지, 그리고 한국토지공사가 '공무원'에 해당하지 않는다면 경과실로 인한 불법행위에 대해서도 책임을 물을 수 있는지 등을 검토할 필요가 있다. 또한 대집행의 실행을 위해 한국토지공사와 도급계약을 체결한 회사와 그 직원도 '공무원'에 해당하는지가 검토되어야 한다. 이와 관련하여 이하에서는 독일의 입법례를 먼저 살펴보기로 한다.

Ⅲ. 獨逸의 立法例

1. 國家賠償責任에 있어서 公務員概念

1981. 6. 26. 제정된 독일의 '國家責任法'(Staatshaftungsgesetz)은 관할권위반으로 위헌판결을 받았다.[23] 따라서 현재는 독일기본법 제34 조 및 민법 제839조에 근거하여 국가배상을 청구할 수 있다. 독일민법 제839조 제1항 제1문에는 "공무원은 고의 또는 과실로 제3자에 대한 직무상 의무를 위반하여 손해가 발생한 경우에 제3자에 대해 배상하여 야 한다"고 하여, 직무행위의 주체로서 '공무원'을 규정하고 있다. 그러 나 독일기본법 제34조에는 "위임받은 공적 직무를 수행하는 자가 제3 자에 대한 직무상 의무를 위반하면, 국가 또는 그가 소속하는 공공단체 가 원칙적으로 책임을 진다"고 규정하고 있을 뿐, 공무원개념을 명시하 고 있지 않다. 다만, 독일기본법 제34조 및 독일민법 제839조의 규정을 종합적으로 해석하면, 국가배상책임의 요건이 되는 직무행위의 주체에 는 공적 직무의 권한보유자로서 '공무원' 이외에 공법인의 소속 직원, 국회의원,[24] 지방의회의원, 장관, 그리고 법관·군인 등 공법상 근무관 계에 있는 자도 포함된다.[25] 특히 연방통상법원은 병역대체근무요원도 공법상 근무관계에 종사하는 자에 속하며,[26] 私法關係에 있는 공법인 의 소속 직원이나 근로자도 공무원에 포함될 수 있다고 판시하였다.[27] 그 밖에 공무를 위탁받은 사기업도 공적 직무의 소지자에 해당하는지 가 문제된다. 당면 과제의 고권적 성격이 강할수록, 위탁받은 행위와 행정청에 의해 완수해야 하는 고권적인 임무 사이의 관계가 긴밀할수 록, 그리고 사기업의 결정여지가 좁을수록 이를 긍정할 가능성이 높다

---

23) BVerfGE 61, 140.
24) OLG Hamburg, DÖV 1971, 238.
25) Battis, Allgemeines Verwaltungsrecht, 3. Aufl., S. 304.
26) BGHZ 118, 304/308 f.; 152, 380/382.
27) BGHZ 121, 161/165 f.; Jarass/Pieroth, GG, 10. Aufl., Art. 34 Rn. 6.

고 본다.28) 이와 관련하여 공무를 위탁받은 사기업도 국가책임법상의
공무원에 해당한다고 보는 견해가 있다.29) 예컨대 경찰청의 위탁에 의
한 불법주차차량을 견인하는 회사(차량견인업자)의 경우가 그러하다.

이와 같이 독일에서는 공무원개념을 기능적으로 이해하고 있으며, 고
권적으로 활동하는 자를 국가책임법상의 공무원으로 보고 있다. 특히
사인을 통해 공권력 행사를 하는 경우에 국가책임이 인정된다. 즉 공무
수탁사인 외에 행정보조인, 사기업 등도 소위 '기능적 공무원'개념에 포
함된다.30)

2. 私人을 통한 職務行爲와 國家賠償責任

(1) 公務受託私人의 경우

독일에서는 공무를 위탁받은 사인, 즉 공무수탁사인(Beliehene)을 공
무원개념에 포함하고 있다. 이러한 공무수탁사인에는 사법상의 자연인
또는 법인이 모두 포함된다. 공무를 위탁하는 방식에는 직접 법률에 의
하거나, 또는 법률에 근거한 행정행위나 공법상 계약 등의 방식도 가능
하다. 경찰권이 부여된 항공기조종사(항공교통법 제29조 제3항), 선장(선
원법 제75조 제1항, 제101조, 제106조 등), 우편배달을 위탁받은 주식회사
도이체포스트(Deutsche Post AG)(우편법 제16조) 등이 여기에 해당한
다.31) 그 밖에 판례는 행정청에 근무하는 의사,32) 행정청의 위탁을 받
은 계약직의사33) 등도 공무수탁사인으로 보아 국가배상책임을 인정하
고 있다. 특히 독일 연방통상법원은 의용소방대원을 공무수탁사인으로
보고 있다.34)

---

28) Jarass/Pieroth, a.a.O., Art. 34 Rn. 7.
29) Rüfner, in: Erichsen/Ehlers(Hg.), Allgemeines Verwaltungsrecht, § 47 Rn. 15.
30) Ossenbühl, Staatshaftungsrecht, 5. Aufl., S. 15 ff.
31) Ossenbühl, a.a.O., S. 15.
32) BGH, NJW 1953, 458.
33) BGH, NJW 1961, 969.
34) BGHZ 20, 290/292; Ossenbühl, a.a.O., S. 16. 또한 최근 연방통상법원은 바이에른

한편, 자연인 외에 '법인'이나 '단체'도 공무수탁사인으로서 공무원에 포함될 수 있는지가 문제된다. 독일에서는 자동차의 안전검사를 대행하는 '기술검사협회'(TÜV, Technische Überwachungsverein)에 대해 공무수탁사인으로서 공무원에 해당하는지에 대해 많은 논의가 있었다. 연방통상법원은 이를 긍정하였다.[35]

(2) 行政補助人의 경우

국가·지방자치단체 등 행정주체는 직무수행을 함에 있어 행정보조인의 도움을 받을 수 있다. 행정보조인은 법적 의무 없이 비독립적으로 활동한다. 행정보조인은 형식적인 위탁행위가 존재하지 않고 개별법상의 명문의 규정이 없는 경우에도 허용된다는 점에서 공무수탁사인과 구별된다.[36] 즉 행정보조인은 중요한 국가임무를 자신의 이름으로 수행하지 않고 경우에 따라 부여되는 보조적 기능을 수행할 뿐이다.[37] 이러한 행정보조인의 행위도 직무행위에 해당하는지가 문제된다. 행정보조인은 학교영역에 있어서 주로 문제된다. 판례는 교사의 임시부재시 학급의 질서유지를 담당하는 학생(Ordnungsschüler),[38] 또는 등·하교시 교통안내를 하는 학생(Schülerlotsen)[39] 등에 대해 국가책임법상의 직무행위에 해당한다고 판시한 바 있다.

한편, 우리 대법원은 서울특별시 강서구가 '교통할아버지 봉사활동계획'을 수립한 다음 '교통할아버지' 봉사원을 선정하게 하여 공무를 위탁하여 집행한 경우에 국가배상법 제2조에 규정된 '공무원'이라고 판단한 바 있다.[40] 즉 판례는 지방자치단체가 '교통할아버지 봉사활동 계획'을

주의 의용소방대원이 사고현장에 공동으로 협력하여 계획을 세우고 투입되던 중 교통사고를 낸 경우에 '고권적 활동'을 인정한 바 있다(BGH, Urteil vom 18. 12. 2007 – VI ZR 235/06; BGH, NZV 2008, 289).

35) BGHZ 49, 108/113; BGH, NJW 1993, 1784.
36) 김동희, 행정법 II, 580면.
37) Ossenbühl, a.a.O., S. 18.
38) LG Rottweil, NJW 1970, 474.
39) OLG Köln, NJW 1968, 655.

수립한 후 관할 동장으로 하여금 '교통할아버지'를 선정하게 하여 어린이 보호, 교통안내, 거리질서 확립 등의 공무를 '위탁'하여 집행하게 하던 중 '교통할아버지'로 선정된 노인이 위탁받은 업무 범위를 넘어 교차로 중앙에서 교통정리를 하다가 교통사고를 발생시킨 경우, 지방자치단체가 국가배상법 제2조 소정의 배상책임을 부담한다고 인정한 원심의 판단을 수긍하였다. 즉 대법원은 교통할아버지를 공무수탁사인으로 해석한 것이다. 이 판례는 독일 연방통상법원 판례의 영향을 직·간접적으로 받은 것으로 보이나, 교통할아버지 봉사원을 독일의 판례에서 보는 바와 같이 곧바로 '공무수탁사인'으로 보는 것은 타당하지 않은 것으로 보인다. 공무수탁사인으로 보기 위해서는 위탁에 관한 법적 근거가 있어야 한다. 그러나 판례는 '위탁'의 법적 근거가 무엇인지, 그리고 지방자치단체가 교통할아버지를 선정하면서 어떠한 업무를 위탁하였는지 등을 명확히 설시하고 있지 않다.

(3) 私企業의 경우

사기업에 의한 직무행위에 대해 국가배상책임이 인정될 수 있는지가 문제된다. 독일에서도 국가가 자신의 공적 과제를 수행하기 위해 독립적인 사기업을 끌어들인 경우에 배상책임을 물을 수 있는지가 논의되었다. 예컨대 지방자치단체의 위탁으로 민간전기회사가 신호등이 있는 공공도로를 관리하는 경우에 발생한 스위치의 하자,[41] 경찰의 위탁을 받은 차량견인업체가 대집행을 실행하면서 견인차량에 손해를 입힌 경우가 그러하다.[42]

이와 관련하여 독일에서는 소위 "도구이론"(Werkzeugtheorie)이 논의되었다. 즉 위탁자는 지침이나 기타 영향을 줄 수 있는 가능성이 있기 때문에 사기업은 공적 과제의 수행에 있어서 '공적인 손'의 도구처럼

---

40) 대법원 2001. 1. 5. 선고 98다39060 판결.
41) BGH, NJW 1971, 2220.
42) OLG Nürnberg, JZ 1967, 61.

기능한다고 보아 국가배상책임을 인정할 수 있다는 것이다.[43] 이미 언급한 바와 같이 도구이론에 대해 비판하는 견해도 있다. 즉 견인과정 중에 발생한 손해는 경찰청(행정청)과 불법주차차량을 견인하는 임무를 위탁받은 회사 사이의 도급계약에 의한 것이고, 따라서 견인과정 중에 발생한 손해는 공적 직무의 행사로 인한 것이 아닌 사법상 법률관계라는 것이다.[44] 그러나 이에 대해서는 경찰청과 견인업자 사이의 관계만 중시한 것으로서, 행정청(경찰청)과 차량소유자 사이의 공법적 법률관계를 간과한 것이라는 反論이 제기된다. 즉 도구이론을 포기하지 않고 각 수행하는 과제의 성격, 이러한 과제에 대해 위탁받은 활동의 사항근접성, 행정청의 의무범위에 관련된 정도 등 새로운 책임제한의 기준을 제시하면서 견인행위는 대집행실행에 근거한 공법상의 임치관계일 뿐만 아니라 국가배상의 성립요건과 관련성이 있다고 보는 견해가 그러하다.[45]

Ⅳ. 代執行實行에 대한 國家賠償責任

1. 問題의 提起

국가배상법 제2조의 공무원은 "널리 공무를 위탁받아 실질적으로 공무에 종사하고 있는 일체의 자"를 의미하며,[46] 비교적 넓게 해석되고 있다. 여기에는 국가공무원법 및 지방공무원법상의 공무원 외에 공무수탁사인도 망라하고 있다.[47] 판례는 국가나 지방자치단체에 근무하는 청원경찰도 국가공무원법이나 지방공무원법상의 공무원은 아니지만, 직무

---

43) Ossenbühl, a.a.O., S. 21.
44) Drews/Wacke/Vogel/Martens, Gefahrenabwehr, 9. Aufl., 1986, S. 534; App, JuS 1987, S. 455/457; OVG Münster, NJW 1980, 1974; LG München, NJW 1978, 48 f.
45) Ossenbühl, JuS 1973, 421/423; ders., a.a.O., S. 22; BGHZ 121, 161/164.
46) 대법원 2001. 1. 5. 선고 98다39060 판결.
47) 대법원 1970. 11. 24. 선고 70다2253 판결 참조.

상 불법행위에 대하여 민법이 아닌 국가배상법이 적용된다고 판시하고 있다.[48]

이러한 판례의 입장에 의하는 경우에 공무수탁사인의 지위에 있는 한국토지공사 및 그 직원도 국가배상법상 '공무원'에 해당하는지, 그리고 한국토지공사와 용역계약을 체결한 민간업체와 그 직원도 공무원으로 볼 수 있는지가 문제된다. 대상판례는 한국토지공사가 시장 등의 대집행권한을 위탁받은 자로서 행정주체의 지위에 있을 뿐 국가배상법 제2조의 공무원에 해당한다고 볼 수 없다고 판시하고 있다. 그러나 한국토지공사의 직원, 용역계약을 체결한 사기업(주식회사) 및 그 소속직원들은 대집행을 실제 수행한 자들로서 공무인 이 사건 대집행에 실질적으로 종사한 자라고 볼 수 있어 국가배상법 제2조의 공무원에 해당한다고 보고 있다.

헌법 제29조 제1항 단서에는 "이 경우 공무원 자신의 책임은 면제되지 아니한다"고 규정하고 있으나, 국가배상법 제2조 제2항에는 "공무원에게 고의 또는 중대한 과실이 있으면 국가나 지방자치단체는 그 공무원에게 구상할 수 있다"고 규정되어 있다. 따라서 경과실로 인한 불법행위의 경우에는 면책가능성이 존재한다. 즉 공무원이 경과실로 불법행위를 한 경우에는 공무원 개인은 손해배상책임을 지지 않는다. 대법원도 전원합의체 판결에서 "공무원에게 경과실뿐인 경우에는 공무원 개인은 손해배상책임을 부담하지 아니한다고 해석하는 것이 헌법 제29조 제1항 본문과 단서 및 국가배상법 제2조의 입법취지에 조화되는 올바른 해석이다"라고 밝히고 있다.[49] 이와 같이 공무원의 지위를 인정할지 여부를 논하는 실익은 그 위법행위가 경과실로 인한 경우에 국가배상책임을 면제할 수 있다는 점에 있다. 이 점은 민사상 손해배상책임과의 구별되는 것이기도 하다. 이하에서는 한국토지공사가 공무원에 해당하는지 여부에 대해서 검토하고, 배상책임자로서 공무원의 범위를 어느

---

48) 대법원 1993. 7. 13. 선고 92다47564 판결.
49) 대법원 1996. 2. 15. 선고 94다38677 판결.

정도까지 인정할 것인지를 살펴보도록 한다.

2. 韓國土地公社의 責任範圍

(1) 韓國土地公社가 公務員에 해당하는지 여부

행정주체나 행정기관도 국가배상법상의 공무원이 될 수 있는지가 문제된다. 특히 합의제 행정기관(선거관리위원회, 공정거래위원회) 그 자체를 공무원에 포함시킬 수 있는지에 대해서는 긍정설[50]과 부정설[51]이 대립하고 있다. 독일에서도 합의제 행정기관의 구성원에 대해서 공무원으로 보는 견해가 일반적이다.[52] 그러나 직무행위의 주체를 반드시 개별화를 할 필요는 없고 기관의 전체행위가 이에 상응한다고 볼 수 있는 것으로 충분하다는 견해도 유력하다.[53] 그러나 행정기관과 그 구성원인 공무원은 구별되어야 한다. 긍정설은 권익구제를 확대하기 위해 합의제 행정기관을 공무원으로 볼 수 있다고 본다. 물론 공무원개념에 행정기관을 포함하게 되면 국가배상청구권이 성립될 가능성은 높아지나, 경과실로 인한 불법행위의 경우에는 오히려 행정기관에 면책가능성을 인정하게 될 우려도 있다. 따라서 부정설이 타당하다고 판단된다.

원심은 한국토지공사가 대집행권한을 위탁받은 것으로 보면서도, 대법원의 소위 "뱀장어" 판결(2002다55304)에 근거하여 '공무원'의 지위를 가진다고 판시하고 있다. 한편, 대법원은 "뱀장어" 판결에서 구 수산청장으로부터 위탁을 받은 기관(양만수산업협동조합)도 국가배상법상의 공무원이 될 수 있다고 판시한 바 있다.[54] 이 사건은 실뱀장어를 수출하

---

50) 김도창, 일반행정법론(상), 제4전정판, 621면; 김철용, 전게서, 479면; 홍정선, 행정법원론(상), 2010, 658면.

51) 박윤흔, 최신행정법강의(상), 701면.

52) Rüfner, in: Erichsen/Ehlers(Hg.), a.a.O., § 47 Rn. 15.

53) von Danwitz, in: v. Mangoldt/Klein/Stark(Hg.), Das Bonner Grundgesetz, 2005, Art. 34 Rn. 60; Jarass/Pieroth, a.a.O., Art. 34 Rn. 6. m.w.N.

54) 즉 대법원은 "공무원이 직무수행 중 불법행위로 타인에게 손해를 입힌 경우에 국가나 지방자치단체가 국가배상책임을 부담하는 외에 공무원 개인도 고의 또는 중과실이 있는 경우에는 불법행위로 인한 손해배상책임을 지며(대법원 1997. 2. 11. 선고 95다5110

려던 원고들이 수출추천 업무를 거절한 피고 수산업협동조합에 대해 배상을 청구한 사건이다. 관계 법령에 의하면 수출제한품목인 뱀장어는 수산청장의 이식승인을 받아야 수출할 수 있었고, 수산청장은 행정권한의 위임 및 위탁에 관한 규정에 근거하여 일정한 범위 내에서 수산업협동조합에 이식승인권한을 위탁하고 있었다. 판례는 구 수산업협동조합에 의하여 설립된 피고 수산업협동조합을 민간위탁을 받은 '수탁기관'으로서 공무의 범위 내에서 공무원으로 볼 수 있다고 판시하고 있다. 그러나 이 사건에서 피고 조합의 불법행위에 대해서는 민사상 손해배상책임을 물을 수 있음에도 불구하고 무리하게 국가배상법상 '공무원' 개념에 포함시킨 것으로 보인다(민법 제750조 및 제756조 참조). 판례가 국가배상법상 '공무원'에 포함된다고 본 공무수탁사인은 대체로 '자연인'이다(예컨대 교통할아버지 봉사원, 소집중인 향토예비군, 서울시 산하 구청 청소차운전수, 통장 등).

생각건대 공무수탁사인도 국가배상법상 '공무원'에 해당할 수 있다. 그러나 대집행의 주체는 행정청이며 법령에 의해 대집행의 권한을 위탁을 받은 한국토지공사는 행정청의 지위를 대신하는 것으로 볼 수 있다. 따라서 행정주체 또는 행정기관(행정청)의 지위를 가지는 한국토지공사를 국가배상법 제2조의 '공무원'으로 보기 어렵다. 대법원은 한국토지공사가 구 한국토지공사법에 의하여 정부가 자본금의 전액을 출자하여 설립한 (독립)법인으로서 행정주체의 지위를 강조하고 있다. 또한 한국토지공사가 행정주체의 지위에 있다고 보면, 그 소속 직원은 대집행 실행과 관련하여 '공무원'으로 볼 수 있다. 그 밖에 私法人인 회사(기

판결 참조), 위와 같이 민간위탁을 받은 위탁기관도 그 범위 내에서 공무원으로 볼 수 있는 바, 이 사건과 같이 구 수산청장으로부터 위탁받은 일정한 범위 내에서 활어인 뱀장어에 대하여 위 요령에 부합하는 수출추천업무를 기계적으로 행사할 의무를 부담하는 피고가 이 사건 수출제한조치를 취할 무렵에 국내 뱀장어 양식용 종묘가 모자란 실정으로 그 수출로 인하여 국내 양식용 종묘확보에 지장을 초래할 우려가 있다고 자의적으로 판단하여 그 추천업무를 행하지 않은 것은 공무원이 그 직무를 집행함에 당하여 고의로 법령에 위반하여 타인에게 손해를 가한 때에 해당한다고 보아야 할 것이므로, 피고는 불법행위자로서 손해배상책임을 부담한다 할 것이다"라고 판시하고 있다(대법원 2003. 11. 14. 선고 2002다55304 판결).

업)의 경우에는 공무수탁사인이나 '도구이론' 등을 통해 기능적 공무원 개념에 포함시킬 수 있다.

(2) 韓國土地公社의 賠償責任範圍

원심은 한국토지공사가 대집행권한을 위탁받은 자로서 그 위탁범위 내에서는 공무원으로 볼 수 있고, 따라서 고의 또는 중과실이 있는 경우에 한하여 불법행위로 인한 손해배상책임을 진다고 판시하였다. 그러나 대상판결은 한국토지공사를 법령의 위탁에 의하여 대집행권한을 부여받은 행정주체로 보아, 원심이 손해배상책임의 요건에 관한 법리를 오해한 잘못이 있다고 판시하고 있다. 즉 대법원 95다38677호 전원합의체 판결에 의하면, 공무를 수행하는 과정에서 공무원에 경과실만 있는 경우에 손해배상책임을 면할 수 있다(국가배상법 제2조 제2항 참조). 그러나 대상판례가 적절히 지적하는 바와 같이 한국토지공사는 국가배상법 제2조의 공무원에 해당한다고 보기 어려워, 대집행에 따른 한국토지공사의 손해배상책임이 고의 또는 중과실에 제한된다고 보기 어렵다.

3. 私企業에 대한 賠償請求 및 免責可能性

대상판결은 한국토지공사와 철거와 관련된 계약을 체결한 사기업, 즉 S산업개발(주)에 대해 국가배상법상 '공무원'에 해당할 수 있음을 인정하고 있다. 따라서 경과실로 불법행위를 하여 손해를 야기한 경우에 사기업에 대해서는 손해배상책임을 부담하지 않아도 된다.[55] 그러나 사법상 계약에 기초하여 직무행위(대집행실행)를 수행하는 사기업을 위탁에 관한 법령의 근거 없이 '공무수탁사인'으로 보거나, 또는 곧바로 '공무원'에 해당하는 것으로 보기는 어렵다. 오히려 S산업개발(주)은 한국토지공사와 계약을 체결하고, 공무원의 지침이나 지시에 사실상 기속되어 마치 도구처럼 기능한다. 따라서 '도구이론'을 적용하여 사기업의 불법

---

55) 대법원 1996. 2. 15. 선고 95다38677 전원합의체 판결 참조.

행위에 대한 국가배상책임을 묻는 것이 보다 설득력을 가질 수 있다. 이와 같이 도구이론은 사기업의 불법행위에 대해서도 국가배상책임을 확대할 수 있다는 점에서 장점을 가진다.

독일의 도구이론에 의하면, 국가배상법상의 공무원개념에 포함시키기 어려우나 대체로 도급계약을 통해 공무를 수행하는 '사기업'도 공무원의 지위를 가질 수 있다. 다만, 독일의 비판적 견해에서 보는 바와 같이 행정청과 사기업 사이의 법률관계를 사법상 법률관계로 이해하거나 이를 지나치게 강조하는 한, 국가배상책임을 인정하기가 어려운 점이 있는 것이 사실이다. 실제 독일에서는 소송이 공·사법 이원구조로 되어 있기는 하나 독일기본법이나 개별 법률에 소송형식을 명시하는 경우가 적지 않다. 이에 따라 국가배상소송이나 손실보상소송은 공법소송이 아니라 통상법원에서 민사소송으로 다루어지고 있다. 그러나 우리는 이에 대한 명시적 규정이 없기 때문에 국가배상청구사건에 대해 공법상 소송을 제기할 수 있다는 것을 처음부터 배제할 이유가 없다.[56]

당해 사건과 같이 대집행을 하는 경우에 민간업체는 법령에 의해 위임이나 위탁을 받은 것은 아니지만 '계약'을 통해 공무를 수행하고 있다. 이 경우에 피고 한국토지공사와 민간업체인 S산업개발(주) 사이의 법률관계를 사법적으로만 파악한다면, 사법상 계약에 의한 공적 과제의 수행이라는 모순된 구조를 설명하기 곤란하고 계약에 의해 강제집행을 대행하는 사기업에 대해 국가배상책임을 묻기 어렵다. 즉 민간기업은 사법상 계약에 의해 공적 과제를 수행하게 되고, 그 사기업은 여전히 고권적 성질을 가진다는 점에서 기능적 공무원개념에 포함시킬 수 있다. 따라서 독일의 '도구이론'은 비록 외국판례의 이론이기는 하나, 위에서 설시한 이론적 모순구조를 해결하고 확대된 '공무원'개념(공무를 위탁받은 사인을 포함)을 법리적으로 설명하는데 도움을 줄 수 있을 것으로 보인다.

---

56) 이에 대해서는 拙稿, "國家賠償訴訟과 先決問題: 특히 構成要件的 效力, 旣判力 그리고 違法槪念을 중심으로", 저스티스 통권 116호 (2010. 4), 102면 이하 참조.

Ⅴ. 改正 國家賠償法 제2조 제1항의 問題點

국가배상법은 2009. 10. 21. 일부개정을 통해 공무원 외에 '공무를 위탁받은 사인'을 별도로 규정하고 있다. 종전에는 공무수탁사인의 불법행위로 인한 손해에 대해 '해석상' 국가나 지방자치단체의 배상책임을 인정하였으나, 손해배상책임을 명확히 하기 위해 '공무수탁사인'의 불법행위로 인한 손해도 국가배상법에 따라 국가나 지방자치단체가 배상하여야 한다는 것을 명시적으로 규정한 것이다. 개정된 국가배상법에 따르면 적어도 공무수탁사인에 해당하는 자에 의한 직무행위에 대해 종전보다 명확히 국가배상책임을 물을 수 있게 되었다. 그러나 공무원개념과 공무수탁사인은 별개로 규정되어 있어, 양 개념을 어떻게 해석해야 할 지 의문이 남는다. 특히 '공무를 위탁받은 사인'에 해당하지 않는 '행정보조인'이나 '사기업' 등은 여전히 공무원개념에 포함되는 것으로 보아야 하는지가 문제될 수 있다.

이와 관련하여 개정된 국가배상법 제2조 제1항에는 '공무를 위탁받은 사인'을 별도로 규정하고 있기는 하나, 이를 공무원개념에 속한다고 보는 견해가 있다.[57] 또한 이 견해는 독일의 '도구이론'을 소개하면서, 차량견인업자가 경찰의 위탁에 의하여 불법주차차량을 견인하는 도중에 견인되는 차량에 피해를 야기한 경우에 차량견인업자를 국가배상법상 공무원에 해당한다고 보고 있다. 그러나 이러한 사례의 경우에는 자연인으로서 사인보다는 '사기업'이 문제가 되며, 차량견인업자는 법령에 의한 위임·위탁이 아니라 사법상 계약(도급계약)을 통해 불법주차 중인 차량을 견인한다는 점에서 곧바로 '공무수탁사인'에 해당한다고 보기는 어렵다.[58]

---

57) 홍정선, 전게서, 658면.
58) 한편, 행정청(경찰청)과 제3자(차량견인업체) 사이의 도급계약을 통해 불법주차차량을 견인하는 경우에, 제3자는 공무수탁사인이 아니라 단순히 '이행보조인'의 기능을 수행한다고 보는 견해도 있다(정하중, 행정법총론, 제3판, 434-435면).

생각건대 종전에 공무원개념에 포함된 공무수탁사인은 '공무를 위탁 받은 사인'의 개념에 포섭될 수 있으나, 행정보조인이나 사기업은 '공무를 위탁받은 사인'에 해당하지 않을 수 있다. 따라서 개정된 국가배상법 제2조 제1항의 규정은 법리적으로 다소 문제가 있다. 오히려 개정 전의 국가배상법상의 공무원개념은 기능적 공무원개념으로서 국가공무원법 및 지방공무원법상의 공무원 이외에도 공무수탁사인, 행정보조인, 사기업 등도 포함될 여지가 있었다. 그러나 개정된 국가배상법에 의하면 '공무를 위탁받은 사인'에는 공무수탁사인만 포함되고, 행정보조인 또는 공무를 위탁받지 않고 사법상 계약을 체결한 사기업은 배제될 수 있다.

물론 공무수탁사인에 해당함에도 불구하고 '공무원'개념에 포함시키는지 여부가 논란이 된 경우도 있었다. 그러나 개정된 국가배상법은 '공무를 위탁받은 사인'을 별도로 규정함으로써, 사인이 공무를 '위탁'받은 경우에는 모두 국가배상법상 직무행위의 주체가 될 수 있게 되었다. 이러한 점은 매우 긍정적으로 평가할 수 있다. 그러나 '공무를 위탁받은 사인' 외의 행정보조인이나 공무를 위탁받지 않은 사기업 등은 개정 국가배상법 제2조 제1항의 '공무원'에 포함시킬 수 있을지 의문이다. 오히려 개정 국가배상법 제2조 제1항의 '공무원'은 국가공무원법 및 지방공무원법상의 공무원에 한정하여 해석될 수도 있다. 특히 당해 사건과 같이 대집행실행에 관하여 도급계약을 체결한 S개발산업(주)은 공무수탁사인이 아니다. 이와 같이 개정된 국가배상법에 의하면 '공무를 수탁받은 사인'에 해당하지 않는 한, 공무원에 해당한다고 보기 어려운 문제가 생긴다. 개정 국가배상법의 문제는 독일의 입법례와의 비교 · 고찰을 통해 그 해결책을 찾을 필요가 있다. 즉 행정보조인은 공무수탁사인은 아니지만, 행정보조인의 직무행위도 국가배상법상의 "공무원의 직무행위"에 해당한다고 볼 수 있다. 또한 법령에 의해 공무를 위탁받은 경우에 사기업(법인)은 공무수탁사인이 될 수 있으나, 위탁에 관한 법령의 근거 없이 사법상 계약을 통해 직무행위를 하는 경우에는 공무수탁사인으로 보기 어렵다. 따라서 이러한 경우에는 '도구이론'을 통해 국가배상법 제2조 제1항의 '공무원'개념에 포함시킬 수 있다.

VI. 評價와 課題

이상의 고찰에서 살펴본 바와 같이 대상판결은 대집행의 법률관계, 사인에 의한 직무집행에 대한 국가배상, 공무수탁사인의 범위, 그리고 사기업에 의한 위법한 직무행위 등의 문제를 다각적으로 살펴볼 수 있는 계기를 제공해 주었다. 특히 한국토지공사를 법령에 의해 행정청의 권한을 위임받은 '행정주체'의 지위를 가진 것으로 보고, 국가배상법상 공무원의 개념에서 배제하고 있다는 점은 주목할 만한 사실이다. 따라서 대상판례의 경우에도 행정청(한국토지공사)—제3자(S산업개발)—의무자(원고)라는 전형적인 대집행 법률관계는 그대로 유지되고 있다고 볼수 있다. 여기에서 주목할 만한 사실은 제3자(사기업)도 공무원에 포함시키고 있다는 점이다. 이와 관련하여 독일의 "도구이론"은 음미해 볼만한 가치가 있다. 위탁을 하지 않고 단순히 사법상 계약을 통해 대집행을 실행하는 사기업을 공무수탁사인으로 보기는 쉽지 않다. 이 경우에 "도구이론"을 통해 사기업을 기능적 공무원개념에 포함시키고, 사기업의 위법한 직무행위에 대해 국가배상책임을 물을 수 있다. 또한 위에서 살펴본 바와 같이 개정된 국가배상법 제2조에는 그 동안 논란이 되어온 공무수탁사인을 별도로 규정함으로써 국가배상책임을 쉽게 물을수 있도록 하였다. 그러나 공무를 위탁받지 않고 단순히 보조적이고 비독립적으로 직무를 수행하는 행정보조인이나 사기업은 '공무를 위탁받은 사인'에 해당하지 않는다.

향후 규제완화, 공법의 '私(法)化' 등으로 사인에 의한 공적 과제의 수행이 증가할 것이다. 이러한 경우에 사인(사기업)에 대한 국가배상청구의 문제를 법리적으로 어떻게 접근해야 하는지는 어려운 문제이다. 이를 위한 새로운 법리의 개발이 필요하며, 독일의 '도구이론'은 새로운 논의를 위한 기초를 제공해 줄 수 있을 것으로 보인다.

第2部 公用收用 및 損失補償

第1章

公用收用의 要件과 限界

I. 論議의 出發點 — 存續保障의 優位

현행 헌법 제23조 제3항의 해석을 둘러싼 이론적 쟁점들은 여전히 미해결의 상태이며, 여기에 대한 논의 역시 迷路(Labyrinth) 속에 놓여 있다. 특히 현행법하에서 독일 연방헌법재판소의 분리이론을 도입할 수 있는지 여부에 대하여 학설은 다투어지고 있다. 그러나 재산권에 대한 고권적 침해행위와 보상에 대한 논의는 재산권의 본질을 어떻게 바라보아야 할 것인지의 문제로부터 출발하여야 한다. 여기에는 '보상'에 초점을 두어야 한다는 가치보장의 관점과 연방헌법재판소의 분리이론이 내세우는 바와 같이 '방어'에 비중을 두는 존속보장의 관점이 대립하고 있다.

독일의 경우 바이마르(Weimar)시대의 제국법원은 가치보장의 입장을 강하게 견지하고 있었다. 즉 20세기 현대산업사회로 발전함에 따라 정치·경제·사회 제 분야가 변화하게 되었고, 이에 따라 바이마르헌법은 넓은 의미의 수용개념을 취하였으며 보상의무 없는 수용(무보상부 공용수용)까지도 허용하였다. 그러나 본(Bonn)기본법하의 학설·판례는 가치보장 대신 존속보장을 강조하였으며, 이러한 현상은 독일 연방헌법재판소의 자갈채취판결 이후 더욱 분명해졌다. 그 동안 우리는 바이마르헌법의 영향을 받아 주로 가치보장의 관점에서 "손실보상의 요건"에 대해서만 몰두하여 왔다. 하지만 재산권이 국가의 고권적 작용으로 인하여 일단 침해되면 이를 원래의 상태대로 되돌리기란 쉽지 않다. 따라서 공공의 이익을 위하여 적법한 재산권침해를 하였더라도 사후에 손실보상을 충분히 해주면 된다는 사고는 헌법 제23조 제1항의 재산권보장의 취지에 비추어 부합되지 않는다. 왜냐하면 재산권은 인간다운 삶을 자기책임하에 자주적으로 형성할 수 있도록 경제적 조건을 마련해주는 가장 기초적인 기본권 중의 하나라는 점에서, 개인의 인격권과도 밀접한 관련을 가지고 있다. 이러한 재산권의 성격을 고려하면, 재산권보장을 위한 방어청구권 내지 침해배제청구권이 매우 중요한 의미를 가진다.

한편, 우리는 국토가 매우 협소함으로 인하여 개인의 재산권이 공공복리 또는 공익을 위해 다양한 방식으로 제약되고 있으며, 과거에는 재산권침해에 대한 보상규정을 흠결하고 있는 법률이 적지 않았다. 독일 연방헌법재판소의 자갈채취판결이 내려진 뒤 20여 년이 지났음에도 불구하고, 국내학설은 연방헌법재판소가 취하고 있는 분리이론의 도입에 대하여 여전히 소극적인 입장을 보이고 있다. 이와 달리 우리 헌법재판소는 다행히도 독일 연방헌법재판소가 취하는 분리이론을 적극적으로 受容하고 있는 것으로 보인다.[1] 요컨대 재산권의 본질에 대한 이해는 가치보장이 아니라 존속보장의 관점에서 출발하여야 하고, 논의의 핵심은 재산권에 대한 침해가 보상을 요하는 공용수용에 해당되는지 여부에 있다. 그러한 이유에서 公用收用의 要件과 限界(許容性)를 명확히 하는 것이 필요하다.[2]

---

1) 헌재 1999. 4. 29. 94헌바37외 66건(병합); 헌재 2000. 8. 23. 2000헌11, 2001헌가29(병합).

2) 그러한 이유에서 本稿에서는 분리이론의 입장에서 논리를 전개하고자 한다. 경계이론과

　보상부 공용수용의 요건을 논의하기에 앞서 먼저 검토되어야 할 것은 현행 헌법 제23조 제3항의 구조 및 개념분석이다. 헌법 제23조 제3항에는 공용수용 이외에 공용사용과 공용제한을 규정하고 있다. 학설은 이를 대체로 "공용침해"라고 부르고 있다.3) 이러한 개념요소 가운데 공용수용을 제외한 공용사용과 공용제한을 어떻게 파악하느냐는 불가분조항(Junktimklausel)의 인정여부와 관련하여 중요한 의미를 가질 수 있다. 따라서 여기에서는 공용수용과 공용사용·제한을 분리해서 고찰하는 것이 요구된다. 그러나 동조항의 핵심이 공용수용에 있음은 물론이다. 또한 헌법 제23조 제1항 제2문과 제2항의 내용한계규정과 현행 헌법 제23조 제3항의 보상부수용의 엄격한 구별을 견지하는 입장(소위 분리이론)에서는 새로운 유형의 재산권침해, 즉 사실행위 등을 통한 재산권침해인 "기타 재산권침해"의 유형에 해당하는 것을 어떻게 해석할 것인지가 문제된다. 왜냐하면 일반·추상적 규율에 의한 재산권제약은 내용한계규정이지만, 개별·구체적 규율에 의한 재산권침해는 보상부 공용수용에 속하기 때문에 이러한 법형식에 해당하지 않는 재산권침해(예컨대 법규명령, 조례 및 사실행위 등에 의한 재산권침해)를 어떻게 파악해야 하는지가 검토될 필요가 있다. 물론 일반·추상적 규율로서 직접 법률에 의한 재산권침해가 보상을 요하는 공용수용에 해당될 수도 있다. 이를 "입법수용"이라 한다. 그러나 이러한 입법수용은 후술하는 바와 같이 매우 예외적인 경우에 한하여 인정되고 있다. 이하에서는 존속보장의 관점에서, 공용수용의 성립요건(Ⅱ)과 한계(Ⅳ)를 중심으로 고찰하고, 공용사용과 공용제한에 대한 해석(Ⅲ)의 문제도 함께 검토해 보기로 한다.

　분리이론에 관한 이론적 논의에 대해서는 拙稿, "재산권의 사회적 구속과 수용의 구별에 관한 독일과 한국의 비교법적 고찰", 공법연구 제32집 제3호, 364면 이하 참조.
3) 김남진, 행정법 I, 제7판, 539면; 김성수, 일반행정법, 633면; 정하중, 행정법총론, 제2판, 542면.

Ⅱ. 公用收用의 成立要件

먼저 공용수용의 성립요건(또는 구성요건)은 공용수용의 허용요건과 구별되어야 한다.[4] 전자는 주로 공용수용의 개념과 관련이 있는 반면, 후자는 공용수용의 한계 내지 적법성과 관련이 있다. 우선 공용수용의 성립요건과 관련하여 현행 헌법 제23조 및 「공익사업을 위한 토지 등의 취득 및 보상에 관한 법률」에는 공용수용의 개념에 대한 구체적인 정의규정이 없으며,[5] 학설도 아직 공용수용의 개념징표에 대해서는 의견의 일치를 보고 있지 않다. 공용수용의 요건을 분설하면 다음과 같다.

1. 財産權에 대한 高權的 法律行爲

보상부 공용수용이 성립하기 위해서는 우선 재산권에 대한 의도(또는 의욕)된 고권적 법률행위(hoheitlicher Rechtsakt)가 존재하여야 한다. 여기에서 말하는 "고권적 법률행위"란 법적으로 중대한 구속력 있는 조치나 처분을 의미하므로, 사실행위에 의한 재산권침해는 제외된다.[6] 사실행위에 의한 재산권침해는 그 귀속에 많은 어려움이 있는 것이 사실이다. 일부학설은 사실행위에 의한 재산권침해를 수용유사침해이론으로 설명하기도 한다.[7] 한편, 독일에서는 이를 "기타 재산권침해"에 해당하

---

4) 同旨見解: 朴尙熙, "公用侵害의 要件에 관한 硏究", 고려대학교 박사학위논문, 71면 이하. 다만, 박상희 교수는 공용침해의 성립(구성)요건을 "재산권에 대한 침해"로 넓게 파악하고 있으며, 그 허용요건으로 ① 법률상의 수권, ② 공공필요 및 ③ 보상을 제시하고 있다.
5) 다만, 헌법재판소는 공용수용을 "公共必要에 의한 財産權의 公權力的·强制的 剝奪"이라고 정의하면서, 그 요건으로 ① 국민의 재산권을 그 의사에 반하여 강제적으로라도 취득해야 할 공익적 필요성이 있을 것(공익성), ② 법률에 의거할 것(적법성) 그리고 ③ 정당한 보상을 지급할 것을 제시하고 있다(헌재 1998. 3. 26. 93헌바12, 판례집 10-1, 226, 243면 참조; 헌재 1998. 12. 24. 97헌마87 등). 그러나 적법성요건은 공용수용의 성립요건이 아니라, 공용수용의 한계 내지 허용요건에서 논의되는 것이 보다 바람직하다고 생각된다. 상세는 후술한다(Ⅱ. 4.).
6) 한편, "公權的 侵害"를 손실보상(공용침해)의 요건으로 보는 견해도 있다(김남진, 전게서, 547면). 이러한 개념징표에는 (高權的) 事實行爲가 포함될 수 있다.

는 것으로서, 독일기본법 제14조 제1항 제2문의 내용한계규정에 속하는
것으로 보는 견해가 유력하게 제기되고 있다.[8]

　공용수용은 그 법형식에 따라 직접 법률에 의한 수용인 立法收用
(Legislativenteignung)[9]과 법률에 근거한 행정행위 기타 법률하위규범(법
규명령이나 조례 등)에 의한 수용인 行政收用(Administrativenteignung)으
로 구분할 수 있다.[10] 또한 이러한 고권적 법률행위는 의도적이고 목적
지향된 것이어야 하므로, 우연에 의해 재산권이 제약된 경우에는 공용
수용에 해당되지 않는다. 따라서 공용수용은 적법한 재산권침해로 인
한 비전형적(또는 이형적)이고 예상하지 못한 부수적 결과에 해당하는
收用的 侵害(enteignender Eingriff)와도 구별된다. 근년 독일에서는 보
상을 요하는 공용수용(기본법 제14조 제3항)과 무보상부 사회적 제약
(기본법 제14조 제1항 제2문 및 제2항)의 구별과 관련하여, 이에 해당하
지 않는 한계영역에 관심이 집중되고 있다. 즉 중대하고 감내할 수 없
는 과도한 재산권침해를 재정적 조정을 통하여 해결하기 위한 "調整
的 補償을 요하는 內容限界規定" 내지 "調整的 補償附 內容限界規
定"(ausgleichspflichtige Inhalts- und Schrankenbestimmung)[11]이 중점

<hr/>

7) 許營, 한국헌법론, 2003, 474면.
8) Jarass, Inhalts- und Schrankenbestimmung oder Enteignung?, NJW 2000, S. 2841 ff.
9) 독일 연방헌법재판소의 일부판례와 학설은 "立法收用"에 해당하는 것을 "Legalenteignung"
　　이라고 표현하고 있다(BVerfGE 58, 300/331; Papier, in: Maunz/Dürig, GG, Art. 14,
　　Rn. 555 ff.; K. Hesse, Grundzüge des Verfassungsrechts der Bundesrepublik
　　Deutschland, 20. Aufl., § 12 Rn. 451; Pieroth/Schrink, Grundrechte, 15. Aufl., 1999,
　　Rn. 922). 그러나 이를 엄격하게 번역하면 "合法收用"정도로 번역될 수 있다. 이에 대하여
　　Maurer는 법률에 의한 재산권침해는 법형식에 있어서 행정수용에 대응하는 개념이므로
　　立法收用에 해당하는 "Legislativenteignung"이라는 표현이 보다 적합하다고 주장한다.
　　Maurer, Allgemeines Verwaltungsrecht, 12. Aufl., § 26 Rn. 51. 그러나 국내문헌은
　　이러한 구별 없이 "立法收用"이라고 표현하고 있으므로, 용어사용에 있어서 큰 문제는 없
　　는 것으로 보인다.
10) 학설 가운데에는 立法作用으로 인한 損失補償을 제외하는 견해도 있으나(金道昶, 일반
　　행정법론(상), 654면), 비록 예외적으로 인정되는 것이기는 하나 입법수용을 인정하는
　　것이 근년의 추세이다. 예컨대 도로법 제49조는 비상재해시의 토지 등의 사용·수용을
　　규정하고 있다. 이는 수용의 보통절차에 의하지 아니하고, 직접 법률에 의해 공용수용
　　권이 성립한다는 점에서 입법수용의 일종으로 볼 수 있다. 우리 헌법재판소도 하천법
　　제2조 제1항 제2호 다목 위헌소원에서 입법수용을 인정한 바 있다(헌재 1998. 3. 26.
　　93헌바12).

적으로 논의되고 있으며,12) 나아가 이를 통한 수용적 침해의 대체가 고려되고 있다.13)

공용수용의 대상은 헌법 제23조 제3항에서 보호하는 "재산적 가치 있는 법적 지위"이다. 즉 공용수용이 성립하기 위해서는 재산적 가치 있는 법적 지위를 침해하여야 한다. 따라서 이러한 재산권 관련성은 재산권의 소유, 사용 및 처분이 제약되어야 하는 것을 전제조건으로 한다. 일반적으로 헌법 제23조에서 보호하는 "재산권"은 사법상의 재산권보다는 넓은 의미를 가진 것으로 이해된다. 여기에는 물적 재산권(부동산·동산) 기타 재산적 가치 있는 권리가 포함될 수 있다. 따라서 헌법 제23조의 "재산권"이란 모든 재산적 가치 있는 사법상·공법상의 권리를 말한다.14) 다만, 단순한 기대이익이나 반사적 이익 그리고 경제적 이익은 여기에서 제외된다.15) 한편, 무체재산권 내지 지적재산권이 헌법 제23조 제1항에서 의미하는 재산권에 포함될 수 있는지가 문제된다. 무체재산권도 원칙적으로 헌법 제23조 제1항에서 보장하는 재산권의 개념에 포함될 수 있으나,16) 헌법 제22조 제2항에서 학문과 예술의 자유와 관련하여 정신적 재산권의 하나로서 별도로 보호하고 있다.17) 공용수용의 대상으로는 토지소유권이 주된 목적물이 되나, 광업권이나 어

---

11) 이른바 "調整的 補償을 요하는 內容限界規定"에 대한 내용은 拙稿, 전게논문, 378면 이하 참조. 이를 "조정의무 있는 내용규정"이라고 표현하는 견해도 있다(김문현, "재산권의 사회적 구속성과 공용수용의 체계에 대한 검토", 공법연구 제32집 제4호, 7면).

12) 이를 내용한계규정이 아니라 비례성원칙의 적용사례로 이해하는 견해는 Hösch, Eigentum und Freiheit, 2000, S. 248.

13) 金性洙 교수는 收用的 侵害는 공권력행사의 결과 예상치 못한 비전형적인 형태로 나타나지만 일종의 특별한 희생이므로 보상규정과 상관없이 보상을 요하는 반면, 調整的 補償을 요하는 內容限界規定은 재산권침해와 이로 인한 특별한 희생이 충분히 예상되어 보상규정을 마련한 상태에서 손실보상이 이루어진다는 점에서 차이가 있다고 지적하면서, 收用的 侵害가 사전에 예상이 불가능한 손해에 대해서는 여전히 유용한 기능을 가진다고 평가한다. 김성수, 전게서, 688면.

14) 헌재 1992. 6. 26. 90헌바26. 상세한 국내·외문헌의 소개는 桂禧悅, 헌법학(중), 新訂版, 534면 이하 참조.

15) 헌재 1998. 7. 16. 96헌마246, 판례집 10-2, 283(309).

16) 권영성, 헌법학원론, 개정판, 2004, 547면.

17) 계희열, 전게서(중), 536면; 김철수, 헌법학개론, 제10전정신판, 1998, 541-542면; 허영, 전게서, 456면.

업권 등 기타 재산권도 해당될 수 있다. 「공익사업을 위한 토지 등의 취득 및 보상에 관한 법률」 제3조에서는 ① 토지 및 이에 관한 소유권 외의 권리, ② 토지와 함께 공익사업을 위하여 필요로 하는 입목, 건물 기타 토지에 정착한 물건 및 이에 관한 소유권외의 권리, ③ 광업권·어업권 또는 물의 사용에 관한 권리 및 ④ 토지에 속한 흙·돌·모래 또는 자갈에 관한 권리를 토지수용의 대상으로 규정하고 있다. 이러한 구체적인 공용수용의 대상은 재산적 가치 있는 권리의 내용을 파악하는 데 중요한 준거가 될 수 있다.

이와 관련하여 "영업권"이 우리 헌법 제23조의 재산권보장에 포함될 수 있는지가 문제된다. 학설은 이 부분에 대하여 명확히 하고 있지 않으나, 영업활동의 자유를 대체로 직업(행사)의 자유의 내용으로 파악하고 있다.[18] 우리 헌법재판소도 대체로 이러한 입장을 견지하고 있는 것으로 보인다.[19] 그러나 독일의 학설은 대체로 영업권을 독일 기본법 제14조의 재산권의 내용의 하나로서 파악하고 있으며,[20] 독일의 연방통상법원과 연방행정법원 역시 이러한 입장에 동조하고 있다.[21] 즉 판례는 농업, 임업 및 자유직(예컨대 변호사·의사 등)의 경우와 같이 이른바 "設立·運營되는 營業에 대한 權利"(Recht am eingerichteten und ausgeübten Gewerbebetrieb)가 독일기본법 제14조의 재산권 보호대상에 해당된다고 보고 있다.[22] 이에 대하여 독일 연방헌법재판소는 유보적 입장을 취하고 있다.[23] 다만 연방헌법재판소의 판례 가운데에도 실

---

18) 계희열, 전게서(중), 512면; 김철수, 전게서, 498면. 일부학설은 자연인과 법인을 구분하여, 자연인의 경우에는 "영업의 자유"가 "직업의 자유"의 一內容에 불과하지만 법인의 경우에는 "영업의 자유"가 바로 "직업의 자유"라고 주장한다. 허영, 전게서, 445면.
19) 헌재 2002. 11. 28. 2001헌마596; 헌재 2003. 3. 30. 99헌마143; 헌재 2004. 5. 27. 2003헌가1, 2004헌가4(병합).
20) Papier, in: Maunz/Dürig, GG, Art. 14 Rn. 95. m.w.N.
21) BGHZ 23, 157/162 f.; 92, 34/37; BVerwGE 62, 224/226. 이에 대한 상세한 소개는 鄭夏重, "재산권의 보호대상으로서 개설된 영업: 독일연방민사법원(BGH)의 판례를 중심으로", 行政上 損失補償의 主要問題(朴鈗炘 編), 박영사, 1997, 209면 이하.
22) BGHZ 81, 21/33; BVerwGE 40, 157/165.
23) BVerfGE 105, 252/277. Vgl. BVerfGE 66, 116/145; 68, 193/222 f.; 77, 84/118; 81, 208/227 f.

체에 있어서 영업의 사실적·법적 총체, 즉 방해받지 않는 경영(영업)조직의 기능은 재산권으로서 보호된다고 판시한 경우도 있다.[24] 일부견해는 기본적으로 영업권을 재산권의 내용으로 파악하면서도, 단순한 영업의 존속문제가 아니라 영업활동의 경우에 그 정당한 권한문제는 독일기본법 제14조(재산권보장)가 아닌 독일기본법 제12조(직업의 자유)에 귀속된다고 주장한다.[25] 다시 말하면, 이미 획득한 영업의 존속에 관한 문제는 헌법상 재산권보장과 관련된 것이지만, 영업의 활동에 대한(결정 내지 선택의) 권한은 직업의 자유의 문제로서 다루어진다는 것이다. 우리의 경우에도 이러한 영업권을 단순히 직업행사의 자유로서 논의하기 보다는 이를 유형화하여 재산권의 문제로 검토할 필요성이 제기된다.[26] 우리 헌법재판소는 학교보건법 제6조 제1항 제11호 등 위헌소원사건[27]에서 학교환경위생정화구역 안에서 여관시설을 금지한 동 조항(초등학교에 관한 부분에 한정)이 직업의 자유와 재산권을 침해하지 않고 포괄위임금지원칙에 위반되지 않는 것으로 판시한 바 있다. 이 결정은 직업의 자유 이외에도 재산권침해 여부를 심사하고 있다는 점에서 의미가 있는데, 이는 헌법재판소가 종래 학교보건법 제6조 제2호 위헌제청사건[28]에서 단지 직업의 자유를 침해하였는지 여부만을 검토한 것과는 다소 비교가 된다. 여기에서 특히 주목할 점은 소수의견이 재산적 가치를 인정할 수 있는 영업권을 헌법상의 재산권으로 파악하고 있다는 점이다. 즉 "단순한 이윤획득의 기회나 기업활동의 사실적·법적 여건에 불과한 것

---

24) BVerfGE 1, 264/277; 13, 225/229.
25) Jarass, in; Jarass/Pieroth, GG, 5. Aufl., Art. 14 Rn. 10.
26) 「공익사업을 위한 토지 등의 취득 및 보상에 관한 법률」 제77조에서는 "영업을 폐지하거나 휴업함에 따른 영업손실에 대하여는 영업이익과 시설의 이전비용 등을 참작하여 보상하여야 한다"라고 하여, 영업의 손실 등에 대해서도 보상을 규정하고 있다. 그러나 여기에서 말하는 영업상의 손실은 수용의 대상이 된 토지·건물 등을 이용하여 영업을 하다가 그 토지·건물 등이 수용됨으로 인하여 영업을 할 수 없거나 제한을 받게 됨으로로 인하여 생기는 직접적인 손실(수용손실)을 의미한다(대법원 1998. 1. 20. 선고 95다29161 판결).
27) 헌재 2004. 10. 28. 2002헌바41.
28) 헌재 2004. 5. 27. 2003헌가1, 2004헌가4(병합).

을 영업권이라는 구체적 재산권으로 인정할 수는 물론 없을 것이나, 다
년간에 걸쳐 확고하게 형성되거나 획득된 영업상의 비결, 신용, 영업능
력, 사업연락망 등을 포함하는 영업재산이나 영업조직은 경제적으로 유
용하면서 처분에 의한 환가가 가능하므로 재산적 가치가 있다는 것이
사회일반에 의하여 승인되고 있고 여러 법률에서 이를 구체적으로 인정
하고 있으며, 대법원도 영업권을 무형의 재산적 가치로 판단하고 있다
는 점 등을 종합적으로 고려해 본다면 영업권을 헌법상의 재산권에 속
하는 하나의 구체적 권리로 충분히 인정할 수 있다"고 하여, 영업권을
헌법상의 재산권으로 적극적으로 해석하고 있다. 이러한 소수의견은 장
차 영업권과 관련된 사건에서 중요한 시사점을 던져 줄 수 있다고 생각
한다.

2. 財産權의 全面的 또는 部分的 剝奪

공용수용은 나아가 재산권에 대한 전면적 또는 부분적인 박탈을 목
적으로 하여야 한다. 특히 재산권의 "박탈"(Entziehung)이라는 공용수
용의 개념적 징표는 공용수용의 핵심적 요소를 이루고 있다. 여기에서
"박탈"이란 종래 다른 권리주체에 대한 재산권의 '이전' 내지 '이양'을
그 요건으로 한다. 그러나 2001년 이후 독일 연방헌법재판소는 이를 형
식적 수용 개념에 포함시키고 있지 않다. 그리고 부분적인 박탈이란 부
동산의 일부로서 법적으로 그 독립성이 인정될 수 있어야 한다. 따라서
일반·추상적 규율인 법률에 의해 단순히 재산권의 이용이나 처분을
제한하는 것은 여기에 속하지 아니 하고, 다만 헌법 제23조 제1항 제2
문의 내용한계규정으로 파악될 수 있을 뿐이다. 또한 경우에 따라서는
이른바 조정적 보상을 요하는 내용한계규정으로 볼 수 있다.

문제가 되는 것은 헌법 제23조 제3항에는 독일기본법 제14조와 달리
공용수용 이외에도 보상을 요하는 공용사용과 공용제한이 규정되어 있
다는 점이다. 이러한 보상을 요하는 공용사용·제한은 헌법 제23조 제1

항 제2문의 내용한계규정과의 구별을 어렵게 하고 있다. 예컨대 우리 헌법재판소는 구 도시계획법 제21조에 대한 위헌소원사건[29])에서 개발제한구역을 지정하여 그 안에서 건축물의 건축 등을 제한하는 당해 조항을 헌법 제23조 제1항 제2문과 제2항에 기초하여 토지재산권에 대한 권리와 의무를 일반·추상적으로 확정하는 무보상부 재산권의 사회적 제약으로 보고 있다. 그러나 헌법재판소는 이러한 개발제한구역의 지정으로 인하여 토지를 종래의 목적으로도 사용할 수 없거나 또는 더 이상 법적으로 허용된 토지이용의 방법이 없기 때문에 실질적으로 토지의 사용 또는 수익의 길이 없는 경우에는 수인해야 하는 사회적 제약의 한계를 넘는 것으로 아무런 보상 없이 이를 감수하도록 하는 것은 비례원칙에 위반되어 당해 토지소유자의 재산권을 과도하게 침해하는 것으로서 헌법에 위반된다고 판시하였다. 이에 대하여 일부견해[30])는 헌법 제23조 제3항이 독일기본법 제14조 제3항의 좁은 의미의 공용수용(Enteignung)에 국한되지 아니하고 보상부 공용사용·제한도 포함하고 있음을 근거로, 구 도시계획법 제21조의 규정은 헌법 제23조 제1항 제2문의 내용한계규정이 아니라 헌법 제23조 제3항의 보상부 공용제한에 해당된다고 주장한다. 한편, 「개발제한구역의 지정 및 관리에 관한 특별조치법」 제11조 제1항 등에 관한 위헌소원[31])에서는, 개발제한구역 내의 건축물의 건축 및 용도변경 등의 행위를 제한하는 이 사건 특조법조항이 비례의 원칙을 위반하여 청구인들의 재산권을 과도하게 침해한 것은 아니라고 판시하고 있다.

나아가 구 도시계획법 제83조 제2항 전단부분 등에 관한 위헌제청사건에서, 공공시설의 무상귀속이 헌법 제23조 제1항 제2문 및 제2항에 근거한 내용한계규정인지 아니면 헌법 제23조 제3항에 기초한 재산권의 수용을 정한 것인지를 판단하는 것이 문제되었다. 여기에서 헌법재

---

29) 헌재 1998. 12. 24. 89헌마214, 90헌바16, 97헌바78(병합) 전원재판부.
30) 김해룡, "헌법상 재산권보장과 행정상 손실보상의 근거법리들에 관한 고찰", 고시계 2003. 9, 33-34면; 정하중, 전게서, 556-557면.
31) 헌재 2004. 2. 26. 2001헌바80·84·102·103, 2002헌바26(병합).

판소는 "이 사건 조항은 그 규율형식의 면에서 개별·구체적으로 특정 재산권을 박탈하거나 제한하려는데 그 본질이 있는 것이 아니라, 일 반·추상적으로 사업지구 내의 공공시설과 그 부지의 이용 및 소유관 계를 정한 것이라 할 것이고, 그 규율목적의 면에서도 사업주체의 법적 지위를 박탈하거나 제한함에 있는 것이 아니라, 다수인의 이해관계가 얽혀 있는 주택건설사업의 시행과정에서 불가피하게 재산권의 제약을 받는 사업주체의 지위를 장래를 향하여 획일적으로 확정함에 그 초점 이 있다고 할 것이어서 재산권의 내용과 한계를 정한 것으로 그 성격 을 이해함이 상당하다. (중략) 따라서 이 사건 조항의 무상귀속을 법률 에 의한 재산권의 강제적 수용으로 보고, 그 손실을 보상하여야 한다는 논리로 접근할 것은 아니다"[32]라고 하여, 당해 공공시설의 무상귀속에 관한 조항이 헌법 제23조 제1항 제2문 및 제3항에 근거한 내용한계규 정으로 보고 있다. 헌법재판소는 공공시설의 무상귀속이 재산권의 내용 한계규정에 해당하는지 아니면 보상부 공용수용인지를 판단함에 있어 서, 그 대상이 된 토지 하나하나에 대한 제한의 효과를 개별적으로 분 석할 것이 아니라, 전 토지에 걸친 제한의 효과를 종합적이고 유기적으 로 파악하여 그 제한의 성격을 결정해야 된다고 강조한다.[33] 그러나 이 사건의 소수의견은 당해 조항을 소유권의 박탈행위로서 법률에 의한 수용, 즉 입법수용으로 파악하고 있다. 이러한 입장은 동 조항이 헌법 제23조 제3항의 불가분조항에 위반되는 것으로 보고 있다.

상기 언급한 헌법재판소의 결정을 검토해보면, 구 도시계획법 제21조 의 개발제한구역의 지정은 기본적으로 헌법 제23조 제1항 제2문의 내 용한계규정에 해당하나 예외적으로 사회적 제약의 범위를 넘는 가혹한 부담이 발생한 경우에 이를 감수하도록 하는 것이 비례원칙에 위반되 어 토지소유자의 재산권을 과도하게 침해하는 경우에 보상되어야 한다

32) 헌재 2003. 8. 21. 2000헌가11, 2001헌가29(병합), 판례집 15-2(상), 186.
33) 현행 「국토의 계획 및 이용에 관한 법률」에도 공공시설의 무상귀속에 관한 규정을 두 고 있으나(동법 65조 및 99조), 여기에 대한 보상규정은 명시되어 있지 않다.

고 본다. 따라서 헌법재판소는 비록 명백한 표현을 사용하고 있지는 않으나, 개발제한구역의 지정에 따른 재산권침해를 조정적 보상을 요하는 내용한계규정으로 파악하고 있다.[34] 요컨대 우리 헌법재판소는 원칙적으로 독일 연방헌법재판소의 분리이론을 철저히 따르고 있다. 또한 「개발제한구역의 지정 및 관리에 관한 특별조치법」 제11조 제1항 등에 관한 위헌소원에서는 구 도시계획법 제21조와 달리 개발제한구역의 지정으로 인하여 토지의 효용이 현저히 감소하거나 그 사용·수익이 사실상 불가능한 토지소유자에게 토지매수청구권을 인정하는 등 보상규정을 두고 있다는 점이 비례원칙을 위반하는지 여부에 중요한 준거가 되고 있다.

나아가 구 도시계획법 제83조 제2항 전단부분 등에 관한 위헌제청사건에서, 헌법재판소는 이 사건조항이 헌법 제23조 제1항, 제2항에 근거한 재산권의 내용한계규정에 해당하는 것으로서, 가능한 최소한의 범위에서 재산권의 사회적 제약을 도모하는 법률조항이므로 과잉금지의 원칙에 위배되지 아니하는 것으로 판시하였다. 다만, 이 사건의 소수의견은 무보상부 사회적 제약과 보상부수용의 구별과 관련하여 중요한 시사점을 던져 주고 있다. 즉 헌법 제23조 제3항의 입법수용과 헌법 제23조 제1항의 내용한계규정은 일반적·추상적 규율에 의한 재산권의 제약이라는 점에서는 유사하나, 전자는 보상을 요하고 후자는 보상을 원칙적으로 필요로 하지 않는다는 점에서 차이가 있다고 본다. 따라서 이러한 구분에 따르면 구 도시계획법 제83조 제2항 전단의 규정에 의한 무상귀속은 소유권의 박탈로서 입법수용에 해당한다는 것이다. 그러나 이미 전술한 바와 같이 입법수용은 매우 제한된 범위 내에서 인정되는 것이다. 즉 개별적인 행정수용이 적절한 시기 내에 이루어지기 어렵거나 입법수용이 없이는 강행적으로 요청되는 긴급한 조치의 실현이 지체될 수 있는 경우에 예외적으로 허용되는 것이므로, 이를 입법수용으

---

34) 同旨見解: 계희열, 전게서(중), 562면.

로 보기 보다는 내용한계규정으로 파악하는 것이 보다 더 타당하다. 이
와 같이 법형식을 기준으로 (무보상부) 내용한계규정과 (보상부) 공용수
용을 구분하는 판례는 특히 입법수용과 내용한계규정을 구별하는 데
어려움을 던져 주고 있다. 그러한 이유에서 헌법재판소의 소수의견은
입법수용과 내용한계규정의 구분에 대하여 再考를 할 수 있는 중요한
기회를 제공하였다고 생각한다.

3. 公的 課題의 遂行을 目的으로 할 것

공용수용이 성립하기 위해서는 공적 과제의 수행을 그 목적으로 하
여야 한다. 즉 공용수용은 사익을 위한 것이 아니라 공익기여성이 인정
되어야 한다. 이와 관련하여 우리 헌법 제23조 제3항은 "공공필요에 의
한 수용"이라고 규정하고 있다. 종래 여기에서 말하는 "공공필요"의 개
념이 헌법 제37조 제2항의 기본권제한의 한계요건으로서 국가안전보
장·질서유지 및 공공복리와 동일한 개념인지,[35] 아니면 이보다 더 넓
은 개념인지[36]에 대하여 학설상 다툼이 있었다. 그러나 근년에 들어와
서는 "공공필요"의 개념을 구체적인 사안에서 관련된 公·私 諸利益을
모두 형량함으로써 그 의미가 구체화된다는 견해가 보다 설득력을 가
진다. 즉 공적 임무의 수행이라는 목적지향성은 비례성원칙(과잉금지의
원칙)을 통해 판단될 수 있을 것이다.[37]

한편, 공공필요 내지 공익의 개념은 입법자의 형성적 자유를 통해 개
별법에 구체화될 것이 요구된다.[38] 「공익사업을 위한 토지 등의 취득
및 보상에 관한 법률」 제1조의 목적조항은 "공익사업에 필요한 토지
등을 협의 또는 수용에 의하여 취득하거나 사용함에 따른 손실의 보상
에 관한 사항을 규정함으로써 공익사업의 효율적인 수행을 통하여 공

---

35) 김도창, 전게서(상), 652-653면.
36) 김철수, 전게서, 545-546면; 권영성, 전게서, 556면; 성낙인, 헌법학, 제2판, 475면; 홍
   성방, 헌법학, 515-516면.
37) 허영, 전게서, 470면; 柳海雄, 토지공법론(제4판), 삼영사, 209면.
38) Ossenbühl, Staatshaftungsrecht, 5. Aufl., S. 204.

공복리의 증진과 재산권의 적정한 보호를 도모함을 목적으로 한다"라고
규정하고 있다. 또한 동법 제4조에서는 "공익사업"을 구체적으로 열거
하고 있다.[39] 이러한 공익사업의 범위는 점차 확대되는 추세에 있는데,
여기에서 사용하는 "공익사업"의 개념은 헌법상 "공공필요"의 개념을
해석하는 경우에 매우 중요한 척도가 될 수 있을 것이다.[40] 다만, 존속
보장의 관점에서 이러한 포괄적인 규정은 재검토되어야 한다고 본다.
왜냐하면 공용수용의 요건을 완화하게 되면, 방어의 측면보다는 보상의
측면이 더욱 부각될 수 있기 때문이다.

4. 公用收用의 槪念標識로서 適法性要件의 必要性 與否

전통적으로 적법성을 공용수용의 요건의 하나로 다루어 왔으나, 최근
독일에서는 적법성요건을 공용수용의 개념표지로 보는 것에 대하여 부
정적인 견해가 유력하다.[41] 왜냐하면 독일기본법 제14조 제3항의 규정
을 보면, 적법성요건은 공용수용의 허용요건에서 이를 다루어야 하고,
공용수용의 성립요건 내지 존재요건의 단계에서는 이를 문제로 삼을

---

39) 여기에 해당하는 것으로서 ① 국방·군사에 관한 사업, ② 관계 법률에 의하여 허가·
인가·승인·지정 등을 받아 공익을 목적으로 시행하는 철도·도로·공항·항만·주차
장·공영차고지·화물터미널·삭도·궤도·하천·제방·댐·운하·수도·하수도·하수
종말처리·폐수처리·사방·방풍·방화·방조(防潮)·방수·저수지·용 배수로·석유
비축 및 송유·폐기물처리·전기·전기통신·방송·가스 및 기상관측에 관한 사업, ③
국가 또는 지방자치단체가 설치하는 청사·공장·연구소·시험소·보건 또는 문화시
설·공원·광장·운동장·시장·묘지·화장장·도축장 그 밖의 공공용 시설에 관한 사
업, ④ 관계 법률에 의하여 허가·인가·승인·지정 등을 받아 공익을 목적으로 시행하
는 학교·도서관·박물관 및 미술관의 건립에 관한 사업, ⑤ 국가·지방자치단체·정부
투자기관·지방공기업 또는 국가나 지방자치단체가 지정한 자가 임대나 양도의 목적으
로 시행하는 주택의 건설 또는 택지의 조성에 관한 사업, ⑥ 제1호 내지 제5호의 사업
을 시행하기 위하여 필요한 통로·교량·전선로·재료적치장 그 밖의 부속시설에 관한
사업 및 ⑦ 그밖에 다른 법률에 의하여 토지 등을 수용 또는 사용할 수 있는 사업을
규정하고 있다.
40) 실제 대법원은 구 토지수용법 제3조 제1항 제3호(현행 「공익사업을 위한 토지 등의 취
득 및 보상에 관한 법률」 제4조 제3호)의 공익사업 중 "문화시설"에 해당함을 이유로
공용수용을 인정한 바 있다(대법원 1971. 10. 22. 선고 71다1716 판결 참조). 이러한
점에서 판례는 대체로 "공공필요"의 개념을 넓게 이해하고 있는 것으로 보인다.
41) Maurer, a.a.O., § 26 Rn. 54; Jarass, a.a.O., S. 2841.

필요가 없다는 것이다. 즉 적법성요건은 공용수용의 개념표지와 관련된 구성요건의 문제가 아니라, 수용의 허용요건 내지 한계에서 검토되어야 한다. 따라서 공용수용이 법률상 수권을 결하게 되면 위법한 수용이 된다. 한편, 독일 연방헌법재판소의 판례 가운데에는 위법한 수용처분도 이를 "공용수용"이라고 판시한 바 있다.[42] 그러나 현재 대부분의 국내 문헌은 공용수용이 아니라 "손실보상의 요건"에만 초점을 맞추고 설명하고 있으므로, 그 요건으로 "적법한 재산권침해"를 제시하는 것이 보통이다.

Ⅲ. 補償附 公用制限의 解釋

헌법 제23조 제3항의 공용사용·제한에 대한 해석은 헌법 제23조 제1항 제2문·제2항의 무보상부 내용한계규정과의 구별 및 불가분조항의 인정여부와 관련하여 학설상 논란의 대상이 되고 있다. 종래의 통설은 공용사용을 "재산권의 박탈에 이르지 아니한 일시적·강제적 사용"으로, 공용제한을 "소유권자 기타 권리자에 의한 사용·수익의 제한"을 의미하는 것으로 보는 것이 일반적이었다.[43] 이러한 종래의 입장을 따르게 되면, 현행 헌법 제23조 제3항의 이른바 공용침해(공공필요에 의한 수용·사용 및 제한)의 개념은 독일의 공용수용(Enteignung) 개념보다 넓게 해석된다.[44] 그러나 유력한 견해는 헌법 제23조 제3항의 공용사용과 공용제한을 매우 좁게 해석하여, 부분적인 박탈의 의미로 파악하고 있다. 즉 공용사용은 "토지재산권 중 사용권의 부분적 박탈"로서, 공용제한은 "토지재산권 중 분리될 수 있는 다른 부분적 권리의 박탈이나 그 외의 제한"으로서 해석하고 있다.[45] 이러한 해석은 상위개념으

---

42) BVerfGE 56, 249/261.
43) 김남진, 전계서, 제7판, 547면; 김동희, 행정법 Ⅰ, 제9판, 516-517면; 정하중, 전게서, 545면; 류지태, 행정법신론, 378면.
44) 김해룡, 전게논문, 34면.
45) 한수웅, "재산권의 내용을 새로이 형성하는 법규정의 헌법적 문제", 저스티스 제32권

로서 이른바 공용침해(공공필요에 의한 수용·사용 및 제한)를 독일의 공용수용개념과 어느 정도 일치시킬 수 있다.

이에 대하여 필자는 공용수용과 공용사용·제한을 구별하되, 후자를 재산권의 박탈에는 이르지 못하나 公用收用에 準하는 重大한 財産權의 制約 정도로 해석하는 것이 타당하다고 본다.[46] 또한 공용제한의 유형에는 계획제한·사용제한·공물제한 등이 예시되는 것이 보통이므로, 公用使用은 대체로 공용제한에 흡수되는 財産權制限의 一類型으로 파악될 수 있다.[47] 따라서 현행 헌법 제23조 제3항의 이른바 "공용침해"의 개념은 크게 재산권에 대한 전면적·부분적 박탈행위로서의 공용수용과 재산권의 박탈에는 이르지 않았으나 공용수용에 준하는 강제적인 중대한 재산권의 제약으로서 공용제한(공용사용을 포함)으로 구성되어 있다고 볼 수 있다. 특히 후자(공용제한)는 재산권에 대한 제약행위로 인하여 그 효용이 현저히 상실 내지 감소하였거나, 사용·수익이 사실상 불가능하게 되는 경우를 상정할 수 있다. 이러한 경우에는 헌법 제23조 제3항에 따라 법률로써 정당한 보상을 해주어야 한다. 예컨대 「국토의 계획 및 이용에 관한 법률」 제95조, 도로법 제49조의2, 대기환경보전법 제5조 등의 경우에는 입법자가 개별·구체적인 경우에 공적 과제의 수행을 위해 재산권의 박탈(수용) 내지 제한을 전제로 하면서 이에 대한 보상규정을 명시적으로 두고 있다. 특히 「국토의 계획 및 이용에 관한 법률」 제95조는 도시계획시설사업의 시행자가 도시계획시설사업에 필요한 토지·건축물 또는 그 토지에 정착된 물건 그리고 이에 관한 소유권 외의 권리를 수용 또는 사용할 수 있다고 규정하면서, 동법 제96조에서는 「공익사업을 위한 토지 등의 취득 및 보상에 관한 법률」의 준용규정을 두고 있다. 이와 같이 입법자는 개별법에서 보상부 공용수용뿐만 아니라 보상부 공용제한을 규정하고 있다. 요컨대

제2호, 1996. 6, 35면.
46) 拙稿, 전게논문, 374면.
47) 김철수, 전게서, 544면; 홍성방, 전게서, 516면.

현행 헌법 제23조 제3항은 크게 보상부 공용수용과 보상부 공용제한으로 구성되어 있으나, 그 핵심적 요소는 공용수용이며 공용제한은 공용수용에 준하여 판단되어야 한다.

헌법재판소는 「택지소유상한에 관한 법률」 제2조 제1호 나목에 대한 위헌소원에서 소위 공용침해의 개념요소를 재산권의 "박탈"과 "제한"으로 구분하고 있다. 즉 "헌법 제23조에 의하여 재산권을 제한하는 형태에는, 제1항 및 제2항에 근거하여 재산권의 내용과 한계를 정하는 것과, 제3항에 따른 수용·사용 또는 제한을 하는 것의 두 가지 형태가 있다. 전자는 '입법자가 장래에 있어서 추상적이고 일반적인 형식으로 재산권의 내용을 형성하고 확정하는 것'을 의미하고, 후자는 '국가가 구체적인 공적 과제를 수행하기 위하여 이미 형성된 구체적인 재산적 권리를 전면적 또는 부분적으로 박탈하거나 제한하는 것'을 의미한다"라고 결정하였다.[48] 여기에서 헌법 제23조 제1항 제2문의 내용한계규정과 헌법 제23조 제3항의 공용사용·제한의 경계설정이 문제되나, 분리이론에 의할 경우는 침해의 형태(법형식)와 목적에 의해 양자를 구별할 수 있다. 이러한 문제는 공용제한의 하위유형으로 거론되는 계획제한, 예컨대 「국토의 계획 및 이용에 관한 법률」상의 지역·지구제(Zoning) 등에서 부각될 수 있다. 이러한 계획제한은 입법자가 장래를 향하여 일반적·추상적으로 재산권의 내용을 형성하고 확정하는 것으로서 헌법 제23조 제1항 제2문의 내용한계규정에 해당하는 것으로 보는 것이 우리 헌법재판소의 일관된 판례임은 주지하는 바와 같다.

한편, 헌법 제23조 제1항 제2문에 근거하는 調整的 補償附 內容限界規定과 헌법 제23조 제3항의 補償附 公用制限의 구분은 구 도시계획법 제21조의 위헌소원사건에서 보는 바와 같이 쉽지 않다. 생각건대, 헌법 제23조 제3항의 補償(Entschädigung)과 헌법 제23조 제1항 제2

---

48) 헌재 1999. 4. 29. 94헌바37외 66건(병합). 또한 헌법재판소는 구(舊)도시계획법 제83조 제2항 전단부분 등에 관한 위헌제청사건에서도 동일한 입장을 보이고 있다(헌재 2000. 8. 23. 2000헌가11, 2001헌가29(병합)).

문의 調整的 補償(Ausgleich)은 서로 구별되어야 한다.[49] 양자는 보상의 범위와 그 기본취지에 있어서도 차이가 있다. 즉 전자는 공평부담의 견지에서 재산권침해에 대한 완전보상이 이루어지도록 해야 하나, 후자는 실제로 사용된 비용을 의미함이 일반적이다. 조정적 보상은 독일의 계획법 및 환경법 분야에서 발견된다. 예컨대 연방원거리도로의 계획 및 건설을 하는 경우에 적극적 소음방지처분에 드는 비용이 의도하는 목적과 비례관계에 있지 않으면, 연방임미시온방지법 제41조 제2항에 근거하여 소극적 소음방지조치가 고려된다. 예컨대 이중방음벽의 설치에 대한 금전보상이 여기에 속한다. 이는 계획상 손익조정의 원칙으로서, 보상청구권의 범위는 실제 지출된 비용에 제한된다.[50] 이러한 조정적 보상은 독일기본법 제14조 제3항 및 수용법상의 손실보상청구권과는 구별되며,[51] 주로 조정적 보상부 내용한계규정으로서 다루어지고 있다.[52] 독일기본법 제14조 제3항과 달리 우리 헌법 제23조 제3항에서는 보상부 공용제한(공용사용을 포함)을 규정하고 있으므로, 헌법 제23조 제1항 제2문에 기초하는 조정적 보상을 요하는 내용한계규정과의 구별은 개별사례에서 해석상 새로운 쟁점으로 浮上할 수 있다.

Ⅳ. 公用收用의 限界

1. 法律上 授權(財産權侵害의 法律留保)

행정의 법률적합성의 원칙에 따라 재산권을 침해하는 경우에는 법률에 근거가 있어야 한다. 즉 공용수용은 직접 법률에 의하거나(입법수용

---

49) 이와 관련하여 최근 독일문헌에서는 "調整的 補償(Ausgleichsentschädigung)"이라는 표현을 사용하기도 한다. Jarass, DÖV 2004, S. 633 ff. 한편, 종래 통설은 헌법 제23조 제3항의 손실보상을 "調節的 補償"으로 이해하였다. 김도창, 전게서, 654면; 김동희, 전게서, 517면; 박윤흔, 최신행정법강의(상), 752면; 이상규, 신행정법론(상), 신판, 631면 참조.

50) Kastner, NJW 1975, S. 2321 f.

51) BVerwGE 80, 184/191 f.

52) Ossenbühl, Staatshaftungsrecht, 5. Aufl., S. 184 f.

의 경우) 또는 법률에 근거하여 법률하위규범이나 행정행위 등에 의하여(행정수용의 경우) 재산권을 침해하는 경우가 아니면 허용되지 아니한다.[53] 이와 같이 모든 수용행위는 형식적 법률에 귀착된다. 즉 공공필요를 위한 재산권침해(공용침해)에 대하여 법률유보의 원칙이 고려된다. 행정수용의 경우에, 특히 행정행위가 아닌 법규범[54] 형식의 법률하위규범(법규명령, 조례 등)에 의해 재산권을 침해하는 경우에 그 헌법적 근거가 문제될 수 있다. 독일에서는 법규명령에 대하여 기본법 제80조 제1항에서 그 법적 근거를 찾을 수 있으며, 조례 내지 자치법규의 경우에는 기본법 제28조 제2항이 고려될 수 있다. 우리 헌법에서도 법규명령에 관한 헌법적 근거를 대통령령의 경우에는 헌법 제75조에서, 총리령·부령의 경우에는 헌법 제95조에서 찾을 수 있다.[55] 그리고 조례의

---

53) 조례에 의한 공용수용이 허용되는가에 대하여 학설이 다투어지고 있다. 一說은 조례 역시 법률에 준하는 법규범이므로 공공필요로 말미암아 부득이한 경우에는 그 사용권만을 일정한 범위내에서 일시적으로 제한하는 것은 허용된다고 주장하나(권영성, 전게서, 558면; 柳海雄, 전게서, 211면), 이를 부인하는 견해가 다수의 견해이다(김철수, 전게서, 534면; 허영, 전게서, 471면). 생각건대 조례에 의한 재산권침해의 가능성이 현실적으로 높고, 조례 역시 무한정보장되는 것이 아니라 법령의 범위 안에서 조례제정권이 인정된다는 점에서 법률유보의 원칙이 준수되어야 한다(헌법 제117조 1항, 지방자치법 15조 참조). 특히 지방자치법 제15조 단서에서 규정하고 있는 바와 같이 주민의 권리제한 또는 의무부과에 관한 사항이나 벌칙을 정할 때에는 법률의 위임이 있어야 한다.

54) 국내문헌에서는 종종 法規(Rechtssatz)와 法規範(Rechtsnorm)의 개념이 혼동되어 사용되고 있다. 歷史的·慣習的 의미에서의 法規概念(협의의 법규개념)에서는 법규와 법규범이 동일하게 사용될 수 있으나, 법이론적 법규개념에서는 "고권적인 일반적·추상적 규율"을 법규로서 이해되므로, 내부법과 외부법이 모두 포함된다. 따라서 행정규칙도 법규이기는 하나, 원칙적으로 국민에 대한 대외적인 구속력을 가지지 아니하므로 법규범은 아니라는 점에서 법규명령과 구별된다. 法規範은 "일반적인 구속적 규율"로서 實質的 의미의 法律과 일치한다. 그러한 의미에서 법규범은 "外部法의 法規"라고도 불린다. 이에 대한 상세한 내용은 Maurer, a.a.O., § 4 Rn. 3; F. Ossenbühl, in: Erichsen/Ehlers(Hg.), Allgemeines Verwaltungsrecht, § 5 Rn. 7 ff. 다수의 국내문헌은 여전히 좁은 의미의 법규개념을 취하고 있으나, 근년에는 다행스럽게도 법이론적 법규개념에 대한 지지자가 점차 늘어나고 있다. 정하중, 전게서, 51면; 류지태, 전게서, 28면; 홍준형, 행정법총론, 제2판, 68면.

55) 독일기본법 제80조 제1항에서는 법규명령을 발급하는 경우에 수권의 내용, 목적 및 정도가 명확할 것을 규정하고 있다. 우리 헌법 제75조에서도 "법률에서 구체적으로 범위를 정하여 위임받은 사항"에 관하여 위임명령을 발할 수 있다고 하여, 수권규정에서 행정입법의 규율대상·범위 등을 명확히 할 것을 요구하고 있다. 대법원은 구체성과 명확성의 척도를 포괄적 위임입법에 대한 사법심사에서 고려하고 있다(대법원 2002. 8. 23. 선고 2001누5651 판결).

헌법적 근거는 헌법 제117조 제1항에서 도출된다. 다만, 행정규칙에 관한 헌법적 근거는 찾을 수 없다.

　독일기본법 제14조 제3항 제2문에서는 "(직접) 법률에 의해"(durch Gesetz) 또는 "법률에 근거하여"(auf Grund eines Gesetzes)라고 하여, 해석상 행정수용과 입법수용을 포괄하는 의미로서 법률상 수권에 관한 명문규정을 두고 있다. 독일에서 공용수용은 대체로 행정수용에 의해 이루어지지만, 예외적으로 입법수용이 허용된다. 그러나 우리 헌법 제23조 제3항은 단순히 "법률로써"라고만 규정하고 있어 해석상 의문점이 남는다. 국내학설은 헌법 제23조 제3항의 규정에 대한 해석과 관련하여 이를 명확히 설명하고 있지는 않으나, 통상적인 경우 행정수용을 의미한다고 보는 견해56)가 있다. 그러나 이러한 견해 역시 입법수용이 예외적인 경우에 허용된다는 것을 전제로 하고 있다고 판단된다. 생각건대 입법수용은 개별적인 행정수용이 적절한 시기 내에 이루어지기가 어렵거나 또는 입법수용이 없이는 강행적으로 요청되는 긴급한 조치의 실현이 지체될 수 있는 경우(홍수 등으로 인한 재난이 발생하여 제방시스템의 즉각적 조치를 위한 경우)57) 등 매우 제한적인 경우에만 예외적으로 허용된다.58) 따라서 "법률로써"의 의미를 공용수용에 관한 법률상 수권을 의미하는 것으로서, 행정수용뿐만 아니라 입법수용도 포함하는 것으로 해석하는 것이 타당하다. 그러한 이유에서 헌법 제23조 제3항의 "법률로써"의 의미를 단지 형식적 법률에 의한 재산권의 제한만을 강조하는 해석59)은 타당하지 않다고 생각한다.

---

56) 계희열, 전게서, 553면.
57) 독일에서는 1962년 함부르크(Hamburg)에서 발생한 大洪水로 인하여 立法收用이 실제로 문제된 바 있다(BVerfGE 24, 367/403).
58) Papier, in: Maunz/Dürig, GG, Art. 14, Rn. 555; Rüfner, in: Erichsen/Ehlers (Hg.), Allgemeines Verwaltungsrecht, § 48 Rn. 16.
59) 권영성, 전게서, 540면; 김철수, 전게서, 546면; 허영, 전게서, 471면.

2. 收用의 公益性과 比例性原則

이미 언급한 바와 같이 공용수용이 성립하기 위해서는 수용행위가 공적 목적의 수행을 지향하여야 한다. 헌법 제23조 제3항에는 "공공필요"의 개념이 사용되고 있으나, 이 개념은 대표적인 불확정법개념이다. 그러나 이러한 "공공필요"의 개념은 단순한 공익 또는 공공복리와는 구별되어야 한다. 즉 헌법상 공용수용을 허용하기 위해서는 특별한 공익필요성이 요구된다. 만약 이러한 특별한 공익성이 인정되지 않으면 공용수용이 허용되지 아니한다. 유력한 견해는 헌법 제23조 제3항의 "공공필요"의 개념을 특정한 공익사업과 연관하여 특정인의 재산권침해가 불가피한 "高揚된 公益概念"(qualifiziertes öffentliches Interesse)으로 이해하고 있다.60) 생각건대 헌법 제23조 제3항의 "공공필요"의 개념은 개별적 사례에 있어서 공용수용을 통해 추구하는 공익과 침해되는 토지소유권자의 재산적 이익을 서로 형량함으로써 비로소 구체화될 수 있다는 견해가 타당하다.61)

한편, 당해 공익사업의 폐지·변경 등의 사유로 공적 임무를 수행하기 위해 토지를 수용한 사업계획안이 실현되지 않고 오랫동안 방치되고 있거나 당해 토지가 공익사업을 위해 불필요하게 된 경우에, 피수용자(토지소유권자 또는 그 포괄승계인)는 還買權을 행사할 수 있다. 독일 연방헌법재판소는 환매권이 공용수용이나 재산권보장으로부터 직접 도출되므로 법률에 직접 규정될 필요는 없다고 보고 있으며,62) 우리 헌법재판소 역시 환매권을 헌법상 재산권보장으로부터 도출되는 것으로 그 권리는 헌법이 보장하는 재산권의 내용에 포함되는 권리라고 보고 있다.63) 그러나 대법원은 이와 달리 환매권이 인정되기 위해서는 입법자

---

60) 김성수, 전게서, 641면.
61) 김남진, 행정법의 기본문제, 제4판, 465면 이하.
62) BVerfGE 38, 175. 여기에 대한 상세는 계희열, 전게서, 517면 참조.
63) 우리 헌법재판소는 "헌법 제23조의 근본취지에 비추어 볼 때, 일단 공용수용의 요건을 갖추어 수용절차가 종료되었다고 하더라도 그 후에 수용의 목적인 공공사업이 수행되지 아니하거나 또는 수용된 재산권이 당해 공공사업에 필요없게 되었다고 한다면, 수

가 제정한 개별법령에 의해 구체화되어야 한다고 판시하고 있다.64) 한
편,「공익사업을 위한 토지 등의 취득 및 보상에 관한 법률」은 사업인
정 후 협의취득일 또는 수용일로부터 10년 이내에 사업의 폐지·변경
기타의 사유로 인하여 수용한 토지의 전부 또는 일부가 불필요하게 되
었을 때 또는 사업인정 후 협의취득일 또는 수용일로부터 5년을 경과
하여도 수용한 토지의 전부를 사업에 이용하지 않을 때에 피수용자는
보상금에 상당하는 금액을 돌려주고 원소유권을 회복할 수 있다고 규
정하고 있다(동법 제91조 제1항). 따라서 이러한 논의는 큰 실익은 없다
고 판단되나, 헌법 제23조의 존속보장의 취지나 공평부담의 원칙에 비
추어 개별 법령에 구체적인 규정이 없더라도 헌법상 재산권 보장조항

용의 헌법상 정당성과 공공필요에 의한 재산권 취득의 근거가 장래를 향하여 소멸한다
고 보아야 한다. 따라서 수용된 토지 등이 공공사업에 필요없게 되었을 경우에는 피수
용자가 그 토지 등의 소유권을 회복할 수 있는 권리 즉 환매권은 헌법이 보장하는 재
산권의 내용에 포함되는 권리라고 보는 것이 상당하다"라고 결정하였다(헌재 1998. 12.
24. 97헌마87등).

64) 즉 대법원은 "재산권 보장규정인 헌법 제23조 제1항, 제3항의 근본취지에 비추어 볼 때,
어느 토지에 관하여 공공필요에 의한 수용절차가 종료되었다고 하더라도 그 후에 수용
의 목적인 공공사업이 수행되지 아니하거나 또는 수용된 토지를 당해 공공사업에 이용
할 필요가 없게 된 경우에는 특별한 사정이 없는 한 피수용자에게 그의 의사에 따라
수용토지의 소유권을 회복할 수 있는 권리를 인정하여야 할 것이다. 그러나 한편, 국가
가 공공필요에 의하여 보상금을 지급하고 토지 소유권을 수용함으로써 이를 취득한 마
당에 사후적으로 그 토지에 대한 수용목적이 소멸하였다고 하여 피수용자가 오랜 세월
이 지난 후에도 언제든지 일방적으로 수용토지의 소유권을 회복할 수 있다고 한다면
수용토지를 둘러싼 권리관계를 심히 불안정하게 하고 이로 인하여 그 토지의 효율적인
이용이나 개발을 저해하는 등의 불합리한 결과를 초래할 수 있다고 할 것인바, 이러한
결과는 헌법이 기본원리로 하고 있는 법치주의의 요소인 법적 안정성 등에는 반하는
것이라고 할 것이다. 뿐만 아니라 수용된 토지에 국가나 기업자가 투자하여 개발한 이
익이 있는 경우 그 이익이 공평하게 분배될 수 있도록 하는 조치도 필요하다. 그러므로
입법자는 수용토지에 대한 수용목적이 소멸한 경우에 피수용자가 그 토지의 소유권을
회복할 수 있는 권리의 내용, 성립요건, 행사기간·방법 및 소유권 회복시 국가나 기업
자에게 지급하여야 할 대금 등을 규정함으로써 그 권리를 구체적으로 형성하여 보장함
과 동시에 이를 법적 안정성, 형평성 등 다른 헌법적 요청과 조화시키는 내용의 법령을
제정하여야 할 것이고, 피수용자로서는 입법자가 제정한 법령에 의하여 수용토지 소유
권의 회복에 관한 권리를 행사할 수 있는 것이라고 해석함이 상당하다. 따라서 입법자
가 법령을 제정하지 않고 있거나 이미 제정된 법령이 소멸하였다고 하여 피수용자가
곧바로 헌법상 재산권보장규정을 근거로 하여 국가나 기업자를 상대로 수용목적이 소
멸한 토지의 소유권 이전을 청구할 수 있는 것은 아니라고 보아야 할 것이며, 피수용자
의 토지가 위헌인 법률에 의하여 수용되었다고 하여 달리 볼 것도 아니다"라고 판시하
였다(대법원 1998. 4. 10. 선고 96다52359 판결).

으로부터 직접 환매권이 도출될 수 있다고 생각한다.

또한 수용행위는 비례원칙을 준수하여야 한다. 따라서 수용행위는 공
익목적의 실현을 위해 적합하고, 또한 필요한 수단이어야 한다. 특히 수
용행위는 재산권보장에 관한 헌법이념에 비추어 보아 최후의 수단(ultima
ratio)으로서 사용되어야 하며, 개인의 재산권을 침해하는 경우에도 가
장 적은 피해를 주는 수단이 사용되어야 한다.65) 독일 기본법 제14조
제3항에서는 이를 명확히 하고 있지 않고, 동조 제3항 제3문에서 보상
이 이해관계인의 이익과 공익을 서로 형량하여 결정해야 함을 규정하고
있을 뿐이다. 그러나 비례원칙(과잉금지의 원칙)은 대체로 법치국가적 요
청에서 나온다고 보는 것이 일반적이므로,66) 공공필요의 개념을 해석함
에 있어 비례원칙이 적용될 수 있다.67) 또한 우리 헌법재판소도 다른
기본권의 제한과 마찬가지로 재산권제한의 경우에도 그 한계로서 비례
원칙을 적용하고 있다.68) 종래 헌법재판소는 비례원칙의 헌법적 근거를
대체로 헌법 제37조 제2항에서 찾고 있었기 때문에,69) 헌법 제23조 제3
항과 헌법 제37조 제2항의 관계가 학설상 논의의 대상이 되었다. 그러
나 헌법 제23조 제3항의 "공공필요"의 개념은 "공공복리" 또는 "공익"
이라는 개념의 광·협의 문제가 아니라, 개별·구체적인 사안에서 관련
된 제 이익을 형량함에 의해 더욱 분명해지게 된다.

3. 私人(私企業)을 위한 公用收用

공용수용의 수익자는 행정주체가 일반적이나, 경우에 따라서는 사기
업(私企業)일 수도 있다.70) 즉 공익을 위한 수용이 동시에 사인(사기업)

---

65) Ossenbühl, Staatshaftungsrecht, S. 205.
66) Maurer, a.a.O., § 26 Rn. 58; 헌재 1998. 12. 24. 89헌마214등, 판례집 10-2, 948.
67) 허영, 전게서, 470면.
68) 헌재 1998. 12. 24. 89헌마214등, 판례집 10-2, 948.
69) 헌재 1994. 2. 24. 92헌바43; 헌재 1995. 5. 25. 91헌마67; 헌재 1995. 11. 30. 94헌가3.
70) 정연주 교수는 공용침해의 허용여부는 공용침해의 주체 내지 수혜자가 아니라 공용침
해의 목적이 공공필요에 의한 공익사업인가에 달려있다고 본다. 정연주, "민간사업시행
자의 토지수용권과 공공필요", 行政上 損失補償의 主要問題(朴鈗炘 編), 박영사, 1997,

을 위한 경우가 바로 여기에 해당하는데, 이러한 경우에는 허용될 수 있다고 보는 것이 일반적이다. 그러나 이러한 사인을 위한 수용은 사인만을 위한 수용과는 구별되어야 한다.[71] 이러한 논의는 —특히 독일에서— 民營化(Privatisierung)의 물결과 더불어 사기업이 공기업의 임무를 수행하는 경우가 증가함에 따라 사기업이 공공사업의 사업시행자가 되는 것과 무관하지 않다. 현행 「공익사업을 위한 토지 등의 취득 및 보상에 관한 법률」 제19조에서는 사업시행자가 공익사업의 수행을 위해 필요한 때에 토지 등을 수용 또는 사용할 수 있다고 규정하고 있다.[72] 그러나 사기업을 위한 도시재개발사업 등이 개인의 재산권을 제약하지 않도록 주의하여야 한다.[73]

한편, 사인을 위한 수용의 경우에도 공용수용의 일반적인 성립요건을 준수하여야 함은 물론이다. 따라서 당해 사기업은 직접 법률에 의해 또는 법률에 근거하여 公的 課題를 수행하기 위하여 수용을 行하여야 하며, 이러한 수용행위가 공공복리 내지 공익에도 기여하여야 한다. 예컨대, 에너지공급업체(사기업)를 위한 토지수용이 궁극적으로 국민에게 전기공급이라는 공익성을 지향하는 경우를 고려해 볼 수 있다.[74] 그러나 공익을 위한 사용이 기업의 대상 그 자체에서 나오는 것이 아니라, 기업의 활동으로 인한 간접적 결과로서 나오는 경우에는 사기업을 위한 수용이 허용되지 아니한다.[75] 「공익사업을 위한 토지 등의 취득 및 보상에 관한 법률」 제4조에서는 공익사업에 해당하는 사항을 열거하고

48-49면 참조.
71) 김남진, 행정법의 기본문제, 475면.
72) 公企業과 特許企業을 구분하는 입장은 후자가 사기업으로서의 성격을 가지며, 이러한 특허기업은 법령에 의해 공용부담특권을 부여받는 경우가 많다고 보고 있다(전기사업법 제87조). 이에 대하여는 김남진 · 김연태, 행정법 II, 제8판, 432면 참조.
73) 김도창, 전게서(상), 653면.
74) BVerfGE 66, 248/257. 金性洙 교수는 생존배려형 사기업(Daseinsvorsorgeunternehmen)과 경제적 사기업(private Wirtschaftsunternehmen)을 구별하여, 전기 · 가스 · 수도 등 급부행정과 관련된 생존배려형 사기업은 원칙적으로 허용되지만, 경제적 사기업의 경우에는 엄격한 요건 하에서만 허용된다고 본다. 김성수, 전게서, 643면.
75) BVerfGE, 74, 264/284 ff.

있으므로, 이를 근거로 사인(사기업)을 위한 공용수용의 허용여부가 판
단될 수 있을 것이다.

4. 補償規定

행정의 법률적합성의 원칙에 따라 수용행위도 ―입법수용이든 또는
행정수용이든― 형식적 법률에 근거해야 함은 이미 언급한 바와 같다.
그리고 수권법률은 공용수용을 위해 보상규정을 마련하여야 한다. 헌법
제23조는 보상의 기준에 대하여 "정당한 보상"을 명시하고 있으며, 「공
익사업을 위한 토지 등의 취득 및 보상에 관한 법률」 제61조 이하에서
는 상세한 보상규정을 두고 있다. 그 외에도 개별법에 별도의 보상규정
을 두고 있다(예컨대 도로법 제79조·제80조 등). 그러나 이러한 보상규
정이 흠결되는 경우에 공용수용이 허용될 수 있는지가 문제된다. 이는
이른바 不可分條項(Junktimklausel)[76)]과 관련해서 논의되고 있다. 불가
분조항이란 수용에 대한 수권법률에는 동시에 보상규정을 두어야 하며,
만약 이러한 보상규정을 결하면 위헌·무효가 된다는 것을 말한다. 이
러한 불가분조항의 제도적 기능 및 의의는 입법자에 대한 경고를 하여
법률제정을 함에 있어 사전에 보상을 요하는 공용수용 내지 공용제한
에 해당하는 것인지 아니면 단순한 무보상부 내용한계규정에 해당하는
지를 신중히 검토하고, 이를 통하여 개인의 재산권을 충실히 보장하는
데서 찾을 수 있다.[77)]

독일의 지배적 견해는 기본법 제14조 제3항과 관련하여 불가분조항
을 인정하고 있다.[78)] 국내학설은 대체로 현행 헌법 제23조 제3항의 해
석과 관련하여 불가분조항을 인정하고 있으나,[79)] 독일기본법상의 수용
개념보다 넓다는 것을 이유로 이를 부인하는 견해도 유력하게 제기되

---

76) 이를 "附帶條項" 또는 "結合(結付)條項" 등으로 표현하기도 한다.
77) Nüßgens/Boujong, Eigentum, Sozialbindung, Enteignung, 1987, Rn. 372 f.
78) Papier, in: Maunz/Dürig, GG, Art. 14 Rn. 572; Jarass, in: Jarass/Pieroth, GG, Art.
14 Rn. 73; BVerfGE 58, 300/319.
79) 권영성, 전게서, 490면; 허영, 전게서, 471면; 김해룡, 전게논문, 34면.

고 있다.[80] 그러나 우리 헌법 제23조 제3항이 바이마르헌법 제153조와 유사하다는 점을 이유로 불가분조항을 부인하는 것은 납득하기 어렵다. 바이마르헌법은 사익에 비해 공익을 상대적으로 우위에 두고 있으며 무보상부 공용수용까지도 허용하고 있다는 점에서, 우리 헌법과도 일정한 거리를 유지하고 있다. 불가분조항을 인정하는 것에 대하여 소극적 태도를 보이는 견해는 무엇보다 헌법 제23조 제3항의 이른바 공용침해의 개념이 독일의 공용수용개념보다 넓다는 것을 論據로 제시한다.

한편 대법원은 개발제한구역의 지정에 대한 규정을 두면서도 보상규정을 흠결하고 있었던 구 도시계획법 제21조에 대하여 합헌으로 판시하였으나,[81] 우리 헌법재판소는 헌법불합치결정을 한 바 있다.[82] 필자는 대법원과 헌법재판소가 원칙적인 부분에 있어서는 큰 차이가 있는 것은 아니라고 본다. 즉 개발제한구역으로 인한 재산권의 제약이 헌법 제23조 제1항 제2문에 의한 내용한계규정에 기초하고 있다는 점에서 일치하고 있다. 다만, 헌법재판소는 구 도시계획법 제21조의 개발제한구역의 지정으로 인한 재산권의 제약이 예외적으로 비례원칙이나 평등원칙에 비추어 과도한 손해를 야기한 경우를 현행 헌법 제23조 제3항의 보상부수용의 문제가 아니라 헌법 제23조 제1항에 기초한 조정적 보상을 요하는 내용한계규정으로 파악하여, 공용수용과 내용한계규정의 구분 문제를 합리적으로 해결하고 있다.

문제는 공용사용과 공용제한에 대해서 불가분조항이 적용될 수 있는가에 있다. 이미 언급한 바와 같이 공용사용은 공용제한의 유형의 하나로서 파악될 수 있으므로, 헌법 제23조 제3항의 이른바 공용침해는 크게 공용수용과 공용제한으로 구성되어 있다고 볼 수 있다. 그러나 공용제한의 개념을 해석함에 있어서도 매우 한정적으로 해석하는 것이 헌법 제23조의 구조와 재산권보장의 본질을 제대로 이해하는 것이라고

---

80) 강현호, "한국 헌법 제23조와 독일 기본법 제14조의 해석", 토지공법연구 제18집, 94면; 김남진·김연태, 행정법 I, 제8판, 2004, 551면.
81) 대법원 1990. 5. 8. 선고 89부2 등 결정.
82) 헌재 1998. 12. 24. 89헌마214, 90헌바16, 97헌바78 (병합) 전원재판부.

생각한다. 즉 존속보장의 관점에서 공용수용은 엄격한 요건 하에 최후의 수단으로 강구되어야 하며, 재산권침해를 한 후 금전적 보상으로 해결하려는 가치보장의 접근방식은 재산권보장의 본질에 위배된다. 따라서 공용제한은 비록 재산권의 박탈에 이르지는 않았다 할지라도 공용수용에 준하는 매우 중대한 재산권의 제약으로서 보상을 요하는 경우로 해석되어야 한다. 이러한 해석은 적어도 독일 연방헌법재판소의 분리이론보다는 보상의 범위가 넓다고 여겨진다. 그 밖의 재산권에 대한 사회적 제약을 헌법 제23조 제1항 제2문과 제2항의 내용한계규정으로서 파악하고, 이러한 내용한계규정이 적법하게 이루어졌으나 개인에게 감내하기 힘든 재산권침해를 가져오는 경우에는 예외적으로 조정적 보상부 내용한계규정으로 해결한다면, 현행법의 해석상 문제가 되고 있는 재산권침해에 대한 손실보상의 문제를 매우 탄력적으로 운영할 수 있다고 생각한다. 따라서 공용제한의 규정 그 자체가 불가분조항을 부인하는 논거로 제시되는 것은 부적절하다고 여겨지며, 적어도 공용제한의 개념을 엄격하게 해석하는 한 불가분조항을 인정할 수 있다고 본다.

한편, 보상규정이 없는 경우에 어떠한 구제수단을 강구할 수 있는지가 문제된다. 이 경우 위헌무효설의 입장에서는 재산권침해의 수권법률이 위헌·무효가 되어, 당해 수용처분도 역시 위법하게 된다.[83] 만약 과실의 요건을 완화하여(예컨대 무과실책임의 법리나 위험책임의 이론을 통하여) 당해 공무원의 수용처분이 위법·유책의 요건을 충족하는 경우에는 행정상 손해배상을 고려할 수 있게 된다(헌법 제29조 및 국가배상법 제2조 등).[84] 이에 대하여 위법한 재산권침해를 하였으나 귀책사유가 없는 경우(위법·무책인 경우)에 수용유사침해이론의 도입을 주장하는 입장(유추적용설)은 헌법 제23조 제1항과 제11조를 근거로 하면서, 헌법 제23조 제3항 및 관계규정의 유추적용을 통하여 보상을 청구할 수 있다고 본다.[85] 이러한 해석은 보상규정이 흠결된 경우에 수용유사침해의

83) 김도창, 전게서, 657-658면; 이상규, 전게서, 643-645면; 김동희, 전게서, 527면.
84) 이상규, 전게서, 643-644면; 류지태, 전게서, 384-385면.

법리를 통하여 보상을 확대할 수 있다는 점에서 장점을 가진다. 그러나 수용유사침해이론은 독일 연방헌법재판소의 자갈채취판결 이후에 이미 그 법적 근거를 상실함으로써 프로이센일반국법 제74조 및 제75조의 희생보상사상으로 복귀하였고, 현재 독일의 학설은 그 허용여부를 둘러싸고 여전히 다투고 있다. 한편, 독일 연방헌법재판소의 입장에 의하면, 이 경우 바로 보상을 청구할 수는 없고 먼저 당해 수용처분의 취소를 다투어야 하며, 만약 쟁송기간을 도과하여 불가쟁력이 발생하면 더 이상 보상을 청구할 수 없게 된다. 즉 취소와 보상 사이의 선택권이 없다.[86] 이러한 경우 보상의 범위가 매우 협소하다는 지적이 제기될 수 있다. 다만, 조정적 보상부 내용한계규정의 법리에 따라 예외적으로 비례원칙이나 평등원칙을 위반하여 가혹한 부담을 야기하는 경우에는 조정적 보상이 충분히 고려될 수 있다. 이러한 조정적 보상부 내용한계규정에 대해서는 엄격한 불가분조항을 인정하지 않고, 소위 救濟的 또는 包括的 補償條項(salvatorische oder pauschale Entschädigung)을 허용하고 있다.[87] 이를 통해 어느 정도 조정청구권을 행사할 여지를 남겨 놓고 있다. 일부학설[88]은 보상규정이 없는 경우에 그 구제수단으로서 立法不作爲에 의한 憲法訴願을 통한 해결책을 제시하기도 한다. 즉 재산권의 제한 자체는 합헌이나 그 제한이 의회의 판단과 달리 토지소유권자에게 특별희생을 주는 경우에 재산권의 제한규정 그 자체는 합헌이나 보상규정을 두지 아니한 입법부작위는 위헌이므로 입법부작위에 대한 헌법소원을 통하여 해결될 수 있다고 주장한다. 다만, 입법부작위(특히 진정입법부작위)에 대한 헌법소원을 통한 해결은 권력분립의 원칙에 비추어 매우 제한적으로 인정되고 있음에 주의해야 한다. 즉 헌법에서 기본권보장을 위해 법령에 명시적인 입법위임을 하였음에도 입법자가 이를 이해하지 않거나, 헌법해석상 특정인에게 구체적인 기본권이

---

85) 김남진, 전게서, 543면.
86) BVerfGE 58, 300.
87) 拙稿, 전게논문, 383면 참조.
88) 김문현, 전게논문, 17면.

생겨 이를 보장하기 위한 국가의 행위의무 내지 보호의무가 발생하였음이 명백함에도 입법자가 아무런 입법조치를 취하고 있지 않은 경우에만 헌법소원의 대상이 된다.[89] 이와 같이 보상규정이 없는 재산권침해의 경우에 학설은 여전히 첨예하게 대립하고 있으며, 완전한 법이론적 해결은 불가능해 보인다. 생각건대 이러한 문제는 결국 입법자의 형성적 자유를 통해 명쾌히 해결하는 것이 바람직하다. 이와 관련하여 현재 「공익사업을 위한 토지 등의 취득 및 보상에 관한 법률」 제61조 이하에서는 손실보상의 원칙뿐만 아니라 손실보상의 종류와 기준 등에 관하여 상세히 규정하고 있으며, 개별법에서도 점차 보상규정이 늘어나고 있다. 이러한 사실은 이미 손실보상법의 분야에 있어 상당한 이론적 성과를 반영하고 있는 것으로 보인다.

V. 맺음말

지금까지 존속보장의 관점에서 공용수용의 요건과 한계를 검토하였다. 종래 가치보장의 관점에서 "손실보상의 요건"에 많은 노력을 기울여 왔음을 부인하기 어렵다. 그러나 헌법상 재산권보장의 취지는 우선적으로 재산권을 방어하는 데 있음은 이미 살펴본 바와 같다. 그러한 취지에서 공용수용의 '요건'과 '한계'를 명확히 하는 것이 필요하다고 생각한다. 특히 공용수용의 성립요건에 있어 적법성요건은 공용수용의 성립(존재)요건의 문제가 아니라, 공용수용의 한계 내지 허용요건에서 다루는 것이 바람직하다. 따라서 공용수용의 문제를 접근함에 있어 그 존립요건과 허용요건은 구별하는 것이 필요하다. 또한 공용사용은 공용제한의 하위유형으로 볼 수 있으므로, 현행 헌법 제23조 제3항의 이른바 공용침해의 개념은 공용수용과 공용제한(공용사용을 포함한 개념)으로

---

89) 헌재 1989. 3. 17. 88헌마1 참조. 입법의무를 인정한 사례로는 조선철도(주) 주식의 보상금청구에 관한 헌법소원사건이 있다(헌재 1994. 12. 29. 89헌마2, 판례집 6-2, 395면 이하).

대별될 수 있으며, 후자는 매우 엄격하게 해석되어야 한다. 즉 헌법 제23조 제3항의 공용제한의 개념은 재산권의 박탈에는 이르지 아니하나, '공용수용에 준하는 중대한 재산권의 제약' 정도로 해석하는 것이 타당하다. 이러한 관점에서 불가분조항은 현행 헌법 제23조 제3항에서도 인정될 수 있다고 생각한다. 다만, 여전히 어려운 쟁점 가운데 하나는 헌법 제23조 제3항의 보상부 공용제한(공용사용을 포함)과 헌법 제23조 제1항 제2문에 근거한 비례·평등원칙을 위반하여 예외적으로 가혹한 부담을 야기하는 한계영역에서 인정되는 조정적 보상부 내용한계규정의 구분이다. 생각건대 전자는 헌법 제23조 제3항의 이른바 공용침해에 대한 보상에 근거하고 있는 반면, 후자는 일종의 조정적 보상에 기초하고 있다. 그러한 이유에서 양자는 보상의 범위와 취지에 있어 차이가 있다. 다만, 현실적으로 양자를 구분하는 것은 매우 어려운 일이다. 우리 헌법재판소는 구 도시계획법 제21조에 대한 헌법소원과 동법 제83조 제2항 전단부분 등에 관한 위헌제청사건에서 당해 재산권의 제약행위를 헌법 제23조 제1항 제2문의 내용한계규정으로 판단하였다. 향후 헌법 제23조 제1항 제2문의 내용한계규정과 헌법 제23조 제3항의 입법수용의 구별, 그리고 헌법 제23조 제3항의 보상부 공용제한(공용사용을 포함)과 조정적 보상부 내용한계규정의 구별문제 등에 대해 깊이 있는 논의가 절실히 필요하다.

第 2 章

補償附 公用收用과 無補償附 內容限界規定의 區別
- 소위 境界理論과 分離理論, 그리고 未解決의 問題를 中心으로 -

Ⅰ. 序 說

지금까지 수많은 학계의 논의와 일련의 판례에도 불구하고 보상부 공용수용·제한[1]과 무보상부 '내용한계규정'[2]의 구별기준은 여전히 미해결의 상태이며 난제이다. 헌법재판소는 구 도시계획법 제21조에 대한 위헌소원 사건[3]에서 소위 "조정적 보상을 요하는 내용(한계)규정" 또는 "調整的 補償附 內容規定"(ausgleichspflichtige Inhaltsbestimmung)의 법리를 채택하여 독일의 '分離理論'(Trennungstheorie)에 기초한 轉向的 결정을 내렸다.[4] 그러나 이 사건에서 재산권의 내용한계규정과 보

---

1) 공용사용은 통상적으로 공용제한의 일종으로 다루고 있다. 따라서 본고에서는 특별한 구별의 필요가 없는 한, 공용사용을 공용제한에 포함시켜 설명하도록 한다. 한편, 공용수용·사용·제한을 포괄하는 개념으로 '공용침해'라는 표현이 널리 사용되고 있으나, 그 범위가 너무 넓어 사실행위에까지 확대될 수 있는 문제점이 있다. 후술하는 바와 같이 필자는 사실행위에 의한 재산권침해는 공용수용의 개념에 포함시키기 어렵다고 본다.

2) 독일문헌의 "Inhalts- und Schrankenbestimmung"을 종래 '내용제한규정'이라고 표현하는 것이 일반적이었다. 필자도 이러한 표현을 따랐으나, 본고에서는 '內容限界規定'으로 수정하여 사용하고자 한다. 그 이유는 '내용제한규정'이라는 표현이 '보상부 공용제한'과의 구별을 어렵게 할 수 있기 때문이다. 또한 우리 헌법 제23조 제1항 제2문에서도 "그 內容과 限界는 법률로 정한다"라고 규정하고 있어 '내용한계규정'이라는 표현이 보다 적절한 것으로 보인다. 즉 입법자는 재산권의 구체적 내용과 한계에 대해 형성의 자유(입법재량)를 가진다.

3) 헌재 1998. 12. 24. 89헌마214 등, 판례집 10-2, 927.

4) 이에 대해서는 拙稿, "재산권의 사회적 기속과 수용의 구별에 관한 한국과 독일의 비교

상부 공용수용 · 제한의 구별기준은 명확히 제시되어 있지 않다. 다만, 재산권의 사회적 기속을 "헌법 제23조 제1항, 제2항에 따라 토지재산권에 관한 권리와 의무를 일반 · 추상적으로 확정하는 규정으로서 재산권을 형성하는 규정인 동시에 공익적 요청에 따른 재산권의 사회적 제약을 구체화하는 규정"으로 이해하고 있다.

물론 헌법재판소는 종래 공용수용을 "공공필요에 의한 재산권의 공권력적, 강제적 박탈"이라고 정의하고, 그 '요건'으로 ① 국민의 재산권을 그 의사에 반하여 강제적으로 취득해야 할 공익적 필요성이 있을 것, ② 수용과 그에 대한 보상은 모두 법률에 의거할 것, ③ 정당한 보상을 지급할 것을 제시하고 있다.5) 이러한 입장은 큰 변화 없이 그대로 유지되고 있다. 그러나 헌법재판소가 설시한 위 요건은 헌법 제23조 제3항의 규정을 그대로 답습한 것에 불과하다. 다만, 헌법재판소는 택지소유상한에 관한 법률 제2조 제1호 나목 등 위헌소원사건6)에서, 재산권의 내용한계규정과 재산권의 수용 · 제한의 구별기준을 제시하고 있다. 즉 헌법 제23조에 의한 재산권 제한의 형태로 재산권의 내용한계규정과 공용수용 · 제한이 있다고 전제한 후, 후자는 "국가가 구체적인 공적 과제를 수행하기 위하여 이미 형성된 구체적인 재산적 권리를 전면적 또는 부분적으로 박탈하거나 제한하는 것"을, 전자는 "입법자가 장래에 있어서 추상적이고 일반적인 형식으로 재산권의 내용을 형성하고 확정하는 것"을 의미한다고 보고 있다. 여기에서 보상부 공용수용 · 제한의 요건을 도출할 만한 중요한 기준을 발견할 수 있다. 즉 "공적 과제를 수행하기 위하여 구체적인 재산적 권리에 대한 전면적 또는 부분적 박탈 또는 제한"을 의미하는 것으로 파악하고 있다. 이러한 기준은 독일의 이론을 직접적으로 수용한 것으로 보인다. 실제 독일에서는 ① 재산권에 대한 고권적 법률행위, ② 재산권의 전면적 또는 부분적

법적 고찰", 공법연구 제32집 제3호 (2004. 2), 363-386면.

5) 헌재 1994. 2. 24. 92헌가15 등; 헌재 1998. 3. 26. 93헌바12; 헌재 1998. 12. 24. 97헌마87 등.

6) 헌재 1999. 4. 29. 94헌바37 등, 판례집 11-1, 289, 305.

박탈행위, ③ 공적 과제의 수행을 목적으로 할 것 등을 공용수용의 요건으로 보고 있다.[7] 다만, 우리 헌법 제23조 제3항에는 독일 기본법과 달리 공용수용(Enteignung) 외에 공용제한과 공용사용을 별도로 규정하고 있다. 헌법재판소는 이러한 사정을 고려하여 '박탈'과 '제한'을 구별하고 있는 것으로 보인다. 우리 헌법 제23조 제3항의 해석에 있어서 딜레마는 바로 공용제한과 공용사용의 개념을 어떻게 합리적으로 이해해야 하는지에 달려 있다. 이 문제는 '불가분조항'의 인정여부와도 밀접한 관련이 있다.

반면, 대법원판례에서 보상부 공용수용과 무보상부 내용한계규정의 구별기준을 발견하기는 쉽지 않다. 오히려 수용재결(이의재결)의 위법성과 보상기준, 그리고 보상금소송 등에 관한 판례들이 대부분이다. 이러한 사실은 독일의 연방통상법원(BGH)이 수용유사 및 수용적 침해이론을 통해 공용수용 및 손실보상에 관한 획기적 판례이론을 주도하였던 것과 대조적이다. 다만, 대법원은 공용수용의 요건으로서 공익성('공공필요')을 사익(재산권)과의 형량을 통해 입증되어야 한다고 판시한 바 있으며[8], 그 한계를 판단함에 있어서 비례의 원칙을 적용한 경우도 있다.[9]

한편, 보상부 공용수용과 무보상부 내용한계규정의 구별기준으로 경계이론 또는 분리이론이 적용되고 있다. 헌법학자들은 대체로 분리이론의 입장에 서 있는 것으로 보이나,[10] 행정법학자들은 오히려 경계이론의 입장을 지지하고 있다.[11] 양 학설의 평행선 대립에는 재산권보장의

---

7) 이에 대해서는 拙稿, "공용수용의 요건 및 한계에 관한 재검토", 법조 통권 제584호 (2005. 5), 122면 이하 참조.
8) 즉 대법원은 "공용수용은 공익사업을 위하여 타인의 특정한 재산권을 법률의 힘에 의하여 강제적으로 취득하는 것이므로 수용할 목적물의 범위는 원칙적으로 사업을 위하여 필요한 최소한도에 그쳐야 한다."고 판시하고 있다(대법원 1987. 9. 8. 선고 87누395 판결).
9) 대법원 2005. 11. 10. 선고 2003두7507 판결.
10) 강태수, "분리이론에 의한 재산권체계 및 그 비판에 대한 고찰", 헌법학연구 제10권 2호 (2004. 6), 117면 이하; 김현철, "보상규정 없는 재산권제약법률에 대한 헌법적 심사", 헌법논총 제15집 (2004. 12), 271면 이하; 이부하, "재선권의 보장 및 재산권의 사회적 기속-평석", 헌법학연구 제11권 2호 (2005. 6), 179면 이하.
11) 이러한 견해들은 손실보상을 청구할 수 있는 공용수용·사용·제한이 되기 위해서는

본질을 어떻게 이해해야 하는가와 밀접한 관련이 있으며, 궁극적으로는 보상판단을 누가 할 것인지의 문제로 귀결된다고 볼 수 있다.

이러한 제 논의에도 불구하고 보상부 공용수용·제한과 내용한계규정의 구별기준은 여전히 불명확하다. 특히 보상부 공용제한과 내용한계규정의 구별, 입법수용과 내용한계규정의 구별, 사인의 공용수용의 요건, 사실행위에 의한 재산권침해의 문제, 그리고 수용유사 및 수용적침해이론의 필요성 여부 등 적지 않은 난제가 미해결의 상태이다. 이하에서는 최근 독일의 학설 및 판례의 동향을 살펴보고(Ⅱ.), 위에서 언급한 개별 쟁점들에 대해 검토해 보기로 한다(Ⅲ.).

Ⅱ. 獨逸 學說·判例의 最近動向

1. '收用'槪念의 變化와 法的 根據

독일의 수용개념은 항구적인 것이 아니라 역사적 시대상황을 반영하여 변화를 거듭하고 있다. 독일의 수용개념은 1794년 프로이센일반국법 서문 제75조에 근거를 둔 '희생보상'에서 연유한다. 즉 "국가는 공동체의 이익을 위해 그 특별한 권리와 이익의 희생이 요구되는 자에게 보상을 명할 수 있다"고 규정하고 있었다. 그러나 19세기 후반 소위 "傳統的(古典的) 收用槪念"(klassischer Enteignungsbegriff)은 매우 협소하였다. 당시의 수용은 공익에 기여하는 구체적 사업에 대한 필요성이 있어야 하고, 그 대상은 토지(부동산)에 한정되어 있었다. 그러나 20세기에 들어오면서 수용 개념은 확대되기 시작하였다. 특히 바이마르(Weimar) 공화국 시절에는 수용의 대상이 부동산 외에도 동산, 그 밖의 재산적 가치 있는 사법상 권리로 확대되었고, 공익을 위해서는 보상에 반하는 수용도 가능하였다. 특히 연방통상법원(BGH)은 토지수용에

'특별한 희생'이 있어야 한다고 본다. 이와 관련하여 학설은 대체로 절충설을 따르고 있다(박윤흔, 최신행정법강의(상), 박영사, 2004, 760면; 김동희, 행정법 Ⅰ, 제16판, 562-263면).

관한 판결을 주도하면서 새로운 판례이론을 탄생시켰다. 연방통상법원
은 소위 '특별한 희생'(Sonderopfer)이라는 기준에 의해 보상부 공용수
용과 무보상부 내용한계규정을 구별하였다. 나아가 위법한 재산권침해
에 대해서는 '수용유사적 침해이론'을, 그리고 비전형적이고 예견하지
못한 재산권침해에 대해서는 '수용적 침해이론'을 발전시켰다. 이러한
연방통상법원의 판례이론은 결과적으로 보상의 범위를 매우 확대시키는
계기가 되었다. 그러나 독일 연방헌법재판소(BVerfG)의 자갈채취판결
(Naßauskiesungsbeschluß)[12] 이후, 확대일로에 있던 연방통상법원의
넓은 수용개념은 큰 타격을 입는다. 즉 이 판결에서 연방헌법재판소는
좁은 수용개념을 채택하고, 수용처분의 취소와 보상청구권 사이의 선택
을 부인하였다. 이에 의하면 수용처분의 취소소송을 먼저 제기해야 하
고, 수용처분이 쟁송제기기간을 도과하여 불가쟁력을 발생한 경우 토지
소유권자는 보상청구를 할 수 없게 되었다.[13]

연방헌법재판소는 수용개념을 공식화하여 소위 '形式的 收用槪念'을
탄생시켰다.[14] 이후 독일의 학설 및 판례는 이에 따라 "공적 과제를 수
행하기 위한 고권적 법률행위를 통해 재산적 가치 있는 법적 지위를 전
면적 또는 부분적으로 박탈하는 행위"를 공용수용으로 이해하고 있다.[15]
이러한 독일의 수용개념을 정확히 파악하기 위해서는 그 법적 근거를 살
펴볼 필요가 있다. 우선 공용수용의 헌법적 근거는 독일기본법 제14조
제3항에서 찾을 수 있다.[16] 즉 기본법 제14조 제3항 제1문에서는 "공용

---

12) BVerfGE 58, 300.
13) 拙稿, 전게논문(각주 4), 371-374면.
14) BVerfGE 70, 191; 72, 66.
15) Maurer, Allgemeines Verwaltungsrecht, 16. Aufl., § 27 Rn. 41.
16) 독일 기본법 제14조(재산권보장과 상속권)
   ① 재산권과 상속권은 보장된다. 그 내용과 한계는 법률로 정한다.
   ② 재산권은 의무를 부담한다. 그 행사는 동시에 공공복리에 기여하여야 한다.
   ③ 공용수용은 공공복리를 위해서만 허용된다. 공용수용은 보상의 종류와 범위를 정한
   법률에 의하거나 법률에 근거하여서만 행해진다. 보상은 공중과 이해관계인의 이익과
   정당한 형량을 하여 결정되어야 한다. 보상수준과 관련하여 분쟁이 있는 경우에 통상법
   원에 권리구제를 구할 길이 열려 있다.

수용은 공공복리를 위해서만 허용된다"고 규정하고 있다. 우리 헌법 제
23조 제3항에는 '공익성'과 관련하여 "공공필요"의 개념을 규정하고 있는
반면, 독일 기본법에서는 "公共福利"(Wohle der Allgemeinheit)의 개념을
사용하고 있다. 또한 재산권침해의 법률유보 내지 '적법성'과 관련하여, 기
본법 제14조 제3항 제2문에는 "공용수용은 보상의 종류와 범위를 정한
법률에 의하거나, 또는 법률에 근거하여서만 행해진다"고 규정하고 있다.
여기에는 법률에 근거한 수용인 행정수용(Administrativenteignung) 외에
직접 법률에 의한 수용인 입법수용(Legislativenteignung)도 직접 명시하
고 있다. 반면, 우리 헌법 제23조 제3항은 "법률로써"라는 표현을 사용
하고 있을 뿐이다. 입법수용은 이해관계인의 권리를 중대하게 침해할
수 있기 때문에 긴급한 경우에 매우 예외적으로 인정되고 있음에 주의
할 필요가 있다.[17] 그리고 독일 기본법 제14조 제3항 제3문은 우리 헌
법 제23조 제3항과 달리 보상의 결정방식에 대해 규율하고 있다. 즉
"보상은 공중·이해관계인의 이익과 정당한 형량을 하여 결정되어야 한
다"고 규정하고 있다.

한편, 독일의 건설법전(BauGB, Baugesetzbuch)에서는 수용의 목적,
대상 및 요건 등을 보다 자세히 규율하고 있다(제85조 내지 제87조). 특
히 건설법전 제87조 제1항에는 "공용수용은 개별 사례에서 공공복리를
위해 필요하고, 공용수용의 목적을 수인할 수 있는 다른 방법으로 달성
할 수 없는 경우에 한하여 허용된다"고 규정하고 있다. 즉 공용수용의
허용요건으로 단순히 공익성('공공복리')뿐만 아니라, 필요성(최소침해성)
원칙도 충족해야 된다. 이와 같이 공용수용은 비례의 원칙을 준수하지
않으면 안 된다. 따라서 공용수용은 특별한 방식으로 적합하고 필요하
며, 그리고 상당하여야 한다.[18] 또한 공용수용은 공익을 위해 필요한
목적을 달성하기 위해 최후수단이어야 한다. 이와 같이 독일 건설법전

17) BVerfGE 24, 367/402 f.; 45, 297/324 ff.; Papier, in: Maunz/Dürig, GG, Art. 14
Rn. 555; 상세는 拙稿, 전게논문(각주 7), 144면.
18) Hoppe/Grotefels, Öffentliches Baurecht, § 12 Rn. 21.

에서는 공용수용의 허용요건을 매우 엄격하게 규정하고 있다. 그러나 우리 법령에서 수용권의 남용 내지 한계에 관해 구체적으로 정한 규정을 찾기는 쉽지 않으며, 이에 대한 판례도 거의 없다. 공용수용의 요건과 한계는 서로 매우 밀접한 관련을 가진다. 최근 체육시설에 포함되는 골프장건설이 '공공필요'에 해당하는지 여부가 논란이 되고 있다. 이러한 문제는 공용수용의 요건 중 '공공필요'에 관한 판단도 중요하지만, 그 한계에서 비례성심사가 이루어져야 한다.[19]

2. 聯邦憲法裁判所의 자갈채취판결 이후 判例의 變化

연방헌법재판소의 자갈채취판결에 의해 보상부 공용수용과 무보상부 사회적 기속은 엄격히 구별되고, 공용수용 개념은 "고전적(전통적) 수용개념"으로 복귀하게 된다. 이러한 변화는 연방통상법원의 판례에도 적지 않은 변화를 가져온다. 연방헌법재판소의 자갈채취판결 이전까지 연방통상법원은 제국법원(Reichsgericht)의 개별행위설을 접목하여 소위 '특별희생설'(Sonderopfertheorie)을 발전시켰다.[20] 개별행위설은 일반적 제한을 내용한계규정으로, 개별적 침해를 공용수용으로 본다. 특별희생설에 의하면 공용수용은 특정인이나 특정한 단체의 재산권을 타인에 비해 불평등하게 박탈하거나 제한하여 특별한 희생을 주는 것을 의미하였다.[21] 한편, 연방행정법원은 특별희생설의 약점을 극복하기 위해 실질적 기준을 접목하여 재산권 침해의 정도나 범위 등을 근거로 수용 여부를 판단하는 소위 중대성설(Schweretheorie)을 발전시켰다.[22] 연방통상법원도 실무상 특별희생설에 수인가능성, 경제적 고찰방식 등 실체적 기준을 연결하는 경향에 있었다.[23]

---

19) 이에 대한 상세는 拙稿, "공익사업법상 수용제도의 문제점 및 개선방안", 토지공법연구 제45집 (2009, 8), 79-80면.
20) Maurer, a.a.O., § 27 Rn. 16.
21) BGHZ 6, 270/280.
22) BVerwGE 5, 143/145 f; 15, 1; 19, 94/98 f.
23) 상세는 Battis, Allgemeines Verwaltungsrecht, 3. Aufl., S. 348.

  그러나 연방통상법원은 자갈채취판결 이후 좁은 수용개념을 채택하면서도,[24] 연방헌법재판소의 입장과 상관없이 수용유사 및 수용적 침해이론을 그대로 존속시킬 것을 결정하였다.[25] 그럼에도 불구하고 기본법 제14조 제3항의 유추적용을 통해 인정되던 수용유사 및 수용적 침해이론의 법적 근거는 더 이상 유지되기 어렵게 되었고, 결국 프로이센일반국법 제74조 및 제75조에 근거하여 판례에 투영된 일반적 '희생보상'(Aufopferung) 사상으로 回歸하게 된다. 이와 관련하여 그 법적 근거를 궁여지책으로 포괄적인 재산권보장의 규정인 기본법 제14조 제1항에서, 또는 개별 법률이나 판례 등에서 찾는 견해도 있다.[26] 즉 재산권보장은 방어청구권(취소소송), 결과제거청구권 그리고 손실보상의 3단계로 구성되며, 수용유사적 침해는 재산권보장의 제3단계에 해당한다는 것이다. 나아가 연방통상법원은 취소소송과 보상청구권 사이의 선택권을 포기하게 되고, 기본법 제14조 제1항 제2문과 관련이 있는 '조정적 보상부 내용한계규정'이론을 도입하였다.[27]

  요컨대 연방통상법원은 자갈채취판결 이후 수용유사 및 수용적 침해이론의 법적 근거를 기본법 제14조 제3항과 단절하고 관습법상의 희생보상사상으로 회귀하였다. 또한 그 근거는 비록 헌법상 재산권보장 규정에 두면서도 그 성립요건 및 법효과에 관한 내용을 개별 법률 차원에 맡기고 있다.[28] 연방헌법재판소는 수용유사적 침해이론도 개별 법률의 법제도로서 파악하고 있다.[29]

---

24) BGHZ 99, 24.
25) 연방통상법원은 일련의 판례에서 수용유사침해(BGHZ 90, 17/29 ff.), 수용적 침해 (BGHZ 91, 20, 26 ff.)이론을 지속시킬 것을 확정하였다. 그럼에도 불구하고 수용유사 및 수용적 침해이론의 근거는 微弱해졌다. 특히 2007. 9. 1.에서 2009. 8. 31.까지 수용유사 및 수용적 침해에 관한 연방통상법원의 판례는 한 건도 없었다(Schlick, NJW 2009, 3139 f.).
26) 대표적으로는 Maurer, a.a.O., § 27 Rn. 87.
27) Maurer, a.a.O., § 27 Rn. 35 f.
28) Ossenbühl, Staatshaftungsrecht, 5. Aufl., S. 225.
29) BVerfGE 61, 149/203.

3. 學說의 現況

종전의 학설은 바이마르시대의 기준과 연방통상법원의 판례이론을 접목하여 실질적 기준설을 발전시켰다. 여기에는 보호가치성설, 수인가능성설, 사적효용설, 목적위배설 및 자산감소설 등이 있다.[30] 그러나 연방헌법재판소의 자갈채취판결은 학설에도 영향을 주었다. 특히 수용유사 및 수용적 침해이론의 존속 여부를 둘러싸고 첨예한 견해의 대립이 있었다. 즉 자갈채취판결 직후 수용개념을 좁게 제한해야 할 뿐만 아니라, 수용유사 및 수용적 침해이론은 더 이상 유지할 수 없다는 견해가 득세하였다.[31] 그러나 이에 대해 어느 정도의 변경은 불가피하나 수용유사 및 수용적 침해이론을 완전히 포기할 수 없다는 견해가 유력하게 되었다.[32] 특히 다수의 학설은 법적 근거의 변경을 통해 수용유사 및 수용적 침해이론을 유지하는 방향으로 선회하였다. 학설은 수용유사 및 수용적 침해이론의 근거가 더 이상 공용수용이 아니라 '희생'(Aufopfer)에 있다고 본다.[33]

요컨대 연방헌법재판소의 자갈채취판결 이후에도 학설은 수용유사 및 수용적 침해이론을 유지해야 하는지 여부에 대해 여전히 다투고 있다.[34] 특히 수용유사침해이론은 독일에서 독자적인 국가불법책임의 하나로 다루어질 수 있는지가 논란이 되고 있으며, 국가책임법 개혁의 영원한 과제로 여겨지고 있다. 또한 수용유사 및 수용적 침해를 국가배상, 공용수용 및 조정보상부 내용한계규정 중 어느 하나에 귀일시킬 수 있는지, 또는 그 자체로 독자적인 위상을 가질 수 있는지 등이 여전히 문제되고 있다.[35]

---

30) Maurer, a.a.O., § 27 Rn. 34 참조.
31) Weber, JuS 1982, S. 853, 855; Scholz, NVwZ 1982, S. 347; Rupp, NJW 1982, S. 1733; Sendler, DVBl. 1982, 816.
32) Ossenbühl, NJW 1983, S. 1 ff.; Bender, BauR 1983, S. 1 ff.; Papier, NVwZ 1983, S. 258 ff.
33) Battis, a.a.O., S. 346 f.
34) 이에 대한 상세한 학설대립 및 문헌소개는 Maurer, a.a.O., § 27 Rn. 16 참조.
35) Battis, a.a.O., S. 354.

Ⅲ. 個別 爭點에 관한 具體的 檢討

1. 憲法 제23조의 構造와 區別基準

이러한 문제들의 해결을 위한 출발점은 헌법 제23조의 재산권조항의 구조분석에서 시작되어야 한다. 일본과 우리나라의 행정법문헌에는 손실보상의 요건을 언급하는 것이 보통이다. 대법원 판례도 손실보상의 전제가 되는 수용재결의 위법성만을 검토할 뿐, 그 수용의 요건에 대해서는 판단하지 않고 있다. 그 이유는 「공익사업을 위한 토지 등의 취득 및 보상에 관한 법률」(이하 '공익사업법'이라 한다), 「국토의 계획 및 이용에 관한 법률」(이하 '국토계획법'이라 한다) 등 개별 법률에 공용수용의 요건을 명확히 규정하고 있지 않기 때문이다. 위에서 언급한 바와 같이 독일의 건설법전에는 기본법보다 상세하면서도 엄격한 요건을 규정하고 있다. 그러나 우리 법령에는 공용수용의 요건을 자세히 규정하고 있지 않다. 헌법 제23조의 구조해석의 출발점은 헌법상 재산권을 보장한 제23조 제1항의 규정이다. 다만, 국가는 국토의 효율적이고 균형 있는 이용·개발과 보전을 위하여 법률이 정하는 바에 의하여 그에 관한 필요한 제한과 의무를 과할 수 있다(헌법 제122조). 통상적으로 법률에 의한 재산권의 제약은 사회적 기속으로서 보상을 요하지 않는다. 우리 헌법 제23조 제1항 제2문에서는 "재산권의 내용과 한계는 법률로 정한다."고 규정하고 있다(내용한계규정). 이와 같이 헌법상 재산권보장은 존속보장을 기본으로 하고 있으나, 법률에 의해 그 내용과 한계가 정해진다. 그러나 공공필요에 위한 재산권의 박탈이나 제한은 직접 법률에 의하거나 법률에 근거하여 행할 수 있으나, 이에 대해서는 법률에 반드시 보상규정을 두어야 한다. 만약 보상규정을 두지 않는 경우 그 규정은 위헌·무효가 된다(헌법 제23조 제3항). 이를 소위 '불가분조항'(Junktimklausel)이라 한다. 공용수용은 원칙이 아니라 예외이다. 이 경우 재산권의 존속보장은 '공공필요'를 위해 재산권이 박탈되고 '가치보장'으로 전환될 수밖에 없다. 이러한 점은 단순히 재산권의 사회적 기속을 넘어서는 경우에 이루어진다.

보상을 요하는 공용수용과 보상을 요하지 않는 내용한계규정의 구별은 현실적으로 쉽지 않다. 보상부 공용수용과 무보상부 내용한계규정의 구별기준으로 경계이론과 분리이론이 있다. 양자의 결정적 차이점은 헌법 제23조 제1항·제2항과 헌법 제23조 제3항을 '단절'된 것으로 볼 것인지 여부에 있다. 만약 보상부 공용수용과 무보상부 내용한계규정이 서로 완전히 단절되지 않은 것으로 보는 경계이론은 '특별한 희생'이라는 기준에 의해 양자를 구별하고 있다. 반면, 분리이론은 보상부 공용수용과 무보상부 내용한계규정은 서로 단절된 것으로 이해한다. 이 경우 어떠한 경우가 보상을 요하는 공용수용에 해당하는지 여부가 먼저 검토되어야 한다. 우리 헌법재판소는 독일의 분리이론을 도입하여, 규율의 '형식'과 '목적'을 기준으로 보상부 공용수용과 무보상부 내용한계규정을 구별하고 있다. 생각건대 경계이론이 제시하는 '특별한 희생'의 기준은 여전히 모호하며, 그 판단은 법원의 몫이다. 이에 대해 분리이론의 핵심은 보상부 공용수용의 판단을 법원이 아닌 입법자에 맡기고 있다는 점이다. 분리이론이 설득력을 가지기 위해서는 공용수용의 요건을 명확히 할 필요가 있다. 그러나 우리 헌법재판소가 제시한 공용수용의 요건은 다소 불명확하다.

다만, 「택지소유상한에 관한 법률」 제2조 제1호 나목 등 위헌소원사건[36)]에서 제시된 기준은 새겨볼 만한 가치가 있다. 즉 공용수용·제한을 "국가가 구체적인 공적 과제를 수행하기 위하여 이미 형성된 구체적인 재산적 권리를 전면적 또는 부분적으로 박탈하거나 제한하는 것"이라고 파악하고 있다. 여기에서 헌법재판소는 독일 연방헌법재판소의 "形式的 收用槪念"(formeller Enteignungsbegriff)을 차용하고 있으나,

---

36) 헌재 1999. 4. 29. 94헌바37 등, 판례집 11-1, 289, 305.

이를 적극적으로 공용수용의 요건으로 파악하고 있지 못한 점은 아쉬움으로 남는다. 그러나 우리 헌법재판소가 독일과 달리 재산권의 '박탈'과 '제한'을 구별하고 있는 점은 주목할 만한 사실이다. 요컨대 헌법재판소는 기왕에 분리이론을 채택한 이상, 형식적 수용개념에 바탕하여 공용수용의 요건을 적극적으로 도출할 필요가 있다.

한편, 경계이론의 입장에서는 공용수용의 기준을 '특별한 희생'에서 찾고 있다. 그러나 지금까지 형식적 기준은 물론 실질적 기준에 관한 많은 학설들이 소개되고 있으나, 여전히 설득력 있는 기준을 제시하고 있지 못하다. 그러한 이유에서 경계이론을 취하는 학자들은 대체로 절충설을 통해 그 문제점을 보완하려고 시도하고 있다. 이는 역설적으로 '특별한 희생'이 보상부 공용수용·제한을 판단하는 명확한 기준이 될 수 없음을 보여준다. 독일에서 '특별한 희생'개념은 역사적·관습적으로 그 연원을 파악될 수 있는 개념이나, 우리의 경우에는 반드시 그렇다고 보기는 어렵다.

2. 補償附 公用制限과 無補償附 內容限界規定의 區別

주지하는 바와 같이 우리 헌법 제23조 제3항에는 공용수용 외에 공용사용과 공용제한을 규정하고 있어, 보상부 공용제한과 내용한계규정의 구별을 더욱 어렵게 하고 있다.[37] 국내의 다수학설은 공용사용과 공

---

37) 한편, 우리 헌법 제23조 제3항에는 독일기본법 제14조 제3항과 달리 '공용사용·제한'을 별도로 규정하고 있기 때문에 재산권의 내용한계규정과 보상부 공용제한을 엄격히 구별하는 분리이론은 우리 헌법의 구조상 적합하지 않다는 비판이 제기될 수 있다. 나아가 독일의 분리이론은 헌법 제23조 제3항의 보상부 공용수용·제한을 좁게 해석하여 '조정보상부 내용규정'의 역할을 할 수 있는 헌법 제23조 제3항의 '공용제한·사용'의 규정을 사문화(死文化)시키고, 정당한 보상을 하라는 헌법제정권자의 입법취지에 반할 수 있다는 것이다. 그러나 분리이론의 입장에 서 있는 필자는 재산권 침해에 대한 '보상' 보다는 '방어'가 보다 더 중요하며, 우리 헌법 제23조 제3항의 '공용제한'의 개념은 비록 좁게 해석되나 재산권의 '이전'을 전제로 하지 않는다는 점에서 여전히 의미 있다. 독일은 이 문제를 해석에 의해 해결하고 있으나, 우리의 경우에는 헌법에 직접 명문으로 규정하고 있다고 볼 수 있다. 또한 엄격한 이분법에 의해 필연적으로 발생하는 협소한 보상의 문제는 '조정보상부 내용제한'에 의해 해결될 수 있을 뿐이다. 즉 헌법재판소에 의해, 궁극적으로 입법자에 의해 보상규정이 마련되는 경우에는 조정보상을 통한 구

용제한의 개념을 매우 넓게 해석하는 경향에 있다. 반면, 유력한 견해는 공용사용을 '토지재산권 중 사용권의 일시적 또는 부분적 박탈'로, 공용제한을 '재산권에서 나오는 가분적·독립적 권리의 부분적 박탈행위' 등으로 파악하고 있다.38) 이러한 해석은 헌법 제23조 제3항의 공용사용·제한을 매우 좁게 해석함으로써 분리이론에 기초한 이론구성을 할 수 있다는 점에서 설득력을 가진다. 다만, 공용사용은 공용제한의 일종으로 다루어지고 있다. 따라서 필자는 특별히 양자를 구별해야 할 경우가 아닌 한, 공용사용을 공용제한의 개념에 포함해서 설명하는 것이 좋다고 생각한다.

전술한 바와 같이 독일의 통설·판례는 공용수용을 "공적 과제를 수행하기 위한 고권적 법률행위를 통해 재산적 가치 있는 법적 지위를 전면적 또는 부분적으로 박탈하는 행위"로 파악하고 있다. 즉 독일의 수용개념은 "재산권에 대한 전면적 또는 부분적 박탈행위"를 핵심내용으로 하고 있다. 여기에서 전면적 박탈행위는 큰 문제가 없어 보이나, '부분적' 박탈행위는 다소 논란의 여지가 있다. 독립적으로 분리가 가능한 경우, 예컨대 전체 토지 중 일부에 대해서만 수용하는 것은 물론 부분적 박탈행위에 포함될 수 있다. 그러나 그 내용에 있어서 재산권의 사용·수익 또는 처분이 제한되는 경우도 여기에 포함될 수 있는지가 문제된다. 독일 건설법전 제86조 제1항에서는 토지소유권을 '박탈하는'(entzogen) 경우뿐만 아니라 '제약을 하는'(belastet) 경우도 포함하고 있다. 따라서 이용가능성이 있는 토지에 제한을 가하는 경우도 포함될 수 있다. 그러나 도시계획구역에서 토지의 이용·처분권 제한은 독립적 지위가 인정되지 않는 한, 공용수용에 해당한다고 보기 어렵다. 독일에

제가능성이 남아 있다. 다만, 헌법 제23조 제3항의 보상부 '공용제한'은 '무보상'을 전제로 헌법 제23조 제1항 제2문에 근거하는 '조정보상부 내용규정'은 그 본질을 달리하며 서로 구별될 필요가 있다. 그러한 이유에서 분리이론이 '조정보상부 내용규정'의 역할을 할 수 있는 헌법 제23조 제3항의 '공용제한·사용'의 규정을 사문화(死文化)시킨다는 주장은 타당하지 않다.

38) 계희열, 헌법학(중), 신정판, 550-551면; 한수웅, "재산권의 내용을 새로이 형성하는 법규정의 헌법적 문제", 저스티스 제32권 제2호 (1996. 6), 35면.

서는 이러한 제한을 재산권의 '내용한계규정'으로 보고 있다.[39]

   한편, 우리 헌법 제23조 제3항의 공용제한은 대체로 '부분적' 박탈행위에 해당한다고 볼 수 있고, 실제 '부분적 박탈행위'와 공용'제한'을 구별하는 것은 현실적으로 쉽지 않다. 이러한 입장은 우리 헌법 제23조 제3항의 공용수용·제한·사용을 사실상 독일의 '수용'(Enteignung)개념에 가깝게 해석할 수 있다. 그러나 재산권의 '박탈'(Entzug)은 소유권의 이전을 의미하지만, '제한'은 반드시 이를 요구하지 않는다. 그러한 이유에서 필자는 공용제한의 개념을 매우 좁게 해석해야 하나, 박탈과 제한은 서로 구별될 필요가 있다고 본다. 즉 공용수용은 재산권의 '박탈'을 그 내용으로 하지만, 공용제한은 "박탈(수용)에 상응할 정도의 재산권의 침해행위로서 사용·수익 및 처분이 사실상 봉쇄될 정도로 제약당하는 경우"를 의미한다고 볼 수 있다.[40] 이와 같이 '박탈'과 '제한'을 구별하는 것은 독일의 형식적 수용개념보다 유연한 해석을 가능하게 한다.[41] 한편, 독일 연방헌법재판소도 공용수용의 개념에 '재화획득과정'(Güterbeschaffungsvorgang)을 반드시 요구하고 있지 않다.[42] 이러한 해석은 엄격한 수용개념이 가지는 문제점을 해소하기 위한 것으로 보인다. 나아가 주목할 점은 헌법재판소는 공용수용·제한은 개별적·구체적으로 특정한 재산권을 박탈하거나 제한하는 것인 반면, 내용한계규정은 토지재산권에 관한 권리와 의무를 일반적·추상적으로 확정하는 것으로 본다는 점이다. 실제 보상실무에서는 사업시행자와 토지소유자 등과의 협의매수가 이루어지지 않으면, 토지수용위원회의 '재결'에 의해 공용수용이 이루어진다. 즉 수용의 일반적 방식은 행정수용이

---

39) Maurer, a.a.O., § 27 Rn. 47.
40) 이에 대해서는 拙稿, 전게논문(각주 7), 138면 이하 참조. 筆者는 헌법 제23조 제3항의 공용제한을 좁게 이해하기 위해 "박탈에 준하는 중대한 재산권 제한"으로 파악하였다. 그러나 '중대한'이라는 표현은 중대성설의 기준을 다시 도입하고 있다는 오해를 받을 우려가 있어, 본고에서는 그러한 표현을 삭제하기로 한다. 다만, 필자는 '중대한'이라는 표현보다는 '박탈에 상응할 정도의' 재산권제한에 비중을 두고자 하였다는 점을 밝혀두기로 한다.
41) Battis, a.a.O., S. 347 참조.
42) BVerfGE 83, 201/211.

다. 이러한 헌법재판소의 결정에 의하면 형식적 법률에 의해 일반적・
추상적으로 토지재산권에 관한 권리를 구체적으로 제한하는 것을 보상
부 공용제한으로 보기는 어렵고, 재산권의 내용한계규정으로 해석될 여
지가 많다.

한편, 학교환경위생정화구역 안에서 여관시설 등을 금지하고 있는 학
교보건법 제6조 제1항 제11호43)가 여관시설이나 영업 등을 하는 자의
재산권이나 직업의 자유 등을 침해하는지가 문제된 바 있다. 즉 이러한
쟁점들은 헌법재판소의 2002헌바41 사건에서 초등학교에 관한 부분만
이, 2005헌바110 사건에서는 중・고등학교 및 대학교 부분도 포함하여
다루어졌다. 위 사건들에서 다수의견은 모두 초・중・고등학교 및 대학
교에서의 이러한 금지조항이 공익목적을 위하여 개별・구체적으로 이
미 형성된 특정한 재산권을 박탈하거나 제한하는 헌법 제23조 제3항의
보상부 공용수용・제한과는 구별된다고 보았다. 나아가 이러한 재산권
제한의 범위나 정도가 건전한 교육환경의 조성과 교육의 능률화라는
공익과 비교형량하여 볼 때 헌법에서 허용되지 아니한 과도한 제한이
라고 할 수 없다고 판단하였다.44) 이에 대하여 소수의견(재판관 권성)은,
청구인의 재산권(영업권)이 박탈 내지 제한되는 것으로서 수인한도를
넘는 특별한 희생으로서 보상 없이 여관영업권을 금지하는 것은 위헌
이라고 보고 있다. 이와 관련하여 유력설은 소수의견과 마찬가지로 건
물소유자의 재산권이나 종래 적법하게 영업을 해 온 자의 영업권의 침
해이므로 보상규정을 두지 않은 것은 위헌이라고 보고 있다.45)

이 사건에서 학교보건법 제6조 제1항 제11호의 규정과 관련하여 두

---

43) 학교보건법 제6조 (정화구역 안에서의 금지행위 등)
  ① 누구든지 학교환경위생정화구역 안에서는 다음 각 호의 1에 해당하는 행위 및 시설
  을 하여서는 아니된다. <단서 생략>
  1. ~ 10. 생략
  11. 호텔, 여관, 여인숙
  12. ~ 15. 생략
44) 헌재 2006. 3. 30. 2005헌바110; 헌재 2004. 10. 28. 2002헌바41.
45) 이일세, "학교환경위생정화구역에서의 시설제한", 토지공법연구 제35집 (2007. 2), 381
  면 이하.

가지 사실이 주목된다. 첫째, 헌법재판소는 종전과 달리 여관영업권을 직업의 자유 외에 '재산권'이라는 측면에서 검토하고 있다는 사실이다. 독일에서도 '설립·운영되는 영업에 관한 권리'(Recht am eingerichteten und ausgeübten Gewerbebetrieb)를 재산권으로 볼 수 있는지가 문제가 되고 있다. 독일 학설은 대체로 긍정적이며, 연방통상법원 및 연방행정법원의 판례도 이러한 입장에 따르고 있다. 반면, 연방헌법재판소는 여전히 유보적 입장을 취하고 있다.[46] 유력설은 영업의 활동 그 자체와 관련된 경우에는 직업의 자유와 관련이 있으나, 영업권의 존속 여부는 재산권의 보호범위에 속한다고 볼 수 있다고 한다.[47]

　둘째, 소수의견(재판관 권성)은 2002헌바41 사건에서 정화구역 안에서 여관시설 등을 금지하고 있는 학교보건법 제6조 제1항 제11호에 의해 여관영업권의 재산권을 박탈하여 '공용수용'에 해당한다고 보면서, 2005헌바110 사건에서는 이를 '공용제한'으로 파악하고 있다는 점이다. 생각건대 학교보건법 제6조 제1항 제11호의 금지조항에 의해 청구인들의 재산권(여관영업권)이 완전히 박탈된다고 보기 어려우며, 오히려 정화구역 내에서 특정한 용도, 즉 여관업을 영위할 수 없게 되는 제약을 받고 있을 뿐이다. 다만, 2002헌바41 사건에서 다수의견은 "여관영업권의 관점에서 본다면 이 사건 금지조항으로 인하여 여관영업권 자체가 박탈되는 결과에 이른다"고 보고 있다. 그러나 여기에서는 이 사건 금지조항 그 자체가 아니라 교육감의 정화구역의 설정에 의해 해당 지역 내의 학교보건법 제6조 제1항 각 호 소정의 행위가 금지되는 것이다. 따라서 실질적으로는 재산권의 박탈이 아니라 여관영업의 활동 자체가 금지되는 것이며, 이는 '직업의 자유'에 관한 문제이다. 재산권 침해의 문제는 오히려 토지의 수용으로 인한 여관영업이나 시설의 '폐지'나 '휴업' 등과 관련이 있다(공익사업법 제77조 참조).

　여기에서 문제가 되는 것은 '법률'에 의한 공용제한이 아니라, 학교보

---

46) 이에 대한 상세한 논의는 拙稿, 전게논문(각주 7), 129-131면 참조.
47) Jarass/Pieroth, GG, Art. 14 Rn. 10 참조.

건법 제6조 제1항 제11호에 근거한 정화구역의 설정이 헌법 제23조 제 3항의 공용제한에 해당하는지 여부이다. 만약 헌법 제23조 제3항의 공용제한에 해당한다면, 이에 대한 보상규정을 두지 않은 학교보건법은 불가분조항에 위배되어 위헌·무효가 될 수 있다. 생각건대 위에서 살펴본 바와 같이 이러한 정화구역의 설정에 의해 침해되는 청구인들의 여관영업권은 '박탈'에 비견될 정도의 중대한 재산권의 '제한'에 해당한다고 보기 어렵다. 물론 소수의견이 주장하는 바와 같이 수년간에 걸친 영업상의 비결, 고객관계 및 신용 등 재산상 손실을 감수할 수밖에 없는 측면이 있는 것이 사실이다. 그러나 이러한 제한은 초·중·고등학교 및 대학교 학생들의 건전하고 쾌적한 교육환경을 조성하고 학교교육의 능률화를 기하기 위하여 일정한 학교환경위생정화구역 안에 여관의 시설을 금지함으로써 수반되는 것이다. 이는 입법자에 의해 재산권의 구체적인 내용과 한계를 정하는, 소위 재산권의 '내용한계규정'의 문제이다. 실제 다른 주요선진국과 달리 우리의 학교시설이나 교육환경은 퇴폐시설이나 유흥시설 등으로 인해 위험에 노출되어 있다. 이러한 현실에 비추어 정화구역 내에 소정의 금지시설을 규정하는 것은 입법자의 형성의 자유에 속한다. 나아가 학교보건법 시행령(1990. 12. 31. 대통령령 제13214호로 개정된 것) 부칙 제2항에서 여관시설과 영업을 정리할 수 있는 5년의 유예기간을 주고 있다. 청구인들은 유예기간 동안 여관업을 계속 영위할 수 있을 뿐만 아니라, 상대적으로 독점적 지위를 향유할 수도 있다. 나아가 학교보건법 제6조 제1항 제11호 단서조항에 의해 학교환경위생정화위원회의 심의를 거쳐 여관영업이 허용될 수 있는 길도 마련되어 있다.

다만, 비록 5년의 경과규정을 두고 있기는 하나, 개별 사안을 판단하여 비례·평등의 원칙을 위반한 경우 소위 '조정적 보상부 내용한계규정'에 해당하는지 여부를 검토할 필요성은 남아 있다. 다만, 우리 헌법재판소는 "여관업을 금지하면서 5년간 여관업을 계속할 수 있도록 경과규정을 두고 있는 점에 비추어 별도의 보상적 조치를 두지 않았다고 하더라도 이를 들어 재산권에 내재하는 사회적 제약의 범주를 넘었다고 할 수 없다"고 결정하여, 공익목적에 비해 재산권의 제한 정도가 비례의 원칙(과잉금지원칙)에 위반되지 않는다고 보아 "조정적 보상부 내용한계규정"의 가능성을 배재하고 있다.

3. 立法收用과 內容限界規定의 區別

공용수용은 '행정수용'이 일반적이지만, 예외적으로 '입법수용'도 허용된다. 따라서 규율형식이 일반적·추상적인지 개별적·구체적인지 여부만을 가지고 입법수용과 무보상부 내용한계규정을 구별하는 것은 어렵다. 규율의 형식은 양자의 구별에 있어서 절대적 기준이 될 수 없다. 특히 구 도시계획법 제83조 제2항 전단부분 등에 관한 위헌제청사건[48]에서는 공공시설의 무상귀속이 입법수용인지 여부가 문제되고 있다.[49] 그럼에도 다수의견은 입법의 '목적'뿐만 아니라 '형식'도 설시하면서, 위 조항이 재산권의 내용한계규정임을 밝히고 있다.[50] 그러나 여기에서 문제가 되는 것은 통상적인 행정수용과 재산권의 내용한계규정의 구별이 아니라, 소수의견이 적절히 지적하는 바와 같이 입법수용과 재산권의 내용한계규정의 구별이다. 그럼에도 불구하고 이 사건에서 수용의 목적

---

48) 헌재 2003. 8. 21. 2000헌가11 등, 판례집 15-2(상), 186.
49) 구 도시계획법 제83조(공공시설 및 토지등의 귀속)
    ① <생략>
    ② 행정청이 아닌 시행자가 도시계획사업을 시행하여 새로이 설치한 공공시설은 그 시설을 관리할 국가 또는 지방자치단체에 무상으로 귀속되며 도시계획사업의 시행으로 인하여 그 기능이 대체되어 용도가 폐지되는 국가 또는 지방자치단체의 재산은 국유재산법 및 지방재정법 등의 규정에 불구하고 그가 새로 설치한 공공시설의 설치비용에 상당하는 범위안에서 그 시행자에게 이를 무상으로 양도할 수 있다.
    ③~⑤ <생략>
50) 즉 다수의견은 "이 사건 조항은 그 규율형식의 면에서 개별·구체적으로 특정 재산권을 박탈하거나 제한하려는 데 그 본질이 있는 것이 아니라, 일반·추상적으로 사업지구 내의 공공시설과 그 부지의 이용 및 소유관계를 정한 것이라 할 것이고, 그 규율목적의 면에서도 사업주체의 법적 지위를 박탈하거나 제한함에 있는 것이 아니라, 다수인의 이해관계가 얽혀 있는 주택건설사업의 시행과정에서 불가피하게 재산권의 제약을 받는 사업주체의 지위를 장래를 향하여 획일적으로 확정함에 그 초점이 있다"라고 판단하고 있다.

외에 수용의 '형식'을 그 기준으로 적용한 것은 도식적이며 무의미한 논증으로 보인다.

입법수용이 인정된 사례는 거의 없다. 다만, 우리 헌법재판소는 구 하천법 제2조 제1항 제2호 다목 위헌소원사건에서, 제외지(堤外地)를 국유화한 것이 입법적 수용에 해당한다고 판시한 바 있다.[51] 그러나 입법수용은 매우 예외적으로 허용되는 제도임에 주의할 필요가 있다.

4. 私人을 위한 公用收用

근년에는 국가가 아닌 사인(사기업)에 의한 공용수용이 점차 늘고 있다. 즉 「기업도시개발 특별법」(제14조 제1항, 제10조), 「산업입지 및 개발에 관한 법률」(제22조) 등에는 민간사업자에게 토지수용권을 부여하고 있다. 이 가운데에서 민간기업을 수용의 주체로 규정한 「산업입지 및 개발에 관한 법률」(2001. 1. 29. 법률 제6406호로 개정된 것, 이하 '산업입지법'이라 한다) 제22조 제1항의 "사업시행자" 부분 중 "제16조 제1항 제3호"에 관한 부분이 헌법 제23조 제3항에 위반되는지 여부가 문제되었다. 이와 관련하여 우리 헌법재판소는 "헌법 제23조 제3항은 정당한 보상을 전제로 하여 재산권의 수용 등에 관한 가능성을 규정하고 있지만, 재산권 수용의 주체를 한정하지 않고 있다"고 결정하여, 사인을 위한 공용수용이 허용된다고 결정하였다. 사인을 위한 공용수용 그 자체의 허용여부는 오늘날 논란의 여지가 없다. 오히려 중요한 것은 수용의 주체 보다는 수용의 '목적'이다. 따라서 사인을 위한 공용수용의 경우 사익만을 추구해서는 아니 되며, 공익에도 기여해야 한다.

다만, 필자는 사인을 위한 공용수용의 경우에도 공용수용의 일반적 요건이 그대로 적용되어야 하는지에 대해서 의문을 가지고 있다. 사기업의 공용수용이 공익적 목적에 기여하는 경우가 항상 정당화될 수 없다. 예컨대 지역경제의 활성화를 위한 난개발이나 심각한 환경파괴를

---

51) 헌재 1998. 3. 26. 93헌바12, 판례집 10-1, 226.

초래하는 경우에는 허용되기 어렵다. 그러한 측면에서 기업도시개발특별법에 규정된 '관광레저형' 기업도시는 다소 문제가 있다. 따라서 사인을 위한 공용수용의 경우 일반적인 공용수용의 요건보다 '공익성'요건을 보다 엄격히 심사하여야 한다.52)

한편, 헌법재판소는 위 2007헌바114 사건에서 "이 사건 수용조항은 산업입지의 원활한 공급과 산업의 합리적 배치를 통하여 균형 있는 국토개발과 지속적인 산업발전을 촉진함으로써 국민경제의 건전한 발전에 이바지하고자 하고, 나아가 산업의 적정한 지방 분산을 촉진하고 지역경제의 활성화를 목적으로 하는 것이다"고 하여, 헌법 제23조 제3항의 '공공필요성'을 갖추고 있다고 결정하였다. 이에 반해 독일 연방헌법재판소 제1부 재판부는 1987. 3. 24. 소위 "Boxberg" 결정53)에서, 일자리를 창출하고 이를 통해 지역경제의 구조 개선을 도모할 목적으로 수용하는 것은 허용할 수 없다고 판시한 바 있다. 이 판결의 원칙은 오늘날에도 그대로 유효한 것으로 보인다. 그러나 사업시행자인 민간기업(예컨대 에너지기업)의 거래대상이 생존배려와 관련된 경우에도 충분한 사전조치를 통해 그 공적 과제의 목적이 규정에 적합하게 달성된다면, 공용수용의 요건은 충족될 수 있는 것으로 본다. 그리고 독일 연방헌법재판소는 사기업을 위한 수용의 경우에 공공복리를 위한 이용이 사기업의 거래대상에서 직접 도출되지 않아도 기업의 활동에서 '간접적으로' 도출되는 경우에도 허용될 수 있다고 보고 있다.54) 최근 골프장 건설을 위한 토지수용권을 민간기업에 부여한 국토계획법 제95조 제1항55) 등

---

52) 상세는 拙稿, "사인을 위한 공용수용의 위헌성판단", 憲法論叢 제17집 (2006), 395면.
53) BVerfGE 74, 264/287 ff.
54) Wichert, Enteignung und Besitzeinweisung für energiewirtschaftliche Leitungs-vorhaben, NVwZ 2009, S. 878 f.
55) 국토의 계획 및 이용에 관한 법률(2002. 2. 4. 법률 제6655호로 제정된 것)
   제2조 (정의) 이 법에서 사용하는 용의의 정의는 다음과 같다.
   6. "기반시설"이란 다음 각 목의 시설로서 대통령령으로 정하는 시설을 말한다.
   가. ~ 다. 생략
   라. 학교·운동장·공공청사·문화시설·체육시설 등 공공·문화체육시설
   마. ~ 사. 생략

이 헌법상 재산권을 침해하는지 여부 등이 쟁점이 되고 있다(2008헌바 166). 심판대상조항은 기반시설인 '공공·문화체육시설 사업'을 위해 민간기업으로 하여금 사업에 필요한 토지를 수용할 수 있도록 하면서, 그 하위법령에 골프장을 위 공공·문화체육시설의 일종으로 규정하고 있다. 이 사건의 핵심쟁점은 골프장 조성사업이 공용수용의 '공공필요성'을 충족하는지 여부이다. 위 2007헌바114 사건에서 반대의견(재판관 김종대)은 "(민간기업에 의한) 수용이 정당화되기 위해서는 당해 수용의 공공필요성을 보장하고 수용을 통한 이익을 공공적으로 귀속시킬 수 있는 더욱 심화된 입법적 조치가 수반되어야 한다. (중략) 이러한 법적·제도적 보완이 행하여 지지 않는 한, 이 사건 조항들에 따른 민간기업에 의한 수용은 우리 헌법상 재산권 보장의 가치와 부합하기 어렵다"고 보고 있다. 사인을 위한 공용수용과 관련하여, 공익성요건을 엄격히 심사하고 있는 것은 매우 의미 있다.[56]

5. 事實行爲에 의한 財産權侵害

공용수용의 요건을 충족하기 위해서는 공적 과제의 수행을 위한 재산권에 대한 의도된 고권적 법률행위(hoheitlicher Rechtsakt)가 있어야 한다. 따라서 법률행위가 아닌 사실행위에 의한 재산권침해는 여기에서 제외된다.[57] 이러한 사실행위에 의한 재산권침해는 수용개념을 넓게 이해하는 수용유사침해이론에 의해 설명되기도 한다. 즉 수용유사

---

7. "도시계획시설"이라 함은 기반시설 중 제30조의 규정에 의한 도시관리계획으로 결정된 시설을 말한다.

제95조(토지 등의 수용 및 사용)

① 도시계획시설사업의 시행자는 도시계획시설사업에 필요한 다음 각호의 물건 또는 권리를 수용 또는 사용할 수 있다.

1. 토지, 건축물 또는 그 토지에 정착된 물건
2. 토지, 건축물 또는 그 토지에 정착된 물건에 관한 소유권 외의 권리

② <생략>

56) 최근 헌법재판소는 지역균형개발 및 지방중소기업 육성에 관한 법률 제18조 제1항 등 위헌소원사건에서 헌법불합치 결정을 내렸다(헌재 2014. 10. 13. 2011헌바172 등).

57) Maurer, a.a.O., § 27 Rn. 50.

침해가 성립하기 위해서는 ① 보호대상으로서 재산권, ② 고권적 조치 (hoheitliche Maßnahme), ③ 침해의 직접성, 그리고 ④ 침해의 위법성의 요건을 충족해야 한다. 이 중 '고권적 조치'에는 법률행위 외에 '사실행위'도 포함될 수 있다는 것이다.[58] 예컨대 무질서하게 계획되거나 실시된 도로건설작업으로 인한 영업상 손해,[59] 굴착공사로 인한 건물지주의 진동[60] 등이 여기에 해당한다고 볼 수 있다. 이에 대해 독일의 유력설은 사실행위에 의한 재산권침해를 "기타 재산권침해"로서 재산권의 내용한계규정으로 보고 있다.[61] 필자는 위 견해를 소개하면서 사실행위에 의한 재산권침해를 재산권의 내용한계규정으로 다루어야 한다고 주장한 바 있다.[62] 최근 이러한 입장에 동조하는 견해가 늘고 있는 것은 의미 있는 것으로 보인다.

6. 調整的 補償附 內容限界規定과 收用的 侵害

독일에서는 연방헌법재판소의 자갈채취판결에 의해 보상부 공용수용과 무보상부 사회적 기속이 엄격히 구별된다. 엄격한 이분법은 "보상의 범위를 협소하게 한다"는 비판을 받기도 한다. 그러한 이유에서 "조정적 보상부 내용한계규정"의 법리는 매우 의미 있다. 이 법리는 1981. 7. 14. 연방헌법재판소의 '납본의무결정'(Pflichtexemplar-Entscheidung)에서 연원한다.[63] 이 조항의 법적 근거는 독일 기본법 제14조 제1항 제2문이다. 따라서 조정보상부 내용규정은 원칙적으로 '내용한계규정'에 속하는 재산권의 제약이 특별히 수인할 수 없는 정도, 즉 비례원칙이나 평등원칙 등에 위반하여 재산적 가치 있는 법적 지위를 제한한 경우에

---

58) Maurer, a.a.O., § 27 Rn. 90.
59) BGHZ 57, 359/362.
60) BGHZ 72, 289.
61) Jarass, Inhalts- und Schrankenbestimmung oder Enteignung?, NJW 2000, S. 2841 ff.
62) 拙稿, 전게논문(각주 7), 126-127면.
63) BVerfGE 58, 137. 이 결정에 대한 상세는 拙稿, 전게논문(각주 4), 379면 참조.

문제된다.[64] 예컨대 조정보상부 내용규정은 대체로 도로작업이나 공공
시설에서 배출되는 환경유해물질에 의해 인근주민의 토지에 과도한 침
해를 야기하는 경우에 인정된다.[65]

독일 연방헌법재판소의 '조정적 보상부 내용한계규정'의 법리에 의해
'수용적 침해' 이론이 포기될 수 있는지가 논의되고 있다. 조정보상부
내용규정은 무보상부 내용한계규정과 보상부 공용수용의 엄격한 이분법
을 극복하고 비전형적인 재산권침해로 인한 특별한 희생을 구제하기
위해 발전된 법리이다. 따라서 조정적 보상부 내용한계규정은 "비전형
적이고 예측하지 못한 부수적 효과"로 인한 재산권침해를 보상하는 수
용적 침해와 논리구조에 있어서 다소 유사한 측면이 있다. 그러나 법률
에 보상규정이 마련되어 있지 않은 예측하지 못한 재산적 침해는 조정
보상부 내용규정에 의하더라도 권리구제의 가능성이 없다.

한편, 국내에서도 수용적 침해이론을 유지해야 하는지에 대해서 논란
이 있다. 유력설은 "객관적으로도 사전에 예상이 불가능한 피해"에 대
해서 수용적 침해이론을 여전히 유용하다고 보고 있다.[66] 이러한 견해
는 특히 공권력의 행사로 인해 예측하지 못한 비정형적 손해가 특별한
희생에 해당하는 경우에 보상규정이 없다고 하더라도 손실보상청구가
가능하다고 보고 있다. 그러나 보상규정이 없는 경우에 그 보상범위나
수위를 누가, 그리고 어떻게 구체적으로 확정할 수 있는지를 고려할 필
요가 있다. 보상 여부와 그 범위에 관한 결정은 궁극적으로 입법자가
결정하는 것이 타당하다. 비록 예측하지 못한 비전형적인 재산상 손해
라 할지라도 실질적으로 입법자의 정책적 판단에 의해 보상규정이 마
련되지 않는 한, 그 손실보상청구권을 인정하기는 어렵다. 독일 연방헌
법재판소의 자갈채취판결은 손실보상의 인정 여부와 관련하여 입법자의
역할을 강화시켰다는 점에서 중요한 의미를 부여할 수 있다.

---

64) Jochen Rozek, Die Unterscheidung von Eigentumsbindung und Enteignung,
　　Tübingen 1998, S. 76 ff.
65) Maurer, a.a.O., § 27 Rn. 108.
66) 김성수, 일반행정법, 제5판, 법문사, 2010, 738면.

Ⅳ. 結 語

지금까지 보상부 공용수용·제한과 무보상부 내용한계규정의 구별기준과 관련된 구체적인 쟁점들을 살펴보았다. 그 구별기준으로 소개되는 경계이론과 분리이론은 독일의 영향을 받은 것으로서, 보상부 공용수용과 무보상부 내용한계규정의 구별기준으로 일정한 역할을 수행한 것은 사실이다. 그러나 이러한 기준들도 우리가 당면한 재산권침해와 손실보상의 문제를 완벽하게 해결하지 못하고 여전히 미해결의 문제를 남겨 놓고 있다. 무엇보다 경계이론이 주장하는 '특별한 희생'의 개념은 여전히 모호하며, 보상부 공용수용·제한을 판단할 수 있는 결정적 기준을 제시해 주지 못하고 있다. 오히려 그 판단을 사법부의 판단에 전적으로 맡기고 있다. 다만, 필자는 1980년대 이후 독일에서 전개된 새로운 판례 및 학설의 변화에 주목할 필요가 있다고 생각한다. 독일 연방헌법재판소는 "형식적 수용개념"을 정립하고 존속보장의 기초 위에 보상을 요하는 재산권침해(박탈)의 요건을 엄격히 하고 있다. 즉 재산권의 박탈 후 손실보상의 요건을 확대하는 것이 아니라, 오히려 재산권의 '방어'를 우선시하고 있다. 요컨대 "형식적 수용개념"을 통해 공용수용의 요건을 명확히 하는 것이 매우 중요하다.

지금까지 국내 학설은 분리이론을 주장하면서도 공용수용의 요건을 명확히 정립하지 못하였고, 헌법재판소의 판례 또한 소홀히 취급한 부분이다. 형식적 수용개념을 통해 포섭할 수 있는 것은 보상부 공용수용에 해당할 수 있다. 이 경우 우리 헌법 제23조 제3항에는 독일기본법 제14조 제3항과 달리 '공용제한'을 규정하고 있어, 그 해석의 문제가 남아 있다. 그러한 이유에서 공용제한·사용은 '재산권의 사용·수익 및 처분이 박탈에 상응할 정도에 해당하는 재산권의 침해'로 좁게 해석할 필요가 있다. 이러한 기준에 의해 재산권의 제약이 보상부 공용수용·제한에 해당하지 않는 경우에, 그러한 재산권의 제약은 재산권의 내용

한계규정에 해당한다고 볼 수 있다. 여기에는 '사실행위'에 의한 재산권
의 침해도 포함된다.

물론 연방통상법원은 연방헌법재판소의 결정에도 불구하고 수용유사
및 수용적 침해이론을 유지시키고 있다. 그러나 종전의 수용개념을 포
기하고 연방헌법재판소의 좁은 수용개념을 채택하기에 이르렀을 뿐만
아니라, 수용유사 및 수용적 침해이론의 법적 근거도 薄弱해져 관습법
상의 '희생보상'으로 복귀하고 있다는 점에 주의할 필요가 있다. 특히
현재 예측하지 못하는 비전형적 재산상 손해에 대해 보상을 해주는 수
용적 침해이론을 유지시켜야 되는지는 여전히 다투어지고 있다. 필자는
수용적 침해이론의 존속가능성에 대해 부정적이다. 그 이유는 우리의
경우에 독일과 같은 관습법상 희생보상의 근거를 찾기 어려우며, 예측
하지 못한 비전형적인 재산상 손해는 궁극적으로 입법자의 판단에 달
려 있다고 보기 때문이다. 특히 독일에서는 수용적 침해의 법적 근거를
기본법 제14조 제1항에 두는 견해조차도 그 요건이나 효과 등 구체적
내용을 개별 법률에 맡기고 있다. 또한 위법한 재산권침해를 전보하는
수용유사침해이론도 그 법적 근거를 찾기 어렵다. 소송실무상 위법한
수용재결이나 처분 등에 대해서는 1차적으로는 취소소송 또는 보상금
증감소송을 통해, 2차적으로는 국가배상의 가능성을 고려할 수 있다.
반면, 처분성이 부인되는 위법한 사실행위에 대해서는 국가배상의 가능
성만 남는다. 그러나 엄격한 주관적 책임구조를 가지는 한, 국가배상을
통한 권리구제의 가능성은 높지 않다. 그러한 이유에서 국가배상법의
개혁을 통해 이러한 문제를 해결할 필요가 있다. 즉 대위책임제에 기초
하여 엄격한 주관적 책임구조를 채택하는 독일 입법례와 달리, 우리 국
가배상법은 자기책임의 구조에 기초하고 있어 유책주의의 완화나 소송
형식의 개선 등을 통해 위법한 재산권침해에 대한 (공법상) 손해전보를
적극적으로 검토할 필요가 있다.

독일 연방헌법재판소의 자갈채취판결, 그리고 구 도시계획법 제21조
의 위헌소원사건에 관한 우리 헌법재판소의 결정은 보상판단에 있어

사법부보다 '입법부'의 역할을 강조하고 있다. 필자는 보상부 공용수용과 무보상부 내용한계규정의 구별을 위해서는 그 요건과 한계를 명확히 할 수 있는 입법적 노력이 있어야 한다고 본다. 즉 공익사업법과 개별법 등에 공용수용의 허용요건을 보다 구체적으로 규정할 필요가 있다. 다른 한편 헌법재판소는 지금까지 축적된 판례이론을 통해 공용수용의 요건을 보다 구체화시킬 필요가 있다. 골프장 건립을 위한 민간기업의 수용사건(2008헌바166)은 개별적인 수용요건을 재검토할 좋은 계기가 될 것으로 보인다. 사인을 위한 공용수용의 경우에는 더욱 그러하다. 특히 '공공필요'의 개념은 대단히 추상적이기 때문에, 개별 사안에서 사익과 형량을 통해 판단해야 한다. 따라서 법원은 공용수용권의 위법성을 판단함에 있어서 비례의 원칙을 보다 적극적으로 활용할 필요가 있다. 나아가 우리 헌법 제23조 제3항에는 '공용제한'과 '공용사용'을 규정하고 있어, 제23조 제1항 제2문의 '내용한계규정'과의 구별을 어렵게 하고 있다. 이 조항의 해석 여부는 불가분조항의 적용과도 밀접한 관련이 있다. 따라서 헌법재판소가 분리이론을 일관되게 적용하기 위해서는 공용제한·사용의 해석을 좀 더 신중하게 판단할 필요가 있다.

第3章

財産權의 社會的 拘束과 收用의 間隙
- 소위 調整的 補償을 요하는 內容限界規定의 問題를 中心으로 -

I. 論議의 爭點

참여정부는 지난 2003년 10월 13일 대통령의 국정시정연설을 통해, 부동산가격의 급등을 억제하기 위해 土地公槪念 제도의 도입을 재검토 하겠다고 밝힌 바 있다. 그러나 이러한 토지공개념은 그 동안 사유재산 권의 침해라는 비판과 함께 그 시행과정에서 적지 않은 논란을 불러왔 다. 특히 토지공개념의 핵심 3요소(택지소유상한제, 개발이익환수제 및 토 지초과이득세) 가운데 택지소유상한제는 과잉금지원칙, 평등원칙 등을 위반하여 헌법상의 재산권을 과도하게 침해한다는 것을 이유로 이미 위헌판결을 받았고,[1] 토지초과이득세도 조세법률주의에 위배된다고 하 여 헌법불합치결정을 받은 바 있다.[2] 또한 개발이익환수제는 비수도권 지역에서는 이미 2002년 1월부터 그 부과가 중지되었으며, 수도권에서 도 2004년 1월부터 부과를 중지할 예정이었다. 앞으로 토지공개념의 재도입은 재산권보장과 관련하여 그 합헌성 여부가 계속 논란이 될 가 능성이 상존하고 있다.

이와 같이 국가의 고권적 작용에 의한 재산권의 제약과 그 보상 여 부는 매우 중요한 상관관계가 있다. 재산권보장은 기초적이고 중요한 기본권 가운데 하나이다.[3] 이러한 재산권의 보장은 또한 인격의 자유로

1) 헌재 1999. 4. 29. 94헌바37 외 66건(병합) 전원재판부, 판례집 11-1, 289면 이하.
2) 헌재 1994. 7. 29. 92헌바49 등 병합, 판례집 7-2, 64면 이하.

운 발현수단으로서, 인간의 경제적 생활수단의 기초를 마련해 주고 있다. 즉 헌법상 재산권보장은 개인의 자유와 밀접한 관련을 가지며, 재산영역에 있어 기본권주체에게 자유영역을 보장하고 이를 통해 자기책임 하에 삶을 형성할 수 있도록 하는 것이다.4) 한편 재산권보장은 우선 주관적 공권, 즉 고권적 국가작용에 대한 방어청구권으로서의 의미와 다른 한편 공동체의 객관법질서의 요소(법제도)로서의 성질을 동시에 가지고 있다.5) 또한 재산권보장은 시대상황을 반영하고 있으며, 그 시대의 변천과 더불어 그 의미와 내용도 변하고 있다.

재산권의 본질에 대한 이해는 크게 存續保障(Bestandsgarantie)과 價値保障(Wertgarantie)으로 구별할 수 있다. 그 동안 우리는 손실보상과 관련하여 "損失補償의 要件"에만 치중하여 왔다. 이는 존속보장보다는 가치보장에 비중을 두고 있다는 證左이다. 이와 달리 독일의 대부분의 문헌에서는 "公用收用의 要件"에 관해 설명하는 것이 보통이다.6) 특히 재산권조항에 대한 연방헌법재판소의 새로운 해석에 따르면, 기본법 제14조 제1항 제1문의 존속보장이 제14조 제3항의 가치보장보다 명백히 우위에 서 있다. 이러한 독일 연방헌법재판소의 판례이론에 의해 실체적 수용이론(이른바 경계이론)에 기초하고 있는 종래의 독일 연방통상법원의 판례 및 학설은 설 자리를 잃고 말았다. 우리 헌법재판소는 재산권조항의 해석과 관련하여 이러한 독일의 분리이론을 수용하고 있다. 따라서 재산권조항의 법해석에 있어서도 존속보장을 원칙으로 하고, 이러한 존속보장이 실현되기 어려운 예외적인 경우에 가치보장을 고려하는 것이 논리적으로 타당하다고 생각한다.7) 이러한 관점에서 먼저 특

---

3) BVerfGE 14, 263/277.

4) BVerfGE 24, 267/389; BVerfGE 86, 193/222.

5) Hesse, Grundzüge des Verfassungsrechts der Bundesrepublik Deutschland, 20. Aufl., § 12 Rn. 442; Papier, in: Maunz/Dürig, GG, Art. 14. Rn. 1. (Stand: Februar 2003).

6) H. Maurer, Allgemeines Verwaltungsrecht, 12. Aufl., § 26 Rn. 41 ff.; F. Ossenbühl, Staatshaftungsrecht, S. 203 ff.; Rüfner, in: Erichsen/Ehlers(Hg.), Allgemeines Verwaltungsrecht, 12. Aufl., § 48 Rn. 16 ff.

7) 김남진, 행정법 I, 제7판, 546면; 김해룡, 헌법상 재산권보장과 행정상 손실보상의 근거

별한 경우에 대한 보상인 헌법 제23조 제3항의 이른바 '公用侵害'[8]의
要件을 명확히 하고, 여기에 해당되지 않는 경우에는 헌법 제23조 제1
항 제2문의 내용제한규정으로 보아야 한다. 최근 독일의 유력한 견해에
의하면,[9] "기타 財産權侵害"(sonstige Eigentumsbeeinträchtigungen)에
관한 영역을 강조하고 있다. 여기에는 우선 기본법 제14조 제3항의 수
용에 해당하지 않는 행정행위가 고려된다. 이러한 개별·구체적인 재산
권침해는 기본법 제14조 제1항 제1문의 내용한계규정에 해당되지 않는
다. 왜냐하면 독일 연방헌법재판소는 기본법 제14조 제1항 제2문의 내
용한계규정은 단지 일반·추상적 규율에 제한된다고 보기 때문이다. 그
밖에 재산권제한적인 모든 사실행위가 고려될 수 있다. 이러한 재산권
침해유형은 그동안의 개념정의에 의하면 내용한계규정도 수용도 아니
다. 결국 이러한 기타 재산권침해의 유형은 기본법 제14조 제1항 제2문
과 제2항에 의해 판단되어야 한다.[10] 우리는 아직 이 문제에 대한 논의
가 충분하지 않으나, 이러한 유형의 재산권침해는 충분히 검토의 여지
가 있다고 생각한다.

　헌법상 재산권규정은 여전히 불명확하고 논의의 여지가 남아 있다.
헌법 제23조의 구조분석은 무엇보다 보상의무 없는 사회적 구속과 보
상의무 있는 수용개념의 구분에 기초하고 있다. 실무에 있어 양자의 구
별은 용이하지 않다. 독일에서도 수용개념과 재산의 사회적 구속의 구
분문제는 오늘날까지 논란의 대상이 되고 있음은 주지의 사실이다. 연
방헌법재판소의 자갈채취판결에서 나온 分離理論과 종전의 연방통상법
원의 境界理論의 대립은 이러한 사정을 잘 반영하고 있다. 특히 독일

　　법리들에 관한 고찰, 고시계 2003. 9, 22-23면; 朴尙熙, 公用侵害의 要件에 관한 硏究,
　　高麗大學校 博士學位論文, 1993.
　8) 학자에 따라서는 "公用侵害"라는 용어 대신 "公用負擔"(이상규) 내지 "廣義의 公用收
　　用"(김도창)이라는 표현을 사용하기도 한다. 용어에 대한 상세한 내용은 박상희, 전게논
　　문, 14-17면 참조.
　9) Jarass, Inhalts- und Schrankenbestimmung oder Enteignung?, NJW 2000, S.
　　2841 ff.
　10) Jarass, Verfassungsrechtlicher Enteignungsbegriff und Planungsrecht, in: FS
　　für Hoppe, S. 229 f.

연방헌법재판소의 판례이론은 우리 헌법재판소의 판례에 결정적 영향을 미치고 있다. 또한 그 동안 보상규정의 흠결 등을 이유로 보상의 개념을 확대하기 위하여 적법한 재산권침해가 아니라, 위법·무책한 재산권침해에 대한 보상인 收用類似侵害와 적법한 행정작용의 부수적 수용효과에 대한 보상인 收用的侵害에 대한 논의가 있었다. 그러나 최근 연방헌법재판소는 수용개념을 매우 좁게 이해하고 있으며, 보상부수용과 무보상부 내용한계규정의 엄격한 이원론에 기초한 판례이론을 소위 調整的 補償附 內容限界規定 또는 調整的 補償을 요하는 內容限界規定(ausgleichspflichtige Inhalts- und Schrankenbestimmung)을 통해 수정하고 있다. 이러한 독일의 최근논의가 우리의 문제해결을 위해 도입될 수 있는지를 검토하도록 한다. 이하에서는 헌법상 재산권보장규정의 의미 및 구체적 내용(Ⅱ), 수용개념의 혼란과 현행헌법 제23조 제3항의 해석(Ⅲ), 무보상부 사회적 구속과 보상부수용의 구별기준에 관한 논의(Ⅳ) 및 조정적 보상의무 있는 내용한계규정(Ⅴ)의 順으로 검토하도록 한다.

Ⅱ. 憲法上 財産權保障規定의 意味와 具體的 內容

1. 財産權保障의 意義와 法的 性質

현행 헌법 제23조 제1항 제1문에서는 "모든 국민의 재산권은 보장된다"라고 하여, 재산권보장의 기본원칙을 규정하고 있다. 헌법재판소는 재산권보장의 기본이념을 헌법 제23조 제1항 제1문과 제119조 제1항(개인과 기업의 경제상의 자유와 창의) 등의 규정을 근거로, "私的 自治의 원칙을 기초로 하는 자본주의 시장경제질서 아래 자유로운 경제활동을 통하여 생활의 기본적 수요를 스스로 충족할 수 있도록 하면서, 사유재산의 자유로운 이용·수익과 그 처분 및 상속을 보장하고 있다. 이는 이러한 보장이 자유와 창의를 보장하는 지름길이고 궁극에는 인

간의 존엄과 가치를 증대시키는 최선의 방법이라는 이상을 배경으로
하고 있는 것이다"[11]라고 결정하였다. 즉, 재산권은 기본권의 주체로서
국민이 인간다운 삶을 자기책임하에 자주적으로 형성하는데 필요한 경
제적 조건을 보장해 주는 기능을 하고 있다. 이를 위해 우선적으로 헌
법상 보장되는 것은 재산소유권자의 인격적 법적 지위이다. 즉 재산권
보장은 일반적 인격권과 인격과 관련된 권리주체의 자유권을 포함하고
있다.[12)

재산권보장의 법적 성격과 관련하여, 학설은 대체로 자유권적 기본권
설, 제도적보장설 및 절충설 등이 대립하고 있으나, 헌법재판소는 여기
에 대하여 헌법상의 재산권을 개인의 기본권으로서 보장한다는 의미와
개인이 재산권을 향유할 수 있다는 법제도로서의 사유재산제도를 보장
한다는 이중적 의미를 지니고 있다고 보고 있다.[13) 따라서 재산권을 天
賦의 前國家的인 절대적 개념으로 이해하여서는 아니되고, 법제도로서
법률에 의한 형성이 필요한 것으로 이해하여야 된다.[14)

2. 現行憲法 제23조의 構造分析

(1) 憲法 제23조 제1항 제2문과 제23조 제2항의 관계

현행헌법은 제23조 제1항 제1문에서 재산권보장을 선언함과 동시에,
동조 제1항 제2문에서는 內容限界規定을 두고 있다. 즉, "그 내용과
한계는 법률로 정한다"고 하여, 재산권의 내용과 한계가 법률에 의해
구체적으로 형성되는 基本權形成的 法律留保의 형식을 취하고 있는
것으로 해석된다. 그러나 동시에 헌법 제23조 제2항에서는 "재산권의
행사는 공공복리에 적합하도록 하여야 한다"고 규정하여, 재산권의 社

---

11) 헌재 1989. 12. 22. 88헌가13; 헌재 1993. 7. 29. 92헌바20; 헌재 1999. 4. 29. 94헌바27
   외 66건(병합).
12) BVerfGE 24, 367/389, 400; 31, 229/239; 53, 257/290.
13) 헌재 1989. 12. 22. 88헌가13; 헌재 1993. 7. 29. 92헌바20.
14) Rozek, Die Unterscheidung von Eigentumsbindung und Enteignung, 1998, S. 25 f.

會的 拘束性(羈束性)을 표현하고 있다. 독일의 일부학설은 기본법 제
14조 제1항 제2문에 따라 입법자의 재산권제한에 대한 명시적 규정이
없이도 기본법 제14조 제2항에 근거하여 직접적으로 재산권의 사용, 수
익 및 처분을 제한할 수 있다고 주장하나, 이러한 견해는 타당하지 않
다. 왜냐하면 대체로 기본법 제14조 제1항 제1문은 立法者를 그 受範
者로 하지만, 제14조 제2항은 所有權者에 대한 헌법직접적인 의무를
규정하고 있다고 해석되고 있기 때문이다.[15] 따라서 우리의 경우에도
이러한 해석은 타당하다고 생각한다. 즉 헌법 제23조 제2항은 토지 등
재산권의 소유자에 대한 재산권행사의 社會的 羈束性을 나타내고 있
으며, 헌법 제23조 제1항 제2문의 內容限界規定은 모든 재산권이 헌법
제23조 제2항에 따라 사회적 의무성을 고려해야 한다는 立法者에 대한
指針으로서 보는 것이 타당하다.

　여기에서 문제가 되는 것은 헌법 제23조 제1항 제2문과 제2항을 별
개의 규정으로 해석해야 되는지 아니면 양 규정을 통합적으로 해석하
여야 할 것인지 여부이다. 헌법재판소의 일부판례를 살펴보면, 헌법 제
23조 제1항 제2문은 재산권의 '형성'에 보다 더 많은 비중을 두고 있다
고 본다. 즉, 민법 제245조 제1항에 대한 헌법소원에서 "헌법이 보장하
는 재산권의 내용과 한계를 정하는 법률은 재산권을 제한하는 의미가
아니라 재산권을 형성한다는 의미를 갖는다"[16]라고 판시하고 있다. 그
러나 헌법재판소가 「택지소유상환에 관한 법률」 제2조 제1호 나목 등
위헌소원사건에서는 헌법 제23조 제1항 제2문과 제2항을 統合的으로
해석하여, 재산권행사의 사회적 구속성(의무성)으로 해석하고 있음은
주목할 만한 사실이다.[17] 즉 "헌법 제23조 제1항 제2문은 재산권은 보
장하되 '그 內容과 限界는 법률로 정한다'고 규정하고, 동조 제2항은
'재산권의 행사는 공공복리에 적합하도록 하여야 한다'고 하여, 재산권

---

15) 상세한 논의에 대하여서는 Papier, in: Maunz/Dürig, GG, Art. 14 Rn. 305.
16) 헌재 1993. 7. 29. 92헌바20, 헌법재판소 판례집 5-2, 44.
17) 헌재 1999. 4. 29. 94헌바37 외 66건(병합), 헌법재판소 판례집 11-1, 303.

행사의 사회의 의무성을 강조하고 있다. 이러한 재산권행사의 社會的 義務性은 헌법 또는 법률에 의하여 일정한 행위를 제한하거나 금지하는 형태로 구체화될 것이지만, 그 정도는 재산의 종류, 성질, 형태, 조건 등에 따라 달라질 수 있다. 따라서 재산권행사의 대상이 되는 객체가 지닌 사회적인 연관성과 사회적 기능이 크면 클수록 立法者에 의한 보다 더 광범위한 제한이 허용된다고 할 것이다"라고 판시하여, 통합적인 해석을 하고 있다. 同判決은 독일 연방헌법재판소의 판례이론의 영향을 강하게 받은 것으로 보인다. 결론적으로, 헌법 제23조 제1항 제2문과 제2항은 상이한 제한가능성을 의미하는 것이 아니라, 統一的 法律留保(einheitlicher Gesetzesvorbehalt)라고 해석하는 것이 타당하다.[18] 즉, 재산권보장의 구체적인 내용은 立法者의 形成的自由에 의해 결정됨과 동시에, 다른 한편으로는 재산권제한의 공익적 요청이라는 재산권의 사회적 구속성을 동시에 고려하여야 한다는 것이다.[19] 따라서 헌법상의 재산권보장과 재산권행사의 사회적 구속성은 표리의 관계를 이루고 있다.

(2) 憲法 제23조 제3항 — 不可分條項의 認定與否

헌법 제23조는 "公共必要에 의한 財産權의 收用·使用 또는 制限 및 그에 대한 補償은 法律로써 하되, 正當한 補償을 지급하여야 한다"라고 하여, 재산권의 수용·사용 및 제한을 포함하는 상위개념으로서 이른바 公用侵害와 그 補償을 규정하고 있다. 여기에서 문제는 이른바 "공용침해"와 독일의 수용개념에 해당하는 "Enteignung"이 서로 일치하는지 여부이다. 독일의 수용개념은 연방헌법재판소의 자갈채취판결 이후 매우 좁은 의미의 수용개념(협의의 수용개념)을 취하고 있다. 따라서 현행 헌법 제23조 제3항에서 규정하고 있는 이른바 공용침해의 개념은 독일의 수용개념보다 넓다고 볼 수 있다.

---

18) Papier, in: Maunz/Dürig, GG, Art. 14 Rn. 306.
19) 헌재 1998. 12. 24. 89헌마214등, 헌법재판소 판례집 10-2, 944.

또한 독일에서는 바이마르헌법 제153조의 규정과 달리 기본법 제14
조 제3항에 근거하여 소위 不可分條項(Junktimklausel)20)을 인정하고
있다. 즉, 수용에 대한 授權法律에는 동시에 보상규정을 두어야 한다는
것이다. 만약 이를 규정하지 않으면 위헌·무효라는 것이 독일의 통
설·판례의 입장이다.21) 이와 관련하여, 우리의 경우에도 현행헌법 제
23조 제3항에서 不可分條項을 인정하는지가 문제된다. 일부학설은 현
행헌법 제23조가 오히려 바이마르헌법 제153조에 유사하다고 전제하고,
헌법 제23조의 公用侵害(공용수용·사용 및 제한)의 개념은 독일기본법
상의 수용개념보다 넓다는 것을 이유로 불가분조항을 인정할 수 없다
고 한다.22) 우리 헌법규정이 바이마르헌법의 깊은 영향을 받았음은 부
인하기 어려우나,23) 상세히 살펴보면 바이마르헌법에서는 공공복리(공
익)를 사익에 대하여 상대적으로 우위에 두고 있으며, 보상의무 없는
수용(무보상부수용)까지도 허용하고 있다는 점에 주의해야 한다.

　헌법 제23조 제3항의 해석에 있어서, 적어도 公用收用과 補償의 규
정에 한해서는 不可分條項이 허용된다는 점에 대해서는 異見이 없다
고 생각한다. 다만 문제가 되는 것은 公用使用과 公用制限의 경우이
다. 이 경우에도 통상적인 재산권의 제약이 아니라, 공용수용에 준할
정도로 중대하고 감내할 수 없는 재산권침해에 대해서는 "법률로써"보
상을 하여야 한다는 취지로 해석하는 것이 타당하다고 생각한다. 따라
서 이러한 관점에서는 헌법 제23조 제3항의 공용침해에 대해서도 不可
分條項이 적용될 수 있다고 생각한다. 또한 비록 독일의 수용개념보다
우리의 공용침해개념이 상대적으로 넓다는 점은 인정하나, 오히려 收用
類似侵害나 收用的侵害를 바로 도입하기보다는 헌법 제23조 제3항의

---

20) 학자에 따라서는 이를 "附帶條項"으로 번역하기도 한다. 정하중, 행정법총론, 법문사, 2002, 550면.
21) BVerfGE 58, 300/319; Papier, in: Maunz/Dürig, GG, Art. 14 Rn. 572; Jarass, in: Jarass/Pieroth, GG, Art. 14 Rn. 73.
22) 강현호, 한국 헌법 제23조와 독일 기본법 제14조의 해석, 토지공법연구 제18집, 94면.
23) 韓泰淵, 한국헌법에 있어서의 재산권의 보장, 고시연구 1990. 3, 185면.

公用侵害의 요건을 적극적으로 정의하고, 이러한 요건에 해당하는 재
산권침해에 대해서는 보상을 통해 해결하여야 한다. 그 밖의 재산권침
해는 헌법 제23조 제1항 제2문에 기초한 내용제한규정으로 파악하여야
한다. 다만 예외적으로 토지소유권자에게 과도하고 가혹한 부담, 즉 비
례원칙이나 평등원칙에 위배되는 재산권침해에 대해서는 이른바 調整
的 補償의 문제로 해결하는 것이 타당하다고 생각한다. 이러한 調整的
補償을 요하는 內容限界規定(調整的 補償附 內容限界規定)을 통한 탄
력적인 해석은 단순한 재산권제약의 범위를 넘는 감내할 수 없는 공용
침해에 대하여 보상을 확대할 수 있다. 독일 연방통상법원은 연방헌법
재판소의 자갈채취판결 이후 수용유사 및 수용적침해이론의 법적 근거
를 더 이상 헌법 제23조 제3항에서 찾지 못하고, 역사적 시발점인 관습
법상의 희생보상청구권에 복귀하였다. 그러나 이를 우리의 경우에도 그
대로 적용하기에는 어려움이 따른다.

Ⅲ. 收用槪念의 混亂과 憲法 제23조 제3항의 解釋

1. 獨逸에서의 收用槪念의 歷史的 發展[24] 및 財産權侵害의 法的 基礎

(1) 獨逸基本法 制定時까지의 收用槪念의 발달

독일에서는 재산권침해에 대한 역사적 시발점을 1794년 프로이센─
般國法 序文 제74조와 제75조(§§ 74, 74 Einl. ALR)에 근거를 두고 있
는 犧牲補償請求權에서 찾고 있다. 즉 동법 제74조는 "국가 구성원의
개별권리와 이익이 公共福利와 현실적으로 모순되는(충돌하는) 경우에
公共福利를 優位에 두어야 하여야 한다"[25]고 규정하여, 사익에 대하여

---

24) 독일의 수용개념의 역사적 발전에 대한 상세는 Papier, in: Maunz/Dürig, GG, Art.
14 Rn. 523 ff.; Maurer, Allgemeines Verwaltungsrecht, § 26 Rn. 5 ff.; Battis,
Allgemeines Verwaltungsrecht, 3. Aufl., S. 329 ff. 참조.
25) 【원문】: "Einzelne Rechte und Vorteile der Mitglieder des Staates müssen den

공공복리(공익)를 명백히 우위에 두었다. 또한 동법 제75조에서는 "국가
는 공동체의 이익을 위해 그 특별한 권리와 이익의 희생이 요구되는
자에게 보상을 명할 수 있다"[26]라고 하여, 공익을 위해 특별한 희생이
발생한 자에게만 보상할 수 있다는 것을 명시하고 있다. 독일 경찰국가
에서 인정된 이러한 희생의 법제도는 價値保障, 즉 "受忍하라, 그러나
淸算하라"(Dulde, aber liquidiere)라는 법언에 잘 나타나 있다.

그 후 19세기 후반의 傳統的 의미의 收用槪念은 희생보상청구권과
공공복리를 위해 보상을 하지 않고 수용을 할 수 있음을 규정하고 있
는 州憲法上의 재산권규정 보다 그 범위가 명확해진 법제도로서 발전
하였다. 전통적 의미의 수용개념은 그 대상이 토지(부동산)에 제한되어
있었다. 또한 그 법적 과정에 있어서도 새로운 권리주체에게 재산권이
이전되어야 하였고, 그 법형식도 행정행위(법률에 근거하여 발급된)에 의
해서 이루어졌다. 그 밖에 수용목적으로서 공익에 기여하는 구체적 사
업에 대한 필요를 요구하였다. 이와 같이 전통적 의미의 수용개념은 매
우 좁게 이해되었다.

그러나 20세기에 들어와서는 수용개념이 점차 확대되었다. 특히
1919년 바이마르 헌법 제153조는 종전의 州憲法과 관련하여 재산권보
장규정을 담고 있었다.[27] 이것은 公共福利를 위한 수용을 허용하면서

Rechten und Pflichten zur Beförderung des gemeinschaftlichen Wohls, wenn
zwischen beiden ein wirklicher Widerspruch(Kollision) eintritt, nachstehen."
26) 【원문】: "Dagegen ist der Staat denjenigen, welcher seine besonderen Rechte
und Vorteile dem Wohle des gemeinen Wesens aufzuopfern genötigt wird, zu
entschädigen gehalten."
27) 【참고조문】: Weimar 헌법 제153조(Art. 153 WRV)
(1) 財産權은 憲法에 의해 保障된다. 그 內容과 限界는 法律에서 나온다(Das
Eigentum wird von der Verfassung gewährleistet. Sein Inhalt und seine
Schranken ergeben sich aus den Gesetzen).
(2) 收用은 단지 公共福利와 법률상 근거에 의해 이루어진다. 帝國法律의 별도의 규정
이 없는 한 그 수용은 相當한 補償에 반해서 행하여진다. 보상수위와 관련하여 다툼이
있는 경우에 제국법률의 별도의 규정이 없는 한 보통법원에 권리구제를 요구할 수 있
다. 州, 게마인데 및 公共團體에 대한 帝國의 수용은 補償에 반해서도 행하여질 수 있
다(Eine Enteignung kann nur zum Wohle der Allgemeinheit und auf
gesetzliche Grundlage vorgenommen werden. Sie erfolgt gegen angemessene

도, 相當한 補償에 反하여 행해질 수 있었다. 물론 보상은 州法律이 아니라 帝國法律에 의해서 제한되거나 배제될 수 있었다. 비록 바이마르 헌법 제153조는 명백히 전통적인 수용개념과 관련이 있었지만, 제국 법원과 통설에 의해 넓게 해석되고 있었다. 당시의 수용과 보상의 요건 을 살펴보면, 수용대상은 土地(부동산)뿐만 아니라, 動産 기타 모든 재 산적 가치있는 私權(청구권, 조합권 등)까지 포함하였다. 또한 수용의 법 형식에 있어서도 법률에 근거한 행정행위뿐만 아니라, 직접 법률을 통 해서도 수용이 가능하였다. 수용절차에서도 재산권의 이양(移讓)뿐만 아니라 財産權制限을 포함하였으며, 구체적인 사업이라는 목적도 요구 하지 않았다.

(2) 獨逸 聯邦憲法裁判所 자갈재취결정 이전의 收用槪念에 관한 聯 邦通常法院의 判例

20세기에 들어와서 독일 연방통상법원(BGH)은 토지수용에 대한 판 결을 통해 토지수용법분야에 대한 이론을 사실상 지배하였다. 연방통상 법원의 수용에 대한 입장을 정리하면 다음과 같다. (i) 연방헌법재판소 의 자갈채취판결이 나올 때까지 수용개념은 시대상황의 변천과 더불어 점차 확대되어 갔다. (ii) 무보상부 재산권구속(제약)과 보상부수용의 구 별에 관한 기준으로 '特別한 犧牲'의 개념이 매우 중요한 역할을 하였 다. 연방통상법원은 보상의 요건과 관련하여 特別犧牲說에 근거하고 있었으며, 이를 평등원칙과 연결하여 파악하였다. (iii) 違法한 재산권침 해에 대한 보상인 收用類似侵害理論의 발전을 통해 계속적으로 수용

Entschädigung, soweit nicht ein Reichsgesetz etwas anders bestimmt. Wegen der Höhe der Entschädigung ist im Streitfalle der Rechtsweg bei den ordentlichen gerichten offen zu halten, soweit Reichtsgesetze nicht anderes bestimmen. Enteignung durch das Reich gegenüber den Ländern, Gemeinden und gemeinnützigen Verbänden kann nur gegen Entschädigung erfolgen).
(3) 財産權은 義務를 가진다. 그 使用은 동시에 共同善을 위해 기여할 수 있다 (Eigentum verpflichtet. Sein Gebrauch soll zugleich dienst sein für das Gemeine Beste).

개념을 확대하였다. 또한 非典型的(異型的)이고 예견하지 못한 재산권
침해에 대한 보상인 收用的侵害를 인정하였으며, 원칙으로 無補償이지
만 예외적으로 중대한 손해에 대하여 보상하였다.

(3) 獨逸 聯邦憲法裁判所의 자갈채취판결 후의 收用槪念

이렇게 확대된 수용개념에 대한 연방통상법원의 판결이론은 연방헌
법재판소의 자갈채취판결(Naßauskiesungsbeschluss)[28] 이후 중대한 영
향을 받는다. 연방헌법재판소는 同判決을 통해 대단히 좁은 수용개념
을 취하게 된다. 즉 종래 연방통상법원은 "사회적 구속을 넘는 모든 직
접적인 재산권침해"를 수용으로 파악하였으나, 연방헌법재판소는 "재산
적 가치있는 법적 지위의 전면적 또는 부분적 박탈"로 이해하여 엄격
하게 해석하고 있다. 결국 연방헌법재판소의 수용개념은 전통적 의미의
수용개념으로 복귀하고 있음을 보여준다. 또한 연방헌법재판소는 제14
조 제1항 제2문의 內容限界規定과 독일기본법 제14조 제3항의 補償附
收用을 엄격히 분리하고 있으며(이른바 分離理論), 제14조 제3항을 근
거로 不可分條項을 인정하고 있다. 이러한 분리이론에 의하면 위헌인

---

28) 자갈채취판결은 자신의 토지 위에 영업에 적합하게 자갈채굴(Abbau von Kies)작업을
운영하고 있던 原告가 자신의 토지가 상수도시설의 보호영역에 위치하고 있었고, 지하
수(Grundwasser)를 위태롭게 하는 것이 우려된다는 이유로 자갈채취작업의 진행을
위해 요구되는 水法(Wassergesetz)상의 許可申請이 拒否되었다. 원고는 이러한 거부
처분에 대하여 상급행정청에 異議提起를 하였으나 효과 없이 棄却되자, 행정소송을 제
기하지 않고 바로 聯邦通常法院(BGH)의 종전 판결에 근거하여 收用의 侵害로 인한 補
償을 요구하였다. 연방통상법원(BGH)은 水管理法 제1a조 제3항(§ 1a Ⅲ WHG) 규정
의 해석을 통해 補償 없이 지하수이용을 배제하는 것은 독일기본법 제100조 1항(구체
적 규범통제)에 근거 違法(違憲)이라고 보고, 헌법재판소에 위헌법률심판을 제기하기에
이르렀다. 聯邦憲法裁判所는 이에 대하여 이해관계자는 이 경우 법률상 보상규정의 欠
缺로 補償을 요구할 수 없고, 다만 行政法院에 수용처분의 取消를 구할 수 있다고 판시
하였다. 나아가 연방헌법재판소는 만약 이 수용행위(처분)가 이미 不可爭力을 발생한
경우에는, 그 보상소송은 효력을 상실한다고 결정하였다. 또한 연방헌법재판소는 取消
와 補償의 양자의 選擇權은 존재하지 않는다는 결정을 내렸다. 이러한 결정에 따르면
수용처분의 취소를 다투지 아니하고 곧바로 보상을 청구할 수는 없다는 것이다. 또한
통상법원의 권한은 이에 상응해서 기본법 제14조 제3항 제4문에 따라 법률상 규정된
보상이 보장되는지 여부의 판단에만 제한되고, 법률상 수용침해에 대한 보상근거를 인
정할 권한이 없다고 판시하고 있다(BVerfGE 58, 300).

내용한계규정은 위법·무효가 되며, 제1차적(우선적) 권리구제(방어)의
우위에 따라 이해관계인은 수용으로 인한 보상이 아니라 우선 침해에
대한 방어, 즉 쟁송취소를 제기하여야 한다. 이 경우 取消와 補償 사이
의 選擇權은 없다고 보았다. 연방통상법원은 이러한 연방헌법재판소의
판결로 인하여 더 이상 기본법 제14조 제3항에서 수용유사침해 및 수
용적침해에 대한 법적 근거를 찾지 못하게 되었고, 다시 수용개념의 역
사적 시발점인 프로이센一般國法 제74조 및 제75조에 근거한 犧牲補
償의 사상으로 복귀하였다.

2. 現行 憲法上의 公用侵害의 比較法的 解釋

학설은 대체로 현행 헌법 제23조 제3항에 규정되어 있는 "公共必要
에 의한 재산권의 수용·사용 또는 제한"을 이른바 公用侵害라는 상위
개념에 귀속시키고 있다. 여기에서 문제가 되는 것은 독일의 수용에 해
당하는 용어인 "Enteignung"과 현행 헌법 제23조 제3항의 公用侵害
의 개념이 서로 일치하는지 여부이다. 이와 관련하여 현행 헌법 제23조
제3항의 公用收用, 使用 및 制限을 포함하는 상위개념으로서 이른바
公用侵害와 동일시할 수 있는지가 문제되나, 공용수용이라고 좁게 해
석하는 것이 타당하다고 생각한다. 즉 독일의 수용개념은 현행 헌법 제
23조 제3항에 규정된 공용침해보다 좁은 개념이다. 독일의 수용개념이
역사적으로 발전해 온 과정을 구체적으로 살펴본 바와 같이, 독일 연방
헌법재판소는 자갈채취판결 이후 매우 좁은 수용개념을 채택하고 있다.
그러나 공용사용이나 제한의 경우에도 이미 상술한 바와 같이 토지소
유권자에게 중대하고 수인의 한도를 넘는 공용수용에 준하는 재산권침
해로서, 보상을 요한다고 해석하는 것이 타당하다.[29] 이렇게 제한적으

---

29) 韓秀雄 교수는 '收用'을 "토지재산권을 전면적으로 박탈하여 다른 소유권자에게 이전하
는 경우"로 해석하면서, '使用'은 "토지재산권 중 사용권의 부분적 박탈', '制限'은 "토
지재산권 중 분리될 수 있는 다른 부분적 권리의 박탈이나 그 외의 제한"으로 제한적
으로 해석하고 있다. 한수웅, 재산권의 내용을 새로이 형성하는 법규정의 헌법적 문제,
저스티스 제32권 제2호, 1996. 6, 35면 이하.

로 해석하는 한 현행헌법 제23조 제3항에도 여전히 불가분조항이 적용
될 여지가 있다고 생각한다.[30]

Ⅳ. 無補償附 社會的 拘束과 補償附收用의 區別基準

1. 獨逸에서의 收用에 관한 論議現況

재산권침해와 관련하여 가장 문제가 되는 것은, 언제 토지소유자가
재산권에 대한 제한을 보상 없이 수인해야 하고, 언제 사회적 제약의
범위를 넘는 수용적 효과를 인정할 수 있는가에 있다. 이와 관련하여
독일 연방통상법원은 일찍이 境界理論(Schwellentheorie)을 통하여, 재
산권의 사회적 구속과 공용수용은 서로 별개의 분리된 제도가 아니라
財産權侵害의 정도와 형태에 따라 경계를 이루고 있는 것으로 보았다.
즉, 재산권의 사회적 구속성은 공용수용보다 재산권에 대한 침해가 적
은 경우로 이해하고 보상 없이 감수해야 하는 반면, 공용수용은 재산권
의 사회적 제약의 한계를 넘는 것으로서 보상을 할 의무가 있는 재산
권침해라고 보았다. 이 경우 양자의 구별기준이 매우 중요한 역할을 한
다. 이와 관련하여 '特別한 犧牲'의 개념이 결정적이다. 이 요건과 관련
하여 形式的基準說(개별행위설, 특별행위설)과 實質的基準說(수인가능성
설, 보호가치성설, 사적효용설, 중대성설, 목적위배설, 상황구속성설) 등의 학
설이 제시되어 있다. 경계이론에 의하면 독일기본법 제14조 제3항은 공
용수용만을 규정하고 있으므로, 여기에 해당하지 않는 재산권의 사회적
제약을 넘는 재산권침해에 대한 보상에 대해서는 收用類似侵害 및 收
用的侵害理論에 의해 해결하고 있다.

연방헌법재판소는 이러한 경계이론에 대하여 재산권의 내용제한규정

---

30) 一部學說은 헌법 제23조의 연혁을 고려하여 원칙적으로 不可分條項을 인정하나, 보상
까지 법률로 정한 경우에만 수용 등이 가능하다고 해석하는 것이 타당하다고 주장한
다(이른바 限定的 不可分條項). 李明雄, 헌법 제23조의 구조, 憲法論叢 제11집(2000),
335면.

과 수용 사이의 기능적 분리를 전제로 한 分離理論(Trennungstheorie)
을 주장하고 있다. 즉, 분리이론은 보상의무 없는 재산권의 사회적 구속
과 보상부수용을 명확하게 분리시켜,31) 침해의 형태 및 목적을 기준으
로 형식적 공용수용개념을 새로이 규정하고 있다. 우선 形態를 기준으
로 침해조치가 一般·抽象的일 때에는 재산권의 사회적 제약으로, 個
別·具體的일 때에는 공용수용으로 본다. 다음으로 目的을 기준으로
재산권의 社會的 制約은 재산권의 권리와 의무를 장래에 대하여 객관
법적으로 규율하는 것을 목적으로 하나, 公用收用은 침해를 통해서 재
산권자의 법적 지위를 전면적 또는 부분적으로 박탈하는 것이 목적이다.
그러나 이러한 분리이론은 좁은 수용개념을 취함으로써, 무보상부 내용
한계규정과 보상부수용만으로 해결할 수 없는 영역이 남게 되었다.32)

2. 憲法裁判所의 判例 및 國內學說

(1) 憲法裁判所의 判例

헌법재판소는 구 도시계획법 제21조 및 제6조에 대한 헌법소원과
「택지소유상환에 관한 법률」 제2조 제1호 나목 등에 대한 헌법소원에
서 독일 연방헌법재판소의 분리이론에 입각한 결정을 내렸다. 구 도시
계획법 제21조 및 제6조에 대한 헌법불합치결정에서 無補償附 內容限
界規定과 補償附收用에 관하여 기본원칙을 밝히고 있다. 즉 "토지소유
자가 개발제한구역의 지정에도 불구하고 자신의 토지를 원칙적으로 종
래의 용도대로 사용할 수 있는 한, 이 사건 법률조항이 개발제한구역
내의 토지소유자에게 부과하는 현 상태의 유지의무나 변경금지의무는
토지재산권의 사회적 기능 및 법규정이 실현하려는 법익의 중요성에
비추어 재산권에 내재하는 사회적 제약을 비례의 원칙에 합치하게 합
헌적으로 구체화한 것이라고 할 것이다. 그러나 例外的으로 종래의 용

---

31) BVerfGE 58, 300/331 f.
32) 여기에 대한 상세는 Rozek, a.a.O., 21 ff.

도대로도 토지를 사용할 수 없거나 아니면 사적으로 사용할 수 있는 가능성이 완전히 배제되는 경우에도 이 사건 법률조항이 아무런 보상 없이 이를 감수하도록 규정하고 있는 한, 이러한 부담은 법규정이 실현하려는 중대한 공익으로도 정당화될 수 없는 과도한 부담으로서 比例의 原則에 위반되어 토지소유자의 재산권을 과도하게 침해하는 違憲的인 것이다. 따라서 입법자가 이 사건 법률조항을 통하여 국민의 재산권을 비례의 원칙에 부합하게 합헌적으로 제한하기 위해서는, 수인의 한계를 넘어 가혹한 부담이 발생하는 예외적인 경우에는 이를 완화하는 보상규정을 두어야 한다"라고 결정하였다.[33]

한편, 헌법재판소는 「택지소유상환에 관한 법률」 제2조 제1호 나목에 대한 위헌소원에서, "헌법 제23조에 의하여 재산권을 제한하는 형태에는, 제1항 및 제2항에 근거하여 재산권의 내용과 한계를 정하는 것과, 제3항에 따른 수용·사용 또는 제한을 하는 것의 두 가지 형태가 있다. 전자는 '입법자가 장래에 있어서 추상적이고 일반적인 형식으로 재산권의 내용을 形成하고 확정하는 것'을 의미하고, 후자는 '국가가 구체적인 공적 과제를 수행하기 위하여 이미 형성된 구체적인 재산적 권리를 전면적 또는 부분적으로 박탈하거나 제한하는 것'을 의미한다. 그런데 법은, 택지의 소유에 관한 상한을 두거나 그 소유를 금지하고, 허용된 소유상한을 넘은 택지에 대하여는 처분 또는 이용·개발의무를 부과하며, 이러한 의무를 이행하지 아니하였을 때에는 부담금을 부과하는 등의 제한 및 의무부과 규정을 두고 있는 바, 위와 같은 규정은 헌법 제23조 제1항 및 제2항에 의하여 토지재산권에 관한 권리와 의무를 일반·추상적으로 확정함으로써 재산권의 내용과 한계를 정하는 규정이라고 보아야 한다"라고 판시하여 동법규정을 내용한계규정으로 보면서, 분리이론에 따라 재산권의 내용한계규정과 공용침해로 구분하고 있다.[34] 이는 독일 연방헌법재판소의 입장을 반영하고 있음을 보여준다.

---

33) 헌재 1999. 10. 21. 97헌바26, 헌법재판소 판례집 11-2, 383, 408; 헌재 1998. 12. 24. 89헌마214, 90헌바16, 97헌바78(병합) 전원재판부.

최근 헌법재판소는 구 도시계획법 제83조 제2항 전단부분 등에 관한 위헌제청사건에서도, "공공시설의 무상귀속이 헌법 제23조 제1항·제2항에 근거한 재산권의 내용과 한계를 정한 규정에 해당하는지, 아니면 제23조 제3항에 근거한 재산권의 수용을 정한 것인지를 판단함에 있어서는 그 대상이 된 토지 하나하나에 대한 제한의 효과를 개별적으로 분석할 것이 아니라, 전토지에 걸친 제한의 효과를 종합적이고 유기적으로 파악하여 그 제한의 성격을 이해하여야 한다. 이 사건 조항은 그 규율면에서 개별·구체적으로 특정재산권을 박탈하거나 제한하려는 데 그 본질이 있는 것이 아니라, 일반·추상적으로 사업지구 내의 공공시설과 그 부지의 이용 및 소유관계를 정한 것이라 할 것이고, 그 규율목적의 면에서도 사업주체의 법적 지위를 박탈하거나 제한함에 있는 것이 아니라, 다수인의 이해관계가 얽혀 있는 주택건설사업의 시행과정에서 불가피하게 재산권의 제약을 받는 사업주체의 지위를 장래를 향하여 획일적으로 확정함에 그 초점이 있다고 할 것이어서 재산권의 내용과 한계를 정한 것으로 그 성격을 이해함이 상당하다. 따라서, 이 사건 조항의 무상귀속을 법률에 의한 재산권의 강제적 수용으로 보고, 그 손실을 보상하여야 한다는 논리로 접근할 것은 아니다"라고 하여, 마찬가지로 이러한 입장에 서 있다고 볼 수 있다.[35] 헌법재판소는 공공시설무상귀속에 관한 해당규정을 내용한계규정이라고 결정하였으나, 소수의견 가운데에는 이를 立法收用으로 해석하고 있음은 주목할 만한 점이라고 생각한다.

(2) 國內學說의 傾向

우리 헌법재판소의 판례는 이미 독일 연방헌법재판소의 분리이론을 그대로 수용하고 있는 반면, 국내학설은 대체로 여기에 대하여 신중한 태도를 보이고 있다. 그 첫 번째 논거는 무엇보다 헌법 제23조 제3항의

---

34) 헌재 1999. 4. 29. 94헌바37 외 66건(병합), 헌법재판소 판례집 11-1, 289, 305-306.
35) 헌재 2003. 8. 21. 2000헌가11, 2001헌가29(병합).

이른바 公用侵害의 개념이 독일기본법 제14조 제3항의 收用개념보다 넓다는 것이다.36) 두 번째 논거는 分離理論에 의하면 예상하지 못하고 受忍의 限界를 넘는(사회적 제약을 넘는) 特別한 犧牲에 대한 보상이 배제될 우려가 있다는 것이다. 이 경우 만약 독일 연방헌법재판소의 분리이론을 엄격히 따르면 보상청구를 행사할 수 있는 것이 아니라, 수용처분에 대한 쟁송취소를 다투어야 한다. 또한 수용처분이 이미 쟁송기간을 도과하여 不可爭力이 발생하였다면, 補償의 가능성이 없어지게 된다. 따라서 두 번째 논거는 收用類似侵害理論이나 收用的侵害理論이 여전히 적용될 여지가 있다는 주장과 맥을 같이 한다고 볼 수 있다.37)

V. 調整的 補償을 요하는 內容限界規定

1. 意義 · 沿革 및 制度的 機能

독일에서는 연방헌법재판소의 자갈채취판결 이후 보상부수용(기본법 제14조 제3항)과 무보상부 내용한계규정(기본법 제14조 제1항 제2문)에 해당하지 않는 중대하고 감내할 수 없는 과도한 재산권침해를 재정적 조정을 통하여 해결하기 위해, 調整的 補償을 요하는 內容限界規定 (ausgleichspflichtige Inhalts- und Schrankenbestimmung)38)의 법리가

---

36) 康鉉浩, 전게논문(주 22), 94면.
37) 金性洙, 일반행정법, 법문사, 2001, 678-679면, 689면.
38) 일부학설은 이를 "보상의무 있는 내용제한규정"이라고 번역하는 경우도 있으나, 독일어의 'Ausgleich'는 기본법 제14조 제3항의 補償에 해당하는 'Entschädigung'과는 구별해야 된다. 왜냐하면 'Ausgleich'는 調整 내지 調節의 의미를 함축하고 있기 때문이다. 同旨: 桂禧悅, 헌법학(중), 보정판, 2002, 527면. 다만 朴尙熙 교수도 이러한 표현을 사용하지만, 양자가 구별된다는 점에 대해서는 인식을 같이 하고 있다(同人, 공용침해에 있어서의 부대조항의 원칙과 보상의무 있는 내용규정, 현대공법학의 재조명, 김남진교수정년기념논문집, 高麗大學校 法學研究所, 1997, 210면). 또한 독일의 학설은 補償 Entschädigung)은 기본법 제14조 제3항에, 調整的 補償(Ausgleich)은 기본법 제14조 제1항 제2문에 기초하고 있다고 본다. Ossenbühl, Staatshaftungsrecht, 5. Aufl., S. 181 참조.

등장하였다. 즉, 독일기본법 제14조 제1항 제2문은 "내용과 제한은 법률이 정한다."고 규정하고 있으므로, 이러한 법률 또는 집행행위에 의한 재산권의 제한에 대해서 토지소유권자는 보상을 요구할 수 없고 이를 수용하는 것이 원칙이나, 비전형적 재산권침해로 인한 특별한 부담(손해)이 발생하는 예외적인 경우에 이러한 調整的 補償附 內容限界規定이 필요하다. 요컨대 이러한 조정적 보상을 요하는 내용한계규정은 기본법 제14조 제3항이 아니라 제14조 제1항 제2문에 기초하고 있으며, 예외적인 경우에 비례원칙이나 평등원칙에 비추어 과도한 부담(손해)이 발생한 경우에 財政的 調整(finanzieller Ausgleich)이 요구된다.[39]

調整的 補償附 內容限界規定의 기원은 1981년 7월 14일에 내린 연방헌법재판소의 납본의무결정(Pflichtexemplar-Entscheidung)[40]이다. 즉 Hessen州의 言論自由法 제9조(§ 9 Hess. LPrG)에서는 모든 출판업자로 하여금 새로이 간행된 출판물견본 1부씩을 州 중앙도서관에 납본하는 것을 규정하고 있었다. 그러나 원고는 소량의 고가출판물을 간행하는 출판업자로서 무상으로 고액의 출판물을 납본하도록 하는 것은 기본법 제14조 제3항에서 규정하는 보상규정에 충돌하는 것으로 보고 행정법원에 취소쟁송을 제기하였다. 이에 동행정법원은 기본법 제100조 제1항에 근거하여 동사건에 대해 연방헌법재판소에 위헌심사를 제청하였다. 연방헌법재판소는 동사건에서 Hessen州 언론자유법 제9조의 납본의무는 기본법 제14조 제1항 제2문에 따른 허용된 內容限界規定이라고 보았으나, 동시에 그 재산권구속은 공공복리(공익)을 위해 정당화되는 내용한계규정이 補償的 調整을 통해 완화되어야 하며 비례원칙을 준수하여야 한다고 보았다. 따라서 재산권의 소유권자에게 수인할 수 없는 과도한 재산적 부담을 가져오는 것은 허용되지 아니한다고 違憲이라고 판시하였다. 연방헌법재판소는 調整的 補償附 內容限界規定을

---

39) Maurer, a.a.O., § 26 Rn. 79 ff.
40) BVerfGE 58, 137.

통해 보상부수용과 무보상부 내용한계규정의 엄격한 이분법에 서 있는 수용에 관한 종전판례를 수정·보완하였다.[41]

2. 具體的 適用領域

조정적보상부 내용규정의 구체적 적용영역에는 토지개혁법, 자연 및 문화재보호법, 제방 및 하수보호법, 公法上 相隣關係, 도시계획법 등이 있다.

(1) 土地改革法

먼저 재산권의 내용과 (부분적) 제한을 규정하고 있는 土地改革法 (Reformgesetze)이 고려될 수 있다. 연방헌법재판소는 토지개혁법과 관련하여 되풀이해서 재산권의 내용한계·입법수용 및 행정수용이 별개의 독자적인 법제도로서 서로 엄격히 구별되고 있다는 점을 강조함과 동시에, 장래를 향해 적용되는 기본법 제14조 제1항 제2문의 객관법상의 규정이 동시에 입법수용이 될 수 있음을 배제하고 있지 않았다.[42] 즉 하나의 규율이 내용한계규정인지 아니면 입법수용에 해당하는지가 문제될 경우에, 그 판단은 관련된 規範의 受範者에 달려 있다. 예컨대 구 소유권자에게는 立法收用인데 반해, 새로운 소유권자에게는 內容限界規定일 수 있다는 것이다. 그러나 연방헌법재판소는 1991년 판례에서 토지개혁법의 이중적 성격과 작별을 고하고, 재산권을 새로이 정의하고 있는 개혁법을 예외없이 내용한계규정으로 파악하였다.[43]

(2) 自然 및 文化財保護

調整的 補償附 內容限界規定의 또 다른 주요한 영역은 자연 및 문화재보호의 분야이다.[44] 연방헌법재판소는 이 분야에서의 토지의 이용

---

41) Rozek, a.a.O., S. 76.
42) BVerfGE 45, 297/332; 58, 300/331 f.
43) BVerfGE 83, 201/211; Ossenbühl, a.a.O., S. 182 f. m.w.N.

제한은 기본법 제14조 제1항 제2문의 내용제한규정으로 파악하고 있다.
이 문제는 종전의 연방통상법원의 판례에 의하면 침해의 정도와 강도
에 따라 이용제한이 예외적으로 "收用的 效果"를 가지면 수용으로 분
류할 수 있었으나, 근년의 학설에 의하면 기본법 제14조 제3항의 기술
적 의미의 수용에 포섭할 수 없고, 비례원칙이나 평등원칙에 반하는 내
용한계규정으로서 그 합헌성은 해당 법률에 규정하고 있는 조정적 보
상을 통하여 도출할 수 있다고 본다. 일부학설은 이것은 법치국가적 명
확성원칙에 반하는 것으로서 부인하나, 판례는 대체로 이를 긍정하고
있다.45)

(3) 公法上 相隣關係

재산법상의 조정청구권은 특히 공법상의 상린관계에서 문제된다. 즉,
계획행정청으로부터 허가나 승인을 받아 고권적으로 운영하는 배출시설
에서 나오는 심각한 임미시온(Immissionen)으로 인해 비례에 반하는
재산상 손해의 경우에 그러하다. 독일 연방임미시온방지법 제42조는 여
기에 대한 조정청구권의 근거를 두고 있다. 즉 동법 제1항에 의하면 건
축시설물의 토지소유권자는 건축책임자에 대하여 확정된 한계치를 넘는
公道路나 전차궤도 등에서 방출되는 소음을 통해 피해를 입는 경우에
금전상 상당한 보상을 청구할 수 있다. 이 문제는 이른바 消極的 騷音
防止의 문제이다.46) 그 밖에도 연방행정절차법 제74조 제2항 제3문에
서도 계획확정절차에 있어 타인의 권리에 대한 부정적 영향을 회피하
기 위한 보호조치와 같은 附款(수정부담)을 부과하여야 한다고 규정하
고 있다. 만약 그러한 조치가 방치되거나 사업계획안(기업안)과 일치하
지 않는다면, 관계인은 상당한 금전보상을 청구할 수 있다. 그러한 의
미에서 동조는 재산법상에 근거한 조정의무로 파악되고 있다.47) 이와

44) BVerwGE 84, 361/368 ff.
45) Maurer, a.a.O., § 26 Rn. 83. m.w.N.
46) 상세는 拙稿, 도로계획과 교통임밋시온, 토지공법연구 제18집, 527면.

같이 연방통상법원과 연방행정법원은 일반적으로 자연 및 문화재보호법
상의 이용제한을 내용한계규정에 해당한다고 판시하였으나, 이를 계획
법상의 영역에도 점차 확대해서 적용하고 있다. 즉 계획법상의 이용제
한을 잠재적인 조정적 보상의무 있는 내용규정으로 해석하고 있다.[48]

3. 許容要件

기본법 제14조 제1항 제2문의 재정적 조정도구는 남용되어서는 안되
고, 재산권제약이 관련된 모든 관점을 충분히 衡量한 결과 그러한 재정
적 조정이 필요하고 또한 전체규율에 있어 가혹한 경우라는 것이 事項
的으로 요청될 때에 허용된다. 이러한 전제하에, 그 성립요건을 분석하
면 다음과 같다. 즉, (i) 재산적 가치있는 법적지위가 (ii) 내용한계규정
의 영역에서 (iii) 특히 受忍할 수 없을 정도로 침해되고 (iv) 이와 관
련하여 법률에 調整的 補償에 관한 규정이 명시되어 있을 것을 요한
다.[49] 이러한 요건이 충족되면 調整的 補償附 內容限界規定이 인정될
수 있고, 이를 통해 무보상부 내용제한규정 및 보상부수용과 구별하여
야 한다.

4. 問題點

이러한 調整的 補償附 內容限界規定이 학설 및 판례에 의해 상술
한 바와 같이 적용되고 있으나, 여전히 문제점은 남아 있다.

(1) 調整的 補償을 요하는 內容限界規定의 獨自的 類型化에 대한 批判

새로이 등장한 조정적(조절적) 보상을 요하는 내용한계규정에 대해서
독일학설은 첨예한 대립을 보이고 있다. 한편에서는 완전히 새로운 제

---

47) Ossenbühl, a.a.O., S. 185.
48) BVerwG, NJW 1996, S. 2807.
49) Maurer, a.a.O., § 26 Rn. 85.

도로서 옹호하는 반면,50) 다른 한편에서는 재산권의 내용한계규정이 조
정의무로 중량이 초과될 위험성이 있음을 지적하면서 독자적인 유형화
에 대하여 강한 의구심을 보이고 있다.51) 특히 批判論者 내지 懷疑論
者들은 조정적 보상을 요하는 내용규정에 대한 심사기준인 비례원칙과
평등원칙 등이 이미 법률상 내용규정의 통제를 하는 경우에 적용되는
헌법상의 심사척도에 속하고 있다고 주장한다. 특히 Hans-Jürgen
Papier는 과잉금지원칙과 평등원칙이 일반적인 보상부 내용한계규정이
될 수는 없고, 무엇보다 기본법 제14조 제1항 제2문은 입법자에게 보상
을 요하지 않고 단지 재산권의 내용과 제한을 규정할 것을 수권하고 있
음을 강조하고 있다.52)

(2) 調整請求權의 法的 根據

調整的 補償을 요하는 內容限界規定이 법적 근거를 요하는지가 문
제된다. 왜냐하면 조정적 보상부 내용규정은 직접 기본법 제14조 제1항
제2문에 근거하여 존재하는 것이 아니기 때문이다. 오히려 헌법규정은
입법자에게 여기에 대한 조정청구권에 관한 규정을 제정할 의무를 부
과하고 있다. 결론적으로 조정청구권은 헌법규정으로부터 직접 도출될
수는 없다.53) 연방헌법재판소는 이 경우에 요구되는 조정적 보상규정이
흠결되어 있으면, 법원이나 행정청이 스스로 보상을 통해 해결할 수 없
고, 과도한 부담(손해)을 가져오는 재산권을 제한하는 법률규정은 —이
미 연방헌법재판소의 납본의무결정에서 본 바와 같이— 비례원칙(과잉
금지원칙)이나 평등원칙에 위반하여 위헌이 된다고 판시하였다. 이러한
재정적 조정이 요구되는지는 내용한계규정에 대한 실체적 요건과 관련
하여 판단되어야 한다.54) 문제는 입법자가 내용한계규정에 관한 법률을

---

50) Steinberg/Lubberger, Aufopferung-Enteignung und Staatshaftung, 1991, S. 211
   ff.
51) Papier, in: Maunz/Dürig, GG, Art. 14 Rn. 343 ff.
52) Papier, in: Maunz/Dürig, GG, Art. 14 Rn. 346.
53) BVerfGE 94, 1/8.

제정하는 경우에, 사전에 조정청구권에 관한 규정을 예견할 수 없다는
점이다. 또한 입법자가 예견할 수 없는 것은 그 법률제정을 하는 경우
에 고려할 수 없게 된다.[55]

(3) 法律下位規範에 의한 內容限界規定

調整的 補償附 內容限界規定의 경우에 조정적 보상규정을 제정할
의무는 立法者의 形成的 自由에 남겨져 있다. 근년에 연방통상법원과
연방행정법원의 일부판례에서는 자연, 문화재 및 수(水)보호 분야에 있
어서 조정청구권에 관한 규정을 둔 法規命令(예: 자연보호령, 질서행정명
령 등)은 소송의 대상으로 삼았다. 그러나 지금까지 이 분야에서의 폭넓
은 보상규정은 오히려 많은 보상요구를 충족시킬 수 있어서 큰 문제가
되지는 않았다. 이러한 法律下位規範에 의한 내용규정은 상술한 바와
같이 입법자가 조정규정을 제정하는 경우에 그 예견가능성이 없다는
점에 연유하고 있다.[56]

(4) 救濟的(包括的) 補償條項의 合憲性與否

이미 상술한 바와 같이 독일기본법 제14조 제3항은 不可分條項
(Junktimklausel)이 적용된다. 즉 수용의 근거가 되는 법률에는 동시에
보상이 규정되어 있어야 하고, 만약 이러한 보상규정이 없으면 그 授權
法律은 위헌·무효가 된다. 그러나 연방헌법재판소와 연방통상법원의
판례에 의하면, 불가분조항이 이러한 調整的 補償을 요하는 內容限界
規定에는 적용되지 않는다고 판시하고 있다.[57] 이해관계인에게 가혹한
경우, 즉 재산권의 중대한 이용제한이나 수용적 효과를 야기하는 경우
에 상당한 보상을 해 주어야 된다는 의미의 이른바 救濟的 또는 包括

---

54) BVerfGE 58, 137/150; Jarass, in: Jarass/Pieroth, GG, Art. 14, Rn. 42.
55) Ossenbühl, Staatshaftungsrecht, S. 188.
56) Ossenbühl, a.a.O., S. 189. m.w.N.
57) BVerwGE 84, 361/366 ff.; 94, 1/10 f.; BGHZ 121, 328/331.

的 補償規定(salvatorische od. pauschale Entschädigungsklauseln)[58]은 불가분조항에 반하는 백지형식의 보상규정으로서 정당화되기 어렵다는 것이 일반적인 견해이며, 또한 경우에 따라서는 위헌으로 여겨지기도 한다.[59] 이러한 救濟的(包括的) 補償規定은 調整的 補償附 內容限界 規定과 관련하여 조정청구권의 법적 근거로서 고려되기도 한다.[60]

그 밖에 언제 내용규정에 있어 조정규정을 두어야 하는지에 대한 판 단기준이 문제된다. 그 기준으로 비례원칙, 평등원칙 및 신뢰보호원칙 이 거론된다. 연방헌법재판소의 견해에 따르면 비례원칙(과잉금지의 원 칙)은 대체로 수인가능성의 척도를 포함하고 있다고 한다.[61]

5. 小 結

이른바 조정적 보상을 요하는 내용한계규정은 연방헌법재판소가 주 장해 온 분리이론이 보상부수용과 무보상부 내용한계규정 사이의 엄격 한 구별을 견지함으로써, 예외적으로 가혹한 부담을 야기하는 限界領 域에서 주로 논의된다. 즉 이러한 한계영역에서는 비례원칙이나 평등원 칙에 반하는 과도한 재산권침해에 대하여 재정적 조정이 요구된다. 이 른바 공용침해와 수용의 문제는 難題 가운데 하나였고, 오늘날 여전히 논의의 필요성이 강조되고 있다. 그러나 헌법재판소는 독일 연방헌법재 판소의 분리이론을 대체로 따르고 있으며, 그러한 점에서 조정적 보상 의무 있는 내용규정 역시 적극적으로 검토할 필요성이 있다고 여겨진 다. 생각건대 구 도시계획법 제21조에 대한 위헌소원사건[62]에서 헌법재

---

58) 여기에 대한 用語例는 학자에 따라 상이하다. 일부학자는 "救濟條項"(桂禧悅, 전게서 (중), 528면), "救濟的 補償規定"(朴尙熙, 공용침해에 있어서의 부대조항의 원칙과 보상 의무 있는 내용규정, 211면) 또는 假定的 補償規定"(金海龍, 재산권 내용규정에 따른 법리, 現代公法理論의 諸問題, 석종현교수화갑기념논문집, 三英社, 2003, 75면)으로 번 역하여 사용하고 있다.
59) Jarass, in: Jarass/Pieroth, GG, Art. 14, Rn. 73. m.w.N.
60) Papier, in: Maunz/Dürig, GG, Art. 14, Rn. 569.
61) Ossenbühl, a.a.O., S. 190.
62) 헌재 1998. 12. 24. 89헌마214등, 판례집 10-2, 927-930.

판소는 調整的 補償附 內容限界規定을 적용하고 있는 것으로 해석된
다.63) 현실적으로 보상부수용과 무보상부 내용한계규정을 엄격히 구별
하기가 용이하지 않다. 그러한 점에서 이러한 한계영역의 문제를 해결
하기 위해서는 調整的 補償을 요하는 內容限界規定의 법리를 도입할
필요성이 있다. 이러한 논의를 위해서는 입법형성권을 통해 보상규정을
확대하고, 재산소유권자에게 발생한 가혹한 부담에 대하여 구제를 확대
함으로써, 분리이론에 의해 발생하는 보상규정의 엄격한 해석에 탄력성
을 부여할 수 있다고 생각한다. 헌법재판소의 위헌 결정 등의 영향으로
도시계획법 및 건축법 등 개별법에 보상규정을 확대하고 있음은 주목
할 만한 사실이다. 특히 「공익사업을 위한 토지 등의 취득 및 보상에
관한 법률」(제6장), 「국토의 계획 및 이용에 관한 법률」(96조) 등에 이
른바 공용침해 및 보상에 관한 규정은 그러한 예에 속한다고 본다.

Ⅵ. 結 語

결론적으로 현행헌법 제23조의 해석에 있어서도 存續保障의 관점에
서 연방헌법재판소의 分離理論을 도입하는 것이 타당하다고 생각한다.
종래 학설은 가치보장의 관점에서 주로 손실보상의 요건에 대해서 논
하였음은 주지의 사실이다. 그 이유 중의 하나는 종래 건축법 및 도시
계획법 등 개별법에 보상규정의 흠결로 인하여 법률상 수권 없이 재산
권을 제약 또는 침해하는 사례가 많았기 때문에, 주요한 관심사는 손실
보상의 확대에 있었다. 그러나 독일 연방헌법재판소의 分離理論의 要
諦는 存續保障에 있으며, 이러한 존속보장이 어려운 경우에 기본법 제
14조 제3항의 보상을 통한 價値保障이 고려된다. 따라서 이러한 존속
보장의 취지를 제대로 살리기 위해서는 오히려 현행법상 제23조의 公
用侵害에 대한 요건을 적극적으로 정의내리는 노력이 필요하다. 또한

---

63) 同旨: 桂禧悅, 전게서(중), 527면.

보상을 요하는 공용수용에 대한 구체적인 내용은 立法者의 形成的自 由에 맡기는 것이 타당하다. 다만 보상부 공용침해와 무보상부 내용한 계규정에 해당하지 않는 한계영역에 대한 논의는 이른바 調整的 補償 을 요하는 內容限界規定 내지 調整的 補償附 內容限界規定을 적극 적으로 검토함으로써, 분리이론이 가지는 문제점을 현행법제하에서도 합리적으로 해결할 수 있다고 생각한다.

독일 연방헌법재판소의 자갈채취판결이 내려진 지 어언 20년이 지났 음에도 불구하고, 분리이론을 도입하는 데에는 학설상 많은 논란이 있 는 것이 사실이다. 특히 우리 헌법재판소가 분리이론을 도입하여 진취 적인 판결을 많이 내리는 데 비하여, 학설은 대체로 분리이론의 도입에 대하여 소극적인 편이다. 비판적 견해는 무엇보다 헌법 제23조 제3항의 不可分條項을 인정함에 있어, 공용침해의 개념이 독일의 수용개념보다 넓다고 지적하나, 이미 상술한 바와 같이 公用使用과 公用制限을 공용 수용에 준하는 재산권제약으로 제한적으로 해석한다면 불가분조항이 적 용될 여지가 있다고 생각한다. 이러한 전제하에 헌법 제23조 제3항의 보상부 공용침해에 해당되지 않는 그 밖의 재산권제약은 헌법 제23조 제1항 제2문 및 동조 제2항을 근거로 補償을 요하지 않는 財産權의 內容限界規定으로 해석하는 것이 타당하다. 따라서 헌법 제23조 제3항 의 보상을 요하는 공용침해의 요건을 엄격히 한다면, 기타 재산권제약 행위는 대체로 헌법 제23조 제1항 제2문의 내용한계규정으로 해석될 가능성이 높다고 생각한다.

第4章

私人을 위한 公用收用

I. 論議의 爭點

종래에는 공용수용의 受益者가 행정기관(행정청)이 되는 것이 일반적이었으나, 근년에는 공용수용의 주체가 私人이 되는 경우가 점차 늘고 있다. 즉 "공공필요(공익, 공공복리)를 위한 수용"의 사업시행자가 국가나 공공단체가 아닌 民間部門 또는 민간부문과 공공부문이 공동출자하여 설립한 民官合同法人이 수용을 하는 경우가 그러하다.[1] 이러한 논의는 民營化(Privatisierung)의 물결과 더불어 사기업이 공기업의 임무를 수행하는 경우가 증가함에 따라 공공사업의 사업시행자가 되는 경우와 밀접한 관련을 가진다. 현행 「공익사업을 위한 토지 등의 취득 및 보상에 관한 법률」 제19조에서는 事業施行者가 공익사업의 수행을 위해 필요한 때에 토지 등을 수용 또는 사용할 수 있다고 규정하고 있다. 여기에서 '사업시행자'는 "공익사업을 수행하는 자"라고 규정되어 있을 뿐, 누가 사업시행자에 해당하는지에 대해서는 명확히 언급되어 있지 않다(동법 제2조 제3호). 한편, 「사회기반시설에 대한 민간투자법」 제2조 제7호는 '사업시행자'를 "公共部門외의 자로서 이 법에 의하여 사업시행자의 지정을 받아 民間投資事業을 시행하는 法人"이라고 정의하고 있으며, 여기에는 民間合同法人도 포함하고 있다(동법 제2조 제12호). 또한 公企業과 特許企業을 구분하는 입장은 특허기업을 사기업으로

---

1) 鄭然宙, "民間事業施行者의 土地收用權과 公共必要", 行政上 損失補償의 主要問題(朴鈗炘 編), 박영사, 1997, 48-49면 참조.

파악하고 있으며, 이러한 특허기업은 법령에 의해 공용부담특권을 부여
받는 경우가 적지 않다. 예컨대 전기사업자는 전기사업용 전기설비의
설치나 이를 위한 실지조사・측량 및 시공, 또는 전기사업용 전기설비
의 유지・보수를 위하여 필요한 때에는「공익사업을 위한 토지 등의
취득 및 보상에 관한 법률」이 정하는 바에 따라 다른 사람의 토지 등
을 사용하거나 다른 사람의 식물 기타의 장애물을 변경 또는 제거할
수 있다(전기사업법 제87조 참조).[2] 그러나 사인(사기업)을 위한 도시재
개발사업 등으로 인하여 개인의 사유재산권이 제약되어서는 아니 된
다.[3] 또한 私人(私企業)을 위한 수용이 '사인'만을 위한 수용이 되어서
도 아니 된다.[4]

　사인을 위한 공용수용은 사경제적 이윤을 추구함에도 불구하고 동시
에 공적 과제를 수행한다는 점에서, 학설은 대체로 이를 허용하고 있
다.[5] 그러나 사인을 위한 공용수용의 요건에 관해 명확히 언급하고 있
는 문헌은 그다지 많지 않다. 생각건대 사인을 위한 공용수용의 경우에
도 공용수용의 일반적인 허용요건을 준수하여야 할 것으로 보인다. 우
선 공용수용의 실체적 요건은 헌법 제23조 제3항에서 찾을 수 있다. 헌
법재판소의 결정례에는 공용수용의 요건을 명확히 적시하고 있는 경우
가 많지 않아, 그 요건을 파악하기가 어렵다. 다만, 헌법재판소는 공용
수용을 "公共必要에 의한 財産權의 公權力的・强制的 剝奪"이라고
이해하고, 헌법 제23조 제3항의 공용수용의 요건으로 ① 국민의 재산권
을 그 의사에 반하여 强制的으로 취득해야 할 公益的 必要性이 있을
것, ② 수용과 그에 대한 보상은 모두 法律에 의거할 것, ③ 正當한
補償을 지급할 것 등을 제시하고 있다.[6] 즉 공익성("공공필요")과 적법

---

2) 이에 대하여는 金南辰・金連泰, 행정법 II, 제10판, 법문사, 441면 참조.
3) 金道昶, 일반행정법론(상), 第4全訂版, 청운사, 653면.
4) 金南辰, 行政法의 基本問題, 제4판, 법문사, 475면.
5) Bullinger, Die Enteignung zugunsten Privater, Der Staat 1(1962), S. 460 ff. 참조.
6) 헌재 1994. 2. 24. 92헌가15등; 헌재 1998. 3. 26. 93헌바12; 헌재 2000. 4. 27. 99헌바
　　58. 同旨見解: 朴尙熙, "公用侵害의 要件에 관한 硏究", 高麗大學校 博士學位論文, 1993,
　　71면 이하. 그러나 헌법재판소가 재산권의 존속보장을 우선시하는 분리이론의 입장을

성 및 정당한 보상을 그 요건으로 설시하고 있다. 그러나 이러한 요건
은 엄격한 의미에서 '손실보상'의 요건이지 '공용수용'의 요건으로 보기
는 어렵다. 또한 최근 적법성요건을 공용수용의 개념적 표지로 보는 것
에 대하여 부정적 견해가 유력하게 제시된다.[7] 즉 적법성요건은 공용수
용의 '요건'보다는 그 한계 내지 허용성에서 다루는 것이 더 설득력이
있는 것으로 보인다.[8] 국내문헌의 대부분은 "손실보상의 요건"을 강조
하므로 대체로 "적법한 재산권침해"를 강조하고 있다. 그러나 학설상
일반적인 공용수용의 요건으로 제시되는 것은 다음과 같다. 즉 공용수
용은 ① 재산권에 대한 고권적 법률행위일 것, ② 재산권의 전면적 또
는 부분적 박탈행위일 것, 그리고 ③ 공적 과제의 수행을 목적으로 하
여야 한다는 것이다.[9] 이는 헌법재판소가 공용수용을 "공공필요에 의한
재산권의 공권력적·강제적 박탈"이라고 정의한 것과 대체로 일치한다.
사견으로는 이러한 공용수용의 요건은 사인을 위한 공용수용에도 대체
로 적용될 수 있는 것으로 보인다. 사인을 위한 수용행위라고 하여 사
익만을 추구해서는 아니 되며 공공복리 내지 공익에도 기여하여야 한
다. 따라서 사인을 위한 공용수용에 있어서 "公的 課題의 遂行"이라는
요건은 대단히 중요한 의미를 가지며,[10] 단순한 사적 이익을 위한 수용
은 허용되기 어려운 것으로 보인다.[11] 이에 대하여 민간투자의 활성화,
경제개발 및 고용증진 등을 이유로 "공공필요"요건의 완화된 해석이 필

　　취하면서도 공용수용의 요건 및 한계에 대하여 명확히 하지 못한 것은 아쉬움으로 남
　　는다.
　7) Hartmut Maurer, Allgemeines Verwaltungsrecht, 12. Aufl., § 26 Rn. 54; Jarass,
　　Inhalts- und Schrankenbestimmung oder Enteignung?, NJW 2000, S. 2841.
　8) 독일 연방헌법재판소 판례 가운데에는 실제 위법한 수용처분도 "公用收用"으로 본 사
　　례가 있다(BVerfGE 56, 249(261)).
　9) 拙稿, "공용수용의 요건 및 한계에 관한 재검토", 법조 통권 제584호(2005. 5), 122면
　　이하.
　10) 鄭然宙 교수는 공용침해의 허용여부는 공용침해의 주체 내지 수혜자가 아니라 公用侵
　　害의 目的이 공공필요에 의한 공익사업인가에 달려있다고 한다. 鄭然宙, 전게논문, 48-
　　49면 참조.
　11) Papier, in: Maunz/Dürig, Grundgesetz, Kommentar, Art. 14 Rn. 577; Sondervotum
　　Böhmer, in: BVerfGE 56, 249/284 ff.

요하다는 反論도 유력하게 제시되고 있다. 즉 국가가 공공복리의 실현을 독점해야 할 당위성은 존재하지 아니하며, 실업률이 높고 경제구조가 취약한 지역에 있어서 고용창출의 효과가 크고 생산성이 높은 특정 사기업을 유치하기 위하여 지역 주민들의 재산권에 대한 침해가 불가피한 경우, 기업 활동의 결과 그 지역의 고용수준이 현저히 높아지고 경제사회적 공익이 증진된다면 이는 공공필요의 요건을 충족시킬 수 있다는 것이다.[12]

한편, 1994년 8월 3일 社會間接資本施設에대한民間資本誘致促進法[13]이 이미 제정·공포된 바 있으며, 2004년 12월 31일에는 기업도시개발특별법이 제정되었다. 특히 기업도시개발특별법은 "기업도시"의 개발을 위한 사기업(민간기업)의 공용수용에 있어서 '公共必要'의 요건을 충족하는지가 문제되고 있다. 그 밖에도 사인인 사업시행자에게 토지수용권을 부여하는 법률로는 「경제자유구역의 지정 및 운영에 관한 법률」[14]과 「산업입지 및 개발에 관한 법률」[15] 등이 있다.

아직 "사인을 위한 공용수용"의 위헌성판단에 관한 논의는 충분하지 않은 것으로 보인다. 그러나 최근에 民營化(privatization), 民官協力(public-private-partnership) 등의 시대적 변화에 비추어 보면, 이러한 논의는 좀 더 진지하게 진행될 필요성이 있는 것으로 보인다. 이하에서는 사인을 위한 공용수용이 어떠한 成立要件을 갖추어야 하는지에 대

---

12) 金性洙, 일반행정법, 법문사, 2001, 644-645면.
13) 同法은 1998년 12월 31일 개정을 통해 「社會間接資本施設에대한民間投資法」으로 명칭이 변경되었다가, 다시 2005년 1월 27일 「사회기반시설에 대한 민간투자법」으로 法名이 변경되었다.
14) 「경제자유구역의 지정 및 운영에 관한 법률」은 경제자유구역의 지정 및 운영을 통하여 외국인투자기업의 경영환경과 외국인의 생활여건을 개선함으로써 외국인투자의 촉진과 국가경쟁력의 강화 및 지역간 균형발전의 도모를 목적으로 제정되었다. 특히 동법 제13조에서는 "개발사업시행자는 개발사업의 시행을 위하여 필요한 때에는 공익사업을위한토지등의취득및보상에관한법률 제2조에서 정하는 토지·물건 또는 권리를 수용할 수 있다."고 규정하고 있다.
15) 「산업입지 및 개발에 관한 법률」도 사업시행자에게 산업단지개발사업에 필요한 토지·건물 또는 토지에 정착한 물건과 이에 관한 소유권 외의 권리, 광업권·어업권·물의 사용에 관한 권리에 관한 토지수용권을 보장하고 있다(동법 제22조).

해 살펴보고(Ⅱ.), 사인을 위한 공용수용의 한계가 무엇인지에 대해서도
검토하도록 한다(Ⅲ.). 또한 공익성("公共必要")의 요건과 개별 수용법률
에 대한 司法的 統制手段에 대해서도 고찰하도록 한다. 이와 관련하여
기업도시의 개발을 위한 사기업의 공용수용을 규정하고 있는 기업도시
개발특별법의 문제점을 외국의 사례를 참조하여 함께 논의하도록 한다.
그밖에 사인을 위한 공용수용에 대한 권리구제에 대해서도 검토하도록
한다(Ⅳ.).

Ⅱ. 私人을 위한 公用收用의 許容要件

1. 公用收用의 主體로서 '私人'의 法的 意味

사인을 위한 공용수용이 헌법상 허용된다는 점에서는 오늘날 異論의
여지가 없다.[16] 그러나 사인을 위한 공용수용의 요건에 대해서는 심도
있는 이론적 검토가 필요하다. 국가 등 행정주체가 공용수용을 하는 경
우에 요구되는 성립요건이 사인(사기업)을 위한 수용에 그대로 적용될
수 있는가가 문제된다. 우선 公用收用의 주체가 누구인가에 대해 검토
할 필요가 있다. 공용수용의 주체는 바로 당해 공익사업의 주체이다.
과거에는 국가가 중심이 되어 수용이 이루어지는 경우가 대부분이었기
때문에 國家收用權說에 따라 공용수용의 주체를 '國家'로 보았으나, 오
늘날에는 공용수용의 효과를 향유할 수 있는 능력으로 이해하여 事業
施行者(起業者)[17]가 수용권자가 된다고 보는 견해가 지배적이다(事業
施行者收用權說). 따라서 국가 이외에 公共團體 및 私人도 공익사업의

---

16) BVerfGE 74, 264/286. 한편, 독일의 연방헌법재판소의 초기판례는 私人을 위한 收用
   이 원칙적으로는 위헌이 아니라고 여기고 있었고(BVerfGE 31, 275/289 ff.), 학설도
   사인을 위한 수용이 대체로 문제가 없는 것으로 보고 있다. 다만, 일부 견해는 사인의
   위한 수용의 合憲說에는 찬동하면서, 개별문제에 대해서는 비판적인 관점을 제시하고
   있다. 이에 관한 상세한 문헌에 대해서는 W. Schmidtbauer, Enteignung zugunsten
   Privater, 1989, S. 52 ff. 참조.
17) 舊 토지수용법은 공익사업의 주체를 "起業者"로 규정하였으나 「공익사업을 위한 토지
   등의 취득 및 보상에 관한 법률」은 "事業施行者"라는 용어를 사용하고 있다.

주체가 될 수 있다.[18] 오늘날 "민영화"내지 "私化"등의 영향으로 공익사업의 사업시행자는 사인(사기업)이 되는 경우가 점증하고 있다. 이러한 현상은 歐洲의 경우에도 마찬가지이다.

한편, 사인(사기업)이 공용수용을 하는 경우에 이를 허용한다면 어느 범위까지 가능한지가 우선적으로 검토되어야 한다. 일부견해는 生存配慮型 私企業(Daseinsvorsorgeunternehmen)과 經濟的 私企業(private Wirtschaftsunternehmen)을 구분하여, 교통·전기·가스·수도 등 급부행정과 관련된 생존배려형 사기업은 공익적 성격이 강하므로 원칙적으로 허용되지만,[19] 영리를 목적으로 하는 경제적 사기업은 엄격한 요건 하에서만 허용된다고 보고 있다.[20] 이러한 주장은 매우 설득력을 가진다. 그러나 사기업을 위한 공용수용과 관련하여 특히 문제가 되는 것은 2004년 12월 31일 제정된 「기업도시개발 특별법」에 근거하여 '企業都市'의 개발을 위한 民間企業의 土地收用權이 허용될 수 있는가이다. 同法은 건설교통부장관이 개발구역의 지정을 제안한 민간기업 등을 사업시행자로 지정할 수 있으며, 정부투자기관·지방공기업 및 국가기관 또는 지방자치단체 등이 민간기업과 협의하여 개발사업을 공동으로 시행하고자 하는 경우에는 공동시행자로 지정할 수 있도록 규정하고 있다(동법 제10조). 먼저 동법이 규정한 기업도시의 개발을 위한 민간기업이 과연 생존배려형 사기업인지 아니면 단순히 경제적 사기업인지가 규명되어야 한다. 사견으로는 기업도시의 개발을 위한 민간기업은 순수한 생존배려형 사기업으로 보기는 어렵다. 따라서 이러한 민간기업의 토지수용권을 인정하기 위해서는 일반적인 공용수용의 성립요건에 비하여 보다 엄격한 요건이 요구된다. 사인을 위한 공용수용에 있어서 수용의 주체가 생존배려형 기업에만 제한되는지가 문제될 수 있다. 일찍이 독일

---

18) 이상규, 신행정법론(하), 583-584면; 김남진·김연태, 전게서, 539면; 김동희, 행정법 II, 제11판, 372면; 박균성, 행정법론(하), 박영사, 제4판, 352면.
19) Papier, in: Maunz/Dürig, Grundgesetz, Kommentar, Art. 14 Rn. 578.
20) Sondervotum Böhmer, in: BVerfGE 56, 249/284 ff. 위 연방헌법재판소의 결정에 대한 상세한 소개는 김성수, 전게서, 644면 이하 참조.

연방헌법재판소의 Böhmer 裁判官은 바트·뒤르크하임(Bad-Dürkheim) 市 케이블카事件(Gondelbahnurteil)에서, 단지 영리추구만을 목적으로 하는 사기업을 위한 공용수용은 허용될 수 없으며 運送이나 上下水道 등 국민의 일상생활에 직결되는 임무를 수행하는 생존배려형 사기업만이 公共福利(Wohl der Allgemeinheit)의 요건을 충족한다고 소수의견을 제시한 바 있다.[21] 그러나 金性洙 교수는 각국의 공용침해의 실태에 비추어 이러한 요건은 지나치게 엄격하며, 경제적 사기업의 활동에 따른 간접적·부수적 결과로 경제구조의 개선, 고용의 증진 등의 효과를 가져와 공공복리가 증진될 수 있다고 주장한다.[22] 이러한 견해는 경제의 활성화와 민간투자의 유치를 위해 매우 설득력 있는 주장으로 보인다. 그러나 경제적 사기업은 그 본질상 영리성(이윤추구)을 목적으로 하기 때문에 지속적으로 당해 공익사업을 계속 수행한다고 담보할 수 없으며, 경제적 사기업의 경우에 공익사업은 기업의 직접적인 활동이 아니라 단지 기업 활동의 부수적 결과에 의해서만 이루어지게 된다. 따라서 경제적 사기업의 경우에는 수용의 개시단계에서 공익성("공공필요") 요건을 충족하는지를 판단하기가 쉽지 않다. 그러한 이유에서 경제적 사기업의 경우에 공용수용을 허용하기 위해서는 이러한 제반 사정을 고려하여 엄격한 요건이 먼저 제시되어야 한다. 요컨대 기업도시의 개발을 위한 민간기업의 공용수용에 있어서 "公共必要"의 요건은 위헌여부를 판단하는 중요한 척도가 된다.

2. 收用의 目的으로서 公共必要(公益)

사인을 위한 수용의 경우에도 공용수용의 일반적인 허용요건을 준수하여야 함은 물론이다. 따라서 당해 사기업은 公的 課題를 수행하기 위하여 직접 법률에 의해 또는 법률에 근거하여 수용을 행하여야 하며,

---

21) 이에 대하여 김성수, 전게서, 644면.
22) 김성수, 전게서, 645면.

이러한 수용행위가 공공필요(공익)에도 기여하여야 한다. 예컨대, 에너지공급업체(사기업)를 위한 토지수용은 궁극적으로 국민에게 전기의 공급이라는 공익성을 지향하고 있다.23) 이러한 공익성요건은 사인을 위한 공용수용의 허용성 내지 한계를 설정하고 있다.24) 그러나 공익을 위한 수용은 기업의 '대상' 그 자체에서 도출되어야 하며, 공공복리를 위한 이용이 기업'활동'의 간접적 결과로 나오는 경우에 사기업을 위한 수용은 허용되지 아니한다.25) 이러한 경우에는 특별히 法律의 授權을 필요로 한다.26)

현행 헌법 제23조 제3항은 "公共必要"에 의한 수용을 규정하고 있으나, 과연 "공공필요"가 무엇을 의미하는지에 대해서는 학설상 다투어지고 있다. 학자들은 "공공필요"의 개념을 헌법 제37조 제2항의 기본권제한의 한계로서 국가안전보장·질서유지 및 공공복리와 동일한 개념으로 이해하거나27) 또는 이보다 더 넓은 개념으로 파악하고 있는 것이 보통이다.28) 그러나 최근에는 헌법 제23조 제3항의 "공공필요"의 개념을 특정한 공익사업과 관련하여 특정인의 재산권침해가 불가피한 "高揚된 公益槪念"(qualifiziertes öffentliches Interesse)으로 파악하는 견해가 유력하다.29) 고양된 공익개념은 공용수용의 요건을 엄격히 한다는 점에서는 설득력을 가지나, 그 개념 역시 해석을 통해 판단되어야 한다. 공공필요의 개념은 개별 사례에서 관련된 公益과 私益(사유재산권) 사이의 衡量을 통해 보다 구체화될 수 있을 것이다.30) 그러나 사

---

23) BVerfGE 66, 248/257.
24) BVerfGE 74, 264.
25) BVerfGE, 74, 264/284 ff.
26) Battis, in: Battis/Krautzberger/Löhr, BauGB, 7. Aufl., § 87 Rn. 2.
27) 종전의 헌법학자들이 대체로 이러한 입장에 서 있었다(예컨대 문홍주, 한국헌법, 1980, 380면).
28) 허영, 한국헌법론, 2003, 470면; 柳海雄, 토지공법론, 제4판, 삼영사, 209면. 또한 공공필요의 개념을 신축적으로 해석하여 국가안전보장·질서유지·공공복리를 위하여 필요한 경우 이외에도 국가정책적인 고려까지 포괄하는 개념으로 이해하는 입장도 동일하다(김철수, 헌법학개론, 2005, 656면; 권영성, 헌법학원론, 2006, 556면; 성낙인, 헌법학, 제5판, 468면; 홍성방, 헌법학, 527면.).
29) 김성수, 전게서, 641면.

인(사기업)을 위한 공용수용에 있어서는 "公共必要"의 요건을 보다 엄격히 해석할 필요가 있으며, 이러한 엄격한 해석이 재산권의 존속보장 (Bestandsgarantie)의 취지에도 부합하는 것으로 보인다.[31] 한편, 「공익사업을 위한 토지 등의 취득 및 보상에 관한 법률」 제19조에 "사업시행자는 공익사업의 수행을 위하여 필요한 때에는 이 법이 정하는 바에 따라 토지 등을 수용 또는 사용할 수 있다"고 규정되어 있어, 헌법상 "공공필요"의 개념 대신 "公益事業의 遂行을 위하여"라는 표현이 사용되고 있다. 이러한 "公益事業"의 개념이 무엇을 의미하는지가 검토되어야 한다. 그 의미는 「공익사업을 위한 토지 등의 취득 및 보상에 관한 법률」 제4조에서 찾을 수 있다.[32] 동법 제4조은 국방·군사에 관한 사업, 각종 인·허가 등을 받아 공익을 목적으로 시행되는 사업 및 각

---

30) 이와 관련하여 (實際의) 調和의 原理를 통한 문제해결을 주장하는 견해도 제시된다. 그러나 이는 기본권충돌을 전제로 한 해결책이며, 개별법의 경우에는 관련 제 공·사익의 '형량'을 통해 해결할 수 있다. 金南澈, "기업도시에서의 사인을 위한 토지수용의 법적 문제", 토지공법연구 제24집, 585면 참조.

31) 한편, 독일 연방헌법재판소도 재산권의 자유보장적 기능에 비추어 단순한 공익이 아니라 "특히 重大하고 緊急한 公益"(ein besonders schwerwiegendes, dringendes öffentliches Interesse)이 요청된다고 보고 있다(BVerfGE 74, 264).

32) 「공익사업을 위한 토지 등의 취득 및 보상에 관한 법률」 제4조(공익사업) 이 법에 의하여 토지 등을 취득 또는 사용할 수 있는 사업은 다음 각호의 1에 해당하는 사업이어야 한다.
   1. 국방·군사에 관한 사업
   2. 관계법률에 의하여 허가·인가·승인·지정 등을 받아 공익을 목적으로 시행하는 철도·도로·공항·항만·주차장·공영차고지·화물터미널·삭도·궤도·하천·제방·댐·운하·수도·하수도·하수종말처리·폐수처리·사방·방풍·방화·방조(防潮)·방수·저수지·용배수로·석유비축 및 송유·폐기물처리·전기·전기통신·방송·가스 및 기상관측에 관한 사업
   3. 국가 또는 지방자치단체가 설치하는 청사·공장·연구소·시험소·보건 또는 문화시설·공원·수목원·광장·운동장·시장·묘지·화장장·도축장 그 밖의 공공용 시설에 관한 사업
   4. 관계 법률에 의하여 허가·인가·승인·지정 등을 받아 공익을 목적으로 시행하는 학교·도서관·박물관 및 미술관의 건립에 관한 사업
   5. 국가·지방자치단체·정부투자기관·지방공기업 또는 국가나 지방자치단체가 지정한 자가 임대나 양도의 목적으로 시행하는 주택의 건설 또는 택지의 조성에 관한 사업
   6. 제1호 내지 제5호의 사업을 시행하기 위하여 필요한 통로·교량·전선로·재료적치장 그 밖의 부속시설에 관한 사업
   7. 그 밖에 다른 법률에 의하여 토지 등을 수용 또는 사용할 수 있는 사업

종 공공용시설에 관한 사업 등 공익사업을 열거하고 있다. 따라서 여기
에 열거된 공익사업을 근거로 하여 사인(사기업)을 위한 공용수용에 있
어서 공익성요건의 충족여부가 판단될 수 있을 것이다. 그러나 同條에
서 규정하는 "공익사업"의 개념은 헌법상 "공공필요"의 개념을 해석하
는 중요한 척도가 되기는 하나 지나치게 포괄적이라는 점에서 문제점
으로 지적될 수 있다. 특히 헌법상 재산권의 존속보장의 취지에서 이러
한 포괄적인 규정은 재검토되어야 한다.[33]

한편, 독일기본법 제14조 제3항 제1문은 "收用은 公共福利를 위해서
만 허용된다"(Enteignung ist nur zum Wohle der Allgemeinheit zulässig)
고 규정하고 있다. 즉 수용은 단지 公共福利(Wohl der Allgemeinheit)를
위해서만 허용된다. 그러나 독일의 학설 및 판례에서 기본법 제14조 제3
항 제1문의 "공공복리"에 관한 명확한 개념정의를 찾기는 쉽지 않다.
따라서 불확정법개념의 하나인 "공공복리"는 법해석을 통하여 그 윤곽
을 파악하여야 한다. 그러나 모든 "공익"이 독일기본법 제14조 제3항
제1문의 "공공복리"와 일치한다고 보기도 어렵다.[34] 또한 헌법에서 보호
하는 재산권의 존속보장을 의도적으로 무너뜨리는 수용이 허용되기 위한
경우에 적어도 재산권의 형성 내지 보장보다는 더 높은 수준의 公益(公共
福利), 즉 "特別한 公共의 利益"(besondere Gemeinschaftsinteresse)이
요구된다.[35] 공공복리의 요건은 적어도 객관적인 비교형량을 통하여 사
익보다 공익이 우선되어야 충족될 수 있다. 따라서 일반적인 합목적성
의 고려에 의한 수용은 허용되기 어렵다.[36] 또한 단순히 財政的인 利
益, 즉 국가재정의 확대를 위한 수용은 배제되어야 한다.[37] 그리고 違
法한 사업계획안을 실행하기 위한 수용도 공공복리의 요건을 충족할 수

---

33) 拙稿, 전게논문(각주 9), 137-138면 참조.
34) Papier, in: Maunz/Dürig, Grundgesetz, Kommentar, Art. 14 Rn. 585; Sondervotum
   Böhmer, in: BVerfGE 56, 284 ff.
35) Wendt, in: Sachs(Hg.), Grundgesetz, Kommentar, 2003, Art. 14 Rn. 160.
36) BVerfG, NJW 1999, S. 1176 참조.
37) Papier, in: Maunz/Dürig, GG, Art. 14 Rn. 576; Jarass, in: Jarass/Pieroth, GG, 5.
   Aufl., Art. 14 Rn. 70; Wendt, a.a.O., Art. 14 Rn. 163; BVerfGE 38, 175/180.

없다.38) 이러한 경우에는 客觀的 法(objektives Recht)에 규정된 모든 指針이 고려되어야 함은 물론이다.39)

한편, 공공복리의 개념은 개별 법률에서 규정되는 것이 보통이다. 따라서 입법자는 공익목적을 위한 조치가 달성되고 지속적으로 보장될 수 있도록 노력하여야 한다.40) 한편, 독일건설법전 제87조 제1항은 독일기본법 제14조 제3항과 유사하게 "개별사례에서 收用은 公共福利를 위해 필요하고 收用目的이 다른 受忍할 수 있는 방식으로 달성할 수 없는 경우에만 허용된다"고 규정하고 있다. 이러한 규정은 공용수용의 最後手段性 내지 補充性의 原則을 담고 있는 것으로 보이며, 헌법상 재산권의 존속보장의 취지가 충분히 반영되고 있다고 판단된다.

3. 高權的 法律行爲로서 財産權에 대한 全面的 또는 部分的 剝奪行爲

사인을 위한 공용수용의 대상도 헌법 제23조 제3항의 "財産權"이다. 여기에서 말하는 재산권은 "재산적 가치 있는 법적 지위"로서 매우 넓게 해석된다. 따라서 재산적 가치 있는 모든 사법상·공법상의 권리를 의미한다.41) 그러나 단순한 기대이익이나 반사적 이익 또는 경제적인 기회 등은 배제된다.42)

사인을 위한 공용수용은 재산권에 대한 高權的 法律行爲이어야 한다. 따라서 법률행위가 아닌, 사실행위에 의한 재산권침해는 여기에서 배제된다. 종래에는 사실행위에 의한 재산권침해를 "收用類似侵害理論"에 의해 설명하기도 하였으나,43) 최근 독일의 有力說은 이를 "기타 재산권침해"로 파악하여 기본법 제14조 제1항 제2문의 內容限界規定

---

38) BVerwGE 77, 86/91.
39) BVerwGE 72, 15/25 f.; 74, 109/110.
40) BVerfGE 74, 264 296). 헌재 1998. 7. 16. 96헌마246, 판례집 10-2, 283, 309-310.
41) 헌재 1992. 6. 26. 90헌바26; 계희열, 헌법학(중), 신정판, 534면.
42) 拙稿, 전게논문(각주 9), 128-129면.
43) 허영, 전게서, 474면.

(Inhalts- und Schrankenbestimmung)에 귀속시키고 있다.44) 또한 재산
권에 대한 단순한 제약행위가 아니라 '剝奪'行爲이므로 대체로 재산권
의 이양 내지 이전을 전제로 한다. 한편, 헌법 제23조 제3항의 "공용사
용"과 "공용제한"의 해석이 문제된다. 무보상부 내용한계규정(헌법 제23
조 제1항 제2문 및 제2항)과 보상부 공용수용을 엄격히 구별하는 분리이
론의 입장은 이러한 개념을 공용수용에 준하여 매우 좁게 해석("공용수
용에 준하는 중대한 재산권의 제약")하는 것이 논리적으로 타당하다고 본
다.45) 왜냐하면 헌법 제23조 제3항의 핵심은 公用'收用'에 있고, 분리
이론은 보상을 요하는 공용사용 · 공용제한과 무보상부 내용한계규정을
구별해야 하기 때문이다. 헌법 제23조 제3항의 공용사용 · 공용제한을
확대해석하는 것은 이러한 구별을 어렵게 만들 수 있다. 또한 무보상부
내용한계규정과 보상부 공용수용의 間隙은 조정적 보상을 요하는 내용
한계규정 (ausgleichspflichtige Inhalts- und Schrankenbestimmung)의
법리를 통해 해결될 수 있다.46) 사인을 위한 공용수용의 경우에도 이러
한 해석은 그대로 적용될 수 있는 것으로 보인다.

Ⅲ. 私人을 위한 公用收用의 限界

문제는 사인(사기업)을 위한 공용수용이 무제한적으로 허용될 것인가
가 여부이다. 사인을 위한 공용수용이 국가 등 행정주체에 의한 공용수
용과 아무런 차이가 없는지, 또는 여기에 단지 "공공필요"의 개념에 의
한 수용권의 한계가 설정되어야 하는지가 문제된다. 사인을 위한 공용
수용의 한계로서 적법성, 공익성 및 비례성의 요건이 검토될 수 있다.

---

44) Jarass, Inhalts- und Schrankenbestimmung oder Enteignung?, NJW 2000, S. 2841 ff.
45) 일부견해는 공용사용 · 공용제한을 재산권의 "부분적 박탈"로 이해하고 있다. 한수웅, "재산권의 내용을 새로이 형성하는 법규정의 헌법적 문제", 저스티스 제32권 제2호 (1996. 6), 35면.
46) 拙稿, "재산권의 사회적 구속과 수용의 구별에 관한 독일과 한국의 비교법적 고찰", 공법연구 제32집 제3호, 364면 이하.

우선 공용수용의 한계는 수용이 토지소유권의 박탈을 위해 適法性要件을 충족하여야 하는 것에서 찾을 수 있다. 즉 공용수용은 직접 법률에 의하거나 또는 법률에 근거하여 재산권을 침해하여야 한다. 이러한 적법성요건은 이미 언급한 바와 같이 공용수용의 요건으로 파악하는 것이 일반적이었으나, 최근 독일에서는 공용수용의 한계로 다루어지고 있다.47) 헌법 제23조 제3항은 공용수용의 적법성요건과 관련하여 "法律로써"라고 규정하고 있다. 여기에서 "法律로써"의 의미는 공용수용에 관한 법률상 수권을 의미하는 것이다. 따라서 헌법 제23조 제3항의 해석상 공용수용에는 行政收用(Administrativenteignung)과 立法收用(Legalenteignung)이 모두 포함된다.48) 독일기본법은 제14조 제3항에서 "단지 직접 법률에 의해 또는 법률에 근거하여"(nur durch Gesetz oder aufgrund des Gesetzes)라고 하여 이를 명확히 하고 있다. 그러나 법률에 의한 수용, 즉 立法收用은 예외적인 경우로서 매우 엄격한 요건에 의해 이루어져야 한다. 즉 긴급한 상황에서 개별적인 행정수용이 적절한 시기 내에 이루어지기 어려운 경우 등 매우 제한적인 경우에만 허용된다. 私人을 위한 立法收用의 경우에는 입법절차에서 청문 및 조언 등이 보장되는 것이 보통이다. 이러한 절차의 보장은 수용목적이 공공필요의 요건을 충족하는지 여부를 심사하는 경우에 장점을 가진다. 다른 한편, 사인을 위한 입법수용은 재산소유권자의 존속보장을 취약하게 만드는 약점도 가진다. 독일의 경우에는 기본법 제19조 제1항 제1문에서 그 밖의 한계를 끌어오기도 한다.49) 우리의 경우에는 헌법 제37조 제2항이 고려될 수 있을 것으로 보인다. 즉 재산권제한의 경우에도 법률의 수권을 요하며 재산권의 본질적인 내용을 침해할 수 없다.

둘째, 수용은 公的 課題의 수행을 목적으로 하여야 한다(公益性). 사

47) Maurer, a.a.O., § 27 Rn. 54; Jarass, a.a.O., S. 2841.
48) 우리 헌법재판소도 입법수용을 법률에 근거하여 일련의 절차를 거쳐 별도의 행정처분에 의하여 이루어지는 행정수용과 구별하고 있다(헌재 1998. 3. 26. 93헌바12, 판례집 10-1, 226, 246).
49) W. Schmidtbauer, Enteignung zugunsten Privater, 1989, S. 66. m.w.N.

인을 위한 공용수용에서 이러한 "공익성"요건은 수용의 한계기능도 하
고 있다. 실제 공익성("공공필요") 요건은 사인을 위한 공용수용의 정당
화 여부를 판단하는 중요한 척도이기도 하다.50) 이와 관련하여 還買權
制度는 중요한 의미를 가진다. 즉 사인이 당해 공익사업의 폐지·변경
등의 사유로 공적 임무를 수행하기 위해 타인의 토지를 수용하는 사업
계획안을 실현하지 않고 오랫동안 방치하거나 또는 당해 토지가 공익
사업을 위해 불필요한 경우에 被收用者(토지소유권자 또는 그 포괄승계
인)는 환매권을 행사할 수 있다(공익사업을 위한 토지 등의 취득 및 보상
에 관한 법률 제91조). 이러한 환매권은 헌법상 재산권의 존속보장의 취
지에서 인정되는 것이므로 헌법이 보장하는 재산권의 내용에 포함되는
권리로 보는 것이 타당하다. 우리 헌법재판소도 "헌법 제23조의 근본취
지에 비추어 볼 때, 일단 공용수용의 요건을 갖추어 수용절차가 종료되
었다고 하더라도 그 후에 수용의 목적인 공공사업이 수행되지 아니하
거나 또는 수용된 재산권이 당해 공공사업에 필요없게 되었다고 한다
면, 수용의 헌법상 정당성과 공공필요에 의한 재산권취득의 근거가 장
래를 향하여 소멸한다고 보아야 한다. 따라서 수용된 토지 등이 공공사
업에 필요없게 되었을 경우에는 피수용자가 그 토지 등의 소유권을 회
복할 수 있는 권리, 즉 환매권은 헌법이 보장하는 재산권의 내용에 포
함되는 권리라고 보는 것이 상당하다"고 하여, 그러한 입장을 취하고
있다.51) 한편, 독일 연방헌법재판소 역시 환매권이 공용수용이나 재산
권보장으로부터 직접 도출된다고 본다.52)

셋째, 사인을 위한 공용수용도 比例의 原則에 위배되어서는 아니 된
다(比例性). 즉 공익목적의 달성을 위해 수용행위가 적합하고, 여러 가

---

50) W. Schmidtbauer, a.a.O., S. 40.
51) 헌재 1998. 12. 24. 97헌마87 등. 다만, 대법원은 환매권이 인정되기 위해서는 개별법령
    에 의해 구체화되어야 한다고 보고 있다(대법원 1998. 4. 10. 선고 96다52359 판결).
    그러나 현재 「공익사업을 위한 토지 등의 취득 및 보상에 관한 법률」에서 '환매권'에
    대해 규정하고 있으므로 이러한 논의의 실익은 그다지 크지 않은 것으로 보인다(동법
    제91조 제1항).
52) BVerfGE 38, 175.

지 수단 중에서 가장 피해를 적게 주는 수단을 통해 이루어져야 하며, 또한 달성하려는 공익목적과 수용 사이에 적절한 비례관계가 있어야 한다. 이러한 비례의 원칙은 법치국가원리에서 비롯되는 것이며 헌법상 명문의 규정이 없더라도 인정될 수 있다. 또한 "공공필요"의 개념의 해석에 있어서도 형량과 관련하여 비례원칙이 적용될 수 있을 것이다.[53]

그 밖에 補充性要件을 제시하는 견해도 있다. 즉 "비례원칙의 관점에서도 경제적 사기업을 위한 공용침해는 최후의 보충적인 수단으로만 고려되어야 하고, 이 경우 개인의 재산권에 대한 침해정도는 목적실현을 위한 최소한도에 그칠 수 있도록 노력하여야 할 것이다"는 주장이 그러하다.[54] 이러한 해석은 사인을 위한 공용수용에 대하여 재산권의 존속보장을 두텁게 한다는 점에서 일응 타당한 해석으로 보인다. 그러나 보충성의 요건은 개별 수용법률에서 규율되는 것이 더욱 바람직하다. 한편, 「기업도시개발 특별법」에는 이러한 보충성의 원칙 내지 최소침해의 원칙에 관한 규정을 찾기가 쉽지 않다. 특히 사인을 위한 공용수용의 남용을 방지하기 위해 입법자 개별법률에서 수용의 요건을 보다 구체적으로 규정하는 것이 필요할 것으로 보인다. 민간기업을 위한 수용의 근거법률에는 대체로 「공익사업을 위한 토지 등의 취득 및 보상에 관한 법률」에 관한 간단한 준용규정만 존재하고 있다. 입법정책적으로는 독일건설법전의 규정 등을 참고하는 것이 필요하다. 또한 이러한 규정은 관련 법률의 위헌성 시비를 줄일 수 있다고 여겨진다.

---

53) 허영, 전게서, 470면.
54) 金南澈, 전게논문, 594면.

Ⅳ. 私人을 위한 公用收用에 대한 權利救濟

1. 私人을 위한 公用收用의 司法的 統制

(1) 公益性(公共必要) 要件에 관한 司法的 統制

사인을 위한 공용수용이 헌법적으로 정당화되기 위해서는 "공공필요" 내지 "공익성"의 요건을 충족하여야 한다. 따라서 공익성요건은 사인을 위한 공용수용에 대한 사법적 통제의 중요한 준거가 된다. 수용권의 특수성은, 공익성요건이 수용행정청에 장래의 발전경과를 판단하고 평가하도록 강제한다는 데에 있다. 장래의 발전경과에 대한 평가는 미래의 예측가능한 리스크(risk, Risiko)를 고려하여야 한다. 이 경우 고려할 수 있는 모든 자료를 반영하여 적정하고 방법적으로 문제없이 일정한 결정이 내려지면, 그 豫測決定(Prognoseentscheidung)은 적법하다고 보아야 한다. 이러한 내용은 사인을 위한 공용수용에도 그대로 적용될 수 있다.[55]

우선 사인을 위한 공용수용의 경우에 그 위법성이 인정되면 취소소송 등을 통해 당해 수용재결을 다툴 수 있다. 또한 사인을 위한 공용수용에 의해 재산권을 침해당한 개인은 헌법재판소에 헌법소원을 제기할 수도 있다. 이 경우 헌법재판소는 다른 법률의 구제절차를 모두 거친 후에 청구된 헌법소원에서 사인을 위한 공용수용이 헌법 제23조 제3항의 "공공필요"의 요건을 충족하는지 여부를 판단하여야 한다.[56] 헌법재판소는 "공공필요"의 개념에 대하여 명확한 설명을 하고 있지 않으나, 공용수용의 요건과 관련하여 "國民의 財産權을 그 의사에 반하여 强制的으로라도 취득해야 할 公益的 必要性"이라고 해석하고 있다. 즉 사유재산권의 보장보다 이를 강제적으로 취득해야 할 공익적 필요성

---

55) W. Schmidtbauer, a.a.O., S. 280.
56) W. Schmidtbauer, a.a.O., S. 279.

("공공필요")이 더 우위에 있어야 한다. 또한 "공공필요"라는 불확정법
개념의 사용과 관련하여 사인을 위한 공용수용의 위헌성심사가 어느
범위까지 이루어져야 하는지가 문제된다. 이와 관련하여 독일의 통설[57]
및 판례[58]는 전 범위에서 사법심사가 가능하다고 보고 있다. 한편, 공
용수용의 '目的'과 '要件'을 정하는 것은 입법자의 임무이나, 공용수용
의 요건 중 "公共必要"는 역으로 입법자를 구속할 뿐만 아니라 사법심
사의 尺度가 될 수 있다. 사인을 위한 공용수용의 경우에는 개별사례에
서 "공공필요"의 요건이 강화될 수 있다.[59]

(2) 企業都市開發特別法의 違憲性 與否

(가) 企業都市開發特別法의 制定經緯 및 背景

건설교통부가 법안을 제안할 당시의 企業都市開發特別法의 법명은
「民間投資活性化를 위한 複合都市開發特別法」이었다. 그 명칭이 시
사하고 있는 바와 같이 당시 동법은 경제위기를 극복하고 민간투자를
활성화하기 위하여 개발이 상대적으로 낙후된 지역에 민간기업이 직접
도시를 건설하여 도시기간시설은 물론 산업과 주택, 학교, 병원, 문화시
설 등 제반여건을 종합적으로 설치·운영하게 하여 21세기 전략산업에
대한 적극적인 투자를 유도하고 지역개발 및 지역경제 활성화를 도모
하는 것을 목적으로 하였다.[60] 그러나 동법의 제정에 의해 민간기업이
과도한 토지수용권을 행사함으로써 개발의 명목으로 환경이 파괴되고
지역주민들이 삶의 터전을 상실할 수 있다는 우려의 목소리가 높다. 특
히 헌법상의 재산권은 존속보장을 우선으로 하며, 헌법상의 재산권이
단순히 물질적인 가치에 제한되는 것이 아니라 인격권과도 밀접불가분
의 관계에 서 있음은 주지의 사실이다. 따라서 기업도시개발특별법의

57) Papier, in: Maunz/Dürig, GG, Art. 4 Rn. 496.
58) BVerwGE 3, 332/335; BVerwGE 72, 282/285.
59) W. Schmidtbauer, a.a.O., S. 280.
60) 제17대 국회 제250회 제14차 국회본회의(2004. 12. 9.) 자료, 20면 이하 참조.

구체적인 내용 및 문제점을 살펴보고, 동법의 개별적인 내용이 헌법의
이념에 부합될 수 있는지를 검토하기로 한다.

(나) 企業都市開發特別法의 內容 및 問題點

1) 目的條項

기업도시개발특별법은 제1조 목적조항에서 "이 법은 민간기업이 산
업·연구·관광·레저분야 등에 걸쳐 계획적·주도적으로 자족적인 도
시를 개발·운영하는데 필요한 사항을 규정하여 국토의 계획적인 개발
과 민간기업의 투자를 촉진함으로써 공공복리를 증진하고 국민경제와
국가균형발전에 기여함을 목적으로 한다"고 밝히고 있다. 즉 동법은 대
체로 경제계의 입장을 반영하여 지역균형발전, 경제활성화 및 일자리창
출 등을 입법목적으로 하고 있다. 다른 한편, 시민단체 일각에서는 기
업도시개발특별법이 대기업(재벌)에게 과도한 개발특혜를 줄 수 있다는
비판이 제기되고 있다. 기업도시를 건설하려는 사기업에게 토지수용권
은 물론 조세 및 부담금의 감면, 세제 및 자금지원, 출자총액제한에 관
한 특례 등 다양한 특혜를 부여하고 있기 때문이다(기업도시개발특별법
제14조, 제25조, 제26조, 제32조). 또한 대기업의 생산의 투자여력이 부동
산개발투자로 이어질 수 있음은 물론, 정부 등 공공기관의 주도가 아니
라 민간기업이 도시개발을 주도하기 때문에 난개발로 인한 환경파괴의
우려도 제기되고 있다.[61] 기업도시개발특별법은 이러한 점을 고려하여
건설교통부장관과 시장·군수로 하여금 개발구역 및 인근지역의 부동
산가격의 안정을 위하여 필요한 조치를 취할 수 있도록 하고 있으며,
부동산투기지역에 대하여 주택법상의 투기과열지구를 지정하고, 개발구
역 주변지역의 무분별한 개발을 방지하기 위하여 보전용도로 지정하는
등 개발구역 및 인근지역의 부동산가격의 안정 및 난개발방지에 관한
조치에 대하여 특별규정을 규정하고 있다(동법 제42조). 또한 환경보호
과 관련하여 개발구역의 지정을 제안하는 경우에는 환경보전대책에 관

---

61) 제17대 국회 제250회 제5차 건설교통위원회(2004. 11. 25), 1면.

한 사항을 제출하도록 하고 있다(동법 제4조 제2항 8호).

2) 企業都市의 槪念 및 類型

기업도시개발특별법에서는 기업도시를 "산업입지와 경제활동을 위하여 민간기업이 산업 연구·관광·레저·업무 등의 주된 기능과 주거·교육·의료·문화 등의 자족적 복합기능을 고루 갖추도록 개발하는 도시"로 정의하고, 4가지 유형으로 규정하고 있다. 즉 기업도시에는 제조업과 교역위주의 기업도시인 産業交易型 企業都市, 연구개발 위주의 기업도시인 知識基盤型 企業都市, 관광·레저·문화 위주의 觀光레저型 企業都市 및 지방이전 공공기관을 수용하여 지역혁신의 거점이 되는 기업도시인 革新據點型 企業都市가 있다.

이 가운데 관광레저형 기업도시의 경우에 공용수용의 요건, 특히 "공공필요" 내지 "공익성"의 요건을 충족하는지 여부가 의문이다. 이는 예컨대 골프장 건설을 위한 공용수용이 허용될 수 있는가의 문제와 관련이 있다. 특히 기업도시개발특별법은 관광레저형 복합도시의 경우 일정 규모 이상의 금액을 투자하는 사업시행자에게 카지노업의 허가를 하도록 규정하고 있다(동법 제30조). 관광레저형 기업도시의 개발을 위한 수용은 동법의 목적에도 부합하기 어려우며, 난개발과 환경파괴의 문제를 야기하고 있다. 따라서 관광레저형 기업도시의 개발을 위한 공용수용은 공익성요건을 충족시키기 어려우므로 허용되기 어려울 것으로 보인다. 다만, 이미 언급한 바와 같이 「공익사업을 위한 토지 등의 취득 및 보상에 관한 법률」 제4조의 "공익사업" 개념은 지나치게 광범위하고 포괄적이므로 사인을 위한 공용수용에 있어 그 위헌성판단을 실제로 어렵게 만들 수 있다. 비록 기업도시개발특별법은 開發利益의 還收에 관한 특별규정을 두고 있으나(동법 제8조), 재산권의 박탈 후 가치보상을 하고 사업시행자의 개발이익을 환수하는 것이 私人을 위한 公用收用을 정당화시킬 수도 없고 헌법상의 재산권보장의 본질에 반드시 부합된다고 보기도 어렵다.

3) 土地 등의 收用權

기업도시개발특별법에서는 민간기업인 사업시행자에게 개발사업의 시행을 위하여 「공익사업을 위한 토지 등의 취득 및 보상에 관한 법률」 제3조의 규정에 의한 토지 등의 포괄적인 수용권을 규정하고 있다(동법 제14조 제1항). 또한 사업시행자는 토지수용과 관련하여 개발구역 토지면적의 50% 이상을 협의매수한 경우에 재결신청이 가능하도록 되어 있다(동법 제14조 제3항 참조). 이와 관련하여 사업시행자가 기업도시 사업구역 내에서 50% 이상의 토지를 협의매수하는 것은 현실적으로 용이하지 않으며, 기업이 협의매수를 하는 경우에 주민들이 높은 가격을 요구하여 地價가 急騰할 우려가 있다는 비판이 제기되고 있다. 그러나 다른 한편, 대기업의 특혜를 방지하고 주민의 의사를 존중한다는 의미에서 都市開發法에서 규정하는 바와 같이 사업대상 토지면적의 3분의 2이상에 해당하는 토지를 매입하고 토지소유자 총수의 3분의 2 이상에 해당하는 자의 동의를 얻도록 관련 규정을 더 강화할 필요가 있다는 주장도 제시된다.62)

4) 開發利益의 還收

기업도시개발특별법에서는 개발부담금 등을 통한 개발이익의 환수를 규정하고 있다. 즉 동법 제8조는 대통령령이 정하는 적정한 개발이익을 초과한 경우에 그 초과이익의 범위 안에서 사업시행자에게 개발구역 밖의 간선시설과 개발구역 안의 도서관·문화회관·운동장 등 공공편익시설을 설치하도록 하고, 그 나머지 개발이익에 대해서도 조성된 토지를 국가 또는 지방자치단체에게 무상으로 양여하게 하거나 그에 상응하는 부담을 부과할 수 있다고 규정하고 있다. 기업들이 리스크를 무릅쓰고 낙후지역에 투자하기 때문에 초기단계에 있어서 개발이익의 환수에 대하여 부정적 견해도 제기되고 있다.63) 기업도시개발특별법의 목적조항에서 설시된 바와 같이 기업도시는 민간기업의 투자를 촉진하고

---

62) 제17대 국회 제250회 제5차 건설교통위원회(2004. 11. 25), 5-6면 참조.
63) 제17대 국회 제250회 제5차 건설교통위원회(2004. 11. 25), 4면 참조.

국민경제와 국가균형발전에 기여해야 하므로 기업에게 적정이윤의 보장
과 인센티브가 부여되어야 하는 것도 간과할 수 없는 사실이다. 따라서
개발이익의 환수에 대한 과도한 부담이 기업에게 전과되어서는 아니
된다. 다만, 개발이익의 환수제도가 사인의 공용수용을 정당화하는 것
은 아님에 주의해야 한다.

(다) 獨逸 聯邦憲法裁判所 및 聯邦行政法院의 判例

한편, 독일에서는 경제구조가 취약한 지방자치단체에서 지역경제의
구조개선이나 일자리의 창출을 위해 사기업이 수용을 하는 경우에 독
일기본법 제14조 제3항 제1문의 "공공복리"의 요건을 충족하는지가 논
의되고 있다. 그러한 목적설정은 입법자에 의해 구체화되어야 하며, 연
방건설법전 제87조 제1항이 그 대표적 사례이다. 연방헌법재판소는
1987년 3월 24일자 판결에서 건설법전(Baugesetzbuch)의 규정은 지역
경제의 구조개선 등의 목적을 달성하기 위한 수용에 대한 충분한 법적
근거가 될 수 없다고 보고 있다.[64] 이러한 지역경제의 구조개선이나 일
자리창출을 위한 수용이 허용되기 위해 입법자는 독일기본법 제14조
제3항에 의해 어떠한 의무이행을 도입해야 하는지를 강구하고 이를 규
율해야 한다.[65] 즉 지역구조의 개선이나 고용증진을 위한 수용에 있어
서 이를 정당화하기 위해 구체적인 의무이행사항을 규율하는 것은 입
법자의 임무라고 보고 있다. 다만, 사인(사기업)의 지원에 의해 간접적
으로 기본법 제14조 제3항 제1문상의 특정한 지방자치단체의 이익을
추구할 수는 있다.[66] 즉 경제영역의 구조를 유지·개선하거나 지방의
실업 등을 억제하기 위해 수용이 실행될 수 있다. 한편, 독일 연방행정
법원은 도시계획의 발전분야에서 공적 과제의 수행을 위해 "게마인데
(Gemeinde)를 위한 收用"이 행해질 수 있다고 규정한 독일건설법전 제

---

64) BVerfGE 74, 264/287 ff.[Boxberg-Entscheidung].
65) Papier, in: Maunz/Dürig, Grundgesetz, Kommentar, Art. 14 Rn. 580.
66) Frenzel, Das öffentliche Interesse, S. 119 ff.

169조 제3항 제1문[67])의 규정은 기본법 제14조 제3항 제1문 및 제2문과 관련하여 헌법적으로 문제가 없다고 밝히고 있다.[68])

(라) 小結

낙후지역의 개발과 지역경제활성화 및 일자리창출을 위한 기업도시의 개발과 수용은 그러한 이유에서 신중하게 접근해야 할 것으로 보인다. 특히 경제구조가 취약한 지역에서 경제구조의 개선 및 일자리의 창출은 헌법 제23조 제3항의 "公共必要"의 이유로 제시될 수 있으나, 그러한 목적설정은 이미 언급한 바와 같이 입법자에 의해 구성되고 구체화되어야 한다. 기업도시개발특별법의 목적조항이 그러한 공익적 필요성을 명쾌히 규정하고 있다고 단정하기는 어렵다. 특히 독일건설법전의 관련 조항들이 그와 같은 목적설정을 달성하기 위한 수용의 충분한 법적 근거가 될 수 없다고 판단한 독일 연방헌법재판소의 Boxberg 결정은 시사하는 바가 크다. 사인을 위한 공용수용을 규정한 기업도시개발특별법에서는 다양한 기업도시 유형을 설시하고 있으나, 관광레저형 기업도시를 위해 수용이 정당화될 수 있는지 의문스럽다. 더구나 기업도시개발특별법이 개발이익의 환수를 규정하고 있다고 하여, 사인을 위한 공용수용이 합헌이라고 성급하게 판단할 수도 없다. 특히 건설교통부장관의 개발구역지정의 경우에 낙후지역의 개발이나 지역경제 활성화 등 국가균형발전에 기여함으로써 공익성을 갖출 것을 그 요건으로 하고 있으므로, 개발사업의 지정단계에서 이미 공익적 필요성이 충분히 검토될 필요가 있다. 요컨대 사인을 위한 공용수용에서 "공공필요"의 요건은 일반적인 공용수용보다 사법심사에서 엄격히 적용될 필요가 있으며, 그 위헌성 판단에 있어서 중요한 바로미터가 될 것으로 보인다.

---

67) 독일건설법전 제169조 제3항 제1문은 "도시개발영역에서 그 임무수행을 위해 건축계획 없이 게마인데(Gemeinde)나 개발주체를 위한 收用은 허용된다."고 규정하고 있다.
68) BVerwG, NVwZ 1999, S. 407/408.

2. 還買權

사인을 위한 공용수용절차가 종료되었다고 하더라도, 그 후에 수용의 목적인 공공사업이 수행되지 아니하거나 수용된 토지를 당해 공공사업에 이용할 필요가 없게 된 경우에는 특별한 사정이 없는 한 피수용자(토지소유권 또는 그 포괄승계인)는 그 의사에 따라 수용토지의 소유권을 회복할 수 있는 권리가 보장되어야 한다. 이를 還買權(Rückenteignung, Rückübereignung)이라 한다. 따라서 피수용자가 정당한 보상을 지급받았다고 하여 환매권이 부인될 수 없다. 환매권의 보장은 수용에 대한 防禦權(Abwehrrechte)으로서의 의미를 가진다.[69] 즉 사인을 위한 공용수용이 "공공필요"의 요건을 흠결하여 수행되는 경우에는 헌법 제23조 제1항의 재산권보장을 침해하는 결과를 초래한다. 還買權의 法的 性質에 대하여는 공권설과 사권설이 대립하고 있다. 즉 私權說은 환매권이 수용과 달리 사법상의 현상이며 개인이 행정청에 대하여 청구를 하고 이에 따라 행정청이 수용을 하는 것이 아니라 개인이 전적으로 그의 이익을 위하여 일방적으로 불용되거나 이용되지 않는 수용목적물을 다시 취득할 수 있는 권리이므로 사법상의 권리라고 본다.[70] 이에 대하여 公權說은 공권력의 주체에 대한 권리라는 점과 공법적 원인에 기인하여 야기된 법적 상태를 원상으로 회복하는 것이라는 점 등을 들고 있다.[71] 判例는 사권설의 입장에 서 있다.[72] 특히 우리 헌법재판소는 환매권의 행사는 상대방인 사업시행자 또는 기업자의 동의를 얻어야 하거나 그 의사 여하에 따라 그 효과가 좌우되는 것이 아니며, 설사 피청구인이 이를 부인하는 의사표시를 하였다 하더라도 이를 헌법소원심판의 공권력의 행사라고 볼 수 없다고 결정하였다.[73] 한편, 독일은 환매

---

69) W. Schmidtbauer, a.a.O., S. 282.
70) 朴鈗炘, 최신행정법강의(하), 박영사, 2004, 630면.
71) 김남진, 행정법의 기본문제, 1179면; 류지태, 행정법신론, 922-923면; 홍정선, 행정법원론(하), 2005, 557면.
72) 대법원 1992. 4. 24. 선고 92다4673 판결.
73) 헌재 1994. 2. 24. 92헌마283.

권행사의 상대방을 國家로 보고 있으나, 현행 「공익사업을 위한 토지 등의 취득 및 보상에 관한 법률」은 환매권행사의 상대방을 사업시행자로 규정하고 있다(동법 제91조 제1항). 이 경우 사업시행자는 '公務受託私人'에 해당한다고 볼 수 있다. 따라서 환매권은 行政主體(공권력주체)에 대한 主觀的 公權의 성질을 가지며, 환매권 역시 "수용"이라는 공법적 원인에서 비롯된 것이므로 공권설로 보는 것이 타당하다.

이와 같이 사인을 위한 공용수용의 경우에도 사업시행자에 대한 환매권이 보장되어야 함은 물론이나(공익사업을 위한 토지 등의 취득 및 보상에 관한 법률 제91조 제1항), 입법자가 개별 법률에서 환매권을 규정하지 않은 경우에 당해 법률이 재산권에 대하여 본질적인 침해를 하는지가 문제될 수 있다. 일부학설은 재산권의 수용에 대하여 이미 보상금이 지급되었기 때문에 개별 법률에서 환매권을 규정하지 않았다고 하여 곧바로 재산권에 대한 본질적인 침해를 초래하는 것은 아니라고 주장한다.[74] 그러나 환매권을 헌법 제23조의 재산권규정에서 보장하는 것으로 이해하는 입장은 환매권을 규정하지 아니하거나 또는 준용규정을 두지 아니한 경우에 당해 법률을 위헌으로 판단하기 보다는 헌법 제23조로부터 직접 환매권을 도출하여 문제를 해결할 수 있을 것이다. 또한 환매권은 "수용"이 아니므로 헌법 제23조 제3항의 법률의 수권을 반드시 요하지 아니한다.[75] 한편, 기업도시개발특별법은 환매권에 관하여 특별한 규정을 두고 있지 않으나, 「공익사업을 위한 토지 등의 취득 및 보상에 관한 법률」을 준용할 수 있도록 하고 있다(기업도시개발특별법 제14조 제10항 참조).

다만, 환매권행사가 무제한적으로 허용되는지가 문제된다. 즉 환매권행사의 한계의 문제이다. 환매권의 보장은 피수용자(토지소유권자와 그 포괄승계인)와 수용의 수익자(사업시행자) 사이의 이익조정의 문제를 야기한다. 독일은 이와 관련하여 연방법 및 주법에 관련규정을 두고 있다.

---

74) 김남진·김연태, 전게서, 562면.
75) W. Schmidtbauer, a.a.O., S. 284.

예컨대 독일건설법전 제102조 제4항에서는 당해 토지가 중대하게 변경 되거나, 대지에 전부 또는 중대한 손해를 가져온 경우에는 수용행정청이 환매권을 거부할 수 있다고 규정하고 있다. 즉 자연스러운 고찰에 의해 당해 토지가 지속적으로 변경되어 종전의 피수용자의 토지와 더 이상 동일하다고 판단할 수 없는 경우에는 환매권이 제한될 수 있다.

3. 損失補償

사인을 위한 공용수용의 경우에도 "正當한 補償"이 수반되어야 한다. 여기에서 말하는 정당한 보상은 침해받는 재산권이 가지는 완전한 가치를 보상하여야 한다는 의미의 完全補償을 의미한다.[76] 사인을 위한 공용수용의 경우에 보상청구권의 상대방은 國家이다. 또한「공익사업을 위한 토지 등의 취득 및 보상에 관한 법률」제61조 이하에서는 상세한 보상규정을 두고 있으며, 개별 법률에도 별도의 보상규정을 두고 있다(예컨대 도로법 제79조, 제80조 등). 그러나 구체적인 보상의 유형 및 보상수위 등에 대해서는 입법자가 구체적으로 규율하여야 한다. 企業都市開發特別法은 수용 등에 관하여 특별한 규정이 없는 경우에「공익사업을 위한 토지 등의 취득 및 보상에 관한 법률」을 준용하고 있으므로,「공익사업을 위한 토지 등의 취득 및 보상에 관한 법률」제61조 이하의 보상규정이 준용될 수 있을 것이다. 그러나 기업도시개발특별법은 "생활보상"에 관한 특별한 규정을 두고 있다(동법 제14조 제6항, 제7항). 즉 개발사업의 시행에 필요한 토지 등을 제공함으로써 생활의 근거를 상실한 자에게 주거단지 등을 조성·공급하는 등 이주대책을 수립·시행하도록 하고 있다(동법 제14조 제7항).

V. 맺음말

지금까지 私人을 위한 公用收用의 要件 및 限界, 그리고 사인을 위

---

76) 헌재 1998. 3. 26. 93헌바12, 판례집 10-1, 226, 249.

한 공용수용에 대한 權利救濟의 문제를 고찰하였다. 민영화 등의 영향으로 사인을 위한 공용수용이 증가하고 있으며, 학설은 이를 대체로 긍정하고 있다. 현재 사회기반시설에 대한 민간투자법, 기업도시개발특별법 등에서는 사인(사기업)을 위한 공용수용을 규정하고 있다. 다만, 사인을 위한 공용수용의 성립요건에 대하여 일반적인 공용수용의 요건을 그대로 적용할 수 있는지는 여전히 어려운 문제로 남아 있다. 입법자가 개별 법률에서 사인을 위한 공용수용의 허용요건을 명확히 규율하지 않는다면, 그 요건은 결국 사법적 심사기준에 의해 구체화될 것이다. 공용수용의 허용요건 중 "공공필요"의 요건은 수용의 한계를 결정짓는 기능을 할 것이고, 사인을 위한 공용수용의 위헌성판단은 공익성요건의 충족여부에 의해 결정될 것이다. 이 경우 단순히 합리적인 공적 목적을 위한 수용이 사인을 위한 공용수용을 정당화시킬 수 있는가의 문제가 대두될 수 있다. 특히 경제적 사기업이 지역경제의 활성화, 일자리 창출 등의 이유로 공용수용을 하는 경우에 이를 허용할 수 있는지가 논란이 되고 있다. 민간투자의 활성화를 위해 공익성요건을 완화하고 기업 활동을 통해 간접적으로 지역경제를 활성화하는 것은 공익에도 기여할 수 있음을 강조하는 견해는 매우 의미 있는 주장이다. 그러나 공용수용은 보상을 수반하지만 국민의 재산권에 대한 중대한 침해를 가져올 수 있다. 또한 삶의 터전을 상실한 지역 주민에게 헌법상의 정당한 보상(즉 완전보상)을 하지 못하면 그들의 기본권은 중대하게 침해될 수도 있다. 나아가 경제구조가 취약한 지역의 주민들에게도 토지재산권은 금전으로 대체할 수 없는 중대한 기본권임에 틀림없다. 또한 경제적 사기업은 그 특성상 영리추구를 목적으로 하므로, 공익사업을 지속적으로 보장할 수 있어야 한다. 그러나 사인을 위한 공용수용을 규율하는 법률에는 이러한 제도적 장치가 충분히 구비되어 있지 못한 것으로 보인다. 따라서 공익성("공공필요")의 개념해석은 여전히 중요한 의미를 가지며, 사인을 위한 공용수용의 경우 일반적인 공용수용의 요건보다 엄격히 해석할 필요가 있다고 판단된다. 그러한 의미에서 사인을 위한 공용수용의 공익성요건에는 "特別히 重大한 公益" 내지 "高揚된 公益槪念" 등이 요청될 것으로 보인다. 또한 헌법상 존속보장을 깨뜨리는 특별히 중대한 공익이 그 이후 사회사정의 변화에 의해 상실되면 토지소유권자 등에게는 환매권을 통해 그 토지를 다시 회복할 수 있는 기회를 부여해야 한다. 이러한 환매권행사의 한계는 무제한적으로 보장되는 것이 아니라, 수용당시의 토지 등이 여전히 동일성을 유지하는지 여부 등이 중요한 판단기준이 될 것이다. 또한 공익성요건을 완화하면 현실적으로 사업시행자인 민간기업에게 특혜를 준다는 비판이 제기되지 않을 수 없으며, 궁극적으로는 違憲性의 問題에 직면하게 된다. 한편, 「공익사업을 위한 토지 등의 취득 및 보상에 관한 법률」상의 "公益事業"의 개념은 지나치게 넓게 규정되어 있으므로, 사인을 위한 공용수용에 이러한 기준을 그대로 적용하는 것은 어려울 것으로 보인다. 따라서 사인을 위한 공용수용에 있어서 동법의 준용은 신중할 필요가 있다.

그리고 사인을 위한 공용수용의 위헌성판단에서 생존배려형 사기업인지 경제적 사기업인지의 기준도 매우 중요하다고 판단된다. 특히 기업도시개발특별법에 규정된 기업도시 유형 중 "관광레저형 기업도시"의 개발을 위한 공용수용은 난개발과 환경파괴로 이를 가능성이 높으며, 공익성요건을 충족시키고 있다고 보기도 어렵다. 마지막으로 기업도시개발특별법은 기업도시의 개발을 위한 민간기업의 토지수용권을 보장하면서 개발이익의 환수를 규정하고 있으나, 개발이익환수제도의 보장이 사인을 위한 공용수용의 정당성의 근거가 될 수는 없다. 특히 독일의 입법례에서 살펴본 바와 같이, 민간기업을 위한 공용수용을 규정한 개별 법률은 그 요건을 명확히 하기 위해 補充性의 原則, 最少侵害의 原則 등을 좀 더 구체적으로 규정할 필요가 있는 것으로 보인다. 이러한 노력은 헌법 제23조의 재산권보장의 본질에 부합하는 것이다.

第5章

美聯邦憲法上 收用과 規制

I. 論議의 基礎

지금까지 公用收用과 損失補償 그리고 土地利用規制 등에 관한 연구는 - 특히 동아시아의 주요국가와 비교할 경우에 - 매우 괄목할 만한 성과를 거두었다고 평가할 수 있다. 이러한 연구 성과는 學界가 외국의 입법례를 多角的으로 비교·고찰하고, 이를 우리 현실에 맞게 발전시키려고 부단히 노력한 덕분이다. 이러한 학계의 성과는 우리 判例에도 직·간접적인 영향을 미쳤다고 볼 수 있다. 특히 우리 헌법재판소는 독일 연방헌법재판소의 판례 및 학설로부터 큰 영향을 받았고, 소위 分離理論(Trennungstheorie)에 기초하여 비교적 확고한 수용이론을 정립하였다. 헌법재판소의 판례이론이 비교적 확고하다고 평가할 수 있는 이유 중의 하나는 개별적인 사례에서 사실관계가 확정되면, 어느 정도 이론적인 결론을 예측할 수도 있기 때문이다. 헌법재판소가 확립한 수용이론의 성과로는 공용수용의 개념정립,[1] 분리이론에 기초한 보상부 공용수용과 무보상부 내용한계규정의 구별,[2] 소위 調整的 補償을 요하는 內容限界規定(ausgleichspflichtige Inhalts- und Schrankenbestimmung)[3]의 인

---

1) 헌재 1994. 2. 24. 92헌가15 등, 판례집 6-1, 38.
2) 헌재 1999. 4. 29. 94헌바 37 등, 판례집 11-1, 289, 305.
3) 최근 헌법재판소는 구 「국토의 계획 및 이용에 관한 법률」 제37조 제1항 제2호 등 위헌소원사건에서 소위 調整的 補償을 요하는 內容限界規定의 법리를 적용하면서, 비록 합헌결정을 내렸으나 토지이용규제가 재산권의 사회적 기속 내지 내용한계규정에 해당하는 경우에도 예외적으로 비례의 원칙에 위반하는지 여부를 심사하고 있다(헌재 2012. 7. 26. 2009헌바328). 이러한 '조정적 보상'과 관련된 헌법재판소 판례의 嚆矢는 구 도

정, 私人(사기업, 민간기업)을 위한 公用收用[4] 등이 있다. 한편, 우리 대법원은 수용재결의 위법성 판단, '손실보상'의 기준과 범위, 보상금소송의 형식 등에서 독자적인 판례이론을 형성·발전시키고 있다. 이와 같이 종래에는 學界가 실무계에 판례의 이론적 기초를 제공하여 왔으나, 앞으로는 實務界가 학계에 현실적 난제들을 계속해서 제시할 것이다. 이러한 물음에 대하여 學界는 논리적이고 체계적인 解法을 마련하도록 노력해야 한다. 실무계와 학계의 활발한 交互作用은 앞으로 풍부한 행정법 판례와 이론을 양산할 수 있는 토대가 됨은 물론이다.

그럼에도 불구하고 공용수용과 손실보상에 관한 연구에 있어서 미해결의 어려운 문제들이 여전히 남아 있다. 예컨대 헌법 제23조 제3항은 공용수용 이외에 공용사용과 공용제한에 대해서도 정당한 보상을 지급하도록 규정하고 있기 때문에, 補償을 요하는 公用制限(헌법 제23조 제3항)과 補償을 요하지 않는 內容限界規定(헌법 제23조 제1항 제2문)의 구별이 문제되고 있다. 재산권의 수용에 해당하지 않지만, 다양한 형식의 재산권의 제한이 존재할 수 있다. 이러한 유형을 어떻게 체계화하고 이론적으로 정립할 것인가도 쉽지 않은 과제이다. 또한 수용의 확대를 위해 독일에서 도입되었으나, 독일과 달리 그 법적 근거를 찾기 쉽지 않은 收用類似 및 收用的 侵害理論을 그대로 유지시킬 필요가 있는지도 熟考할 필요가 있다. 왜냐하면 독일에서도 이러한 이론들의 존치에

시계획법 제21조에 대한 위헌소원사건이다(헌재 1998. 12. 24. 89헌마214등, 판례집 10-2, 927). 즉 헌법재판소는 "종래의 지목과 토지현황에 의한 이용방법에 따른 토지의 사용도 할 수 없거나 실질적으로 사용·수익을 전혀 할 수 없는 예외적인 경우에도 아무런 보상 없이 이를 감수하도록 하고 있는 한, 비례의 원칙에 위반되어 당해 토지소유자의 재산권을 과도하게 침해하는 것으로서 헌법에 위반된다"라고 판단하여, 처음으로 '調整的 補償을 요하는 內容限界規定'을 인정하였다. 이러한 이론은 분리이론에 의하여 보상부 공용수용과 무보상부 내용한계규정의 엄격한 구별, 즉 엄격한 이분법이 가져오는 협소한 보상의 문제를 해결하기 위해 도입된 것이다.

4) 우리 헌법재판소는 「산업입지 및 개발에 관한 법률」 제11조 제1항 등 위헌소원 사건에서 지역경제발전을 위한 사기업의 수용이 공공필요성을 갖추었다고 보았으며(헌재 2009. 9. 24. 2007헌바114, 판례집 21-2(상), 562), 「국토의 계획 및 이용에 관한 법률」 제2조 제6호 등 위헌소원 등 사건에서 골프장건설을 위한 토지계획시설사업도 그 자체로 공공필요성의 요건을 결여하거나 과잉금지원칙을 위반하여 재산권을 침해한 것은 아니라고 보았다(헌재 2011. 6. 30. 2008헌바166 등, 판례집 23-1(하), 288).

관하여 학계에서 상당히 논란이 된 바 있고, 그 근거에 관하여 여전히
다툼이 있기 때문이다. 우리 학계에서도 손해전보의 間隙을 메우기 위
해, 이러한 이론들이 여전히 필요하다고 보는 견해도 유력하다. 그러나
독일과 같이 관습법적 의미의 '희생보상'이라는 역사적 배경을 갖지 않
은 우리의 경우에도 이를 존치시킬 수 있는 것인지, 또한 이를 인정할
경우에 그 법적 근거를 어디에서 찾아야 하는지도 여전히 어려운 문제
이다. 그리고 최근에 논란이 되었던 私人(민간기업)을 위한 公用收用에
있어서 '공공필요'(공익성)의 판단을 일반적인 공용수용의 경우와 동일
하게 하는 것이 적합한지 등이 논란이 되고 있다.[5] 그 밖에 실무분야
에서는 특수한 보상금소송(예컨대 주거이전비보상, 영업손실보상, 잔여지수
용청구, 잔여지감가보상 등), 보상금소송의 형식, 보상금의 내용 및 범위
등 손실보상과 관련된 새로운 문제들이 계속해서 등장하고 있다. 이러
한 물음에 대한 해답은 학계의 몫이다. 그러한 이유에서 비교법적 고찰
은 여전히 의미 있고 앞으로도 실무에 있어서 매우 중요한 역할을 할
수 있다.

　우리 헌법재판소의 판례의 형성에는 위에서 언급한 바와 같이 독일
의 입법례(특히 연방헌법재판소의 판례)가 결정적인 역할을 하였다. 그
이유는 독일의 판례이론이 오랜 역사적 경험에 바탕을 두고 매우 정치
하게 발달하였으며, 무엇보다 재산권보장 및 공용수용의 근거조항인 독

---

5) 다만, 헌법재판소는 2008헌바166사건에서 심판대상조항인 「국토의 계획 및 이용에 관
한 법률」 제2조 제6호 라목 중 "체육시설" 부분이 포괄위임금지원칙에 위반된다고 판
시하였을 뿐이다. 그러나 이 사건에서 민간기업의 수용요건으로 '공공필요'의 해석을 좀
더 면밀히 검토함으로써, 당해 사건을 포괄위임금지의 문제보다는 재산권 침해 내지 공
용수용의 문제로서 위헌판단을 하지 못한 것은 큰 아쉬움으로 남는다. 한편, 이 사건에
서 주목할 만한 반대의견들이 있다. 김종대 재판관은 종전과 마찬가지로 '사인(사기업)
에 의한 수용'이 공공필요성을 충족하기 어려워 위헌이라고 주장하였다. 오늘날 사인
(사기업)에 의한 수용 그 자체를 불허하기는 어렵고, 또한 이를 허용하는 것이 주요 선
진국의 경향이다. 그러나 '공공필요' 여부에 관한 판단에 있어서, 사인(사기업)에 의한
공용수용에 대해 엄격한 판단을 하였다는 점에서 의미 있는 반대의견으로 생각된다. 조
대현 재판관은 회원제 골프장 건설사업은 '공공필요성'이 미약한 체육시설이므로 이러
한 사업을 위해 토지수용권을 부여한 이 사건 수용조항은 헌법 제23조 제3항에 위반된
다고 보았다. 사견으로는 사인을 위한 공용수용의 경우에는 공익성판단을 보다 신중히
할 필요가 있으며, 조대현 재판관의 반대의견은 그러한 의미에서 소중하다고 판단된다.

일기본법 제14조가 우리 헌법 제23조와 구조적으로 매우 유사하기 때문이다. 그러나 유사한 법구조를 가졌다고 해서 반드시 동일한 해석을 할 이유는 없으며, 각국의 사정과 사회상황, 그리고 제정당시의 배경 등을 기초로 하여 독자적인 법해석과 법형성을 할 수 있다. 그러한 이유에서 바람직한 비교법적 고찰은 균형감 있는 시각으로 독자적인 법해석을 전개할 수 있도록 도움을 주어야 한다.

미국의 수용제도에 관한 연구도 우리가 직면하고 있는 어려운 문제들에 대해 새로운 해결의 실마리를 제시해 줄 수 있을 것이다. 미국의 수용제도는 대륙법계와 달리 매우 독특한 역사적 배경과 사상적 기원을 두고 발전하였다. 그러나 미국의 수용제도의 발전에도 다른 입법례와 마찬가지로 유사한 논의가 전개되고 있음은 매우 흥미로운 사실이다. 지금까지 미국의 수용제도에 관한 훌륭한 선행연구가 상당히 축적되어 있는데,[6] 이러한 선행연구와 최근의 논의들을 우리법의 해석론 및 입법론에 접목시킬 필요가 있다. 예컨대 공용수용의 유형과 성립요건, 보상을 요하는 수용(Takings)과 보상을 요하지 않는 police power[7]와

---

6) 예컨대 강운산, "미국 연방헌법상 규제적 수용 법리에 관한 연구", 토지공법연구 제31집 (2006. 5), 59면 이하; 김문현, "미국연방헌법상 공용수용과 경찰권에 의한 규제의 구별기준", 미국헌법연구 제11호 (2000), 307면 이하; 정연주, "미국에서의 재산권 보장의 문제-재산권의 수용과 관련한 연방대법원 판례를 중심으로", 인권과 정의 제344호 (2005. 4), 104면 이하; 임지봉, "미국 헌법상의 계약조항과 수용조항", 미국헌법연구 제19권 2호 (2008. 9), 145면 이하; 정하명, "영·미의 공용수용과 보상제도", 토지공법연구 제49집 (2010. 5), 131면 이하 등.
7) 이를 직역해서 '警察權'으로 부르는 것이 일반적이다. 그러나 police power라는 용어는 Ernst Freund 교수가 자신의 저서에서 사용한 것에서 연유하고 있는데(Ernst Freund, The Police Power: Public Policy and Constitutional Rights (1904)), "공중의 일반적 복지를 증진하기 위해 입법을 하거나 명령을 발하는 것으로서 연방에 이전할 수 없는 주의 통치권(sovereign power)"을 의미하는 것이라고 보고 있다(이에 대한 상세는 Thomas S. Szatkowski, De Facto Takings and the Pursuit of Just Compensation, 49 Fordham L. Rev. 335 (1980) 참조). 이 용어는 대체로 "공중의 보건, 안전, 도덕 및 공공복리를 보호하기 위해 보상 없이 개인이나 기업의 활동 및 재산 사용을 제한·규제하거나 금지하는 정부의 권력행사"를 의미한다(David J. McCarthy, Jr & Laurie Reynolds, Local Government Law, 167 (5th ed. 2003)). 또한 Black's Law Dictionary에는 police power가 "공중의 보건, 질서, 건강, 도덕 및 정의를 보존하기 위해 모든 법률을 필요하고 적절하게 하는 주권(통치권)의 내재된 전권"이라고 정의되어 있다(Black's Law Dictionary, 1276 (9th ed. 2009) 참조). 따라서 이

의 구별기준 등에 관한 연구는 우리법의 해석에 도움을 줄 수 있을 것
으로 보인다. 미국에서는 토지수용과 손실보상(정당한 보상)의 결정에
있어서 '법원'의 역할이 중요하기 때문에 연방대법원의 판례에 관한 분
석이나 검토는 매우 중요하다. 그러나 이러한 판례 분석에만 그치는 경
우에는 일반적인 수용이론을 도출하기가 어렵고, 사례별(case-by-case)
문제해결에만 만족해야 한다. 따라서 이하에서는 우리에게 시사점을 던
져줄 수 있는 미국의 수용제도의 사상적 기원, 미연방헌법 수정 제5조
의 수용요건, 정당한 보상의 내용과 범위 그리고 수용과 규제의 구별
등을 염두에 두고 검토하기로 한다.

Ⅱ. 收用制度의 思想的 背景

미연방헌법 수정 제5조에서는 收用條項(Takings-Clause)을 두고 있
다.8) 즉 여기에서 "私有財産은 公的 使用을 위해 正當한 補償 없이
剝奪당하지 아니 한다"(nor shall private property be taken for public
use, without just compensation)라고 규정하고 있다. 수용조항의 의미에
대해서는 후술하는 '公用收用의 要件'에서 상세히 검토하도록 한다. 이러
한 미국 헌법상의 수용제도는 오랜 역사적 경험과 전통을 가지고 있으며,
그 내용을 보다 정확히 이해하기 위해서는 수용의 사상적 기원을 살펴보
는 것이 선행되어야 한다. 이와 관련하여 일찍이 『收用(Takings)』을 저

를 '경찰권'으로 명명하는 것은 그 내용에 적합하지 않다. 그러한 이유에서 필자는
police power를 '統治權' 내지 '包括的(總括的) 規制權' 등으로 이해하는 것이 타당하다
고 생각한다. 다만, 용어상의 혼란을 피하기 위하여 本稿에서는 원어인 police power를
그대로 표현하기로 한다.
8) 미국에서는 '收用權'을 "eminent domain"라고 표현하기도 한다. eminent domain라는
개념은 성경(로마서)에서 유래하였다고 보는 견해도 있으나(Robert R. Wright &
Morton Gitelman, Land Use, 153 (2000)), 자연법 철학자인 Grotius에서 연원한다고
보는 견해가 유력하다(Black's Law Dictionary, at 601 참조.). Grotius는 國王의 刑
罰權과 收用權(eminent domain)에 의해 臣民의 권리를 박탈할 수 있다고 보면서, 수
용권에 의한 권리의 박탈은 공익을 위해서 허용되며 臣民이 입은 피해에 대해 정당한
만족을 받아야 한다고 보았다(이에 대한 상세한 내용 및 문헌소개는 Joseph L. Sax,
Takings and the Police Power, 74 Yale L. J. 36, 54 (1964).

술한 Epstein 교수는 토마스 홉스(Thomas Hobbes)와 존 로크(John
Locke)의 이론을 통해 수용이론의 사상적 연원을 설명하고 있다.9) 즉
토마스 홉스는 인간을 매우 이기적으로 행동하는 것으로 전제하고, 자연
상태를 "萬人에 대한 萬人의"(of every man, against every man) 鬪爭
狀態로 이해하였다.10) 이러한 자연 상태에서는 자기보존을 위한 권리만
이 인정될 뿐이다. 홉스는 이러한 자연상태가 대단히 불안정하고 불확실
하기 때문에 개인들이 사회계약(covenant)을 통해 자유와 재산권을 포
기하고 이를 절대자에게 양도해야 한다고 주장한다. 그러나 정치하지 못
한 홉스의 이론은 미연방헌법의 수용이론의 토대가 되지 못하였다.
Epstein 교수는 "간명하고 극적이지만, 세련되지 못한" 홉스의 이론 대
신 로크의 이론이 미국 헌법에 수용되었다고 보고 있다.11) 즉 로크는
인간을 평등하다고 전제하고, 자연상태에서의 인간은 理性(reason)에 따
라 서로 자유롭고 조화롭게 살아가고 있다고 보았다.12) 그는 홉스와 달
리 개인의 자유와 재산을 포기하지 않고 사회 무질서의 리스크를 피할
수 있는 제도적 장치를 모색하였다.13) 또한 로크는 '재산권'을 포함한
자연권이 주권자에서 연유하는 것이 아니라 인류의 공통된 선물로 파악
하고, 자신의 노동에 의해서만 획득되는 것으로 보았다.14) 나아가 그는
절대 권력이 당사자의 동의 없이 사유재산권을 박탈할 수 없다고 보았
다.15) 그러나 로크는 수익적 사용을 위해 재산권에 대한 '제한'도 가능
하다고 보았다. 즉 재산권은 무제한적인 것이 아니라 자신과 자신의 가

---

9) Richard A. Epstein, Takings: Private Property and the Power of Eminent
   Domain, 7-18 (1985). 한편, Fischel 교수는 Epstein 교수가 소개한 수용이론의 사상
   적 기원, 특히 로크의 이론에 관한 설명을 비판하고 있는데, 로크의 이론이 무보상의
   토지국유화를 허용하고 있다는 견해를 근거로 제시하고 있다(William A. Fischel,
   Regulatory Takings: Law, Economics, and Politics, 171-172 (1995) 참조).
10) Thomas Hobbes, Leviathan, ch. 13 (1651).
11) Richard A. Epstein, supra note 9, at 7-8.
12) John Locke, Of Civil Government, § 19 (1698).
13) Epstein, supra note 9, at 10.
14) Locke, supra note 12, at ch. 5.
15) Id. at § 138.

족이 소비하거나 사용할 수 있는 정도로 제한되어 있으며, 이를 낭비해
서는 안 된다고 보았다.16) 로크는 재산권을 절대불가침으로 전제하면서
도, 사회의 공익을 위해서는 일정한 제한이 가능하다고 보고 있는데, 이
러한 입장은 모순으로 보일 수도 있다. 그는 이를 개인의 묵시적 동의
(tacit consent)라는 개념으로 해결하고자 하였으나, 이러한 애매한 이론
은 오히려 비판의 대상이 되었다.17) 오늘날에는 "묵시적 동의"라는 애
매한 이론 대신에 국가가 개인의 재산권을 박탈하는 것에 대해서는 이
에 상응하는 정당한 보상(just compensation)이 부여되어야 하는 것으로
보고 있다.18) 한편, 초창기 미국 헌법에서는 개인의 自然權에 관한 아
무런 규정을 두고 있지 않았다. 이에 관한 실체적 보호규정을 두지 않은
것은 미연방헌법에서 소위 몽테스키외(Montesquieu)의 三權分立論에
의해 '견제'와 '균형'의 원리가 작동하고 있고, 이러한 권력분립에 의해
개인의 자유권(재산권 포함)이 당연히 보호될 수 있다고 이해했기 때문
이다.19) 하지만 일부 州(North Carolina, New Hampshire)를 제외한 대
부분의 주에서는 주헌법에 이와 유사한 규정을 두고 있었다.20)

Ⅲ. 公用收用의 類型

1. 現況 및 必要性

미국에서는 다양한 유형의 수용이 존재하고 있는데, 이러한 모든 유
형들이 모두 정당한 보상을 요하는 수용에 해당하는지가 문제된다. 수
용의 유형을 구별하고 있는 견해는 많지 않으나, 전통적인 수용으로서
점유권을 박탈하는 占有的 收用(Possessory Takings)과 규제가 과도

---

16) Id. at § 36.
17) Epstein, supra note 9, at 14.
18) Id, at 15.
19) Id, at 17.
20) William A. Fischel, supra note 9, at 171-172.

하여 수용으로 인정되는 소위 規制的 收用(Regulatory Takings)을 구
별하는 견해가 유력하다.[21] 그러나 판례에는 사실적 수용, 부분적 수용
및 일시적 수용 등의 개념들이 등장하고 있어, 공용수용의 개념과 그
요건을 살펴보기에 앞서 이를 검토할 필요가 있다. 또한 보상을 요하는
수용과 보상을 요하지 않는 규제를 구별하기 위해서도 이러한 다양한
수용유형을 먼저 검토하는 것이 필요하다. 실제 이러한 다양한 유형의
수용들은 보상을 요하지 않는 police power의 행사와의 구별을 어렵게
하고 있다. 특히 후술하는 미연방대법원에 의한 '규제적 수용'의 인정은
역설적으로 언제 수용이 인정되는지에 관하여 명확한 답변을 주지 못
하고, 개별 사건에 따라 수용 여부를 판단해야 하는 문제점을 남겼다.
이하에서는 미국에서 수용을 인정하는 요건을 살펴보기에 앞서, 구체적
인 수용의 유형을 검토하도록 한다.

2. 具體的 類型

(1) 占有的 收用

점유적 수용(Possessory Takings)은 매우 전통적인 수용유형으로서,
소유자의 재산을 몰수하거나 점유를 박탈·침해하는 경우를 말한다. 따
라서 정부가 개인의 점유권을 박탈하는 점유적 수용에서는 物理的 占
有(physical occupation) 또는 物理的 侵害(physical invasion)라는 요
건이 중요한 의미를 가진다. 물리적 점유나 침해 여부에 의하여 수용을
판단하는 것이 쉬울 것으로 보이지만, 실제에 있어서는 언제 물리적 점
유 내지 침해가 이루어졌다고 볼 수 있는지는 쉽지 않다. 이에 대하여
학설은 미연방대법원이 대체로 사유재산이 공유재산으로 전환되거나 본
질적으로 공중이 해당 사유재산을 점유하는 것이 허용되는 것을 기준
으로 판단하고 있다고 보고 있다.[22]

---

21) Erwin Chemerinsky, Constitutional Law: Principles and Policies, 657 (4th ed.
2011).

(2) 規制的 收用

미연방대법원은 Pennsylvania Coal Co. v. Mahon 事件[23]에서 처음으로 規制的 收用(regulatory takings)[24]을 인정하였다. 이 사건은 1921년에 제정된 Pennsylvania의 州法(소위 Kohler Act)이 支柱를 제거하고 地盤의 沈下를 초래할 수 있는 石炭(無煙炭)의 채굴을 금지함으로써 석탄회사의 채광권의 행사를 하지 못하게 하였는데, 이러한 금지가 수용에 해당하는지가 문제되었다. 이 사건에서 연방대법원은 정부가 사유재산을 몰수하거나, 점유 또는 파괴하지는 않았지만, 정부의 규제가 사유재산권의 사용을 "과도하게"(too far) 제한하는 경우에는 수용이 될 수 있다고 판결하였다. 특히 홈즈(Oliver Wendell Holmes) 大法官은 "사유재산이 어느 정도까지는 규제되지만, 그 規制가 過度한 경우에는 收用으로 인정될 수 있다"(while property may be regulated to a certain extent, if regulation goes too far it will be recognized as a taking)고 하여, 규제적 수용을 처음으로 인정하였다.

(3) 一時的 收用[25]

미연방대법원은 First English Evangelical Lutheran Church of Glendale v. County of Los Angeles 事件[26]에서 일정한 기간 동안 사유재산의 사용이 부인되는 경우에 수용을 인정하고 있다.[27] 즉 사유재산의 사용에 있어서 一時的(temporary)인 損失도 수용이라고 판결하였다. 이 사건에서 상고인(교회)은 1957년 캘리포니아(California)州의 로

---

22) 이에 대해서는 Id. at 660.
23) 260 U.S. 393 (1922).
24) 한편, 규제적 수용을 '수용'의 일종이 아니라 수용의 법리에 따른 보상이 요구되는 '규제'라고 보는 견해도 유력하다. 즉 규제가 공적 규제의 정도를 벗어나서 정당한 보상이 지급될 뿐, 규제가 수용인 것은 아니라고 이해하고 있다. 이에 대해서는 김민호, "간접수용 법리의 합헌성 연구", 저스티스 통권 제96호 (2007. 2), 90면 참조.
25) 이를 '臨時的 收用'이라고 부르는 견해도 있다(정하명, "임시적 수용", 토지공법연구 제18집 (2003. 6), 533면 이하).
26) 482 U.S. 304 (1987).
27) Jerome A Barron & C. Thomas Dienes, Constitutional Law, 204 (6th ed. 2005).

스앤젤레스(Los Angeles)市 부근에 소재하는 토지를 장애아동들의 레크
리에이션(recreation)을 위해 구입하였는데, 해당 토지는 배수로인 강둑
을 따라 협곡에 위치하고 있었다. 그러나 1978년에 발생한 큰 홍수로 인
해 해당 토지가 손괴되었고, 그 이듬해에 피상고인인 로스앤젤레스 카운
티(County)는 홍수 방지를 위해 해당 토지를 포함한 임시홍수방지지역
에서 건축이나 재건축 등을 금지하는 臨時條例(interim ordinance)를 제
정하였다. 이에 대해 캘리포니아州 대법원(California Supreme Court)은
Agins v. Tiburon 事件28)을 근거로 소유주가 규제적 수용에 근거한
逆收用訴訟(inverse condemnation suit)29)을 제기할 수 없고, 宣言的 救
濟方式(declaratory relief)이나 職務履行命令(mandamus)에서 문제가 된
규제나 조례가 과도하다고 여겨질 때까지는 보상을 요구할 수 없다고
판결하였다. 그러나 토지소유자는 정부를 상대로 보상금을 요구하는 소
송을 제기하였고, 미연방대법원은 정부가 규제를 중지하였을지라도 '일
시적으로' 개인의 사유재산을 수용하였을 때에는 정당한 보상을 하여야
한다고 판시하였다.30) 특히 다수의견의 법정의견을 집필한 렌퀴스트
(Rehnquist) 대법원장은 一時的인 규제적 수용(temporary regulatory
takings)에 대해 보상을 요구할 수 없다는 캘리포니아(California) 州 대
법원의 판결을 정면으로 論駁하면서 수용을 인정하였다.

한편, 미연방대법원이 모든 일시적 수용에 대해 정당한 보상을 해야 한

---

28) 이 사건은 토지소유자가 이전에 구입한 토지의 사용을 단독주택으로 제한하는 市
(Tiburon)의 都市計劃條例에 의해 손실을 입었다고 주장하면서 시를 상대로 逆收用訴
訟을 제기한 것이다. 여기에서 미연방대법원은 이러한 토지이용규제가 정당한 보상 없
이 재산을 박탈하는 것은 아니라고 판시하였다(447 U.S. 255 (1980)).
29) 여기에서 逆(inverse)이라는 명칭을 붙인 것은 통상의 수용소송에서는 정부가 원고가
되어 소유자를 상대로 訴를 제기하나, 이러한 소송에서는 소유자가 원고가 되어 정부를
상대로 보상금을 청구한다는 것에서 연유한다.
30) 상세는 Chemerinsky, supra note 21, at 681-682. 한편, 국내 통설은 헌법 제23조 제
3항의 공용'사용' 개념을 "재산권의 박탈에 이르지 아니한 一時的·强制的 사용"이라고
이해하고 있다. 이러한 통설에 의하면 일시적 강제사용도 수용의 개념에 포함된다고 볼
수 있다. 이에 반하여 공용사용을 "사용권의 部分的 剝奪"로 이해하는 견해도 있다(한
수웅, "재산권의 내용을 새로이 형성하는 법규정의 헌법적 문제", 저스티스 제32권 제2
호 (1996. 6), 35면).

다고 본 것은 아니다.[31] 즉 미연방대법원은 Tahoe-Sierra Preservation
Council, Inc. v. Tahoe Regional Planning Agency 事件[32]에서, Tahoe
호수에 대한 토지소유자의 개발권을 32개월 동안 정지시키는 일시적 모
라토리엄(moratorium)이 수용이 아니라고 판결하였다. 여기에서는 환경
연구에 바탕을 두고 청정수역을 자랑하는 천연의 자연경관을 고려한 정
부의 조치가 합리적인 한, 일시적으로 개발권을 정지시키는 조치는 수용
이 아니라고 본 것이다.

(4) 部分的 收用

미국의 문헌들은 대체로 토지의 一部에 대해서만 수용을 하는 부분
적 수용(Partial Taking)도 허용하고 있다.[33] 예컨대 州가 4에이커
(acre)의 토지구획 중에서 2에이커만 수용하는 경우가 그러하다. 이러한
경우에 소유자가 얼마만큼의 토지를 보유하고 있을지라도 수용된 토지
에 대해서는 보상을 지불하여야 한다고 보고 있다.[34] 이러한 부분적 수
용은 이론적으로 논란의 여지가 없다. 독일의 판례 및 학설은 수용을
"재산권에 대한 전면적 또는 부분적 박탈행위"라고 이해하고 있기 때
문에, '부분적' 박탈도 수용의 개념에 포함시키고 있다.[35] 후술하는 바와
같이 미국의 統一收用法典(UEDC, Uniform Eminent Domain Code)에
서는 부분수용이 있는 경우에 보상액의 산정에 관한 규정을 두고 있다
(UEDC § 1002).

---

31) 이와 관련하여 정하명 교수는 PruneYard Shopping Centers v. Robins 事件을 근거
   로 미연방대법원이 점유적(물리적) 수용에서는 임시적(일시적) 수용을 부정하고 있으
   며, 규제적 수용에 있어서도 임시적 수용은 매우 제한적인 것으로 평가하고 있다(정하
   명, 앞의 논문, 538면).
32) 535 U.S. 302 (2002).
33) Laurence H. Tribe, American Constitutional Law, 592 (2nd ed. 1988).
34) Epstein, supra note 6, at 57.
35) BVerfGE 70, 191/199 f; 72, 66/76; Maunz/Dürig, GG, Art. 14 Rn. 525;
   Jarass/Pieroth, GG, Art. 14 Rn. 70. 특히 독일 연방헌법재판소는 제한물권이 설정된
   재산권에 관한 제약의 경우에 권리 전체에 대해 '부분적 박탈'로 보고 있다(BVerfGE
   45, 297/338; 56, 249/260).

한편, 이와 같이 계량화를 할 수 있는 量的인 부분적 수용 이외에도 質的인 부분적 수용도 인정된다. 즉 토지의 소유권이란 占有(possession), 使用(use) 및 處分(disposition)을 포함한 개념이다. 이 가운데에서 점유만 박탈하고 사용이나 처분권은 남아 있는 경우, 또는 사용만 박탈하고 점유나 처분권은 남아 있는 경우, 나아가 처분권만 박탈되고 점유나 사용은 남아 있는 경우에도 '부분적 수용'이라고 보고 있다.[36]

(5) 事實上 收用

사실상 수용(de facto taking)은 수용절차의 착수나 개시가 없지만, 정부기관의 법령, 규제 기타 활동 등으로 인하여 사인의 재산권의 사용을 제한하거나 가치를 감소하게 하여 경제적으로 수익적 목적에 적합하지 않게 만드는 경우에 인정된다.[37] 즉 정부기관의 활동으로 인하여 사유재산의 사용에 영향을 미치거나 그 가치의 감소를 초래하여 수용으로 인정되는 경우를 말한다.[38] 다만, 사실상 수용은 재산적 가치의 감소를 기준으로 한다는 점에서 규제적 수용과 유사한 측면이 있다.

Ⅳ. 公用收用의 要件 및 補償

1. 公用收用의 要件

(1) 公用收用의 對象으로서 財産權

공용수용의 대상은 사유재산권(private property rights)이다(미연방헌법 수정 제5조 참조). 그러나 미연방헌법에는 '재산권'을 특별히 규정하고 있지 않기 때문에, 결국 법원의 해석에 의존할 수밖에 없다. 미연방대법원은 United States v. General Motors Corp. 사건에서 수용의

---

36) 상세는 Epstein, supra note 6, at 62.
37) Thomas S. Szatkowski, supra note 7, at 334.
38) Id. at 344. 사실상 수용은 미국의 일부 州 법원에서 인정되고 있다고 한다(City of Detroit v. Cassese, 376 Mich. 311, 136 N.W. 2d 896 (1965)).

대상인 재산권을 "市民의 所有權에 내재된 權利의 總體"라고 판시하고 있다.[39] 이러한 재산권의 개념정의는 매우 넓고 추상적이라고 볼 수 있다. 여기에는 후술하는 바와 같이 부동산[40]은 물론, 동산, 금전(이자 포함) 및 영업상 비밀 등이 포함된다. 이와 관련하여 구체적 사례를 살펴보면 아래와 같다.

미연방대법원은 Webb's Fabuloust Pharmacies, Inc. v. Beckwith 事件[41]에서, 競合者確定訴訟(interpleader proceeding)이 진행되면서 법원에 공탁한 기금에 의해 얻어진 '이자소득'이 공유재산이라고 주장하는 州 정부의 주장을 기각하고, 이를 '私有財産'이라고 판단하였다. 그 후 연방대법원은 Phillips v. Washington Legal Foundation 事件[42]에서도 동일한 입장을 취하면서, 변호사의 신탁계정에 지불된 이자는 수용조항에서 말하는 '재산권'에 해당한다고 보았다. 즉 워싱턴(Washington) 州 法律은 변호사로 하여금 고객의 기금을 신탁계정에 맡겨두도록 하였는데, 변호사신탁계정이자(IOLTA, Interest On Lawyer Trust Account) 프로그램에서 이자소득을 얻을 수 없도록 하였다. 더불어 그 이자를 공익적 목적을 위해 워싱턴 법률재단(Legal Foundation of Washington)에 이전하도록 하였다. 미연방대법원은 이러한 요구 그 자체가 수용에 해당한다고 보았다. 위 Phillips 사건에서도 미연방대법원은 해당 IOLTA 법률이 수용에 해당되는지, 또는 정당한 보상이 요구되는지를 여부를 결정하지 않았으나, 당시 Rehnquist 대법원장은 1700년대 중반 이후에 이미 확립된, "이자는 원금을 따른다"(interest follows principle)라는 원칙에 따라 변호사신탁계정이자(IOLTA, Interest On Lawyer Trust Account) 프로그램의 기금에서 파생된 이자도 사유재산에 속한다고 보았다.[43] 그 후 미연방대법원은 2003년 Brown v.

---

39) 323 U.S. 373 (1945).
40) Pumpelly v. Grenn Bay Co., 80 U.S. 166 (1872).
41) 449 U.S. 155 (1980).
42) 524 U.S. 156 (1998).
43) Id. at 171.

Legal Foundation of Washington 事件44)에서, IOLTA 프로그램은
합헌이나, 소유권자가 그 운영에서 재산적 가치의 손실을 입은 바 없으
므로 정당한 보상을 할 필요가 없다고 판시하였다.

한편, Chemerinsky 교수는 미연방헌법 수정 제5조의 '재산권'개념이
실정법(특히 州法)에 의해 창출된 권리나 기대에 근거하여 정의될 수
있다고 보고 있다.45) 이와 관련하여 미연방대법원도 사유재산권이 필수
적으로 州가 정한 바에 의해야 한다고 보면서도46), Webb's Fabuloust
Pharmacies, Inc. v. Beckwith 事件에서는 유일하게 적용되는 실정법
을 거부하고 플로리다(Florida) 州 대법원의 판결을 파기한 바 있다.47)

우리 헌법재판소는 재산권을 "모든 재산적 가치 있는 사법상·공법
상의 권리"라고 보면서도,48) 단순한 기대이익이나 반사적 이익 그리고
경제적 이익 등은 배제하고 있다.49) 미국에서도 정부의 정책결정(정부
의 협정)에서 파생되는 경제적 이익이나 불이익을 사유재산의 보호범위
에 포함시키지 않고 있다. 미연방대법원은 Dames & Moore v.
Regan 事件50)에서, 대통령이 이란에 억류중인 미국인 인질의 석방을
위한 이란정부와의 합의의 일환으로 미국 내에 있는 이란자산에 대한
동결을 해제한 경우에 채권자의 재산상 손실을 인정하지 않았다. 이란
정부와의 합의에는 채권자에 대한 이란정부의 책임을 제한하는 내용을
담고 있었는데, 채권자들은 압류해제조치가 자신들의 재산권을 침해하
였다고 주장하였다. 이 사건에서 연방대법원은 대통령의 압류조치가
"취소가능하고(revocable) 불확실한 것으로서" 대통령의 권한에 속하고,
이러한 압류조치에서 상고인들이 재산상 이익을 얻을 수 없다고 판시
하였다.

---

44) 538 U.S. 216 (2003).
45) Chemerinsky, supra note 21, at 677.
46) 449 U.S. at 161.
47) 이에 대한 상세는 Laurence H. Tribe, supra note 33, at 610.
48) 헌재 1992. 6. 26. 90헌바26.
49) 헌재 1998. 7. 16. 90헌마246.
50) 453 U.S. 654 (1981).

나아가 전통적인 재산권(예컨대 부동산)의 형식은 아니지만, 무형의 이익이나 정부의 수혜 등과 같은 새로운 유형의 이익도 수용조항에 의해 보호되는지가 문제되고 있다.[51] 미연방대법원은 Ruckelshaus v. Monsanto Co. 事件[52]에서 영업거래의 비밀(trade secrets)도 재산의 보호범위에 포함된다고 보았다. 그러나 미연방대법원은 Bowen v. Gilliard 事件[53]에서, 정부의 경제적 수혜가 수용조항의 보호대상인 재산에 해당하지 않는다고 보았다. 즉 상고이유의 핵심은 연방법이 어린 자녀가 있는 미망인들을 지원하는 소위 '부양자녀 가족지원'(AFDC, Aid to Families with Dependent Children) 프로그램의 수혜자들에게 이혼 후 부양하지 않는 부모로부터 받은 지원금을 할애하도록 하고 있었는데, 그 지급액은 자녀에 대한 것이지만 복지수혜는 가구 전체를 위한 것이기 때문에 자녀에 대한 지원금, 즉 사유재산이 수용되었다는 것이다. 그러나 미연방대법원은 이러한 주장을 기각하였다.

(2) 公用收用의 正當性으로서 '公的 使用'

공용수용이 허용되기 위해서는 사유재산을 '공적 목적'으로 사용하고 이에 대해 정당한 보상을 지급하여야 한다. 미연방헌법 수정 제5조에는 '公的 使用'(public use)이라는 표현을 사용하고 있는데, 그 의미는 공용수용이 정당화되기 위해서는 특정인의 사유재산이 공적 목적(public purpose)에 사용되어야 한다는 것을 의미한다.[54] 따라서 특정인의 재산

---

51) 이에 대해서는 Chemerinsky, supra note 21, at 676.
52) 467 U.S. 986 (1984).
53) 483 U.S. 587 (1987).
54) 미연방대법원도 "(정당한) 보상을 지불할 지라도 공적 목적을 정당화하지 않고 他人의 수익을 위해 一人의 재산을 수용하여서는 아니된다"라고 판시하여(Thompson v. Consolidated Gas Corp., 300 U.S. 55, 80 (1937)), 공용수용의 정당화요건으로서 '공적 목적'을 강조하고 있다. 이에 대한 상세한 내용 및 동일한 입장의 판례 소개에 대해서는 Chemerinsky, supra note 33, at 678-679. 한편, 독일 기본법 제14조 제3항에서는 "公共福利(Wohle der Allgemeinheit)"를, 우리 헌법 제23조 제3항에서는 "公共必要"라는 개념을 사용하고 있다. 이 개념의 해석과 관련하여서는 우리의 경우에도 학설상 다툼이 있다.

을 사익을 위해 수용하는 것은 무효가 된다.

　미연방대법원은 현재 미연방헌법 수정 제5조에 규정된 '공적 사용'의 개념을 매우 넓게 이해하고 있다.[55] 이와 같이 '공적 사용'의 개념을 넓게 파악하기 시작한 것은 Berman v. Parker 事件[56] 이후부터이다. 즉 이 사건에서 컬럼비아특별구(District of Columbia)는 빈민가 지역을 수용해서 사적인 개발이익을 위해 이를 매도하거나 리스(lease)를 해 주었고, 이에 해당 소유주들은 정부의 수용조치가 '공적 목적'을 위한 것이 아니라고 주장하였다. 그러나 이 사건에서 더글러스(William Douglas) 大法官은 '의회'의 권한을 존중하면서, 그 대상이 의회의 권한 범위 내에 있는 경우에는 수용권의 정당한 행사라고 보았다.[57] 이 사건에서 공용수용, 특히 '공적 사용'의 판단에 있어서 입법부의 역할과 입장이 중시되고 있음은 주목할 점이다. 이러한 입장은 Hawaii Housing Authority v. Midkiff 事件[58]에서도 그대로 유지되었다. 이 사건은 하와이 주 정부가 식민지 이전의 소유시스템에 따라 추장이나 귀족이 소유하고 있던 토지를 다수의 주민들에게 다시 매각하는 계획을 수립하여 정당한 보상을 지급하고 그 토지를 수용한 경우이다. 이 사건에서 미연방대법원은 만장일치로 공적 사용을 위한 수용으로 판단하면서, 공적 사용의 요건이 主權에 내재된 police power의 범위와 대체로 일치한다고 보았다.[59] 이와 같이 미연방대법원은 정부가 合理性審査(rational basis test)를 충족하는 한, '공적 사용'을 위한 토지의 수용이라고 보고 있다.

　한편, '공적 사용'의 개념과 관련하여 큰 논쟁을 불러일으킨 사건은 Kelo v. City of New London 事件[60]이다. 이 사건에서는 낙후된 도

---

55) Id. at 679.
56) 348 U.S. 26 (1954).
57) Id. at 32-33.
58) 467 U.S. 229 (1984).
59) Id. at 240.
60) 545 U.S. 469 (2005). 이 사건에 대한 자세한 소개는 이인호, "역 로빈훗 방식의 수용권행사의 위헌성", 헌법실무연구 제10권 (2009), 537면 이하.

시의 재개발을 위해 비영리 민간기업(New London Development Corporation)의 공용수용이 허용될 수 있는지 여부가 문제된 것이다. 미 연방대법원은 5 대 4로 '합헌'결정을 내렸다. 이 사건의 多數意見은 종 전의 입장을 그대로 유지하면서, 정부의 행위가 일반 공중에 수혜를 줄 것이라는 합리적 믿음에서 나올 때에는 '공적 사용'을 위한 수용으로 볼 수 있다고 보았다. 합리적으로 고려할 때 공익과 관련되어 있다고 판단할 수 있는 경우, 즉 소위 "合理性審査"(rational basis test)를 충 족하는 경우에 '공적 사용'을 위한 수용이 인정된다는 것이다.[61] 또한 다수의견(Stevens 대법관, Kennedy 대법관, Souter 대법관, Ginsburg 대법관, Breyer 대법관)의 법정의견을 집필한 Stevens 대법관은, 미연방 대법원이 19세기 이후 '공적 사용'의 개념을 "公衆에 의한 使用"(use by the public)에 제한하는 좁은 의미로 이해하는 것은 점차 퇴색하게 되었고, 오늘날에는 이를 넓게 이해하고 있다고 주장한다. 그러나 反對 意見(Rehnquist 대법원장, Scalia 대법관, Thomas 대법관, O'Connor 대법 관)을 집필한 O'Connor 대법관은 이 판결로 인해 '公的 使用'과 '私的 使用'의 구별이 없어지고 미연방헌법 수정 제5조의 '공적 사용'이라는 용어를 효과적으로 제거해 버렸다고 신랄하게 비판하였다. 이 사건 후 의 各界의 反響은 실로 놀라울 정도였다. 특히 이 사건이 있은 지 수 년 후에 많은 州에서는 세수증대를 목적으로 한 개발프로젝트를 배제 하기 위해 '공적 사용'의 개념을 엄격히 제한하는 입법을 단행하였다.[62]

(3) 物理的 占有 내지 侵害

미연방대법원은 전통적으로 정부기관에 의한 沒收(confiscation)는

---

61) Chemerinsky, supra note 14, at 656.
62) Amanda W. Goodin, Rejecting the Return to Blight in Post-Kelo State Legislation, 82 N.Y.U. L. Rev. 177, 195 (2007) 등 참조. 그러나 私人(私企業)을 위 한 공용수용에 있어서 '公共必要'의 개념은 일반적인 '공익성'('공공필요') 요건보다 엄 격히 심사할 필요가 있다(拙稿, "사인을 위한 공용수용의 위헌성 판단", 憲法論叢 제17 집 (2006), 395면 참조).

물론, 사유재산의 物理的 占有(physical occupation)나 物理的 侵害 (physical invasion)도 수용으로 인정하고 있다.[63] 한편, Michelman 교 수도 "규칙적인 사용"이나 "영구적인 점유" 등이 있은 경우에 물리적 침해가 있었다고 보고 있다.[64] 이러한 시각들은 수용에 관한 전통적인 관점으로 볼 수 있다. 다만, 미국에서 일시적 수용이 허용되는지 여부 에 대해서는 판례의 입장이 명확하지 않으며, 위에서 언급한 바와 같이 학설 가운데에는 부정적인 견해도 있다.

특히 Loretto v. Teleprompter Manhattan CATV Corp. 事件에서 는 "부동산의 영구적인 물리적 점유는 명백히 수용"이라고 보았다.[65] 이 사건은 아파트 건물의 소유주에게 케이블 텔레비전의 시설을 설치 할 수 있는 공간(1 입방피트)을 마련할 것을 요구하는 市 條例에서 수 용을 인정하였다. 문제가 된 공간은 불과 1 입방피트의 좁은 공간임에 도 불구하고, 이를 영구적으로 물리적 점유를 하는 경우에 수용이 인정 되고 있다. 또한 정부의 댐건설로 인한 수몰지역의 주민들이 영구적으 로 자신들의 토지를 사용하지 못하는 경우[66]에도 수용을 인정하였다. 전통적으로 수용은 甲에게 속하는 재산을 公共善 또는 공적 목적을 위 해 그의 동의 없이 해당 재산을 박탈 또는 제약함으로써, 토지소유자인 甲이 자신의 재산을 더 이상 이용하지 못하는 것으로 파악하였다. 이 경우 재산권에 대한 물리적 점유나 침해가 수반된다고 볼 수 있다. 이 와 같이 미연방대법원은 사유재산에 대한 "永久的인 物理的 占有"를

---

63) Chemerinsky, supra note 21, at 656; David J. McCarthy, Jr. & Laurie Reynolds, supra note 3, 253-254.
64) Frank I. Michelman, Property, Utility, and Fairness: Comments on the Ethical Foundations of 'Just Compensation' Law, 80 Harv. L. Rev. 1165, 1184 (1967).
65) 458 U.S. 419 (1982). 우리 전기사업법은 전기사업자가 사업을 수행하기 위하여 필요 한 경우에 현재의 사용방법을 방해하지 아니하는 범위에서 타인의 토지의 지상 또는 지하 공간에 전선로를 설치할 수 있으며, 이 경우 전기사업자는 전선로의 설치방법 및 존속기간 등에 대하여 미리 그 토지의 소유자 또는 점유자와 협의하여야 하도록 하고 있다(전기사업법 제89조 제1항). 또한 타인의 토지위의 공중의 사용으로 인하여 발생한 손실에 대하여 보상을 하도록 하고 있다(전기사업법 제90조의2).
66) Pumpelly v. Grenn Bay Co., 80 U.S. 166 (1872).

수용으로 판단하였다. 그러나 실제에 있어서 언제부터 '물리적 점유'가 있었는지를 판단하기는 쉽지 않다. 이와 관련하여 판례는 대체로 사유재산이 공유재산으로 변경되어 일반 공중이 해당 토지를 점유할 수 있는 시점으로 보고 있다. Kaiser Aetna v. United States 事件[67])에서와 같이 私人의 水路를 공적 사용에 제공한 때를 수용의 시점으로 보고 있다.

한편, 戰時·災難 등 非常時에 이루어진 사유재산에 대한 물리적 점유가 수용의 예를 인정할 수 있는지가 문제된다. 제2차 세계대전 초기에 미국 정부가 필리핀에 있는 민간기업의 정유시설을 파괴한 United States v. Caltex, Inc. 事件에서, 미연방대법원은 해당 정유시설이 일본군에 넘어갈 것을 우려해 미국 정부가 이러한 조치를 하였음을 인정하여 수용을 부인하였다.[68]) 그러나 법원은 마찬가지로 전시에 발생한 사건이기는 하나, 全美 勞動者 總罷業을 이유로 炭鑛을 강제로 몰수한 United States v. Pewee Coal C., 사건에서는, 점유와 통제의 실제적인 수용이 있다고 보아 보상을 요하는 수용을 인정한 바 있다.[69]) 그 후의 사건에서 미연방대법원은 물리적 점유나 침해로 인한 수용과 보상을 대체로 인정하고 있다. 이와 관련하여 Chemerinsky 교수는 최근 미연방대법원이 점유적 수용에 있어서 보상요건의 예외를 인정하지 않으려는 경향을 보인다고 분석하고 있다.[70])

(4) 財産價値의 減少 與否

사유재산에 대한 물리적 점유나 침해를 수용으로 보는 전통적인 관점에서 벗어나 '재산적 가치가 감소'하는 경우에도 수용이 인정될 수 있는지가 문제된다. 물론 특정인의 재산을 영구적으로 물리적인 점유를

---

67) 444 U.S. 164 (1979).
68) 344 U.S. 149 (1952).
69) 341 U.S. 114 (1951).
70) 비상시의 예외에 관한 내용 및 최근 판례의 내용에 대해서는 Chemerinsky, supra note 14, at 662 참조.

하거나 침해하는 경우에도 재산가치가 하락한다고 볼 수 있다. 그러나 물리적 점유, 즉 재산의 이전이나 양도를 하지 않고 단순히 재산상 가치의 하락 내지 감소를 가져오는 경우에도 수용으로 볼 수 있는지가 문제된다.

미연방대법원은 United States v. Causby 事件71)에서 군사비행을 통해 영공을 정기적으로 사용함으로써 養鷄農場의 토지사용을 침해한 경우에도 수용으로 판결하였다. 그런데 이 사건은 정부의 행위가 해당 토지에 대한 물리적 점유나 침해를 한 것인지, 단지 재산의 가치를 감소시킨 것인지 여부가 명확하지 않다.72) 판례는 전자의 입장에서 수용을 인정하였으나, 재산권의 사용에 관한 제약은 있었을지라도 엄밀한 의미에서 양계농장에 대한 '물리적 점유'가 있었다고 보기는 어렵다. 여기에서 공용수용의 경우에 반드시 '물리적 점유'를 요하는지, 아니면 일정한 정도의 "재산적 가치의 감소"만으로도 충분한지가 문제된다. 적어도 모든 경제적 가치의 박탈이 수용에 해당함은 물론이다.73)

그러나 미연방대법원의 판례는 都市計劃條例(zoning ordinance)74)로 인한 재산적 가치의 감소를 거의 수용으로 인정하고 있지 않다. 도시계획조례가 문제된 첫 번째 사례는 Euclid v. Amber Realty Co. 事件75)이다. 이 사건에서, 상고인은 도시계획조례로 상업지역으로 지정한 것을 주거지역으로 다시 지정함으로써(rezoned), 부동산(토지)의 가치가 에이커(acre) 당 10,000달러에서 2,500달러로 현저히 하락한 것이 適法

71) 328 U.S. 256 (1946). 미연방대법원은 군용기의 영공사용으로 인해 미합중국정부는 사유지의 표면에 진입하였고 배타적 점유를 침해하였다고 보았다(Id. at 261).
72) Chemerinsky, supra note 21, at 661.
73) Robert R. Wright & Morton Gitelman, supra note 8, 171.
74) Zoning은 내용에 있어서 대체로 우리나라의 '용도지역(지구)제'에 유사하지만, '처분'의 형식으로 지정되는 우리와 달리 대체로 지방자치단체의 조례(ordinance)의 형식으로 제정된다는 점에서 차이가 있다. 그러한 점에서 조례의 형식으로 제정되는 독일의 建築詳細計劃(Bebauungsplan)에 가깝다고 볼 수 있다. 따라서 本稿에서는 일반적인 경우에는 Zoning으로 표현하되, 조례형식으로 발령된 경우에는 "도시계획조례"로 표현하기로 한다.
75) 272 U.S. 365 (1926).

節次(due process of law)를 위반한 것이라고 주장하였다. 그러나 미연
방대법원은 토지구획에 대해 용도를 지정하는 것은 강한 공익적 목적
을 가진다는 것을 이유로 상고인의 청구를 기각시켰다. 이 사건이 있은
후 일련의 사건에서 미연방대법원은 위 Euclid 사건을 근거로 도시계
획조례가 수용이라는 주장을 모두 기각시켰다.[76]

한편, 미연방대법원은 이미 언급한 바와 같이 Pennsylvania Coal
Co. v. Mahon 事件[77]에서 최초로 規制的 收用(regulatory takings)을
인정하면서, 규제에 의한 재산적 가치의 감소도 일정한 경우에는 수용
으로 보아 정당한 보상을 해야 한다고 보았다. 그 후 연방대법원은
Lucas v. South Carolina Coastal Council 事件[78]에서도 소유권자가
거의 백만 달러에 구입한 해변의 토지에 대해 영구적인 거주용 건물의
축조를 금지하는 州의 해안보호계획에 의한 규제는 모든 경제적인 수
익적·생산적 사용을 부인하고 있어 수용에 해당한다고 보았다.[79] 그러
나 정부의 규제에 의한 모든 재산적 가치의 감소를 수용으로 본 것은
아니다. 예컨대 Penn Central Transportation Co. v. City of New
York 事件[80]에서는 수용을 부인하고 있다. 이 사건에서 New York
市는 Grand Central Terminal을 역사적 기념물로 지정하고 해당 건
물의 옥상에 확장건물을 축조하는 것을 금지시켰다. 이에 대해 법원은
수용을 부인하였다. 즉 미연방대법원은 이러한 규제가 소유권자인 원고
철도회사(Penn Central Transportation Company)의 해당 건물에 대한
수익적 사용을 전면적으로 부인하거나 개발권을 배제한 것은 아니므로
수용이 아니라고 판단한 것이다.

---

76) 이에 대한 상세한 내용 및 판례소개는 Chemerinsky, supra note 21, at 668.
77) 260 U.S. 393 (1922).
78) 505 U.S. 1003 (1992).
79) 이러한 상반된 두 판례의 입장에 대한 소개로는 Chemerinsky, supra note 21, at 664.
80) 438 U.S. 104 (1978).

2. 補償의 基準 및 範圍

미연방헌법 수정 제5조에는 정부가 공적 사용을 위해 사유재산을 수용하는 경우에는 "정당한 보상"(just compensation)을 지급할 것을 규정하고 있다. 미연방대법원이 Armstrong v. United States 事件[81]에서 적절히 판시한 바와 같이, 연방헌법 수정 제5조는 정부가 공중 전체가 부담해야 할 공적 부담을 홀로 감내하지 않도록 하기 위해 고안된 것이다. 이러한 입장은 '公平負擔'의 사상과 맥락을 같이 하고 있다고 볼 수 있다. 미연방헌법상에 규정된 "정당한 보상"의 요청은 비록 명시적 규정은 없지만, 이미 1215년 마그나 카르타(Magna Carta)에서 그 흔적을 찾을 수 있다고 한다.[82] 한편, 미연방헌법 수정 제14조에는 "어떠한 州도 適法節次(due process of law) 없이 개인의 생명, 자유 또는 재산을 박탈해서는 아니 된다"고 규정할 뿐, 수정 제5조와 달리 '정당한 보상'을 규정하고 있지 않다. 그러나 州도 사유재산의 수용에 대해 연방헌법 수정 제14조의 '적법절차' 조항을 통하여 수정 제5조에 따른 정당한 보상을 지급하여야 한다고 보는 것이 유력한 견해이다.[83]

미연방헌법상의 중요한 보상기준은 收用時의 해당 재산의 公正한 市場價值(fair market value)이다.[84] 즉 수용자의 이익이 아니라, 피수용자의 '손해', 즉 收用時에 소유권자가 잃은 시장적 가치(market value)이다.[85] 공정한 시장가치를 판단하는 기준에는 몇 가지 방식이 적용되

---

81) 517 U.S. 40 (1960).
82) 즉 마그나 카르타 제39조에는 "어떠한 자유인도 국법이나 귀족들의 적법한 결정에 의하지 아니하면, …… 자신이 보유하는 권리를 박탈당하지 아니한다"(no freeman shall be …deprived of his freehold … unless by the lawful judgment of his peers and by the law of the land)고 규정하고 있다. 이에 대해서는 Robert R. Wright & Morton Gitelman, supra note 8, 153 참조.
83) Jerome A. Barron & C. Thomas Dienes, supra note 27, at 202.
84) Robert R. Wright & Morton Gitelman, supra note 8, at 157.
85) 이에 관한 판례소개에 대해서는 Chemerinsky, supra note 21, at 681 참조. 이러한 원칙은 오래 전에 Holmes 대법관에 의해 확립된 것이라고 한다(Boston Chamber of Commerce v. Boston, 217 U.S. 189, 195 (1910)). 「공익사업을 위한 토지 등의 취득 및 보상에 관한 법률(이하 "공익사업법"이라 한다)」 제67조는 "① 보상액의 산정은 협의에 의한 경우에는 협의 성립 당시의 가격을, 재결에 의한 경우에는 수용 또는 사용의

고 있다. 우선 소유자가 자신의 토지 일부를 수용당한 경우에 수용당한
부분의 공정한 시장가치와 수용당하지 않은 토지에 대한 손해 등을 고
려하는 방법이다(소위 "value plus damages" 법칙). 또 다른 방법은 수
용 직전 전체 토지 가격에서 수용 직후 남은 토지의 가격의 차이를 고
려하는 방법이다(소위 "before and after" 법칙). 보상에 있어서는 대체
로 전자의 방식이 많이 사용되고 있다[86]. 한편, 統一收用法典(UEDC,
Uniform Eminent Domain Code)에는 부분수용이 있는 경우에 수용당
한 토지의 가치와 수용 직전의 전체 토지의 공정한 시장가치에서 수용
직후 남은 토지의 공정한 시장가치를 공제한 액수 중 더 높은 것을 보
상액으로 책정하고 있다(UEDC § 1002 (b)).[87] 그러나 실질적으로 토지
의 '공정한 시장가치'를 산정하기는 쉽지 않은데, 시장에서의 합리적인
가치를 고려하여 판단해야 한다. 보다 구체적으로는 여기에 해당 토지
또는 해당 토지와 대체로 유사한 토지에 대해 매도할 의사가 있는 자
와 이를 구입할 의사가 있는 자를 염두에 두고, 합리적 구매자가 最
高·最上으로 지불하려는 가격이라는 것을 내포하고 있다.[88]

일반적으로 토지의 전부 또는 일부가 수용된 경우에는 보상금을 지
불해야 한다. 현존하는 지역권에 대한 간여도 보상될 수 있다. 그러나
수용의 결과로 발생한 손해나 의도하지 않은 뜻밖의 손해(side effect)
에 대해서는 통상적으로 보상하지 않는다. 예컨대 영업수익의 손실, 일
시적인 영업중지, 단골 내지 고객평판(goodwill), 이사비용, 일시적인 인
접토지사용의 장애, 소음이나 먼지 등에 의한 불편이나 손해 등이 여기
에 해당한다.[89] 독일에서는 이러한 예견되지 않은 뜻밖의 재산권침해가

재결 당시의 가격을 기준으로 한다"고 규정하고 있다.

86) 이에 대해서는 Robert R. Wright & Morton Gitelman, supra note 8, 157.

87) 원문의 내용은 아래와 같다: "If there is a partial taking of property, the measure
of compensation is the greater of (1) the value of the property taken as
determined under subsection (a) or (2) the amount by which the fair market
value of the entire property immediately before the taking exceeds the fair
market value of the remainder immediately after the taking."

88) Robert R. Wright & Morton Gitelman, supra note 8, 158.

89) 상세는 Id. at 165-167.

부수적으로 발생한 경우, 예컨대 인근의 도로공사로 인한 주유소의 매
상고 손실의 경우에 '수용적 침해'가 고려되고 있다. 다만, 독일에서도
일반적인 경우에는 재산권의 사회적 기속으로 다루지만, 예외적으로 중
대한 손해가 발생한 경우에 보상이 고려되고 있다.⁹⁰⁾ 우리 헌법재판소
도 단순한 기대이익이나 경제적 이익, 반사적 이익 등은 보호대상인
'재산권'에서 배제하고 있다.⁹¹⁾ 또한 수용계획에 의해 증가된 시장가치
에 대해서는 보상하지 않는다.⁹²⁾

　한편, 정부기관이 수용을 하는 경우에 소유자는 정부를 상대로 보상
금청구소송을 제기할 수 있다. 특히 정부기관이 수용을 함에 있어서 형
식적인 수용절차를 거치지 않고 정당한 보상을 지급하지 않은 경우에
소유자는 소위 逆收用訴訟(inverse condemnation)을 제기할 수 있다.
이러한 역수용소송이 가장 문제가 되는 경우는 規制的 收用이다. 즉
보상을 요하지 않는 police power의 행사인지, 보상을 요하는 수용
(takings)인지가 명확하지 않은 경우에 토지소유자는 정부기관을 상대
로 정당한 보상을 요구하는 逆收用訴訟을 제기할 수 있다.

　미연방대법원의 판례는 도시계획조례에 의하거나 법률에 근거한 행
정행위 등에 의하여 개인의 사유재산을 수용하는 경우, 또는 police
power에 근거한 규제가 과도하여 수용으로 인정되는 경우에 정당한
보상을 지급하여야 한다고 보고 있다. 즉 각 수용의 수권근거에는 보상
규정이 없다고 하여도, 독일의 불가분조항이 적용되고 있지 않다. 그
이유는 법률에 보상규정을 명시하지 않더라도 법원이 수용 여부를 판
단하여 규제적 수용을 포함하여 수용에 해당하는 경우에는 정당한 보
상을 직접 결정하고 명한다. 이러한 판단의 근거는 미연방헌법 수정 제
5조에 근거한다는 점에서 '직접적용설'에 가깝다고 볼 수 있다. 또한 수
용의 근거법령이 사유재산을 수용한다고 판단되는 경우에는 그 수권근

<hr>

90) BGHZ 64, 220.
91) 헌재 1998. 7. 16. 96헌마246.
92) Chemerinsky, supra note 21, at 681.

거를 위헌·위법으로 판단하고 보상을 명한다는 점에서 '위헌·무효설'
에 유사하다고도 볼 수 있다. 요컨대 미연방헌법에서는 불가분조항을
인정하지 않더라도 법원의 탄력적 판단에 의하여 보상 여부를 결정한
다는 점에서 특기할 만하다.

V. 收用과 規制의 區別

1. 問題의 提起

미국에서는 사법부가 미연방헌법 수정 제5조 및 제14조 등에 근거하
여 수용 여부를 전적으로 결정하기 때문에, 수용과 규제의 구별기준이
중요한 의미를 가진다. 따라서 미연방대법원이 어떠한 기준을 가지고
수용과 규제를 구별하는지를 살펴보는 것이 필요하다. 이와 관련하여
Joseph L. Sax 교수는 1964년 발표한 논문[93])에서, 보상부 수용과 무
보상부 규제(police power)의 구별기준으로 침해설(invasion theory), 유
해사용설(noxious use theory), 가치감소설(diminution of value theory)
을 소개하고 있다. 또한 Frank I. Michelman 교수도 이에 관한 몇 가
지 심사기준을 제시하고 있다. 즉 물리적 침해여부, 가치감소 여부, 개
인의 손실에 대한 사회적 수익의 형량, 그리고 사적 안온방해와 공중의
수혜 여부에 의해 보상부 수용여부를 판단하고 있다.[94])

전통적으로 미연방대법원은 사유재산에 관한 물리적 점유를 박탈하
거나 침해하는 경우 또는 전면적인 재산적 가치의 박탈 등은 이의 없
이 수용으로 보고 있음을 알 수 있다(侵害說 내지 物理的 侵害說). 이와
더불어 토지를 公害 내지 安穩妨害(nuisance)에 의해 다른 토지에 대
해 해롭게(harmful) 사용하는 경우에는 보상 없이 침해될 수 있고, 수
용으로 인정하지 않는 견해도 등장하였다(有害使用說). 그러나 미연방

---

93) Joseph L. Sax, supra note 8, at 46-50.
94) Michelman, supra note 64, at 1184-1201.

대법원은 Pennsylvania Coal Co. v. Mahon 事件에서 보는 바와 같
이, 위 전통적인 방식 이외에 재산적 가치의 감소를 기준으로 수용 여
부를 인정하고, 이에 대해 정당한 보상을 지급해야 한다고 보고 있다
(價値減少說). 그 밖에 법원은 정부의 규제로 인하여 얻는 사회적 이익
과 이러한 규제로 인하여 입게 되는 사적 손실에 대하여 서로 형량
(balancing)을 하여 수용여부를 결정하는 방식도 적용하고 있다. 즉 개
인적 손실과 사회적 수익을 서로 비교하여 정부기관의 조치로 인한 사
회적 수익이 개인적 손실에 비해 더 우월하다면, 그 조치는 정당화된다
고 본다. 이러한 형량심사(balancing test)를 보상부 수용과 무보상부
규제를 구별하는 기준으로 선호하는 견해도 있으나, 개인적 이익을 사
회적 이익의 고려에서 배제시켜 대립시킨다는 점에서 비판적 견해도
있다.[95] 다만, 이러한 기준을 수용 여부를 판단하는 독자적인 학설로
구분하는 것은 다소 의문이다.

따라서 이하에서는 Sax 교수가 소개한 세 가지 학설을 중심으로 소
개하고, 최근 판례에서 사용하고 있는 구별기준을 검토하기로 한다. 이
러한 관점에서 미국의 판례 및 학설에서 소개되는 제 학설이 보상을
요하는 수용과 보상을 요하지 않는 police power를 구별하는 데에 어
떻게 기능하고 있는지를 살펴볼 필요가 있다.

2. 區別基準에 관한 理論

우선 물리적 침해설(physical invasion theory)은 아주 고전적인 수용
이론으로서, 사유재산에 대해 물리적 침해나 점유를 하는 경우에 보상
을 요하는 수용을 인정하고 있다. 즉 甲의 사유재산에 대해 정부가 공
적 목적을 위해 물리적 점유를 박탈하고 이를 인수(takeover)하는 경우
에 수용을 인정하고 있다.[96] 이 경우 해당 소유주인 甲은 개별 실체에

---

95) Michelman, supra note 64, at 1194.
96) Laurence H. Tribe, supra note 33, at 592.

대해 물리적인 점유를 양도하고 해당 물체나 재산에 대해 더 이상 법적 권리를 행사할 수 없게 된다.[97] 물리적 침해설을 인정한 대표적 사례는 Mugler v. Kansas 事件[98]이다. 이 사건의 상고인인 Peter Mugler는 형사사건으로 캔자스(Kansas) 주의 禁酒法을 위반하여 기소되었고, 외국에서 출생하여 1872년 이후 계속 캔자스(Kansas)州에 거주하고 있었다. 그는 1877년 완전한 시민권을 획득하였는데, 1881년 5월까지 Salina市에 맥주를 생산하는 양조장을 완공하려고 하였다. 당해 사건에서 상고인은 의료나 과학기술의 목적이 아닌 한, 당해 캔자스(Kansas) 州에서는 영원히 맥주의 생산 및 판매가 금지되어 자신의 재산적 가치가 감소하였다고 주장하였다. 그러나 Harlan 대법관은 미연방헌법 수정 제5조에 규정된 문언인 '박탈되어'(taken)의 의미를 엄격히 해석하고, 당해 사건은 收用權(power of eminent domain)과 관련이 없다고 보았다. 즉 공중의 보건이나 안전을 위해 맥주의 제조에 대한 제한과 이로 인한 재산가치의 감소는 사유재산의 징발이나 박탈이 있었다고 보기 어렵고, 이에 대해 정당한 보상을 지급할 필요가 없다고 판결하였다.[99] 이러한 물리적 침해설은 문언해석에 의존함으로써 수용의 개념을 지나치게 좁게 이해하였고, 정부의 규제로 인해 다양한 영역에서 재산권의 침해가 발생하는 것을 모두 포용하지 못하는 한계를 가졌다. 그러한 이유에서 오늘날에는 물리적 침해설이 점차 설득력을 상실하고 있다고 한다.[100]

두 번째 학설로는 價値減少說(diminution of value theory)이 있다. Pennsylvania Coal Co. v. Mahon 事件은 규제적 수용의 嚆矢가 되었는데, 규제를 수용의 범위에 포함시킴으로써 미국의 憲政史에서 수용의 범위를 확대시켰다는 점에서 중요한 의미를 가진다. 이 사건으로

97) 이러한 입장은 독일 연방헌법재판소가 형식적 수용개념을 취하면서, 재산권의 박탈과 이전을 그 요건으로 하고 있는 점과 매우 유사하다.
98) 123 U.S. 623 (1887).
99) Id. at 668-669.
100) Joseph L. Sax, supra note 8, at 48.

수용을 종전의 물리적 침해나 점유에 한정하지 않고, 규제에 의한 재산적 가치의 감소도 보상을 요하는 수용이 될 수 있게 되었다. 이 이론을 정립한 Holmes 대법관은 전통적 수용과 police power 사이에는 구별이 존재하지 않는다고 생각하고 있었다.[101] 이러한 견해는 흡사 독일의 '경계이론'에 상응한다고 볼 수 있다. 그러나 규제적 수용을 인정하는 근거로서 "너무 지나치게(too far)"라는 표현은, 규제가 언제 수용으로 전환되는지에 대해 아무런 公式이나 規則도 제공하지 못하였다. 그러한 결과로서 규제와 수용의 구별을 더욱 어렵게 만들었고, 개별 사례에서 법원의 재량에 의해 판단될 수밖에 없는 문제점이 드러났다. 결국 규제적 수용이 인정됨에 따라 규제와 수용의 구별은 법원이 사례별로 개별적 판단을 해야 하는 문제점이 있다(소위 "ad-hoc balancing")[102]. 이러한 Holmes 대법관의 견해는 실제 Miller v. Schoene 事件[103]에서 한계를 보여주었다. 즉 Virginia 州는 Julia V. Miller를 비롯한 數人의 토지 위에 있는 삼나무가 인근 과수원의 사과나무에 綠病을 야기하여 치명적인 영향을 준다는 것을 이유로 Virginia 州의 법률(Cedar Rust Act of Virginia)에 근거하여 해당 삼나무의 제거를 명하였다. 이에 상고인들은 수정 제14조의 적법절차조항을 근거로 해당 법률의 위헌을 다투었다. 이 사건에서 미연방대법원은 수많은 사과나무 과수원을 보호하기 위하여 삼나무의 제거를 명하였고, 이러한 州의 조치는 보상을 요하지 않는다고 판결하였다. 또한 사과나무와 삼나무라고 하는 두 가지 유형의 사유재산의 보존 중에서 택일해야 하는 상황에서, 州가 입법부의 판단을 존중하여 다른 사유재산을 보호하기 위해 또 다른 재산의 파괴를 명하는 것이 헌법상의 권한을 유월한 것이 아니라고 보았다.[104]

　　주로 公害 내지 安穩妨害(nuisance)와 관련하여 문제가 되는 경우에,

---

101) 이에 대해서는 Id, at 41.
102) 이에 대해서는 Chemerinsky, supra note 21, at 675.
103) 276 U.S. 272 (1928).
104) 이 판결의 의미에 대해서는 Chemerinsky, supra note 21, at 667.

有害使用說(noxious use theory)이 고려되고 있다. 즉 이 설은 해당 소유주가 자신의 재산을 다른 사람이나 그 사람의 재산에 해를 주고 사용하는 경우에는 정부가 보상을 지불하지 않고 그 소유주의 재산을 침해할 수 있다는 이론이다. 有害的 使用說은 위 Mugler v. Kansas 事件에서 Harlan 대법관이 집필한 다수의견(법정의견)에서 사용된 표현, 즉 "그들의 재산의 유해한 사용에 의해"(by a noxious use of their property)라는 표현에서 유래된 것으로 보인다. 이러한 경우 공적 안온방해(public nuisance)를 위하여 이루어지는 police power의 행사는 비록 소유주의 재산 가치가 떨어지더라도 공용수용과는 구별되어야 한다고 보았다.[105] 이와 관련하여 Hadachek v. Sebastian 事件[106]은 보다 극단적인 경우인데, 원래 Los Angeles 市의 경계에서 멀리 떨어진 곳에 위치하였던 벽돌공장이 市의 발전으로 인해 市의 境界 내로 들어오게 되어 安穩妨害(nuisance)를 방지하기 위해 해당 지역의 벽돌생산을 중지하는 市條例를 제정하였다. 당해 사건에서 재산가치가 800,000달러에서 60,000달러로 急落하였음에도 불구하고, 미연방대법원은 특별히 재산적 가치를 부인하거나 상고인의 재산이나 그 사용을 완전히 박탈한 것이 아니며,[107] 이러한 중지명령이 보상 없이 내려질 수 있다고 보았다.[108] 그 밖에 개인의 이익손실에 대하여 사회적 수익을 서로 비교·교량하는 '형량심사설' 내지 '법익교량설'도 소개되고 있다.[109]

3. 檢 討

생각건대 有害使用說은 수용에 해당하는지 여부를 적극적으로 판단하기 위한 것이 아니라, 이를 부인하기 위한 논거로 사용된다는 점에서

---

105) 123 U.S. at 669.
106) 239 U.S. 394 (1915).
107) Id. at 408.
108) 이에 대한 상세한 내용은 Laurence H. Tribe, supra note 33, at 594.
109) Michelman, supra note 64, at 1193-1194.

일정한 한계를 가진다. Laurence H. Tribe 교수도 이러한 '무해한'(non-noxious) 또는 '무고한'(innocent) 등의 기준에 의한 심사가 수용법에 있어서 더욱 어려운 문제를 야기하고 있다고 지적하고 있다.110) 또한 法益較量說은 수용 여부를 판단하는 독자적 기준인지 여부가 명확하지 않다. 형량심사는 수용법의 영역뿐만 아니라 다른 영역에서도 많이 활용되고 있는 것이 사실이다. 나아가 재산적 가치의 감소 정도를 기준으로 수용여부를 판단하는 가치감소설과 사회적 수익과 개인적 손해(피해)를 서로 비교하여 수용 여부를 판단하는 法益較量說은 매우 밀접한 관련을 갖고 있는 것으로 보인다. 특히 Pennsylvania Coal Co. v. Mahon 事件111)에서도 가치감소설과 비교형량설에 바탕을 두고 규제도 과도한 경우에 수용이 될 수 있는 소위 '규제적 수용'이 되었다고 보는 견해112)도 그러한 관점에서 이해할 수 있다.

무엇보다 미연방대법원에 의한 規制的 收用의 인정은 보상을 요하는 수용과 보상을 요하지 않는 police power의 구별을 더욱 어렵게 하고 있다. 결국 개별 사례별로 수용 여부를 판단해야 하는 딜레마(dilemma)를 남겼다. 우리의 경우에도 헌법 제23조의 해석과 관련하여, 보상부 공용수용과 무보상부 내용한계규정의 구별이 문제되고 있다. 특히 우리 헌법 제23조 제3항에는 공용수용 이외에 공용'사용'과 공용'제한'을 규정하고 있어, 그 해석에 어려움이 있다. 특히 경계이론을 따르는 입장에서는 보상부 공용수용·제한과 무보상부 내용한계규정의 구별기준으로서 '특별한 희생'을 강조하고, 이에 대해 중대성설, 수인한도성설, 사적 효용설 등 實質的 基準說113)에 바탕을 둔 절충설이 유력하다. 즉

---

110) Id. at 593.
111) 260 U.S. 393 (1922).
112) 김문현, 전게논문, 321-322면.
113) 이러한 實質的 基準說은 독일의 학설과 판례(특히 연방통상법원)로부터 깊은 영향을 받은 것으로, 보호가치성설(W. Jellinek), 자산감소설(E. R. Huber), 기대가능성설 내지 수인가능성설(Stödter, Maunz), 사적 효용설(Reinhardt), 목적위배설(Forsthoff) 등이 주장된 바 있다. 상세는 Maurer, Allgemeines Verwaltungsrecht, 16. Aufl., § 27 Rn. 34 참조.

목적위배설과 중대성설 및 상황구속성설을 절충한 견해[114], 형식적 기
준설과 실질적 기준설을 종합하여 특별한 희생과 사회적 제약을 구별
하자는 견해[115] 등이 있다. 그러나 이러한 절충설은 각 학설이 양자의
구별에 관한 명확한 기준을 제시하지 못하고 있음을 역설적으로 보여
주는 것이어서, 구별기준으로서 설득력을 반감시키는 한계를 드러내고
있다.[116]

한편, 앞에서 언급한 개발제한구역(그린벨트)의 지정에 따른 재산권
제한과 관련된 헌법소원사건[117]에 대하여 독일의 수용유사적 침해
(enteignungsgleicher Eingriff) 또는 미국의 규제적 수용(regulatory
taking)이라고 보는 견해도 있으나,[118] 이는 헌법재판소 판례의 내용
및 수용이론을 잘못 이해하고 있는 것으로 보인다. 즉 규제적 수용은
'수용'의 하나로 다루어지는 것이 보통이지만, 당해 사건은 헌법 제23조
제3항의 공용수용·제한의 문제가 아니다. 또한 규제적 수용의 경우에
는 과도한 규제(특히 토지이용규제)를 '위헌'으로 보았으나, 후술하는 개
발제한구역의 지정에 의한 재산권제한에 대해서는 '헌법불합치' 결정을
받았음에 주의해야 한다. 그리고 규제적 수용의 경우에는 '정당한 보상'
을 지급해야 하나, 조정적 보상을 요하는 내용한계규정의 경우에는 헌
법 제23조 제1항 제2문에 근거한 재산권의 제한으로서 예외적으로 비
례원칙이나 평등원칙을 위반하여 입법자에게 '조절적 보상'에 관한 규
정을 마련할 것을 촉구할 뿐이다. 따라서 당해 사건을 미국의 규제적
수용과 연결시키는 것은 타당하지 않다. 또한 개발제한구역(소위 그린벨
트)의 지정이나 당해 사건의 경우에는 애초에 법률에 근거한 '적법'한

---

114) 김남진·김연태, 행정법 I, 제16판, 2012, 634-645면.
115) 김철용, 행정법 I, 제12판, 2009, 522면; 박윤흔·정형근, 최신행정법강의(상), 2009,
658면; 김동희, 행정법 I, 제16판, 2010, 563면; 박균성, 행정법론(상), 제11판, 2012,
812면.
116) 경계이론에 지지하는 견해도 이러한 문제점을 인식하고, "어느 견해도 만족할 만한 것
으로 보이지 않는다. 실제상으로는 앞의 여러 견해를 종합하여 판단해야 할 것이다"고
평가하고 있다(홍정선, 행정법원론(상), 2012, 753면).
117) 헌재 1998. 12. 24. 89헌마214등.
118) 조홍식, "환경법 소묘", 서울대 법학 제40권 2호, 1999. 8, 336면 이하.

재산권제한에 근거하고 있다는 점에서 '수용유사적 침해이론'을 적용하기 어렵다. 학계 일각에서는 손해전보의 間隙을 보완하기 위해 수용유사적 내지 수용적 침해이론을 주장하는 견해가 유력하나, 이러한 이론의 존치를 위해서는 그 법적 근거를 보다 설득력 있게 논증해야 한다. 독일에서는 소위 '자갈채취판결' 이후 '희생보상'이라는 관습법에 근거하고 있으며, 학설도 그 법적 근거에 대해 여전히 대립하고 있음에 주의할 필요가 있다. 따라서 우리나라에서 이러한 이론을 존치시키기 위해서는 보다 신중한 접근이 필요하다.119)

Sax 교수는 1971년에 발표한 자신의 논문에서, 미연방대법원이 대략 80여 년 전에 이 문제를 고민하기 시작한 후 학계와 법원의 노력에도 불구하고, 헌법적 의미의 수용과 단순한 police power의 구별을 만족스럽게 설명하는 능력은 약간의 진전만이 있을 뿐임을 실토하고 있다.120) 여기에서 그는 Mugler v. Kansas 事件에 제시된 Harlan 대법관의 의견이 오늘날 미국의 보상법제의 萌芽가 되었다고 주장한다.

VI. 結 論

지금까지 미국의 수용제도에 대해 살펴보았다. 미국에서는 공용수용을 대체로 "공적 사용을 위해 사유재산권을 박탈하고 정당한 보상을 하는 것"으로 이해하고 있다는 점에서 우리와 유사하다. 따라서 전통적 의미의 공용수용은 '공적 사용'을 위할 것, 개인의 '사유재산권'에 대한 '물리적 침해'가 있을 것, 그리고 정당한 보상을 지급할 것 등을 공용수용의 요건으로 하고 있음을 알 수 있다. 그러나 재산권의 가치감소도 일정한 경우에 수용이 될 수 있다는 점에서 보상을 요하는 수용을 판

---

119) 이에 대해서는 拙稿, "보상부 공용수용과 무보상부 내용한계규정의 구별 소위 경계이론과 분리이론, 그리고 미해결의 문제를 중심으로", 강원법학 제31권 (2010. 10), 84면 참조.
120) Joseph L. Sax, Taking, Private Property and Public Rights, 81 Yale L. J. 149 (1971).

단하기가 쉽지 않다.

이러한 수용의 요건 가운데에서 '재산권'(property)의 개념은 부동산, 동산, 영업상 비밀 등 포함하여 비교적 넓게 인정되고 있다는 점에서 우리와 유사하다고 볼 수 있으나, 일련의 사건에서 보는 바와 같이 '이 자소득'이 수용의 대상이 되는지 여부가 문제되고 있음은 특기할 만하다. 또한 공익성의 판단, 즉 '공적 사용'(public use)의 개념도 초기에는 넓게 이해되었는데, 대표적 사례가 Kelo v. City of New London 事件이다. 이 사건과 같이 사인(민간기업)을 위한 공용수용이 문제된 사안에 있어서도 미연방대법원은 '공적 사용'의 개념을 넓게 해석하였다. 그러나 이러한 판례의 입장은 적지 않은 반향을 불러일으켰고, 많은 비판의 대상이 되었음은 주지의 사실이다. 그 밖에 미국의 공용수용의 요건에서는 재산권의 침해행위의 법적 성질이 특별히 문제되고 있지 않다. 독일에서는 "재산권에 대한 고권적 법률행위"를 내용으로 하고 있으므로, 사실행위는 배제된다고 보는 것이 유력하다. 종전에는 이를 수용유사적 침해이론으로 설명하기도 하였으나, 오늘날에는 이를 인정하기는 어려울 것으로 보인다.

Pennsylvania Coal Co. v. Mahon 事件 이후 미연방대법원은 원칙적으로 보상을 요하지 않는 규제가 '過度한' 경우에 보상부 수용으로 볼 수 있다고 하여, 재산적 가치의 감소 여부도 공용수용의 중요한 판단기준이 되었다. 즉 Pennsylvania Coal Co. v. Mahon 事件, Lucas v. South Carolina Coastal Council 事件 등에 의해 規制的 收用이 인정되면서, 보상부 수용과 무보상부 규제(police power)의 구별은 더욱 어려워지는 형국이 되고 있다. 즉 정당한 보상을 요하는 규제가 언제, 어떠한 경우에 인정되는지를 판별하기가 더욱 어렵게 된 것이다. 결국 미국에서는 개별 사례별로(ad hoc) '법원'의 판단에 의해 정당한 보상을 요하는 공용수용 여부가 결정된다. 이러한 점은 보상부 공용수용과 무보상부 내용한계규정의 구별기준에 있어서 경계이론의 문제점과 동일한 현상을 보이고 있다. 즉 종전의 국내학설은 독일 연방통상법원(BGH)의

판례이론에 따라 '特別한 犧牲'에 해당하는 경우에 보상을 요하는 공용
수용이라고 판단하였으나, 어떠한 학설도 '특별한 희생'이 무엇인지에
대해 명확한 해답을 주지 않고 있다. 실제 많은 학설들은 절충적 견해
를 통해 이 문제를 해결하려고 시도하고 있다. 이러한 사실은 구별기준
으로서의 한계를 드러낸 것이다. 그러나 분리이론은 일응의 기준을 제
시하고 있다는 점에서 장점을 가진다. 그러나 우리 헌법재판소는 분리
이론을 도입한 후, 어떠한 경우가 보상부 공용수용 또는 공용제한에 해
당하는지를 명확히 제시하지 못하고 있다. 분리이론에서는 이러한 영역
을 확정하는 것이 무엇보다 중요하다. 즉 이러한 영역을 확정하게 되면,
그렇지 못한 재산권의 제한은 재산권의 사회적 기속 또는 무보상부 내
용한계규정으로 다루어질 수 있다. 따라서 분리이론의 핵심으로서 '공
용수용의 요건'을 확정하는 것이 필요하다. 분리이론이 유래된 독일의
문헌 및 연방헌법재판소의 판례에서는 "형식적 수용개념"에 기초한 공
용수용의 요건을 제시하고, 이를 통해 보상부 공용수용과 무보상부 내
용한계규정을 구별하고 있다. 즉 해당 재산권의 제한 내지 침해가 '공
적 과제'를 수행하기 위한 것인지, 헌법상 보호되는 '재산권'에 대한 전
면적 또는 부분적인 '박탈'행위인지, 그리고 직접 법률에 의한 '입법수
용'인지 또는 법률에 근거한 '행정수용'인지 등을 우선적으로 검토하고
있는 것이다.

미국의 規制的 收用은 이미 상론한 바와 같이 독일의 수용유사적 ·
수용적 침해이론과 조정적 보상을 요하는 내용한계규정과 구별되어야
한다. 다만, 미국의 규제적 수용은 우리 헌법 제23조 제3항의 '공용제
한'의 해석에 있어서 해결의 실마리를 던져 줄 수 있다는 점에서 의미
있다. 이 부분의 해석은 우리의 수용이론에 있어서 難題 중의 하나이
다. 헌법재판소는 헌법 제23조 제3항의 보상부 공용'제한'에 관한 명확
한 해석을 하고 있지 않으나, 분리이론이 설득력을 가지지 위해서는 헌
법 제23조 제3항의 공용제한(공용사용을 포함한 개념)을 '공용수용'에 준
하여 좁게 이해할 필요가 있다. 한편, 미국에서는 zoning에 의한 규제

에 대하여 보상부 수용을 인정하지 않고 있음에 주의해야 한다. 이러한 도시계획조례에 의한 규제는 우리 헌법상으로는 재산권의 내용한계규정 내지 사회적 기속에 해당하는 것으로 볼 수 있다. 그러나 이러한 경우에도 우리 헌법재판소는 재산권의 제한이 예외적으로 비례원칙이나 평등원칙을 위반하는 경우에 헌법불합치 결정을 내리고 입법자에게 보상규정을 마련하도록 하고 있음은 물론이다(조정적 보상을 요하는 내용한계규정). 나아가 미연방대법원은 토지소유자가 타인에게 공해나 안온방해 등 환경적으로 유해한 문제를 야기하는 경우에 정부는 정당한 보상을 지급하지 않고 그 재산을 침해할 수 있다고 보고 있다(소위 有害使用說). 이와 같이 미국의 수용이론에서는 강한 공익적 요청이 있는 경우에 공용수용을 부인하고 있어, 공용수용이 넓게 인정되고 있다고 보기 어렵다.

이와 같이 각국의 사정과 상황에 따라 수용이론은 다른 특징을 보이면서도, 경우에 따라서는 매우 유사한 측면을 가지고 있는 것이 사실이다. 미국의 수용이론에서도 법원이 구체적 사건에 따라 유연하고 탄력적인 판단을 하고 있음은 긍정적인 측면이지만, 판례가 보상을 요하는 수용과 보상을 요하지 않는 규제를 구별하는 명확한 기준을 제시하지 못하고 있는 점은 문제점으로 남는다. 한편, 미국의 학설 및 판례에서 다양한 공용수용의 유형이 인정되고 있음을 알 수 있다. 이러한 수용의 유형들은 우리 헌법 제23조의 '공용제한' 또는 '공용사용'의 해석에 있어서 유용하다. 특히 미국의 규제적 수용은 우리 헌법 제23조 제3항의 '공용제한'의 해석에 있어서 새로운 端初를 제공하고 있으며, 사유재산의 사용이 일시적으로 부인되는 일시적 수용이나 사용박탈만 있는 부분적 수용은 우리 헌법 제23조 제3항의 '공용사용'에 상응할 수 있다. 그러나 미국의 경우에도 규제적 수용은 제한적으로 이루어지고 있다는 점에서, 보상부 공용제한의 범위를 확대하려는 시도는 경계해야 한다. 우리의 현실을 되돌아보면, 수용은 비교적 쉽게 이루어지고 금전보상중심의 방식으로 추진되는 경향을 보여주고 있다. 이러한 補償萬能主義

의 사고에서 벗어나 헌법상 '재산권'을 실질적으로 보호하기 위해서는 수용의 요건을 명확히 정립할 필요가 있다. 이와 같이 보상의 요건, 범위와 한계 등을 정하는 것은 법원에 의해 개별 상황에 따라 임의적으로 판단되기보다 입법자의 형성적 자유에 맡겨 두는 것이 보다 바람직하다. 또한 불가피하게 공익적 목적을 위해 수용을 하는 경우에 그러한 요건을 충족하였는지 여부를 판단하고, 이를 충족하지 못한 위헌·위법인 수용에 대해서는 행정쟁송이나 헌법소송(헌법소원, 위헌법률심판)을 통해 다툴 수 있다. 이러한 부분은 법원과 헌법재판소의 몫이다.

第 6 章

유럽연합(EU)법에 있어서 財産權의
保障과 制限

I. 論議의 出發點

헌법상 보장되는 재산권은 전통적인 기본권의 하나이다. 지금까지 '재산권'의 논의와 관련하여 미국·독일 등 歐美의 헌법이론들이 소개되었고, 이러한 외국의 이론들은 우리 헌법 제23조의 구조와 내용을 이해하는 데에 큰 도움을 준 것이 사실이다. 그러나 헌법상 재산권의 의미와 내용, 무보상부 내용한계규정과 보상부 공용침해의 구별기준, 그리고 공용침해의 요건 등은 여전히 불명확하며, 학설상 다투어지고 있다.[1] 특히 보상을 요하는 공용수용의 기준으로, 독일에서 유래된 '特別犧牲'(Sonderopfer)의 개념이 강조되고 있을 뿐, 아직까지 이에 대한 명확한 해답은 없다. 유럽연합(EU)에서도 재산권은 매우 중요한 기본권 중의 하나로 다루어지고 있을 뿐만 아니라, 유럽연합 회원국의 헌법상 보장되는 재산권의 의미와 그 보호범위는 매우 다양하다. 따라서 유럽 기본권헌장 및 유럽헌법에 규정된 재산권보장의 의미를 살펴보는 것은 우리 헌법상 재산권보장의 의미를 새로운 관점에서 이해하는데 큰 도움을 줄 수 있을 것으로 본다.

---

[1] 독일의 재산권침해와 보상에 관한 논의로는 拙稿, "재산권의 사회적 구속과 수용의 구별에 관한 독일과 한국의 비교법적 고찰", 공법연구 제32집 제3호, 364면 이하; 同人, "공용수용의 요건 및 한계에 관한 재검토", 법조 통권 제584호(2005. 5), 122면 이하 참조.

유럽연합에 있어서 재산권의 법적 근거는 우선 2000. 12. 7. 프랑스
니스에서 의결된 유럽연합 기본권헌장(GRC: Charta der Grundrechte
der Europäischen Union)[2] 제17조에서 찾을 수 있으며, 제2편에 기본
권헌장의 규정을 도입한 유럽헌법초안(VE) 제77조에서도 동일한 규정
을 두고 있다.[3] 즉 유럽연합 기본권헌장 제17조 제1항에서 "모든 사람
은 적법하게 획득한 재산을 소유(점유)하고 이용하며, 이를 처분하고 상
속할 권리를 가진다. 어느 누구도 법률이 정하는 경우나 그러한 조건하
에 공익을 이유로, 또는 재산손실에 대하여 적시에 상당한 보상에 반하
여 재산권을 박탈당하지 아니 한다. 공공복리를 위해 필요한 경우에는
재산권의 이용을 법률로 규율할 수 있다"고 규정하고 있다. 또한 제2항
에서는 정신적 재산권도 보호하고 있다. 유럽연합 기본권헌장 제17조
제1항 제1문에서는 기본권의 하나로서 '財産權'을 보호하고 있으며, 동
조항의 제2문에서는 '財産權剝奪'(Eigentumsentziehung)과 보상을 규
정하고 있다. 그리고 동조항의 제3문에서는 '財産權의 利用制限'을 규
정하고 있다. 이 가운데 재산권박탈의 개념이 사용되고 있으나, 공용수
용과의 구별이 요구된다. 또한 재산권박탈과 구별되는 재산권의 이용규
율을 두고 있으나, 구체적 사례에 있어 재산권 제한행위가 양자 중 어
디에 속하는지가 문제된다. 나아가 재산권박탈과 재산권의 이용규율에
속하지 아니하는 제3의 영역이 존재하는지도 검토될 필요가 있다.

이하에서는 유럽연합 기본권헌장 제17조 및 유럽헌법초안 제77조에
서 보호되는 재산권보장의 의미와 그 보호범위를 검토한다(Ⅱ.). 또한
유럽연합 기본권헌장 제17조 및 유럽헌법초안 제77조에는 보상을 요하

---

2) 유럽연합의 기본권헌장은 前 독일 연방헌법재판소 소장인 Roman Herzog이 의장을
   맡고 있던 위원회에 의해 제안되었고, 총 54개조, 7장으로 구성되어 있었다. 여기에는
   前文을 비롯하여, 인간의 존엄, 자유권, 평등, 연대성, 민주주의 및 법치국가 등이 주축
   을 이루고 있으며, 방대한 내용의 기본권카탈로그를 담고 있다. 상세는 Ralf Knöll,
   Die Charta der Grundrechte der Europäischen Union, NVwZ 2001, S. 392 ff.
3) 유럽연합 기본권헌장이 유럽공동체조약이나 헌법초안 등 제1차 법(원)에 도입된 것은
   유럽헌법 제정과정에 있어서 새로운 동력을 얻은 것으로 평가되기도 한다(Pernice.
   Eine Grundrechte-Charta fur die Europaische Union, DVBl. 2000, S. 847).

는 재산권박탈과 재산권의 이용(제한)규율을 별도로 규정하고 있어 양
자의 구별기준이 문제된다. 이 경우 보상을 요하는 재산권박탈의 개념
과 요건, 재산권박탈의 정당화(한계) 문제 등을 먼저 규명해야 한다. 또
한 재산권박탈의 정당화요건과 관련하여 재산권박탈에 법률유보의 원칙
이 적용되는지, 재산권박탈의 목적으로서 공익성은 어떻게 해석해야 하
는지, 그리고 재산권박탈에 있어서 비례의 원칙을 준수하는지 등이 검
토되어야 한다(Ⅲ.). 그리고 유럽연합 기본권헌장 제17조 및 유럽헌법초
안 제77조 각 제1항 제3문에는 재산권박탈과 구별되는 재산권의 이용
제한을 규율하고 있다. 즉 공공복리를 위해 재산권의 이용제한을 법률
로써 하도록 규정하고 있는 바, 그 내용과 한계를 검토하도록 한다(Ⅳ.).
마지막으로 제3의 유형에 해당하는 '기타 재산권침해'의 내용과 독자적
분류가능성 등을 살펴보도록 한다(Ⅴ.).

Ⅱ. 財産權의 法的意味와 保護範圍

1. 財産權의 意義 및 法的根據

유럽연합 기본권헌장 및 유럽헌법초안에서 보호하는 재산권은 이
미 유럽인권협약 제1차 부속의정서(EMRK-ZP) 제1조에서 淵源하고
있으며,[4] 유럽사법재판소(EuGH)는 재산권을 一般法原則(allgemeine
Rechtsgrundsätze, general principles, principes généraux)의 하나로 보
고 있었다. 즉 조약에 기본권카탈로그가 명시되어 있지 않기 때문에,
유럽사법재판소는 일찍이 일반법원칙의 존재를 인정하고 있었다. 이 경

---

4) 유럽헌법초안 제77조의 기초가 되는 유럽연합 기본권헌장 제17조는 유럽인권협약 제1
차 부속의정서 제1조에 근거하여 구성되었다. 부속의정서 제1조에는 "모든 자연인 또는
법인은 자신의 소유물을 평화롭게 향유할 권한이 부여되어 있다"(Every natural or
legal person is entitled to the peaceful enjoyment of his possessions)고 규정되
어 있다. 유럽인권협약 제1차 부속의정서의 재산권보장의 의미에 대해서는 M.
Hartwig, Eigentumsschutz nach Art. 1 des 1. Zusatzprotokolls zur EMRK,
RabelsZ Bd. 63(1999), S. 561 ff.

우에 일반법원칙은 회원국의 헌법전통에 근거하고 있었으며, 法源 (Rechtsquellen)으로서 공권력에 의한 권리침해에 대한 주관적 공권(방어권)으로서의 기능을 하였다.[5] 유럽사법재판소는 회원국의 헌법에 의해 인정되고 보호되는 기본권과 일치하는지 여부를 심사하여 기본권보호를 판단하였고, 유럽연합 기본권헌장 제17조 및 유럽헌법초안 제77조에 규정된 재산권보장의 지침은 이미 기본권헌장이나 헌법이 발표되기 이전부터 적용되는 第1次法(Primärrecht)이었다.[6]

한편, 1950. 11. 4. 로마에서 서명된 유럽인권협약(EMRK: Europäische Konvention zum Schutze der Menschenrechte und Grundfreiheiten)과 유럽연합 기본권헌장(GRC)의 관계가 문제된다. 이와 관련하여 EU조약 제6조 제2항에는 명백히 스스로 준수할 의무로서 규정되어 있으나, 완전히 문제가 해결된 것은 아니다. 양자의 관계에 대해 상호보완적 관계를 강조하고, 적어도 유럽연합의 기본권헌장의 의미와 효력범위도 유럽인권협약에 상응하는 의미를 가지는 것으로 해석하는 것이 보통이다.[7]

유럽공동체의 영역에서도 그 기관이 私人의 권리와 의무에 직접 영향을 미칠 수 있다.[8] 이 경우에 재산권보장조항의 주체는 모든 자연인과 법인이 될 수 있다. 자연인의 경우에는 국적을 불문한다. 법인도 기본권의 주체가 될 수 있으며, 토지소유권을 가진 단체 등도 기본권의 주체가 될 수 있다.[9] 법인이나 단체는 그 (주된) 사무소의 소재지가 유

---

5) Penski/Elsner, Eigentumsgewährleistung und Berufsfreiheit als Gemeinschafts-grundrechte in der Rechtsprechung des Europäischen Gerichtshofs, DÖV 2001, S. 265 f. 다만, 독일의 일부학설은 '일반법원칙에서 유래하는 기본권'(Grundrechte aus allge-meinen Rechtsgrundsätzen)은 法源이 아니라 法認識根據(Rechtserkenntnisquellen)라고 하여 구분하고 있다. 즉 법원은 법의 효력근거로서 직접 법규(법규적 효력)를 제공하는 반면, 법인식근거는 법규의 획득에 기여하는 근거를 담고 있다는 점에서 구분된다고 한다(Jarass, EU-Grundrechte, 2005, § 2 Rn. 1 ff.).
6) 상세는 Jarass, a.a.O., § 22 Rn. 1 f.
7) 이에 대한 상세는 Tettinger, Die Charta der Grundrechte der Europäischen Union, NJW 2001, S. 1011 f. 참조.
8) 그러나 아직까지 유럽사법재판소는 기본권의 제3자효를 인정하고 있지 않다(Penski/Elsner, a.a.O., S. 267).
9) EuGH, Rs. 37/94, Slg. 1995, I-3875 Rn. 14.

럽연합에 있어야 하는 것은 아니다.[10) 또한 기본권의 수범자 및 그 국
가기관은 그 재산이 침해되는 경우에도 기본권의 주체가 될 수 없다.
기본권의 수범자에는 유럽연합과 회원국 및 그 기관이 속하며, 사인은
기본권을 통해 간접적으로 의무를 진다. 즉 사인은 보호의무의 전환에
관한 규율을 통해, 또는 사법상 규정의 기본권합치적 해석에 의해 간접
적으로 기속된다.[11)

  유럽연합 기본권헌장 및 유럽헌법초안에는 재산권을 자유권의 하나
로 규정하고 있다. 여기에는 재산권보장에 관한 규정 외에 직업의 자유
(기본권헌장 제15조/헌법초안 제75조 제1항)와 영업(활동)의 자유(기본권헌
장 제16조/헌법초안 제76조) 등 경제적 기본권에 관한 규정이 있다. 이
경우 재산권보호조항과 이러한 기본권조항의 관계가 문제된다. 유럽사
법재판소는 그 구분의 어려움으로 인해 이를 포기하고 관련된 기본권
모두를 적용하고 있다.[12) 이 경우 학설은 획득한 실체의무, 즉 행위와
관련된 의무가 문제되는 획득 내지 생업(Erwerb)은 주로 직업의 자유
나 영업의 자유와 관련이 있다고 보고 있다.[13) 한편, 설립·운영되는
영업상 경영이익 전체가 기본권헌장 제17조 및 유럽헌법초안 제77조의
보호범위에 포함되는지 여부가 문제되나, 유럽사법재판소는 이에 대해
회의적이다.[14)

2. 財産權의 保護範圍

  유럽연합 기본권헌장 및 유럽헌법초안에 재산권규정을 둠으로써 재
산권의 내용과 범위가 명확해졌으나, 향후에 그 보호범위를 구체화하는
것은 쉽지 않다. 독일의 연방헌법재판소의 결정에 의해 독일기본법 제

---

10) Jarass, a.a.O., § 22 Rn. 16.
11) Jarass, a.a.O., § 22 Rn. 3.
12) EuGH, Rs. 248/95, Slg. 1997, I-4475 Rn. 72-75; Rs. 317/00, Slg. 2000, I-9541
    Rn. 58.
13) 상세한 문헌은 Jarass, a,a,O., § 22 Rn. 4.
14) BVerwG, DVBl. 2005, S. 1387. 이에 대해 Jarass, a.a.O., § 22 Rn. 13 참조.

14조의 재산권의 내용과 그 범위가 구체화된 것처럼, 유럽연합 기본권
헌장 및 유럽헌법초안의 재산권규정도 유럽사법재판소의 판례에 의해
발전되어야 한다. 그러나 재산권의 보호범위가 불명확하여 유럽사법재
판소에 의한 사법적 통제는 지금까지 주로 비례성심사에 의해 이루어
졌다.15)

우선 법적으로 보호되는 측면은 적법하게 획득한 재산을 점유, 이용,
처분 및 상속하는 것이다. 따라서 적법한 권리자가 법적 지위의 유지를
위해 적어도 스스로 점유하고, 그 지위를 이용하며, 그 대상을 타인에
게 이전하는 것(법적 지위의 처분)도 보호된다. 이와 같이 권리의 앙상블
(Ensemble)로서 재산의 점유, 이용 및 처분권을 보장하고 있을 뿐만 아
니라, 상속권도 재산권에 포함하여 규율하고 있다.16) 그러나 재산적 지
위가 보호되는지 여부는 유럽연합 및 유럽공동체법 그리고 회원국법의
개별 규정에 달려 있으나, 특정한 시장점유율과 같이 단순한 영업상 이
익이나 단순한 기회는 보호되지 아니한다.17) 유럽사법재판소는 소위 바
나나사건에서 경제주체가 전체 시장조직의 채택 이전에 점유한 시장점
유율에 대한 재산권을 주장할 수 없음을 이유로, 바나나시장질서에 관
한 규정이 재산권의 보호영역을 침해하지 않는다고 결정하였다.18)

유럽연합 기본권헌장 및 유럽헌법초안의 재산권조항은 넓게 이해되
는 것이 보통이며, 개인에게 귀속되어 자신의 책임하의 결정에 따른 권
한을 행하고 私的 이용을 할 수 있는 모든 재산적 가치 있는 권리를
의미한다.19) 따라서 회원국법에 따라 재산으로 표현되는 법적 지위에
제한되지 아니한다. 여기에는 청구권자가 권한에 따라 실현하는 것을
신뢰할 수 있는 한 청구권도 포함되나, 오랫동안 사용하지 아니한 재산

---

15) Calliess, in: Ehlers(Hg.), Europäische Grundrechte und Grundfreiheiten, § 17 Rn. 33.
16) Tettinger, a.a.O., S. 1014.
17) EuGH, Slg. 1994, I/4973=NJW 1995, 945; EuGHE 1980, 907 (1010).
18) EuGH, Slg. 1994, I/4973, Rn. 79-Deutschland/Rat (Bananen).
19) Jarass, a.a.O., § 22 Rn. 6.

권은 여기에 속하지 아니한다.[20] 그러나 재산권은 기본권헌장 제17조 및 유럽헌법초안 제77조 각 제1항 제1문에서 규정된 바와 같이 '適法' 하게 획득한 것이어야 한다. 또한 유럽사법재판소는 재산권에 의해 보호되는 것은 특정한 법적 지위이지, 급전지급의무의 형식으로 된 재산 그 자체는 아니라고 보고 있다.[21] 재산권에는 私權도 포함된다. 대표적으로 동산 및 부동산을 포함하는 物權이 여기에 속한다. 또한 動物에 대한 재산권[22]이나 저당권도 포함된다. 그리고 문학적·예술적 재산권 등 무체재산권은 기본권헌장 제17조 및 유럽헌법초안 제77조 각 제2항의 정신적 재산권에서 별도로 규정되어 있으나, 해석상 동조 제1항 제1문의 재산권보장의 내용에 포함되는 것으로 보고 있다.[23] 이러한 점은 우리 헌법 제23조 제1항에 재산권조항을 두면서 제22조 제3항에서 지적재산권을 특별히 보호하는 것과 대단히 유사하다. 재산권에는 私法上의 법적 지위 이외에도 유럽연합이나 회원국과 사인 사이의 관계에서 문제가 되는 公法上의 재산적 가치 있는 권리도 포함된다.[24] 유럽인권법원도 자산의 급부를 통해 획득한 경우에 그 공법상 지위의 보호를 긍정하고 있다.[25] 이러한 공법상 청구권에는 사회보장청구권이나 공무원의 연금청구권, 재산의 반환청구권 및 조세환급청구권 등이 있다.[26] 그리고 재산적 가치가 있는 한, 정당하게 획득한 권리는 보호된다고 볼 수 있다.

---

20) EGMR, Nr. 39794/98 (2002), Rn. 69; vgl. EKMR, Nr. 18 890/91 (1996).
21) 이에 대한 상세는 EuGH, 1991, I-552, Rn. 74. Calliess, in: Ehlers(Hg.), a.a.O., § 17 Rn. 14; Rengeling, Die wirtschaftsbezogenen Grundrechte in der Europäischen Grundrechtecharta, DVBl. 2004, S. 460.
22) EuGH, Rs. 20/00, Slg. 2003, I-7411 Rn. 67, 70.
23) Jarass, a.a.O., § 22 Rn. 9.
24) EuGH, Slg. 1991, I/5119, Rn. 27.
25) EGMR, Nr. 17371/90 (1996) Rn. 39, 41.
26) Wegener, in: Ehlers(Hg.), a.a.O., § 5 Rn. 13 참조.

Ⅲ. 財産權侵害의 類型과 補償

1. 財産權剝奪과 損失補償

(1) 財産權剝奪: 概念, 要件 및 類型

유럽연합 기본권헌장 제17조 및 유럽헌법초안 제77조 제1항 제2문
에는 "어느 누구도 법률이 규정하는 경우나 그러한 조건하에 공익을
이유로, 또는 재산손실에 대하여 적시에 상당한 보상에 반하여 재산
권을 박탈당하지 아니 한다"고 규정하여, 손실보상을 요하는 재산권
침해를 '재산권박탈'에 제한하고 있다. 여기에서 말하는 財産權剝奪
(Eigentumsentziehung, be deprived of his or her possessions, être
privé de sa propriété)이 무엇을 의미하는지, 즉 일반적으로 재산권박탈
에 해당하는 '공용수용'과 동일한 의미를 가지는지가 문제된다. 유럽인
권법원은 재산권박탈을 (토지)소유권자의 지위를 지속적으로, 그리고 완
전히 잃는 것을 의미하는 것으로 본다. 유럽연합 기본권헌장 제17조 및
유럽헌법초안 제77조 각 제1항에 규정된 재산권박탈은 形式的 收用을
의미하는 것으로 이해된다. 즉 재산권의 (법적) 지위가 국가나 제3자에
게 이전 내지 이양되는 것을 의미한다. 이러한 재산권박탈은 후술하는
바와 같이 기본권헌장 제17조 및 유럽헌법초안 제77조 제1항 제3문의
'재산권의 이용제한'과 구별된다.[27] 나아가 소유권의 이전에는 해당하지
않지만 소유권자의 지위가 사실상 소멸하는 경우도 재산권박탈에 속하
는 것으로 보고 있다. 이를 소위 '事實上 收用'(de-facto-Enteigungen)
이라 한다.[28] 예컨대 軍에 의해 토지이용이 사실상 제한되는 경우에,
유럽인권법원은 이를 재산권박탈로 결정한 바 있다.[29] 그러나 이러한
해석이 재산권박탈의 개념을 매우 넓게 보고 있다고 速斷해서는 아니

---

27) Jarass, a.a.O., § 22 Rn. 17.
28) EGMR, EuGRZ 1983, 523, Rn. 63.
29) EGMR 24. 6. 1993 (Papamichalopoulos/Griechenland), Ser. A Nr. 260-B.

된다. 유럽사법재판소는 기본권헌장 제17조 및 유럽헌법초안 제77조 제1항 제3문의 "재산권의 이용제한"을 넓게 이해하는 반면, 事實上 收用을 독일법상의 實質的 收用보다 명백히 좁게 이해하고 있다는 점에 주의할 필요가 있다.[30]

재산권박탈의 요건에 관해 언급하고 있는 문헌은 많지 않다. 다만, 유럽인권협약 부칙의정서 제1조에는 '공익'을 위해 재산권박탈이 가능하다고 규정하고 있으며,[31] 여기에서 말하는 '공익'은 매우 넓게 인정되어 정책적 목적에 수반되는 모든 조치를 포함한다. 따라서 이러한 공익을 위해서는 사인을 위한 공용수용도 허용되는 것으로 보고 있다. 공익개념의 정의는 회원국의 입법자에 달려 있으며, 유럽인권법원(EGMR)은 재산권박탈의 요건을 충족하는지 여부를 심사함에 있어 매우 자제를 하고 있다.[32] 이러한 점은 우리 헌법 제23조 제3항에는 공용수용 이외에 공용'사용' 및 공용'제한'을 규정함으로써, 보상의 범위를 넓게 규정하고 있는 것과 비교된다. 반면, 분리이론(Trennungstheorie)을 채택함으로써 손실보상의 대상과 범위를 좁힌 독일입법례, 그리고 재산권의 이용제한과 구분되는 보상부 재산권'박탈'을 규정하고 있는 유럽연

---

30) Jarass, a.a.O., § 22 Rn. 18.
31) 공용수용의 요건을 판단함에 있어 중요한 개념표지는 '공익'개념이다. 헌법 제23조 제3항의 "공공필요"개념도 불확정법개념으로서 그 해석을 둘러싸고 학설상 다툼이 있다 (拙稿, "재산권의 공용수용의 요건 및 한계에 관한 재검토", 136면 참조). 한편, "공공필요"의 개념을 공익성, 필요성(최소침해의 원칙), 상당성(좁은 의미의 비례원칙)으로 보는 견해가 있다(김연태, "공용수용의 요건으로서 '공공필요'", 고려법학 제48호(2007. 04), 83면 이하), 위 견해는 공공필요의 개념을 매우 좁게 이해하여 그 요건을 엄격히 판단하고 있다는 점에서 그 의미를 찾을 수 있다. 그러나 공공필요의 개념은 可分的 槪念이 아니며, 필요성과 상당성은 모두 비례원칙의 하위구성요소로서 공용수용의 '限界'에 관한 것이다. 비례성은 공익성과 밀접한 관련을 가지나, 공익성개념 그 자체로부터 비례성이 당연히 도출된다고 보기 어렵다. 또한 이러한 개념이해가 헌법 제23조 제3항의 "(공용)사용"과 "(공용)제한"을 어떻게 합리적으로 해석할 수 있는지, '공익사업'의 개념을 매우 포괄적으로 규정하고 있는 「공익사업을 위한 토지등의 취득 및 보상에 관한 법률」 제4조와의 헌법합치적 해석이 가능한지 여부 등 여전히 많은 문제가 남아 있게 된다. 그러나 공익성과 비례성을 포함하는 개념으로 이해하는 견해(박균성, 행정법론(상), 제7판, 2008, 742면 참조)는 공공필요를 판단함에 있어 비례원칙을 수용의 '정당화'요건으로 고려하고 있다는 점에서 위 견해와 차이가 있다.
32) M. Hartwig, a.a.O., S. 568 f.

합의 기본권헌장이나 유럽헌법초안은 매우 의미 있는 것으로 보인다.
또한 우리 헌법 제23조 제3항에서 보상을 요하는 재산권침해를 모두
'공용침해'라는 상위개념으로 표현하는 것이 일반적이다. 필자도 공용수
용 이외에 공용사용과 공용제한을 포함하는 상위개념으로 '공용침해'라
는 개념을 사용하는 것에 대해서는 반대하지 않으나, "공용침해"라는
용어는 대단히 포괄적인 개념이다. 또한 다양한 유형의 공용침해에 대
해 그 모두를 보상해야 된다는 주장은 너무 理想論이다. 손실보상의
범위를 계속해서 확대하기보다 재산권보장을 두텁게 하는 '존속보
장'(Bestandsgarantie)을 염두에 두면서 공용수용의 요건을 엄격히 하는
것이 오히려 선행되어야 한다. 이러한 논증이 헌법상 재산권보장(존속보
장)의 취지에 보다 부합된다. 그리고 공용수용권은 원칙적으로 회원국
에 있으며(EC조약 제295조), 유럽공동체는 예외적으로 공동체법에 기초
한 재산적 가치 있는 재화에 대해 고려할 수 있다. 예컨대 공동체에 대
한 재산적 가치 있는 청구권의 경우에 공동체에 의한 공용수용이 허용
된다.33)

(2) 補償을 요하는 財産權剝奪의 判斷基準

위 개념정의에 기초하여 유럽연합 기본권헌장 제17조 및 유럽헌법초
안 제77조 각 제1항의 "재산권박탈"이 인정되기 위한 요건을 검토할
필요가 있다. 그러나 지금까지 재산권박탈의 요건에 관한 유럽사법재
판소의 판례는 없으며, 어느 정도의 재산권침해를 재산권박탈로 보아
야 하는지에 대해 명확한 解明도 없다. 다만, 재산권박탈(수용)은 적어
도 그 보호대상이 최종적으로 경제적 가치가 더 이상 없는 경우를 말
한다. 이러한 수용에는 고권적 조치에 근거한 재산권의 박탈은 물론이
고, 사실상 수용과 같은 공동체의 조치의 직접적 결과로서 개별소유권
자에게 수인할 수 없을 정도의 재산권침해를 행하는 경우도 포함된다

---

33) Penski/Elsner, a.a.O., S. 269.

는 견해가 유력하다.[34] 그러나 특정한 시점까지 보유하고 있는 市場性
(Vermarktungsmöglichkeit)은 재산권의 보호범위에 속하지 아니하며,
보상을 요하는 재산권침해에 해당하지 아니한다고 본다.

한편, 보상을 요하는 수용과 구별되는 보상을 요하지 아니하는 재산
권박탈 내지 수용은 비례원칙에 반하여 재산을 요구하거나 사용하는
것을 말한다.[35] 또한 재산권박탈의 개념에 귀속, 편입[36] 및 몰수 등은
포함되지 아니하며, 단순히 보상 없는 재산권의 이용제한에 해당할 뿐
이다.[37] 예컨대 조류독감, 광우병 기타 전염병 등에 의해 동물을 도살
하거나 생선을 폐기하는 경우에 보상이 필요하지 않다고 보고 있다.[38]
그리고 재산권박탈은 재산권의 이용을 단순히 시간, 공간 및 사안(사항)
에 따라 제한하는 것과 구별하여야 한다.[39] 그러나 이러한 재산권박탈
의 요건의 불명확성, 재산권박탈과 단순한 재산권 이용제한의 구별의
모호성 등 유럽공동체법의 법이론적 취약성으로 인해, 재산권박탈의 정
당화요건을 판단하기 위해 비례성심사로 도주할 우려가 없지 않다.[40]
그러한 이유에서 재산권박탈의 정당화요건을 규명하는 것은 매우 의미

---

34) Calliess, in: Ehlers(Hg.), a.a.O., § 17 Rn. 21.
35) Penski/Elsner, a.a.O., S. 270.
36) 한편, 우리 대법원은 하천구역의 편입을 立法收用으로 보고 있다. 즉 "개정 하천법 등
    이 하천구역으로 편입된 토지에 대하여 손실보상청구권을 규정한 것은 헌법 제23조 제
    3항이 선언하고 있는 손실보상청구권을 하천법에서 구체화한 것으로서, 하천법 그 자체
    에 의하여 직접 사유지를 국유로 하는 이른바 입법적 수용이라는 국가의 공권력 행사
    로 인한 토지소유자의 손실을 보상하기 위한 것이므로 하천구역 편입토지에 대한 손실
    보상청구권은 공법상의 권리임이 분명하고, 따라서 그 손실보상을 둘러싼 쟁송은 사인
    간의 분쟁을 대상으로 하는 민사소송이 아니라 공법상의 법률관계를 대상으로 하는 행
    정소송절차에 의하여야 할 것이며, 이 때문에 개정 하천법 이래 현행 하천법에 이르기
    까지 하천구역으로 편입된 토지에 대한 하천법 본칙에 의한 손실보상청구는 행정소송
    에 의하는 것으로 규정되어 왔거나 해석되어 왔고, 실무상으로도 계속하여 행정소송 사
    건으로 처리하여 왔다(대법원 2006.5.18. 선고 2004다6207 전원합의체 판결. 同旨判例:
    대법원 1994. 6. 28. 선고 93다46827 판결, 2003. 4. 25. 선고 2001두1369 판결 등 참
    조)".
37) EGMR, Nr. 12954/87 (1994), Rn. 63.
38) EuGH, Urteil vom 10. 7. 2003, Rn. 65 ff.
39) Calliess, in: Ehlers(Hg.), a.a.O., § 17 Rn. 18.
40) Calliess, in: Ehlers(Hg.), a.a.O., § 17 Rn. 23.

있는 일로 보인다.

한편, 유럽인권협약에도 재산권박탈 내지 수용의 요건에 대해 유사한 규정을 두고 있다. 즉 제1차 부속의정서 제1조 제1항 제2문에는 공익에 의해 요청되거나, 법률이나 일반 국제법원칙에 의해 규정된 조건이 아니면, 어느 누구도 재산권을 박탈당하지 아니한다고 규정하고 있다. 유럽인권법원(EGMR)은 독일 연방헌법재판소와 달리, 공용수용의 요건을 엄격하게 해석하지 아니하고, 제1차 부속의정서 제1조 제1항 제2문의 적용범위를 넓게 해석하여 국가의 침해에 대해 토지소유권자의 법적 지위를 강화하는 경향을 보인다.[41] 또한 제1차 부속의정서 제1조 제1항 제2문에는 재산권의 이전을 규정하고 있지 아니하며, 효과적인 재산권보장을 위해 사실상의 재산권박탈도 포함시키고 있다.[42]

(3) 財産權剝奪의 正當化要件(限界)

우선 재산권박탈은 재산권의 이용제한과 달리 중대한 재산권침해이므로, 법률유보의 원칙상 법률상 수권을 필요로 한다. 즉 재산권박탈의 근거법령은 충분히 명확하게 규율되어야 한다.[43] 유럽연합 기본권헌장과 유럽헌법초안에는 기본권제한과 관련하여 의미 있는 규정을 두고 있다. 즉 기본권헌장 제52조 및 유럽헌법초안 제112조 각 제1항에는 "(권리와 자유는) 유럽연합이 인정하는 공익에 기여하는 목표설정이나 타인의 권리와 자유의 보호 필요성에 사실상 상응하는 경우에 비례의 원칙을 준수하여 제한될 수 있다"고 규정하고 있다. 재산권의 제한 내지 박탈도 "유럽연합이 인정하는 공익에 기여하는 목표설정" 또는 "타인의 권리와 자유의 보호 필요성" 등의 요건을 충족하여야 한다. 따라서 후술하는 바와 같이 순수하게 사인(사기업)의 이익만을 위한 재산권박탈은 허용될 수 없다. 다만, 공익 내지 사회적 정의가 수반된 경우에

---

41) Wegener, in: Ehlers(Hg.), a.a.O., § 5 Rn. 23.

42) EGMR, EuGRZ 2004, S. 57 ff.

43) Jarass, a.a.O., § 6 Rn. 39.

한하여 私益을 위해서 허용될 수 있다.[44] 이러한 공익의 평가에 있어
서 정치적, 경제적 그리고 사회적 의미를 종합적으로 판단해야 하므로,
어느 정도 입법자의 형성적 자유가 인정된다고 볼 수 있다.[45]

그 밖에 재산권박탈은 비례의 원칙(과잉금지의 원칙)을 준수해야 한다.
재산권박탈은 개인에게 중대한 재산권침해를 야기하므로 사실상 재산권
박탈의 목적에 적합해야 하고, 목적달성을 위해 필요한 수단이어야 하
며, 최소침해의 수단을 사용하여야 한다. 그리고 추구하는 목적달성과
소유권자의 부담을 형량함에 있어 상당하여야 한다.[46]

(4) 損失補償

유럽연합 기본권헌장과 유럽헌법초안에는 일반적인 헌법규정(독일기
본법 제14조 제3항, 한국헌법 제23조 제3항 등)과 달리 '보상'을 법규정에
둘 것을 명시하고 있지 않다. 유럽연합 기본권헌장 제17조 및 유럽헌법
초안 제77조 제1항 제2문에는 "어느 누구도 법률이 정하는 경우나 그
러한 조건하에 公益을 이유로, 또는 財産損失에 대하여 적시에 相當한
補償에 반하여 재산권을 박탈당하지 아니 한다"고 규정하고 있다. 보상
은 법률이 정하는 경우나 조건에 해당하지 않는다. 따라서 구체적인 보
상의 주체나 방법은 유럽연합 기본권헌장 및 유럽헌법초안에서 규정하
고 있지 않다. 다만, 최소한 "적시에" 상당한 보상을 할 것을 규정하고
있어, 지체 없이 효과적인 보상이 있어야 함을 규정하고 있을 뿐이다.
그리고 보상액을 산정함에 있어 재산권박탈의 지속성이나 지연여부 등
이 고려되어야 한다.[47]

---

44) EGMR, Nr. 8793/79 (1986), Rn. 41, 45.
45) Jarass, a.a.O., § 22 Rn. 21; ders., Der grundrechtliche Eigentumsschutz im
    EU-Recht, NVwZ 2006, S. 1093.
46) Jarass, a.a.O., § 22 Rn. 22.
47) 상세한 문헌은 Jarass, a.a.O., § 22 Rn. 23; Mezer-Ladewig, EMRK, Art. 1 Rn. 30
    m.w.N.

2. 財産權의 利用制限規律

(1) 財産權 利用制限規律의 內容

유럽연합 기본권헌장 제17조 및 유럽헌법초안 제77조 제1항 제3문에는 "公共福利를 위해 필요한 경우에는 財産權의 利用을 법률로 규율할 수 있다"고 규정하고 있다. 재산권제한의 대상은 재산권의 '이용'이다. 여기에서 말하는 재산권의 이용제한규율(Nutzungsregelungen)은 재산권의 특정한 사용을 시간적, 공간적 또는 사항적으로 허용하거나 금지하는 고권적 조치이다.[48] 그러나 재산권의 이용제한은 재산권박탈과 달리 재산권의 이전을 필요로 하지 않는다. 재배금지와 같은 토지이용제한이 재산권의 이용제한에 해당한다.[49] 다만, 재산권의 이용규율은 재산권의 이전을 하지 않으나 소유권자의 지위가 사실상 소멸하는 事實上 收用과의 구별이 불분명하다. 그 밖에 재산권이용규율의 간접적·부수적인 결과도 재산권제한에 해당하는지가 다투어지고 있다. 한편, 유럽사법재판소는 유해한 결과를 목적으로 하거나 필연적으로 기본권의 수범자에게 귀속시킬 수 있는 결과를 야기하는 경우에 재산권의 침해가 있는 것으로 본다.[50]

(2) 財産權 利用制限規律의 限界

재산권은 무제한적으로 보장되는 것이 아니라 사회적 기능을 고려하여 규정된 것이다.[51] 그러나 재산권의 이용제한을 위해서는 구체적으로 재산권의 본질적 내용과 그 한계가 무엇인지를 고려하여야 하나, 이 문제는 여전히 불명확하게 남아 있다.

재산권이용규율을 위해서는 우선 법률상 수권이 필요하며, 그 법률에

---

48) Calliess, in: Ehlers(Hg.), a.a.O., § 16 Rn. 16.
49) EuGH, Rs. 44/79, Slg. 1979, 3727 Rn. 19.
50) EuGH, Rs. 200/96, Slg. 1998, I-1953 Rn. 28.
51) EjG, Rs. 65/98, Slg. 2003, II-4653 Rn. 170; EuGH, Rs. 248/95, Slg. 1997, I-4475 Rn. 72.

는 재산권침해가 예견될 수 있을 정도로 명확하게 규정되어 있어야 한다. 재산권도 기본권의 하나이므로, 재산권의 제한을 위해서는 "공익"이나 "타인의 권리와 자유의 보호"라는 요건을 충족할 필요가 있다(유럽연합 기본권헌장 제52조 및 유럽헌법초안 제112조 참조). 이러한 공익의 구체적 사례로는 소비자보호, 유럽공동체의 농업정책의 목표 등이 제시된다.[52]

재산권의 이용제한도 비례의 원칙을 준수하여야 한다. 즉 재산권의 이용규율이 추구하는 목적에 사실상 상응하여야 하며(적합성의 원칙), 가장 최소의 침해를 주는 수단을 선택해야 하며(필요성의 원칙), 공익의 필요성과 개인의 기본권보호 사이의 형량을 통하여 목적과 수단 사이에 상당한 관계에 있어야 한다(상당성의 원칙). 추구하는 목적이 다수인 경우에, 유럽사법재판소는 그 수단이 모든 목적에 적합한지 여부를 심사해야 한다.[53] 만약 재산권의 이용가능성이 배제되거나 재산권의 이용이 실질적으로 어려운 경우, 또는 기본권의 존속이 심각하게 위협받는 경우는 기본권주체에 큰 부담을 안겨주는 것으로 비례의 원칙을 위반할 가능성이 높다고 판단된다.[54] 재산권의 이용제한이 중대하여 대안적(대체적) 재산권사용이 불가능하게 되면, 재산권의 본질적 내용이 침해된 것으로 볼 수 있다.[55]

재산권의 이용제한은 원칙적으로 보상을 필요로 하지 않으나, 비례성 요건을 충족하지 못하고 수인할 수 없는 침해를 야기하거나 보상규정이 흠결된 경우에 소위 '재정적 조정'(finanzieller Ausgleich)이 필요하다. 이러한 경우는 대체로 사실상 수용에 해당한다.

52) Rengeling, a.a.O., S. 461.
53) EuGH, Rs. 368-96, Slg. 1998, I-7967 Rn. 74, 83 f.
54) 상세는 Jarass, a.a.O., § 22 Rn. 33.
55) Bleckmann/Pieper, in; Dauses(Hg.), Handbuch des EU-Wirtschaftsrechts, 2008, Rn. 8.

3. 其他 財産權侵害

재산권제한의 유형과 관련하여, 보상을 요하는 재산권박탈(수용)과 무보상부 재산권의 이용제한 외에 제3유형을 인정하고 있다. 즉 재산권박탈이나 이용제한규율 이외에 사실행위 등에 의한 재산권침해가 여기에 해당한다. 독일에서는 보상을 요하는 수용의 성립요건으로 고권적 법률행위를 요하므로, 사실행위에 의한 재산권침해를 재산권의 내용한계규정으로 이해하는 견해가 유력해지고 있다.[56] 종래에는 사실행위에 의한 재산권침해를 수용유사 및 수용적 침해로 보는 것이 보통이었다. 유럽법에 있어서도 사실행위 등에 의한 조치에 의해 재산권의 제한은 재산권박탈 또는 재산권의 이용제한에 귀속시키기가 쉽지 않다. 이러한 유형은 소위 "기타 재산권침해"(sonstige Eigentumseingriffe)로 분류시키고 있다. 유럽인권법원에 등장하는 이러한 유형의 구체적 사례 중의 하나로 가옥의 소실을 들고 있다.[57] 이러한 가옥의 소실은 재산권박탈이나 재산권의 이용제한규율로 보기 어렵다.

기타 재산권침해의 법적 근거는 기본권의 효력범위에 관한 일반규정인 유럽연합 기본권헌장 제52조 및 유럽헌법초안 제112조를 들 수 있다. 기타 재산권침해가 정당화되기 위해서는 유럽연합 기본권헌장 제52조 제1항 및 유럽헌법초안 제1항에 규정된 "유럽연합이 인정하는 공익에 기여하는 목표설정" 또는 "타인의 권리와 자유의 보호 필요성" 등의 요건을 충족해야 하며, 비례의 원칙도 준수할 필요가 있다. 이러한 정도를 넘어서 개별적이고 과도한 부담을 주거나, 재산권의 박탈에 이를 정도로 영향을 미치게 되면 보상이 요청된다고 보고 있다.[58]

---

56) Jarass, Inhalts- und Schrankenbestimmung oder Enteignung?, NJW 2000, S. 2841 ff; 拙稿, "공용수용의 요건 및 한계에 관한 재검토"(각주 1), 127면 참조.

57) Cremer, Eigentumsschutz; in: Marauhn/Grote(Hg.), Konkordanzkommentar zum europäischen und deutschen Grundrechtsschutz, 2005, Kap. 22 Rn. 80; Jarass, EU-Grundrechte, § 22 Rn. 37. m.w.N.

58) Jarass, a.a.O., § 22 Rn. 37 ff. 참조.

Ⅳ. 結　語

유럽연합 기본권헌장 및 유럽헌법초안에 규정된 재산권조항의 법적 의미와 내용, 그리고 재산권침해의 유형별 정당화요건 등에 대해 살펴 보았다. 유럽연합 기본권헌장 제17조 및 유럽헌법초안 제77조 각 제1 항에서 규정하고 있는 재산권침해의 유형은 재산권박탈, 재산권의 이용 (제한)규율로 구분될 수 있으며, 학설에 따라서는 유럽연합 기본권헌장 제52조 및 유럽헌법초안 제112조에 근거하여 "기타 재산권침해"를 별 도로 구분하기도 한다. 재산권박탈의 개념에 대해서는 재산권의 이전을 전제로 하는 형식적 수용 이외에 사실상 수용도 포함하고 있다는 점이 특기할 만하다. 다만, 이러한 재산권의 이용제한규율을 넓게 이해하면 서, 사실상 수용을 실질적 수용보다 좁게 이해하고 있는 점에 주의할 필요가 있다. 아직 재산권박탈의 요건에 대해서는 충분한 논의가 없으 나, 그 요건 중 하나인 공익의 개념해석에 있어서는 다소 넓게 이해되 고 있는 것으로 보인다. 또한 재산권박탈에는 귀속·편입·몰수 등이 포함되지 아니하고, 이를 재산권의 이용제한규율로 다루고 있음도 주목 된다. 이러한 재산권박탈의 요건이 불명확하고 보상을 요하는 재산권박 탈과 보상을 요하지 아니하는 재산권의 이용제한규율의 구분기준이 분 명하지 아니하여, 주로 비례성심사에 의해 재산권박탈의 해당여부를 판 단하고 있다는 점은 다소 문제가 있는 것으로 보인다. 다만, 재산권박 탈의 정당화요건에 관한 심사에 있어서는 적법성, 공익성, 비례성 등이 검토되고 있다. 그리고 구체적인 손실보상에 대해 법규정에 두어야 한 다는 점을 명시하고 있지 않고, 그 범위나 주체 등에 대해 명확한 언급 이 없는 점은 아쉬움으로 남는다. 또한 재산권의 이용제한규율에 있어 서도 대체로 비례성심사에 의해 판단하고 있을 뿐이다. 그 밖에 사실행 위 등에 의한 재산권침해를 재산권박탈이나 재산권의 이용제한규율에 귀속시킬 수 없어, 이를 독자적인 재산권침해의 유형으로 분류하는 견해가 유력하다. 이와 같이 재산권침해의 유형에 따라 그 요건과 한계를 명확히 하는 작업은 향후 유럽사법재판소의 판례의 발전에 맡길 수밖에 없다.

이상의 고찰에서 '재산권박탈' 등 새로운 개념의 등장과 그 해석, 그 보호범위의 확정 등은 우리의 법해석에 있어서도 의미 있을 것으로 보인다. 외국법제의 고찰과 그 도입은 신중해야 하며, 실정법을 달리 하는 우리법제에 이를 그대로 利殖시킬 수는 없다. 우리 헌법 제23조 제3항의 '공용사용'이나 '공용제한'의 개념은 대단히 불명확하고, 보상을 요하지 아니하는 재산권의 내용한계규정 내지 재산권의 사회적 기속에 비해 지나치게 넓은 개념해석을 하고 있는 것으로 보인다. 이러한 해석은 주요선진국의 입법례를 보더라도 時代錯誤的이며, 오히려 바이마르 헌법의 해석에 근거하고 있는 것으로 보인다. 헌법 제23조 제3항의 재산권침해(소위 '공용침해')와 그 보상은 공익('공공필요')을 위해 매우 예외적으로 인정된다는 점에서, 그 개념은 좁게 해석되어야 한다. 또한 유럽연합의 기본권헌장 및 유럽헌법초안의 경우에 비추어보면, 재산권침해의 구체적인 요건을 명확히 하는 작업이 얼마나 중요하고 어려운 일인지를 알 수 있다. 아직 우리 판례에는 이러한 공용수용의 요건과 그 한계에 관한 문제가 충분히 언급되어 있지 않다. 향후 재산권침해에 관한 유형을 보다 精緻하고 명확하게 구분하고, 그 구체적인 요건에 관한 논의가 절실히 요청된다.

第7章

生活補償과 移住對策
- 특히 共生發展을 위한 摸索과 公法的 接近 -

I. 序 説

1. 論議의 背景

전 세계를 휩쓸고 있는 글로벌 경제위기로 인해 '共生'은 우리 시대
의 새로운 話頭가 되었고, 정치적 담론을 넘어 법적 담론에서도 빠지지
않고 등장하고 있는 것이 사실이다. 그러나 '공생'은 엄밀한 의미에서
법적 개념이 아니며, 이를 法的 談論의 테두리 안으로 끌고 들어오는
것도 그리 쉬운 일은 아니다. 그러한 이유에서 '공생'에 관한 법적 논의
는 자칫 口頭禪에 그칠 수도 있다. 사전적 의미의 공생(symbiosis)은
통상적으로 "서로 도우며 같이 사는 것"을 의미하는데, 정작 '누가' 이
러한 공생의 주체가 되는지가 문제된다. 오늘날 당면하고 있는 '공생'의
개념은 經濟危機로 인한 兩極化와 그로 인해 야기된 사회적 문제를
극복하기 위해 등장한 개념으로 볼 수 있다.

이러한 현상은 일견 生存配慮(Daseinsvorsorge)[1]를 바탕으로 한 20
세기의 給付國家(Leistungsstaat)를 연상하게 만든다. 19세기의 夜警國
家에서는 경제영역에서는 自由放任主義(laissez faire)가 강조되고, 국

---

[1] 生存配慮(Daseinsvorsorge)는 원래 哲學的 概念으로 탄생되었으나, Forsthoff 교수에
의해 법학에 도입되었다(이에 대한 상세는 Ossenbühl, Daseinsvorsorge und
Verwaltungsprivatrecht, DÖV 1971, S. 513 ff. 참조).

가의 임무는 국방·치안 등 소극적인 기능에 국한되었다. 그러나 19세기 후반에 접어들면서 자유주의 예찬론은 설득력을 잃게 되었고, 시장은 아담 스미스(Adam Smith)가 예상한 것과 달리 더 이상 "보이지 않는 손"(invisible hand)에 의해 豫定調和的으로 움직이지 않게 되었다. 또한 급속한 산업화와 도시화의 발달은 貧富隔差의 문제를 발생시켰다. 1930년대를 전후한 世界恐慌과 시장실패를 해결하기 위해 정부의 개입을 강조하는 케인즈(J. M. Keynes)의 이론이 득세하였고, 국가도 더 이상 국방·치안 등 소극적인 역할에 만족할 수 없게 되었다. 그 영향의 결과로 歐洲各國에서는 自由主義와 결별하고, '社會國家' 또는는 '福祉國家'의 정책을 선택하기 시작하였다.2) 특히 20세기에 들어와서 독일에서는 給付行政(Leistungsverwaltung)3)이 강조되고, 정부는 사회보장제도를 통해 經濟的·社會的 弱者에 대한 配慮를 위한 각종 정책을 펼쳤다. 1980년대에 들어오면서 一角에서는 이러한 복지정책의 확대가 국가경쟁력을 약화시킨다는 비판의 목소리가 높았고, 미국과 영국에서는 복지정책의 확대를 반대하는 新自由主義(new liberalism)가 지배하기 시작하였다. 이러한 규제완화, 작은 정부 등을 내용으로 하는 新自由主義의 등장은 당시 경기침체를 겪던 주요 선진국에게 경제적

---

2) 상세는 조순·정운찬·전성인·김영식, 경제학원론, 제8판, 율곡출판사, 29면. 社會國家와 유사한 개념으로 福祉國家(Wohlfahrtstaat, welfare state)가 있다. 그러나 복지국가의 개념은 사회국가와 동일한 개념으로 사용되기도 하지만, 완전히 일치하는 것은 아니다. 일부학설은 사회국가는 원칙으로 개인의 생활을 스스로 설계·형성하는 반면, 복지국가는 이러한 책임을 국가가 진다는 점에서 차이를 찾기도 한다. 桂禧悅, 憲法學 (上), 보정판, 376면. 또한 '福利國家'라는 표현도 사용되고 있다(李尙圭, 新行政法論 (上), 新版, 132면). 한편, 일부견해는 사회국가라는 개념을 대신하여 '福祉國家'라는 용어를 사용하면서, "權力國家 또는 전쟁수행을 위하여 국민을 동원하는 것을 주목표로 하는 전쟁국가와 대비되는 개념으로 국민의 복지의 유지와 향상을 국가의 목표로 하는 입장"을 의미한다고 보고 있다(金哲洙, 헌법학개론, 박영사, 2005, 224면).

3) 오늘날 공행정의 私化 내지 民營化(Privatisierung)가 확대되고 있는 것이 사실이나, 급부행정의 궁극적 책임은 국가에게 있다. 이와 관련하여 독일에서는 保障國家 (Gewährleistungsstaat), 保障責任 등의 개념이 강조되고 있다(이에 대해서는 金南辰, "現代國家에서의 行政 및 行政法學의 役割과 課題: 韓國의 경우를 中心으로", 학술원통신 제228호(2012. 7. 1), 4면; 拙稿, "생존배려영역에서의 민관협력과 공법적 과제", 환경법연구 제32권 제2호(2010. 8), 264면 등 참조).

부흥을 가져 왔고, 1989년에 들어와서 베를린장벽의 붕괴를 필두로 東유럽혁명에 의해 공산국가가 무너지게 되자 자유주의 시장경제와 자본주의에 대한 신뢰는 最高潮에 달하는 것 같았다. 그러나 2008년 미국에서는 서브프라임 모기지(subprime mortgage)사태, 리먼 브라더스(Lehman Brothers)의 파산 등으로 국제금융위기가 발생했다. 이러한 전 세계적인 경기침체와 금융위기는 1930년대의 대공황(Great Depression)에 필적할 만한 것으로 볼 수 있다.4) 특히 신자유주의의 영향으로 '자유지상주의'에 근거한 기업들의 극단적인 이윤추구는 道德的 解弛(moral hazard)와 貧富隔差의 深化 등 심각한 부작용을 야기하였다.5) 오늘날 우리가 직면한 '공생'의 문제는 이러한 副作用의 所産이라고도 볼 수 있다. 즉 대기업들은 극단적인 경쟁과 이윤추구로 중소기업이나 소상인들의 영역까지 침범하였고, 그들의 생존을 위협하는 단계에 이르렀다. 오늘날의 '공생'의 문제는 20세기의 급부국가와 같이 단순히 경제적 약자에 대한 국가의 일방적인 제도적 지원에 그치지 아니하고, 경제적인 강자와 약자 사이의 불균형을 해소하기 위해 국가가 적극적인 규제정책을 실현하는 것을 특징으로 하고 있다. 그 대표적인 사례로는 대기업과 중소기업의 관계, 대형마트와 재래시장의 관계 등이 그러하다.

2. 共生의 法的 根據

'공생'의 문제는 일견 헌법적으로 社會國家原理(Sozialstaatsprinzip)와 관련하여 논의할 수 있다. 社會國家의 개념은 대단히 불확실하며, 이에 관한 학자들의 정의도 다양하다. 대체로 학설은 사회국가를 "社會的·經濟的 弱者와 疎外階層, 특히 산업사회가 성립하면서 대량으로 발생한 無産勤勞大衆의 生存을 保護하고 正義로운 사회·경제 질서

---

4) 이러한 위기의 원인을 두고 일각에서는 "政府政策의 失敗"로 보고 있으나, 포스너(R. A. Posner) 판사는 『資本主義의 失敗』라는 著書의 序文에서 市場의 失敗(market failure)에 기인한다고 보고 있다(Richard A. Posner, A Failure of Capitalism, Harvard University Press, 2009).
5) 이에 대해서는 조순·정운찬·전성인·김영식, 전게서, 30면.

를 확립하려는 국가",6) "모든 국민에게 그 生活의 基本的 需要를 충
족시킴으로써 건강하고 문화적인 생활을 영위할 수 있도록 하는 것이
국가의 책임이면서, 그것에 대한 요구가 국민의 권리로서 인정되어 있
는 국가",7) 또는 "自由主義 내지 市場經濟原理로 인해 파생된 矛盾과
弊端을 시정하고, 더 나아가 모든 사람이 인간다운 생활을 할 수 있는
經濟的 · 社會的 正義를 적극적으로 실현함을 지향하는 국가체제"8) 등
으로 정의하고 있다.9) 그러나 사회국가원리의 이론적 기초를 전해 준
독일에서는 정작 이에 관한 명확한 정의를 내린 문헌을 찾기가 쉽지
않다. 다만, 유력한 견해는 사회국가원리가 독일에서 "여전히 논란이
있는 政治的 · 憲法的 原理로서, 그 해석과 구체화가 憲法學에 극복할
수 없는 어려움을 던져 주었다"고 實吐하고 있다.10)

  비록 우리 헌법에는 독일과 달리 사회국가원리에 대한 명문의 규정
이 없으나, 헌법재판소는 사회국가원리를 헌법의 기본원리로 인정하고
있다.11) 또한 헌법재판소는 사회국가를 "사회정의의 이념을 헌법에 수
용한 국가, 사회현상에 대하여 방관적인 국가가 아니라 경제 · 사회 · 문
화의 모든 영역에서 정의로운 사회질서의 형성을 위하여 사회현상에
관여하고 간섭하고 분배하고 조정하는 국가이며, 궁극적으로는 국민 각
자가 실제로 자유를 행사할 수 있는 그 실질적 조건을 마련해 줄 의무

---

6) 계희열, 전게서, 370면.
7) 권영성, 헌법학원론, 개정판, 2005, 142면.
8) 김남진 · 김연태, 행정법 I, 제16판, 39면.
9) 인문학의 영역에서도 사회국가를 "자본주의 시장경제를 유지하면서 거기에서 발생하는
  생존과 사회의 문제를 시장원리를 넘어가는 정치적 대책으로 해결하려는 제도"라고 정
  의하고 있는데(김우창, 정의와 정의의 조건, 생각의 나무, 2008, 41면), 여기에서 恣意
  的인 國家介入을 制御하기 위해서는 특히 '法과 制度'를 강조하고 있음은 주목된다. 이
  는 사회국가원리의 실현이 법치국가원리의 테두리 내에서 실현되어야 한다는 것과 일
  맥상통하는 것이다.
10) Herzog, in: Maunz/Dürig, GG, Art. 20 Rn. 1, 3.
11) 헌재 1998. 5. 28. 96헌가4 등(병합), 판례집 10-1, 522, 534. 즉 헌법재판소는 "우리
  헌법은 자유시장 경제질서를 기본으로 하면서 사회국가원리를 수용하여 실질적인 자유
  와 평등을 아울러 달성하려는 것을 근본이념으로 하고 있는 것이다"고 하여, 사회국가
  원리를 인정하고 있다.

가 있는 국가"[12]라고 정의하고 있다. 요컨대 사회국가원리는 市場經濟
의 病弊로 인해 야기된 문제를 해결하기 위해 국가가 社會正義의 이
념을 기반으로 實質的 自由와 平等을 실현하는 것을 그 핵심적 내용
으로 하고 있다고 볼 수 있다.[13] 사회국가원리는 그 내용을 확정하기가
쉽지 않지만, 입법자의 판단에 따라 사회사정의 변동을 유연하게 담을
수 있는 장점도 가진다. 그러한 의미에서 사회국가원리는 기본적으로
'共生'의 내용과 밀접한 관련을 가짐을 알 수 있다.

　다른 한편, 공생은 '經濟民主化'와도 관련이 있다. 즉 '경제민주화'란
개념에 대해 정치적으로는 여전히 논란이 있으나, 그 직접적인 근거로
는 "경제주체간의 조화를 통한 경제의 민주화를 위하여"란 규정을 두고
있는 헌법 제119조 제2항을 들 수 있다. 유력한 견해는 이 조항을 "민
주주의원리가 경제영역에 투영된 것"으로 보고 있다.[14] 여기에서 '경제
주체'를 반드시 근로자와 사용자의 관계에 국한시킬 필요가 있는지가
문제된다. 국내의 학설은 대체로 경제민주화의 주체를 경제활동에 참여
하는 근로자와 사용자뿐만 아니라, 가계와 기업, 대기업과 중소기업 등
의 영역에도 확대할 수 있다고 보는 것이 보통이다.[15]

Ⅱ. 共生과 生活補償

1. 共生과 經濟領域, 그리고 財産權保障

　공생은 기본적으로 사회국가원리에 기초한 것으로 볼 수 있으나, '사
회국가'의 개념은 그 자체로서 높은 불확실성을 가지기 때문에 입법자

---

12) 헌재 2002. 12. 18. 2002헌마52, 판례집 14-2, 904, 909. 여기에서 헌법재판소는 사회
　　국가의 헌법적 근거로 헌법 전문, 사회적 기본권(헌법 제31조 내지 제36조), 그리고 헌
　　법 제119조 제2항을 들고 있다.
13) 한수웅, 헌법학, 제2판, 197면.
14) 한수웅, 전게서, 320면.
15) 특히 경제법학자들도 경제민주화를 "경제활동에 참여하는 경제주체들, 예컨대 대기업과
　　중소기업, 사용자와 노동자, 기업과 소비자들간의 불균형을 시정하려는 노력"을 의미하
　　는 것으로 이해하고 있다(권오승, 경제법, 제5판, 54면).

에 의한 구체화를 필요로 한다.[16] 즉 사회국가원리에 어떠한 내용을 담을 것인지는 전적으로 立法者의 形成的 自由에 맡겨져 있다고 볼 수 있다. 독일 연방헌법재판소도 "사회국가 실현의 본질적으로 중요한 사항은 입법자만이 할 수 있다"[17]라고 지적하고 있다.

위에서 살펴본 바와 같이 공생은 주로 경제영역에서 문제되고 있는데, 경제헌법의 범주에는 경제활동에 관한 기본권보호의 논의도 함께 포함되는 것이 보통이다.[18] 여기에는 직업의 자유, 재산권보장 등이 포함된다. 따라서 재산권보장과 관련된 수용과 이에 대한 補償의 문제도 사회국가원리, 경제민주화 등에 기초한 '공생'과 관련하여 논의될 수 있다. 헌법 제23조 제3항에 따라 국가는 공적 과제의 수행을 위해, 즉 공공필요를 위해 정당한 보상을 지불하고 개인의 사유재산을 박탈하거나 제한할 수 있다. 그러나 재산에 대한 보상인 소위 '對價補償'은 대체로 '公示地價'를 기준으로 이루어지기 때문에, 失鄕을 해야 하거나 또는 생활의 터전을 상실한 피수용자에게 가혹한 결과를 가져올 수 있다. 그러한 이유에서 생활보상은 단순히 금전보상에 제한된 것이 아니라, 원래의 生活을 再建한다는 의미가 강조되고 있다. 예컨대 산업단지의 조성이나 댐건설 등 公共事業을 하는 경우 해당 지역의 거주민들이나 水沒地域의 주민들은 삶의 터전을 상실하고 멀리 이주해야 되는데[19], 이러한 경우에는 財産補償만으로는 충분하지 않은 경우가 대부분이다.

---

16) BVerfGE 65, 182/193; 71, 66/80; Jarass/Pieroth, GG, Art. 20 Rn. 113 참조. 한편, 독일에서는 계획경제(중앙경제)와 시장경제의 중간영역인 社會的 市場經濟(soziale Marktwirtschaft)를 헌법상 경제질서로 채택하고 있다(Badura, Wirtschaftsverfassung und Wirtschaftsverwaltung, 2. Aufl., S. 2 f.). 우리 헌법재판소도 "우리 헌법상의 경제질서는 사유재산제를 바탕으로 하고 자유경쟁을 존중하는 자유시장경제질서를 기본으로 하면서도 이에 수반되는 갖가지 모순을 제거하고 사회복지·사회정의를 실현하기 위하여 국가적 규제와 조정을 용인하는 사회적 시장경제질서로서의 성격을 띠고 있다"라고 하여(헌재 2000. 6. 1. 99헌마553, 판례집 12-1, 686, 710), '사회적 시장경제질서'에 기초하고 있음을 인정하고 있다. 대법원도 동일한 입장이다(대법원 1992. 10. 23. 선고 92누2387 판결).
17) BVerfGE 1, 97/105.
18) Benda/Maihofer/Vogel(Hg.), Handbuch des Verfassungsrechts, Bd. 1, 2. Aufl., § 18 Rn. 34 ff.; Badura, a.a.O., Rn. 26 ff.
19) 박윤흔, 최신행정법강의(상), 766면.

그러한 이유에서 생활보상이 필요하며, 이는 '공생'과 밀접한 관련을 가
진다.

2. 私人(民間企業)에 의한 公用收用과 그 濫用

공생의 사고는 특히 民間企業에 의한 公用收用의 경우에서 더욱 두
드러진다. 공용수용의 절차와 재결, 그리고 손실보상 등을 규정하고 있
는 공익사업을 위한 토지 등의 취득 및 보상에 관한 법률(이하 "공익사
업법"이라 한다)에서는 토지소유자 - 사업시행자 - 토지수용위원회의 구
조에서 사업시행자를 위한 수용절차에 관한 규정들이 적지 않다. 예컨
대 토지소유자는 보상에 관한 협의가 이루어지지 않을 경우 토지수용
위원회에 수용재결을 직접 신청하지 못하고, 사업시행자에게 수용재결
신청을 청구할 수 있을 뿐이다. 이 점은 토지소유자에게 수용재결신청
권을 부여하고 있는 日本의 土地收用法과 차이가 있다. 우리 공익사업
법에 따를 경우, 토지소유자가 원하지 않는 수용을 사업시행자에 의해
강요당할 수 있다. 토지소유자가 수용 자체를 원하지 않거나 보상금에
만족하지 못할 경우 협의가 결렬되고, 경우에 따라서 사업시행자가 보
상금을 공탁하고 대집행을 강행할 수 있다. 이로써 '공익'이라는 미명하
에 토지소유자들의 재산권뿐만 아니라 인격권 또는 사회적 기본권(생존
권적 기본권)이 침해될 수 있다.

한편, 헌법재판소는 산업입지 및 개발에 관한 법률 제11조 제1항 등
위헌소원 사건에서, 민간기업이 지역경제발전을 위해 사유재산권을 수
용하는 것이 공익성('공공필요')의 요건을 충족한 것으로 보았다.[20] 私人
(私企業)이 수용을 하는 것 자체가 위헌은 아니지만, 국가가 수용을 하
는 경우에 비해 수용권의 남용을 경계해야 한다. 사기업에 의한 공용수
용은 공익만을 위한 수용이 아니기 때문이다. 공용수용에 있어서 '공공
필요'의 판단과 관련하여, 헌법재판소는 「국토의 계획 및 이용에 관한

---

20) 헌재 2009. 9. 24. 2007헌바114, 판례집 21-2(상), 562.

법률」 제2조 제6호 등 위헌소원 등 사건에서, 회원제 골프장의 건설을 위한 토지계획시설사업도 '공공필요성'의 요건을 결여하거나 비례의 원칙(과잉금지원칙)을 위반하여 재산권을 침해한 것은 아니라고 결정하였다.[21] 이 사건에서 헌법재판소는 심판대상조항인 「국토의 계획 및 이용에 관한 법률」 제2조 제6호 라목 중 "체육시설" 부분이 포괄위임금지원칙에 위반된다고 판시하였을 뿐, 공공필요성의 요건을 엄격히 심사하고 있지 않다. 이 사건에서 수용요건의 하나인 '공공필요'의 해석을 좀 더 면밀히 검토하여, 포괄위임입법금지에 의한 심사가 아니라 재산권 침해 내지 공용수용의 문제로서 위헌판단을 하지 못한 것은 큰 아쉬움으로 남는다. 이 사건은 '사기업에 의한 공용수용'에 있어서 里程標를 남길 수 있었으나, 우회적으로 포괄위임입법금지의 원칙에 의한 심사를 택함으로써 그 기회를 놓쳤다. 다만, 반대의견(조대현 재판관)은 "회원제 골프장 건설사업은 '공공필요성'이 미약한 체육시설이므로 이러한 사업을 위해 토지수용권을 부여한 이 사건 수용조항은 헌법 제23조 제3항에 위반된다"고 보았다. 오늘날 '사인에 의한 공용수용' 그 자체는 허용되는 것이 일반적이지만, 그 허용범위와 한계에 대해서는 논란이 있는 것이 사실이다. 이 사건에서도 후자의 관점이 논의의 핵심이며, 그 판단에 있어서 중요한 기준은 '공공필요'의 해석이다. 따라서 사인(사기업)을 위한 공용수용에 있어서는 공익성판단을 보다 엄격히 할 필요가 있으며, 그러한 의미에서 반대의견은 매우 소중하고 가치 있다.

민간기업에 의한 수용의 위헌 여부와 관련하여, 각국의 사정에 따라 최고법원의 판단에 다소 차이가 있는 것이 사실이다. 우선 미국에서도 낙후된 도시의 재개발을 위해 비영리 민간기업의 공용수용이 허용되는지가 문제되었는데, 미연방대법원은 Kelo v. City of New London 事件[22]에서 5대 4로 '합헌' 결정을 내린 바 있다. 이 사건의 다수의견은 '공적 사용'의 개념을 비교적 넓게 이해하여 정부의 행위가 일반 공중

21) 헌재 2011. 6. 30. 2008헌바166 등, 판례집 23-1(하), 288.
22) 545 U.S. 469 (2005).

에 이익을 줄 것이라는 합리적 믿음에서 비롯된 것일 때에는 '공적 사용'을 위한 수용으로 볼 수 있다고 판단하였다. 이에 대해 반대의견은 이러한 판결이 '공적 사용'이라는 용어를 무의미하게 할 수 있음을 경고하였다.[23] 흥미로운 사실은 이 판결이 있은 후 많은 州에서 오히려 반대의견의 입장에 따라 '공적 사용'의 개념을 엄격히 하는 입법들을 제정하였다는 점이다.[24] 결과적으로 다수의견에 따른 미연방대법원의 판단은 현실과 유리된 결론에 이르렀다고 볼 수 있다.

한편, 독일에서는 경제구조가 취약한 지방자치단체에서 지역경제의 발전이나 고용창출을 위해 사기업에 의한 공용수용이 허용되는지가 문제되었는데, 독일 연방헌법재판소는 Boxberg 判決[25]에서 연방건설법전의 관련 규정들이 이러한 수용에 있어서 충분한 법적 근거가 될 수 없다고 판결하였다. 또한 지역경제의 구조개선이나 고용창출을 위한 수용이 허용되기 위해서는, 입법자가 이를 정당화할 수 있는 구체적인 의무이행사항을 규율해야 한다고 보았다.[26] 독일 연방헌법재판소는 위 Boxberg 判決에서 보는 바와 같이 사기업에 의한 공용수용 그 자체가 허용된다고 보면서도, 사기업을 '위한' 공용수용을 매우 엄격하게 판단하고 있다. 이러한 독일 연방헌법재판소의 입장은 미연방대법원의 입장과 차이가 있다고 볼 수 있다. 미국이나 독일의 사례를 종합적으로 살펴보면, 민간기업을 위한 공용수용에 있어서 '공공필요'의 개념을 일반적인 공용수용의 경우보다 신중히 검토할 필요가 있음을 알 수 있다. 이러한 민간기업에 의한 수용으로 인해 경제적 강자인 사업시행자와 경제적 약자인 토지소유자의 관계가 형성될 수 있고, 대기업의 횡포로 자칫 거주민들이 생활의 터전을 잃거나 직업을 상실 또는 변경해야 한

---

23) 이 사건에 대해서는 Chemerinsky, Constitutional Law: Principles and Policies, 656 (4th ed. 2011); 拙稿, "美聯邦憲法上의 收用과 規制", 土地公法研究 제59집, 94면 참조.
24) 이 사건 이후의 反響에 대해서는 Amanda W. Goodin, Rejecting the Return to Blight in Post-Kelo State Legislation, 82 N.Y.U. L. Rev. 177, 195 (2007) 참조.
25) BVerfGE 74, 264/287 ff.
26) 拙稿, "私人을 위한 公用收用의 違憲性 判斷", 憲法論叢 제17집 (2006), 395면 참조.

다는 점에서 '공생'을 위한 제도적 개선방안을 신중히 검토할 필요가 있다.

3. 生活補償의 內容과 範圍

'공생'은 보상의 유형 중에서 '생활보상'과 밀접한 관련을 가진다. 생활보상의 개념은 매우 다의적으로 사용되고 있으나, 다수설은 대체로 對物的 補償을 보완하는 유형으로서 '生活補償'이라는 용어를 사용하고 있다.[27] 즉 생활보상은 20세기의 후반에 등장한 개념으로, 피수용자의 생활안정을 도모하기 위해 도입된 것으로 이해되고 있다.[28] 일본의 문헌에서는 생활재건보상을 내용으로 한 '生活權補償'이라는 용어를 보편적으로 사용하고 있다.[29] 즉 댐건설에 의해 水沒된 農地의 농민, 공유수면의 매립에 의한 연안어업권을 상실한 어민들과 같이, 생활기반을 상실함으로써 금전적 보상만으로 충분하지 않은 경우에, 생활재건을 위한 보상을 '생활권보상'으로 보고 있다.[30]

한편, 통설이 말하는 '생활보상'은 실제 '生活權補償'과 大同小異하다고 볼 수 있으며, 실제 생활보상과 생활권보상의 개념을 혼용해서 사용하고 있다.[31] 다만, 일부 견해는 생활보상과 생활권보상을 구별하기도 한다. 즉 생활보상은 "보상의 내용이나 방법"에 관한 것으로서, 생활권보상은 재산권보상에 대립되는 개념으로서 "보상의 범위 내지 대상"에 관한 것으로 보고 있다.[32] 이 견해는 생활보상을 "금전 등 재산에 의한 손실보상에 대응하는 개념으로 피수용자가 종전과 같은 생활상태를 유지하도록 하는 것을 실질적으로 보장하는 보상"으로 보는 반

---

27) 김도창, 일반행정법론(상), 제4전정판, 348면; 김남진·김연태, 전게서, 566면; 김동희, 행정법 I, 제18판, 611면.
28) 이상규, 전게서, 647면.
29) 塩野宏, 行政法 II (行政救濟法), 第四版, 341면; 芝池義一, 行政救濟法講義, 第3版, 有斐閣, 217면 이하.
30) 南 博方·原田尚彦·田村悅一(編), 行政法(2), 第3版, 43면.
31) 김동희, 전게서, 611면 이하.
32) 박균성, 행정법론(상), 제10판, 877면.

면, 생활권보상을 "피수용자가 당해 지역에서 누렸던 생활상 이익의 상실(생활기초의 박탈)에 대한 보상"이라고 정의하고 있다. 兩 概念은 엄밀히 말하면, 다소 차이점을 가질 수 있다. 그러나 모두 "從前 生活의 維持確保를 위한 補償"을 내용으로 하고 있다는 점에서 유사하고, 그 구별의 실익은 크지 않다고 생각한다. 따라서 本稿에서는 통설적 의미의 '생활보상'을 사용하기로 한다.

국내 학설은 생활보상(생활권보상)의 내용과 범위를 둘러싸고 복잡하게 대립하고 있다. 즉 생활보상을 광의로 이해하는 입장과 협의로 이해하는 입장으로 구분된다. 전자가 다수설이다. 廣義說은 대체로 住居의 總體價値의 보상, 영업상 손실의 보상, 이전료보상, 소수잔존자보상 등을 생활보상으로 보고 있다.[33] 또한 이주정착금·주거이전비·離農費·離漁費·세입자에 대한 주거대책비 등을 狹義의 生活補償으로, 생활재건조치(이주대책)를 포함하는 것을 廣義의 生活補償으로 구분하는 견해[34]도 광의설에 속한다. 그리고 생활권보상과 생활보상을 구분하면서, 소수잔존자보상, 이주정착금의 지급, 주거대책비보상, 이농비·이어비 등을 생활권보상으로 보는 반면, 이주대책은 생활보상의 하나로서 재산권보상과 생활권보상을 모두 포함하고 있다고 보는 견해[35]도 있다. 이 견해도 생활(권)보상을 넓게 이해하고 있다는 점에서 광의설로 볼 수 있다. 반면, 狹義說은 소수잔존자보상, 이직자보상, 생활재건조치 및 사업손실보상을 재산권보장으로 보고, 狹義의 生活權補償(離農費·離漁費 등의 生活費補償, 주거이전비보상, 특산물보상 등)만을 생활권보상으로 인정하는 견해[36]가 가장 대표적이다. 또한 간접보상과 이주대책 등을 내용으로 하는 견해[37]도 협의설에 속한다.[38] 이에 비해 日本에서는

33) 이상규, 전게서, 650면 이하; 석종현, 일반행정법론(상), 제11판, 684면; 홍정선, 행정법원론(상), 제20판, 765면.
34) 김동희, 전게서, 611면 참조.
35) 박균성, 전게서, 880면.
36) 박윤흔, 전게서, 780-782면. 한편, 생활권보상을 재산권보장의 개념에 대응하는 개념으로 보는 견해도 있다(김철용, 행정법 I, 제12판, 533면).
37) 김남진·김연태, 전게서, 638-639면; 정하중, 행정법총론, 제3판, 577-578면.

생활권보상을 從前 生活의 維持·確保를 내용으로 하고 있으며, 狹義
의 生活權補償(생활비보상, 특산물보상 등), 生活再建措置(직업전환대책,
생활재건을 위한 융자·조성 등) 등을 망라하는 것으로 이해하고 있다.39)
　생각건대 少數殘存者補償, 離職者補償 등은 그 성질상 '재산권보상'
의 범위에 歸一시키기가 쉽지 않다. 이러한 내용은 수용에 의해 파생된
손실에 대한 보상이기는 하지만, 종전 생활의 유지·확보라는 목적을
위한 보상으로 볼 수 있다. 따라서 이러한 보상들은 '생활보상'의 범주
에 포함시키는 것이 타당하다. 일본에서도 소수잔존자보상, 이직자보상
등을 생활보상으로 다루고 있다.40) 또한 이주대책을 포함한 생활재건조
치도 피해의 정도, 수용의 영향력 등에 있어서 차이가 있으나, 수용의
직접적 피해에 대한 손해전보는 아니다. 이러한 보상들도 대체로 '생활
보상'으로 다루는 것이 다수의 견해라고 볼 수 있다. 그러한 이유에서
本稿에서는 생활보상을 넓은 의미로 이해하여, 협의의 생활보상(주거이
전비, 이농비·이어비 등)과 生活再建措置 등을 포함하기로 한다. 다만,
事業損失補償은 생활보상의 범위에서 제외하기로 한다. 사업손실보상
의 개념에 대해서도 논란이 있는데, 대체로 사업시행지 외의 손실보상
(공익사업법 시행규칙 제59조 이하)을 말한다.41) 일부 견해는 이를 '間接

---

38) 한편, 생활권보상을 협의로 이해하면서도, 이농비 및 이어비 보상, 주거대책비 보상, 휴
　　직 및 실직보상 등 생활재건조치를 포함하는 견해도 있다(강구철, "공익사업을 위한 토
　　지 등의 수용에 있어서의 생활권보상", 법학논총 제19집 (2007. 2), 10면 이하 참조).
　　그러나 생활재건조치는 생활(권)보상을 광의로 이해하는 경우에 포함될 수 있다는 것이
　　일반적이다(김동희, 전게서, 613면, 각주 2 참조).
39) 위의 내용은 芝池義一, 行政救濟法講義, 第3版, 有斐閣, 217면 이하 참조.
40) 南 博方·原田尚彦·田村悦一(編), 前揭書, 43면. 日本의 土地收用法에는 이전료의 보상
　　에 관한 규정만 두고 있으며(同法 제77조), 소수잔존자보상, 이직자보상 등 생활보상
　　등은 '公共用地의 取得에 隨伴하는 損失補償基準要綱'에서 규정하고 있다(同要綱 제45
　　조, 제46조 등).
41) 일부견해는 '잔여지보상'도 여기에 포함하고 있으나, 잔여지보상은 대체로 헌법 제23조
　　제3항의 정당한 보상의 범위에 속한다고 볼 수 있다. 동일한 토지소유자에 속하는 일단
　　의 토지의 일부가 수용되어 잔여지의 가격이 감소하거나 그 밖의 손실이 있는 경우에
　　보상을 하는 잔여지감가보상은 일부토지의 수용에 의해 '직접' 영향을 받았다는 점에서
　　재산권의 박탈에 준하는 '제한'으로 볼 수 있다. 즉 헌법 제23조 제3항의 '공용제한'의
　　대표적 사례로 볼 수 있다. '확대수용'의 하나인 잔여지수용청구 역시 수용의 직접적 결
　　과로서 발생한 것이며, 더 이상 종래의 목적에 사용할 수 없어 매수 또는 수용을 청구

損失補償'이라고 부르기도 한다.[42] 그러나 사업시행지 외의 손실보상은 수용의 직접적인 결과가 아니라 부수적 또는 간접적으로 발생한 손실에 대한 보상이라는 점에서, 헌법 제23조 제3항의 정당한 보상의 범주에 속하는 것은 아니다. 그러나 입법정책적인 관점에서, 사업시행지 외의 손실을 보상한다고 볼 수 있다(공익사업법 제79조 제2항, 같은 법 시행규칙 제59조 이하).

한편, 생활보상의 헌법적 근거와 관련하여, 학설은 정당한 보상을 내용으로 하는 헌법 제23조 제3항에 근거하는 견해[43], 생존권적 기본권 내지 사회적 기본권을 규정한 헌법 제34조에 근거하는 견해[44], 그리고 헌법 제23조·헌법 제34조 結合說(統一說)[45] 등이 대립하고 있다. 이와 관련하여 판례의 입장은 일관적이지 않다. 헌법재판소는 생활보상이 헌법 제23조에 근거하고 있지 않음을 소극적으로 밝힌 경우도 있고[46], 헌법 제23조 이외에 헌법 제34조를 근거로 결정한 경우도 있다.[47] 반면, 종전의 대법원판례에 대하여 統一說에 근거하고 있다는 견해도 있

하는 것이다(拙稿, "殘餘地補償과 訴訟形式", 土地補償法硏究 제10집, 193-194면 참조).
42) 박균성, 전게서, 830면 이하. 참고로 독일에서는 '간접손실'을 독일기본법 제14조 제3항의 손실보상에서 제외하고 있다(Rüfner, in: Erichsen/Ehlers(Hg.), Allgemeines Verwaltungsrecht, 12. Aufl., § 49 Rn. 27).
43) 석종현, 생활보상, 고시연구, 1989. 5, 33면 참조; 류해웅, 토지공법론, 제4판, 529면.
44) 다소 명확하지는 않으나, 양설을 소개하면서 통일설을 비판하고 있다는 점에서 헌법 제34조설에 서 있는 것으로 보이는 견해로는 김동희, 전게서, 612-613면. 한편, 故 류지태 교수는 생활보상을 헌법 제23조 제3항의 정당보상 논의에 반영되기 어렵고, 헌법 제34조의 사회적 기본권의 차원에서 포섭될 수 있다고 본다는 점에서 헌법 제34조설에 속한다고 볼 수 있다(류지태, "생활보상논의의 비판적 검토", 특별법연구 제8권, 224-225면). 따라서 류 교수의 견해를 통일설로 소개하는 것은 타당하지 않다.
45) 강구철, 전게논문, 9면; 김남진·김연태, 전게서, 638면; 홍정선, 전게서, 763면.
46) 헌재 1993. 7. 29. 92헌마30.
47) 또한 헌법재판소는 공익사업을 위한 토지 등의 취득 및 보상에 관한 법률 시행령 제40조 제3항 제1호 위헌확인사건에서, "이주대책은 헌법 제23조 제3항에 규정된 정당한 보상에 포함되는 것이라기보다는 이에 부가하여 이주자들에게 종전의 생활상태를 회복시키기 위한 생활보상의 일환으로서 국가의 정책적인 배려에 의하여 마련된 제도라고 볼 것이다"라고 결정하였다(헌재 2006. 2. 23, 2004헌마19, 판례집 제18권 1집 상, 242). 여기에서 "부가하여"라는 의미는 다소 모호하지만, 헌법 제23조 제3항 이외에 헌법 제34조에 근거한 '생활보상'이라는 점을 강조하고 있는 것으로 보인다. 헌법재판소가 이주대책의 헌법적 근거를 헌법 제34조에 찾고 있다고 보는 견해로는 홍정선, 전게서, 763면 참조.

으나48), 판례의 입장은 다소 명확하지 않은 측면이 있었다. 예컨대 대법원은 92다35783 전원합의체 판결에서 舊 公共用地의取得및損失補償에관한特例法의 이주대책이 "재산권의 보장 내지 사회보장에 이념적 기초를 두고" 있음을 밝히고 있다.49) 그러나 이 판례가 통일설에 근거하고 있다고 단언할 수는 없다. 또한 이주대책에 관한 다른 판례(2001다57778 판결)는 "종전의 생활상태를 원상으로 회복시키면서 동시에 인간다운 생활을 보장하여 주기 위한 이른바 생활보상의 일환으로 국가의 적극적이고 정책적인 배려에 의하여 마련된 제도"라고 보고 있는데, 헌법 제23조 제3항 보다는 헌법 제34조에 그 법적 근거를 두고 있다고 볼 수도 있다. 또한 세입자들에게 지급되는 주거이전비와 이사비와 관련된 판례에서도 그 성격을 "사회보장적인 차원에서 지급하는 금원"이라고 판시하고 있다는 점에서 더욱 그러하다.50) 그러나 최근 대법원은 상가용지공급대상자 적격처분 취소소송에서, 사업시행자 스스로 공익사업의 원활한 시행을 위하여 필요하다고 인정함으로써 생활대책을 수립・실시할 수 있도록 하는 내부규정을 두고 있고 내부규정에 따라 생활대책대상자 선정기준을 마련하여 생활대책을 수립・실시하는 경우에는 그 생활대책이 헌법 제23조 제3항에 근거하고 있다고 판시하고 있다.51) 생각건대 성질을 달리하는 기본권을 통일적으로 결합시키는 것은

---

48) 박균성, 전제서, 847면.
49) 대법원 1994. 5. 24. 선고 92다35783 전원합의체 판결. 한편 이 사건의 반대의견의 보충의견에서 구 공공용지의취득및손실보상에관한특례법 제8조 제1항의 이주대책이 "헌법 제23조 제3항이 규정하는 바의 손실보상의 한 형태라고 보아야 할 것"이라고 보고 있다.
50) 대법원 2006. 4. 27. 선고 2006두2435 판결.
51) 즉 대법원은 "공익사업을 위한 토지 등의 취득 및 보상에 관한 법률은 제78조 제1항에서 "사업시행자는 공익사업의 시행으로 인하여 주거용 건축물을 제공함에 따라 생활의 근거를 상실하게 되는 자(이하 '이주대책대상자'라 한다)를 위하여 대통령령으로 정하는 바에 따라 이주대책을 수립・실시하거나 이주정착금을 지급하여야 한다"고 규정하고 있을 뿐, 생활대책용지의 공급과 같이 공익사업 시행 이전과 같은 경제수준을 유지할 수 있도록 하는 내용의 생활대책에 관한 분명한 근거 규정을 두고 있지는 않으나, 사업시행자 스스로 공익사업의 원활한 시행을 위하여 필요하다고 인정함으로써 생활대책을 수립・실시할 수 있도록 하는 내부규정을 두고 있고 내부규정에 따라 생활대책대상자 선정기준을 마련하여 생활대책을 수립・실시하는 경우에는, 이러한 생활대책 역시

오히려 설득력을 반감시킨다. 생활보상의 개념은 불확정적이고, 그 모두를 一義的으로 헌법의 특정조항에서 근거를 찾는 것은 無理로 보인다. 따라서 개별 생활보상의 내용에 따라, 그 헌법적 근거가 달라질 수 있다고 생각한다. 다만, 위에서 열거한 생활보상들은 대체로 헌법 제34조(사회적 기본권)에서 근거를 찾는 것이 타당하다.

참고로 독일의 건설법전(Baugesetzbuch)에서는 생활권보상의 개념을 찾기 어렵고, 직업활동이나 영업활동 등을 위한 代土補償(Entschädigung in Land)의 형식으로 인정될 뿐이다.[52] 그러한 이유에서 독일에서는 보상의 근거도 공용수용 및 손실보상을 규정한 독일기본법 제14조 제3항에서 찾을 수 있다. 일본에서는 생활권보상의 헌법적 근거와 관련하여 재산권보상에 관한 헌법 제29조의 公平負擔의 이념을 헌법 제25조의 國民의 生活維持라는 이념과 결합시킨 것으로 보는 견해[53], 생활권보상, 특히 생활재건조치의 헌법적 근거를 헌법 제25조 또는 헌법 제14조의 평등원칙에서 찾는 견해[54] 등이 대립하고 있다. 前說이 통설이다.[55] 塩野宏 교수의 견해를 비롯한 일본의 통설이 우리나라의 統一說에 영향을 준 것으로 보인다.

이주대책 등 생활재건조치나 事業損失補償을 재산권보상이나 생활권보상이 아닌 '보상개념의 확대'로 이해하는 견해는 이주대책을 생활보상(생활권보상)에서 제외할 수 있다고 보고 있다.[56] 이러한 협의설은

"공공필요에 의한 재산권의 수용·사용 또는 제한 및 그에 대한 보상은 법률로써 하되, 정당한 보상을 지급하여야 한다"고 규정하고 있는 헌법 제23조 제3항에 따른 정당한 보상에 포함되는 것으로 보아야 한다"고 판시하고 있다(대법원 2011. 10. 13. 선고 2008두17905 판결).

52) 代土補償에 대해서는 Battis, in: Battis/Krautzberger/Löhr, BauGB, 7. Aufl., § 100 Rn. 1 ff. 참조. 한편, 독일의 대토보상은 제2차 세계대전 이전에도 존재하였으나, 戰後에 제정된 일부 州의 再建法(Aufbaugesetz)에서 '토지'에 의한 보상의 흔적을 찾을 수 있다고 한다. 그러나 대토보상은 수용법상 금전보상의 원칙을 깨뜨리는 것이기 때문에, 직업활동이나 영업활동의 보장을 위해서만 인정되고 있다(이에 대한 상세는 Schmidt-Aßmann, in: Ernst/Zinkahn/Bielenberg/Krautzberger, BauGB, Kommentar, § 100 Rn. 1 ff. 참조).

53) 塩野宏, 前揭書, 341면.

54) 芝池義一, 前揭書, 218-219면.

55) 小澤道一, 逐條解說 土地收用法(下), 第二次改訂版, 318면.

생활(권)보상을 '협의의 생활보상'에 제한함으로써, 이를 제외한 대부분의 생활(권)보상의 근거를 가능한 한 헌법 제23조의 '정당한 보상'에서 찾으려고 한다. 그러나 이러한 견해도 이주대책이 재산권보상과 생활권보상도 아닌 第3의 領域에 속하는 것으로서, 어느 一方에 포함시켜야 할 경우에는 생활권보상에 포함시켜도 무방하다고 보고 있다. 따라서 학설은 생활보상의 범위에 대하여 견해의 차이가 있으나, 대체로 '이주대책'을 생활보상의 하나로서 다루는 것이 일반적 경향이라고 볼 수 있다.57) 필자는 '移住對策'이 사회국가원리 및 사회적 기본권에 기초한 생활보상의 대표적 사례이며, '공생'의 이념을 가장 잘 구현하고 있는 제도라고 생각한다. 따라서 이하에서는 전형적인 생활보상의 하나로 다루어지는 이주대책의 문제를 詳論하도록 한다.

Ⅲ. 移住對策의 內容과 法的 問題

1. 移住對策의 沿革 및 導入背景

1960년대에 들어오면서 경제개발 위주의 정책을 주도하던 정부는 大規模 公共事業을 활발하게 실시하였으나, 제한된 豫算 탓에 충분한 보상금을 지급받지 못한 零細한 주민들의 불만과 원성이 높았다. 특히 先祖傳來의 土地에 대대로 계속해서 거주해 오던 주민들이 失鄕하여 근

---

56) 박윤흔, 전게서, 783면 이하. 다만, 이 견해는 生活再建措置로 이주대책의 수립·시행, 대체지의 알선, 공영주택 알선, 국민주택기금의 우선지원, 직업훈련, 고용·고용알선 등을 예시하고 있다.

57) 대법원은 종래부터 이주대책을 '생활보상'의 하나로 다루고 있다. 즉 대법원은 "공공용지의취득및손실보상에관한특례법상의 이주대책은 공공사업의 시행에 필요한 토지 등을 제공함으로 인하여 생활의 근거를 상실하게 되는 이주자들을 위하여 사업시행자가 기본적인 생활시설이 포함된 택지를 조성하거나 그 지상에 주택을 건설하여 이주자들에게 이를 그 투입비용 원가만의 부담하에 개별 공급하는 것으로서, 그 본래의 취지에 있어 이주자들에 대하여 종전의 생활상태를 원상으로 회복시키면서 동시에 인간다운 생활을 보장하여 주기 위한 이른바 생활보상의 일환으로 국가의 적극적이고 정책적인 배려에 의하여 마련된 제도이다"라고 판시하고 있다(대법원 1994. 5. 24. 선고 92다35783 전원합의체 판결. 同旨判例: 대법원 2003. 7. 25. 선고 2001다57778 판결; 대법원 2011. 6. 23. 선고 2007다63089, 63096 전원합의체 판결).

처의 대도시로 유입되고도 농·어업 외에 특별한 생활수단을 마련하지 못하고 就職이나 轉業 등이 불가한 채 補償金을 蕩盡하는 경우가 적지 않았다. 이러한 문제들은 사회적 불안요인을 조성하게 되었고, 이주대책은 그 생활안정대책의 일환으로 도입된 것이라고 한다.[58] 이주대책은 1973년에 제정된 구 産業基地開發促進法에 처음 도입되었고(제25조 내지 제28조), 1975년에는 '공공사업'에 필요한 토지 등의 협의에 의한 취득·사용과 이에 대한 적정한 손실보상의 기준과 방법을 정하고 있는 公共用地의取得및損失補償에관한特例法에도 규정되었다. 그 밖에 개별 법령에도 이주대책에 관한 규정을 둔 경우가 적지 않다. 예컨대 도시개발법 제24조(이주대책 등), 산업입지 및 개발에 관한 법률 제36조(이주대책 등), 기업도시개발특별법 시행령 제19조(이주대책의 수립 등), 도시철도법 제8조(이주대책 등), 용산공원 조성 특별법 제53조(이주대책 등), 관광진흥법 제66조(이주대책), 재해위험 개선사업 및 이주대책에 관한 특별법 제11조(이주대책계획), 전원개발촉진법 제10조(이주대책), 주한미군기지 이전에 따른 평택시 등의 지원 등에 관한 특별법 제33조(이주대책의 수립 등), 폐기물처리시설 설치촉진 및 주변지역지원 등에 관한 법률 제18조(이주대책) 등이 그러하다.

2. 移住對策의 內容과 本質

이주대책은 生活再建措置의 하나로 보는 것이 일반적인데, 이주대책에 어떠한 내용이 포함되는지가 분명하지 않다. 이주대책은 "공공사업으로 생활의 근거를 상실한 이주자들에게 기본적인 생활시설이 포함된

---

58) 즉 당시의 이주에 따른 생활안정대책의 시급성과 관련하여, 정태용 교수는 "국민 전체의 이익을 증진시키기 위한 대규모 공공사업이 당해 지역의 주민을 기존의 생활터전에서 내쫓아 이들을 도시의 빈민으로 만드는 모순은 공공사업이라는 명분만으로 합리화될 수 없었는바, 이는 당해 주민의 개인적 불행의 차원을 넘어 사회 전체적으로 계층간의 위화감을 조성하는 사회불안요인이 되었다"고 당시의 상황을 적절히 소개하고 있다. 이주대책의 도입배경에 관한 상세한 내용에 대해서는 鄭泰容, "移住對策에 관한 小考", 行政上 損失補償의 主要問題(朴鈗炘 編), 260-261면.

택지조성이나 주택건설 등을 통해 종전의 생활상태를 원상으로 회복시켜 인간다운 생활을 보장해 주는 제도"라고 볼 수 있다. 이주대책에 '생계대책'을 포함시켜야 한다는 견해는 집단이주, 특별분양, 건축용지의 분양, 이주정착금 지급, 직업훈련 및 취업알선 등이 포함된다고 보고 있다.[59] 공익사업법에는 '이주대책'에 관한 명확한 정의규정이 없다. 다만, 공익사업법 제78조 제1항에서는 "사업시행자는 공익사업의 시행으로 인하여 주거용 건축물을 제공함에 따라 생활의 근거를 상실하게되는 자(이하 "이주대책대상자"라 한다)를 위하여 대통령령으로 정하는바에 따라 移住對策을 수립·실시하거나 移住定着金을 지급하여야 한다"고 규정하고 있을 뿐이다. 또한 같은 조 제4항은 "이주정착지(이주대책의 실시로 건설하는 주택단지를 포함한다)에 대한 도로, 급수시설, 배수시설, 그 밖의 공공시설 등 通常的인 수준의 生活基本施設이 포함되어야 하며, 이에 필요한 비용은 사업시행자가 부담한다"라고 규정하고있다. 즉 이주대책에는 移住定着地의 건설, 通常的인 수준의 生活基本施設의 설치 등이 포함된다고 볼 수 있다. 공익사업법 제78조 제1항에는 '이주대책'과 '이주정착금'을 병렬적인 선택사항으로 규정하고 있는데, 이주정착금을 이주대책의 하나로 볼 수 있는지가 문제된다. 공익사업법 제78조 제1항 및 같은 법 시행령 제41조에 의하면, 이주대책을수립·실시하지 않거나 이주대책대상자가 이주정착지가 아닌 다른 지역으로 이주하고자 하는 경우 등에는 '移住定着金'을 지급하도록 하고있다.[60]

생각건대 이주정착금도 '생활재건조치'의 일환으로 볼 수 있으나, 이주대책을 대체하는 '금전보상'이라는 점에서 이주대책과 구별하는 것

---

59) 박균성, 전게서, 888면. 이 견해는 또한 생계대책(생활대책)으로 생활비보상, 상업용지, 농업용지 등 용지의 공급, 고용알선이나 고용상담, 직업훈련, 보상금에 대한 조세감면 등을 들고 있다(同人, 전게서, 895면).
60) 이주정착금은 주거용 건축물에 대한 평가액의 30퍼센트에 해당하되, 그 금액이 6백만원 미만인 경우에는 6백만원으로 하고, 1천2백만원을 초과하는 경우에는 1천2백만원으로 한다(공익사업법 시행규칙 제53조 제2항).

이 타당하다. 즉 이주정착금은 이주대책이 어려운 경우나 이주대책대
상자가 원하지 않는 경우에 지급한다는 점에서, 택지조성이나 주택건
설 등을 통해 종전의 생활상태를 확보·유지하기 위한 이주대책과는
구별된다.

　한편, 공익사업법 제78조 제5항에는 住居移轉費, 제6항에는 離農
費·離漁費, 제7항에는 雇用이나 就業斡旋 등을 규정하고 있는데, 생
활보상을 주거대책과 생계대책을 포함하는 것으로 이해하는 견해는 주
거이전비의 보상을 '주거대책'의 하나로 다루고 있다.[61] 그러나 이러한
보상들도 일종의 '생계대책'으로 볼 여지가 있으며, 주거대책과 생계대
책이 항상 명확한 것도 아니다. 주거이전비, 이농비·이어비는 협의의
생활보상에 속하고, 고용이나 취업알선은 일종의 생활재건조치에 속한
다는 점에서 차이가 있다. 생각건대 주거이전비나 離農費·離漁費는
엄밀히 말하자면, 종전 생활의 '상실'에 따른 '생활보상'의 차원에서 이
루어지는 것이지, 종전과 같은 생활상태를 회복하거나 유지하기 위해
다른 지역으로 이주하여 이주정착지를 조성하기 위한 이주대책으로 볼
수는 없다. 그 지역에서 취업이나 전업이 어려운 사람들에게 고용이나
취업 등을 알선하는 것은 이주대책 그 자체가 아니라, 여기에 수반되는
일종의 생활재건조치에 해당하는 것이다. 그러한 이유에서 협의의 생활
보상에 속하는 주거이전비와 생활재건조치에 속하는 이주정착금과 구별
된다고 볼 수 있다. 특히 '주거이전비'는 "주거 이전에 필요한 비용과
가재도구 등 동산의 운반에 필요한 비용"을 지급하는 것일 뿐(공익사업
법 제78조 제5항 참조), 이를 '주거대책'의 하나로 보는 견해가 주장하는
바와 같이 "종전과 같은 주거를 취득하는"[62] 것과는 차이가 있다. 공익
사업법 제78조에는 '이주대책의 수립 등'이라고 규정하고 있으나, 실제
로는 종전의 생활을 상실하게 되는 자에 대한 다양한 생활보상을 규정
한 것으로 보는 것이 타당하다. 그러한 이유에서 그 모든 것을 이주대

---

61) 박균성, 전게서, 883면.
62) 박균성, 전게서, 883면.

책으로 파악할 수는 없다. 이주대책의 범위를 지나치게 확대하는 것은 금전보상에 穿鑿한 補償萬能의 風潮를 조장할 수 있어, 결과적으로 이주대책의 본질을 稀釋시킬 수도 있다.

한편, 대법원은 구 도시저소득주민의 주거환경개선사업을 위한 임시조치법에 따른 주거환경개선사업이 공익사업법상 '공익사업'에 해당한다는 점을 인정하면서도, 주거환경개선지구 내 주거용 건축물의 소유자로서 주거환경개선사업으로 건설되는 주택에 관한 분양계약을 체결한 자들이 공익사업법상 '이주대책대상자'에는 해당하지 않는다고 보고 있다.63) 왜냐하면 이주대책은 생활보상의 하나이기는 하나, 저렴한 비용으로 주택의 분양 또는 임대를 받아 기존의 생활근거지에서 종전의 생활상태보다 더 개선된 생활을 할 수 있는 경우에는 이주대책대상자로 보고 있지 않기 때문이다.

3. 生活基本施設의 範圍 및 設置費用

(1) 問題의 所在

이주대책은 오늘날에도 特別供給이나 生活基本施設 등을 둘러싸고 논란이 되고 있다. 이와 관련하여 생활기본시설의 의미, 이주대책과 특별공급의 관계, 그리고 생활기본시설의 설치의무 등이 주로 문제되고 있다. 생활기본시설은 1973년 제정된 구 「산업기지개발촉진법」이나 1975년 제정된 「公共用地의取得및損失補償에관한特例法」에는 규정되

---

63) 대법원 2011. 11. 24. 선고 2010다80749 판결. 즉 대법원은 "주거환경개선사업은 당해 사업지구 내 도시의 저소득주민들 전체의 주거환경개선을 위한 것으로서 그로 인하여 사업지구 내 토지 또는 건축물의 소유자, 세입자 등은 생활의 근거를 상실하는 것이 아니라 오히려 당해 사업으로 건설되는 주택을 분양 또는 임대받게 되고, 특히 그 사업지구 내 주거용 건축물의 소유자들의 경우 일시적으로는 공익사업에 해당하는 주거환경개선사업의 시행으로 인하여 주거용 건축물을 제공할 수밖에 없다 하더라도 추후 당해 사업에 의하여 건설되는 주택을 그들의 선택에 따라 분양 또는 임대받을 수 있는 우선적 권리를 향유하게 될 뿐만 아니라, 토지 또는 건축물의 소유자가 반드시 사업지구에 거주할 것을 요하지도 않으므로 생활의 근거를 상실하였는지 여부와 관계없이 주택을 분양 또는 임대받게 된다"라고 판시하고 있다.

어 있지 않았었다. 다만, 2002년에「土地收用法」과「公共用地의取得 및 損失補償에관한特例法」으로 이원화되어 있는 공익사업 용지의 취득과 손실보상에 관한 제도를 통합하여 법률 제6656호로 제정된 구 공익사업법 제78조 제4항[64]에서 규정하고 있으나, 그 입법이유를 명확히 알기 어렵다. 한편, 이주정책에 관한 입법례는 흔치 않으나, 미국에서는 이미 1970년대에 統一移住支援法(Uniform Relocation Assistance and Real Property Acquisition Policies Act)을 제정하였다. 이 법률은 주정부 및 지방정부에 의해 주거나 영업의 장소 등 생계의 터전을 잃고 이전해야 하는 경우에 그 보상에 관한 통일정책을 수립하기 위해 제정된 것이다. 현재는 미합중국법전 제42편 제61장에서 이에 관하여 상세히 규정하고 있다. 제61장 제2절에서는 연방행정청이 착수한 프로그램이나 프로젝트, 또는 연방재정지원에 의한 직접적 결과로서 종전의 주거를 이전하게 된 사람들에 대해 공평한 취급을 위한 통일된 정책을 마련해놓고 있다. 이 節의 주요한 목적은 전체적으로 공중의 수익을 위한 프로그램이나 프로젝트에 의해 부적절한 피해를 겪지 않고 이주의 고초를 최소화하기 위한 것이다(42 USC § 4621 (b)). 이 법률은 해당 행정청에 대해 이주자들에게 자문이나 재정적 수혜 등 부가적 지원을 요구할 수 있도록 규정하고 있다. 이러한 이주대책에는 자신을 포함한 가족들의 이주, 사업체나 농장 운영의 이전에 수반하는 현실적인 합리적 비용, 이전이나 사업을 계속하지 못한 결과로서 실제 발생하는 직접적인 손실, 대체 사업(영업)의 장소나 농장을 구하는 데에 드는 비용 등을 포함하고 있다(42 USC § 4622 (a)). 그리고 이 법률에는 소유주를 위한 대체주거지의 마련, 연방행정청의 모기지(mortgage) 보증 등도 포함하고 있다.

---

64) 구 공익사업법을 위한 토지 등의 취득 및 보상에 관한 법률 제78조 (이주대책의 수립 등)
  ④ 이주대책의 내용에는 이주정착지에 대한 도로·급수시설·배수시설 그 밖의 공공시설 등 당해 지역조건에 따른 생활기본시설이 포함되어야 하며, 이에 필요한 비용은 사업시행자의 부담으로 한다. 다만, 행정청이 아닌 사업시행자가 이주대책을 수립·실시하는 경우에 지방자치단체는 비용의 일부를 보조할 수 있다.

현행 공익사업법 제78조 제4항 본문에는 "이주정착지(이주대책의 실시로 건설하는 주택단지를 포함한다)에 대한 도로, 급수시설, 배수시설 그밖의 공공시설 등 통상적인 수준의 생활기본시설[65]이 포함되어야 하며, 이에 필요한 비용은 사업시행자가 부담한다"라고 규정하고 있다. 또한 같은 법 시행령 제41조의2에는 생활기본시설의 범위를 정하고 있는데, 공익사업법 제78조 제4항 본문에 규정된 "통상적인 수준의 생활기본시설"로는 도로(가로등·교통신호기를 포함한다), 상수도 및 하수처리시설, 전기시설, 통신시설 및 가스시설을 규정하고 있다. 이 경우 사업시행자가 부담하도록 되어 있는 생활기본시설의 설치비용을 이주자들에게 전가할 수 있는지 여부가 문제된다. 종전의 대법원판례는 이주대책을 "공공사업의 시행에 필요한 토지 등을 제공함으로써 생활의 근거를 상실하게 된 이주자들을 위하여 사업시행자가 기본적인 생활시설이 포함된 택지를 조성하거나 그 지상에 주택을 건설하여 이주자들에게 이를 그 투입비용 원가만의 부담하에 개별 공급하는 것"이라고 보았다.[66] 나아가 "공공시설 등의 설치비용은 사업시행자가 부담하는 것으로서 이를 이주자들에게 전가할 수 없는 것이며, 이주자들에게는 다만 분양받을 택지의 소지가격 및 택지조성비 정도를 부담시킬 수 있는 것으로 해석함이 상당하다"고 판시하였다.[67] 그러나 대법원은 새로운 전원합의체 판결에서 "사업시행자가 이주대책으로서 이주정착지를 제공하거나 택지 또는 주택을 특별공급하는 경우 사업시행자는 이주대책대상자들에게 宅地의 素地價格 및 택지조성비 등 투입비용의 원가만을 부담시킬 수 있고 이를 초과하는 부분은 생활기본시설 설치비용에 해당하는지를 묻지 않고 그 전부를 이주대책대상자들에게 전가할 수 없다는 취지로 판시한 종래 대법원판결은 이 판결의 견해에 배치되는 범위 안에서 모두

---

65) 당해 조항은 2007. 10. 17. 법률 제8665호로 개정하면서, '통상적인 수준의 생활기본시설'로 제한하여 규정된 것이다.
66) 대법원 1994. 5. 24. 선고 92다35783 전원합의체 판결.
67) 대법원 2002. 3. 15. 선고 2001다67126 판결; 대법원 2003. 7. 25. 선고 2001다57778 판결 참조.

변경하기로 한다"고 판시하고 있다.[68] 이 문제는 특히 공익사업법 시행
령 제40조 제2항 단서에 따라 택지개발촉진법 또는 주택법 등 관계 법
령에 의하여 이주대책대상자에게 택지 또는 주택을 공급하는 경우에
문제가 된 것이다. 이러한 경우에도 이주정착지를 제공하는 경우와 마
찬가지로 이주대책을 수립·실시한 것으로 보고 있다. 이하에서는 본래
의 이주대책에 속하는 이주정착지의 제공과 택지 또는 주택의 공급(특
히 특별공급)의 관계에 대해 검토하기로 한다.

(2) 特別供給과 生活基本施設의 設置費用

공익사업법 시행령 제40조 제2항 단서에는 "사업시행자가 택지개발
촉진법 또는 주택법 등 관계법령에 의하여 이주대책대상자에게 택지
또는 주택을 공급한 경우(사업시행자의 알선에 의하여 공급한 경우를 포함
한다)에는 이주대책을 수립·실시한 것으로 본다"라고 규정하고 있다.
이 경우 택지 또는 주택을 공급(이하 "特別供給")하는 경우에도 이주대
책의 일환으로 보아야 하는지가 문제된다.

특별공급은 당해 사업지구 내에서 이루어지기 때문에 별도의 이주
정착지가 필요하지 않고 집단적 이주를 요건으로 하고 있지 않다는
점에서, 양자를 선택적 관계로 이해하는 견해도 유력하다.[69] 그러나
대법원은 2007다63089, 63096 전원합의체 판결에서, 택지개발촉진법
또는 주택법 등 관계 법령에 의하여 이주대책대상자들에게 특별공급
을 하는 것도 이주대책의 하나로 보고 있다.[70] 이주대책은 수용으로
인한 생활기반의 상실에 대한 보상이라는 점에서, 생활재건조치의 하나

---

68) 대법원 2011. 6. 23. 선고 2007다63089, 63096 전원합의체 판결.
69) 김종보, "이주대책의 개념과 특별공급의 적용법조", 행정법연구 제28호, 174-175면.
70) 즉 판례는 "사업시행자가 구 공익사업법 시행령 제40조 제2항 단서에 따라 택지개발촉
　　진법 또는 주택법 등 관계 법령에 의하여 이주대책대상자들에게 택지 또는 주택을 공
　　급하는 것도 구 공익사업법 제78조 제1항의 위임에 근거하여 사업시행자가 선택할 수
　　있는 이주대책의 한 방법이므로, 특별공급의 경우에도 이주정착지를 제공하는 경우와
　　마찬가지로 사업시행자의 부담으로 같은 조 제4항이 정한 생활기본시설을 설치하여 이
　　주대책대상자들에게 제공하여야 한다"고 보고 있다.

로 볼 수 있다. 따라서 그 헌법적 근거는 헌법 제23조 제3항의 정당한
보상이 아니라, 헌법 제34조에 근거하고 있다고 보는 것이 논리적이라
고 생각한다.

이주대책을 비롯한 생활재건조치는 대체로 재산에 대한 금전적 보상,
즉 對物補償이 아니라, 종전 생활의 유지·확보와 인간다운 생활의 보
장을 위해 마련된 제도이다. 따라서 그 보상의 구체적 내용과 범위는
입법자의 판단에 맡겨져 있다고 볼 수 있다. 이러한 입장에 서면, 생활
기본시설의 설치의무도 법률의 테두리 내에서 해석하여야 한다. 공익사
업법 제74조 제4항에는 이주대책의 내용에 생활기본시설이 반드시 포
함되어야 한다고 규정하고 있는데, 이 조항을 '강행규정'으로 보는 것이
판례의 입장이다.71) 따라서 당사자의 합의나 재량에 의해 그 적용을 배
제할 수 없을 뿐만 아니라, 특별분양의 경우에 이주대책대상자들이 생
활기본시설의 설치비용을 분양대금에 포함시켜 사업시행자에게 지불하
였다면, 분양대금에 생활기본시설 설치비용을 포함시킨 부분이 강행법
규인 위 조항에 위배되어 무효가 된다.

반면, 이 사건의 別個意見(대법관 양창수, 대법관 신영철, 대법관 민일
영)은 구 공익사업법 제78조 제4항 본문에서 사업시행자의 부담으로 생
활기본시설을 설치하여야 하는 경우를 이주정착지를 제공하는 경우로
제한하고, 같은 법 시행령 제40조 제2항 단서에 의할 경우에도 특별공
급의 경우에는 더 이상 별도의 이주대책이 필요 없는 것으로 보고 있
다. 요컨대 특별공급은 이주정착지를 제공하는 경우와 구별되고 있다.
이러한 해석은 분양받은 택지 또는 주택의 가격이 상승할 경우 특별공
급으로 인하여 개발이익까지 누릴 수 있어 종전 생활상태의 회복이라
는 이주대책의 제도적 목적을 넘는 것이라고 지적하고 있다. 그러나 이
러한 해석은 매우 엄격한 것으로, 특별공급도 사업시행자의 선택에 의
한 '이주대책'의 일환이라는 점을 간과한 것으로 보인다. 특히 특별공급

---

71) 대법원 2011. 6. 23. 선고 2007다63089, 63096 전원합의체 판결.

은 당해 규정의 사회보장적 성격을 비추어, 택지·주택의 가격 등락에 의해 좌우될 수 없다. 판례의 입장과 같이, 설사 이주대책대상자들이 특별공급을 통해 시세차익을 얻을 기회나 가능성이 주어진다고 하더라도, 생활기본시설 설치비용을 분양대금에 포함시켜 사업시행자에게 지급하게 된 경우에는 사업시행자가 부당이득으로 이주대책대상자들에게 반환하여야 하는 것이 타당하다.

(3) 生活基本施設의 範圍

생활기본시설을 어느 범위까지 인정할 것인지가 문제되는데, 주택법 제23조 등 관계 법령에는 간선시설과 동일한 의미로 이해해야 하는지에 대해 견해가 대립하고 있다. 대법원 2007다63089, 63096 전원합의체 판결의 별개의견(대법관 김능환)은 이주대책이 생활보상으로서 헌법상의 생존권적 기본권의 보장에 근거한 것으로서, 구 공익사업법 제78조 제4항 소정의 생활기본시설을 주택법 제23조가 규정하는 '간선시설'로 제한하는 것은 그러한 입법취지에 반할 수 있다고 보고 있다. 즉 별개의견은 "구 공익사업법 제78조 제4항의 생활기본시설은 주택법 제23조에 규정된 '간설시설'로 보는 경우에도, 그 범위에 있어서 주택단지 밖의 기간이 되는 시설로부터 주택단지의 경계선까지 뿐만 아니라, 그 경계선으로부터 이주대책대상자에게 공급되는 주택까지에 해당하는 부분의 설치비용까지를 포함한다"라고 보고 있다. 그러나 다수의견은 "주택법 제23조 등 관계 법령에 의하여 주택건설사업이나 대지조성사업을 시행하는 사업주체가 설치하도록 되어 있는 도로 및 상하수도시설, 전기시설·통신시설·가스시설 또는 지역난방시설 등 간선시설을 의미한다고 보아야 한다"라고 보았다. 즉 다수의견은 원가만을 부담해야 한다는 변경 전 판례와 달리, 사업시행자가 부담해야 할 부분을 생활기본시설의 설치비용에 한정하고 있다. 이러한 입장은 그 이후의 대법원판례에서도 유지되고 있다.[72] 생각건대 별개의견은 생존권적 기본권을 충분히 고려한 해석으로서 생활기본시설의 범위를 비교적 넓게 해석하고

있고, 다수의견은 생활기본시설의 범위를 적정히 제한하고 있는 것으로
보인다. 이 문제는 입법적으로 해결하는 것이 보다 바람직하다고 생각
한다.

4. 貰入者의 移住對策

공익사업법 시행령 제40조 제3항에는 타인이 소유하고 있는 건축물
에 거주하는 '세입자'를 이주대책대상자에서 제외하고 있다. 영세한 세
입자의 이주대책도 간과할 수 없는 부분인데, 세입자를 이주대책대상자
에서 제외한 것이 위헌인지가 문제될 수 있다. 이와 관련하여 공익사업
법 시행령 제40조 제3항 제1호 위헌확인사건73)에서, 청구인들은 "세입
자에 대하여는 임차권 그 자체에 내재한 재산권을 바탕으로 하여 공익
사업 시행에 따른 대책이 강구되어야 하는데도 이주대책대상자에서 제
외하고 있는 이 사건 조항이 청구인의 재산권과 행복추구권을 침해하
며, 소유자에 대하여 세입자를 지나치게 질적으로 차별하므로 평등권을
침해한다"고 주장하였다. 그러나 헌법재판소는 이주대책의 실시 여부는
입법재량의 영역에 속하고 당해 조항이 세입자를 이주대책의 대상자에
서 제외하고 있는 것이 세입자의 재산권을 침해하는 것이라 볼 수 없
다고 결정하였다. 또한 헌법재판소는 세입자에 대해서는 이주대책이 아
니더라도 주거이전비·이사비 등이 보상될 수 있기 때문에 불합리한
차별로써 세입자의 평등권을 침해하는 것은 아니라고 보았다(공익사업
법 시행규칙 제54조 제2항 및 제3항, 제55조 참조). 다만, 세입자에 대하여
이러한 주거이전비, 이사비 등 협의의 생활보상만으로 충분한지, 아니
면 세입자에 대해서도 이주대책의 일환으로 별도로 생활재건조치를 강
구해야 하는지가 문제된다. 오늘날 전세금의 폭등으로 세입자가 인근에
서 실제 다른 주택을 임대하기 어려운 경우가 발생할 수 있는 점을 고

---

72) 대법원 2011. 7. 14. 선고 2009다12511 판결.
73) 헌재 2006. 2. 23. 2004헌마19.

려하면, 주거이전비나 이사비 만으로 종전 생활의 유지·확보가 어려울 수 있다. 따라서 입법정책적으로는 공익사업법에 무주택 세입자에 한하여 임대주택의 특별공급에 관한 규정을 두는 방안도 검토할 수 있다. 참고로 미국의 統一移住支援法(Uniform Relocation Assistance and Real Property Acquisition Policies Act of 1970)에는 소유주 외에 임차인에 대한 대체주거지를 제공하는 것을 규정하고 있다(42 USC § 4623 (a), (b)). 즉 거주지의 취득에 관한 협상개시 90일 이내에 적법하게 실제 점유하던 임차인에 대해서도 보상을 지불할 수 있도록 하고 있다(42 USC § 4624 (a)).

한편, 국토해양부령으로 제정된 「주택공급에 관한 규칙」에는 사업주체가 국민주택 등의 주택을 건설하여 공급할 경우 무주택세대주에게 특별공급을 할 수 있도록 하고 있는데, 여기에 소정의 요건을 충족한 세입자에게도 특별공급을 할 수 있도록 규정하고 있다(제19조 제1항 제4호 및 제4호의2 참조). 또한 「주택공급에 관한 규칙」 제19조 제1항 제3호 및 제4호의 규정에 해당하는 자에 대한 국민주택 등의 특별공급과 리모델링사업대상 주택의 거주자에 대한 임시이주용 주택을 공급하는데 필요한 기준과 절차를 규정하여 철거민 등에 대한 거주중심 주거지원을 도모하기 위해 「서울특별시 철거민 등에 대한 국민주택 특별공급규칙」(규칙 제3870호, 2012. 8. 9. 일부개정)이 제정되어 있다. 이 특별공급규칙 제5조에서도 국민주택 등의 특별공급대상자로 무세대의 철거세입자를 포함하고 있다. 즉 "사업시행을 위한 주민 열람공고일 3개월 이전부터 보상일까지 계속하여 철거되는 건물 또는 재해주택에 주민등록이 되어 있고 실제로 거주한 자로서 무주택세대주인 철거세입자"를 특별공급대상자로 규정하고 있다(같은 조 제1항 제1호 참조). 그 밖에 아파트재건축사업과 관련하여, 사업시행자(시공사)가 종전의 거주민들에게 분양권우선, 특별할인 및 금융지원 등 각종 수혜를 주고 있는 사례는 '공생'의 대표적 사례이다.

Ⅳ. 移住對策과 權利救濟

1. 移住對策의 訴訟上 爭點

공익사업법 제78조 제1항 및 제4항에 따른 이주대책의 수립·실시의 무는 강행규정이라는 것이 판례의 입장이다.[74] 그러나 사업시행자는 이주대책의 기준설정, 특별공급주택의 수량, 특별공급대상자의 선정 등 구체적인 이주대책의 내용에 있어서는 '재량'을 가지고 있다. 즉 대법원은 "사업시행자는 이주대책기준을 정하여 이주대책대상자 중에서 이주대책을 수립·실시하여야 할 자를 선정하여 그들에게 공급할 택지 또는 주택의 내용이나 수량을 정할 수 있고, 이를 정하는 데 재량을 가지므로, 이를 위해 사업시행자가 설정한 기준은 그것이 객관적으로 합리적이 아니라거나 타당하지 않다고 볼 만한 다른 특별한 사정이 없는 한 존중되어야 한다"고 판시하고 있다.[75] 따라서 사업시행자는 주택의 공급수량이나 대상자 선정 등에서 비교적 광범한 형성의 자유를 가진다고 볼 수 있는데, 이러한 이주대책의 대상자선정에서 제외되는 사람들은 적절한 권리구제수단을 강구할 필요가 있다. 이와 관련하여 이주대책대상자가 수분양권을 언제 취득하는지, 또 이주대책대상자가 이주대책계획수립청구권을 갖는지, 그리고 어떠한 소송형식으로 이를 다투어야 하는지 등이 문제된다.

2. 移住對策對象者의 受分讓權 取得時期

이러한 이주대책대상자로 선정되지 못한 거주민들은 종전의 생활권을 상실할 수 있다. 따라서 공생을 위한 생활보상과 관련하여, 이주대

---

74) 대법원 2011. 6. 23. 선고 2007다63089, 63096 전원합의체 판결.
75) 대법원 2009. 3. 12. 선고 2008두12610 판결. 同旨判例: 대법원 2007. 2. 22. 선고 2004두7481 판결.

책대상자들의 권리구제는 매우 중요한 문제가 아닐 수 있다. 특히 이주
대책대상자의 실체법상의 권리로서 수분양권을 언제 취득하는지가 다투
어지고 있다. 앞에서 소개한 지장물세목조서명의변경 사건(92다35783 전
원합의체 판결)에서 多數意見은 이주대책에 관한 구체적인 계획이 수립
된 후, 사업시행자가 이주대책대상자로 확인·결정을 하여야 비로소 구
체적인 수분양권이 발생한다고 보고 있다(確認·決定時說). 이 견해가
판례의 주류이다. 이에 반해 이 사건의 反對意見은 "사업시행자의 분
양처분이 이주자에게 수분양권을 부여하는 처분이 아니라, 공익사업법
제78조 및 같은 법 시행령 제40조에 따라 이미 취득하고 있는 수분양
권에 대하여 그 의무를 이행한 일련의 '이행처분'으로 보고, 이주자의
수분양권을 구체화시켜주는 과정에 불과하다"고 보고 있다. 이에 반해
반대의견의 補充意見은 이주대책에 따른 수분양권은 사업시행자의 분
양처분에 의하지 않고 公共用地의取得및損失補償에관한特例法에 근
거하여 곧바로 취득하는 것으로 보면서, 이주대책의 수립 전에는 아직
추상적인 권리나 법률상의 지위 내지 이익에 불과한 것으로 보고 있다.
이 견해도 사업시행자의 분양처분을 "공공용지의취득및손실보상에관한
특례법에 따라 취득한 추상적인 권리나 이익을 이주대책을 수립하여
구체화시켜주는 절차상의 이행적 처분"이라고 보고 있다. 학설 가운데
에도 위 92다35783 전원합의체 판결의 반대의견에 대한 보충의견과 마
찬가지로, 이주대책계획의 수립시에 수분양권이 취득된다는 견해가 있
다. 즉 "사업시행자가 이주대책에 관한 구체적인 계획을 수립하면 그것
만으로 법상 이주대책대상자는 수분양권 등 이주대책상 구체적인 권리
를 취득한다"고 보고 있다.[76]

생각건대 공익사업법 제78조 및 같은 법 시행령 제40조의 규정에는
이주대책의 수립·실시의 의무와 그 절차, 그리고 이주대책대상자에서
제외되는 자 등을 규정하고 있을 뿐이다. 이러한 법령의 규정에 의해

---

76) 박균성, 전게서, 891면.

곧바로 실체법상의 권리로서 수분양권이 도출된다고 보기 어렵다. 또한 이주대책계획수립시설은 이주자가 수분양권을 조기에 취득할 수 있고, 법령에 의한 이주대책대상자가 이주대책계획수립을 청구하여 이를 거부하거나 방치하는 경우에 항고소송(거부처분 취소소송, 부작위위법확인소송)을 통해 다툴 수 있는 장점을 가진다. 그러나 사업시행자가 비교적 광범한 재량 내지 형성의 자유를 가지는 이주대책계획수립의 단계에서는 이론적으로 이주대책대상자에 移住對策計劃樹立請求權을 인정하기 어렵고,[77] 구체적인 법률관계가 확정된다고 보기 어렵다. 이주대책계획 수립 이전과 이주대책계획 수립시에 행정쟁송을 제기할 수 있도록 하게 되면, 공공사업 그 자체가 지연될 수 있는 것은 물론, 이주대책을 둘러싸고 각 단계에서 濫訴가 발생할 수도 있다. 따라서 確認・決定時說이 타당하다.

3. 移住對策對象者의 訴訟形式

대법원 92다35783 전원합의체 판결 이전에는 소송형식의 선택에 다소 혼선이 있었던 것이 사실이다.[78] 우선 이주대책계획수립시설은 이주대책계획수립 이전에 이를 청구하는 취소소송이나 부작위위법확인소송을 청구할 수 있다. 또한 수분양권에 터잡은 분양신청을 실체적 신청권으로 보고, 이를 거부당할 경우에는 항고소송을 제기할 수 있다. 쟁송제기기간이 도과하여 확인소송이 유익할 경우, 예컨대 대법원 92다35783 전원합의체 판결의 반대의견에 대한 보충의견에서 설시된 바와 같이 사업시행자가 미리 수분양권을 부정하거나 이주대책에 따른 분양절차가 종료되어 분양신청을 하더라도 거부당할 것이 명백한 경우, 또는 분양신청을 묵살당한 경우에는 공법상 당사자소송을 제기할 수 있다고 한다.[79] 반면 이주대책계획수립이전에도 법령에 의해 곧바로 수분

---

77) 반대견해로는 박균성, 전게서, 889면 참조.
78) 상세는 서기석, 이주대책에 의한 수분양권의 법적 성질, 행정판례평선, 박영사, 2011, 589면.

양권을 취득한다고 보는 견해(92다35783 전원합의체 판결의 반대의견)는 구체적 이주대책에서 제외된 자가 분양신청을 하여 거부당한 경우에 항고소송을 제기하거나 또는 분양신청의 거부가 명백한 특수한 경우에 분양받을 권리 또는 그 법률상 지위의 확인을 구하는 소를 제기할 수 있다고 보고 있다.

생각건대 이주대책계획수립의 이전은 물론, 수립의 단계에서 법률관계 또는 법률상 지위를 다투는 것은 법률관계의 불안정성을 초래할 수 있고 계속해서 분쟁의 소지를 남겨두게 되는 문제점이 있을 수 있다. 따라서 사업시행자의 확인·결정에 의해 대상자선정에서 제외된 경우에는 거부처분에 대한 취소소송으로, 이를 방치하는 경우에는 부작위위법확인소송으로 다투는 것이 타당하다(抗告訴訟說).

V. 結 語

지금까지 공생과 생활보상의 관계, 그리고 이주대책의 법적 문제를 살펴보았다. 오늘날 공생은 우리 시대의 화두가 되었지만, 앞에서 살펴본 바와 같이 공생은 이미 오랜 역사적 배경을 가지고 있다고 볼 수도 있다. 공생은 비록 법적 개념이 아니지만, 공생이 내포하거나 지향하는 이념은 헌법상 사회국가원리, 사회적 기본권 그리고 경제민주화 등에 근거를 가지고 있다. 이러한 헌법적 근거에 기초한 공생의 사고는 경제 영역, 특히 재산권보장과 관련하여 주로 논의될 수 있는데, 재산권박탈이나 제한에 대한 손실보상과도 관련을 가질 수 있다. 근년에 들어와서 공적 과제의 私化 내지 民營化가 증가하고 있고, 민간기업에 의한 공용수용이 두드러지고 있다. 그러나 위임·위탁에 의한 사인의 공권력의 행사는 남용될 우려가 적지 않고, 실제 사인에 의한 수용권의 행사가 국민의 기본권을 심대하게 침해할 우려가 높다. 현행 공익사업법은 사

---

79) 박균성, 전게서, 892면.

업시행자 위주의 규정들이 적지 않고, 이러한 체계 속에서 공익이 사익에 비해 상대적으로 우월한 것이 사실이다. 공생의 관점에서 사인에 의한 공용수용은 엄격하게 판단되어야 하며, '공공필요'의 개념도 신중히, 그리고 가능하면 좁게 해석하는 것이 바람직하다. 생활보상은 對物補償이나 土地補償을 보완할 수 있으며, '공생'을 실현할 수 있는 중요한 도구라고 볼 수 있다. 다만, 생활보상의 개념과 범위 등에 있어서 학설상 다툼이 있으나, 생활재건조치의 하나인 이주대책은 생활보상의 하나로 다루기에 충분하다. 이미 1970년대에 도입된 이주대책은 다소 보기 드문 입법례이며, 손실보상에 수반하는 사회보장적 성격도 갖고 있다. 이주정착금과 이주대책은 서로 구분하는 것이 타당하나, 특별공급은 이주대책의 일환으로 보아야 한다. 또한 전세의 가격이 急騰하는 경우에 공익사업법상 세입자에 대한 이주대책은 충분하지 않다. 다만, 개별법이나 지방자치단체의 규칙 등에 세입자에 대한 특별공급이나 분양권우선 등에 관한 규정들이 포함되어 있다. 그러나 적어도 공익사업법에 무주택 세입자에 대한 적절한 이주대책을 강구할 필요가 있다. 예컨대 무주택 세입자에 대한 임대주택의 특별공급도 고려할 만하다. 다만, 이러한 지원이나 혜택 등에는 국가나 지방자치단체의 재정능력이 문제가된다. 수분양권의 취득시기나 소송형식 등 이주대책과 관련된 행정쟁송에 있어서도 다툼이 있으나, 사업시행자가 폭넓은 재량을 가지는 이주대책계획수립의 단계에서 이주대책대상자의 이주대책계획수립청구권을 인정하기 어렵다. 따라서 수분양권의 취득시점은 사업시행자의 확인·결정시로 보는 것이 타당하다. 나아가 쟁송기회의 확대라는 측면에서 당사자소송의 가능성을 주장하는 견해도 수긍할 수 있으나, 법적 불확실성과 분쟁의 반복가능성 등의 이유로 사업시행자의 확인·결정에 대한 항고소송을 인정하는 것이 타당하다고 생각한다. 이주대책 등 생활재건조치는 공생의 가치를 보상법의 영역에서 실현하는 것이고, 이러한 공생의 모색은 대립된 당사자의 이익충돌에 있어서 '최적화'의 방법을 찾는 것이다.

第8章

殘餘地收用請求의 訴訟法的 爭點

I. 序 說

(1) 헌법 제23조 제1항에는 "모든 국민의 재산권은 보장된다"라고 하여, 재산권보장에 관한 규정을 두고 있다. 이러한 헌법상 재산권보장의 규정은 存續保障(Bestandsgarantie)에 기초하고 있다. 그러나 존속보장은 무제한적으로 보호되는 것이 아니다. 공익과 충돌하여 헌법 제23조 제3항의 요건이 충족되는 경우에 보상의무가 발생하게 된다. 이 경우 존속보장은 價値保障(Wertgarantie)으로 轉移된다.[1] 그 구체적인 판단은 입법자의 형성적 자유(입법재량)에 맡겨져 있다. 즉 헌법 제23조 제3항에는 "공공필요에 의한 재산권의 수용·사용 또는 제한 및 그에 대한 보상은 법률로써 하되"라고 하여, 손실보상청구권을 '법률'에서 정하도록 하고 있다. 이와 관련하여 손실보상청구권에 관한 일반법인 「공익사업을 위한 토지 등의 취득 및 보상에 관한 법률」(이하 "공익사업법"이라 한다) 제61조 이하에는 손실보상에 관한 상세한 규정을 두고 있으며, 각 개별법에도 공용수용·사용과 손실보상청구권에 관한 규정을 별도로 두고 있다(예컨대 하천법 제78조, 도로법 제48조 등). 특히 殘餘地補

---

1) Papier, in: Maunz/Dürig, Grundgesetz, Art. 14 Rn. 8 ff. 참조. 우리 헌법상의 존속보장의 의미, 存續保障과 價値保障의 관계 등에 대해서는 拙稿, "재산권의 사회적 구속과 수용의 구별에 관한 독일과 한국의 비교법적 고찰: 이른바 조정적(조절적) 보상의무 있는 내용제한규정의 도입가능성", 공법연구 제32집 제3호, 2004. 2, 363면 이하; 同人, "공용수용의 요건 및 한계에 관한 재검토", 법조 통권 제584호, 2005. 5, 122면 이하 참조.

償은 이미 일단의 토지가 수용, 사용된 후 잔여지의 가치가 하락하거나 더 이상 종래의 목적에 사용하는 것이 어려운 경우에 보상을 받는 제도라는 점에서 '가치보장'의 의미를 가지고 있다.

보상금소송에 있어서는 소송의 대상, 피고 및 소송형식 등 복잡다기한 문제가 발생하고 있다. 실제 잔여지수용청구, 잔여지감가보상, 주거이전비보상 및 영업손실보상 등의 보상금소송에서는 그 소송형식이 주로 문제되었다. 또한 수용재결에 대하여 이의신청을 거쳐 취소소송을 제기하는 경우에는 관할 토지수용위원회의 收用裁決(原處分)을 대상으로 해야 하는지, 아니면 이의신청에 대한 중앙토지수용위원회의 이의재결을 대상으로 해야 하는지가 문제되었다. 구 土地收用法(2002. 2. 4. 법률 제6656호로 폐지되기 전의 것) 제75조의2 제1항에는 "이의신청의 재결에 대하여 불복이 있을 때에는 재결서가 송달된 날로부터 1월 이내에 행정소송을 제기할 수 있다"라고 규정하여, 이의재결에 대하여 행정소송을 제기할 수 있도록 규정하고 있었다. 이에 대해 판례는 "토지수용에 관한 취소소송은 중앙토지수용위원회의 이의재결에 대하여 불복이 있을 때에 제기할 수 있고 수용재결은 취소소송의 대상으로 삼을 수 없다"고 판시하여, 異議裁決을 행정소송의 대상으로 보고 있었다.[2] 이 경우에 취소소송에서는 이의재결 자체의 고유한 위법사유뿐만 아니라, 이의신청사유로 삼지 아니한 수용재결의 하자도 주장할 수 있었다. 다만, 토지수용에 관한 토지수용위원회의 재결이 무효인 경우에는 이의재결이 아니라 수용재결 자체에 대해 무효확인을 구할 수 있다.[3] 그러

---

2) 대법원 1995. 12. 8. 선고 95누5561 판결. 다만, 이 판결에서 대법원은 "그 취소소송에서는 이의재결 자체의 고유한 위법사유뿐만 아니라 이의신청사유로 삼지 아니한 수용재결의 하자도 주장할 수 있다고 할 것이고, 또한 토지수용법 제75조는 이의신청이 있는 경우에 중앙토지수용위원회가 수용재결의 위법 또는 부당 여부를 심리하도록 규정하고 있을 뿐 이의신청서에 기재된 이의사유에 한하여 심리하도록 제한하고 있지 아니하므로 특별한 사정이 없는 한 이의신청의 효력은 수용재결 전체에 미친다"고 하여, 소송물과 심판범위에 수용재결의 하자도 포함시키고 있다.
3) 즉 "행정처분이 무효인 경우에는 그 효력은 처음부터 당연히 발생하지 아니하는 것이어서 행정처분의 취소를 구하는 경우와는 달리 행정심판을 거치는 등의 절차나 그 제소기간에 구애받지 않고 그 무효확인을 구할 수 있는 것인바, 토지수용에 관한 중앙 또

나 현행 공익사업법 제85조 제1항에는 "사업시행자·토지소유자 또는 관계인은 제34조의 규정에 의한 재결에 대하여 불복이 있는 때에는 재결서를 받은 날부터 60일 이내에, 이의신청을 거친 때에는 이의신청에 대한 재결서를 받은 날부터 30일 이내에 각각 행정소송을 제기할 수 있다"라고 하여, 原處分인 收用裁決을 행정소송의 심판대상으로 규정하고 있다. 지배적인 학설도 위 규정이 행정소송법상 원처분주의의 입장을 따른 것으로 보고 있다.4) 최근 대법원은 이러한 학계의 입장을 전폭적으로 반영하여, 토지소유자 등이 수용재결에 대하여 이의신청을 거쳐 취소소송을 제기하는 경우에는 수용재결을 한 중앙토지수용위원회 또는 지방토지수용위원회를 피고로 하여 그 수용재결의 취소를 구하여야 한다고 판단하였다.5)

(2) 헌법 제23조 제3항에서는 "正當한 補償"을 규정하고 있으며, 정당한 보상이란 원칙적으로 피수용재산의 객관적인 재산가치를 완전하게 보상하여야 한다는 完全補償을 의미한다.6) 이러한 완전보상을 위해 공

는 지방토지수용위원회의 수용재결이 그 성질에 있어 구체적으로 일정한 법률효과의 발생을 목적으로 하는 점에서 일반의 행정처분과 전혀 다를 바 없으므로, 수용재결처분이 무효인 경우에는 그 재결 자체에 대한 무효확인을 소구할 수 있다고 보아야 할 것이다. (중략) 토지수용법 제73조 내지 제75조의2의 각 규정과 관련하여, 중앙 또는 지방토지수용위원회의 수용재결에 대하여 불복이 있는 자는 중앙토지수용위원회에 이의신청을 하고, 중앙토지수용위원회의 이의재결에도 불복이 있으면 수용재결이 아닌 이의재결을 대상으로 행정소송을 제기하도록 해석·적용한 것은, 어디까지나 토지수용에 관한 재결이 위법 부당함을 이유로 그 취소를 소구하는 경우에 한하는 것이지, 이 사건과 같이 수용재결 자체가 당연무효라 하여 그 무효확인을 구하는 경우에까지 그와 같이 해석할 수는 없다 할 것이다"(대법원 1993. 1. 19. 선고 91누8050 전원합의체 판결).

4) 김남진·김연태, 행정법 Ⅱ, 제13판, 548면; 김동희, 행정법 Ⅱ, 제14판, 394면; 류지태, 행정법신론, 제12판, 2008, 937면.

5) 즉 대법원은 "공익사업을 위한 토지 등의 취득 및 보상에 관한 법률 제85조 제1항 전문의 문언 내용과 같은 법 제83조, 제85조가 중앙토지수용위원회에 대한 이의신청을 임의적 절차로 규정하고 있는 점, 행정소송법 제19조 단서가 행정심판에 대한 재결은 재결 자체에 고유한 위법이 있는 점 등을 종합하여 보면, 수용재결에 불복하여 취소소송을 제기하는 때에는 이의신청을 거친 경우에도 수용재결을 한 중앙토지수용위원회 또는 지방토지수용위원회를 피고로 하여 수용재결의 취소를 구하여야 하고, 다만 이의신청에 대한 재결 자체에 고유한 위법이 있음을 이유로 하는 경우에는 그 이의재결을 한 중앙토지수용위원회를 피고로 하여 이의재결의 취소를 구할 수 있다고 보아야 한다"라고 판시하였다(대법원 2010. 1. 28. 선고 2008두1504 판결).

6) 헌재 1990. 6. 25. 89헌마107.

익사업법에서는 사업시행 또는 완성 후에 발생하는 부대적 손실 내지 간접적 손실에 대해서도 보상규정을 두고 있다. 이러한 보상은 대체로 생활보상의 하나로 다루어지고 있다. 이 가운데에서 가장 문제가 되는 것은 殘餘地補償이다. 이와 관련하여 공익사업법에는 잔여지감가보상 및 잔여지공사비보상(제73조), 잔여지수용보상(제74조) 그리고 잔여건축물의 손실보상(제75조의2) 등이 규정되어 있다. 특히 잔여지수용청구권의 행사에 있어서 어떠한 요건을 충족해야 하는지, 소를 제기하는 경우에 누구에 대해 어떠한 소송형식을 선택해야 하는지, 그리고 그 소송의 대상은 무엇인지 등이 문제가 된다.

  구 토지수용법 하에서 대법원은 "우선 기업자에게 잔여지매수에 관한 협의를 요청하여 협의가 성립되지 아니한 경우에 한하여 그 일단의 토지의 일부 수용에 대한 토지수용위원회의 재결이 있기 전까지 관할 토지수용위원회에 잔여지를 포함한 일단의 토지 전부의 수용을 청구할 수 있고, 그 수용재결 및 이의재결에 불복이 있으면 재결청과 기업자를 공동피고로 하여 그 이의재결의 취소 및 보상금의 증액을 구하는 행정소송을 제기하여야 하며, 곧바로 기업자를 상대로 하여 민사소송으로 잔여지에 대한 보상금의 지급을 구할 수는 없다"고 판시하고 있다.7) 이 판결의 의미에 대해 면밀한 검토가 있어야 하겠으나, 분명한 것은 적어도 잔여지수용청구권에 대한 쟁송형식은 민사소송이 아니라 수용재결 및 보상금증액에 대한 '행정소송'으로 파악되고 있다는 사실이다.8) 그러나 여기에서 말하는 '행정소송'이 어떠한 소송형식인지를 명확히 밝히고 있지 않고 있으며, 또한 이러한 판례의 입장을 현행 공익사업법하에서 어떻게 이해해야 하는지가 문제된다. 특히 이의재결의 취소를 구하는 행정소송이 가능하다고 판시하고 있어, 잔여지수용청구에 의한 보상

---

7) 대법원 2004. 9. 24. 선고 2002다68713 판결. 同旨判例: 대법원 2001. 6. 1. 선고 2001다16333 판결; 대법원 2001. 9. 4. 선고 99두11080 판결.

8) 한편, 대법원은 공익사업법 제73조 제1항의 잔여지감가보상과 관련된 소송에서 재결절차를 거치지 않은 채 사업시행자를 상대로 손실보상청구를 주장할 수 없다고 하여, 종전 판례와 동일한 입장을 유지하고 있다(대법원 2008. 7. 10. 선고 2006두19495 판결).

금증감소송에 '형성소송'의 성격을 포함해야 하는지가 분명하지 않다. 최근 대법원은 "잔여지 수용청구를 받아들이지 않은 토지수용위원회의 재결에 대하여 토지소유자가 불복하여 제기하는 소송은 위 법 제85조 제2항에 규정되어 있는 '보상금의 증감에 관한 소송'에 해당하여 사업시행자를 피고로 하여야 한다"라고 판시하였다.9) 즉 판례는 공익사업법 제74조 제1항에 의한 잔여지수용청구를 받아들이지 않은 토지수용위원회의 재결에 대하여 토지소유자가 불복하여 제기하는 소송을 형식적 당사자소송에 해당하는 공익사업법 제85조 제2항의 '보상금증감청구소송'에 해당한다고 보았다.

위 대법원 판례(2008두822)는 종전과 달리 잔여지수용청구의 소송형식이 사업시행자를 피고로 하는 '보상금증감소송'이라는 점을 명확히 밝히고 있다는 점에서 높이 평가할 만하다. 그러나 보상금증감소송의 법적 성질에 대하여는 여전히 학설상 대립이 있음에도, 대법원이 이에 대한 평가를 유보하였다는 점은 다소 아쉬움으로 남는다. 구 토지수용법은 보상금증감소송에 있어서 '裁決廳'도 소송의 당사자로 포함시켰으나(제75조의2 제2항), 현행 공익사업법 제85조 제2항에서는 보상금소송의 당사자를 사업시행자, 토지소유자 또는 관계인에 제한하고 있다. 구 토지수용법은 보상금증감소송에 있어서 재결청을 당사자로 규정하고 있어, 그 소송의 성격을 둘러싸고 학설상 다툼이 있었다. 이에 관한 학설로는 特殊한 형태의 抗告訴訟說, 法律이 정한 特殊한 形態의 訴訟說10), 變形된 形式的 當事者訴訟說11) 및 當事者訴訟과 抗告訴訟이 절충된 형태의 訴訟說12) 등이 있었다. 한편, 대법원은 "토지수용법 제

---

9) 대법원 2010. 8. 19. 선고 2008두822 판결.
10) 尹炯漢, "土地收用으로 인한 損失補償關係訴訟의 몇 가지 問題", 行政上損失補償의 主要問題(朴鈗炘 編), 박영사, 1999, 475-477면.
11) 一說은 구 토지수용법 제75조의2 제2항을 '形式的 當事者訴訟'으로 보면서도, 보상금증감을 다투는 경우에는 반드시 중앙토지수용위원회를 피고로 한 재결취소소송과 병합하여 제기하여야 하는 必要的 共同訴訟이라고 보고, 보상재결의 취소와 보상금의 급부 또는 채무부존재의 확인을 구하는 形成訴訟과 給付確認訴訟이 병합된 것으로 보고 있다(石琮顯, 一般行政法(上), 2005, 935면 참조).
12) 한편, 중앙토지수용위원회를 피고로 하여 재결의 취소를 구하는 당해 取消訴訟에 그 재

75조의2(1990. 4. 7. 법률 제4231호로 신설된 것) 제2항이 토지소유자 또는 관계인이 보상금의 증감에 관한 같은 조 제1항의 행정소송을 제기하는 경우에는 재결청 외에 기업자를 피고로 한다고 규정한 것은 위와 같은 소송을 제기하는 경우에는 재결청 외에 기업자를 공동피고로 하여야 한다는 뜻이고, 이 소송은 필요적 공동소송이라고 볼 것이다"라고 판시하였다.13) 현행 공익사업법 제85조 제2항에는 구 토지수용법과 달리 소송당사자를 토지소유자·관계인과 사업시행자에 제한하고 있으므로, 학설은 보상금증감소송을 形式的 當事者訴訟으로 보는 견해가 지배적이다.14)

이하에서는 잔여지보상청구의 특성 및 내용(Ⅱ.), 외국의 입법례(Ⅲ.), 잔여지수용청구의 심판대상(Ⅳ.) 및 소송형식(Ⅴ.) 등을 검토하도록 한다.

Ⅱ. 殘餘地收用請求의 內容 및 特殊性

1. 殘餘地收用請求의 本質 및 沿革

(1) 殘餘地補償의 類型 및 本質

공익사업법에는 잔여지매수 및 수용청구(제74조) 외에 殘餘地의 價格下落 및 工事費 補償(제73조) 및 殘餘建築物補償(제75조의2) 등 잔여지보상에 관한 일련의 규정을 두고 있다. 즉 동일한 토지소유자에 속하는 일단의 토지의 일부가 취득 또는 사용됨으로 인하여 잔여지의 가격이 감소하거나 그 밖의 손실이 있는 경우, 또는 잔여지에 통로·도랑·담장 등의 신설 및 그 밖의 공사가 필요한 때에는 그 공사의 비용을 보

결취소청구의 인용을 전제로 起業者를 상대로 보상금의 지급을 구하는 實質的 當事者訴訟을 필요적으로 병합 제기하도록 한 것으로 보는 견해도 있었다. 이에 대해서는 李尙圭, 行政爭訟法, 제5판, 법문사, 2000, 306면.
13) 대법원 1991. 5. 28. 선고 90누8787 판결
14) 김남진·김연태, 전게서, 548면; 김동희, 전게서, 395면; 박윤흔, 최신행정법강의(상), 2004, 905면.

상하도록 하고 있다(제73조). 또한 동일한 토지소유자에 속하는 일단의
토지의 일부가 협의에 의하여 매수되거나 수용됨으로 인하여 잔여지를
종래의 목적에 사용하는 것이 현저히 곤란한 때에는 매수청구를 할 수
있으며, 사업인정 이후에는 수용청구를 할 수 있다(제74조 제1항).

이러한 잔여지보상의 문제는 소위 "間接損失補償"의 하나로 함께
다루어지고 있으나,[15] 사업시행지 내의 토지소유자가 입는 '부수적' 손
실에 대한 보상으로 볼 수 있다.[16] 그러나 잔여지가격감소에 대한 보상
은 동일한 토지소유자에 속하는 일단의 토지의 일부에 대한 수용으로
인해 '직접' 발생하는 손실에 대한 보상으로 보는 것이 타당하다. 일반
적으로 "간접손실"은 공익사업으로 인해 사업시행지 밖의 토지소유자에
발생하는 손실을 말하며, 이를 "사업손실"이라고 표현하기도 한다.[17]
후술하는 바와 같이 독일에서는 '간접'손실을 보상의 범위에서 배제하
고 있다.[18] 따라서 간접손실이라는 용어사용은 再考될 필요가 있다.[19]

한편, 대법원은 공공사업의 시행 결과 공공사업의 기업지 밖에서 발
생한 간접손실에 대하여 사업시행자와 협의가 이루어지지 아니하고, 그
보상에 관한 명문의 법령이 없는 경우에 피해자는 구 公共用地의取得
및損失補償에관한特例法(이하 "공특법"이라 한다) 시행규칙상의 손실보
상에 관한 규정을 유추적용하여 사업시행자에게 보상을 청구할 수 있
다고 판시한 바 있다.[20] 학설[21] 및 판례[22]는 간접손실보상의 헌법적

---

15) 김동희, 전게서, 402면.
16) 박균성, 행정법론(상), 제8판, 박영사, 2009, 786-787면.
17) 조태제, "사업손실보상", 토지공법연구 제29집 (2005. 12), 147면 이하.
18) Rüfner, in: Erichsen(Hg.), Allgemeines Verwaltungsrecht, 12. Aufl., § 49 Rn. 27.
19) '間接損失'의 용어에 관한 비판적 견해로는 박균성, "간접손실보상의 재검토", 토지보상
   법연구 제8집 (2008. 2), 1-21면 참조.
20) 즉 대법원은 "공공사업의 시행 결과 그 공공사업의 시행이 기업지 밖에 미치는 간접손
   실에 관하여 그 피해자와 사업시행자 사이에 협의가 이루어지지 아니하고 그 보상에
   관한 명문의 근거 법령이 없는 경우라고 하더라도, 헌법 제23조 제3항은 '공공필요에
   의한 재산권의 수용·사용 또는 제한 및 그에 대한 보상은 법률로써 하되, 정당한 보상
   을 지급하여야 한다'고 규정하고 있고, 이에 따라 국민의 재산권을 침해하는 행위 그
   자체는 반드시 형식적 법률에 근거하여야 하며, 토지수용법 등의 개별 법률에서 공익사
   업에 필요한 재산권 침해의 근거와 아울러 그로 인한 손실보상 규정을 두고 있는 점,

근거를 헌법 제23조 제3항에서 찾고 있으며, 一說은 잔여지보상에 관한 별도의 규정이 없는 경우에도 헌법 제23조 제3항에 근거하여 직접 인정되는 보상이라고 보고 있다.[23]

생각건대 현행 공익사업법에 잔여지보상에 관한 규정을 두고 있어 큰 문제가 없어 보이나, 잔여지보상은 동일한 토지소유자에 속하는 일단의 토지의 일부에 대한 수용으로 인해 '직접' 발생한 손실에 대한 보상이라는 점에서 헌법 제23조 제3항의 손실보상에 근거하고 있다고 볼 수 있다. 그러나 보상을 법률에 유보하고 있는 헌법 제23조 제3항의 규정취지와 소위 '분리이론'(Trennungstheorie)을 채택하고 있는 헌법재판소의 결정내용 등에 비추어 보면, 입법자가 법률에 보상규정을 마련하는 것이 보다 바람직하다. 그리고 간접손실보상을 수용유사 및 수용적 침해이론에 유사한 것으로 보면서, 헌법 제23조 제3항, 구 토지수용법 및 공특법상에서 관련 규정을 유추적용하여 손실보상의 대상으로 삼을 수 있다는 견해도 유력하다.[24] 그러나 헌법 제23조 제3항은 "보상은 법률로써"라고 규정하고 있으므로, 법률에 근거 없이 직접 헌법 제23조 제3항에 근거하여 보상청구권을 주장할 수 없다. 수용유사 및 수용적

공공용지의취득및손실보상에관한특례법 제3조 제1항은 '공공사업을 위한 토지 등의 취득 또는 사용으로 인하여 토지 등의 소유자가 입은 손실은 사업시행자가 이를 보상하여야 한다'고 규정하고, 같은 법 시행규칙 제23조의2 내지 7에서 공공사업시행지구 밖에 위치한 영업과 공작물 등에 대한 '간접손실'에 대하여도 일정한 조건하에서 이를 보상하도록 규정하고 있는 점에 비추어, 공공사업의 시행으로 인하여 그러한 손실이 발생하리라는 것을 쉽게 예견할 수 있고 그 손실의 범위도 구체적으로 이를 특정할 수 있는 경우라면 그 손실의 보상에 관하여 공공용지의취득및손실보상에관한특례법시행규칙의 관련 규정 등을 유추적용할 수 있다고 해석함이 상당하다"고 판시하고 있다(대법원 1999. 10. 8. 선고 99다27231 판결).

21) 박균성, 전게서, 788면.
22) 대법원 1999. 10. 8. 선고 99다27231 판결.
23) 조태제, 전게논문, 165면.
24) 李鴻薰, "공용지하사용과 간접손실보상", 行政判例研究 제8권, 박영사, 2003, 221면 이하. 한편, 원고가 건물에 대한 신축계획단계를 지나서 건축공사를 착공하여 시행하던 중 지하철공사로 인하여 설계변경과 이에 따른 추가공사가 불가피하게 된 사건에, 판례는 "계획 단계의 건물 신축과 관련하여 예상되는 변경설계비나 추가공사비가 지하부분의 사용에 따른 통상의 보상 범위에 속한다거나 위와 같은 입체이용저해율에 의한 손실보상 외에 별도로 보상 대상이 된다고 볼 근거도 없다"고 판시하였다(대법원 2000. 11. 28. 선고 98두18473 판결).

침해이론은 독일 연방헌법재판소의 자갈채취판결 이후 독일기본법 제14
조 제3항에서 그 근거를 상실하였다는 견해가 지배적이다.[25] 독일 연방
통상법원(BGH)은 연방헌법재판소(BVerfG)의 자갈채취판결 이후 수용
유사 및 수용적 침해이론의 근거를 기본법 제14조 제3항과 단절하고
판례에 투영된 관습법상의 '희생보상'사상으로 회귀하였다.[26] 비록 독일
연방통상법원은 연방헌법재판소의 결정에도 불구하고 수용유사 및 수용
적 침해이론의 명맥을 그대로 유지하고 있으나, 이러한 이론들의 법적
근거는 상당한 타격을 받고 박약해졌다고 볼 수 있다. 더구나 우리의
경우에는 이러한 희생보상사상이 판례이론에 투영되어 있다고 보기 어
렵다. 특히 연방헌법재판소도 수용유사 및 수용적 침해이론을 개별 법
률의 법제도로서 이해하고 있다.[27]

한편, 공익사업법 시행규칙 제59조(공익사업시행지구 밖의 대지 등에
대한 보상), 제60조(공익사업시행지구 밖의 건축물에 대한 보상), 제62조(공
익사업시행지구 밖의 공작물 등에 대한 보상) 등에는 소위 '간접손실'에 관
한 보상규정을 발견할 수 있다. 비록 공익사업법 제79조 제2항에서는
"공익사업시행지구 밖"의 보상에 대해 국토교통부령에 위임하는 형식을
취하고 있으나, 구체성과 명확성을 구비하여 위임하였다고 보기 어렵다.
이러한 '部令'(시행규칙)에 포괄적인 보상규정을 두는 것은 다른 입법례
에서 사실상 찾아보기 힘들다. 공익사업시행지구 밖의 간접손실에 대해
공익사업법 시행규칙에 근거하여 보상을 청구할 수 있는지, 또한 이에
대해 보상을 하지 않는 것이 불가분조항에 위배되어 위헌이 되는지 등
이 문제될 수 있다.

---

25) 拙稿, "재산권의 사회적 구속과 수용의 구별에 관한 독일과 한국의 비교법적 고찰: 이
   른바 조정적(조절적) 보상의무 있는 내용·제한규정의 도입가능성", 公法研究 제32집 제3
   호, 370면.
26) 이에 대한 상세는 拙稿, "보상부 공용수용과 무보상부 내용한계규정의 구별: 소위 경계
   이론과 분리이론, 그리고 미해결의 문제를 중심으로", 江原法學 제31권(2010. 10), 77-
   107면 참조.
27) BVerfGE 61, 149/203.

(2) 殘餘地收用請求 및 補償金增減訴訟의 立法沿革

구 公共用地의取得및損失補償에관한特例法(2002. 2. 4. 법률 제6656
호로 폐지되기 전의 것)에는 협의취득 및 그 손실보상의 기준과 방법을
정하고 있을 뿐, 잔여지수용청구에 관한 규정을 두고 있지 않았다.[28]
잔여지수용청구는 1962. 1. 15. 법률 제965호로 제정된 구 토지수용법
(법률 제9659호)에 처음으로 도입되었다.[29] 당시 법률에는 매수청구나
수용청구의 제척기간을 두지 않았으나, 1999. 2. 8. 개정된 구 토지수용
법(법률 제5909호)은 잔여지수용청구의 제척기간을 토지수용위원회의
'재결 전'으로 연장하였다.

그 후 2002. 2. 4. 법률 제6656호로 제정된 공익사업법은 보상금증감
소송의 당사자를 토지소유자 또는 관계인, 사업시행자로 하여 재결청을
제외하였고, 2007. 10. 17. 개정 법률에서는 잔여지수용청구의 제척기간
을 "토지수용위원회의 재결이 있기 전까지"에서 "그 사업의 공사완료일
까지"로 개정하였다. 이 조항은 현행 공익사업법에도 그대로 유지되고
있다.

(3) 殘餘地收用請求의 特性

통상적인 토지수용의 경우에 사업시행자가 수용재결의 신청을 하면,

---

28) 한편, 판례는 구 공특법상의 협의취득 및 보상합의를 사법상 계약으로 보고 있었고, 잔
여지매수청구도 사법상 계약의 청약에 불과한 것으로 보았다. 즉 대법원은 "구 「공공용
지의취득및손실보상에관한특례법」(2002. 2. 4. 법률 제6656호로 폐지되기 전의 것, 이
하 '공특법'이라 한다)은 사업시행자가 토지 등의 소유자로부터 토지 등의 협의취득 및
그 손실보상의 기준과 방법을 정한 법으로서, 이에 의한 협의취득 또는 보상합의는 공
공기관이 사경제주체로서 행하는 私法上 賣買 내지 私法上 契約의 실질을 가지는 것이
고, (중략) 공특법에 의한 협의취득절차에서도 토지소유자가 사업시행자에게 잔여지 매
수청구를 할 수 있음에는 의문이 없으나, 이는 어디까지나 사법상의 매매계약에 있어
청약에 불과하다고 할 것이므로 사업시행자가 이를 승낙하여 매매계약이 성립하지 아
니한 이상, 토지소유자의 일방적 의사표시에 의하여 잔여지에 대한 매매계약이 성립한
다고 볼 수 없다"고 판시하였다(대법원 2004. 9. 24. 선고 2002다68713 판결).
29) 구 토지수용법(1962. 1. 15. 법률 제965호로 제정된 것) 제48조(잔여지등의 수용청구권)
① 동일한 토지소유자에 속하는 1단의 토지의 일부를 수용함으로 인하여 잔여지를 종
래의 목적에 사용하는 것이 현저히 곤란할 때에는 토지소유자는 그 전부의 수용을 청
구할 수 있다.

토지수용위원회가 수용재결을 함으로써 수용의 효과는 발생한다. 그러나 토지소유자는 수용재결신청의 청구를 할 수 있을 뿐, 사업시행자가 수용재결신청을 방치하거나 거부하는 경우에는 이를 강제할 수 있는 효과적인 방안이 없다(공익사업법 제28조, 제30조).[30] 잔여지수용청구권의 행사는 위에서 언급한 바와 같이 형성권적 효력을 가지므로, 토지수용위원회의 특별한 조치를 기다릴 것 없이 청구에 의하여 수용의 효과가 발생한다. 그러나 잔여지수용청구권은 토지소유자가 사업시행자에게 주장하는 것으로서, 그 행사를 위해서는 일정한 요건을 충족하고 절차를 준수해야 한다.[31] 이와 같이 잔여지수용청구권은 협의매수의 절차를 거치나, 토지소유자의 청구에 수용의 효과가 발생하는 등 일반적인 수용절차와 차이가 있다. 따라서 공익사업법상 잔여지수용청구와 관련된 소송은 심판대상, 소송당사자(원·피고) 및 소송형식 등 여러 가지 법적 문제점이 제기된다.

2. 殘餘地收用請求의 要件

공익사업법 제74조 제1항에서는 잔여지수용청구의 요건을 규정하고 있다. 즉 동일한 토지소유자에 속하는 일단의 토지의 일부가 협의에 의하여 매수되거나 수용됨으로 인하여 잔여지를 종래의 목적에 사용하는 것이 현저히 곤란한 때에 당해 토지소유자가 사업시행자에게 일단의 토지의 전부를 매수청구하거나, 관할 토지수용위원회에 일단의 토지의 전부의 수용을 청구할 수 있다고 규정되어 있다. 예컨대 도로편입에 의해 일부 토지가 협의매수되거나 수용된 경우, 잔여지만으로는 종래의

---

30) 즉 사업인정의 고시가 있은 후 협의가 성립되지 아니한 경우에는 토지소유자 및 관계인은 사업시행자에게 수용재결신청을 청구할 수 있다. 그러나 사업시행자가 이러한 청구에도 불구하고 수용재결신청을 하지 아니하는 경우에, 현행 공익사업법에는 이를 강제할 방법이 없으며, 단지 사업시행자가 법정기간(그 청구가 있은 날부터 60일 이내)을 경과하여 재결을 신청하는 경우에, 「소송촉진 등에 관한 특례법」 제3조의 규정에 의한 법정이율을 적용하여 산정한 금액을 관할 토지수용위원회에서 재결한 보상금에 가산하여 지급할 뿐이다(공익사업법 제30조 제3항).
31) 대법원 1993. 11. 12. 선고 93누11159 판결.

목적으로 사용하는 것이 현저히 곤란하게 되는 경우가 그러하다. 따라서 잔여지수용청구권이 성립하기 위해서는 아래와 같은 요건이 충족되어야 한다.

첫째, 동일한 토지소유자에 속하는 일단의 토지의 일부가 협의매수되거나 수용되어야 한다. 여기에서 말하는 '일단의 토지'란 "연속된 일체의 토지로서 단일한 경제적인 목적에 이용되고 있는 것"이라고 보고 있다.32) 그러나 토지수용법상 잔여지가 공유인 경우에도 각 공유자는 그 소유지분에 대하여 각별로 잔여지수용청구를 할 수 있다.33)

둘째, 협의매수 또는 수용으로 인해 잔여지를 "종래의 목적에 사용하는 것이 현저히 곤란"하여야 한다. 여기에서 '종래의 목적'이라 함은 수용재결 당시에 당해 잔여지가 현실적으로 사용되고 있는 구체적인 용도를 의미하며, '사용하는 것이 현저히 곤란한 때'라고 함은 물리적으로 사용하는 것이 곤란하게 된 경우뿐만 아니라 사회적 · 경제적으로 사용하는 것이 곤란하게 된 경우를 포함한다. 즉 절대적으로 이용불능인 경우만이 아니라 이용은 가능할지라도 많은 비용이 소요되는 경우도 여기에 속한다.34) 판례는 도시철도사업용지로 수용되고 남은 토지 중의 일부가 다른 사람의 토지로 둘러싸여 도로에 접하고 있는 부분이 전혀 없는 소위 맹지가 된 경우에 잔여지보상을 인정하고 있다.35)

셋째, 잔여지매수청구에 의해 매수협의가 성립되지 않아야 하며, 그

---

32) 林永浩, "토지수용법상 잔여지가 공유인 경우, 각 공유자가 그 소유지분에 대하여 각별로 잔여지수용청구를 할 수 있는지 여부 및 잔여지수용청구권의 행사방법", 대법원판례해설, 2001년 상반기(통권 제36호), 357면.

33) 즉 대법원은 "토지수용법상 잔여지가 공유인 경우에도 각 공유자는 그 소유지분에 대하여 각별로 잔여지수용청구를 할 수 있으나, 잔여지에 대한 수용청구를 하려면 우선 기업자에게 잔여지매수에 관한 협의를 요청하여 협의가 성립되지 아니한 경우에 구 토지수용법(1999. 2. 8. 법률 제5909호로 개정되기 전의 것) 제36조의 규정에 의한 열람기간 내에 관할 토지수용위원회에 잔여지를 포함한 일단의 토지 전부의 수용을 청구할 수 있고, 그 수용재결 및 이의재결에 불복이 있으면 재결청과 기업자를 공동피고로 하여 그 이의재결의 취소 및 보상금의 증액을 구하는 행정소송을 제기하여야 하며 곧바로 기업자를 상대로 하여 민사소송으로 잔여지에 대한 보상금의 지급을 구할 수는 없다"고 판시하였다(대법원 2001. 6. 1. 선고 2001다16333 판결).

34) 대법원 2005. 1. 28. 선고 2002두4679 판결 참조.

35) 대법원 1998. 9. 8. 선고 97누10680 판결.

사업의 공사완료일까지 수용청구를 하여야 한다. 그러나 잔여지매수청
구와 잔여지수용청구를 별개로 보고, 잔여지매수청구를 필수적 선행절
차로 보지 않는 견해도 있다. 즉 잔여지매수청구와 독립하여 잔여지수
용청구가 가능하다고 보거나,[36] 잔여지수용청구가 피수용자의 권익을
옹호하기 위해 도입된 제도이며 잔여지에 접속된 토지에 대한 협의가
결렬되는 경우에 잔여지에 대한 협의가 용이하지 않은 점 등을 이유로
잔여지매수청구를 반드시 잔여지수용청구의 필수적 선행절차라고 볼 수
없다고 한다.[37] 그러나 이러한 주장들은 명문의 규정에 반한다. 즉 공
익사업법 제74조 제1항 후문에는 "이 경우 수용의 청구는 매수에 관한
협의가 성립되지 아니한 경우에 한하되"라고 하여, 협의매수절차가 반
드시 선행되어야 함을 규정하고 있다. 따라서 이를 임의적 절차로 해석
하는 것은 타당하지 않다. 또한 판례도 구 토지수용법 제48조 제1항과
관련하여, 잔여지에 대한 수용청구를 하려면 우선 기업자에게 잔여지매
수에 관한 협의를 요청하여 협의가 성립되지 아니한 경우에 한하여 관
할 토지수용위원회에 잔여지를 포함한 일단의 토지 전부의 수용을 청
구할 수 있다고 보아, 잔여지매수청구에 의해 협의가 성립되지 아니할
것을 그 전제요건으로 하고 있다.[38]

 그 밖에 잔여지수용청구의 상대방이 누구인지가 문제된다. 실무상 잔
여지매수청구인지 또는 잔여지수용청구인지 여부가 분명하지 않은 경우
가 적지 않다. 그러나 잔여지매수청구는 사업시행자에 대해 행사하고
잔여지수용청구는 토지수용위원회에 대해 행사한다는 점에서 서로 구별
된다. 이와 관련하여 공무수탁사인에 해당하는 사업시행자가 토지수용
위원회를 대행하여 잔여지수용청구의 의사표시의 상대방이 될 수 있는
지 여부가 문제된다. 사업시행자는 사업인정 이후에도 협의에 의한 취
득을 할 수 있으며, 공익사업법 제73조 및 제74조 등의 명문규정에 비

---

36) 林永浩, "土地收用事件의 몇 가지 爭點", 人權과 正義 제279호, 39면.
37) 김은유, 實務 토지수용, 법률정보센터, 2008, 333면.
38) 대법원 2004. 9. 24. 선고 2002다68713 판결. 同旨判例: 대법원 2001. 6. 1. 선고 2001
    다16333 판결; 대법원 2001. 9. 4. 선고 99두11080 판결 참조.

추어 매수청구와 수용청구의 상대방은 서로 구별되므로 부정적으로 새기는 것이 타당하다.

한편, 대법원은 지방자치단체가 기업자(사업시행자)로서 관할 토지수용위원회에 토지의 취득을 위한 재결신청을 하고 그 장이 관할 토지수용위원회의 재결신청서 및 관계 서류 사본의 공고 및 열람의뢰에 따라 이를 공고 및 열람에 제공함에 있어서 토지소유자 등에게 의견제출할 것을 통지한 경우, 토지소유자가 당해 지방자치단체에 대하여 한 잔여지수용청구의 의사표시는 관할 토지수용위원회에 대하여 한 잔여지수용청구의 의사표시로 보아야 한다고 판시한 바 있다.[39] 그러나 최근 대법원은 2008두822 사건에서 변화를 보이고 있다. 즉 "잔여지 수용청구의 의사표시는 관할 토지수용위원회에 하여야 하는 것으로서, 관할 토지수용위원회가 사업시행자에게 잔여지 수용청구의 의사표시를 수령할 권한을 부여하였다고 인정할 만한 사정이 없는 한, 사업시행자에게 한 잔여지 매수청구의 의사표시를 관할 토지수용위원회에 한 잔여지 수용청구의 의사표시로 볼 수 없다"고 판시하였다. 새로운 판례는 법문에 충실한 판단으로서, 매우 타당하다고 생각한다.

3. 殘餘地收用請求의 節次

(1) 公用收用의 普通節次

일반적인 수용절차는 사업의 준비(측량, 조사) → 사업인정(국토해양부장관) 및 사업인정의 고시 → 토지조서·물건조서의 작성 → 협의(협의성립의 확인) → 재결(수용위원회)의 순서로 진행된다. 이 경우에 事業認定은 사업시행자에게 수용권을 부여하고, 사업시행자는 수용위원회의 수용재결을 통해 보상금의 지급 또는 공탁을 조건으로 수용의 개시일에 대한 토지에 대한 권리를 원시취득하게 된다(공익사업법 제40조, 제45조). 사업인정은 공익사업을 토지 등을 수용 또는 사용할 사업으로 결

---

39) 대법원 2005. 1. 28. 선고 2002두4679 판결.

정하는 것으로서, 고시한 날부터 그 효력을 발생한다(공익사업법 제2조
제7호, 제23조 제3항). 이러한 사업인정은 사업시행자에게 수용권을 부여
해 주는 設權行爲라고 보는 견해가 지배적이다. 즉 국토해양부장관의
사업인정은 사업시행자에게 수용권을 부여하고, 수용 또는 사용할 토지
의 세목을 고시하여 수용대상의 토지를 확정한다. 또한 사업인정고시가
있은 후에는 누구든지 고시된 토지에 대하여 사업에 지장을 초래할 우
려가 있는 형질의 변경이나 물건을 손괴 또는 수거하지 못한다는 점에
서 '행정처분'의 성격을 가진다고 볼 수 있다.[40] 대법원도 "사업인정은
그 후 일정한 절차를 거칠 것을 조건으로 하여 일정한 내용의 수용권
을 설정해 주는 행정처분의 성격을 띠는 것으로서 그 사업인정을 받음
으로써 수용할 목적물의 범위가 확정되고 수용권으로 하여금 목적물에
관한 현재 및 장래의 권리자에게 대항할 수 있는 일종의 공법상의 권
리로서의 효력을 발생시킨다"고 판시하고 있다.[41] 반면, 사업인정의 '고
시'는 준법률행위적 행정행위의 하나인 '통지'에 해당한다.[42]

이 경우 事業認定과 收用裁決의 關係가 문제된다. 우선 사업인정이
무효이면 수용재결도 무효가 될 수 있으나,[43] 사업인정에 취소사유만
있고 사업인정처분의 쟁송기간을 이미 도과한 경우에 수용재결처분을
다투면서 사업인정과 수용재결의 하자승계를 주장할 수 있는지가 문제
된다. 그러나 大法院은 "사업인정처분 자체의 위법은 사업인정단계에서
다투어야 하고 이미 그 쟁송기간이 도과한 수용재결단계에서는 사업인
정처분이 당연무효라고 볼 만한 특단의 사정이 없는 한 그 위법을 이
유로 재결의 취소를 구할 수는 없다"고 판시하여, 사업인정과 수용재결
의 瑕疵承繼를 否認하고 있다.[44] 다만, 판례는 하자승계가 부인되는

---

40) 김은유, 전게서, 153-155면.
41) 대법원 1988. 12. 27. 선고 87누1141 판결. 同旨判例: 대법원 1994. 11. 11. 선고 93누
19375 판결.
42) 김동희, 전게서, 294면.
43) 김종보, 건설법의 이해, 박영사, 2008, 424면.
44) 대법원 1992. 3. 13. 선고 91누4324 판결.

경우에도 선행처분의 불가쟁력이나 구속력으로 인하여 불이익을 입게
되는 자가 수인가능성과 예측가능성을 기대하기 어려운 경우에 당사자
의 권익구제를 위해 예외적으로 선행처분의 하자를 다툴 수 있음을 인
정하고 있다.45) 생각건대 再의제조항에 의하여 사업계획승인을 사업인
정으로 의제하거나,46) 또는 객관적 사항을 합리적으로 고찰할 경우에
당사자가 통지내용을 아는 것을 현실적으로 기대하기 어려운 경우 등
에 당사자에게 일방적으로 그 리스크(risk)를 전가시키는 것은 타당하
지 않다. 또한 수용재결 등 구체적인 불이익이 현실적으로 나타나게 되
었을 경우에야 비로소 권리구제수단을 강구하는 것이 우리 국민의 권
리의식임을 감안하면, 당사자의 권리구제를 위해 예외적으로 하자승계
를 인정할 필요성이 있는 것으로 보인다.

한편, 대법원은 사업인정과 수용재결 사이의 관계에 대해 매우 의미
있는 판결을 하고 있다. 즉 판례는 "토지수용위원회는 행정쟁송에 의하
여 사업인정이 취소되지 않는 한 그 기능상 사업인정 자체를 무의미하
게 하는 즉, 사업의 시행이 불가능하게 되는 것과 같은 재결을 행할 수
는 없다"고 하여47), 사업인정이 재결에 대해 사실상 일정한 구속력을
가진다는 점을 인정하고 있다. 이러한 사업인정은 수용절차의 하나로
다루어지는 것이 보통이나, 엄밀히 말하면 이후의 수용재결에 대해 사
실상 구속적 효력을 가진다고 볼 수 있다. 즉 사업인정은 事前收用的
效果(enteignungsrechtliche Vorwirkung)를 가진다. 판례도 사업인정이

---

45) 즉 "선행처분과 후행처분이 서로 독립하여 별개의 효과를 목적으로 하는 경우에도 선
행처분의 불가쟁력이나 구속력이 그로 인하여 불이익을 입게 되는 자에게 수인한도를
넘는 가혹함을 가져오며, 그 결과가 당사자에게 예측가능한 것이 아닌 경우에는 국민의
재판받을 권리를 보장하고 있는 헌법의 이념에 비추어 선행처분의 후행처분에 대한 구
속력은 인정될 수 없다"(대법원 1994. 1. 25. 선고 93누8542 판결. 同旨判例: 대법원
2008. 8. 21. 선고 2007두13845 판결).

46) 再의제조항은 법률에 직접 의제조항을 두는 것이 아니라, 다른 준용조항을 두면서 다
시 의제하는 형식을 말한다. 예컨대 수용 또는 사용에 대해 공익사업법을 準用하면서,
사업계획승인을 다시 공익사업법상의 사업인정으로 擬制하는 형식이다(주택법 제27조
참조). 再의제조항에 의한 사업인정의 문제점에 대해서는 김은유, 전게서, 151-152면
참조.

47) 대법원 1994. 11. 11. 선고 93누19375 판결.

'土地收用을 위한 前段階'로서 일정한 절차를 거칠 것을 조건으로 하여 수용권을 설정해 주는 행정처분이라는 점을 인정하고 있다.[48] 참고로 독일의 計劃確定決定은 행정행위로서 집중효(Konzentrationswirkung), 형성효, 수인효 및 사전수용적 효과 등 특수한 효력을 가진다(독일 행정절차법 제75조).[49] 그러나 독일의 계획확정결정은 기타 행정청의 의견수렴, 이해관계인의 이의제기, 토의기간 등 보다 강한 절차적 요건을 두고 있는 반면(독일 행정절차법 제73조 참조), 우리의 사업인정은 사업시행자에게 수용권을 부여하면서도 비교적 간단한 의견청취절차만을 두고 있을 뿐이다. 향후 이에 대한 제도적 개선이 요구된다.

(2) 殘餘地收用請求의 節次

우선 토지소유자는 잔여지수용청구를 위해서 사업인정 전까지 사업시행자에게 매수를 청구할 수 있고, 잔여지매수에 관한 협의에 대해 소송을 제기할 수도 있다. 이 경우 협의매수의 법적 성질이 문제된다. 판례는 구 공특법하에서 협의취득 또는 보상합의를 공공기관이 사경제주체로서 행하는 사법상 매매 내지 사법상 계약으로 보았으나,[50] 공익사업법 하에서 명확한 입장을 밝히고 있지 않다. 생각건대 사업인정을 전후로 해서 협의취득의 법적 성질을 달리 볼 필요가 있다. 즉 수용권을 부여받은 사업인정 이후의 협의매수는 공법상 계약으로 볼 여지가 있다. 그러나 대법원은 구 토지수용법상의 협의취득의 경우에 관할 토지수용위원회의 협의성립확인을 재결로 간주된다는 점에서 구 공특법상의 협의취득과 차이가 있음을 인식하고 있다.[51] 또한 헌법재판소는 구 공

48) 대법원 1994. 11. 11. 선고 93누19375 판결; 대법원 1993. 9. 28. 선고 92누10852 판결; 대법원 1988. 12. 27. 선고 87누1141 판결 등 참조.
49) Kopp/Ramsauer, VwVfG, § 75 Rn. 12 f. 計劃確定決定(Planfeststellungsbeschluß)의 효력에 대한 상세는 Nam-Chul Chung, Schutz vor Verkehrslärm bei Planungen und Genehmigungen von Bundesfernstraßen, Berlin 2003, S. 43 ff. 참조.
50) 대법원 2000. 9. 8. 선고 99다26924 판결; 대법원 1998. 5. 22. 선고 98다2242, 2259 판결.
51) 대법원 2004. 9. 24. 선고 2002다68713 판결.

특법상의 협의취득이 법형식에 있어서는 사법상의 매매계약이나, 구 토지수용법에는 각 공법적 규제가 있는 점을 강조하고 있다.[52]

한편, 사법계약과 공법계약 여부를 판단하는 것이 쉽지 않다. 국내에서는 이에 관한 논의가 충분하지 않고, 학설은 대체로 공법과 사법의 구별에 관한 이론에 따라 판단하고 있다. 독일에서는 양자의 구별기준으로 계약의 대상, 즉 계약에서 규율하는 권리·의무에 따라 구분하는 소위 對象說(Gegenstandstheorie)이 유력하다. 이러한 입법례는 충분히 참고할 만한 가치가 있다. 따라서 계약이 공법상 법규범의 집행에 기여하는지, 계약의 내용에 행정행위나 기타 행정작용의 발급의무를 포함하는지, 또는 공법상 권리·의무와 관련이 있는지 등이 검토될 필요가 있다.[53] 나아가 私人의 잔여지매수청구를 공법적 행위로 볼 수 있는지에 대해 의문이 생길 수 있다. 그러나 사업시행자는 일종의 공무수탁사인에 해당하므로 사업시행자에 대한 잔여지매수청구를 사인(공무수탁사인)과 사인(토지소유자) 사이의 공법상 계약에 있어서 청약의 의사표시로 볼 수 있고, 협의매수에 의한 토지취득은 '재결'이라는 합의제 행정기관(토지수용위원회)의 準司法的 행위에 의해 공법적 효과가 부여될 수 있다. 따라서 사업인정 이후의 협의매수를 공법상 계약으로 보는 것이 타당하다.

둘째, 잔여지수용청구는 잔여지매수청구에 의해 협의가 성립되지 아니한 경우에 가능하다. 이 경우 판례는 구 토지수용법상 잔여지수용청구권은 형성권적 성질을 갖고 있어 행정소송에 의해 보상금지급을 청구할 수 있다고 판시하였다.[54] 즉 토지소유자의 잔여지수용청구권의 행사에 의해 수용의 효과가 발생하고, 이미 수용된 토지 외에 추가적으로 잔여지에 대해서도 수용의 효과가 발생하게 된다. 이와 같이 잔여지수용청구권의 행사는 토지수용위원회의 재결 절차를 기다릴 필요 없이 곧

---

52) 헌재 1994. 2. 24. 92헌가15 등.
53) Maurer, Allgemeines Verwaltungsrecht, 16. Aufl., § 14 Rn. 10 f.
54) 대법원 2001. 9. 4. 선고 99두11080 판결.

바로 수용의 효과가 발생한다는 점에서 통상의 수용절차와 차이가 있다.

Ⅲ. 比較法的 考察

1. 獨 逸

(1) 損失補償의 根據, 種類 및 範圍

독일기본법에는 보상의 종류와 범위를 규율하고 있는 법률에 근거하거나 직접 법률에 의해 수용을 할 수 있다고 규정하고 있다(제14조 제3항 제2문). 만약 수용의 근거법률이 이를 위반하면 위헌·무효이다(소위 "不可分條項").55) 이러한 불가분조항(Junktimklausel)은 공용수용에 대해서만 적용되고, 조정적 보상을 요하는 내용한계규정(ausgleichspflichtige Inhalts- und Schrankenbestimmung)이 적용될 수 있는 '기타 재산권 침해'에 대해서는 적용되지 아니한다.56) 또한 독일에는 公用收用 및 보상에 관한 일반법으로서 연방 법률은 존재하지 않는다.57) 다만, 개별법에 수용에 관한 규정을 두고 있다. 예컨대 건설법전(제85조 이하), 에너지경제법(제45조) 및 연방원거리도로법(제19조) 등에 수용에 관한 근거조항을 두고 있다. 특히 독일 건설법전(BauGB)에는 공용수용 및 손실보상에 관한 방대한 규정을 두고 있다. 여기에는 지방자치단체의 計劃高權(Planungshoheit)에 기초한 建設基本計劃(Bauleitpläne)58)의 수립절차, 공용환지(Umlegung), 수용절차 및 손실보상 등에 관해 상세한 규정을 두고 있다.

한편, 보상의무자는 수용을 통해 직접 수익을 얻는 자를 의미하며,

---

55) BVerfGE 24, 367/418; 46, 268/287.
56) BGHZ 99, 24/29; Jarass/Pieroth, Grundgesetz, Art. 14 Rn. 85.
57) Nüßgens/Boujong, Eigentum, Sozialbindung, Enteignung, 1987, Rn. 352.
58) 독일의 건설기본계획은 비구속적 계획인 土地利用計劃(Flächennutzungsplan)과 조례의 형식으로 제정되는 구속적 계획인 建築詳細計劃(Bebauungsplan)으로 구분된다. 후자에 대해서는 추상적(주위적) 규범통제가 가능하다(독일 행정법원법 제47조 제1항 제1호 참조).

私人도 될 수 있다는 견해가 유력하다.[59] 손실보상의 방식은 金錢補償
이 원칙이나(건설법전 제99조), 代土補償(건설법전 제100조)이나 債券補
償(제102조)도 가능하다.[60] 한편, 독일 건설법전에는 매수청구권을 두고
있다. 즉 조례 형식의 建築詳細計劃(Bebauungsplan)의 확정이나 실행
에 의해 토지를 보유하거나 종래의 용도나 다른 용도로 이용하는 것이
경제적으로 더 이상 수인할 수 없는 경우에 토지소유자는 매수청구권
을 행사할 수 있다(제40조 제2항 제1호 참조). 또한 토지의 일부가 수용
되어 그 잔여지를 더 이상 상당한 범위 내에서 건축하거나 경제적으로
이용할 수 없는 경우에, 토지소유자는 殘餘地(Restgrundstück)에 대한
수용청구권을 행사할 수 있다(제92조 제3항).

　독일기본법에는 보상의 수준에 대해 "공익과 이해관계인의 이익을
정당하게 형량"하여 결정한다고 규정하고 있으며(제14조 제3항 제3문),
수용보상에 있어서 교환가치가 기준이 되지만 예외적인 경우에는 교환
가치와 다를 수도 있다. 따라서 입법자는 반드시 교환가치에 따라 보상
을 명할 의무는 없다.[61] 독일기본법 제14조 제3항의 손실보상은 '상당
한 보상'(angemessene Entschädigung)으로 해석되고 있으며,[62] 완전한
교환가치나 시장가치를 전보해야 하는 것은 아니다.[63] 따라서 입법자가
보상수준을 상세히 확정하지 않는 경우에 교환 내지 시장가치에 대한
보상이 행해질 수 있고, 박탈된 실체의 교환가치의 보상 이외에 이사비
용, 공장이전비, 특정한 고객의 상실을 통한 손실 및 잔여지의 가치감
소 등 '직접적'인 결과비용이 고려될 수 있다.[64] 그러나 '간접손실'이나

---

59) Papier, in: Maunz/Dürig, Grundgesetz, Art. 14 Rn. 645.
60) Jarass/Pieroth, Grundgesetz, Art. 14 Rn. 86.
61) Hesse, Grundzüge des Verfassungsrecht der Bundesrepublik Deutschland, 20. Aufl., Rn. 456.
62) Papier, in: Maunz/Dürig, GG, Art. 14 Rn. 601. 독일의 相當補償說은 바이마르 헌법 제153조 제2항에서 淵源하고 있다. 즉 "제국법률의 별도의 규정이 없는 한 그 수용은 상당한 보상을 대가로 하여 행해진다"고 규정하고 있다. 이러한 규정에도 불구하고 帝國法院(RG)은 '완전보상'으로 해석한 경우도 있다(RGZ 112, 189/192). 이에 대해서는 Fritz Ossenbühl, Staatshaftungsrecht, 5. Aufl., 1998, S. 208 참조.
63) BVerfGE 24, 367/420 f; 41, 126/161.

장래의 기회의 상실 등은 제외된다.[65] 다만, 一說은 이 규정의 의미는 매우 空虛한 공식이 될 수 있으므로 형량을 통해 완전한 가치전보에 이르러서 결과적으로 '완전보상'에 상응해야 함을 주장하기도 한다.[66]

(2) 收用의 節次

독일 건설법전에는 공용수용의 목적, 대상 및 허용요건 등을 상세히 규정하고 있다(제85조 내지 제87조). 또한 수용재결을 하는 收用廳 (Enteignungsbehörde)은 상급관청이 담당하며, 주(란트)의 행정조직법에 따라 결정된다.[67] 주(란트)에는 대체로 下級官廳(Landratsamt), 上級官 廳(Regierungspräsidium) 및 最上級官廳(Ministerium) 3단계로 구성되 어 있다. 수용재결의 신청권자는 수용되는 토지가 속하는 지방자치단체 (Gemeinde)이다(건설법전 제104조 제1항, 제105조).[68] 토지소유자는 수용 절차에 있어서 이해관계인에 속한다(제106조 제1항 제2호). 수용절차는 지 방자치단체의 수용재결 신청에 의해 개시되고, 수용청은 당사자 사이의 協議(Einigung)를 하도록 영향을 미칠 수 있다. 이러한 협의가 성립되지 않는 경우에는 수용청이 구술변론절차에 근거하여 收用裁決을 한다(제 112조 제1항). 이러한 수용재결은 수용권자(Enteignungsbegünstigte) 및 이해관계인 외에 수용의 대상, 이유, 수용전후의 법률관계, 보상의 종류와 수위 등을 결정한다(제113조 제2항).

(3) 補償金訴訟의 訴訟形式

독일기본법 제14조 제3항 제4문에는 보상의 정도(수위)에 대하여 다 툼이 있는 경우에 通常法院(ordentliche Gerichte)에 제소할 수 있다고

---

64) Jarass/Pieroth, Grundgesetz, Art. 14 Rn. 88.
65) Rüfner, in: Erichsen (Hg.), Allgemeines Verwaltungsrecht, § 49 Rn. 27.
66) Maurer, a.a.O., § 27 Rn. 68.
67) Ernst/Zinkahn/Bielenberg, Baugesetzbuch, Kommentar, Bd. Ⅲ, § 104 Rn. 2.
68) 그러나 수용재결의 신청권자는 국가나 공공단체 이외에 私人도 될 수 있다(Hoppe/ Grotefels, Öffentliches Recht, § 12 Rn. 45).

규정하고 있다. 그러나 독일에서 공용수용에 대한 권리구제절차에 관한 일반조항이 도입된 것은 행정법원에 소를 제기할 수 있게 된 1945년 이후부터이다. 수용의 허용성과 범위 등 때문에 권리구제절차가 보장되지 못하고, 정부부처에 訴願을 제기하는 정도였다. 다만, 각 개별법에는 보상액수준에 대한 소송은 통상법원(민사법원)에 소를 제기하도록 규정하고 있었다. 그 후 바이마르헌법에 통상법원에 의한 보상금소송을 제국법률에 의해 배제할 수 있는 규정을 두었다(바이마르헌법 제153조 제2항 제3문 참조). 이러한 바이마르헌법의 규정은 소송배제조항을 제외하고는 그대로 독일기본법 제14조 제3항에 승계되었다.[69]

민사법원은 단지 (수권)법률에 보상규정이 존재하는지 여부, 그리고 보상규정이 구체적 사례에 적합하게 적용되었는지 여부를 심사할 뿐이다.[70] 이와 같이 민사법원은 보상금(증감)소송에 대해 제한된 결정권을 가진다.[71] 다만, 보상금 소송에 관한 관할권은 민사법원에 있으나,[72] 민사법원은 행정법문제와 관련된 선결문제를 결정하여야 한다. 다른 한편, 민사법원은 기판력에 의해 행정법원의 판결에 기속된다(독일 법원조직법 제17a조 제2항 참조).[73] 따라서 공용수용의 적법성에 대한 취소소송, 의무이행소송, 확인소송 및 일반이행소송에 대한 행정법원의 판결은 그 기판력이 미치는 범위 내에서 행정소송의 대상을 선결문제로 하는 수소법원(민사법원)의 판사를 기속한다.[74] 그러나 지방법원의 토지보상 전담재판부(Baulandkammern)에 속하는 청구가 행정법원에 제소되면, 그 행정법원은 그 사안을 토지보상 전담재판부에 移送하여야 한다. 한편, 수용유사침해 및 수용적 침해에 대한 손실보상청구권도 민사법원의 관할이었다.[75] 즉 위법한 재산권침해 및 의도되지 않은 이형적인 재

---

69) 공용수용에 대한 司法的 權利救濟制度의 연혁에 대해서는 Ernst/Zinkahn/Bielenberg, Baugesetzbuch, Kommentar, Bd. IV, Vorb §§ 217-232 Rn. 1 ff. 참조.
70) Maurer, a.a.O., § 27 Rn. 114.
71) Nüßgens/Boujong, a.a.O., Rn. 401.
72) Schmitt Glaeser/Horn, Verwaltungsprozeßrecht, 15. Aufl., Rn. 65.
73) Jarass/Pieroth, GG, Art. 14 Rn. 89 ff.; BGHZ 86, 226/232; 95, 28/35 f.
74) BGHZ 77, 338/341 f.; Nüßgens/Boujong, a.a.O., Rn. 404. m.w.N.

산권침해에 대해서도 보상을 확대하기 위해 등장한 수용유사침해 및
수용적 침해이론은 특히 연방통상법원의 판례를 중심으로 발전하였음은
주지의 사실이다.[76]

收用裁決(Enteignungsbeschluß)은 행정행위의 하나이다(독일건설법전
제113조 제1항).[77] 따라서 이해관계인은 수용재결에 의해 자신의 권리가
침해된 경우에는 행정법원에 소를 제기하여 그 위법성을 다툴 수 있다.
그러나 독일건설법전 제217조 이하에서는 수용재결에 대한 보상금소송
에 관하여 특별한 규정을 두고 있다. 즉 수용재결에 관한 소송의 관할
권은 재결청이 소재하는 지방법원의 토지보상 전담재판부에 있음을 규
정하고 있다(건설법전 제217조 제1항, 제219조 제1항). 이러한 규정은 독
일기본법 제14조 제3항 제4문 및 행정법원법 제40조 제2항 제1문에 의
해 수용에 대한 보상의 수준에 대해 통상법원에 제소할 수 있도록 규
정하고 있는 것에 상응하는 것이다. 토지보상 전담재판부는 손실보상의
수준을 결정한다. 그러나 수용의 허용여부는 독일 행정법원법 제40조에
의해 행정법원이 담당한다. 이러한 평행선 대립구조의 문제점을 해결하
기 위해 지방법원에 하나 또는 수개의 토지보상 전담재판부를 두고 있
다. 토지보상 전담재판부는 1명의 행정법원 판사(재판장 또는 전임법
관[78])와 2명의 민사법원판사로 구성되어 있다(독일건설법전 제220조 제1
항). 다만, 브레멘(Bremen), 함부르크(Hamburg) 등에서는 토지보상 전
담합의부(Senaten)가 2명의 행정법원판사와 3명의 민사법원판사로 구성
되어 있다.[79]

---

75) BGHZ 90, 17/31. 수용유사침해 및 수용적 침해에 더 이상 기본법 제14조 제3항에서
유추적용할 수 없다는 견해가 유력하다. Wendt, in: Sachs(Hg.), Grundgesetz, 3.
Aufl., Art. 14 Rn. 172.
76) Ossenbühl, Staatshaftungsrecht, 5. Aufl., S. 268. 일부학설은 수용유사침해 및 수용
적 침해의 근거를 기본법 제14조 제1항에서 찾기도 한다. Maurer, a.a.O., § 27 Rn.
120 f.
77) Battis/Krautzberg/Röhr, Baugesetzbuch, § 113 Rn. 1.
78) 따라서 독일 행정법원법 제19조 이하의 명예직 판사는 제외된다.
79) Brohm, Öffentliches Baurecht, 2. Aufl., § 25 Rn. 28.

2. 日 本

(1) 公用收用의 根據, 要件 및 節次

(가) 公用收用 및 損失補償에 관한 憲法的 根據

일본헌법 제29조 제3항은 "사유재산은 정당한 보상 하에 이를 공공을 위하여 사용할 수 있다"고 규정하고 있다. 일본에서도 "특별한 희생"에 해당하는지 여부를 손실보상의 기준으로 삼는 것이 압도적이나, 구체적인 내용에 대하여 학설상 다툼이 있다.[80] 일부견해는 공용제한의 하나인 자연공원법상의 행위제한에 대해 보상규정이 있지만, 그 지역의 속성상 건축·개발행위를 인정하지 않는 것이 본래의 효용을 방해하는 것인가 하는 의문을 제기하거나, 제한의 양태에 따라 공용제한인지 통상적인 경찰제한인지 여부가 불분명한 경우가 적지 않다고 지적한다. 그와 관련하여 都市計劃法, 建築基準法上의 市街化區域, 地域·地區 등을 소개하고 있다.[81]

한편, 해당 법률에 보상규정이 없는 경우에 立法方針說(프로그램규정설), 위헌무효설 및 보상청구권발생설 등이 있으나, 헌법에 근거하여 직접 손실보상청구권을 주장할 수 있다는 견해(直接請求說)가 통설·판례이다.[82] 또한 일본헌법 제29조 제3항의 "정당한 보상"에 대해 완전보상설[83]과 상당보상설[84]이 대립하고 있으며, 最高裁判所는 농지매수에 관한 불복신청사건에서 상당보상설을 채택한 바 있다.[85]

---

80) 塩野 宏, 行政法 II(行政救濟法), 第四版, 328頁.
81) 塩野 宏, 前揭書(II), 331-332頁.
82) 大石眞, 憲法講義, 有斐閣, 2007, 178-179頁; 田中二郎, 行政法上卷, 213頁; 最判昭四三·一一·二七. 이에 관한 상세한 판례소개는 南 博方/原田尙彦/田村悅一, 行政法(2), 第三版, 24頁 이하 참조.
83) 小高 剛, 損失補償研究, 成文堂, 2000, 8-9頁. 한편, 완전보상설을 취하면서도 이를 완화해서 해석하는 견해도 있다(今村成和, 損失補償制度の研究, 有斐閣, 2004, 74頁).
84) 田中二郎, 前揭書, 217頁.
85) 最判昭二八·一二·二三 民集 七·一·三.

(나) 公用收用의 節次

일본에는 공용수용 및 보상에 관한 일반법으로 土地收用法이 제정되어 있다. 일본의 수용절차도 우리와 유사하다. 즉 사업준비의 단계를 거쳐, 사업인정 → 토지조서 및 물건조서의 작성 → 재결의 순으로 진행된다. 수용 또는 사용의 재결신청권자는 起業者이다. 즉 起業者는 사업인정의 고시가 있은 날부터 1년 이내에 수용 또는 사용하려는 토지가 소재하는 都道府縣의 收用委員會에 수용재결을 신청할 수 있다(일본 토지수용법 제39조 제1항). 재결신청서에는 사업계획 및 기업자 외에 사업계획을 표시한 도면, 수용 또는 사용하려는 토지의 소재, 지번 및 지목, 토지의 면적, 손실보상의 견적, 토지소유자 및 이해관계인의 성명·주소, 손실보상의 견적 및 그 내용, 권리의 취득 및 소멸시기 등을 기재하도록 하고 있다. 일본의 수용위원회는 수용재결신청을 각하하는 경우를 제외하고는 수용 또는 사용의 재결을 해야 한다(공익사업법 제47조의2).

일본 토지수용법 제39조 제2항에는 토지소유자 또는 이해관계인이 자신의 권리에 관계된 토지에 대하여 起業者에 반하여 收用裁決申請을 請求할 수 있도록 규정하고 있다. 또한 토지소유자 또는 利害關係人(선취특권을 갖는 자, 質權者, 저당권자, 압류채권자 또는 가압류채권자인 관계인을 제외한다)은 사업인정의 고시 후 수용재결 이전에도 起業者에 대하여 토지 또는 토지에 관한 소유권 이외의 권리에 관한 보상금지급청구를 할 수 있다(토지수용법 제46조의2 제1항). 또한 토지수용법 제76조 제1항 또는 제81조 제1항의 규정에 의한 수용청구를 전제로 한 보상금지급청구소송(잔지보상청구소송)은 제87조의 규정에 의한 수용청구에 필요한 절차의 경우에 한하여 가능하다고 규정하고 있다(제46조의3).

(2) 殘地補償 및 殘地收用請求

토지의 수용 또는 사용에 관하여 토지소유자 및 이해관계인이 입은 손실은 起業者가 보상하도록 하고 있다(일본 토지수용법 제68조). 동일한 토지소유자에 속하는 일단의 토지 중 일부를 수용 또는 사용하여 잔여지의 가격이 감소한 경우에도 보상규정을 두고 있다. 즉 토지수용법 제74조에는 "동일한 토지소유자에 속하는 일단의 토지의 일부를 수용하거나 사용하는 것이 곤란하거나, 殘地의 가격이 감소하거나 기타 그 잔지에 관한 손실이 발생하는 때에는 그 손실을 보상해야 한다"고 규정하고 있다. 또한 토지수용법 제76조 제1항에는 "殘地를 종래에 이용한 목적에 제공하는 것이 현저히 곤란하게 되는 경우"에 토지소유자가 그 토지 전부의 수용을 청구할 수 있다고 규정하고 있다. 여기에서 말하는 '종래에 이용한 목적'이란 권리취득재결시의 당해 잔여지가 현실적으로 제공하는 구체적 용도를 말한다. 또한 '제공하는 것이 현저히 곤란하게 되는 경우'란 절대적 이용이 불능인 경우뿐만 아니라, 이용이 가능하더라도 많은 비용이 요구되는 경우를 포함하는 것으로 보고 있다.[86]

(3) 殘地收用請求의 訴訟形式 및 法的 性質

수용위원회의 재결에 대하여 불복하는 자는 國土交通大臣에 대하여 심사청구를 할 수 있다(제129조). 이 경우 國土交通大臣에 대한 이의신청이나 심사청구에 관한 결정이나 재결(이의재결)은 公害等調整委員會의 의견을 청취해야 한다(제131조 제1항). 國土交通大臣 또는 都道府縣知事는 사업인정 또는 수용위원회의 재결에 대한 이의제기 또는 심사청구가 있는 경우에, 사업인정 또는 재결에 이르기까지의 절차 기타 행위에 관하여 위법이 있어도, 그것이 경미하고 사업인정 또는 재결에 영향을 미칠 우려가 없다고 인정되는 경우에는 결정 또는 재결로써 당해 이의제기 또는 심사청구를 기각할 수 있다(제131조 제2항). 수용위원회의 재결에 의한 손실보상에 관한 소송은 재결서의 정본을 송달받은 날

---

86) 小澤道一, 土地收用法(下), 2003, きょうせい、146-147頁.

로부터 3개월 이내에 제기해야 한다(제133조 제1항).

그러나 재결에 의한 손실보상에 관한 소를 제기하는 자가 기업자인 경우에는 토지소유자 또는 관계인을, 토지소유자 또는 관계인은 기업자를 피고로 하여 소송을 제기할 수 있다(제133조 제2항). 일본 토지수용법에서 규정된 보상금청구소송은 전형적인 形式的 當事者訴訟으로 보는 것이 유력하다. 이 소송의 성질에 관한 학설에는 형성소송설, 확인·급부소송설 및 절충설 등이 있다. 우선 形成訴訟說은 보상금청구소송이 형식적으로는 당사자 사이의 분쟁의 형상이지만 실질적으로는 수용위원회의 재결의 취소·변경을 구하는 항고소송이라고 보고 있다. 즉 그 보상액의 증감을 다투는 소송은 보상액도 재결이라는 행정처분에 의해 공권적으로 형성·확정되는 것이어서 수용위원회의 재결을 변경할 필요가 있다는 것이다. 반면, 確認·給付訴訟說은 재결의 변경을 구하는 것은 보상금의 증감의 확인, 잘못 지급된 보상액의 반환을 구하는 것으로 족하다고 보고 있다. 折衷說은 감액청구의 경우에는 재결의 내용 중 보상금액의 전부 또는 일부의 취소를 구하는 소송으로서 형식적 당사자소송에 해당하나, 증액청구의 경우에는 그 차액의 지불을 요구하는 소송이어서 실질적 당사자소송에 해당한다고 한다.[87] 下級審判例는 확인·급부소송설이 다수이나,[88] 最高裁判所는 여전히 이에 대해 명확한 입장을 유보하고 있다.[89] 그러나 최고재판소는 이 문제를 정면으로 다루고 있지는 않다. 다만, 토지수용법 제133조 소정의 손실보상에 관한 소송은 재결의 의한 손실보상에 관한 부분 또는 보상재결에 대한 불복을 실질적인 내용으로 하여 그 適否를 다투는 것이어서, 궁극적으로는 재결시에 동법 소정의 보상액을 확정하여 분쟁을 종국적으로 해결하여 정당한 보상을 실현하는 목적으로 하고 있음을 밝히고 있다.[90] 한편, 2004년에 개정된 日本의 行政事件訴訟法은 당사자소송의

---

87) 일본에서 논의되는 학설의 소개는 小澤道一, 前揭書(下), 677-688頁 참조.
88) 小澤道一, 前揭書(下), 683-684頁.
89) 塩野 宏, 前揭書(II), 197-198頁. 한편, 塩野 敎授는 給付訴訟說에 서 있다.
90) 最判平九·一·八 民集 五一·一·一四七.

확인소송적 성격을 강조하고 있다. 즉 "이 법률에서 당사자소송이란 당사자 사이의 법률관계를 확인하거나 형성하는 처분 또는 재결에 관한 소송으로 법령의 규정에 의해 그 법률관계의 당사자의 일방을 피고로 하거나 공법상 법률관계에 관한 確認을 구하는 기타 公法上 法律關係에 관한 소송을 말한다"고 규정하고 있다.[91] 이러한 규정은 행정처분 이외의 다양한 행정의 행위형식에 의한 권익침해를 구제하기 위한 방안으로 도입되었다고 한다.[92] 행정사건소송법 제4조의 전단부는 "형식적 당사자소송"으로, 후단부는 "실질적 당사자소송"으로 보고 있다.

Ⅳ. 殘餘地收用請求의 審判對象

1. 問題의 所在

우선 잔여지수용청구에 의한 소송의 대상을 수용재결(또는 이의재결)로 보아야 하는지, 아니면 '보상금'의 증액 또는 감액 지급에 관한 공법상 법률관계로 보아야 하는지가 문제된다. 판례는 잔여지수용청구에 의한 소송을 행정소송에 의해야 한다고 보고 있으나, 그 의미가 무엇인지는 분명하지 않다. 다만, 잔여지수용청구는 사업시행자가 아니라 私人인 토지소유자가 하는 것이고, 이러한 私人의 수용청구권의 행사에 의해 수용이라는 공법적 효과가 발생한다는 점에서 매우 특이하다. 토지수용위원회가 잔여지수용청구를 기각하는 경우에는 무엇을 소송의 대상으로 삼아 어떠한 소송을 제기해야 하는지가 문제될 수 있다. 즉 잔여지수용청구소송을 보상금증감소송으로 보아 당사자소송을 제기할 수 있는 것이지, 아니면 수용재결 및 이의재결의 취소를 구하는 항고소송을 제기할 가능성이 있는지 등이 검토될 필요가 있다. 따라서 이하에서는 잔여지보상청구소송의 구체적 유형을 구분하여 고찰하도록 한다.

---

91) 이하 내용은 拙稿, "行政立法不作爲에 대한 司法的 統制: 當事者訴訟에 의한 規範制定要求訴訟의 實現可能性을 中心으로", 저스티스 通卷 제110호, 2009. 4, 213면.

92) 宇賀克也, 改正行政事件訴訟法, 補訂版, 靑林書院, 2006, 5頁.

만약 일단의 토지의 일부가 협의매수 또는 수용되어 잔여지를 종래
에 목적에 사용하는 것이 현저히 곤란한 때에는 토지소유자가 사업시
행자에게 잔여지 매수청구를 하고, 그 매수에 관한 협의가 성립되지 아
니하는 경우에 관할 토지수용위원회에 잔여지의 수용을 청구할 수 있
다. 판례는 이러한 잔여지수용청구가 토지수용위원회의 특별한 조치를
기다릴 것 없이 청구에 의하여 수용의 효과가 발생하므로 形成權的 性
質을 가진다고 보고 있다.[93] 유력설도 토지수용위원회가 단지 잔여지수
용청구권을 확인하는 수용재결을 하고, 그 재결에서 손실보상액을 정할
뿐이라고 한다.[94] 따라서 잔여지수용청구의 경우에는 형식적인 수용재
결만이 존재하게 된다. 이 경우에 재결의 위법성을 확인하는 것은 사실
상 쉽지 않으며, 보상금산정의 하자에 의한 재결의 위법성을 다툴 수
있을 뿐이다. 이러한 점에서 잔여지수용청구에 의한 소송은 보상금증감
소송의 특징이 분명히 드러난다.

한편, 토지소유자는 수용대상토지에 관한 관할 토지수용위원회의 수
용재결에서 잔여지에 관한 부분이 반영되지 아니한 경우에 중앙토지수
용위원회에 이의를 제기할 수 있다. 특히 잔여지수용청구는 일정한 요
건을 구비하여야 하며, 잔여지수용청구를 받은 토지수용위원회는 그 요
건의 흠결이 있는 경우에는 이를 기각할 수 있다. 裁決은 수용 또는 사
용의 절차에 있어서 종국적 결정이며, 보상금의 지급이나 공탁을 조건
으로 사업시행자에게 취득 또는 사용하게 하는 행정처분이다. 또한 토
지수용위원회는 재결에서 수용 또는 사용할 토지의 구역 및 사용방법,
손실보상, 그리고 수용 또는 사용의 개시일과 기간 등을 정한다. 따라
서 중앙토지수용위원회의 재결에 의해 잔여지수용청구가 기각되면, 토
지소유자는 수용재결을 대상으로 하여 抗告訴訟을 제기할 수 있다(공
익사업법 제85조 제1항 참조).

---

93) 대법원 1993. 11. 12. 선고 93누11159 판결.
94) 박균성, 전게서, 782면.

2. 類型別 考察

잔여지보상소송의 심판대상(재결의 취소·변경 또는 보상금증감)의 문제를 자세히 검토하기 위해서는 소송의 당사자(원·피고), 토지수용위원회의 재결내용 등을 유형별로 고찰할 필요가 있다.

먼저 중앙토지수용위원회가 보상금증액을 내용으로 하는 認容裁決을 한 경우에, 토지소유자가 별다른 의사표시 없이 이의재결에서 정한 보상금을 수령한 후에 제기한 訴는 부적법하다.[95] 그러나 土地所有者는 전체적인 손실보상액 또는 잔여지보상이 충분히 반영되지 않은 보상금 산정에 불복하여 보상금의 증액을 요구하는 形式的 當事者訴訟을 제기할 수 있다(공익사업법 제85조 제2항 참조). 이 경우는 전형적인 보상금증감소송으로서, 사업시행자를 피고로 하여 당사자소송을 제기하는 것이다. 그러나 '사업시행자'가 잔여지수용에 반대하여 중앙토지수용위원회에 이의를 제기하거나, 수용재결 및 이의재결에 불복하여 抗告訴訟을 제기할 수도 있다(공익사업법 제85조 제1항). 물론 사업시행자는 토지소유자 및 이해관계인을 피고로 하여 보상금의 '감액'을 구하는 당사자소송을 제기할 수도 있다. 이 경우에 피고가 보상금을 지급하지 않은 상태에서 제기한 보상금감액을 요구하는 소송은 '확인소송'의 성격을 가진다.[96]

한편, 중앙토지수용위원회가 棄却裁決을 하는 경우에 토지소유자는 수용재결의 취소를 구하는 항고소송을 제기할 수 있으나, 사업시행자에 대해 보상금산정을 잘못한 수용재결의 위법확인과 보상금의 '증액'을 구하는 形式的 當事者訴訟을 제기하는 것이 보다 효과적이다. 그러나

---

95) 한편, 판례는 "토지소유자가 사업시행자로부터 토지수용위원회의 수용재결 또는 이의재결에서 정한 보상금을 별다른 의사표시 없이 수령하였다면, 수용재결 또는 이의재결에 승복하여 보상금을 수령한 취지로 봄이 상당하다고 하고, 토지소유자가 수용재결에서 정한 보상금을 수령할 당시에는 이의유보를 하였다 하여도 이의재결에서 증액된 보상금을 수령하면서 일부 수령이라는 등 유보의 의사표시를 하지 않은 이상 중앙토지수용위원회가 이의재결에서 정한 결과에 승복하여 이를 수령한 것이라고 봄이 상당하다"고 판시하고 있다(대법원 1992. 10. 13. 선고 91누13342 판결).

96) 박균성, 전게서, 824면.

중앙토지수용위원회가 이의신청에 대한 재결에서, 수용대상토지에 대해 보상금의 증액만을 결정하고, 잔여지수용청구의 要件이나 節次 등의 위반을 이유로 잔여지수용청구에 관한 부분을 받아들이지 아니한 경우가 문제된다(예컨대 협의매수의 절차를 거치지 아니하거나 공사완료일을 도과하여 잔여지의 수용청구를 한 경우 등). 이 경우에 토지소유자는 잔여지 수용청구의 기각부분에 대해 抗告訴訟을 제기할 수 있다. 다만, 취소소송의 경우에는 인용판결을 받더라도 다시 토지수용위원회의 재결을 거쳐야 하고, 보상금산정에 대해 불복하는 경우에는 다시 소송을 제기하게 되므로 無用의 訴訟이 반복될 가능성도 여전히 존재한다. 이 경우에 잔여지수용청구에 의해 잔여지부분도 관할 토지수용위원회에 의해 당연히 수용된 것으로 보게 되면, 토지소유자는 보상금산정만을 다투게 된다. 특히 중앙토지수용위원회의 기각재결의 경우에 토지소유자는 재결의 위법과 보상금증액을 다툰다.

한편, 수용재결이나 이의재결 자체를 다투면서 이것이 받아들여지지 않을 경우에 보상금증액청구소송을 예비적으로 병합할 수 있다는 견해가 있다.[97] 구 민사소송법에서는 주관적·예비적 병합이 허용되지 않았고, 판례도 그러한 입장에 서 있었다.[98] 특히 판례는 제1차적 피고(주위적 피고)에 대한 청구의 판단결과에 따라 결정되어 예비적 피고의 소송상의 지위가 현저히 불안하게 될 우려가 있다는 점에서 행정소송에 있어서 주관적·예비적 병합을 허용하지 않았다.[99] 이에 대해 행정소송법 제10조 제2항 후단에서 "피고외의 자를 상대로 한 관련청구소송을 취소소송이 계속된 법원에 병합하여 제기할 수 있다"라고 규정하고 있다. 이것은 행정소송법 제15조의 공동소송 이외에 주관적·예비적 병합을

---

97) 박균성, 전게서, 826면.
98) 대법원 1973. 6. 26. 선고 70누200 판결; 대법원 1978. 10. 31. 선고 78누189 판결.
99) 판례는 "소의 주관적 예비적 청구의 병합에 있어서 예비적 당사자 특히 예비적 피고에 대한 청구의 당부에 관한 판단은 제1차적 피고에 대한 청구의 판단결과에 따라 결정되므로 예비적 피고의 소송상의 지위가 현저하게 불안정하고 또 불이익하게 되어 이를 허용할 수 없으므로 예비적 피고에 대한 청구는 이를 바로 각하하여야 한다"고 판시하고 있다(대법원 1996. 3. 22. 선고 95누5509 판결).

염두에 둔 것이며, 이는 민사소송법 규정에 관한 특칙이라고 보는 견해
가 유력하였다.[100] 현행 민사소송법 제70조에는 예비적·선택적 공동소
송에 관한 특별규정을 두어, 민사소송에 있어서도 주관적·예비적 병
합, 주관적·선택적 병합이 인정되고 있다. 설사 행정소송법 제10조 제
2항 후단의 규정을 근거로 주관적·예비적 병합을 인정하기 곤란하다
고 하더라도, 행정소송법 제8조 제2항을 근거로 행정소송에도 주관적·
예비적 병합을 인정할 수 있다. 따라서 이론적으로는 재결에 대한 취소
소송을 제기하면서, 그 취소소송이 기각될 경우를 대비하여 보상금증액
청구소송을 예비적으로 병합하여 제기할 수 있다.

　그 밖에 수용재결에 대한 이의신청에서 보상액 산정에 관하여만 다
투고 잔여지수용청구를 기각한 부분에 대하여는 명시적인 불복을 하지
아니한 경우에 행정소송에서 이를 다툴 수 있는지 여부가 문제될 수
있다. 이에 대해 판례는 잔여지수용청구를 기각한 부분도 보상금산정의
하자로 보아 보상금증감소송의 한 내용으로 다툴 수 있다고 보고 있다.
즉 대법원은 "토지수용법 제75조는 이의신청이 있으면 중앙토지수용위
원회는 수용재결의 위법 또는 부당 여부를 심리하도록 규정하고 있을
뿐 이의신청서에 기재된 이의사유에 한하여 심리하도록 제한하고 있지
않으므로, 특별한 사정이 없는 한, 이의신청의 효력은 수용재결 전체에
미치며, 토지수용에 관한 행정소송에 있어서는 이의재결의 고유한 위법
사유뿐만 아니라 이의신청사유로 삼지 아니한 수용재결의 하자도 주장
할 수 있으므로 수용재결에 대한 이의신청을 함에 있어서 수용재결 중
기업자가 재결신청한 부분에 관한 보상액의 산정이 위법하다는 취지의
주장만 하고 잔여지수용청구를 기각한 부분에 대하여 불복한다고 명시
하지 아니하였다고 하더라도, 행정소송에서 수용재결 중 잔여지수용청
구를 기각한 부분에 하자가 있어 보상액의 산정이 잘못되었다는 주장
을 할 수 있다"고 판시하고 있다.[101]

100) 朴鈗炘, 전게서, 915면; 洪準亨, 전게서, 628면; 李鴻薰, 註釋 行政訴訟法 (編輯代表 金
　　鐵容·崔光律), 315면.

3. 小 結

위에서 살펴본 바와 같이 판례는 잔여지수용청구에 의한 소송을 보상금의 증감에 관한 소송으로 이해하고 있고, 행정소송(형식적 당사자소송)에서 보상액산정의 위법 이외에도 수용재결 및 이의재결의 기각부분을 다툴 수 있다고 한다. 그러나 잔여지수용청구에 의한 소송을 보상금증감에 관한 소송에 한정하는 것은 바람직하지 않다. 중앙토지수용위원회의 기각재결에 대해 취소소송의 제기가능성도 열어두어야 한다.

생각건대 잔여지수용청구소송의 피고 및 심판대상은 소송형식에 따라 달라질 수 있다. 즉 재결 그 자체만을 다투는 경우에는 토지수용위원회를 피고로 하여 항고소송을 제기할 수 있다. 그러나 보상금증감소송의 경우에는 토지소유자 또는 관계인은 사업시행자를, 사업시행자는 토지소유자 또는 관계인을 각 피고로 하여 보상금의 증액 또는 감액을 다툴 수 있다.

V. 殘餘地收用請求의 訴訟形式

1. 民事訴訟에 의한 爭訟可能性

이미 언급한 바와 같이 구 공특법하에서는 협의취득 또는 보상합의를 사법상 계약으로 보았으므로 민사소송에 의해 권리구제가 가능하였다. 그러나 대법원은 잔여지매수청구와 손실보상을 청구한 사건에서, 수용재결 및 이의재결의 취소 및 보상금의 증액을 구하는 행정소송을 제기하여야 하여야 하고 곧바로 起業者를 상대로 민사소송을 제기할 수 없다고 판시하였다.[102] 따라서 잔여지매수청구에 의해 협의가 성립되지 않았다고 하여 민사소송으로 잔여지보상소송을 주장할 수는 없는

---

101) 대법원 1995. 9. 15. 선고 93누20627 판결.
102) 대법원 2004. 9. 24. 선고 2002다68713 판결. 同旨判例: 대법원 1998. 5. 22. 선고 98다2242, 2259 판결, 2000. 9. 8. 선고 99다26924 판결.

것으로 보인다.

2. 當事者訴訟에 의한 爭訟可能性

잔여지수용청구에 의한 소송을 보상금증감소송으로 실현하는 경우에
는 공익사업법 제85조 제2항에 의한 당사자소송을 제기할 수 있다. 학
설은 공익사업법 제85조 제2항에 규정된 보상금소송을 '형식적 당사자
소송'으로 보는 견해가 지배적이다. 다만, 공익사업법 제85조 제2항에
규정된 보상금증감소송의 법적 성질에 대한 학설상 논의는 충분하지
않으나, 일본에서는 이미 언급한 바와 같이 형성소송설, 확인·급부소
송설, 절충설 등 다양한 학설이 소개되고 있다. 생각건대 형성소송설은
보상금을 산정한 재결의 취소·변경을 내용으로 하고 있고, 여전히 항
고소송의 성격이 남아 있음을 강조하는 견해로 보인다.[103] 그 입법취지
나 연혁을 고려할 때에 공익사업법 제85조 제2항의 보상금증감소송은
토지소유자의 보호를 위해 둔 규정이고, 구 토지수용법과 달리 재결청
을 소송당사자에서 제외하고 있다. 따라서 항고소송의 성격을 인정하기
는 곤란하며, 보상금산정에 하자가 있는 수용재결의 위법을 확인하고
보상금증액을 구한다고 보는 確認·給付訴訟說이 타당하다.

토지소유자는 효용가치가 저감되거나 소멸된 잔여지의 수용 여부보
다는 그 포기에 대한 대가인 보상금의 증액을 원하는 경우가 대부분이
다. 잔여지수용청구에 의한 소송을 항고소송을 통해 실현하면 소송경제
적 측면에서 문제가 될 수 있다. 즉 수용재결 및 이의재결의 효력을 다
투어 항고소송에서 승소하더라도 다시 수용위원회의 재결을 기다려야
하고, 새로운 재결에 불복하는 경우에는 소송을 되풀이해야 한다. 반면,
형식적 당사자소송으로 다투는 경우에는 재결의 위법확인과 보상금증액
을 일거에 확정함으로써 위에서 언급한 소송절차상의 번거로움을 제거
할 수 있다.[104] 공익사업법 제85조 제2항의 소송당사자에서 '재결청'을

---

103) 白潤基, 註釋 行政訴訟法(편집대표 김철용/최광율), 박영사, 2004, 1095면 참조.

제외시킨 것은 그러한 이유에서 연유하고 있는 것이다.

당사자소송은 실무상 많이 활용되고 있지 못한 것이 사실이다. 특히 형식적 당사자소송은 개별법에 명문의 규정이 없는 한 허용될 수 없다는 견해가 지배적이다. 그 논거로 행정처분의 공정력·구성요건적 효력 등의 특수한 효력을 無力化시킬 수 있다는 점을 들고 있다.[105] 이러한 다수설에 대해 개별법에 명문의 규정이 없더라도 행정소송법 제3조 제2호 후단부에 근거하여 형식적 당사자소송이 허용될 수 있다는 견해도 유력하다.[106] 생각건대 보상금증감소송에서 살펴본 바와 같이 형식적 당사자소송의 본질은 형성소송이 아니라 확인·이행소송이다. 따라서 형식적 당사자소송은 처분의 위법'확인'을 통한 공법상 법률관계의 확정을 목적으로 하므로 행정행위의 특수한 효력을 이유로 제한할 필요는 없다. 나아가 행정행위의 대표적 효력 중 하나인 '공정력'은 많은 비판을 받고 있으며[107], 선결문제에서 보는 바와 같이 처분의 위법은 충분히 판단할 수 있다.

이와 같이 당사자소송은 개별 법률에 구체적으로 규율된 사례가 적고, 행정법원이 설치되어 있지 않은 지방법원의 경우에는 실무상 民事訴訟과의 구별실익이 크지 않아 그 동안 폭넓게 사용되지 못한 것이 사실이다.[108] 그러나 당사자소송은 민사소송에 비하여 여러 가지 장점을 가진다. 즉 당사자소송과 항고소송 사이의 소변경이 가능하고, 당사자소송에 관련 민사소송의 청구를 병합할 수 있다. 또한 당사자소송의

104) 李尙圭, 行政爭訟法, 제5판, 305면.
105) 김남진·김연태, 행정법 I, 775면; 김동희, 행정법 I, 778-779면; 홍정선, 행정법원론(상), 2009, 1011면; 홍준형, 행정구제법, 737면.
106) 이상규, 전게서, 305-306면; 박균성, 전게서, 941-942면.
107) 행정행위의 공정력에 관한 비판적인 고찰로는 拙稿, "國家賠償訴訟과 先決問題: 특히 構成要件的 效力, 旣判力 그리고 違法槪念을 中心으로", 저스티스 제116호(2010. 4), 102-132면 참조.
108) 一說은 "당사자소송을 제기할 수 있는 사항이 입법적으로 구체화되어 있지 않고, 또 민사소송이 아닌 당사자소송을 이용함으로써 얻을 수 있는 편익도 많지 않다"고 지적하고 있다(安哲相, "公法上 當事者訴訟의 意義·性格과 活性化方案, 特別法硏究 제7권(特別訴訟實務硏究會 編), 博英社, 2005, 193면 참조).

경우에는 행정청의 소송참가가 가능하고, 직권탐지주의가 적용될 뿐 아니라, 판결의 기속력이 당해 행정주체 산하의 행정청에도 미친다.109) 현행 행정소송법상 주관소송의 쌍두마차인 항고소송과 당사자소송의 이원적 체계가 포기되지 않는 한, 당사자소송의 활용가능성을 적극적으로 검토할 필요성이 있다.

3. 抗告訴訟에 의한 爭訟可能性

공익사업법 제85조 제2항에는 보상금증감소송을 특별히 규정하고 있으나, 제1항에는 수용재결에 불복하는 경우에는 행정소송을 통해 다툴 수 있음을 규정하고 있다. 즉 토지수용위원회의 수용재결 또는 이의재결을 직접 다툴 경우에는 '항고소송'을 제기할 수 있다. 즉 중앙토지수용위원회가 잔여지수용청구의 요건이나 절차 등의 위반을 이유로 棄却裁決을 내리는 경우에 토지소유자는 재결에 대한 취소소송 또는 무효확인소송110)을 제기할 수 있다. 그러나 판례의 입장에서 보는 바와 같이,111) 보상금증감소송에서 기각재결의 위법확인을 전제로 보상금의 증액 또는 감액을 바로 주장할 수 있기 때문에 항고소송의 활용가능성은 높지 않다. 다만, 사업시행자는 단순히 보상금의 '감액'만을 주장하기보다는, 토지수용위원회 수용재결 및 이의재결에 불복하여 항고소송을 제기하는 것이 효과적일 수 있다.

한편, 판례는 잔여지를 제외한 수용재결처분이 위법함을 이유로 한 이의재결 취소청구의 소를 잔여지의 가격감소로 인한 손실보상청구의 소로 변경한 경우, 이의재결 취소청구의 소가 당초에 제소기간을 준수하여 적법하게 제기된 이상, 뒤의 소변경은 제소기간이 경과된 후에 이

---

109) 白潤基, "當事者訴訟의 對象", 行政判例研究 IV, 서울대학교출판부, 1997, 359면.
110) 다만, 대법원은 "기업자가 과실 없이 토지소유자의 등기부상 주소와 실제 주소가 다른 사실을 알지 못하거나 과실로 이를 알지 못하여 등기부상 주소로 보상협의에 관한 통지를 한 결과, 보상협의절차를 거치지 아니한 수용재결이 당연무효이거나 부존재하는 것으로 볼 수 없다"고 판시하였다(대법원 1994. 4. 15. 선고 93누18594 판결 참조).
111) 대법원 1995. 9. 15. 선고 93누20627 판결.

루어졌어도 부적법하지 아니하다고 판시하였다.[112]

Ⅵ. 結 語

이상의 검토에서 살펴본 바와 같이, 잔여지수용청구에 있어서는 소송의 형식, 소송당사자 및 심판대상 등 여러 가지 법적 문제가 발생한다. 종전에는 잔여지수용청구의 실현을 위한 구체적인 소송형식이 무엇인지에 대해 논란이 있었으나, 최근에 대법원(2008두822)은 이를 '보상금의 증감에 관한 소송'으로 제기할 수 있다고 판단하였다. 물론 위 사안과 같이 잔여지 수용청구를 받아들이지 않은 토지수용위원회의 재결에 대해서는 보상금증액청구소송이 효과적이나, 이미 살펴본 바와 같이 소송형식을 반드시 이에 제한할 필요는 없을 것이다. 또한 위 판결에서 판례가 잔여지수용청구에 관한 소송을 반드시 보상금증감소송으로만 제기할 수 있다고 보기는 어렵다. 앞으로 판례는 공익사업법 제85조 제2항에 규정된 보상금증감소송의 소송유형 및 법적 성질을 보다 면밀하게 검토할 필요가 있다. 즉 공익사업법 제85조 제2항의 보상금증감소송은 학계의 압도적 다수가 인정하고 있는 바와 같이 '形式的 當事者訴訟'의 일종이다. 그리고 토지소유자가 보상금산정을 잘못한 재결의 위법을 전제로 하여 보상금의 '증액'을 주장하는 경우에 공익사업법 제85조 제2항의 보상금증감소송의 법적 성질을 確認·給付訴訟으로 보아야 한다. 그러한 점에서 보상금증감소송은 형성소송의 성질을 가지는 항고소송과 구별된다.

그 밖에 당사자소송의 확대에 따른 법원의 소송부담의 증가와 관련하여, 지방법원본원에 토지보상 및 그 산정 등을 전담하는 '토지보상전담재판부'의 신설이나 현행 지방법원 '행정부'의 확충 등을 검토하는 것도 의미 있는 일로 여겨진다. 마지막으로 공익사업법 제85조의 보상

---

112) 대법원 1999. 10. 12. 선고 99두7517 판결.

금중감소송을 형식적 당사자소송에 의해 실현하는 것이 제대로 정착되기 위해서는, 토지의 감정평가제도에 대한 신뢰를 제고할 수 있는 방안도 깊이 있게 논의하여야 한다.

第 2 編

行政訴訟法

第1章

環境訴訟과 隣人保護

– 소위 새만금사건과 관련하여 –

I. 序 說

대법원은 2006. 3. 16. 그 동안 開發利益과 環境利益이 첨예하게 대립되었던 새만금간척사업에 관하여 최종판결을 내림으로써, 이를 둘러싼 4년 7개월 동안의 오랜 법정공방 끝에 종지부를 찍었다.[1] 새만금사건에 대한 대법원판결은 環境訴訟에 관한 記念碑的인 事件이 될 것이다. 새만금간척사업은 이미 1987. 5. 12. 황인성 농림수산부장관이 서해안간척사업 추진계획을 발표한 것을 기점으로, 1987년 당시 대통령선거를 위해 노태우 후보의 정치적 공약사업에서 출발하였다. 이 사업은 원래 국토확정, 산업용지 및 농지조성, 치수 등의 목적으로 당시 농림수산부에서 구 농촌근대화촉진법 제92조, 제93조 및 제9조와 공유수면매립법 제4조에 근거하여 계획된 대규모간척사업으로서, 1991. 11. 28. 방조제공사가 착공된 이래 현재까지 약 1조 9천억 원의 막대한 비용이 투입된 대형국책사업이다. 동 사업은 1991년부터 2011년까지 전라북도 김제시·군산시·부안군의 1도, 2시, 1군, 19읍·면·동을 사업구역으로 하여, 군산시·김제시·부안군에 인접한 하구해역 40,100ha를 막아 28,300ha의 토지와 11,800ha의 담수호를 조성하는 것을 목적으로 하고 있다.[2]

---

1) 대법원 2006. 3. 16. 선고 2006두330 판결.
2) 이에 대하여 拙稿, "計劃維持의 法原則", 現代公法理論의 諸問題(天鳳石琮顯博士華甲紀

  개발이익과 환경이익의 대립은 현대행정상의 분쟁에 있어서 해결할
수 없는 어려운 과제 중의 하나이다. 그러나 현실적으로 이러한 갈등을
조정하기 위해서 법적·제도적·정책적으로 좀 더 합리적인 해결방안
을 강구하여야 한다. 우선 새만금간척사업과 관련하여 서울행정법원은
지난 2003. 7. 15. 전북 새만금지역 주민과 환경운동연합 등이 지난달
국무총리와 농림부장관 등을 상대로 낸 집행정지신청에 대하여 사업의
실현가능성이 없음을 이유로 집행정지신청을 받아들여 방조제와 관련된
일체의 공사중지를 결정함으로써 큰 사회적 관심을 불러일으킨 바 있
고,3) 그 후 개발이익보다 환경이익을 우선시하는 본안판결을 내린 바
있다.4) 그러나 서울고등법원은 다시 집행정지명령을 결정하였고, 본안
판결에서도 환경보전이익보다 개발이익을 우선시하여 원고패소판결을
내렸다. 필자는 이미 노무현 정부에서 추진 중인 각종 國策事業이 제
대로 집행되지 못하고 표류하는 문제점을 지적한 바 있다. 그러나 개발
이익과 환경이익 양 이익은 어느 일방이 포기될 수 없는 중요한 법익
이므로 양 법익의 조정이 그 어느 때보다 중요하며,5) 이에 대한 대안
적 해결방안으로 親環境的 開發이 이루어져야함을 강조하였다.6)

  그러나 새만금사건에 관한 대법원판결은 몇 가지 중요한 법적 쟁점

　　念論文集), 三英社, 2003, 1463면 이하.
3) 동아일보 2003. 7. 16. 자.
4) 즉 서울행정법원은 "새만금간척종합개발사업이 시행되는 환경영향평가대상지역 내에
　거주하는 주민으로부터 공유수면매립면허 및 시행인가처분의 취소 등 행정권 발동요구
　를 받은 농림부장관이 그 취소권 행사를 거부한 경우, 새만금간척종합개발사업의 사업
　목적, 수질관리, 경제성 평가 등의 사정이 실제와 달리 정하여졌거나 처분 이후 실질적
　으로 변경됨으로 인하여 당초 사업목적 달성이 어려워지는 것은 물론, 갯벌과 주변 해
　양환경이 파괴될 뿐만 아니라, 환경영향평가대상지역 안의 주민을 포함한 국민에게 회
　복 불가능할 정도로 중대하고 급박한 환경적·생태적·경제적 위험성을 초래할 것으로
　예상되는 예외적인 경우에 있어서는 공유수면매립면허 등의 취소·변경 등 행정권발동
　이 반드시 필요하다는 이유로, 위 거부처분이 재량권을 일탈·남용한 것으로서 위법하
　다"고 판시하고 있다(서울행정법원 2005. 2. 4. 선고 2001구합33563 판결 참조).
5) 그러한 방안으로 독일에서는 最適化命令(Optimierungsgebot)이 검토되고 있다. 이에
　대하여 拙稿, "이익충돌의 문제해결수단으로서 계획법상의 최적화명령", 공법연구 제31
　집 제5호, 289면 이하 참조.
6) 실제 국토계획법령에는 친환경개발을 강조한 조항이 도입되어 있다. 예컨대 국토기본법
　제2조 및 제5조, 국토의 계획 및 이용에 관한 법률 제3조 등이 그러하다.

을 던져 주고 있다. 우선 隣人 내지 隣近住民(第3者)의 原告適格의 문
제이다. 종래 대법원은 연탄공장사건7) 이후 일련의 판례8)에서 원고적
격을 계속 확대하고 있다. 이러한 원고적격의 확대에 대하여 대다수의
학자들은 개인의 '權利救濟의 擴大'라는 美名 아래 찬동을 하고 있는
것으로 보인다. 또한 이러한 주장은 行政訴訟法의 改正論議와 관련하
여 大勢가 되고 있는 느낌이다. 그러나 원고적격의 무분별한 확대주장
은 立法的 그리고 法理的으로 문제가 있다. 더불어 대법원은 憲法上
의 環境權에 대하여 추상적 권리설의 입장에 서 있다. 그러나 이러한
대법원의 해석은 변화된 헌법이론(기본권의 방사이론, 제3자효이론)에 역
행하여 헌법조항 및 개별 환경법조항을 유명무실하게 만든다. 둘째, 대
법원은 당해 면허 등 처분의 무효판단과 관련하여 公共事業에 있어서
事業의 經濟性 내지 必要性 與否를 판단하고 있다. 다만, 위 요건을
검토함에 있어서 計劃正當性(Planrechtfertigung)의 관점에서 사안을
접근하지 못한 아쉬움이 있다. 그 이유는 새만금사건에 대한 대법원판
례가 위 사건이 가지는 계획규범의 특성을 간과한 채, 단지 행정처분의
무효와 취소(철회)의 논리로 접근하였기 때문이다. 즉 原審과 大法院은
모두 농림부장관의 1991. 10. 17. 공유수면매립면허처분 및 1991. 11.
13. 새만금간척종합개발사업 시행인가처분의 무효확인 및 위 처분 이외
에 2001. 5. 24. 원고에 대하여 한 공유수면매립면허 및 사업시행인가
처분 등의 취소신청거부처분의 취소문제를 다투고 있다.9) 그러나 이러

7) 즉 대법원은 "주거지역 안에서는 도시계획법 19조 1항과 개정전 건축법 32조 1항에 의
하여 공익상 부득이 하다고 인정될 경우를 제외하고는 거주의 안녕과 건전한 생활환경
의 보호를 해치는 모든 건축이 금지되고 있을뿐 아니라 주거지역 내에 거주하는 사람이
받는 위와 같은 보호이익은 법률에 의하여 보호되는 이익이라고 할 것이므로 주거지역
내에 위 법조 소정 제한면적을 초과한 연탄공장 건축허가처분으로 불이익을 받고 있는
제3거주자는 비록 당해 행정처분의 상대자가 아니라 하더라도 그 행정처분으로 말미암
아 위와 같은 법률에 의하여 보호되는 이익을 침해받고 있다면 당해행정 처분의 취소를
소구하여 그 당부의 판단을 받을 법률상의 자격이 있다"고 하여(대법원 1975. 5. 13. 선
고 73누96·97 판결), 종래 반사적 이익으로 보던 것을 법률상 이익으로 보고 있다.
8) 대법원 2001. 7. 27. 선고 99두2970 판결; 1998. 9. 4. 선고 97누19588 판결.
9) 서울고등법원 2005. 12. 21. 선고 2005누4412 판결.

한 대규모프로젝트사업을 단순히 영업허가나 건축허가의 취소의 문제로 보는 것은 타당하지 않다. 즉 당해 사건은 법이론적으로 이른바 計劃變 更(Planänderung)의 문제로 접근하는 것이 보다 타당하였다고 본다. 또한 당해 면허 등 행정처분의 하자(위법성)의 정도를 판단함에 있어서 대법원은 확고하게 重大・明白說을 취하고 있다. 넷째 대법원은 環境 影響評價의 瑕疵에 관한 판단부분에 있어서, 실질적인 환경영향평가의 내용이나 결과보다는 형식적으로 환경영향평가를 거쳤는지 여부를 판단하는 것에 초점을 맞추고 있다. 그러나 현행 환경영향평가제도는 여러 가지 문제점을 가지고 있는 것으로 비판되고 있다. 그러한 이유에서 이를 대체할 수 있는 제도를 검토해 본다. 마지막으로 대법원은 당해 행정처분의 취소사유를 "事情變更"으로 판단하고 있다. 그러나 공유수면 매립법상의 법률문구에도 불구하고 당해 사안에서 문제가 되는 것은 취소가 아니라 사정변경에 의한 행정처분의 '撤回'의 문제이다. 그러나 대법원판례는 이러한 구분을 전혀 고려하지 못한 아쉬움을 남기고 있다. 그리고 개발이익과 환경이익의 충돌에 있어서 衡量(Abwägung, balancing)의 문제이다. 여기에서 판례는 비교편익분석을 사용하고 있다. 그러나 이러한 분석기법이 구주에서는 많이 활용되고 있는 것은 사실이나, 앞으로 법이론적인 판단의 근거로 계속 사용될 수 있는지는 의문이다.

　이하에서는 이러한 문제점을 가지고, 環境訴訟에서의 隣人保護의 範圍(Ⅱ), 計劃正當性의 문제로서 事業의 經濟性・事業性의 判斷(Ⅲ), 環境影響評價의 瑕疵에 관한 判斷問題(Ⅳ) 및 當該處分의 取消事由로서 "事情變更"의 문제를 검토하기로 한다.

Ⅱ. 環境訴訟과 原告適格

1. 憲法 제35조 및 環境政策基本法 제6조의 '環境權'의 解釋問題

대법원판례의 다수의견은 "위 원고들은 헌법이나 환경정책기본법에 근거하여 원고적격이 있다고 주장하지만, 헌법 제35조 제1항에서 정하고 있는 환경권에 관한 규정만으로는 그 권리의 주체·대상·내용·행사방법 등이 구체적으로 정립되어 있다고 볼 수 없고, 환경정책기본법 제6조도 그 규정 내용 등에 비추어 국민에게 구체적인 권리를 부여한 것으로 볼 수 없으므로, 위 원고들에게 헌법상의 환경권 또는 환경정책기본법 제6조에 기하여 이 사건 각 처분을 다툴 원고적격이 있다고 할 수 없다"고 판단하였다. 즉 대법원판례는 일련의 판결에서 "명문의 법률규정이나 관계 법령의 규정 취지 및 조리에 비추어 권리의 주체, 대상, 내용, 행사방법 등이 구체적으로 정립될 수 있어야만 인정되는 것이므로, 사법상의 권리로서의 환경권을 인정하는 명문의 규정이 없는데도 환경권에 기하여 직접 방해배제청구권을 인정할 수 없다"고 하여, 헌법상의 환경권을 '抽象的 權利'로 파악하고 있다.10)

헌법학자들은 헌법 제35조상의 '환경권'을 다양하게 이해하고 있다. 즉 제1설은 환경권을 인간의 존엄과 가치·행복추구권에서 파생된 기본권으로서 생존권적 기본권에 포함된다고 보면서도, 자유권적 성격과 생존권적 성격을 아울러 가진다는 소위 自由權·社會權 竝存說11)이다. 제2설은 환경권을 총합적 기본권(Gesamtgrundrecht)으로 이해하면서 주된 성격을 사회적 기본권으로 파악하는 總合的 基本權說12)이다.

---

10) 대법원 1997. 7. 22. 선고 96다56153 판결(소위 봉은사사건); 대법원 1995. 5. 23. 선고 94마2218 판결; 대법원 1995. 1995. 9. 15. 선고 95다23378(소위 부산대사건).

11) 김철수, 헌법학개론, 2005, 876면; 계희열, 헌법학(중), 신정판, 박영사, 2004, 783면. 환경권을 국가와 국민을 수범자로 하며 부분적으로 방어권적 성격을 동시에 가지고 있는 사회적 기본권으로 보는 견해 역시 이 설에 속한다고 볼 수 있다. 홍성방, 헌법학, 개정 3판, 현암사, 2006, 588면.

또한 제3설은 환경권을 국가와 국민의 환경보전의무를 전제로 하는 권리와 의무의 복합형태로서 "基本權의 前提條件을 保障"하는 기본권으로서의 성질과 기본권의 헌법적 한계로서의 성질을 함께 가지는 綜合的 基本權說[13]이다. 요컨대 학설은 대체로 복합적 기본권(적어도 자유권적 기본권과 사회적 기본권을 포함)의 성질을 인정하면서도, 국가·공공단체 또는 사인의 행위로 말미암아 환경이 오염되거나 공해가 발생하고 이러한 환경오염이나 공해가 수인한도를 넘는 경우에는 公害排除請求權을 인정하고 있다.[14]

한편, 환경법학자들 중에는 환경권의 主觀的 公權性을 인정하기도 한다. 즉 一說은 "주관적 공권이라 함은 공법에 의해 보호된 사익으로서 그 이익의 실현을 법상(재판상) 청구할 수 있는 행정법상의 권능을 말한다. 이론상 환경권을 구체적 권리로 보면 환경권의 적극적·소극적인 주관적 공권성이 인정되고, 환경권을 추상적 권리로 보는 경우에는 최소한도의 보장을 적극적으로 요구하는 주관적 공권과 환경권을 침해하는 공권력행사의 취소를 구하는 주관적 공권이 인정된다"고 주장한다.[15] 또 다른 견해는 헌법상 환경권조항에 의하면 환경권의 내용은 입법자에 의하여 구체화되어야 하며, 헌법이 규정한 환경권의 본질적 내용에 대한 침해가 있을 때에는 환경권을 구체화하는 개별 규정이 없더라도 직접 헌법규정을 근거로 침해배제를 청구할 수 있다고 주장한다. 즉 이 견해는 기본권의 객관적 법질서의 요소로부터 기본권 보호의무(Grundrechtliche Schutzpflicht)[16]를 도출할 수 있고, 국가는 이러한 기

---

12) 권영성, 헌법학원론, 2006, 686면. 이 견해는 또한 환경권이 사회적 기본권이라는 점을 강조하면서, 불완전하나마 '具體的 權利'로 이해해야 한다고 주장한다. 그리고 환경권의 총합적 기본권에 대하여 의문을 가지면서도, 환경권의 특성상 총합적 기본권성이 특히 강조된다는 견해도 대체로 총합적 기본권설에 서 있는 것으로 보인다(성낙인, 헌법학, 제5판, 법문사, 2005, 534면 참조).

13) 허영, 한국헌법론, 제3판, 2003, 428면.

14) 김철수, 전게서, 876면; 권영성, 전게서, 688면; 허영, 전게서, 429면.

15) 박균성·함태성, 환경법, 제2판, 박영사, 2006, 43면 참조.

16) 기본권보호의무의 헌법적 근거에 대하여 헌법 제10조를 근거로 드는 견해와 기본권의 객관적 내용에서 기본권보호의무의 일반적 근거를 찾는 견해가 대립한다. 이에 관한 문

본권보호의무에서 제3자가 기본권에 의해 보호되는 법적 지위가 침해
되는 것을 방지할 수 있다고 주장한다.[17] 이와 같이 최근에는 헌법상
환경권의 주관적 공권성을 인정하자는 견해가 환경법학자들 사이에서도
유력해지고 있다. 나아가 사인에 의한 환경권의 침해에 대하여 헌법상
환경권을 구체화하는 개별 법률상의 규정이 없더라도 헌법규정을 근거
로 침해배제청구권을 청구할 수 있다는 주장도 있다. 또한 일부 하급심
판례 가운데에는 日照權과 관련하여 "헌법 제35조 제1항과 건축법 제
53조 등에서 규정한 환경권의 내용으로서는 자연에 의하여 주어지는
일조·전망·통풍·정온 등의 외부적 환경을 차단당하지 않고 쾌적하
게 생활할 수 있는 권리도 당연히 포함된다 할 것이므로 이러한 일조
권 등에 대한 침해는 피해자에 대한 불법행위를 구성하게 되어 침해자
는 이를 금전적으로 배상할 의무가 있으나, 다만 인접 토지의 소유자와
의 관계에서 인접 토지의 소유자의 권리행사를 사회통념상 수인할 수
있는 범위 내에서는 일조권 등 권리행사에 제한을 받게 되므로 그 범
위 내에서는 일조권침해의 위법성이 조각된다"고 하여,[18] 명확하지는
않으나 환경권의 구체적 권리성을 인정하는 인상을 주는 판시를 한 적
도 있다.[19]

　　헌법상의 環境權(environmental right, Umweltgrundrecht)은 1960년
대 고도의 경제성장의 결과로 파생된 환경오염 및 생태계파괴의 문
제가 심각해지고 국제적으로 환경문제의 중요성이 크게 부각되기 시
작하자 1980년 헌법에 최초로 도입되었다. 이러한 環境基本權
(Umweltgrundrecht)이 헌법에 명문으로 규정된 국가는 그리 많지 않
다.[20] 참고로 독일기본법 제20a조는 환경권을 규정하는 대신 이른바

　　헌, 판례 및 상세한 내용은 계희열, 전게서, 107면 이하.
17) 김연태, 환경보전작용연구, 고려대학교출판부, 1999, 23-25면 이하.
18) 대구지방법원 김천지원 1995. 7. 14. 선고 94가합2353 판결; 서울지방법원 남부지원
　　1994. 2. 23. 선고 91가합23326 판결.
19) 환경권의 '구체적 권리성'을 인정하는 소수견해로는 安溶敎, 한국헌법, 1992, 568-569면.
20) 여기에는 東유럽국가를 비롯한 일부 국가들이 속한다. 예컨대 1977년 소련, 1976년 폴란
　　드, 1975년 그리스, 1976년 포르투갈 등이 그러하다. 홍준형, 환경법, 제2판, 34면 참조.

國家目的條項(Staatszielbestimmung)을 규정하고 있다. 이러한 자연적
생활환경의 기초를 보호하기 위한 목적조항은 오랜 논쟁의 결과 독일
기본법에 도입되었다. 이러한 국가목적조항은 환경보호의 목적설정을
담고 있는 구속적인 헌법규범이지만, 여기에서 주관적 공권을 도출하기
는 어렵다는 것이 독일의 통설이다.[21] 따라서 개인은 헌법상 환경권이
침해되었음을 이유로 독일 행정법원법 제42조 제2항에 근거한 행정소
송이나 기본법 제93조 제1항 제4a호, 독일 연방헌법재판소법 제90조에
근거한 헌법소송을 제기할 수는 없다.[22]

생각건대 환경권은 적어도 국가·공공단체·사인 등의 환경침해에
대한 방어권으로서 자유권적 성질과 사회적 기본권으로서의 성질을 동
시에 가지고 있는 것으로 보인다. '환경권'의 문제는 두 가지 유형으로
구분하여 검토할 수 있다. 우선 전형적인 수직적 공법관계인 國家―個
人(市民)의 관계를 고려할 수 있다. 이 경우에 국가의 공권력이 개인의
환경권을 침해하면, 개인이 국가를 상대로 주관적 공권(환경침해배제청
구권)을 행사할 수 있는가의 문제이다. 이는 防禦權(自由權)의 문제이
다.[23] 방어권의 구체적인 구제수단은 국가배상, 행정소송 및 헌법소송
등이 고려된다. 이러한 침해배제청구권의 문제에 대하여 헌법학자들은
대체로 긍정적인 입장에 서 있는 것으로 보인다.[24] 그러나 자유권적 기
본권을 인정하면서 이러한 침해배제청구권을 인정하지 않는 것은 그
자체가 모순이다. 따라서 환경권의 주관적 공권을 인정할 수 있다. 특
히 환경권 제35조 제1항 전단부의 "健康하고 快適한 環境에서 生活할
權利"는 독일입법례와 달리 침해배제청구권(주관적 공권)의 근거로 충

---

21) Kloepfer, Umweltrecht. 2. Aufl., § 3 Rn. 23; ders., in: Dolzer/Vogel(Hg.), Bonner
   Kommentar zum Grundgesetz, Stand Mai 2001, Heidelberg 2001, Art. 20a GG
   Rn. 10 ff.; Jarass, in: Jarass/Pieroth, Grundgesetz, 5. Aufl., Art. 20a Rn. 1;
   Schulze-Fielitz, Dreier(Hg.), Grundgesetz II, Art. 20a Rn. 21.
22) Kloepfer, a.a.O.
23) 同旨見解: 허영, 전게서, 429면.
24) 계희열, 전게서, 787면; 김철수, 전게서, 876면; 권영성, 전게서, 688면; 허영, 전게서,
   429면.

분하다. 또한 제35조 제1항 후단부의 "국가와 국민은 환경보전을 위하여 노력하여야 한다"는 규정과 헌법 제35조 제3항은 환경의 유지·보장 등의 환경개선 내지 보호조치청구권은 사회적 기본권으로 파악할 수 있다. 따라서 헌법 제35조 제1항의 환경권은 그 자체 구체적 권리를 인정할 수 있지만, 구체적인 내용과 한계는 입법자의 형성의 자유를 통해 보다 확실해진다.[25]

　다른 한편, 私人(隣近住民, 隣人)이 국가 이외의 다른 私人(事業施行者)에게 환경권침해를 이유로 공해배제청구권을 행사할 수 있는지가 문제된다. 이 경우에는 종래 주로 민사상의 불법행위책임의 문제로서 접근하였다. 즉 환경피해로 인한 損害賠償請求權(민법 제750조)과 民事上 留止請求權을 통해 피해를 구제받을 수 있다. 후자는 獨逸의 防禦請求權(Abwehrklage)과 英美의 留止命令(injunction)에 상응하는 것이다. 지금까지 이러한 환경분쟁은 환경분쟁조정절차나 민사상 손해배상소송을 통해 해결하였으나, 민사상구제는 환경오염의 원인 및 환경피해의 평가 등에서 고도의 전문적 지식과 기술적 경험이 요구됨으로써 사실관계의 확정이나 입증을 위해 시간과 비용이 많이 들고 소송지연이 초래될 가능성이 높다.

　그러나 오늘날 환경분쟁은 전형적인 三角關係(행정청―사업시행자―인근주민)를 형성한다. 예컨대, 行政廳(B)이 사인인 事業施行者(X)에게 허가 등을 주고, 그 사업운영으로 인하여 다른 사인인 隣近住民(Y)에게 피해를 주는 경우를 생각할 수 있다. 이 경우에 종래에는 민사상의 권리구제수단을 통해 해결하였으나, 오늘날에는 기본권의 방사효과, 국가의 보호의무 등의 이론을 통하여 피해를 입은 私人(Y)이 국가에 대하여 방해배제청구권을 행사할 수 있는지가 고려되고 있다. 즉 이것은 기본권의 제3자효의 문제이며, 또한 公法上 相隣關係의 문제이다. 이러한 경우에 개별법령에 법적 근거가 없는 경우에는 직접 헌법상의 환

---

25) 同旨見解: 계희열, 전게서, 783면.

경권조항을 근거로 권리구제를 받을 수 있는지가 문제되었다. 현재 대법원의 입장에 따르면 헌법상의 환경권을 추상적 권리로 보기 때문에 이를 인정하기는 쉽지 않다. 따라서 개별법령에서 환경오염침해배제청구권을 도출하여야 한다. 종래 대법원판례를 분석하면, 당해 처분의 근거 법규가 있는 경우는 물론이고, 근거 법규 또는 관련 법규에서 명시적으로 당해 이익을 보호하는 명문의 규정이 없더라도 근거 법규 및 관련 법규의 합리적 해석상 그 법규에서 행정청을 제약하는 이유가 순수한 공익의 보호만이 아닌 개별적·직접적·구체적 이익을 보호하는 취지가 포함되어 있다고 해석하는 경우도 법률상 이익으로 보고 있다.26) 그러나 대법원은 새만금사건에서 "헌법 제35조 제1항에서 정하고 있는 환경권에 관한 규정만으로는 그 권리의 주체·대상·내용·행사방법 등이 구체적으로 정립되어 있다고 볼 수 없고, 환경정책기본법 제6조도 그 규정 내용 등에 비추어 국민에게 구체적인 권리를 부여한 것으로 볼 수 없으므로, 위 원고들에게 헌법상의 환경권 또는 환경정책기본법 제6조에 기하여 이 사건 각 처분을 다툴 원고적격이 있다고 할 수 없다"고 하여 지나치게 엄격하게 해석하고 있다. 그러나 적어도 제3자(인근주민)는 사업시행자에게 허가를 준 행정청(국가)을 상대로 행정소송을 제기할 수 있으며, 이 경우 헌법상의 환경권조항과 개별 법령의 규정은 대단히 중요하다. 새만금사건에서 대법원은 선행판례와 마찬가지로 헌법 제35조 및 환경정책기본법상의 환경권을 '추상적 권리'로 보아 원고의 환경오염침해배제청구권을 形骸化시키고 있는 것은 대단히 유감스러운 일이다.

2. 現行 行政訴訟法上 第3者의 原告適格의 認定範圍

대법원은 이미 쓰레기소각장입지지역결정고시 취소청구사건27)에서,

---

26) 대법원 2004. 8. 16. 선고 2003두2175 판결.
27) 즉 "구「폐기물처리시설설치촉진 및 주변지역지원 등에 관한 법률」(2002. 2. 4. 법률 제6656호로 개정되기 전의 것) 및 같은법 시행령의 관계 규정의 취지는 처리능력이 1

소각시설을 설치하려는 사업으로 인하여 중대한 환경상의 침해를 입을 것이 예상되는 직접영향권 내의 주민과 폐기물소각시설의 부지경계선으로부터 300m 이내의 간접영향권 내의 주민이 모두 법률상 이익을 가진 것으로 인정하고 있을 뿐만 아니라, 간접영향권을 벗어나는 300m 밖의 주민들도 수인한도를 넘는 환경피해를 입었거나 입을 우려가 있다는 입증만 하면 '법률상 이익'을 인정한다고 판시하고 있다.

이러한 판례의 입장은 이번 새만금사건에서도 그대로 확인되고 있다. 즉 "환경영향평가대상지역 밖의 주민이라 할지라도 공유수면매립면허처분 등으로 인하여 그 처분 전과 비교하여 수인한도를 넘는 환경피해를 받거나 받을 우려가 있는 경우에는, 공유수면매립면허처분 등으로 인하여 환경상 이익에 대한 침해 또는 침해우려가 있다는 것을 입증함으로써 그 처분 등의 무효확인을 구할 원고적격을 인정받을 수 있다"고 판시하고 있다. 즉 환경영향평가 밖의 주민도 수인한도를 넘는 환경피해를 받거나 받을 우려가 있는 경우에 그 입증만 하면 법률상 이익을 인정할 수 있다는 것이다.

그러나 위 판례들은 原告適格의 문제를 立證責任의 轉換의 문제로

일 50t인 소각시설을 설치하는 사업으로 인하여 직접적이고 중대한 환경상의 침해를 받으리라고 예상되는 직접영향권 내에 있는 주민들이나 폐기물소각시설의 부지경계선으로부터 300m 이내의 간접영향권 내에 있는 주민들이 사업 시행 전과 비교하여 수인한도를 넘는 환경피해를 받지 아니하고 쾌적한 환경에서 생활할 수 있는 개별적인 이익까지도 이를 보호하려는 데에 있다 할 것이므로, 위 주민들이 소각시설입지지역결정·고시와 관련하여 갖는 위와 같은 환경상의 이익은 주민 개개인에 대하여 개별적으로 보호되는 직접적·구체적 이익으로서 그들에 대하여는 특단의 사정이 없는 한 환경상의 이익에 대한 침해 또는 침해우려가 있는 것으로 사실상 추정되어 폐기물 소각시설의 입지지역을 결정·고시한 처분의 무효확인을 구할 원고적격이 인정된다고 할 것이고, 한편 폐기물소각시설의 부지경계선으로부터 300m 밖에 거주하는 주민들도 위와 같은 소각시설 설치사업으로 인하여 사업 시행 전과 비교하여 수인한도를 넘는 환경피해를 받거나 받을 우려가 있음에도 폐기물처리시설 설치기관이 주변영향지역으로 지정·고시하지 않는 경우 같은 법 제17조 제3항 제2호 단서 규정에 따라 당해 폐기물처리시설의 설치·운영으로 인하여 환경상 이익에 대한 침해 또는 침해우려가 있다는 것을 입증함으로써 그 처분의 무효확인을 구할 원고적격을 인정받을 수 있다"고 하여, 부지경계선 300m 밖의 주민은 수인한도를 넘는 환경피해를 입었거나 입을 우려가 있다는 입증만 하면 원고적격을 인정할 수 있다고 판시하였다(대법원 2005. 3. 11. 선고 2003두13489 판결).

해결하는 오류를 범하고 있다.[28] 원고적격은 소송을 제기할 수 있는 당사자적격의 문제로서, 적어도 법률상 이익, 즉 개인적 공권이 침해되는 것을 전제로 한다. 즉 이러한 개인적 공권이 침해되었을 경우에 提訴權이 발생한다. 그러나 개별법령 규정에서 도출할 수 없는 개인적 공권을 입증책임의 전환으로서 해결하려는 것은, 환경법분야의 입증책임의 곤란 등으로 原告適格의 否認으로 이를 수 있을 뿐만 아니라, 濫訴의 문제를 야기할 수 있다. 위 새만금사건은 오히려 원고적격이 부인된 사례이다. 개인적 공권이 성립하기 위해서는 강행법규상의 작위의무 등이 존재하여야 하고, 또한 사익보호성이 인정되어야 한다는 것이 학계의 지배적 견해이다. 따라서 이러한 개인적 공권을 규정할 수 있는 것은 입법자의 형성의 자유에 맡겨져 있다. 행정소송법의 개정논의와 관련하여 원고적격의 확대론에 찬동하는 견해가 점차 늘고 있는 것은 사실이다.[29] 이러한 주장은 현행법상 환경소송이나 행정소송이 입증책임의 곤란, 피해의 광역성, 소송의 지연 및 승소의 불확실성 등을 원고적격의 확대의 論據로 삼고 있는 것으로 보인다. 그러나 필자는 원고적격의 무분별한 확대주장은 적어도 권력분립의 원칙에 비추어 신중하게 접근해야 한다고 생각한다. 특히 독일 연방행정법원은 소위 考慮命令(Rücksichtnahmegebot)과 관련하여, 모든 規範이 잠재적으로 제3자 보호적인 것은 아니며 개인적 공권의 사익보호성은 規範의 文言에서 도출된다고 판시한 바 있다.[30] 즉 개별법령의 규범해석에 의해 개인적 공

---

28) 鄭夏重 교수는 위 주택건설사업계획승인처분의 취소소송(대법원 2004. 8. 16. 선고 2003두2175 판결)에 대하여, "판례의 취지에 대체로 동의하나, 근거법률의 사익보호성 여부에 대한 해석상 어려움이 있는 경우에는 체계적 해석을 통하여 관련법률의 목적과 취지를 고려하여 근거법률의 사익보호성을 도출하는 논증방법이 보다 바람직하였으며, 근거법률이 아예 존재하지 않는 경우는 독일의 판례와 같이 자유권을 보충적으로 적용하여 원고적격 여부를 판단하는 것이 보다 바람직하였을 것이다"고 지적하고 있다(정하중, 행정법총론, 제3판, 법문사, 2005, 706면 참조). 매우 타당한 지적이라고 생각한다.

29) 김해룡, "환경행정소송에 있어서의 원고적격의 확대와 집단소송제도 도입문제", 한국공법학회 제122회 학술발표회, 발표문 200면 이하; 함인선, "행정소송법 개정에 있어서의 원고적격의 확대문제", 공법연구 제33집 제5호, 509면 이하 등.

30) BVerwG, DVBl. 1987, S. 476 f.

권이 인정될 수 있다는 것이다. 이러한 독일의 판례는 우리의 원고적격의 확대주장에 많은 시사점을 던져 준다고 생각한다. 물론 독일의 保護規範論(Schutznormtheorie)을 통한 행정상 권익구제가 다소 협소하다는 지적도 제기될 수 있다. 또한 상대적으로 EU법은 提訴權을 확대하고 있는 추세이다.[31] 그러나 어떠한 방식이 立法政策的으로 타당한지는 행정소송법 개정과 관련하여 충분한 논의를 거쳐야 하며 입법적으로 확정되어야 한다.

3. 原告適格에 관한 行政訴訟法 改正論議 檢討

행정소송법 개정안은 원고적격을 확대하기 위하여 "법률상 이익"의 개념 대신에 "정당한 이익"의 개념을 사용하여 원고적격의 확대를 시도하고 있다. 즉 행정소송법 개정안 제12조는 "취소소송은 행정행위 등의 취소를 구할 법적으로 정당한 이익이 있는 자가 제기할 수 있다. 행정행위 등의 효과가 기간의 경과 그 밖의 사유로 인하여 소멸된 뒤에도 또한 같다"고 규정하고 있다. 또한 행정소송법 개정안 제44조는 무효등확인소송에서도 "행정행위 등의 효력 유무 또는 존재여부의 확인을 구할 법적으로 정당한 이익"으로, 그리고 신설되는 의무이행소송에서도 "행정행위를 신청한 자로서 행정청의 거부행위 또는 부작위에 대하여 행정행위를 할 것을 구할 법적으로 정당한 이익이 있는 자"가 제기할 수 있도록 규정하고 있다(행정소송법 개정안 제48조 참조).

한편, 현행 행정소송법 제12조상의 "법률상 이익"개념의 해석을 둘러싸고, 권리구제설(권리향수회복설)·법률상보호이익설·보호가치이익설 및 적법성보장설이 주장되었으나, 통설[32] 및 판례[33]는 법률상보호이익설에 서 있었다. 그러나 최근 대법원판례는 도시계획법이나 환경법분야에서

---

31) Jarass, Europäisierung des Planungsrechts, DVBl. 2000, S. 945 ff.(952).
32) 김남진·김연태, 행정법 I, 제10판, 법문사, 2006, 658면; 김동희, 행정법 I, 제11판, 박영사, 2005, 657-658면.
33) 대법원 1993. 7. 27. 선고 93누138 판결.

법률상 보호할 가치 있는 이익도 "법률상 이익"의 개념에 포함시키고 있음은 주지의 사실이다.[34] 그러나 행정소송법 개정안의 "법적으로 정당한 이익"이 무엇을 의미하는지에 대하여는 또 다른 법해석이 불가피하다. 즉 그에 대한 판단은 사법부에 맡겨져 있다. 개정안의 "정당한 이익"의 개념에 관하여 一說은 이를 소의 이익에서 정당하지 못한 이익을 제외한다는 의미를 가지고 정당한 이익은 법에 의해 보호되어야 할 것이기 때문에 정당한 이익은 법적 이익이며 순수하게 사실상 이익은 정당한 이익이 될 수 없다고 본다. 또한 부정당한 이익과 순수하게 사실상 이익인 것은 소의 이익에서 제외하고 구체적으로 어느 범위에서 원고적격을 인정할 것인가는 학설과 판례에 맡기자고 주장한다.[35] 그러나 원고적격을 확대하자는 주장은 자칫 주관소송을 民衆訴訟으로 만들 우려가 항상 잠재하고 있음을 간과할 수 없다. 행정소송법 개정안 제1조의 목적조항에서도 제1차적 행정소송의 목적·기능은 여전히 '행정구제'에 있다. 행정통제기능은 제2차적인 것으로 보는 것이 학계의 일반적 견해이다.[36] 특히 원고적격의 확대논의가 자칫 "司法의 政治化"로 이를 수 있음을 경고하는 견해도 있다.[37] 요컨대 "정당한 이익"의 개념은 여전히 불확정법개념이며, 법해석의 여지를 남겨 놓고 있다. 한편, 원고적격의 개념은 각국의 입법례에 따라 매우 다양하다. 예컨대 英國의 경우에는 "充分한 利益"(sufficient interest)이 있는 자로 규정하고 있으며(最高法院法 제31조 제3항), 美國의 경우에는 "不利益이나 利益의 侵害를 받는 자"(adversely affecte or aggrieved)로 규정하고 있다(美國行政節次法 제702조).

---

34) 대법원 2002. 10. 25. 선고 2001두4450 판결; 대법원 2001. 7. 27. 선고 99두2970 판결 등.
35) 이에 대하여 朴均省, 항고소송의 원고적격 및 항고소송에 관한 기타 논점, 2004 「행정소송법개정안」 공청회, 대법원, 100-101면 참조.
36) 이상규, 행정쟁송법, 제5판, 법문사, 2000; 김연태, "행정소송의 기능: 취소소송을 중심으로", 고려법학 제38호(2002), 211면 이하; 류지태, 행정법신론, 제9판, 신영사, 2005, 508면. 반대견해: 박균성, 위 발표문, 98면.
37) 김성수, "항고소송의 원고적격 및 기타 논점에 대한 지정토론", 위 발표문 지정토론문, 122면.

한편 행정소송법 개정안의 원고적격의 확대는 주민소송의 원고적격에도 영향을 미칠 수 있다. 특히 원고적격의 확대를 주장하는 견해 가운데에는 환경이익과 소비자이익 등 공익을 위한 시민소송 내지 주민소송의 도입을 강조하는 견해도 있다.38) 그러나 이러한 주장은 住民訴訟의 原告適格 無用論으로 이를 수 있다. 현행 지방자치법 제13조의5는 "제13조의4 제1항의 규정에 의하여 공금의 지출에 관한 사항, 재산의 취득·관리·처분에 관한 사항, 당해 지방자치단체를 당사자로 하는 매매·임차·도급 그 밖의 계약의 체결·이행에 관한 사항 또는 지방세·사용료·수수료·과태료 등 공금의 부과·징수의 해태에 관한 사항을 감사청구한 주민은 다음 각호의 사항과 관련 있는 위법한 행위나 해태사실에 대하여 당해 지방자치단체의 장(당해 사항의 사무처리에 관한 권한을 소속기관의 장에게 위임한 경우에는 그 소속기관의 장을 말한다. 이하 이 조 및 제13조의6에서 같다)을 상대방으로 소송을 제기할 수 있다"고 규정하고 있다. 즉 지방자치단체의 재무회계행위의 '위법행위' 또는 '해태사실'에 대하여 감사청구한 자만이 주민소송을 제기할 수 있도록 규정하고 있는 것이다(주민감사청구전치주의).39) 그러나 주민소송을 제기할 수 있는 당사자적격은 지방자치법에 명확히 규정되어 있지 아니하므로, 동법에 규정된 것을 제외하고는 행정소송법에 의하게 된다(지방자치법 제13조의5 제17항 참조). 또한 주민소송은 객관소송인 '民衆訴訟'의 일종이며, 따라서 "직접 자기의 법률상 이익과 관계없이 그 시정을 구하기 위하여" 제기하는 소송이다.40) 따라서 주민소송과 행정소송의 원

---

38) 박균성, 위 발표문, 98면,

39) 함인선, "주민소송의 대상에 관한 법적 검토", 한국공법학회 제127회 학술발표회 발표문, 23면. 다만, 여기에서 주민소송의 대상을 '違法'한 財務會計行爲에 한정할 것인지에 관한 해석의 문제가 제기될 수 있다. 이와 관련하여 일본에서는 "違法性의 承繼" 등이 논의된다. 즉 주민소송 대상적격의 확대문제이다. 그러나 현행 지방자치법상의 "해태행위"의 해석은 대상적격의 확대문제를 충분히 탄력적으로 해결할 수 있다. 다만, 그 "해태행위"의 개념을 지나치게 확대하면 '부당'한 재무회계행위를 망라하게 되어 濫訴의 우려도 제기될 수 있을 것이다.

40) 함인선, 전게발표문, 22면. 여기에서 함인선 교수는 주민소송의 원고적격 등을 포함한 주민소송제도의 설계가 입법정책의 문제임을 강조하고 있다.

고적격 확대논의는 구별되어야 하며, 주민소송을 제기할 수 있다는 점을 이유로 행정소송의 원고적격 확대논의와 직결시키는 것은 바람직하지 않다.[41]

Ⅲ. 計劃正當性의 問題: 事業의 經濟性 내지 必要性 與否의 判斷

1. 事業의 經濟性·必要性에 관한 大法院의 判斷基準과 方法

대법원은 공공사업의 경제성 내지 사업성의 결여로 인하여 위 각 처분이 무효가 되기 위해서는 공공사업을 시행함으로 인하여 얻는 이익에 비하여 공공사업에 소요되는 비용이 훨씬 커서 이익과 비용이 현저하게 균형을 잃음으로써 사회통념에 비추어 위 각 처분으로 달성하고자 하는 사업목적을 실질적으로 실현할 수 없는 정도에 이르렀다고 볼 정도로 과다한 비용과 희생이 요구되는 등 그 하자가 중대하여야 할 뿐만 아니라, 그러한 사정이 객관적으로 명백한 경우라야 한다고 판시하였다. 일부학설[42]은 무효사유의 판단기준으로 행정처분의 하자가 객관적으로 명백할 필요는 없이 그 하자가 중대하면 행정처분이 당연무효로 된다고 주장한다(소위 明白性補充要件說). 그러나 대법원은 이를 독자적인 견해로서 수용할 수 없다는 점을 밝히고 있다. 요컨대 대법원은 일관되게 무효의 판단기준을 重大·明白說에 두고 있다.[43] 그러나

---

41) 同旨見解: 김성수, 위 지정토론문, 120-121면.

42) 김남진, "행정행위의 무효와 취소의 구별기준", 법률저널, 2003. 10. 6.자. 또한 일부판례(대법원 1995. 7. 11. 94누4615 판결)의 反對意見도 "행정행위의 무효사유를 판단하는 기준으로서의 명백성은 행정처분의 법적 안정성 확보를 통하여 행정의 원활한 수행을 도모하는 한편 그 행정처분을 유효한 것으로 믿은 제3자나 공공의 신뢰를 보호하여야 할 필요가 있는 경우에 보충적으로 요구되는 것으로서, 그와 같은 필요가 없거나 하자가 워낙 중대하여 그와 같은 필요에 비하여 처분 상대방의 권익을 구제하고 위법한 결과를 시정할 필요가 훨씬 더 큰 경우라면 그 하자가 명백하지 않더라도 그와 같이 중대한 하자를 가진 행정처분은 당연무효라고 보아야 한다"고 하여, 明白性補充要件說의 입장을 취하고 있다.

43) 대법원 1995. 7. 11. 선고 94누4615 판결; 대법원 1993. 12. 7. 선고 93누11432 판결.

원칙적으로 중대·명백설에 따라 하자가 중대하고 명백한 경우에는 무효로 보아야 할 것이나, 그 행정처분을 무효로 하더라도 법적 안정성과 제3자의 이익(신뢰이익)을 크게 해치지 않는 범위에서 권리구제의 필요성이 있으면, 중대·명백설의 예외를 인정할 수 있을 것이다. 그러나 대형국책사업의 경우와 같이 중요한 법익이 서로 얽혀 있는 경우에는 명백성보충요건설을 무효의 판단기준으로 삼기에는 어려움이 따를 것으로 보인다.

대법원은 이러한 공공사업의 경제성 내지 사업성 여부를 판단함에 있어서 공공사업이 그 시행 당시 적용되는 법률요건을 모두 충족하고 있는지 여부에 따라 판단되어야 함은 물론, 경제성 내지 사업성 평가와 관련하여서는 그 평가 당시의 모든 관련 법률의 목적과 의미, 내용 그리고 학문적 성과가 반영된 평가기법에 따라 가장 객관적이고 공정한 방법을 사용하여 평가되었는지 여부에 따라 판단되어야 한다고 판시하였다. 그러나 이러한 공공사업의 경제성 내지 사업성의 판단은 결국 衡量에서 고려되어야 할 필수적 사항이며, 이러한 평가는 고도의 전문적·기술적 지식이 요구된다.

2. 計劃正當性의 觀點에서 바라본 事業의 經濟性·事業性

대법원판례는 당해 사안에서 계획규범의 특성을 완전히 배제하고 있다.[44] 학설이 행정계획을 독자적인 행위형식으로 인정된 지 그리 오래되지는 않았다. 특히 포르스트호프(E. Forsthoff)는 일찍이 그의 행정법 저서에서 계획의 독자성을 인정하지 않고 행정행위나 법규명령의 하위유형으로 분류하여서는 안 된다고 지적한 바 있다.[45] 이는 행정계획이

---

44) 그러나 이 사건 보충의견에서는 새만금사업이 농촌근대화촉진법과 구 공유수면매립법에 근거하여 농지의 집단화 및 농업의 기계화에 의한 농업생산력 증진과 이로 인한 농업경제의 발전을 도모하고 현대적인 농어촌건설과 국가의 균형발전 및 낙후된 지역경제의 활성화 등을 이루기 위하여 실시되는 사업으로서 제4차 국토종합개발계획의 일환으로 실시되고 있음을 인정하고 있다.

45) E. Forsthoff, Lehrbuch des Verwaltungsrechts, Bd. I, 10. Aufl., S. 303.

가지는 독자성 내지 특성을 간과한 탓에 연유한다. 즉 행정계획은 다양한 법형식의 옷을 입고 등장한다. 예컨대 법률, 조례, 행정행위 등의 다양한 법형식을 가지고 행정계획이 실행될 수 있다. 독일의 경우에는 예산계획이 법률(소위 '豫算法')의 형식으로 이루어지고 있으며(기본법 제110조 제2항 제1문), 지방자치단체의 계획고권에 기초한 建築詳細計劃(Bebauungsplan)은 조례의 형식으로 이루어지고 있다. 후자는 도시계획조례에 상응하는 것이다. 또한 행정행위의 형식으로 이루어지는 계획결정으로는 計劃確定決定(Planfeststellungsbeschluss)이 있음은 주지의 사실이다.

당해 사안에서 이러한 계획규범의 특수성을 인식하였다면, 이 문제는 소위 計劃正當性(Planrechtfertigung)의 문제로 접근할 수 있다. 독일에서는 전문계획의 경우에 그 실체적 요건으로서 계획정당성의 필요성, 실체적 강행법규(이른바 계획준칙) 및 형량명령 등이 주로 거론된다. 고권적 계획은 대체로 재산권과 같은 기본권에 중대한 영향을 주는 것이 보통이기 때문에, 해당 사업계획안은 전문계획법상의 目的合致性의 明確性統制를 필요로 한다. 이것이 바로 計劃正當性(Planrechtfertigung)의 문제이다. 이러한 계획정당성의 요건은 오래 전부터 계획재량의 실체적 한계로 여겨졌다. 특히 독일 연방행정법원은 해당 사업계획안이 불가피하게 필요한 것은 아니지만 적어도 합리적으로 요청됨을 강조하고 있다.[46] 종래의 통설 및 판례는 사업계획안이 계획정당성의 요건을 충족해야 한다고 보고 있다.[47]

한편, 원심의 확정사실과 대법원판례가 인정하는 바와 같이, 농림부에서는 새만금사업의 기본계획을 확정할 당시 국토공간의 과밀화와 경제사회발전으로 인한 토지수요의 증대에 종합적으로 대체하고 농지잠식과 한계농지를 대체하며 일정수준의 식량자급을 유지하기 위한 우량농

---

46) BVerwGE 56, 110/118 f.; 71, 166/168 f.; 72, 282/284 f.; 85, 44/51.
47) BVerwGE 98, 339(345). 그러나 독일의 일부견해는 계획정당성의 독자성을 부인하고, 형량의 영역에서 판단될 수 있다고 주장한다. 예컨대 Jarass, Die materiellen Voraussetzungen der Planfeststellung, DVBl. 1998, S. 1204 f.

지 확보와 수자원개발로 해안지역 용수개발을 위하여 간척사업이 필요하다고 판단하였다. 그러나 이러한 원래의 사업계획의 목적은 그대로 타당하다고 보기 어려우며, 그 사이에도 정부는 여러 차례 용도변경을 검토해왔다.[48] 이러한 주변상황은 새만금사업이 계획정당성을 상실하고 있다고 의심하기에 부족하지 않다. 실제 정부는 새만금 간척사업의 사업목적을 농지조성에서 산업·연구·관광단지로 바꾸는 방안을 검토한 바 있다.[49]

주목할 점은 대법원이 새만금사업의 경제성 내지 사업성 여부를 판단함에 있어서 費用便益分析(CBA: Cost-Benefit-Analysis)의 방법을 사용하고 있다는 것이다. 대법원은 "위와 같은 간척지의 매립사업과 같이 어떠한 항목을 편익이나 비용항목에 넣을 수 있는지 여부와 그러한 항목에 대한 평가방법이나 기법에 관하여 확립된 원칙이나 정설이 존재하지 아니한 경우에는, 경제성 내지 사업성 평가 당시의 공공사업의 투자분석이론이나 재정학 또는 경제학 이론 등에 따라 그 분야의 전문가들에 의하여 가능한 한 가장 객관적이고 공정한 방법을 사용하여 편익과 비용을 분석한 후 공공사업에 경제성 내지 사업성이 있는지 여부를 평가하는 것이 바람직하다고 할 것이다"고 판시하고 있다. 그러나 경제이익(개발이익)이나 환경이익이 과연 어느 정도의 가치를 가지는지를 數値로 換算하는 것은 그리 쉽지 않다. 비록 비용편익분석이 사회과학분야에서 많이 활용되는 기법이기는 하나, 비용편익분석에 기초한 판단에는 전문가들 사이에도 다른 의견이 제시될 수 있다. 그러한 점에서 비용편익분석의 방법을 사용하는 때에는 더욱 신중을 기할 필요가

---

48) 동아일보 2003. 7. 23. 자.
49) 이러한 점은 이 사건 반대의견에서 분명히 설시되고 있다. 즉 반대의견은 "지속적인 쌀 소비량 감소 및 생산량 증가로 인한 쌀 재고량의 과잉과 아울러 자유무역협정(Free Trade Agreement)으로 쌀 수입개방이 현실화된 현 시점에서 새로운 농지를 확보할 필요성이나 농지의 경제적인 가치는 상대적으로 줄어들고 있는 것으로 보이며, 새만금사업과 관련하여 농업기반공사, 전라북도, 대통령 등이 농지조성 외에 공단과 국제항 조성 등 복합산업단지 개발안을 계획하거나 추진 의지를 밝혀온 사정은 농지조성의 필요성이 줄어든 것을 반영하는 것으로 보인다"고 하여, 농지의 필요성과 관련하여 '중대한 사정변경'이 발생한 것으로 보고 있다.

있다. 또한 이러한 분석방법에 있어서 비용과 편익 항목의 수치는 개별
적이고 구체적 상황에서 다른 평가를 받을 수 있다는 점에 유의해야
한다. 새만금사건의 반대의견(대법관 김영란, 대법관 박시환)은 비용편익
분석의 한계를 지적하고 있다. 즉 "물론 환경 변화를 수반하는 대규모
개발행위를 결정함에 있어서 희생되는 환경의 가치를 포함한 손실과
개발로 인한 이득(편익)을 비교하여 결정하는 것이 부득이할 것이겠지
만, 그 가치를 산정함에 있어서는 당시까지 밝혀진 환경의 기능과 효용
중 금전으로 환산할 수 있는 가치만을 평가하여 그 손실보다 이익이
큰 경우에는 환경을 희생시키는 것으로 개발 여부를 결정하는 방식은
허용되어서는 아니 된다"고 지적하고 있다. 요컨대 반대의견의 지적은
매우 타당하며, 또한 적절하다.

Ⅳ. 環境影響評價의 瑕疵에 관한 判斷

대법원은 새만금사건에서 환경영향평가가 부실하고 그 부실의 정도
가 환경영향평가제도를 둔 입법취지를 달성할 수 없을 정도여서 환경
영향평가를 하지 않은 것과 다를 바 없는 정도의 것이라고 할 수 없다
고 판시하고 있다. 이와 관련하여 대법원은 "환경영향평가법령에서 정
한 환경영향평가를 거쳐야 할 대상사업에 대하여 그러한 환경영향평가
를 거치지 아니하였음에도 승인 등 처분을 하였다면 그 처분은 위법하
다 할 것이나, 그러한 절차를 거쳤다면, 비록 그 환경영향평가의 내용
이 다소 부실하다 하더라도, 그 부실의 정도가 환경영향평가 제도를 둔
입법취지를 달성할 수 없을 정도이어서 환경영향평가를 하지 아니한
것과 다를 바 없는 정도의 것이 아닌 이상, 그 부실은 당해 승인 등 처
분에 재량권 일탈·남용의 위법이 있는지 여부를 판단하는 하나의 요
소로 됨에 그칠 뿐, 그 부실로 인하여 당연히 당해 승인 등 처분이 위
법하게 되는 것은 아니다"50)라고 판시하고 있다.

環境影響評價(EIA: Environmental Impact Assessment) 제도는 환

경법상의 事前配慮의 原則(Vorsorgeprinzip)에 기초하여, 환경위해의
요인을 사전에 예측하고 평가하여 그 저지 또는 완화방안을 강구하는
제도이다.[51] 문제는 계획결정에 있어서 환경영향평가에 하자가 있는 경
우에, 그 계획결정 자체가 위법하게 되는지 여부이다. 이 문제를 심도
깊게 다루고 있는 문헌을 찾기는 쉽지 않다. 다만, 독일에서는 계획확
정절차에 있어서 형식적인 환경영향평가의 흠결이 있다고 하여, 바로
위법이 되는 것은 결코 아니라고 보고 있다. 이는 비교적 실체법을 중
시하는 대륙법계의 법문화에 기초하고 있기 때문이다. 다만, 형량의 하
자로서 형량의 결과에 영향을 미칠 구체적 가능성은 존재할 수 있다.[52]
이러한 경우에 형량의 하자가 명백하고 형량의 결과에 영향을 미친다
면, 이는 중대한 형량의 하자가 될 수 있다. 그러나 계획보충이나 보충
적 절차에 의해 이러한 하자가 제거되지 못한다면, 당해 계획결정은 위
법하게 되고, 이에 대한 취소소송을 통해서 권리구제를 받을 수 있다
(연방원거리도로법 제17조 제6항c 제2문 참조). 이와 같이 환경영향평가는
독자적인 행정절차에서 특별히 실행되는 것이 아니라, 계획확정절차에
서 非獨立的 部分으로서 다루어지고 있다.[53] 요컨대 환경영향평가는
환경과 관련된 계획확정절차의 영역에서 단지 '衡量'의 고려요소일 뿐
이다.[54] 우리 대법원도 새만금사건에서 환경영향평가를 거쳐야 할 경우
에 이를 거치지 아니하면, 당해 승인 등 처분은 위법하지만, 환경영향
평가의 내용이 다소 부실하더라도 바로 당해 처분의 위법으로 이르는
것은 아니라고 보아, 비슷한 취지의 판시를 하고 있다.

그러나 환경영향평가제도는 舊 環境影響評價法을 대체한 環境·交
通·災害등에관한影響評價法(소위 통합영향평가법)에 규율되어 있다. 종
래의 환경영향평가제도에 대하여는 환경영향평가제도의 사후심사적 성

---

50) 대법원 2001. 6. 29. 선고 99두9902 판결.
51) 홍준형, 환경법, 193면; 김연태, 환경보전작용연구, 100면.
52) BVerwG, NuR 1998, 306.
53) Kopp/Ramsauer, VwVfG, 7. Aufl., § 72 Rn. 35
54) Bonk, in: Stelkens/Bonk/Sachs(Hg.), VwVfG, § 72 Rn. 60.

격, 제도운영상의 미숙, 평가대행자의 전문성 및 책임성 부족, 객관적이
지 못하고 부실한 평가서 등 많은 문제점이 제기되고 있는 것이 또한
사실이다.55) 최근 歐洲에서는 각종 프로젝트 등 사업계획의 기초수립단
계에서부터 持續可能한 開發(sustainable development)을 위해 환경영향
을 早期에 검토하는 소위 戰略環境評價(SEA: Strategic Environmental
Assessment)가 논의되고 있다.56) 새만금사건을 계기로 현행 환경영향평
가제도가 가지는 여러 가지 문제점을 보완할 수 있는 전략환경평가제도
를 도입하는 것을 적극적으로 검토할 만한 가치가 있다고 생각한다. 이
번 새만금사건에서 보는 바와 같이 대형국책사업은 사회경제적 비용이
많이 투자될 뿐만 아니라, 환경이익은 한 번 파괴되면 그 회복이 거의
불가능하다. 그러한 이유에서 계획결정은 초기의 수립단계에서 신중을
기해야 하며, 형량을 함에 있어서 관련된 공익과 공익, 공익과 사익 등
제 이익을 모두 고려하여야 한다. 그러나 정작 우리 국토계획법령에는
중요한 법원칙인 衡量命令(Abwägungsgebot)에 관한 명시적 규정을 두
고 있지 않다. 이러한 형량명령은 환경이익을 고려하는 것뿐만 아니라,
제3자의 권익보호를 위해서도 매우 절실히 요청된다. 독일건설법전 제1
조 제6항에서는 지방자치단체의 건설기본계획을 수립하는 경우에 공·
사익을 모두 정당하게 형량하여야 한다고 규정하여, "형량명령"을 명시
하고 있다. 또한 EU에서는 환경보전이익의 중요성이 강화되고 있고, 다
양한 형태의 환경관련 유럽연합지침이 제정되고 있다. 그러한 영향으로
독일건설법전 제1조a에서는 형량을 함에 있어서 특히 環境保全利益
(umweltschützende Belange)을 고려해야 함을 규정하고 있다. 따라서
적어도 「국토기본법」 및 「국토의 계획 및 이용에 관한 법률」 등에 이
러한 규정을 입법적으로 검토하고 명시적으로 규정하는 것이 시급히
요청된다.

---

55) 홍준형, 환경법, 250면.
56) 이에 대하여는 Carys Jones/Mark Baker/Jeremy Carter/Stephen Jay/Michael
 Short/Christopher Wood, Strategic Environmental Assessment and Land Use
 Planning, 2005, p. 6.

V. 當該處分의 取消(撤回)事由로서 "事情變更"

1. 行政處分의 '取消'와 '撤回'의 區分

대법원은 공유수면매립면허의 취소사유로서 공유수면매립법 제32조
제3호의 '사정변경'을 들고 있다. 즉 공유수면매립법 제32조는 "해양수
산부장관 또는 시·도지사는 매립공사의 준공인가 전에 다음 각호의 1
에 해당하는 사유가 있는 경우에는 이 법에 의한 면허 또는 인가 등을
취소·변경하거나 매립공사의 시행구역 안에 있는 공작물 기타 물건의
개축·제거 또는 원상회복 기타 필요한 처분을 할 수 있다"고 규정하
고, 제3호에서 "공유수면의 상황변경 등 豫想하지 못한 事情變更으로
인하여 공익상 특히 필요한 경우"라고 설시하고 있다. 그러나 공유수면
매립법 제32조 제3호의 내용은 명문의 규정에도 불구하고 당해 면허
등 처분의 '撤回'에 관한 것으로 보인다. 행정행위의 取消는 일단 유효
하게 성립한 행정행위를 성립당시에 하자가 있음을 이유로 권한 있는
기관이 그 효력을 소급하여 소멸시키는 반면, 행정행위의 撤回는 처음
에 적법하게 성립한 행정행위가 그 효력을 존속시킬 수 없는 새로운
사정이 발생하였음을 이유로 그 효력을 장래에 향하여 소멸시킨다. 행
정처분의 철회의 경우에, 행정행위를 한 처분청이 그 처분 당시에 그
행정처분에 별다른 하자가 없었고, 또한 그 처분 후에 이를 취소할 별
도의 법적 근거가 없다 하더라도 원래의 처분을 그대로 존속시킬 필요
가 없게 된 사정변경이 생겼거나 또는 중대한 공익상의 필요가 발생한
경우에는 별개의 행정행위로 이를 철회하거나 변경할 수 있다는 것이
대법원의 입장이다.[57] 요컨대 取消는 위법한 행정행위의 是正을 목적
으로 하지만, 撤回는 적법하게 성립한 행정행위를 그 기초가 되는 사실
및 법상태의 변경으로 이를 더 이상 존속시키기가 곤란한 경우에 이를

---

57) 대법원 1992. 1. 17. 선고 91누3130 판결 참조.

제거한다는 점에서 서로 구분되어야 한다. 그리고 철회는 직권취소와 달리 처분청만이 할 수 있으며, 將來에 향해서만(ex nunc) 효과를 발한다는 점에서도 차이가 있다. 종전 대법원판례 가운데에도 '撤回權'을 '取消權'으로 해석한 사례가 있다.[58] 그러나 취소와 철회가 법이론적으로 구분된다면, 양자를 구별해서 판례이론을 구성하는 것이 보다 더 타당하다고 생각한다.

2. 事情變更에 의한 處分의 撤回事由와 그 限界

당해 처분이 공유수면매립법 제32조 제3호의 "공유수면의 상황변경 등 豫想하지 못한 事情變更으로 인하여 公益上 특히 필요한 경우"에 해당하는지가 특히 쟁점사항이 되고 있다. 대법원은 이 조항의 해석과 관련하여 "사정변경이라 함은 공유수면매립면허처분을 할 당시에 고려하였거나 고려하였어야 할 제반 사정들에 대하여 각각 사정변경이 있고, 그러한 사정변경으로 인하여 그 처분을 유지하는 것이 현저히 공익에 반하는 경우라고 보아야 할 것이며"라고 보고 있다. 이 사건에서 다수의견은 상고이유에 나타난 사업목적상의 사정변경, 농지의 필요성에 대한 사정변경, 경제적 타당성에 대한 사정변경, 수질관리상의 사정변경, 해양환경상의 사정변경 등에 대하여 각각 취소사유가 존재한다고 볼 수 없다고 판시하고 있다.

한편, 이 사건의 反對意見(대법관 김영란, 대법관 박시환)은 개발사업을 취소하여야 할 정도의 사정변경이 생긴 것으로 보아야 한다고 하여, 다수의견과 상반된 의견을 제시하고 있다. 즉 반대의견은 농지의 필요성과 해양환경 및 경제적 타당성에 관하여 사정변경이 발생하였고, 그

---

[58] 즉 "면허청이 상대방에게 면허권을 주는 행정처분을 하였을 때에는 비록 법규상의 취소권발동사유가 발생하더라도 수익자에게 실제로 취소권을 발동시키는 데는 취소하여야 할 공익상의 필요와 취소로 인하여 당사자가 입을 불이익 등을 형량하여 취소여부를 결정하여야 하고 이것이 잘못되었을 경우에는 기속재량권의 남용이나 그 범위의 일탈에 해당하여 당해 취소처분이 위법함을 면할 수 없다"(대법원 1990. 6. 26. 선고 89누5713 판결 참조).

러한 사정변경에 비추어 볼 때에 이 사건 새만금사업을 계속 시행하게
되면 사회통념에 비추어 과다한 비용과 희생이 요구되므로 국가경제의
발전이라는 공공사업의 종국적인 목적을 실현할 수 없다고 인정하여
이 사건 새만금사업을 취소할 공익상의 필요가 있다고 보고 있다. 또한
헌법과 환경관련법령 등을 근거로 하여 환경보전의 가치가 개발에 따
른 가치보다 우위에 있음을 강조하고 있다.

補充意見(대법관 이규홍, 대법관 이강국, 대법관 김황식, 대법관 김지형)
다수의견에 찬동하면서, "이 사건이 공유수면매립면허처분 및 시행인가
처분에 중대하고 명백한 하자가 있어 당연무효인지 여부 내지 사정변
경으로 인하여 새만금사업을 취소하여야 할 공익상의 필요가 생겼는지
여부, 즉 행정처분의 무효 내지 취소 사유의 존부를 법적인 관점에서
평가 · 판단하는 것이지 새만금사업의 추진의 타당성 여부에 대한 정책
적인 관점에서 평가 · 판단하는 것은 아니다"라고 전제하고, 환경이익은
한 번 파괴되면 그 회복이 어렵기 때문에 자연적 · 사회적 여건의 변화
와 새로운 기술의 발전에 맞추어 환경친화적 개발사업이 되도록 꾸준
히 노력해야 한다고 지적하고 있다.

3. 開發利益과 環境利益의 調和

원심인 서울고등법원은 "환경과 개발이 모두 인간의 복지를 위한 것으
로서 서로 보완적인 관계에 있다"고 강조하고 있다. 특히 어떠한 일방의
이익을 위해서 타방의 이익을 배제할 수 없다는 논거를 제시한다. 이러
한 논거는 명문의 규정은 없지만 소위 最適化命令(Optimierungsgebot)을
반영하고 있다는 점에서 매우 의미 있다고 볼 수 있다. 실제 새만금사업
과 같은 大型國策事業을 둘러싼 이익충돌은 '개발이익'과 '환경이익'의
충돌로 압축된다. 이러한 양 법익은 보는 가치관에 따라 상이하게 결론
이 내려진다. 실제 새만금사건에 관한 대법원의 다수의견은 개발이익이
환경이익보다 우위에 있음을 인정하였지만, 반대의견은 오히려 환경이

익이 더 우위에 있음을 강조하고 있다는 점에서도 이러한 사실은 분명하다. 또한 보충의견은 '親環境的 開發'이라는 절충안을 제시하고 있다. 그러한 이유에서 개발이익과 환경이익의 충돌문제는 해결될 수 없는 難題 가운데 하나이며, 양자 사이에는 늘 긴장관계가 흐르고 있다. 이러한 이익충돌의 문제는 언제나 발생할 수 있으며, 이러한 문제를 해결할 수 있는 법이론적 도구를 입법화하는 것도 환경법분야에 있어서 매우 중요한 과제이다.

Ⅵ. 結 語

이와 같이 새만금사건에 관한 대법원의 판결은 環境訴訟에 있어서 중요한 里程標를 제시하였다. 여기에서 특히 環境訴訟의 原告適格(locus standi)의 문제가 중요한 쟁점이 되었다. 제3자(隣人)의 원고적격의 범위를 확정하는 문제는 각국의 입법례에 따라 서로 다르다. 그러나 현행 행정소송법의 해석에 있어서 원고적격의 확대주장은 좀 더 신중을 요한다. 즉 해석론과 입법론은 서로 구별되어야 한다. 현재 진행 중인 행정소송법 개정논의와 맞물려 이를 原告適格의 擴大를 위한 論據로 飛火시키는 것은 타당하지 않다. 또한 환경소송에서 원고적격의 문제를 '立證責任의 轉換' 문제로 왜곡시켜서도 아니된다. 왜냐하면 환경상 분쟁은 그 오염원인의 입증이 용이하지 않기 때문에 입증책임의 전환은 사실상 원고적격의 '否認'이라는 결과를 가져올 수도 있다. 이미 필자는 새만금사건이 비록 대형국책사업이지만, 전형적인 公法上 相隣關係의 문제임을 강조한 바 있다. 그러한 이유에서 헌법 및 개별 법률에 근거한 '環境權'의 의미를 새로이 해석할 수 있음을 확인하였다. 그러나 여기에 대한 심도 있는 법이론적 논의는 여전히 남아 있다고 생각한다. 더불어 환경법이나 국토계획법 등에서 제3자 보호를 위한 법이론을 더욱 개발할 필요가 있다. 이와 관련하여 독일의 "考慮命令" 등의 법리를 도입하는 것도 의미 있는 것으로 여겨진다. 그리고 이번 새만금사건에서 판례는 計劃規範(Planungsnormen)의 특성을 충분히 고려하지 않았다. 특히 노무현 정부가 사업계획의 변경을 검토한 것은 이미 계획정당성을 상당부분 상실한 것임을 부인하기 어렵다. 그러나 행정계획은 '可變性'과 '安定性'을 특징으로 하며, 사회경제적 이유에서 대형국책사업을 취소 또는 철회하는 것도 쉽지 않다. 새만금사업은 이미 많은 사회적 비용을 치루었고, 대법원이 이를 다시 번복하는 것은 현실적으로 매우 어려웠을 것이다. 그러나 이제 남은 과제는 開發事業을 계속 추진해야 하는 정부의 몫이다. 특히 반대의견이나 보충의견이 던진 話頭를 곰곰이 되새겨 보아야 할 것이다. 새만금간척사업을 계속 진행하면서 잃게 되는 환경이익은 현세대뿐만 아니라 미래세대에게도 중요한 영향을 미칠 수 있다. 그러한 이유에서 정부는 한편으로는 국가경제를 위해 '경제성'과 '효율성'을 추구하는 사업계획을 추진하되, 다른 한편으로는 과학기술적으로 가능한 합리적 대안을 선택하여 당해 사업계획이 親環境的 開發이 되도록 최선의 노력해야 할 것이다.

第2章

<hr/>

建築法上 考慮命令과 第3者 保護

I. 論議의 基礎

참여정부에 들어와서 국가주도의 대형국책사업을 둘러싼 분쟁이 사회적 문제로 飛火되고 있으며, 이러한 분쟁은 대체로 公·私益이 서로 첨예하게 대립·충돌하고 있다. 이러한 이익갈등을 해결하기 위한 수단으로서 독일의 건축 및 계획법 분야에서는 이미 오래 전부터 형량명령이 매우 중요한 역할을 하여 왔음은 주지의 사실이다. 대형국책사업의 경우에 ―특히 환경문제와 관련하여― 이해관계 있는 제3자의 권익보호가 중요한 사회적 문제로서 등장하고 있다. 이러한 법률분쟁은 종래 垂直的 法律關係(국가―시민)가 중심을 이루었으나, 근년에 들어와서는 多面的(多極的) 法律關係가 부각되고 있다. 특히 환경 및 계획법분야에서는 사업시행자(환경오염 배출시설사업자)―행정청―제3자(인근시민)의 전형적 三極關係로 나타나고 있다. 이와 같이 현대사회의 법률관계는 이원적 법률관계에서 점차 다면적 법률관계로 그 무게 중심이 옮겨지고 있다. 이 가운데 수평적 차원의 사인 對 사인의 이익조정이 새로운 법이론적 쟁점의 하나로 부상하고 있다.[1]

대법원은 최근 1998년 9월 22일 자 판결[2]에서 환경영향평가대상지

<hr/>

1) Wahl, in: Schoch/Schmidt-Aßmann/Pietzner(Hg.), VwGO, Vorb. § 42 Abs. 2, Rn. 61 ff.
2) 대법원 1998. 9. 22. 선고 97누19571 판결. 同旨判例: 대법원 2001. 7. 27. 선고 99두2970 판결.

역 내의 주민들이 그 대상사업인 전원(電源)개발사업실시계획승인처분
과 관련하여 갖는 환경상이익이 단순히 추상적·평균적·일반적 이익
에 그치는 것이 아니라, 주민 개개인에 대하여 개별적으로 보호되는 직
접적·구체적 이익이라고 판시한 바 있다. 이 판례는 제3자의 권익보호
의 관점에서 중요한 시사점을 던져주고 있다. 특히 행정소송법상의 원
고적격, 즉 "법률상 이익"의 해석과 관련하여 학설상 다툼이 있지만 法
的保護利益說이 통설·판례의 입장이다.3) 그러나 종래 반사적 이익에
불과하던 것이 점차 법적 보호이익으로 파악되고 있음은 주목할 만한
사실이다.4) 고권적 계획작용은 그 인근주민의 재산권이나 자유를 사실
상 제약하게 되므로, 그 권리구제와 관련하여 보호할 가치있는 제3자의
원고적격을 인정할 필요성이 제기된다. 이와 같이 고권적 계획작용은
대체로 환경문제와 관련하여 전형적인 삼각관계를 형성하게 되고, 이해
관계 있는 제3자의 권리보호는 점차 중요한 현안문제로 부각되고 있음
은 부인할 수 없는 사실이다.

　한편, 우리의 건축 및 도시계획에 관련된 실정법을 살펴보면, 형량명
령에 대한 명문의 규정을 찾기가 쉽지 않으며,5) 대부분의 국책사업이
인인보호를 염두에 두지 않고 주로 공익사업인 점만을 강조하여 왔다.
나아가 계획과 관련된 개별법령에서 인인의 사익보호성을 명백히 규정
하고 있지 않아, 해석상 이러한 규정으로부터 인인의 주관적 공권을 인
정하기가 쉽지 않다. 만약 개별법상의 규범으로부터 제3자 보호적 성격
을 도출하지 못한다면, 헌법상의 기본권규정(예컨대 헌법 제23조)으로부
터 직접 그 법적 근거를 찾아야 하는지가 문제될 수 있다. 이와 같이
인인보호에 관한 법적 근거의 不備는 결과적으로 주관적 공권을 도출

---

3) 金東熙, 행정법 I, 제9판, 박영사, 646면 이하; 金南辰, 행정법 I, 제7판, 2003, 법문사,
　652면 이하; 柳至泰, 행정법신론, 제7판, 신영사, 480-481면; 鄭夏重, 행정법총론, 법문
　사, 688면 이하.
4) 李尚圭, 행정쟁송법, 제5판, 법문사, 359면 이하.
5) 拙稿, "이익충돌의 문제해결수단으로서 계획법상의 최적화명령", 공법연구 제31집 제5
　호, 290면 이하.

할 수 없게 되고, 국가의 고권적 작용으로 인하여 권익을 침해당한 이
해관계 있는 제3자의 권리구제가능성을 불충분하게 만들 수 있다. 이러
한 문제와 관련하여 독일에서는 일찍이 —특히 건축 및 도시계획법분
야를 중심으로— 이른바 考慮命令(Gebot der Rücksichtnahme)이 논의
되어 왔다. 고려명령은 주로 독일 연방행정법원의 판례 및 학설을 중심
으로 발달하여 왔고, 한국에서도 이미 이러한 독일법의 영향으로 고려
명령에 대한 관심이 점차 높아지고 있는 것이 사실이다.[6] 다만 독일에
서는 이 문제와 관련하여 이미 각 개별법에서 인인보호를 위한 다수의
명문규정을 두고 있고, 이러한 구체적 법규정에 대한 해석을 통하여
이익조정을 도모하고 있다. 그러나 우리의 경우에는 어떠한 법규정을
제3자 보호규범으로 볼 것인지에 대해서는 여전히 논의의 여지가 있다.
독일의 경우에도 인인보호에 관한 연방행정법원의 판례는 변화와 발전
을 거듭하고 있으며, 아직도 이 문제를 둘러싸고 학설상 찬·반 양론
이 첨예하게 대립하고 있는 것이 사실이다. 이와 관련하여
Hans-Joachim Koch 교수는 "현재 건축법상의 인인보호는 九折羊腸
에 이르렀다"(Der heutige Stand baurechtlichen Nachbarschutzes ist
auf verschlungenen Pfaden erreicht worden)라고 평가한 바 있다.[7] 이

---

6) 金連泰, 계획결정에 있어서 형량에 대한 사법적 통제, 公法學의 現代的 地坪, 心泉 桂禧
悅博士華甲記念論文集, 博英社, 1995, 684면 이하(695면); 康鉉浩, 형량과정과 형량결과
의 법적 의미, 公法研究 제26집 제1호, 251면. 그러나 이 문제는 일찍이 第三者効行政
行爲와 權利救濟(隣人訴訟 내지 競業者訴訟)의 論題로서 다루어진 바 있다. 金南辰, 행
정법의 기본문제, 법문사, 605면 이하. 다만 일부문헌에서 고려명령에 해당하는 독일어
표현을 "Berücksichtigungsgebot"라고 기술하고 있으나(同人, 계획법으로서의 국토계
획법과 그 환경보호과제, 토지공법연구 제20집, 61면), 대부분의 독일문헌 및 판례에서
는 "Gebot der Rücksichtnahme" 또는 "Rücksichtnahmegebot"라고 표현되고 있다.
또한 형량유도규범의 내용으로서 "Planungsleitsätze"를 "計劃嚴守規範"이라고 번역하
고 있다(同人, 전게논문, 59면). 그러나 독일 연방행정법원은 최근 판례에서 용어의 불
명확성을 이유로 이를 명백히 포기하였다(BVerwGE 100, 370/380). 왜냐하면
"Planungsleitsätze"라는 용어는 그 내용이 반드시 준수되어야 할 강행법규임에도 불
구하고, 그러한 내용을 충분히 표현하지 못하였기 때문이다. 그러한 이유에서 동법원은
"실체적 강행법규(materielle zwingende Rechtssätze)" 또는 "강제적 법적 규율
(zwingende rechtliche Regelungen)"이라는 용어로 대체해서 사용하고 있다. 따라서
筆者는 'Planungsleitsätze'를 計劃準則 또는 計劃指針 정도로 완화해서 표현하는 것이
보다 的確하다고 생각한다.

하에서는 考慮命令의 의의·본질 및 제도적 기능(Ⅱ), 考慮命令과 保護規範理論(Ⅲ), 考慮命令에 관한 獨逸의 학설 및 판례(Ⅳ) 및 大法院 判例의 분석(Ⅴ)의 順으로 公法上 相隣關係에 있어서의 隣人保護의 문제를 검토하도록 한다.

Ⅱ. 考慮命令의 意義·本質 및 制度的 機能

1. 考慮命令의 意義 및 沿革

고려명령은 독일 연방행정법원의 1967년 10월 25일 자 판결[8)에서 처음으로 등장하였으며, 그 이후 1967년 12월 6일 자 판결[9)에서 고려 명령의 내용과 윤곽이 보다 분명해졌다. 특히 '考慮'(Rücksichtnahme) 라는 용어는 1967년 12월 6일 자 판결에서 유래하고 있다.[10) 그러나 고려명령은 1975년에 『建築法』(Baurecht)이라는 법률잡지에 발표된 Felix Weyreuther의 論文[11)을 통해서 법이론적으로 체계화되었다. 고 려명령은 원래 外部(外廓)領域에 있어서 특별한 계획과 기타 계획 사 이의 이익충돌을 조정하는 수단이었으나,[12) 그 후 독일 건설법전 제34 조 제1항의 非計劃樹立 內部領域으로 확대되었다.[13)

독일 연방행정법원은 1977. 2. 25. 자 대표적 판례[14) 이후 계속해서

---

7) Koch/Hendler, Baurecht, Raumordnungs- und Landesplanungsrecht, 3. Aufl., 2001, § 28 Rn. 15.
8) BVerwGE 28, 145/153.
9) BVerwGE 28, 268/274.
10) Schlichter, Schutznormtheorie und nachbarschützende Festsetzungen im Bebauungsplan, FS für Hoppe, 2000, S. 844.
11) Weyreuther, Das bebauungsrechtliche Gebot der Rücksichtnahme und seine Bedeutung für den Nachbarschutz, BauR 1975, S. 1 ff.
12) BVerwGE 28, 148; 이에 대하여는 Battis, Bau- und immissionsschutzrechtliches Planungsrecht in der Rechtsprechung des Bundesverwaltungsgerichts, DVBl. 1978, S. 581 참조.
13) BVerwG, NJW 1981, S. 1973.
14) BVerwGE 52, 122.

건축주가 건축의 방식이나 정도와 관련하여 재산권의 적절한 이용에
대한 인근주민의 이익(公益)을 고려해야 한다고 주장하고 있다. 이것이
客觀法的 考慮命令의 내용이다. 즉, 동법원은 고려명령을 주관적 측면
과 객관적 측면으로 구별하여, 一連의 判例를 통하여 객관법적 측면의
고려명령에 제3자 보호적 효력을 귀속시켜 왔다.15) 예컨대 도로건설을
통해 중대하고 감내할 수 없는 유해한 환경영향이 발생하여 결국 인근
주민에게 부담이나 장해를 초래하는 경우에 건축허가의 거부가 문제될
수 있다. 이 경우 개별사례에 있어서 고려명령 수익자의 보호가치와 그
의무자의 필요성 사이의 형량이 요구된다. 이 경우 수익자의 법적 지위
에 대한 보호가치가 높을수록, 고려명령은 강하게 요청된다고 볼 수 있
다.16) 이와 같이 객관법적 고려명령의 핵심은 형량공식에 있다. 나아가
건축주의 필요성과 인근주민의 보호이익을 서로 형량하는 경우에도, 건
축허가를 다투는 자는 형량을 함에 있어 중요한 보호가치 있는 법적
지위를 가져야 한다.17)

2. 考慮命令의 本質 및 制度的 機能

고려명령은 무엇보다 제3자 보호기능이 중요한 의미를 가진다. 이미
상술한 바와 같이 고려명령의 객관적 측면은 인인보호와 밀접한 관련
이 있다. 한편 고려명령의 헌법적 근거는 독일의 학설에 의하면 법치국
가원리에 기초한 헌법상 비례원칙에 두기도 하고,18) 인인보호와 관련하
여 재산권의 사회적 구속성(의무성)을 규정하고 있는 독일기본법 제14
조 제2항에서 도출되기도 한다.19) 특히 Weyreuther는 일찍이 고려명

---

15) 여기에 대한 판례소개는 Schlichter, DVBl. 1984, S. 875.
16) BVerwGE 52, 122/126.
17) Stüer, in: Hoppenberger(Hg.), Handbuch des öffentlichen Baurechts, Kapitel B.
　　Rn. 753.
18) Krautzberger, in: Battis/Krautzberger/Löhr, BauGB, § 1 Rn. 122.
19) Battis, Bau- und immissionsschutzrechtliches Planungsrecht in der Rechtsprechung
　　des Bundesverwaltungsgerichts, DVBl. 1978, S. 581; Breuer, Das baurechtliche
　　Gebot der Rücksichtnahme - ein Irrgarten des Richterrechts -, DVBl. 1982, S. 1068.

령이 재산권의 사회적 부담과 밀접한 관련이 있음을 강조한 바 있다.[20] 왜냐하면 고려명령은 특히 환경법분야에서 재산권이용 및 그 한계와 밀접한 관계가 있기 때문이다. 개별법률로서는 연방임밋시온방지법 제50조, 건설법전 제34조 제1항[21], 건설법전 제31조 제2항, 건설법전 제35조 제3항 및 건축이용령 제15조 제1항 제2문(§ 15 Abs. 1 Satz 2 BauNVO) 등에서 고려명령의 법적 근거를 찾고 있다.[22] 이러한 규정들은 명백히 고려명령이라는 표현을 쓰고 있지 않더라도 인인보호에 관한 내용을 담고 있다. 문제는 어떠한 요건 하에 고려명령이 인정될 수 있는가이다. 독일 연방행정법원의 견해에 의하면 대체로 개별·구체적 상황에 따라 판단되어야 한다.[23] 그 밖에 어느 정도의 범위에서 제3자 보호적 효력이 고려되는지에 대해서도 다툼이 없지 않다. 이 문제는 결국 "인근주민" 내지 "隣人"(Nachbarn)의 개념정의와 관련이 있다. 이러한 인인의 개념에는 인접한 토지의 소유권자뿐만 아니라, 계획시설 내지 그 이용에 의해 법적으로 보호된 이익과 관련이 있는 모든 자가 포함되는 것으로 넓게 해석될 수 있다.[24] Lüneburg 高等行政法院은 원자력발전소와 관련하여 100km나 떨어진 인접국가의 토지소유권자에 대해서도 제소권을 인정한 바 있다.[25] 한편, 국내학설 가운데 원자력발전소의 건설의 경우에는 인근주민의 범위가 확대된다는 점을 지적하는 견해도 이러한 판시와 맥락을 같이한다고 볼 수 있다.[26]

---

20) Weyreuther, a.a.O., S. 10.
21) 1969년까지 하급심판례는 건설법전 제34조를 제3자 보호적인 것으로 보았으나, 연방행정법원은 이를 부인한 바 있다(BVerwGE 32, 173).
22) Hoppe/Grotefels, Öffentliches Baurecht, § 7 Rn. 158. m.w.N.
23) BVerwGE 52, 122/126.
24) Brohm, Öffentliches Baurecht, 2. Aufl., § 18 Rn. 24.
25) OVG Lüneburg, DVBl. 1975, S. 190.
26) 인근주민 내지 隣人의 개념에 대한 상세한 내용은 김남진, 행정법의 기본문제, 615면 참조.

Ⅲ. 考慮命令과 保護規範理論

독일 연방행정법원의 판례를 중심으로 발달한 제3자 고려명령은 특히 연방원거리도로의 건설 등을 통해 야기되는 이른바 유해한 환경영향, 즉 임밋시온의 문제에서 주로 논의되고 있다. 이러한 환경보전문제는 다른 한편 재산권보장과 밀접한 관련이 있다. 또한 고권적 계획은 명령·강제 등의 수단을 주로 사용하는 질서행정법분야와 달리 다면적인 법률관계를 특징으로 한다. 즉 허가를 발급하는 계획행정청과 이를 신청하는 사업시행자(또는 건축주) 그리고 인근주민인 제3자의 다원적 법률관계가 형성되는 것이 보통이다. 이러한 경우의 제3자의 권리보호문제는 매우 현실적인 문제로서 부각된다.

독일 연방행정법원은 종래 고려명령을 주로 객관적인 측면에서 파악하여 왔다. 동 법원은 "개별적이고 특별한 방식으로 認識할 수 있게 劃定된 範圍"의 제3자의 보호할 가치있는 이익을 고려하여야 하는 한, 고려명령의 객관적 측면에 제3자효가 귀속된다고 보았다. 그러나 독일 연방행정법원은 근년에 들어와 이러한 엄격한 保護規範理論을 수정하고 있다. 즉 제3자 보호와 관련하여 모든 규범이 명확히 획정될 수 있는 이해관계인의 범위를 정하는 것이 아니라, 개별화된 규범의 구성요건적 표지로부터 公益과는 구별되는 인적 범위를 끌어낼 수 있다고 본다.[27] 이러한 결론은 고려명령이 일반적으로 제3자 보호적 기능을 가진 것은 아니라고 보았던 Weyreuther의 견해와 어느 정도 일치한다고 볼 수 있다. 요컨대 독일 연방행정법원은 인인보호와 관련하여 종래 객관법적 고려명령을 강조하였으나, 최근에는 개인의 권리구제와 관련하여 주관적 측면을 더 많이 강조하고 있다. 이 문제는 행정소송법상의 보호규범이론과 관련하여 논의될 수 있다.

독일 행정법원법 제42조 제2항에 규정되어 있는 '권리'의 개념은 "법

---

27) BVerwGE 32, 173/179.

질서에 의해 보호할 가치있는 것으로 인정된 사익"으로 해석된다. 여기
에서는 보호가치성에 있는 것이 아니라, 法規(법률, 법규명령, 조례 및 기
타 헌법상의 결정과 같은 행정청을 구속하는 고권적 작용 등)를 통해 사익
이 보호되는지가 문제된다. 이러한 경우에 법규는 공익뿐만 아니라, 원
고의 사익보호성에도 기여하여야 한다. 예컨대 건축주에 대한 건축허가
의 발급이 단순히 景觀[28])을 침해하는 것은 사익보호성의 문제가 아니
라 공익에 관련된 것일 뿐이다. 법규의 사익보호성의 문제는 바로 보호
규범이론에 직결된다.[29]) 그러나 사익에는 법적 이익만 문제되며, 반사적
이익이나 단순한 영업상 기회 등은 배제된다.[30]) 나아가 保護規範理論은
어떠한 조건 아래에서, 그리고 어느 범위에서 인인보호가 인정되는지와
관련되어 있다. 이해관계 있는 제3자(인근주민)의 주관적 공권의 인정여부
의 문제이다. 따라서 보호할 가치있는 제3자는 주관적 공권이 인정되면,
이를 가지고 公法上 隣人訴訟(Nachbarklage)뿐만 아니라, 손해배상청구
권 등을 주장할 수 있다.[31]) 물론 인인의 권리보호가 가능하기 위해서는
무엇보다 당해 처분이나 부작위가 객관적으로 위법하고, 원고(隣人) 자
신의 주관적 공권이 침해되었다는 것을 주장할 수 있는 경우에만 인정

---

28) 대법원은 토지나 건물의 소유자가 종전부터 향유하고 있던 景觀이나 眺望, 조용하고 쾌
　　적한 宗敎的 環境 등을 하나의 생활이익으로서의 가치를 객관적으로 인정할 수 있다면,
　　법적인 보호의 대상이 될 수 있다고 판시하고 있다(대법원 1997. 7. 22. 선고 96다
　　56153 판결). 이는 대법원이 '환경'의 개념을 자연적 환경뿐만 아니라, 역사적 문화적
　　유산인 문화적 환경 그리고 나아가 사회적 환경을 포함하는 가장 넓은 의미의 개념으
　　로 해석하는 것과 어느 정도 일치한다(부산고등법원 1995. 5. 18. 선고 95카합5 판결;
　　대법원 1995. 9. 15. 선고 95다23378 판결). 요컨대 우리 대법원은 '법률상 이익'의 개
　　념을 독일의 '권리'개념보다 넓게 파악하고 있다.
29) Schmitt Glaeser/Horn, Verwaltungsprozeßrecht, 15. Aufl., 2000, Rn. 158.
30) Schmitt Glaeser/Horn, a.a.O. 이러한 점은 우리 대법원판례에서도 확인되고 있다. 즉
　　"행정처분의 직접 상대방이 아닌 제3자라도 당해 처분의 취소를 구할 법률상 이익이
　　있는 경우에는 취소소송의 원고적격이 인정된다 할 것이나, 여기서 법률상 이익이라 함
　　은 당해 처분의 근거가 되는 법규에 의하여 보호되는 직접적이고 구체적인 이익을 말
　　하고 단지 간접적이거나 사실적·경제적 이해관계를 가지는 데 불과한 경우에는 여기
　　에 포함되지 아니한다"(대법원 1993. 7. 27. 선고 93누8139 판결. 同旨判例: 대법원
　　1993. 4. 23. 선고 92누17099 판결; 대법원 1994. 4. 12. 선고 93누24247 판결; 대법원
　　1995. 10. 17. 선고 94누14148 판결).
31) Hoppe/Grotefels, a.a.O., § 7 Rn. 155.

360 第2編 行政訴訟法

될 수 있다(독일행정법원법 제42조 제2항, 제113조 제1항 참조).[32] 특히 "권리침해"의 요건을 요구하는 것은 이른바 萬人訴訟(Popularklage)[33]을 배제하기 위함이다. 하지만 학설은 권리침해의 가능성이 현존하는 경우에도 인인의 주관적 공권이 인정될 수 있다고 보고 있다.[34] 이러한 권리침해의 요건이 충족되지 않으면, 당해 건축허가(건축주에게 수익이 되나 인인에게는 부담을 주는)에 대한 인인의 취소소송은 소송요건(원고적격)을 결하게 되어 訴却下된다.

종전에는 추가적으로 "사실상 인지할 수 있고 입증할 수 있는 침해"를 요구하였으나, 독일 연방행정법원은 그 후에 이러한 요건을 포기하였다.[35] 고려명령의 적용영역과 법이론적 구조는 여전히 불분명하기 때문에, 이를 명확히 파악하는 데에는 어려운 점이 남아 있다. 고려명령은 주로 건축 및 계획법상의 규정과 밀접한 관련이 있고, 이는 곧 考慮命令의 主觀化問題로 이어진다. 보호규범의 문제는 법규를 통해 사익이 보호되는지 여부가 關鍵이다. 물론 고려명령으로부터 주관적 공권을 도출하는 것에 대해서도 비판적인 견해가 제기되고 있다. 왜냐하면 私益과 관련이 있는 주관적 공권은 형량명령에서 바로 도출되는 것이 아니기 때문이다. 특히 종래 판례 및 학설은 특별한 제3자 보호에 관한 법률상 규정이 없으면, 일반적인 제3자 보호를 위한 법적 근거를 직접 기본권규정에서 찾았다.[36] 예컨대 임미시온을 통해 생명 및 신체를 위

---

32) 근년에는 독일 행정법원법 제42조 제2항의 보호규범의 성격과 관련하여, 행정행위의 객관적 위법성과 원고의 주관적 권리침해를 연결하여 파악하는 이른바 違法性 牽聯性(Rechtswidrigkeitszusammenhang)이 유력하게 제기된다. 즉, 모든 객관적 법위반이 주관적 권리침해로 이어진다는 것이 아니라, 법위반과 권리침해는 특별한 견련성이 있다는 것이다(Wahl/Schütz, in: Schoch/Schmidt-Aßmann/Pietzner, VwGO, § 42 Abs. 2 Rn. 48).
33) 소송유형 중 萬人訴訟(Popularklage)에 대해서는 김연태, "행정소송의 기능: 취소소송을 중심으로", 高麗法學 제38호, 2002, 214-216면 참조.
34) Kopp/Schenke, VwGO, § 42 Rn. 59.
35) BVerwG, NJW 1994, 1546(1548).
36) 基本權(Grundrechte)과 主觀的 公權(subjektives öffentliches Recht)이 서로 일치하는 것은 우연이 아니다. 우선 기본권은 주관적 공권이면서 법적으로 매우 중요한 의미를 가지고 있다. 기본권은 행정법에 定住하고 있는 것이 아니라, 헌법차원에서 보장된다. 또한 행정법상의 주관적 공권은 결국 독립된 일반 법질서상의 기본권과 연결된다.

태롭게 하는 것은 독일기본법 제2조 제2항에 근거하여 환경법상 인인소송을 제기하였다. 또는 동일한 경우에 기본법 제14조 제1항의 재산권보장규정에서 직접 그 법적 근거를 찾기도 하였다. 이러한 경우 제3자의 범위가 무한정 확대되는 것은 아니었고, 이해관계 있는 제3자의 상황이 지속적으로 변경되거나 중대하고 참을 수 없는 경우이어야 하였다.37) 그러나 건축주와 인근주민 사이에 헌법상 허용된 방식으로 계획법상의 규범을 통해 최종적으로 규율된다면, 기본권에서 직접 근거를 찾는 것은 배제된다. 왜냐하면 이러한 규정은 기본법 제14조 제1항 제2문의 재산권의 내용한계규정에 해당하기 때문이다.38) 요컨대 도시계획법 및 건축법 영역을 포함하는 고려명령은 더 이상 헌법규정에서 도출할 수 없고, 법률의 제정이 요구된다.39)

한편 독일 연방행정법원은 뮌스터(Münster) 고등행정법원의 항소심판결과 달리 實體的 公建築法上의 모든 규범이 잠재적으로 제3자 보호적인 것은 아니라고 지적하였다. 즉 사익보호성은 단지 規範의 文言 ―개별 해당규범의 해석― 을 통해 도출된다고 판시하였다.40) 연방행정법원은 또한 보호규범성과 관련하여 모든 사익이 형량에서 고려되어야 하는 것이 아니라, 적어도 구체적인 계획의 상황에서 도시계획 관련성을 가져야 된다고 강조하였다.41) 독일 연방행정법원은 완전

기본법은 입법자를 구속하고 있기 때문에 기본권을 가지고 국가에 대한 개인의 독자적 법영역에 관한 조건을 창출한다. 그러한 의미에서 행정법상의 主觀的 公權이란 "일반 법질서상의 기본권의 구체적 표현형식"이라고 볼 수 있다. 그러나 주관적 공권은 기본권이 근거에 의해 권한을 보장하는 곳에 내용상 구체적인 침해배제(방어) 및 급부청구권을 창출한다는 점에서 기본권과는 차이가 있다. 특히 Wahl 교수는 입법자가 주관적 공권을 자유로이 결정할 수 있다는 전통적 보호규범이론은 잘못이라고 비판하고, 오히려 입법자는 주관적 공권을 형성·인정함에 있어 기본권에 기속된다는 점을 강조하고 있다. 양자의 관계에 대하여는 Wahl, in: Schoch/Schmidt-Aßmann/Pietzner, VwGO, Vorb. § 42 Abs. 2 Rn. 49 ff. 참조.
37) BVerwGE 32, 123; 54, 211; 67, 334/336.
38) 상세는 Brohm, a.a.O., § 18 Rn. 28.
39) 基本權規定으로부터 직접 隣人保護의 법적 근거를 도출하는 것에 대한 비판으로는 Koch/Hendler, a.a.O., § 28 Rn. 44.
40) BVerwG, DVBl. 1987, S. 476 f.
41) BVerwGE 107, 215/219.

한 주관화를 부인하면서 적어도 건축법상의 고려명령에서 도출되는 部
分的인 主觀化는 交互關係(wechselseitige Austauschverhältnis)에 참가
하고 수익하는 특정한 범위의 토지소유권자를 위한 보호기능을 인정하
고 있다. 그러한 의미에서 건축주와 인근주민의 計劃法上의 '共同運命
體'(Schicksalsgemeinschaft) 내지 '交互關係' 등이 강조되고 있다.[42]

요컨대 1980년대 독일에서 고려명령에 대한 批判의 十字砲火는 대
체로 이러한 고려명령의 법적 근거의 불명확성에 집중되어 있었다.[43]
그러나 고려명령은 연방행정법원의 새로운 판례와 법이론을 통해 계속
해서 수정·보완되고 있다. 연방행정법원은 1996년 8월 23일 자 판
결[44]을 기점으로 기본법 제14조에서 직접 인인보호의 법적 근거를 도
출하는 것에 작별을 고하게 된다. 따라서 인인보호는 원칙적으로 입법
자가 규정하는 한도 내에서 인정된다.

Ⅳ. 獨逸의 學說 및 判例

독일 연방행정법원의 판례를 중심으로 발달한 건축법상의 고려명령
은 그 인정여부를 둘러싸고 팽팽한 학설상 대립을 가져왔으며, 여기에
대한 법이론적 논의에 대한 검토는 우리에게도 시사하는 바가 크다고
생각한다.[45] 우선 이하에서는 인인보호와 관련하여 건축법상의 고려명
령에 대한 찬·반 양론의 학설상 논의를 詳論하고, 그 법적 문제를 정
리·검토하도록 한다.

1. 積極說

이미 언급한 바와 같이 건축법상의 고려명령의 이론적 창시자는 Felix

---

42) BVerwGE 101, 364/376.
43) Hufen, Verwaltungsprozeßrecht, 3. Aufl., § 14 Rn. 104.
44) BVerwGE 101, 364/373.
45) 여기에 대한 상세한 소개는 Battis, DVBl. 1978, S. 581 참조.

Weyreuther였다. 당시 그는 독일 연방행정법원의 판사로서 재임하면서, 판례법을 통하여 인인보호와 관련된 건축법상의 고려명령을 법이론적으로 체계화시켰다.[46] 그는 건축법상의 고려명령을 기본법 제14조 제2항의 재산권의 "사회적 의무"의 표현으로서 이해하였고, 나아가 독일 연방행정법원 1969년 6월 13일 자 판결을 인용하면서 고려명령의 헌법적 근거를 기본법 제14조에서 직접 도출하고 있다.[47] 그러나 동시에 고려명령이 일반적으로 제3자적 효력을 가지는 것은 아님을 강조한 바 있다.[48] 이러한 고려명령에 대한 Weyreuther의 주장은 그 후에 독일의 많은 학자들의 지지를 받은 것이 사실이다.[49]

마찬가지로 독일 연방행정법원 판사를 역임한 Otto Schlichter도 한 법률잡지에 고려명령을 옹호하는 글을 발표하였다. 그는 여기에서 고려명령이 非典型的인 사례를 적절히 해결하는 데 기여할 수 있고, 특히 계획수립지역, 非計劃樹立 內部領域 그리고 外部領域의 사업계획안의 허용성을 판단하는 경우에 건축계획법과 연방임미시온방지법 사이에 어느 정도 조화를 이끌어 낼 수 있다고 보았다. 특히 Schlichter는 인인보호가 기본법 제14조 제1항의 재산권보장규정에서 직접 도출될 수 있는지를 논함에 있어, 건축허가로 인해 야기되는 재산권침해가 공법적 성질을 띠며, 이 경우에 방어청구권 및 방해배제청구권 등이 고려된다

---

46) Kraft 판사는 그러한 의미에서 인인보호를 "判例法의 專門領域"(Demäne des Richterrechts)으로 보고 있다. 그는 무엇보다 인인의 주관적 공권을 정하는 경우에, 법관이 재산권의 영역에 있어서 독일기본법 제14조 제1항 제2문에서 도출되는 주관적 공권을 형성하는 입법자의 역할을 대체할 수 있다고 본다. I. Kraft, Entwicklungslinien im baurechtlichen Nachbarschutz, VerwArch. 89(1998), S. 265. 그러나 인인보호에 대한 판례법의 형성은 議會留保의 관점에서 비판되고 있다. Schwerdtfeger, NVwZ 1983, S. 199(201).
47) F. Weyreuther, BauR 1975, S. 4. 공법상 상린관계와 관련하여 건축법상의 고려명령을 기본법 제14조 제2항에서 도출하는 것에 찬성하는 견해로는 Battis, a.a.O., S. 581; Kopp/Schenke, VwGO, 12. Aufl., § 42 Rn. 98; Schmitt Glaeser/Horn, Verwaltungsprozeßrecht, Rn. 167.
48) Weyreuther, a.a.O., S. 1.
49) Ernst/Hoppe, Das öffentliche Bau- und Bodenrecht, Raumplanungsrecht, 2. Aufl., 1981, Rn. 394; W. Hoppe, Jura 1979, S. 140 ff.; Battis, a.a.O, S. 581; Schmidt-Aßmann, BauR 1978, S. 108.

고 보았다. 이것은 독일 연방헌법재판소의 분리이론의 핵심적 내용인 존속보장(Bestandsgarantie)의 취지와 일치한다. 예컨대 재산권에 대한 직접적·간접적 제약을 구분함에 있어, 건축을 통해 隣人의 토지에 대하여 "중대하고 감내할 수 없게" 계속해서 손해(부담)를 끼치고 있는 상황이 인정되면, Schlichter는 이를 "간접적 제약"으로서 볼 수 있다고 보았다. 그러나 그는 이러한 "중대하고 감내할 수 없는 재산권제약"은 독일기본법 제14조 제3항의 공용수용의 문제가 아니라, 기본법 제14조 제1항(재산권의 내용한계규정)과 관련하여 논의되어야 한다고 주장한다. 이는 독일 연방헌법재판소의 자갈채취판결 이후에 보상부 수용과 무보상부 내용한계규정에 해당하지 않는 중대하고 감내할 수 없을 정도의 과도한 부담을 가져오는 재산권제약을 재정적 조정 내지 조절을 통해 해결하기 위해 등장한 "調整的 補償을 요하는 內容規定"(ausgleichspflichtige Inhaltsbestimmung)[50]의 문제이다. Schlichter는 이러한 재정적 조정 내지 조절이 고려명령의 규준에 따라 이루어져야 한다고 보았다.[51]

Alexy는 제3자 보호적 고려명령의 구조와 내용을 크게 比例性命題, 體化命題, 保護法命題 및 主觀化命題로 나누어 설명하고 있다. 먼저 객관법적 고려명령의 핵심적 요소를 형량공식으로 파악하였다. 그는 또한 이러한 형량공식은 넓은 의미의 비례원칙(적합성·필요성 및 상당성)에 상응하나, 이 가운데 가장 중요한 것은 좁은 의미의 비례원칙(상당성 원칙)에 있다고 보았다(比例性命題).[52] 그러나 이러한 비례성명제에 대

---

50) 종래 이를 "보상의무 있는 내용제한규정"이라고 번역하였으나, 독일어의 "Ausgleich"는 독일기본법 제14조 제3항 또는 현행 헌법 제23조 제3항의 補償에 해당하는 "Entschädigung"과는 구별해서 사용해야 한다. 왜냐하면 전자는 조정 내지 조절의 의미를 함축하기 때문이다. 그러한 의미에서 이를 "조정적(또는 조절적) 보상"이라고 번역하는 것이 타당하다고 생각한다(同旨: 계희열, 헌법학(중), 보정판, 2002, 527면). 그러한 이유에서 필자는 이를 '조정적 보상을 요하는 내용한계규정' 또는 '조정적 보상부 내용한계규정'이라고 번역해서 사용하기를 제안한다.
51) O. Schlichter, in: FS für Hoppe, S. 1034 f.
52) R. Alexy, Das Gebot der Rücksichtnahme im baurechtlichen Nachbarschutz, DÖV 1984, S. 956.

한 비판적 견해가 유력하게 제기된다. 무엇보다 비판적 견해는 허가를 발급한 행정관청의 합헌적인 법률에 대한 구속을 배제하기 위해 비례성원칙이 사용되어서는 안 된다고 지적한다. 왜냐하면 인인과 건축주 사이의 법영역의 획정은 입법자의 고유한 권한사항이기 때문이다. 또한 합헌적 법률을 무시하는 비례성원칙에 복귀하는 것은 위헌적인 권한변경이 되며, 이는 또한 법적 안정성을 해할 수 있다고 지적한다. 따라서 고려명령은 구 연방건설법 제34조 및 제35조, 그리고 건축이용령 제15조 제1항 등과 같은 개별법률에 체화(體化)되어 있으므로, 적어도 법률상의 해석을 통해 이를 허용하는 것이 요청된다고 한다. 이것은 동시에 헌법상 요청되기 때문에, 헌법적으로 필요한 일반 법률상의 고려명령이라고 말할 수 있다(體化命題).53) 그러나 동시에 지나친 입법형성권의 강조는 헌법의 우위에 반할 위험성도 존재함을 지적하였다. 한편, Alexy 는 공법상 상린관계의 경우 考慮命令의 主觀化(Subjektivierung)는 단순한 국가—시민의 관계가 아니라, 시민(건축주)—국가(허가관청)—시민(隣人)의 행정법상의 삼각관계에서 도출된다고 전제한 뒤, 고려명령의 受範者는 건축주가 아니라 건축허가를 발급한 행정관청임을 강조하고 있다.54) 따라서 隣人은 건축주가 아니라 허가관청에 대하여 주관적 공권을 가지는지 여부를 검토하여야 한다. 다만 건축주에 대한 구속은 간접적일 뿐이다. 즉 그의 사업계획안이 고려명령에 상응하지 않으면, 허가관청은 건축허가를 거부할 의무를 가진다. 이 경우에 建築主는 허가관청에 대하여 허가발급청구권을 가지지 못한다. Alexy는 건축주와 인인 사이의 관계가 허가관청을 통하여 매개된다고 보고, 건축주에 대한 隣人의 주관적 공권은 성립되지 않는다고 보았다. 그는 이러한 관점에서 隣人의 재산권의 直接的 第3者效는 타당하지 않고, 오히려 고려명령에 의해 성립된 허가관청의 의무가 인인의 주관적 공권에 상응한다

---

53) Alexy, a.a.O., S. 956 f.
54) 그러나 연방행정법원은 고려명령의 수범자를 건축주라고 보고 있다(BVerwGE 52, 122/125). 여기에 대한 비판은 R. Alexy, Theorie der Grundrechte, 1996, S. 957 참조.

고 보았다.[55] 이 문제는 결국 독일 연방행정법원의 보호규범이론과 관련이 있다. 이에 따르면 공법상 규범이 단지 공익만이 아니라, 사익에도 기여할 수 있어야 할 것을 요한다.[56] 이는 고려명령이 건축법상의 규범에 體化되는 한, 完全한 主觀化(vollständige Subjektivierung)[57]에 접근하는 것을 의미한다. 그러나 독일 연방행정법원은 간과할 수 없는 소송법상의 위험성을 배제해서는 안 된다는 建築主의 보호필요성 때문에 完全한 主觀化를 거부하였다.[58] 결국 삼각관계의 구조는 다음과 같이 이해될 수 있다. 즉 이러한 주관화는 규범이 사익보호성을 가지는지 여부가 아니라, 대체로 충돌·대립하고 있는 私益 사이에 稱量(Gewichtung)이 가능한지에 달려있다.[59] 기본권과 관련하여 고려될 수 있는 것은 방어권구조와 보호권구조이다. 이 가운데에서 防禦權構造는 건축주와 허가관청 사이의 관계이다. 즉 건축주에게 발급된 허가가 위법한 재산권 침해가 되는 경우에 문제된다. 반면 독일 연방헌법재판소[60]와 연방행정법원[61]의 판례에 의하면, 保護權構造는 국가에 대하여 적극적 지위로 파악될 수 있는 인인의 주관적 공권(청구권)이라는 데서 출발한다. 이것은 또한 대등한 관계에 있는 건축주의 침해로부터 충분한 정도로 보호될 것을 근거로 한다(保護權命題). 나아가 Alexy는 독일 연방행정법원

---

55) Alexy, DÖV 1984, S. 957 f.
56) BVerwGE 1, 83; 27, 29/32; 52, 122/128; BVerfGE 27, 297/307.
57) 完全한 主觀化란 "包括的 主觀化"(umfassende Subjektivierung)로 표현되기도 한다. 즉, 이것은 주관적 공권을 개별법률에 근거하지 않고 직접 기본법에서 도출할 수 있다는 것을 의미한다. 예컨대 개별법률에 근거하지 않고 독일 기본법 제2조 제1항을 근거로 주관적 공권을 도출하는 경우가 그러하다. 그러나 이러한 완전한 내지 포괄적 주관화는 立法者의 形成的 自由를 좁히고, 수직적 관계에 있어서 헌법에 의해 직접 주관화 한다는 점에서 문제점으로 지적되고 있다. 이에 대해서는 Wahl, in: Schoch/Schmidt-Aßmann/Pietzner, VwGO, Vorb. § 42 Abs. 2, Rn. 116 참조.
58) BVerwGE 52, 122/129. 그러나 Koch는 Alexy가 고려명령의 部分的 主觀化를 비례성 원칙을 가지고 설명하는 것이 완전히 확실한 것은 아니라고 비판한다. 또한 연방행정법원의 판례를 근거로 Alexy가 주장하는 명백히 확정이 가능한 受益者의 범위는 주관화의 요건이 포기되었음을 강조하고 있다. Koch/Hendler, a.a.O., § 28 Rn. 20; BVerwG, BauR 1987, 70; BVerwGE 94, 151/158.
59) Alexy, a.a.O., S. 957.
60) BVerfGE 39, 1/41 ff.; 46, 160/164 f.; 53, 30/57; 56, 54/73.
61) BVerwGE 60, 297/305.

이 主觀化自動裝置(Subjektivierungsautomatismus), 즉 완전한 주관화
를 거부한 것은 원칙적으로 타당하다고 전제한 뒤, 어느 범위에서 고려
명령의 주관화가 요청되는지, 그리고 어느 범위에서 일반 법률차원의
규범에 체화된 고려명령의 주관화가 인인의 기본권을 통해 保護權으로
서 요청되는지가 문제된다고 주장한다. 그는 主觀化公式과 관련하여,
독일 연방행정법원의 판례62)를 분석하고, 이러한 판례분석을 통하여
"실질적이고 개별적인 방식으로 특별한 법적 지위를 고려하는 것"과
"관련성의 명백성"을 요구하고 있다고 보았다. 전자에는 ① 강도 높은
침해, ② 특별한 법적 지위, ③ 명백성, ④ 개별성 및 ⑤ 권한 있는 자
의 범위확정성이라는 5가지 기준이 제시된다. Alexy는 주관화와 관련
하여 무엇보다 隣人의 재산적 지위의 확장은 건축주의 부담으로 전가
될 우려가 있음을 지적하고, 그러한 이유에서 소송법상의 고려가 필요
하다고 본다. 그러한 관점에서 이러한 기준들을 통하여 대립·상충하는
이익을 상호조정하려고 한다.

한편, Alexy는 Weyreuther 교수가 제3자 보호를 기본법 제14조 재
산권조항을 근거로 고려명령으로 보는 주장에 대하여 일반적으로 그
근거가 너무 脆弱하고 불확실하다고 비판한다. 또한 Alexy는 개별법차
원의 규범이 허가를 수권할 뿐만 아니라 특별한 성질의 규범으로서 매
우 중요한 역할을 한다고 지적하고 있다. 따라서 隣人의 주관적 공권은
그의 특별한 법적 지위가 심하게 제약되는 경우에 침해가 인정되고, 이
경우에 고려명령에 반한다고 주장한다(主觀化命題).63) 그럼에도 불구하
고 Alexy는 고려명령이 포기될 수 없다고 강조한다. 무엇보다 기본법
상의 保護權構造는 인인과 허가관청 사이의 공법관계로서 주관적 공권
이 인정될 수 있고, 이 경우 隣人은 기본법 제19조 제4항의 포괄적 권
리구제를 통해 보호된다.64) 즉 공법상의 건축법관계는 공·사익 충돌의

---

62) BVerwG, DÖV 1984, 295/297.
63) Alexy, a.a.O., S. 958 ff.
64) 독일법에 있어서 개인의 권익구제의 기본구조를 고찰하면, 우선 공권력을 통한 개인의
   권리침해에 대하여 권리구제의 길이 열려져 있음을 규정한 기본법 제19조 제4항이 주

문제가 아니라, 私益 사이의 법적 구속력 있는 전체적 조정을 의도한다고 주장한다. 그는 독일 연방행정법원의 판례가 법이론적으로 더욱 정치화되고 분명한 논거가 제시될 필요가 있다는 것을 인정하면서도, 건축법상의 고려명령의 필요성에 대하여는 찬동하고 있다.[65]

2. 消極說

독일 연방행정법원의 판례 및 학설을 중심으로 발달한 고려명령은 隣人保護와 관련하여 중요한 의미를 가지고 있다. 그러나 건축법상의 고려명령을 적극적으로 인정하려는 견해에 대한 비판적 견해도 강하게 제기되고 있는 것이 사실이다. 특히 Rüdiger Breuer는 건축법상의 고려명령에 대하여 "判例法의 迷路"(Irrgarten des Richterrechts)[66]라고 命名하면서, 고려명령의 문제점을 지적하고 있다. 그는 고려명령의 독자성을 인정하기 위해서는 그 범위를 확정할 필요가 있다고 전제한 뒤, 고려명령과 연방건설법 제34조 및 제35조의 구성요건에 대한 관계가 명확해 보이지 않는다고 지적한다. 또한 특히 불확실한 것은 독일 건축법상의 고려명령이 어느 정도의 범위에서 隣人保護的 성격을 가지는가 하는 것이다.[67] 또한 Breuer는 고려명령의 법적 근거가 매우 불명확하다고 지적한다. 특히 Weyreuther 교수가 독일기본법 제14조 제1항 및 제2항에서 그가 명명한 이른바 "財産法 및 建築法上의 命令"(eigentumsrechtlich-bebauungsrechtliches Gebot)을 도출하는 것에

관적 공권을 근거지우고 있다. 이러한 주관적 공권은 행정소송법상의 出訴權의 기초를 이루고 있다. 이러한 出訴權은 또한 소송상의 入口를 의미한다(행정법원법 제42조 2항). 또한 법원은 本案審査에서 위법한 행정행위에 의한 원고의 권리침해에 대하여 처분의 취소를 명하거나, 거부나 부작위에 대하여 이행을 명할 수 있다(제113조 제1항 제1문 및 제5항 제1문 참조). 그러나 근년에 들어와서는 이러한 독일의 권리구제의 구상이 너무 협소하다는 비판을 받고 있다. Schoch, Individualrechtsschutz im deutschen Umweltrecht unter dem Einfluß des Gemeinschaftsrechts, NVwZ 1999, S. 457 f.

65) Alexy, a.a.O., S. 962 f.
66) Breuer, a.a.O., S. 1065.
67) Breuer, a.a.O., S. 1067.

대하여 비판하고 있다. 즉 Breuer는 독일 연방행정법원의 새로운 판례[68]를 근거로 하여 연방건설법 제34조 제1항 내지 동법 제35조 제1항 내지 제3항과 같은 개별법률상의 법적 근거를 인정하고 있는 것을 비판하고 있다. 그는 또한 기본법 제14조 제1항에서 도출된 인인보호를 고려명령의 하위유형으로 표시되는 한, 그 불명확성이 완전히 제거될 수 없음을 지적하고 있다. 그리고 Breuer는 입법 및 계획적 고려명령이 기본법 제14조 제1항 제2문의 내용한계규정과 서로 다른 기능을 가지고 있고, 개별 법률상의 구성요건을 간과하고 있다고 비판한다. 나아가 판례에 의해 형성된 건축법상의 고려명령에는 공간적·사항적인 관점에서 결정적으로 미해결의 문제가 남아 있다고 강조한다. 그 밖에 객관법적 고려명령을 주관적인 고려명령으로의 실무상 轉移하는 경우에 법이론적 근거가 薄弱하며, 이는 압도적으로 인정되고 있는 보호규범이론에 모순된다고 지적하였다.[69]

한편, Konrad Redeker는 건축법상의 고려명령을 "胎生的 誤謬"(Geburtsfehler)[70]라고 비판하고 있다. 그도 역시 Weyreuther가 고려명령의 법적 근거를 기본법 제14조에서 도출하는 것에 대하여 논박하고 있다. 즉 1977년 2월 25일 자 독일 연방행정법원의 판례[71]를 근거로 하여, 고려명령의 법적 근거를 기본법이 아니라 연방건설법 제35조 제1항과 같은 개별법률에서 그 법적 근거를 도출해야 한다고 주장한다. 그는 무엇보다 법치국가의 가장 중요한 요건은 법적 명확성에 있다고 주장하고, 고려명령은 이러한 예견가능성을 상실하고 있음을 지적하고 있다. 나아가 형식적 의미의 법률은 판례법보다 우위에 있으며, 따라서 우선 입법자가 결정하면, 그 결정이 잘못되었거나 결과가 만족스럽지 못하다고 여기는 경우에만 타인이나 행정 그리고 법원에게로 넘어갈

---

68) BVerwGE 52, 122/125 ff.
69) Breuer, a.a.O., S. 1069 ff.
70) K. Redeker, Das baurechtliche Gebot der Rücksichtnahme(I), DVBl. 1984, S. 870.
71) BVerwGE 52, 122 ff.

수 있다. 따라서 그는 독일 연방건설법의 규범이 고려명령을 규정하고 있다고 본다(예컨대, 연방건설법 제34조, 제35조, 제31조 제2항 및 건축이용령 제15조). 그러나 그는 건축이용령 제15조 제1항 제2문이 고려명령을 담고 있다는 주장에 대해서도, 이 조항을 활성화하는 것은 지나친 것으로 여긴다. 결론적으로 일정한 요건 하에 고려명령을 요구하는 건축법을 지배하는 판례법상의 법규범은 없으며, 그러한 주장은 또한 타당하지 않다고 본다.

Peine는 우선 판례법을 통해 발달한 고려명령을 계획이 수립된 지역의 건축으로 인해 현존하는 재산권이용에 미치는 수인가능성의 문제로 파악하였다. 그러나 그는 판례법의 발전에 대한 법이론적 지침의 관점에서 보면, 고려명령은 이러한 판례의 입장과 일치하지 않는다고 주장한다. 즉 고려명령은 법관의 법률과 법에 대한 기속을 규정하고 있는 기본법 제20조 제3항에 위반된다고 주장하고 있다. 또한 Peine는 건축법상의 고려명령이 공법상 상린관계의 문제에 있어서 부가적 규준을 형성하고 있을 뿐이며, 이는 부분적으로 인인보호적 성격을 가진다고 주장한다. 그 밖에 고려명령의 또 다른 기능은 독일 연방건설법 제34조와 제35조에서 보는 바와 같이 인인의 권리보호를 가능하게 하는 데 있다고 강조한다. Peine는 수인가능성과 인인의 권리보호라고 하는 두 가지 기능과 관련하여 고려명령이 지나치게 평가되었다고 비판하고 있다. 나아가 고려명령의 내용이 불분명하고, 이는 법적 안정성을 해할 수 있다고 지적하고 있다.[72]

3. 小 結

이상과 같이 고려명령에 대한 독일의 학설상 논의에 대해 상세히 검토하여 보았다. 고려명령은 종래 객관적 측면에서 인인보호의 문제를

---

72) Franz-Joseph Peine, Das Gebot der Rücksichtnahme im baurechtlichen Nachbarschutz, DÖV 1984, S. 963 ff.

다루었으나, 근래에 들어와서는 인인의 주관적 공권의 인정여부에 관한 주관적 측면의 고려명령이 부각되고 있다. 후자의 문제는 특히 보호규범이론과 관련이 있다. 건축법상의 고려명령에 대한 비판적 견해도 유력하게 제기되고 있다. 비판가들은 고려명령의 문제점으로서 우선 그 법적 근거의 불명확성을 지적하고 있다. 즉 Weyreuther의 주장처럼 고려명령의 법적 근거를 기본권규정(기본법 14조)에서 직접 도출하는 것은 타당하지 않고, 개별법률에서 공공복리(공익)뿐만 아니라 인인의 사익보호성을 인정할 수 있어야 한다고 본다. 최근 독일 연방행정법원의 판례에서 보는 바와 같이 고려명령의 '완전한' 또는 '포괄적' 주관화를 부인하고 있다. 이러한 주장에 대해서는 고려명령에 대한 비판적 견해뿐만 아니라, 그 필요성을 인정하고 있는 Alexy도 동조하고 있다. 그러한 관점에서 인인의 주관적 공권을 도출하기 위해서는 개별법으로부터 공익뿐만 아니라 사익보호성을 인정할 수 있어야 한다. 그러나 인인보호와 관련하여 受忍可能性이 중요한 기준으로서 기능하기는 하나, 고려명령을 —Peine의 주장과 같이— 수인가능성의 문제로 파악해서는 아니 된다. 그러한 의미에서 수인가능성의 개념과 고려명령은 서로 구별되어야 한다. 상술한 고려명령에 대한 논의는 비단 독일뿐만 아니라 환경문제를 둘러싸고 인인보호가 사회적 쟁점이 되고 있는 우리의 경우에도 그 해결의 실마리를 제공할 수 있다. 그러나 독일 행정법원법과 현행 행정소송법상의 규정이 완전히 일치하는 것은 아니므로, 이러한 점을 염두에 두면서 조심스럽게 접근할 필요가 있다. 또한 인인보호와 관련된 고려명령에 대한 논의는 특히 대법원판례를 중심으로 보다 구체적으로 검토하는 것이 필요하다고 생각한다.

V. 大法院判例의 分析

大法院은 연탄공장건축허가취소청구사건[73]에서 原審判決[74]과 달리

---

73) 대법원 1975. 5. 13. 선고 73누96, 97 판결.

당해 건축법 및 도시계획법의 규정이 공익뿐만 아니라 사익도 보호하고 있다고 하여, 제한면적을 초과한 연탄공장건축허가처분으로 불이익을 받고 있는 제3거주자는 당해 행정처분의 취소를 소구할 법률상 이익이 있다고 판시하였다. 즉 "도시계획법과 건축법의 규정취지에 비추어 볼 때, 이 법률들이 일정한 건축을 금지하고 또는 제한하고 있는 것은 도시계획법과 건축법이 추구하는 공공복리의 증진을 도모하고자 하는 데 그 목적이 있는 동시에, 한편으로는 주거지역내에 거주하는 사람의 주거의 안녕과 생활환경을 보호하고자 하는 데에도 그 목적이 있는 것으로 해석된다. 그러므로 주거지역내에 거주하는 사람이 받는 보호이익은 단순한 반사적 이익이나 사실상의 이익이 아니라 바로 법률에 의하여 보호되는 이익이라고 할 것이다"라고 하여, 원고의 청구를 인용하였다. 同判決은 제3자의 원고적격 인정여부와 관련된 대표적 인인소송으로서, 대체로 고려명령의 주관적 측면과 밀접한 관련이 있다고 생각된다. 여기에서 주목할 점은 인인보호에 관한 법적 근거를 헌법이 아니라 개별 법률에서 찾고 있다는 것이다. 나아가 대법원은 LPG자동차충전소 설치허가와 관련된 사건[75]에서도, "행정처분의 상대방이 아닌 제3자도 그 처분으로 인하여 법률상 보호되는 이익을 침해당한 경우에는 그 처분의 취소 또는 변경을 구하는 행정소송을 제기하여 그 당부의 판단을 받을 법률상 자격이 있다"라고 판시하여, 제3자의 원고적격을 인정하고 있다.

이미 冒頭에 밝힌 바와 같이, 현행 행정소송법 제12조의 원고적격의 해석과 관련하여 법적보호이익설이 현재 통설·판례의 입장이다. 대법원은 제3자의 원고적격과 관련하여, '법률상 이익'이 당해 처분의 근거가 되는 법규에 의하여 보호되는 직접적이고 구체적인 이익을 말하고 단지 간접적이거나 사실적·경제적 이해관계를 가지는 데 불과한 경우는 여기에 포함되지 않는다고 판시하고 있다.[76] 그러나 근년에는 '법률

---

74) 서울고등법원 1973. 3. 13. 선고 72구558 판결.
75) 대법원 1983. 7. 12. 선고 83누59 판결. 同旨判例: 대법원 2002. 10. 25. 선고 2001두4450 판결.
76) 대법원 1993. 7. 27. 선고 93누8239 판결; 대법원 1995. 10. 17. 선고 94누14148 판결.

상 이익'의 해석에 있어서도 변화가 일어나고 있다. 즉 종전에는 반사적 이익이나 사실상의 이익으로 보던 것을 법적 보호이익에 포함시키는 판례가 나오고 있다. 대법원은 발전소건설사업승인처분 취소사건에서 환경영향평가대상지역 안의 주민들이 그 대상사업인 전원(電源)개발사업실시계획승인처분과 관련하여 갖는 환경상이익이 단순히 환경공익보호의 결과로서 국민일반이 공통적으로 가지는 추상적·평균적·일반적 이익에 그치지 아니하고 환경영향평가대상지역의 주민 개개인에 대하여 개별적으로 보호되는 직접적·구체적 이익이라고 보아야 한다고 판시하였다.[77] 이 판례는 환경영향평가대상지역 내의 주민의 원고적격을 인정하고 있는데, 제3자의 원고적격을 확대하는 轉機를 마련한 획기적인 판례라고 평가할 수 있다. 비록 고려명령의 법리를 명확히 수용한 것으로 보기는 어려우나, 독일에서 논의되는 고려명령과 함께 논의할 가치는 충분히 있다고 본다. 특히 대법원은 同判例에서 인정한 제3자의 원고적격은 고려명령의 주관적 측면과 밀접한 관련이 있다. 또한 공익과 관련된 제3자의 원고적격, 즉 객관적 고려명령은 부인되고 있음도 주목할 만한 점이다. 환경영향평가대상지역 밖의 주민·일반국민·산악인·사진가·학자·환경보호단체 등의 환경상 이익이나 전원개발사업구역 밖의 주민 등의 재산상 이익에 대해서는 원고적격을 부인하고 있다. 한편 전원개발사업구역 내의 주민의 주관적 공권을 헌법 제23조의 규정이 아니라, 개별법규에서 도출하는 것과 수인가능성의 척도를 가지고 이를 파악하는 것은 독일의 새로운 논의와 대체로 일치한다. 생각건대 同判例는 장차 한국에서 고려명령에 대한 논의의 중요한 근거를 제공해 주는 판례로 평가할 수 있다.

VI. 結 語

공법상 상린관계와 관련하여, 독일에서 논의되고 있는 건축법상의

---

77) 대법원 1998. 4. 24. 선고 97누3286 판결.

고려명령에 대하여 상세히 고찰하였다. 고려명령은 초기에 객관적 측면에 많은 비중을 두고 논의되었으나, 근년에는 고려명령의 주관화가 보다 중요한 논의의 초점이 되고 있다. 나아가 종래에는 고려명령의 법적 근거를 ―특히 Weyreuther의 주장처럼― 재산권의 사회적 기속으로 규정하고 있는 독일기본법 제14조에서 비롯된 것으로 인식되었으나, 점차 개별법률(예컨대 건설법전 제34조나 동법 제31조 제2항 내지 건축이용령 제15조 등)에서 도출되어야 함이 강조되고 있다. 비판적 견해는 고려명령의 법적 근거의 불명확성, 법치국가의 관점에서 예견가능성의 부족 등을 지적하고 있다. 또한 이러한 견해는 고려명령의 完全한 主觀化에 대한 문제점을 지적하고 있다. 특히 다원적 법률관계에서 전통적인 보호규범이론은 개인의 권익구제의 범위를 너무 좁게 이해하고 있음을 비판하고 있다. 이러한 비판은 유럽법이 독일 국내법에 직·간접적으로 많은 영향을 미치고 있다는 사실과 밀접한 관련이 있다. 그러나 이러한 비판을 하는 견해도 보호규범이론을 완전히 포기하는 데에는 찬성하지 않는다. 이와 더불어 최근에는 공법상 상린관계에 있어서 건축주와 인인 사이의 계획법상의 '공동운명체' 내지 '교호관계' 등이 강조되고 있다. 따라서 건축주에 대한 건축허가의 발급을 통해 제3자(인근주민)에 대하여 중대하고 수인할 수 없는 제약을 가져오는 경우에, 고려명령의 완전한 주관화는 부인되지만, 적어도 건축법상의 고려명령에서 도출되는 부분적인 주관화는 交互關係에 참가하고 수익하는 특정한 범위의 토지소유권자를 위한 보호기능을 부여하고 있다. 한편, 고려명령을 示唆하는 새로운 대법원판례이 등장하고 있음은 주목할 만한 사실이다. 점차 현안으로 부상하는 인인보호의 문제를 효과적으로 해결하기 위해서는, 독일에서 논의되는 고려명령의 법리를 현행법과 관련하여 보다 적극적이고 진지하게 검토·수용하고, 이를 체계화하는 노력이 필요하다고 생각한다.

第3章

行政訴訟法 제12조 後文의 解釋과 保護範圍

― 대상판결: 대법원 2009. 3. 12. 선고 2008두22662 판결 ―

I. 事案의 槪要

1. 事件의 經過

(1) 원고는 인천광역시 X구의회 의원으로서 평소 의원간담회나 회의 등에 참석하여 독자적인 발언과 주장을 하여 회의분위기를 흐트러뜨렸고, 특히 2005. 10. 12. 지방에서 개최된 주민자치센터 박람회를 참관하고 각 지역자치위원 및 관계 공무원 등과 함께 상경하던 중 버스 안에서 만취상태에서 소란을 피우고 추태를 부리는 등 의원의 품위를 손상하였다. 이에 각 지역 자치위원으로부터 징계를 요구하는 서명동의안이 접수되었다.

(2) 피고(X구의회)는 2005. 10. 25. 제○회 본회의에서 제적의원 14명 중 11명의 찬성으로 제명의결 정족수인 제적의원의 2/3이상을 충족하여, 소속 의원인 원고를 제명하는 의결을 하였다.

(3) 원고는 2005. 11. 4. 위 제명의결의 취소를 구하는 소를 제1심 법원인 인천지방법원에 제기하였으나, 제1심 법원은 원고의 임기가 2006. 7. 3. 만료되었음을 이유로 이 사건 소를 각하하였다. 이에 원고는 서울고등법원에 항소하였으나, 원심도 제1심의 판시사항을 그대로 인용하여 원고의 항소를 기각하였다.

2. 判決의 要旨

(1) 第1審 및 原審判決의 要旨

위법한 행정처분의 취소를 구하는 소는 위법한 처분에 의하여 발생한 위법상태를 배제하여 원상으로 회복시키고 그 처분으로 침해되거나 방해받은 권리와 이익을 보호구제하고자 하는 소송이므로, 비록 그 위법한 처분을 취소한다고 하더라도 원상회복이 불가능한 경우에는 그 취소를 구할 소의 이익이 없다고 할 것이다. 따라서 임기가 만료된 지방의회 의원이 지방의회를 상대로 의원제명처분의 취소를 구하는 소는 그가 승소한다고 하더라도 지방의회 의원으로서의 지위를 회복할 수는 없는 것이므로 그 소송은 소의 이익이 없어 부적법하다고 할 것이며, 제명처분을 당한 의원이 제명처분으로 인한 정치인으로서의 불명예를 회복할 사실상의 필요가 있다는 사유만으로 제명처분의 취소를 구하는 소의 이익은 있다고 볼 수 없다.

(2) 大法院判決의 要旨

지방의회 의원에게 지급되는 비용 중 적어도 월정수당(제3호)은 지방의회 의원의 직무활동에 대한 대가로 지급되는 보수의 일종으로 봄이 상당하다. 따라서 원고가 이 사건 제명의결 취소로 지방의회 의원으로서의 지위를 회복할 수는 없다 할지라도, 그 취소로 인하여 최소한 제명의결시부터 임기만료일까지의 기간에 대해 월정수당의 지급을 구할 수 있는 등 여전히 그 제명의결의 취소를 구할 법률상 이익은 남아 있다고 보아야 한다.

II. 行政訴訟法　제12조의　構造와　解釋

1. 問題의　所在

대법원은 임기가 만료된 지방의회의원이 의회를 상대로 의원제명처분의 취소를 구할 이익이 있는지 여부를 다투는 사건에서, 지방자치법 (2007. 5. 11. 법률 제8423호로 전부 개정되기 전의 것) 제32조 제1항 제3호에서 의정활동비, 여비 외에 '월정수당'을 규정하고 있으므로, 이를 지방의회 의원의 직무활동에 대한 대가로 지급되는 보수의 일종으로 보고 소익(협의의 소익)을 인정하고 있다.[1] 그러나 종전의 판례는 지방의회 의원이 제명처분으로 인해 정치인으로서의 불명예를 회복할 사실상의 필요가 있다는 사유만으로 제명처분의 취소를 구할 소의 이익이 없다고 보고 있었다.[2] 따라서 대상판례가 종전의 판례와 어떠한 관계에 있으며, 향후 이와 관련된 판례에 있어서 어떠한 의미를 가지는지를 살펴볼 필요가 있다.

한편, 대법원은 제주국제자유도시개발센터의 감사로 재직 중이었던 자가 해임되어 해임처분 취소소송 계속 중에 임기가 만료되어 해임처분의 취소로 그 지위를 회복할 수는 없다 할지라도, 그 취소로 인하여 최소한 해임처분시부터 임기만료일까지의 기간에 대하여 '보수'의 지급을 구할 수 있는 등 여전히 그 해임처분의 취소를 구할 법률상 이익은 남아 있다고 판시하여,[3] 위 대상판결의 입장을 따르고 있다. 그러나 대

---

1) 대법원 2009. 1. 30. 선고 2007두13487 판결.
2) 대법원 1996. 2. 9. 선고 95누14978 판결. 다만, 판례는 공무원이 파면처분을 받은 후에 금고 이상의 형을 선고받아 당연퇴직된 경우에 소익을 인정한 바 있다. 즉 "원고가 그와 같은 당연퇴직으로 공무원으로서의 신분을 상실하였다 하여도 최소한도 이 사건 파면처분이 있은 때(1983. 5. 9)로부터 지방공무원법 제61조의 규정에 의한 당연퇴직일자(1983. 12. 27)까지의 기간에 있어서는 파면처분의 취소를 구하여 그로 인해 박탈당한 이익의 회복을 구할 소의 이익이 있다"고 판시하고 있다(대법원 1985. 6. 25. 선고 85누39 판결). 그러나 이 사건에 있어서 회복할 이익은 명예·신용 등의 인격적 이익은 아니라는 점에서 차이가 있다.
3) 대법원 2009. 3. 12. 선고 2008두22662 판결.

상판례가 협의의 소익에 관한 종전의 판례의 입장을 완전히 변경한 것
인지에 대해 의문이 제기될 수 있다.

　그동안 학설은 행정소송법 제12조 후문의 해석을 둘러싸고 많은 논
의를 하였다. 그러나 이러한 논의들은 대부분 외국의 입법례에 대한 지
나친 의존으로 인해 실정법의 해석의 범위를 넘어서고 있다는 인상을
주고 있다. 따라서 우리 행정소송법 제12조의 구조와 그 해석을 통해
종래의 학설상 논의와 외국의 입법례를 재검토하고, 새로운 판례의 의
미를 검토할 필요가 있는 것으로 보인다. 우리 행정소송법 제12조에는
"취소소송은 처분 등의 취소를 구할 법률상 이익이 있는 자가 제기할
수 있다. 처분 등의 효과가 기간의 경과, 처분 등의 집행 그 밖의 사유
로 인하여 소멸된 뒤에도 그 처분 등의 취소로 인하여 회복되는 법률
상 이익이 있는 자의 경우에는 또한 같다"고 규정되어 있다. 행정소송
법 제12조의 후문에 규정된 "법률상 이익"과 전문에 규정된 "법률상
이익"을 동일한 의미로 해석해야 하는지, 또는 양자를 달리 해석하는
경우에 행정소송법 제12조 후문의 보호범위를 어느 정도까지 포함해야
하는지 등이 문제가 된다. 이와 관련하여 국내의 유력설은 독일의 계속
확인소송(Fortsetzungsfeststellungsklage)을 참조하여, 행정소송법 제12
조 후문의 "법률상 이익"의 개념을 '확인의 정당한 이익'으로 해석하고
있다. 이러한 해석은 협의의 소익을 넓게 해석할 수 있다는 점에서 큰
魅力을 가지나, 현행법의 구조와 해석에 그대로 적용하는 것이 타당한
지에 대해서는 의문을 제기하지 않을 수 없다.

　따라서 이하에서는 행정소송법 제12조의 구조분석을 통한 전문과 후
문의 관계, 행정소송법 제12조 후문의 의미(II.) 및 외국의 입법례(III.),
그리고 행정소송법 제12조 후문의 소익의 보호범위를 검토하도록 한다
(IV.). 이를 통해 독일의 계속확인소송의 적용가능성 여부, 새로운 판례
의 의미와 전망 등을 살펴보도록 한다(V.).

2. 行政訴訟法 제12조의 構造分析

행정소송법 제12조 전문은 "취소소송은 처분 등의 취소를 구할 법률상 이익이 있는 자가 제기할 수 있다"고 규정하고 있다. "법률상 이익"의 의미에 대해서는 대체로 권리구제설, 법률상 보호이익설(법적 보호이익설), 보호할 가치있는 이익구제설 및 처분의 적법성보장설 등이 있다. 특히 도시계획법이나 환경법 등의 분야에서 법률상 보호할 만한 가치있는 이익도 법적으로 보호되는 이익으로 보아 "법률상 이익"의 개념을 확대하고 있는데, 소위 '연탄공장'사건은 원고적격 확대의 信號彈이었다. 즉 "주거지역 안에서는 도시계획법 제19조 제1항과 개정 전 건축법 제32조 제1항에 의하여 공익상 부득이하다고 인정될 경우를 제외하고는 거주의 안녕과 건전한 생활환경의 보호를 해치는 모든 건축이 금지되고 있을 뿐 아니라 주거지역내에 거주하는 사람이 받는 위와 같은 보호이익은 법률에 의하여 보호되는 이익이라고 할 것이므로 주거지역내에 위 법조 소정 제한면적을 초과한 연탄공장 건축허가처분으로 불이익을 받고 있는 제3거주자는 비록 당해 행정처분의 상대자가 아니라 하더라도 그 행정처분으로 말미암아 위와 같은 법률에 의하여 보호되는 이익을 침해받고 있다면 당해 행정처분의 취소를 소구하여 그 당부의 판단을 받을 법률상의 자격이 있다"고 판시하였다.[4] 이와 관련하여 우리 행정소송법 제12조 전문의 취소소송을 '객관소송'으로 이해하고, 그 법률상 이익을 "법질서상 취소소송을 통해 보호되어야 할 것으로 평가되는 개별적·직접적·구체적 이익" 또는 "보호할 가치 있는 이익"으로 해석하는 견해도 있다(소위 법률상 보호가치이익설).[5] 그러나 원고적격과 관련하여 통설·판례는 여전히 '법률상 보호이익설'을 취하고 있으며, 사실적·경제적 이해관계를 가지는 데 불과한 경우는 제외된

---

4) 대법원 1975. 5. 13. 선고 73누96·97 판결. 同旨判例: 대법원 2005. 3. 11. 선고 2003두13489 판결; 대법원 2008. 4. 10. 선고 2008두402 판결; 대법원 2008. 3. 27. 선고 2007두23811 판결.
5) 朴正勳, 행정소송의 구조와 기능, 320면 참조.

다.6) 비록 원고적격의 보호범위를 확대하는 것이 판례의 추세이기는 하
나, 무분별한 제3자의 원고적격 확대론에 대해서는 보다 신중할 필요가
있다.7)

한편, 행정소송법 제12조 후문은 "처분 등의 효과가 기간의 경과, 처
분 등의 집행 그 밖의 사유로 인하여 소멸된 뒤에도 그 처분 등의 취
소로 인하여 회복되는 법률상 이익이 있는 자"도 행정소송을 제기할
수 있다고 규정하고 있다. 학설은 행정소송법 제12조 전문의 규정을 취
소소송의 원고적격에 관한 규정으로 보고, 행정소송법 제12조 후문에
규정된 "법률상 이익"을 대체로 "협의의 소익"으로 해석하고 있다.8) 여
기에서 행정소송법 제12조 전문과 후문의 관계가 문제된다. 즉 행정소
송법 제12조의 전문과 후문에서 공히 "법률상 이익"이라는 文言
(Wortlaut)을 사용하고 있으나, 이를 동일한 의미로 이해해야 하는지가
문제된다. 이에 대해서는 학설이 대립하고 있으며, 후술하는 바와 같이
양자를 구분해서 이해하는 견해가 지배적이다.

행정소송상 넓은 의미의 소익에는 원고적격과 권리보호의 필요(협의
의 소익), 그리고 권리보호의 자격(청구대상의 적격)을 포함하고 있다. 학
설은 행정소송법 제12조 후문의 '법률상 이익'을 대체로 "분쟁을 재판
에 의하여 해결할 만한 현실적 필요성"의 의미로 이해하고,9) 협의의 소
익을 독일에서 유래된 權利保護必要(Rechtsschutzbedürfnis)와 동일한
개념으로 사용하고 있다. 대법원판례도 협의의 소익을 권리보호필요와

---

6) 대법원 2001. 7. 10. 선고 2000두2136 판결; 대법원 2008. 7. 10. 선고 2007두10242 판
결 등 참조.
7) 우리 대법원도 "행정처분의 직접 상대방이 아닌 제3자라 하더라도 당해 행정처분으로
인하여 법률상 보호되는 이익을 침해당한 경우에는 그 처분의 무효확인을 구하는 행정
소송을 제기하여 그 당부의 판단을 받을 자격이 있다 할 것이며, 여기에서 말하는 법률
상 보호되는 이익이라 함은 당해 처분의 근거 법규 및 관련 법규에 의하여 보호되는
개별적 · 직접적 · 구체적 이익이 있는 경우를 말하고, 공익보호의 결과로 국민 일반이
공통적으로 가지는 일반적 · 간접적 · 추상적 이익이 생기는 경우에는 법률상 보호되는
이익이 있다고 할 수 없다"고 하여(대법원 2006. 3. 16. 선고 2006두330 전원합의체 판
결), 제3자의 원고적격을 인정함에 있어 私益保護性을 강조하고 있다.
8) 김남진 · 김연태, 행정법 I, 제12판, 671면; 홍준형, 행정구제법, 제4판, 590, 692면 참조.
9) 김남진 · 김연태, 전게서, 671면; 김동희, 행정법 I, 제14판, 692면.

동일한 경우라고 해석하고 있다. 즉 "이미 효과가 소멸된 행정처분일지라도 권리보호의 필요성이 인정되는 경우에는 그에 대한 취소소송을 허용하고 있다"고 판시하고 있다.10) 그러나 일부학설은 독일 취소소송의 독특한 성질이 반영된 "권리보호필요"의 개념 보다는 "협의의 소익"이라는 개념이 타당하다고 하여, 양 개념을 구분하는 견해도 유력하다.11)

3. 行政訴訟法 제12조 後文의 意味

(1) 學說의 立場

한편, "利益 없으면 訴 없다"라는 法諺처럼, 소의 이익은 무익한 濫訴를 방지하기 위한 제도적 장치이며, 소를 제기할 정당한 이익 또는 필요성을 의미한다. 그러나 소의 이익을 지나치게 넓게 확대하면 남소를 허용하고 국가의 적정한 재판권행사를 제약할 수 있고, 소의 이익을 지나치게 협소하게 해석하면 헌법상 재판청구권을 부당하게 제한 내지 박탈할 수 있다.12)

따라서 행정소송법 제12조 후문의 "법률상 이익"을 어떻게 이해해야 하는지가 선행되어야 한다. 행정소송법 제12조 후문의 "법률상 이익"을 취소소송의 소익으로 보아야 하는지, 아니면 다른 소송형식으로 볼 수 있는지도 문제가 된다. 또한 행정소송법 제12조 후문의 "법률상 이익", 즉 협의의 소익을 재산적 이익에 제한해야 하는지가 검토될 필요가 있다. 판례는 행정소송법 제12조 전문의 원고적격을 확대하면서도, 후문의 협의의 소익에 대해서는 비교적 홀대를 한 점이 없지 않다. 이와 관련하여 판례의 입장, 학설 및 외국입법례 등의 고찰을 통해 그 의미를 다시 조망할 필요가 있다.

---

10) 대법원 2006. 6. 22. 선고 2003두1684 전원합의체 판결. 同旨判例: 대법원 2007. 1. 11. 선고 2006두13312 판결.
11) 朴正勳, 전게서, 323면.
12) 李時潤, 新民事訴訟法, 제2판, 185면.

우선 행정소송법 제12조 후문을 전문과 마찬가지로 원고적격에 관한
조항으로 이해하는 견해가 있다.13) 이 견해는 전문과 후문에서 동일한
개념을 사용하고 있으므로, 이를 달리 해석할 수 없다는 것이다. 그러
나 동일한 개념이라도 수식어에 따라서는 다소 다른 해석가능성이 있
을 수 있다.

둘째, 취소소송을 '확인소송'으로 보아 행정소송법 제12조 전문과 후
문의 취소를 위법성의 확인으로 파악하고, 법률상 이익을 보호할 가치
있는 이익으로 이해하는 견해가 있다.14) 이 견해는 취소소송을 '객관소
송'을 이해하고 있으며, 행정소송법 제12조 전문의 원고적격을 "법률상
보호가치 있는 이익"으로 보고 있다. 그러나 취소소송은 주관소송으로
이해되는 것이 지배적 견해이며, 취소소송의 목적은 단순한 처분의 위
법성확인이 아니라, 위법한 처분의 종국적 제거이다. 학설도 취소소송
을 형성소송으로 보는 것이 통설이다.

셋째, 행정소송법 제12조 후문의 '법률상 이익' 개념을 "권리보호의
필요를 인정하기 위하여 요구되는 원고의 현실적 이익"이라고 보고,
"주관적 공권, 법률상 이익과 사실상 이익의 구분에 관한 문제로 다룰
이유는 없고, 따라서 이를 엄격히 법적 이익에 한정하는 것은 행정소송
법 제12조 후문의 취지를 감안할 때 타당하지 않다"는 견해도 있다.15)
또 다른 견해는 처분 등의 효과가 소멸된 이후에는 그 처분이 위법이
었음을 확인할 정당한 이익이 있는 경우에 권리보호의 필요를 인정해

---

13) 홍정선, "처분등의 소멸과 취소소송", 고시계 제27권 제5호, 66-67면. 행정소송법 제12
조 전문의 "법률상 이익"과 후문의 "법률상 이익"을 원칙적으로 동일한 개념으로 이해
하면서, 후문의 "법률상 이익"을 행정의 적법성 보장의 필요에서 소의 이익의 존속을
이정할 여지가 있는 자로 해석하는 견해도 주장된다. 즉 "취소소송의 목적·기능이 처
분 등의 효과배제에만 있는 것이 아니라 행정의 적법성 보장에도 있는 것이므로 법률
상 이익이 있는 자를 해석함에 있어서 처분 등이 실효된 후에도 그 처분 등의 취소를
구하지 아니하면 회복할 수 없는 법률상 이익이 남아 있는 한 행정의 적법성 보장의
필요에서 소의 이익의 존속을 인정할 여지가 있는 자로 해석하면 족한" 것으로 보고
있다. 김철용, 행정법 I, 제12판, 676-677면.
14) 朴正勳, 전게서, 319면.
15) 洪準亨, 전게서, 592-593면.

야 하며, 이를 행정소송법 제12조 전문의 '법률상 이익'의 개념보다 넓은 의미로 이해하고 있다.[16] 이러한 견해는 위 견해와 매우 가까운 것으로 보인다. 그러나 이러한 주장을 하는 다수의 견해가 우리 행정소송법 제12조 후문을 독일의 계속확인소송과 유사한 것으로 보고, 계속확인소송의 권리보호필요성, 즉 '확인의 정당한 이익'(ein berechtigtes Interesse an dieser Feststellung)과 동일한 의미로 이해하고 있다.

(2) 判例의 立場

대법원은 행정소송법 제12조 후문의 "법률상 이익"개념을 "협의의 소익"이라고 표현하지 않고, 같은 조항 전문과 마찬가지로 "소의 이익"이라는 용어를 사용하고 있다. 그러나 판례는 "이미 효과가 소멸된 행정처분일지라도 권리보호의 필요성이 인정되는 경우"라고 해석하여[17], 행정소송법 제12조 전문의 '법률상 이익'개념보다 비교적 넓게 해석하는 것으로 보고 있다.

(가) 否定한 事例

행정소송법 제12조 후문과 관련하여, 협의의 소익을 부정한 대법원 사례를 살펴보면 아래와 같다. 우선 처분 등의 효과가 期間의 經過로 인하여 소멸된 경우이다. 즉 대법원은 효력기간이 경과한 회계법인의 감사업무제한처분의 취소를 구하는 소송에서, "행정처분에 그 효력기간이 정하여져 있는 경우, 그 처분의 효력 또는 집행이 정지된 바 없다면 위 기간의 경과로 그 행정처분의 효력은 상실되므로 그 기간 경과 후에는 그 처분이 외형상 잔존함으로 인하여 어떠한 법률상 이익이 침해되고 있다고 볼 만한 별다른 사정이 없는 한 그 처분의 취소를 구할 법률상의 이익이 없다"고 판시하였다.[18]

---

16) 김남진·김연태, 전게서, 673면.
17) 대법원 2006. 6. 22. 선고 2003두1684 전원합의체 판결.
18) 대법원 2004. 7. 8. 선고 2002두1946 판결. 同旨判例: 대법원 1995. 10. 17. 선고 94누 14148 전원합의체 판결, 2002. 7. 26. 선고 2000두7254 판결 등 참조.

둘째, 處分 등의 執行으로 인해 처분 등의 효과가 소멸되어 원상회복이 불가능한 경우이다. 예컨대 철거명령의 위법성을 취소소송을 통해 다투는 경우에, 대상건물이 이미 철거되어 그 복원이 불가능한 경우, 또는 위법한 건축허가를 다투는 도중에 건축허가에 근거한 건축공사가 완료된 경우19) 등이 그러하다.

셋째, 그 밖에 법익침해상태가 해소되거나 반복위험의 가능성이 없는 경우이다. 즉 국가고시의 불합격처분 후에 다시 새로운 국가고시에 합격한 경우와 같이 행정처분 후의 사정에 의해 法益侵害狀態가 해소된 경우이다.

(나) 肯定한 事例

첫째, 처분 등의 집행으로 처분 등의 효과가 소멸된 경우이다. 대법원은 현역의무부과처분취소 사건에서 현역병입영대상자가 현실적으로 입영을 하였다 하더라도 입영 이후의 법률관계에 영향을 미치는 현역병입영통지처분 등을 한 관할 지방병무청장을 상대로 위법을 주장하여 그 취소를 구할 소송상의 이익이 있다고 판시한 바 있다.20)

둘째, 협의의 소익을 인정한 사례는 위반횟수에 따른 가중처벌의 경

---

19) 대법원 1992. 4. 24. 선고 91누11131 판결.

20) 즉 대법원은 "병역법 2조 1항 3호에 의하면 '입영'이란 병역의무자가 징집·소집 또는 지원에 의하여 군부대에 들어가는 것이고, 병역법 18조 1항에 의하면 현역은 입영한 날부터 군부대에서 복무하도록 되어 있으므로 현역병입영통지처분에 따라 현실적으로 입영을 한 경우에는 그 처분의 집행은 종료되지만, 한편, 입영으로 그 처분의 목적이 달성되어 실효되었다는 이유로 다툴 수 없도록 한다면, 병역법상 현역입영대상자로서는 현역병입영통지처분이 위법하다 하더라도 법원에 의하여 그 처분의 집행이 정지되지 아니하는 이상 현실적으로 입영을 할 수밖에 없으므로 현역병입영통지처분에 대하여는 불복을 사실상 원천적으로 봉쇄하는 것이 되고, 또한 현역입영대상자가 입영하여 현역으로 복무하는 과정에서 현역병입영통지처분 외에는 별도의 다른 처분이 없으므로 입영한 이후에는 불복할 아무런 처분마저 없게 되는 결과가 되며, 나아가 입영하여 현역으로 복무하는 자에 대한 병적을 당해 군 참모총장이 관리한다는 것은 입영 및 복무의 근거가 된 현역병입영통지처분이 적법함을 전제로 한 것으로서 그 처분이 위법한 경우까지를 포함하는 의미는 아니라고 할 것이므로, 현역병입영대상자로서는 현실적으로 입영을 하였다고 하더라도, 입영 이후의 법률관계에 영향을 미치고 있는 현역병입영통지처분 등을 한 관할 지방병무청장을 상대로 위법을 주장하여 그 취소를 구할 소송상의 이익이 있다고 할 것이다"라고 판시하였다(대법원 2003. 12. 26. 선고 2003두1875 판결).

우이다. 대법원은 자동차운행정지처분 기간이 지난 경우에도 그 처분의
취소를 구할 법률상 이익이 있는지 여부를 다투는 소송에서 협의의 소
익을 인정하고 있다.[21] 특히 대법원은 전원합의체판결로 환경영향평가
대행업무 정지처분을 받은 환경영향평가대행업자가 업무정지처분기간
중 환경영향평가대행계약을 신규로 체결하고 그 대행업무를 한 사안에
서 종전 판례를 변경하여 소의 이익을 인정하였다. 즉 업무정지처분기
간 경과 후에도 환경·교통·재해 등에 관한 영향평가법 시행규칙의
규정에 따른 후행처분을 받지 않기 위하여 위 업무정지처분의 취소를
구할 법률상 이익이 있다고 판시한 것이다.[22] 이 판결로 인해 제재적
행정처분을 장래에 다시 제재적 행정처분을 받을 경우의 가중사유로
규정하고 있고 그 규정에 따라 가중된 제재적 행정처분을 받게 될 우
려가 있다고 하더라도 그 제재기간이 경과한 제재적 행정처분의 취소
를 구할 법률상 이익이 없다는 취지로 판시한 판결이나 동일한 취지의
판결들(대법원 1995. 10. 17. 선고 94누14148 전원합의체 판결 및 대법원
1988. 5. 24. 선고 87누944 판결, 대법원 1992. 7. 10. 선고 92누3625 판결,
대법원 1997. 9. 30. 선고 97누7790 판결, 대법원 2003. 10. 10. 선고 2003
두6443 판결 등)은 위 2003두1684 전원합의체 판결의 견해에 배치되는
범위 내에서 모두 변경되었다. 특히 이 판결에서 주목할 만한 사실은
"선행처분을 받은 상대방이 그 처분의 존재로 인하여 장래에 받을 불
이익, 즉 후행처분의 위험은 구체적이고 현실적인 것이므로, 상대방에
게는 선행처분의 취소소송을 통하여 그 불이익을 제거할 필요가 있다"

---

21) 즉 대법원은 "자동차운수사업법제31조의규정에의한사업면허의취소등의처분에관한규칙
　　제3조 제3항 제1호는 그 별표 1, 2의 처분기준을 적용하는 것이 현저하게 불합리하다
　　고 인정되는 경우에는 위반횟수 등을 참작하여 운행정지의 경우에는 처분기준일수의 2
　　분의 1 범위 안에서 가중하거나 감경할 수 있고, 다만 처분의 총일수가 6월을 초과하여
　　서는 안 된다고 되어 있고, 별표 2의 비고 1은 사업정지 또는 운행정지처분을 받은 날
　　로부터 1년 이내에 동일한 내용의 위반행위를 다시 한 경우에는 처분기준량의 2분의 1
　　을 가산하여 처분한다고 되어 있으므로, 비록 택시운전기사에 대한 자동차운행정지처분
　　기간이 지났다고 하여도 택시운전기사로서는 이 때문에 행정청으로부터 가중된 제재처
　　분을 받게 될 우려가 있을 수 있어 그 처분의 취소를 구할 법률상 이익이 없다고 할
　　수 없다"고 판시하였다(대법원 1993. 12. 21. 선고 93누21255 판결).
22) 대법원 2006. 6. 22. 선고 2003두1684 전원합의체 판결.

고 판시하고 있는 점이다. 즉 효력기간이 경과한 처분이라 하더라도 후행처분의 위험에 따른 불이익을 제거할 필요나 회복되는 이익이 있는 경우에는 소익을 인정하고 있다. 대법원판례의 전체적인 추이를 살펴보면, 협의의 소익이 점차 확대되는 경향을 보이고 있다.

(3) 小結

행정소송법 제12조 후문은 1984. 12. 15. 전면개정에 의해 도입된 것으로서, 처분의 효력이 소멸된 경우라도 회복될 가능성이 있는 부수적인 이익이 있는 경우에는 협의의 소익을 인정해야 한다는 견해가 타당하다.[23] 판례도 이미 효과가 소멸된 행정처분일지라도 권리보호의 필요성이 인정되는 경우로 이해하여, 행정소송법 제12조 전문의 원고적격보다는 넓게 해석하고 있다는 점에서 동일한 맥락으로 여겨진다. 다만, 행정소송법 제12조 후문을 독일의 계속확인소송에 있어서 확인의 정당한 이익으로 이해하는 견해가 유력하므로, 이하에서는 독일 및 일본의 입법례에 관한 비교법적 고찰을 통해 행정소송법 제12조 후문의 의미를 재검토하도록 한다.

Ⅲ. 比較法的 考察

1. 獨逸의 立法例

(1) 繼續確認訴訟의 意義 및 法的 性質

독일 행정법원법(VwGO) 제113조 제1항 제1문에는 "행정행위가 위법하고 이로 인해 원고의 권리가 침해된 경우에는 법원은 행정행위 및 재결을 취소한다"고 규정하고 있다. 또한 같은 조항 제4문에서는 "행정행위가 판결의 선고 이전에 직권취소나 다른 방법에 의해 종료된 경우

---

23) 박균성, 행정법론(상), 제8판, 1026면 참조.

에 원고가 그 확인에 정당한 이익을 가지는 한, 법원은 신청에 의해 판결로써 행정행위가 위법하였음을 선고한다"고 규정하고 있다. 즉 독일의 계속확인소송은 취소소송을 제기한 후 행정행위가 종료된 경우에 문제되므로, 원고가 종료된 행정행위의 취소소송의 계속에 대하여 확인의 정당한 이익을 가져야 한다. 따라서 예외적인 경우를 제외하고는 취소소송의 본안판단의 요건을 충족해야 된다고 보고 있다.[24]

한편, 계속확인소송의 법적 성질에 대하여 ① 취소소송의 하위유형 내지 '절단된 취소소송'(amputierte Anfechtungsklage)으로 분류하는 견해[25], ② 확인소송의 특수한 형태로 보는 견해[26], 또는 ③ 기존의 특정한 소송유형에 귀속시키기 곤란하다는 견해[27] 등이 주장되고 있다. 독일의 계속확인소송은 취소소송의 제기 후 행정행위가 소멸된 경우에 인정된다. 이 경우에는 행정행위의 소멸 후 확인소송으로의 종료된 행정행위의 위법성 확인을 구하는 확인소송으로 청구취지를 변경해야 한다. 이러한 청구취지의 변경은 소송의 대상이나 당사자는 그대로 놓아둔 채 소의 종류만 변경하는 것이어서 소변경이 아니라고 한다(독일 행정법원법 제173조 및 독일 민사소송법 제264조 제2호 참조).[28] 따라서 계속확인소송은 순수한 취소소송이나 확인소송으로 보기는 어렵다. 다만, 계속확인소송은 그 내용 및 성질에 비추어 특수한 형태의 확인소송에 가까운 것으로 볼 수 있다. 실제 독일의 문헌에서는 대부분 확인소송과 함께 다루고 있다.[29]

---

24) Th. Würtenberger, Verwaltungsprozeßrecht, 1998, Rn. 641.
25) Kopp/Schenke, VwGO, 12. Aufl., 2000, § 113 Rn. 97.
26) Rozek, Grundfälle zur verwaltungsgerichtlichen Fortsetzungsfeststellungsklage, JuS 1995, S. 415.
27) Fechner, Die Rechtswidrigkeitsfeststellungsklage, NVwZ 2000, S. 128.
28) Gerhardt, in: Schoch/Schmidt-Aßmann/Pietzner, VwGO, § 113 Rn. 79; Schmitt Glaeser/Horn, Verwaltungsprozeßrecht, 15. Aufl., 2000, Rn. 355. 즉 독일 민사소송법 제264조 제2호에는 청구이유의 변경 없이 본안판단이나 부수적 요건과 관련하여 청구취지를 확대되거나 제한되는 경우가 소변경에 해당하지 아니한다고 규정하고 있다.
29) Schmitt Glaeser/Horn, a.a.O., Rn. 352 ff.; Hufen, Verwaltungsprozeßrecht, 3. Aufl., § 18 Rn. 53 ff. 이와 관련하여 국내문헌도 독일의 계속확인소송을 취소소송이나 확인소송이 아닌 특수한 형태의 소송(홍준형, 전게서, 589면), 또는 절단된 취소소송 내

(2) 確認의 正當한 利益의 槪念範圍

계속확인소송에서 '정당한 이익'은 대체로 ① 反復危險(Wiederho-
lungsgefahr) 방지의 이익, ② 잔존하는 차별을 제거할 原狀回復의 利
益(Rehabilitationsinteresse), ③ 민사소송으로 제기되는 손해배상소송에
대한 先決的 效力의 이익(Schadenersatzinteresse) 등으로 분류된다.[30]
먼저 반복위험의 방지와 관련하여, 단순히 장래의 행위발생의 추상적
가능성만으로는 정당한 이익이 인정되지 않고 가까운 장래에 동일한
유형의 행정행위가 발급될 것이 기대될 수 있는, 충분히 구체적인 이익
이 있어야 한다.[31] 예컨대 유사한 시위에 대해 반복될 우려가 있는 집
회금지의 통지(통보), 같은 도시에서 다시 연주해야 하는 길거리 악사의
악기 압류 등이 여기에 해당한다.[32] 또한 행정소송상 처분의 위법성확
인에 관한 선결적 효력(Präjudizwirkung)은 이후 국가배상소송에서 기
판력에 의해 민사법원을 구속한다(행정법원법 제121조 참조).[33]

이 가운데에서 잔존하는 차별제거라는 '원상회복의 이익'의 경우에
명예나 신용 등 정신적 이익이 포함되는지가 문제되는 바, 기본법상의
인격권보호와 관련하여 고려되고 있다(독일기본법 제2조 제1항 및 제1조
제1항 참조). 이러한 명예회복의 이익은 포괄적 권리구제를 규정한 독일
기본법 제19조 제4항에 근거하고 있으며, 기본권침해와 관련된 정신적
이익은 그 입증이 매우 어렵고 보충성에 의해 헌법소원의 가능성이 열
려져 있기 때문에 엄격한 주장·입증을 요구하지 않는다.[34] 그러나 확
인소송의 경우와 같이 '즉시확정의 이익'을 필요로 하지는 않으며, 합리
적인 고려에 의해 인정될 수 있는 법적·경제적·관념적(정신적)인 유
형의 보호가치 있는 이익으로 충분하다고 본다.[35] 특히 정신적 이익에

지 취소소송의 하위유형(朴正勳, 전게서, 304면) 등으로 소개하고 있다.
30) Würtenberger, a.a.O., Rn. 653 ff.
31) Schmitt Glaeser/Horn, a.a.O., Rn. 356.
32) Hufen, Verwaltungsprozeßrecht, 3. Aufl., § 18 Rn. 75 참조.
33) BVerwGE 9, 196/198.
34) 朴正勳, 전게서, 309면.

는 위법하고 지속적으로 인격권을 침해하는 경우에 대해 어느 정도의 조정을 요구하고 있다.36) 그리고 직업생활 및 사회생활에 지속적으로 부정적 효과를 미칠 위험이 있는 경우에 한하여 이를 배제하기 위한 계속확인소송은 정당한 이익이 있다고 판시한 사례가 있다. 예컨대 학생에 대한 유급처분이 그러하다.37)

그 밖에 "단기간에 실효되는 행정행위"의 경우에도 확인의 정당한 이익이 인정될 수 있다.38) 그러나 이러한 경우도 실제로는 '회복의 이익'과 관련하여 논의된다고 볼 수 있으며, 이러한 유형은 주로 독일의 경찰법 분야에서 문제되고 있다.39) 즉 경찰상 행정행위(경찰처분)나 경찰상 사실행위 등 경찰작용은 급박한 경우에 발령되어 단기간에 종료되는 경우가 적지 않다.40) 한편, 종료된 행정행위에 의해 야기되는 기본권침해의 경우에 확인의 이익을 긍정한 판례도 있다. 원고인 학생들이 학교를 상대로 특정 교재를 선정하여 사용하는 것에 대하여 쾰른(Köln) 행정법원에 소를 제기하였으나 기각되었다. 이에 원고는 뮌스터(Münster) 고등행정법원에 항소하였으나, 항소심은 원고에게 확인의 이익이 없다고 하여 각하판결을 내렸다. 이에 대하여 원고는 연방행정법원에 상고하였고, 상고심은 확인의 이익을 인정하였다.41) 이 사건에서 문제가 된 교재는 해당 학기(1975/76)가 종료한 후 원고 중 한 명인 여학생의 수업시간에서 더 이상 사용되지 않고 있는 상태였다.

---

35) Kopp/Schenke, VwGO, § 113 Rn. 129.
36) Gerhardt, in: Schoch/Schmidt-Aßmann/Pietzner(Hg.), VwGO, § 113 Rn. 91.
37) BVerwGE 56, 155/156 f.
38) 鄭夏重, "행정소송법 제12조 후단의 의미와 독일 행정소송법상의 계속확인소송", 저스티스 제107호(2008. 10), 289면.
39) Ralf P. Schenke, Die Neujustierung der Fortsetzungsfeststellungsklage, JuS 2007, S. 698.
40) 경찰작용의 유형구분에 관하여는 拙稿, "경찰작용의 행위형식에 관한 재검토", 법제 제570호(2005. 6), 32면 이하.
41) BVerwGE 61, 164/167.

2. 日本의 立法例

일본 행정사건소송법 제9조 "처분의 취소의 소 또는 재결의 취소의 소는 해당 처분 또는 재결의 취소를 구하는 것에 관하여 법률상의 이익을 향유하는 자(처분 또는 재결의 효과가 기간의 경과, 그 밖의 사유로 인하여 소멸된 후에도 처분 또는 재결의 취소로 인하여 회복되는 법률상 이익이 있는 자를 포함한다)에 한하여 제기할 수 있다"고 규정하고 있다. 우리 행정소송법 제12조 후문은 일본 행정사건소송법 제9조의 괄호부분의 내용을 그대로 계수한 것으로 알려져 있다.[42]

행정사건소송법을 제정하기 이전에 일본 최고재판소는 의원의 임기만료 후 지방의회 의원의 제명결의에 관한 취소소송에서 세비청구권 등의 이익이 남아 있음에도 불구하고 소의 이익을 부정하였다.[43] 또한 명예·신용 등의 이익은 단순히 사실상의 효과로 보고 국가배상소송을 통해 해결할 수 있다는 점에서 취소소송을 제기할 이익이 없다고 보았다.[44] 그러나 이러한 협소한 소익 인정의 문제점을 시정하기 위해 일본 행정사건소송법 제9조에 위 괄호안의 규정이 도입되었으며, 최근에 일부학설은 명예·신용의 회복도 소의 이익으로 인정하여야 한다고 주장하고 있다.[45]

이와 같이 판례는 처분의 사실상의 효과로서 명예나 신용 등의 인격적 이익이 침해된 경우에도 그 회복을 구하는 소의 이익을 긍정하지 않았다. 그러나 위법한 처분에 의하여 침해된 명예·신용 등을 회복하기 위해 금전배상의 방법에 의하는 경우에 취소판결의 위법선언을 구하기 위해 소의 이익을 인정해야 한다는 견해도 유력하다.[46] 또한 최고재판소도 공무원이 면직처분의 취소소송의 계속 중에 시의회의원 선거

---

42) 백윤기, 註釋 行政訴訟法(편집대표 김철용/최광률), 박영사, 2004, 393면.
43) 最大判昭和 三五·三·九民集一四卷 三五五頁.
44) 高城誠, 訴の利益, ジュリスト No. 925, 144-146頁.
45) 高城誠, 前揭論文, 147頁; 塩野宏, 行政法 II, 제4판, 128-129頁 참조.
46) 상세한 문헌은 南 博方·高橋 滋, 條解 行政事件訴訟法, 弘文堂, 第3版, 272頁 참조.

에 입후보하여, 공무원직을 사직하여야 한다는 법률규정에도 불구하고
면직처분의 취소에 의해 급료청구권 등의 회복이익이 있는 경우에는
소의 이익이 소멸하지 않는다고 판시한 바 있다.[47]

Ⅳ. 狹義의 訴益의 保護範圍

행정소송법 제12조 후문의 해석에 의하면 협의의 소익이 인정되는
사례는 주로 기간의 경과나 처분 등의 집행 기타 사유로 인하여 처분
등의 효과가 소멸된 경우에도, 처분의 취소로 인하여 원상회복의 이익
이 있는 경우이다. 이 중 잔존하는 차별을 제거하여 회복되는 이익이
인정되는 경우에, 명예나 신용 등 정신적 이익이 포함될 수 있는지가
문제된다.

당해 사건에서 문제가 되는 것은 명예·신용 등 인격적 이익이 행정
소송법 제12조 후문에 포함되는지 여부이다. 종전의 판례는 임기가 만
료된 의원이 의회를 상대로 의원제명처분의 취소를 구하는 소는 그가
승소한다고 하더라도 의회의원으로서의 지위를 회복할 수는 없는 것이
므로 그 소송은 소의 이익이 없어 부적법하고, 제명처분을 당한 의원이
제명처분으로 인한 정치인으로서의 불명예를 회복할 사실상의 필요가
있다는 사유만으로 제명처분의 취소를 구하는 소의 이익이 있다고 볼
수 없다고 판시하였다.[48] 그러나 대상판례는 단순히 명예·신용의 회복
에 그치는지, 아니면 또 다른 법률상 이익(예컨대 연금청구권, 가중적 제
재처분의 회피가능성 등)이 있는지 여부를 검토하여, 후자의 입장에서 협
의의 소익을 인정하였다. 이러한 판례의 태도는 위에서 언급한 일본 최
고재판소 판례의 입장에 가깝다.

행정소송법 제12조 후문의 "법률상 이익"에 명예·신용 등 인격적
이익이 포함될 수 있는지 여부가 학설상 다투어지고 있다. 학설 가운데

---

47) 最大判昭和 四〇·四·二八民集一九卷三号七二一頁.
48) 대법원 1996. 2. 9. 선고 95누14978 판결.

에는 협의의 소익에 명예·신용 등 정신적 이익이 제외된다고 보는 견해도 있다.[49] 그러나 명예·신용 등의 인격적 이익, 재직중의 보수청구와 같은 재산적 이익 또는 장래의 취직에 있어서 불이익제거와 같은 사회적 이익도 포함해야 한다는 견해가 지배적이다.[50] 특히 공무원이 이미 오래 전에 파면처분을 받고 이를 다투는 도중에 정년에 도달한 경우, 당해 처분의 취소를 통해 공무원의 신분회복은 불가능하나, 연금청구권을 얻을 수 있으므로 파면처분의 취소를 구할 법률상 이익이 인정되어야 한다는 견해가 유력하게 주장된 바 있다.[51] 또 다른 견해도 "원고가 위법확인을 받아야 할 이익이 단지 명예·신용에 관한 이익인가 또는 경제적·사회적·인격적 이익인가 여하에 따라서가 아니라 계쟁처분의 효력이 소멸되었음에도 불구하고 그 상대방에게 취소소송제도를 통한 보호를 해주어야 할 현실적 필요가 있는가 하는 관점에서 해결되어야 한다"고 전제하고, 경우에 따라서는 명예·신용과 같은 이익도 행정소송법 제12조 후문의 법률상 이익에 포함될 수 있다고 주장하고 있다.[52]

대상판례는 명예·신용 등 정신적 이익 그 자체에 대해 협의의 소익을 판단하지 않고, 재산적 이익을 결부하여 소익을 판단한 것으로 보인다. 독일의 입법례에서 보는 바와 같이, 오늘날 명예나 신용 등 정신적 이익은 기본권보호(특히 인격권)와 관련하여 중요한 의미를 가질 수 있다. 이러한 정신적 이익은 입증하기가 곤란하고, 또한 소익을 무한정으로 확대하는 것은 현실적으로 어려운 측면이 있다. 그러나 인격적 이익은 경우에 따라 재산적 이익보다 우위에 있을 수 있다. 따라서 기간의 경과나 처분의 집행 기타 사유로 인하여 처분 등의 효과가 소멸된 경

---

49) 김동희, 전게서, 694면.
50) 金道昶, 일반행정법론(상), 제4전정판, 785면; 박윤흔, 최신행정법강의(상), 2004, 938면; 박균성, 전게서, 1026면; 鄭夏重, "행정소송법 제12조 후단의 법률상 이익의 의미", 법률신문 제3688호, 2008. 10. 9, 14-15면.
51) 李尙圭, 行政爭訟法, 제5판, 364-365면.
52) 洪準亨, 전게서, 593면.

우에도, 일정한 경우에는 처분의 취소로 인하여 '원상회복'의 이익이 있
는지 여부를 검토하여 협의의 소익을 인정할 필요성이 있다. 특히 원고
적격을 인정함에 있어서 직접적인 근거규정뿐만 아니라 관련규정까지
포함시켜 판단하는 것이 판례 및 학설의 경향이다. 그러나 협의의 소익
을 판단함에 있어서는 차별적 성격을 가지거나 기본권보호의 영역에
있어서 경미하지 않은 침해에 대해서는 헌법상의 기본권규정(예컨대 헌
법 제10조, 제11조 및 제21조 등)을 충분히 고려할 필요가 있다.

　한편, 국가배상의 직무행위의 위법성개념과 관련하여 학설상 다툼이
있으나,53) 행정소송에서 처분의 위법성확인은 이후의 국가배상소송에
대해 선결적 효력을 충분히 가질 수 있다. 다만, 판례는 국가배상소송

---

53) 국가배상의 위법성판단기준과 관련하여 行爲不法說, 結果不法說 및 相對的 違法性說 등
　이 대립하고 있다. 결과불법설은 국가배상의 위법을 가해행위의 결과인 '손해의 불법'을
　의미하는 것으로 이해하고 있다. 반면, 행위불법설은 행위 자체의 법령 위반으로 이해
　하는 좁은 의미의 행위불법설과, 위법을 엄격한 의미의 법령위반 이외에도 신의칙, 인
　권존중 등 조리(일반원칙)에 위반되거나 공무원의 '직무상 손해방지의무'와의 관련에서
　행위의 양태(공권력행사의 방법·수단)도 위법성 판단의 대상으로 보는 넓은 의미의 행
　위불법설로 나누어진다. 다른 한편, 상대적 위법성설은 국가배상법상의 위법개념을 행
　위 자체의 위법뿐만 아니라, 피침해이익의 성격과 침해의 정도 및 가행행위의 태양 등
　을 종합적으로 고려하여 행위가 객관적으로 정당성을 결한 경우를 의미하는 것으로 보
　고 있다. 일본의 통설 및 판례의 입장이다. 대법원의 입장은 대체로 (넓은 의미의) 행위
　불법설에 근거하고 있다. 즉 "국가배상책임에 있어 공무원의 가해행위는 법령을 위반한
　것이어야 하고, 법령을 위반하였다 함은 엄격한 의미의 법령 위반뿐 아니라 인권존중,
　권력남용금지, 신의성실과 같이 공무원으로서 마땅히 지켜야 할 준칙이나 규범을 지키
　지 아니하고 위반한 경우를 포함하여 널리 그 행위가 객관적인 정당성을 결여하고 있
　음을 뜻하는 것이므로, 경찰관이 범죄수사를 함에 있어 경찰관으로서 의당 지켜야 할
　법규상 또는 조리상의 한계를 위반하였다면 이는 법령을 위반한 경우에 해당한다"(대
　법원 2008. 6. 12. 선고 2007다64365 판결. 同旨判例: 대법원 2002. 5. 17. 선고 2000다
　22607 판결, 대법원 2005. 6. 9. 선고 2005다8774 판결 등 참조). 다만, 일부판례는 "그
　행정처분의 담당공무원이 보통 일반의 공무원을 표준으로 하여 볼 때 객관적 주의의무
　를 결하여 그 행정처분이 객관적 정당성을 상실하였다고 인정될 정도에 이른 경우에
　국가배상법 제2조 소정의 국가배상책임의 요건을 충족하였다고 봄이 상당할 것이며, 이
　때에 객관적 정당성을 상실하였는지 여부는 피침해이익의 종류 및 성질, 침해행위가 되
　는 행정처분의 태양 및 그 원인, 행정처분의 발동에 대한 피해자측의 관여의 유무, 정
　도 및 손해의 정도 등 제반 사정을 종합하여 손해의 전보책임을 국가 또는 지방자치단
　체에게 부담시켜야 할 실질적인 이유가 있는지 여부에 의하여 판단하여야 한다"라고
　하여, 상대적 위법성설에 근거한 경우도 보인다(대법원 2000. 5. 12. 선고 99다70600
　판결). 그러나 이 판결은 직무행위의 위법성의 문제가 아니라, 담당공무원의 직무행위
　에 있어서 과실 유무를 판단하기 위한 기준이다.

에서 "어떠한 행정처분이 후에 항고소송에서 취소되었다고 할지라도 그 기판력에 의하여 당해 행정처분이 곧바로 공무원의 고의 또는 과실로 인한 것으로서 불법행위를 구성한다고 단정할 수는 없다"고 판시하고 있다.[54] 그러나 이러한 판시내용은 위법성의 문제라기보다는 '유책'(고의 또는 과실)의 판단에 관한 문제로 보인다.

V. 評價와 展望

외국의 입법례에서 살펴본 바와 같이, 협의의 소익에 명예나 신용회복의 이익을 적극적으로 포함시키고 있음은 주목할 만하다. 특히 독일의 입법례는 계속확인소송에 있어서 확인의 정당한 이익을 비교적 넓게 이해하여, 잔존하는 차별을 제거할 (원상)회복의 이익에 정신적(관념적) 이익을 인정하고 있다. 이를 기본권보호와 관련하여 논의하고 있음도 의미 있는 것으로 보인다. 그러나 행정소송법 제12조 후문을 독일의 계속확인소송과 동일하게 위법확인의 정당한 이익으로 보는 것은 현행법의 해석으로 다소 무리한 측면이 없지 않다. 특히 행정소송법 제12조는 취소소송에 적용될 뿐, 무효확인소송이나 부작위위법확인소송에 준용되지 않는다(행정소송법 제38조 참조). 즉 무효확인소송이나 부작위위법확인소송에는 원고적격에 관한 규정을 별도로 두고 있다(행정소송법 제35조, 제36조).

행정소송법 제12조 후문의 법률상 이익은 행정소송법 제12조 전문의 '법률상 이익', 즉 "당해 처분의 근거 법률에 의하여 보호되는 직접적이고 구체적인 이익"보다는 넓게 해석되어야 한다. 즉 실제 실효된 처분의 취소로 인하여 회복되는 법률상 이익은 이미 그 대상이 없어졌으므로 각하판결을 받을 수밖에 없으나, 그 취소로 인하여 회복되는 이익이 존재하는 경우에는 협의의 소익을 인정할 수 있다는 점에서 행정소송

---

54) 대법원 2003. 11. 27. 선고 2001다33789, 33796, 33802, 33819 판결.

법 제12조 전문보다 넓게 해석하는 것이 타당하다.

한편, 행정소송법 제12조 후문의 "취소로 인하여 회복되는 법률상 이익"을 확인의 정당한 이익으로 볼 수 있는지가 문제된다. 여기에서 말하는 '확인의 이익'은 독일의 계속확인소송에서 말하는 확인의 이익이 아니라, 취소판결에 내포된 처분의 위법성확인의 이익을 말한다. 특히 행정소송법 제12조 후문에서 "법률상 이익"의 개념이 사용되고 있으나, 그 개념은 행정소송법 제12조 전문과 달리 소멸된 처분의 '취소로 인하여 회복되는' 법률상 이익임에 유의할 필요가 있다. 이는 독일의 계속확인소송에 있어서 '확인의 정당한 이익'의 개념범주의 하나인 잔존하는 차별제거의 회복의 이익(Rehabilitationsinteresse)에 가깝다. 그러나 우리 행정소송법 제12조 후문에서는 '확인소송'의 성격을 강조할 수 있는 문언이 존재하지 않는다는 점에서 독일의 계속확인소송의 "확인의 정당한 이익"과 동일한 해석을 하는 것은 일정한 한계가 있다. 따라서 행정소송법 제12조 전문과 후문에 규정된 "법률상 이익"을 '취소소송'에 있어서 원고적격과 협의의 소익(권리보호필요)으로 이해하는 것이 법문의 해석상 타당하며, 법리적으로도 논리일관된 해석을 할 수 있는 것으로 보인다. 다만, 위법한 행정작용에 의한 국민의 권익구제의 길을 보장하기 위해, 행정소송법 제12조 후문의 "법률상 이익"의 해석을 전문의 "법률상 이익"보다 넓게 해석해야 한다. 또한 사안에 따라 명예·신용 등 인격적 이익도 재산적 이익에 비해 처분의 취소로 인하여 회복할 이익이 남아 있는 경우에는 적극적으로 소익을 인정해 주는 것이 필요하다.

마지막으로 행정소송법 제12조 후문은 명예·신용 등 인격적 이익을 인정할 회복의 이익이 있는 경우에는 소익을 인정하여 본안에서 처분의 위법 여부를 판단하는 것이 바람직하다. 대법원은 임기가 만료된 지방의회 의원이 제명처분의 취소를 구하는 경우에, 그 처분의 취소로 인하여 회복할 만한 법률상 이익에 명예·신용 등의 인격적 이익만을 가지고 판단하지 않고, 보수청구권 등 재산적 이익과 연결하여 소익을 인정하였다는 점에서 다소 아쉬움이 남는다. 그러나 대상판례는 종전의 입장에서 進一步한 것으로 평가할 수 있음은 물론, 향후 협의의 소익과 관련된 논의에서 새로운 轉機를 마련해 줄 수 있을 것으로 보인다.

第4章

不作爲違法確認訴訟의 違法判斷 및 提訴期間
- 대상판결: 대법원 2009. 7. 23. 선고 2008두10560 판결 -

I. 事實關係

원고는 1971. 8. 1. 행정서기보로 임용된 후 1987. 7. 27. 지방행정사무관, 그리고 1996. 3. 4. 지방서기관을 거쳐 2002. 12. 31. 국가서기관이 되었다. 피고(광주광역시장)는 2004. 3.경 국가서기관으로서 광주광역시 기획관으로 근무하던 원고를 포함한 8명을 지방부이사관 승진후보자로 하여 광주광역시 인사위원회(이하 '이 사건 인사위원회'라 한다)에 심의를 요구하였고, 2004. 3. 31. 위 인사위원회는 원고를 지방부이사관 임용대상자로 심의·의결하였다.

이에 원고는 2004. 3. 31. 피고를 통하여 행정자치부장관에게 국가공무원에서 광주광역시 지방공무원으로의 전출동의서를 제출하였고, 피고는 2004. 4. 1. 행정자치부장관에게 원고에 대한 광주광역시 지방공무원 전출명령을 제청함과 동시에 원고를 재단법인 광주비엔날레 사무국장으로 파견하여 근무하도록 하는 인사발령을 하였다.[1]

이후 원고는 광주비엔날레 사무국장으로 근무하였으나, 2004. 7.초경 광주비엔날레 이사장과 사무총장은 2차례에 걸쳐 사무국장인 원고가 충분한 지원을 못하고 오히려 업무추진에 걸림돌이 된다는 이유로 사무국장의 교체를 요청하였다. 이에 피고는 2004. 7. 20. 원고에 대해 광

---

1) 다만, 당해 '인사발령문'에는 원고를 3급으로 승진시킨다는 내용이 포함되어 있지 않아, 이를 정식의 '인사발령문'으로 보기 어려운 측면이 있다.

주비엔날레 사무국장 파견복귀 및 대기를 명하였다.

그 후 피고는 이 사건 인사위원회에 원고의 지방부이사관 승진의결 재심의를 요구하였고, 인사위원회는 2004. 7. 31. 원고에 대한 2004. 3. 31.자 승진임용예정 철회를 의결하였다. 또한 피고는 2004. 8. 1.자 인사발령을 하면서 원고를 제외한 나머지 부이사관 승진예정자에 대한 승진발령을 하고, 2004. 8. 9. 원고를 지방서기관으로 보하는 시립민속박물관장으로 발령하였다.

Ⅱ. 訴訟의 經過

원고는 2004. 8. 1. 이후의 인사발령에서도 승진발령을 받지 못하게 되자, 2005. 9. 30. 광주광역시 소청심사위원회에 원고의 의사에 반하는 불리한 부작위를 이유로 자신을 지방부이사관으로 승진임용하라는 소청심사를 청구하였다. 그러나 원고의 소청심사청구는 2006. 2. 20. 기각되었고, 원고는 2006. 3. 8. 피고를 상대로 "피고가 원고를 광주광역시 지방부이사관으로 승진임용하지 아니한 것은 위법하다"는 취지의 이 사건 소를 제1심 광주지방법원에 제기하였다. 그러나 원고는 소송진행 중인 2006. 8. 17. 제1심 제1회 변론기일에서 청구취지를 주위적으로 "피고가 2006. 3. 30.자로 원고에 대하여 한 지방부이사관승진임용거부처분을 취소한다", 그리고 예비적으로 "피고가 2006. 3. 30. 원고에 대하여 한 부이사관승진임용확정행위에 대한 철회처분을 취소한다"고 변경하였다. 제1심(광주지방법원)은 원고가 피고에게 전출동의서를 제출함으로써 승진임용을 신청하였고, 피고가 이 사건 소에 대한 답변서의 제출로서 원고의 신청에 대한 거부처분을 하였다고 보아, 변경된 원고의 주위적 청구(지방부이사관승진임용거부처분취소)를 인용하였다(광주지방법원 2006. 9. 28. 선고 2006구합1036 판결).

이에 피고는 광주고등법원에 항소를 하였고, 원고는 지방부이사관승진임용거부처분취소청구를 주위적으로, 부이사관승진임용확정행위의 철

회처분 취소청구를 제1 예비적으로, 승인임용 부작위위법확인청구를 제
2 예비적으로 청구취지를 변경하였다.[2] 이에 환송전 원심인 광주고등
법원은 제1심 판결을 취소하면서, 원고의 주위적 청구와 제1 예비적 청
구 그리고 환송 전 원심에서 추가된 제2 예비적 청구를 모두 각하하였
다(광주고등법원 2007. 8. 30. 선고 2006누2557 판결).[3]

원고는 환송 전 원심의 결정에 불복하여 대법원에 상고하였으나, 대
법원은 원심판결 중 제2 예비적 청구에 관한 부분("피고가 원고를 광주
광역시 지방부이사관으로 승진임용하지 않은 것은 위법임을 확인한다")만
파기하여 광주고등법원에 환송하고 나머지 상고를 기각하였다. 대법원
은 환송판결에서 "4급 공무원이 당해 지방자치단체 인사위원회의 심의
를 거쳐 3급 승진대상자로 결정되고 임용권자가 그 사실을 대내외에
공표까지 하였다면, 그 공무원은 승진임용에 관한 법률상 이익을 가진
자로서 임용권자에 대하여 3급 승진임용 신청을 할 조리상의 권리가
있다"고 하여, 원고의 승진임용 신청권을 인정하였다(대법원 2008. 4.
10. 선고 2007두18611 판결). 이에 따라 환송 후 원심인 광주고등법원은
"피고가 원고를 광주광역시 지방부이사관으로 승진임용하지 않은 것은
위법임을 확인한다"라고 하여, 원고의 위 청구를 인용하였다(광주고등법
원 2008. 6. 5. 선고 2008누531 판결). 이에 피고는 다시 대법원에 상고하
였으나, 모두 기각되었다.

---

2) 원고는 2007. 7. 20. 환송 전 원심(광주고등법원)에서 다시 부작위위법확인의 소를 주
   위적 청구취지로 변경하는 청구취지변경신청서를 제출하였으나, 2007. 7. 26. 환송 전
   원심 제1회 변론기일에서 다시 부작위위법확인의 소를 추가적으로 제2예비적 청구로
   변경하였다.
3) 환송전 원심은 주위적 청구 및 제1예비적 청구에서 주장하는 2006. 3. 30. 원고에 대하
   여 한 부이사관승진임용거부처분 또는 부이사관승진임용확정행위에 대한 철회처분이
   존재하지 않는다고 보아, 부적법 각하의 판결을 하였다. 이러한 주위적 청구 및 제1 예
   비적 청구는 대법원 환송판결로 이미 확정되었는데, 환송판결은 피고 소송대리인 작성
   의 2006. 3. 30.자 답변서 제출을 피고의 원고에 대한 3급 승진임용 거부처분 또는 3급
   승진임용 확정행위에 대한 철회처분으로 볼 수 없다고 판단하였다.

Ⅲ. 大法院判決의 要旨

4급 공무원이 당해 지방자치단체 인사위원회 심의를 거쳐 3급 승진 대상자로 결정되고 임용권자가 그 사실을 대내·외에 공표까지 하였다면, 그 공무원은 승진임용에 관한 법률상 이익을 가진 자로서 임용권자에 대하여 3급 승진임용을 신청할 조리상의 권리가 있다. 또한 이러한 공무원으로부터 소청심사청구를 통해 승진임용신청을 받은 행정청으로서는 상당한 기간 내에 그 신청을 인용하는 적극적 처분을 하거나 각하 또는 기각하는 등의 소극적 처분을 하여야 할 법률상의 응답의무가 있다. 그럼에도 행정청이 위와 같은 권리자의 신청에 대해 아무런 적극적 또는 소극적 처분을 하지 않고 있다면 그러한 행정청의 부작위는 그 자체로서 위법하다.

부작위위법확인의 소는 부작위상태가 계속되는 한 그 위법의 확인을 구할 이익이 있다고 보아야 하므로 원칙적으로 제소기간의 제한을 받지 않는다. 그러나 행정소송법 제38조 제2항이 제소기간을 규정한 같은 법 제20조를 부작위위법확인소송에 준용하고 있는 점에 비추어보면, 행정심판 등 전심절차를 거친 경우에는 행정소송법 제20조가 정한 제소기간 내에 부작위위법확인의 소를 제기하여야 한다.

당사자가 동일한 신청에 대하여 부작위위법확인의 소를 제기하였으나, 그 후 소극적 처분이 있다고 보아 처분취소소송으로 소를 교환적으로 변경한 후 여기에 부작위위법확인의 소를 추가적으로 병합한 경우, 최초의 부작위위법확인의 소가 적법한 제소기간 내에 제기된 이상 그 후 처분취소소송으로의 교환적 변경과 처분취소소송에의 추가적 변경 등의 과정을 거쳤다고 하더라도 여전히 제소기간을 준수한 것으로 봄이 상당하다.

Ⅳ. 評　釋

1. 問題의 所在

당해 사건은 대법원의 환송판결 후 다시 원심을 거쳐 대법원의 확정 판결을 받았는데, 주로 부작위위법확인소송의 위법판단기준, 제소기간 및 주문형식 등이 문제되었다. 우선 대상판례는 不作爲의 違法을 판단 함에 있어, 원고가 "승진임용에 관한 이익을 가진 자로서 임용권자에 대한 3급 승진임용을 신청할 條理上의 權利"가 있음을 인정하고 있고, 이러한 '조리상의 신청권'에 근거하여 곧바로 '법률상 응답의무'를 인정 하였다. 이 경우 원고의 권리침해가 아닌 '신청권'에 의해 곧바로 부작 위의 위법을 도출하는 것은 지나친 論理飛躍은 아닌지, 또한 판례가 '부작위'의 요건 중 '신청권'을 원고적격의 문제와 혼동하는 것은 아닌 지 등이 문제가 되고 있다. 그리고 부작위의 위법판단을 함에 있어서 '신청권'의 해석을 訴訟要件의 경우와 동일하게 하는 것이 타당한지, 나아가 당해 사안에서 '法律上 應答義務'를 판단함에서 있어서 원고가 언제 구체적인 승진임용신청을 하였는지 여부도 검토할 필요가 있다. 원심은 소청심사위원회에 '피고는 원고를 지방부이사관으로 승진임용하 라'는 결정을 구하는 소청을 승진임용신청으로 보고 있으나, 이를 승진 임용신청이 아니라 행정심판 내지 이의신청의 청구로 볼 여지는 없는 지 등이 문제된다. 특히 당해 사안에서는 법규상 신청권이 아니라 '조 리상' 신청권에 기하여 소청청구를 승진임용신청으로 보고 있다는 점에 서 의문의 여지가 있다.

둘째, 당해 사건에서는 특히 不作爲違法確認訴訟의 提訴期間이 문 제된다. 통상적으로 부작위위법확인의 소는 '부작위'의 상태가 계속되는 한, 제소기간의 제한 없이 그 위법의 확인을 구할 이익이 있다. 그러한 이유에서 대법원판례에서 부작위위법확인소송의 제소기간을 본격적으로 다룬 사례는 거의 없다. 특기할 만한 사실은 우리 행정소송법 제38조 제2항이 취소소송의 제소기간을 규정한 같은 법 제20조를 부작위위법 확인소송에 준용하고 있다는 점이다. 이 점은 후술하는 바와 같이 日本 의 行政事件訴訟法과 차이가 있다. 따라서 우리 행정소송법에 의하면, 행정심판을 거친 경우에는 재결서를 송달받은 때로부터 기산하도록 해석할 수 있다(행정소송법 제20조 제1항 단서). 대상판례도 이러한 점을 분명히 하고 있다. 그러나 당해 사안에서 원고는 소청심사를 거쳐 적법한 제소기간 내에 부작위위법확인소송을 제기하였으나, 소극적 처분이 있다고 보아 주위적 청구를 거부처분 취소소송으로 교환적 변경을 하였다. 즉 원고는 광주광역시 소청심사위원회의 2006. 2. 20.자 기각재결이 있은 후 적법한 제소기간 내인 2006. 3. 8. 피고를 상대로 부작위위법확인소송을 제기하였다. 그러나 원고는 2006. 8. 17. 제1심 제1회 변론기일에서 소극적 처분(거부처분)이 있다고 보아 주위적 청구를 부작위위법확인소송에서 거부처분 취소소송으로 교환적으로 변경하였고, 2007. 7. 20. 환송전 원심에서 다시 부작위위법확인의 소를 추가적으로 병합하였다. 이 경우 최초의 부작위위법확인의 소는 적법한 제소기간 내에 제기되었으나, 제1심에서 교환적으로 변경된 취소소송, 그리고 환송전 원심에서 제2 예비적 청구로 추가된 부작위위법확인소송도 제소기간을 준수하였다고 볼 수 있는지가 문제된다. 선행판례 중에는 취소소송에 있어서 청구취지를 변경하여 舊訴가 취하되고 新訴가 제기된 것으로 변경된 경우에는 新訴에 대한 제소기간의 준수 등은 원칙적으로 소변경이 있은 때를 기준으로 하고 있다.4) 이러한 판례에 의하면 교환적으로 변경된 취소소송과 추가적으로 병합된 부작위위법확인소송은 제소기간을 도과하고 있다고 볼 수 있다. 이와 관련하여 대상 판례는 "최초의 부작위위법확인의 소가 적법한 제소기간 내에 제기된 이상 그 후 처분취소소송으로의 교환적 변경과 처분취소소송에의 추가적 변

---

4) 대법원 2004. 11. 25. 선고 2004두7023 판결.

경 등의 과정을 거쳤다고 하더라도 여전히 제소기간을 준수한 것으로 봄이 상당하다"고 판시하고 있다. 이러한 판례의 입장이 제소기간의 제한에 관한 규정을 정당하게 적용하였는지 여부를 검토할 필요가 있다.

셋째, (환송후) 원심은 원고의 제2 예비적 청구를 받아들여 "피고가 원고를 광주광역시 지방부이사관으로 승진임용하지 않은 것은 위법임을 확인한다"라는 主文形式으로 판시하였다. 그러나 이러한 주문형식이 과연 부작위위법확인소송에서 허용될 수 있는지가 문제된다. 부작위위법확인소송은 피고 행정청의 무응답 내지 부작위가 위법하다는 확인을 구할 뿐, 행정청의 작위의무의 이행을 구하는 소송형식으로 선고되어서는 아니 된다. 이러한 주문은 사실상 의무이행소송으로서, 부작위위법확인소송의 한계를 넘어설 수 있다. 이와 관련하여 대상판례는 피고가 원고를 승진임용을 하지 않은 것이 정당한지 여부에 대해 나아가 판단한 원심이 타당하지 않다고 지적하고 있다.

2. 不作爲違法確認訴訟의 許容要件, 限界 및 違法判斷基準

(1) 不作爲違法確認訴訟의 制度的 機能과 限界

부작위위법확인소송의 대상은 행정청의 '부작위'이다. 행정소송법은 不作爲를 "행정청이 당사자의 신청에 대하여 상당한 기간 내에 일정한 처분을 하여야 할 법률상 의무가 있음에도 불구하고 이를 하지 아니하는 것"이라고 정의하고 있다(행정소송법 제2조 제1항 제2호). 부작위위법확인소송은 일정한 처분을 하여야 할 법률상 의무가 있는 신청에 대하여 행정청이 아무런 응답을 주지 않거나 고의적으로 지연함으로써 개인에게 불이익을 주는 것을 방지하기 위한 소극적인 구제수단이다.[5]

---

5) 판례도 "행정소송법 제4조 제3호에 규정된 부작위위법확인의 소는 행정청이 당사자의 법규상 또는 조리상의 권리에 기한 신청에 대하여 상당한 기간 내에 그 신청을 인용하는 적극적 처분 또는 각하하거나 기각하는 등의 소극적 처분을 하여야 할 법률상의 응답의무가 있음에도 불구하고 이를 하지 아니하는 경우에 그 부작위가 위법하다는 것을 확인함으로써 행정청의 응답을 신속하게 하여 부작위 또는 무응답이라고 하는 소극적인 위법상태를 제거하는 것을 목적으로 하는 제도이다"라고 하여(대법원 1992. 6. 9.

1984. 12. 15. 법률 제3754호 행정소송법 개정에 의해 비로소 도입된 부작위위법확인소송은 부작위의 위법확인을 통해 행정청의 응답을 신속하게 하도록 하여 그 소극적인 위법상태를 제거하는 것을 목적으로 할 뿐, 적극적인 이행소송이나 형성소송을 목적으로 하고 있지 않다.6) 다만, 一說은 부작위위법확인소송에 "재처분의무와 간접강제가 준용되고 있으므로 운용여하에 따라서는 그 효과가 이행소송에 접근할 수 있다"7)고 보고 있다. 그러나 부작위위법확인소송을 이행소송으로 운용하는 것은 원칙적으로 확인소송의 성질을 가지는 부작위위법확인소송의 본질에 반할 뿐만 아니라 해석의 한계를 넘어서는 것이다. 한편, 대법원은 대상판결에서 "원심이, 피고가 원고를 승진임용을 하지 않은 것이 정당한지 여부에 대해 나아가 판단한 것은 적절하지 않으나, 피고가 원고의 승진임용신청에 대해 아무런 조치를 취하지 않고 있는 부작위가 위법하다고 판단한 결론은 정당하고, 상고이유 주장과 같은 법리오해 등의 위법이 없다"고 판단하고 있다. 이는 원심이 부작위위법확인소송을 의무이행소송으로 판단한 것이 잘못임을 迂廻的으로 지적한 것으로 보인다. 또한 우리 행정소송법의 해석상 법정외 항고소송의 하나인 의무이행소송이 인정되지 않음이 오늘날 지배적 견해이며, 의무이행소송이 입법화되지 않은 상태에서 부작위위법확인소송의 승소판결을 지나치게 적극적으로 해석하거나 그 기속력에 의해 의무이행소송과 같이 특정한 처분을 발급할 재처분의무를 부과하는 것은 부작위위법확인소송의 입법취지나 본질에 위배될 수 있다.

특히 행정소송법 제38조 제2항은 취소소송의 기속력과 간접강제 등에 관한 규정을 준용하도록 되어 있다. 이와 관련하여 부작위위법확인

선고 91누11278 판결), 부작위위법확인소송의 소극적 성질을 인정하고 있다.
6) 독일에서도 不作爲에 대한 義務履行訴訟(Untätigkeitsklage)은 행정업무의 신속화를 위해 도입되었고, 그 헌법적 근거는 기본법 제19조 제4항에 기초한 행정구제의 실효성에 있다고 한다(Würtenberger, Verwaltungsprozessrecht, 2. Aufl., § 23 Rn. 336 참조).
7) 권은민, "부작위위법확인소송의 현실과 전망", 사법연구자료 제25집, 1999, 11면.

판결의 기속력으로서 행정청의 '재처분의무'를 단순한 행정청의 응답의
무로 보는 應答義務說[8]과 기속력의 내용은 원고가 원래 신청한 특정
한 처분을 의미한다고 보는 特定處分義務說[9]이 대립하고 있다. 우리
판례는 당사자가 원래 신청한 특정한 처분, 즉 적극적 처분 외에도 거
부처분과 같은 소극적 처분을 하여야 할 법률상 응답의무로 이해하고
있다.[10] 다만, '부작위'는 여기에서 배제된다. 한편, 응답의무설이 주장
하는 '단순한 응답의무'의 의미는 매우 모호하나, 행정청이 다시 적극적
또는 소극적 처분을 하지 않고 시간을 지연하기 위한 무의미한 단순
응답은 부작위위법확인소송의 실효성을 低減시키는 것으로서 허용될
수 없다. 또한 특정처분의무설이 주장하는 바와 같이 당사자(원고)가 원
래 신청한 '특정한' 처분에 제한될 필요는 없다. 이는 자칫 부작위위법
확인소송을 (의무)이행소송처럼 운용하게 될 우려가 있다. 결론적으로
판례의 입장이 타당하다고 생각한다. 즉 부작위위법확인소송의 기속력
에 따라 당해 행정청은 적극적 처분 또는 소극적 처분을 하여야 한다
고 해석하는 것이 타당하다.

　나아가 행정청이 원고의 주장과 다른 처분을 발급한 경우에 이를 부
작위처분이 있었다고 볼 수 있는지가 문제된다. 행정청이 당사자의 신

---

8) 이상규, 행정쟁송법, 제5판, 법문사, 2000, 298면; 박균성, 행정법론(상), 제10판, 박영사,
　2011, 1019면; 홍정선, 행정법원론(상), 2008, 975면.
9) 김도창, 일반행정법론(상), 제4전정판, 836면; 홍준형, 행정구제법, 제4판, 725면.
10) 대법원 2000. 2. 25. 선고 99두11455 판결; 대법원 1992. 7. 28. 선고 91누7361 판결
　등. 한편, 당해 사건의 피고 행정청은 대법원의 확정판결에 따라 당해 행정청이 승진임
　용 거부처분을 하였고, 이에 대해 원고는 다시 간접강제를 신청하였다. 이에 대해 대법
　원은 "신청인이 피신청인을 상대로 제기한 부작위위법확인소송에서 신청인의 제2 예비
　적 청구를 받아들이는 내용의 확정판결을 받았다. 그 판결의 취지는 피신청인이 신청인
　의 광주광역시 지방부이사관 승진임용신청에 대하여 아무런 조치를 취하지 아니하는
　것 자체가 위법함을 확인하는 것일 뿐이다. 따라서 피신청인이 신청인을 승진임용하는
　처분을 하는 경우는 물론이고, 승진임용을 거부하는 처분을 하는 경우에도 위 확정판결
　의 취지에 따른 처분을 하였다고 볼 것이다. 그런데 위 확정판결이 있은 후에 피신청인
　은 신청인의 승진임용을 거부하는 처분을 하였다. 따라서 결국 신청인의 이 사건 간접
　강제신청은 그에 필요한 요건을 갖추지 못하였다는 것이다"라고 결정하였다(대법원
　2010. 2. 5. 자 2009무153 결정). 요컨대 판례는 승진임용처분이든 승진임용 거부처분
　이든 모두 법률상 응답의무를 이행한 것으로 보아, 부작위위법확인판결(인용판결)의 간
　접강제신청의 대상이 되지 아니한다고 판단하였다.

청에 반하여 소극적 처분(거부처분)을 한 경우에 응답의무는 적어도 이
행한 것이 되므로 행정청의 부작위는 존재하지 않는다. 또는 행정청(乙)
이 주택사업승인을 요구하는 원고(甲)의 신청에 대해 '주차장설치'라는
負擔(Auflage)을 붙인 소위 '부관부 행정행위'를 발급하는 경우에도 부
작위위법확인소송을 제기할 수 없다. 그 밖에 제3자 또는 인근주민(丙)
이 시설사업자(甲)에 대한 행정청(乙)의 허가에 대해 취소를 주장하는
것에 대하여 행정청(乙)이 영업정지처분을 발급한 경우에도 동일하다.
이 경우에는 행정청의 적극적 또는 소극적 처분을 대상으로 취소소송
또는 무효확인소송을 제기할 수 있을 뿐이다.

(2) 不作爲違法確認訴訟의 對象과 違法判斷基準

(가) 申請權槪念의 混亂 및 問題點

　일반적으로 부작위위법확인소송의 대상인 '不作爲'가 인정되기 위해
서는 첫째 당사자의 申請이 있어야 하고, 둘째 相當한 期間이 경과하
여야 하며, 셋째 행정청에게 일정한 처분을 해야 할 法律上 義務가 있
어야 하며, 넷째 당사자의 신청에 대해 행정청의 처분이 없어야 한다
(處分의 不存在). 한편, 독일 행정법원법에는 '不作爲'(Unterlassung)의
개념이나 요건을 특별히 규정하고 있지 않으나, 부작위에 대한 의무이
행소송과 관련하여 주로 문제가 되는 것은 '신청'과 '상당한 기간' 등의
요건이다. 부작위에 대한 의무이행소송을 제기함에 있어서, 행정행위의
발급 내지 이행을 구하는 원고의 '申請'(Antrag)이 있어야 한다는 점에
서는 동일하나,11) 이러한 신청을 독자적인 소송요건으로 볼 수 있는지
가 문제된다. 신청을 '權利保護必要'(Rechtsschutzbedürfnis)의 문제로
서 소송요건으로 보는 견해12)와 이를 독자적인 소송요건으로 보기는
어렵다는 견해13)가 대립하고 있다. 특히 後說은 해당 행정절차법에 따

---

11) Schenke, Verwaltungsprozessrecht, 12. Aufl., Rn. 260.
12) Hufen, Verwaltungsprozessrecht, 7. Aufl., 2008, § 15 Rn. 30.
13) Eyermann, Verwaltungsgerichtsordnung, Kommentar, 10. Aufl., § 42 Rn. 36.

라 수익적 행정행위를 발급할 수 있거나 발급하여야 하는 경우에 신청
이 있어야 하나, 행정법원법 제75조의 요건과 행정절차법은 동일하지
않다고 지적하고 있다. 다만, 前說도 수익처분이 거부된 경우에는 소의
적법요건의 문제가 아니라 본안판단의 문제로서 다루어야 한다고 보고
있다.[14]

　위에서 언급한 '부작위'의 요건은 부작위의 위법판단기준이 되기도
한다. 그러한 이유에서 부작위위법확인소송의 대상적격으로서 '부작위'
에 해당하는지, 그리고 이러한 부작위로 인하여 법률상 이익이 있는 자
에 해당하는지(원고적격의 문제), 그리고 당해 부작위가 위법한지(본안의
문제) 등이 명확하지 않다. 특히 부작위의 요건 중에서 '申請權'의 개념
이 그러하다. 판례는 오래전부터 확고하게 法規上의 신청권 이외에 條
理上의 신청권을 인정하고 있고,[15] 당해 사건에서도 그러한 점은 동일
하다. 판례 중에는 부작위위법확인소송의 대상이 되는 '부작위'의 요건
에 해당하는 '신청권'을 '原告適格'의 문제로 다룬 사례도 있다. 예컨대
대법원은 "부작위위법확인소송은 처분의 신청을 한 자로서 부작위의 위
법의 확인을 구할 법률상 이익이 있는 자만이 제기할 수 있는 것으로
서(행정소송법 제36조) 당사자가 행정청에 대하여 어떤 행정행위를 하여
줄 것을 신청하지 아니하였거나 당사자가 그러한 행정행위를 하여 줄
것을 요구할 수 있는 법규상 또는 조리상의 권리를 가지고 있지 아니
하는 등의 경우에는 원고적격이 없거나 항고소송의 대상인 위법한 부
작위가 있다고 할 수 없어 그 부작위위법확인의 소는 부적법하다고 할
것이다"라고 판시하고 있다.[16] 이러한 판례의 입장에 대해 "本案判斷

---

14) Hufen, a.a.O., § 15 Rn. 30.
15) 즉 판례는 "행정청이 국민으로부터 어떤 신청을 받고서 그 신청에 따르는 내용의 행위
　　를 하지 아니한 것이 항고소송의 대상이 되는 위법한 부작위가 된다고 하기 위하여서
　　는 국민이 행정청에 대하여 그 신청에 따른 행정행위를 해 줄 것을 요구할 수 있는 법
　　규상 또는 조리상의 권리가 있어야 하며, 이러한 권리에 의하지 아니한 신청을 행정청
　　이 받아들이지 아니하였다고 해서 이 때문에 신청인의 권리나 법적 이익에 어떤 영향
　　을 준다고 할 수 없는 것이므로 이를 들어 위법한 부작위라고 할 수 없을 것이다"라고
　　판시하고 있다(대법원 1992. 10. 27. 선고 92누5867 판결).
16) 대법원 2007. 10. 26. 선고 2005두7853 판결; 대법원 1999. 12. 7. 선고 97누17568 판

의 問題"17) 또는 "原告適格과의 混同"18) 등의 비판이 제기되었다. 이
러한 문제는 '신청권'을 법규상 신청권 이외에 모호한 개념인 '조리상의
신청권'까지 확대하여 인정하고 있다는 점에서 더욱 혼란을 야기하고
있다. 즉 신청권을 법률상 의무에 상응하는 '公權'으로 이해하는 한19),
막연한 '조리상'의 신청권은 배제되는 것이 타당하다. 특히 판례는 조리
상의 신청권을 부작위의 위법을 도출함에 있어 매우 유용한 도구로 활
용하고 있으나, 조리상의 신청권에서 곧바로 법률상의 응답의무를 인정
하는 것은 논리적 비약이다. 이와 관련하여 신청권은 법령에 근거를 가
져야 한다는 견해20)가 있다. 매우 타당한 해석이다. 일본에서도 후술하
는 바와 같이 신청권은 법령에 근거를 가져야 한다는 견해가 유력하다.

나아가 원고적격의 문제와 부작위의 위법판단(본안판단) 문제도 서로
구별하는 것이 타당하다. 종래 통설은 부작위위법확인소송의 소송물을
'부작위의 위법성'이라고 보고 있다.21) 이러한 통설에 의하면, 행정청의
부작위의 위법을 판단함에 있어 원고의 권리침해 여부를 검토할 필요
가 없다. 그러한 이유에서 판례도 부작위의 위법판단을 위해 '법률상의
의무위반'에 상응하는 신청권을 인정하고 있다. 이 문제는 거부처분에
서도 유사한 경향을 보인다. 한편, 독일에서도 부작위에 대한 의무이행
소송의 소송물에 대해 다툼이 있으나22), 원고의 법적 주장, 즉 "부작위

결; 대법원 1993. 4. 23. 선고 92누17099 판결 등.

17) 홍준형, 전게서, 711-712면.

18) 홍정선, 행정법원론(상), 968면.

19) 이러한 주장을 '原告適格'(법률상 이익)의 문제와 혼동하는 견해도 있을 수 있으나, 오
히려 필자는 그러한 이유에서 후술하는 바와 같이 本案의 問題로 다루어야 한다고 보
고 있다.

20) 李尙圭, 신행정법론(상), 신판, 828-829면. 또 다른 견해는 법령의 근거 외에도 당해 법
령의 해석상 특정한 자에게 신청권이 있는 것으로 판단되는 경우를 포함한다고 주장한
다(김도창, 전게서(상), 831면). 여기에서 "당해 법령의 해석상"의 의미가 다소 모호하
나, 이를 직접적인 법령의 근거가 없더라도 관련 규정의 해석에 의해 널리 신청권이 인
정될 수 있다고 해석하는 한 위 견해와 대체로 동일한 의미를 가진다고 볼 수 있다.

21) 이상규, 행정쟁송법, 298면.

22) 우리 판례가 취하고 있는 訴訟物理論은 독일의 낡은 이론을 반영하고 있으며, 이러한
견해에 더 이상 穿鑿할 필요는 없다. 특히 외국의 '과거'이론은 이미 우리 판례에 수용
되었으니 인정하고, 외국의 새로운 이론은 역시 '外國理論'이므로 거부하는 태도는 그

의 위법과 그로 인한 원고의 권리침해"로 보는 견해가 유력하다.[23] 필
자는 부작위위법확인소송도 항고소송의 일종으로서 주관소송이며, 소송
물은 후소에 영향을 미칠 수 있기 때문에 분쟁의 일회적 해결을 위해
서 부작위의 위법과 권리침해를 내용으로 하는 '原告의 法的 主張'을
소송물로 보는 것이 타당하다고 생각한다.

소송요건의 심사단계에서는 원고가 법률상 이익을 침해당한 자에 해
당하는지 여부만 판단하고, 그 부작위의 위법판단기준의 하나인 '신청
권'은 본안판단에서 법률상 의무에 상응하는 '公權'으로 검토하여야 한
다. 또한 당사자가 개별 법령이나 행정절차법 등에 근거하여 신청을 한
경우, 소송요건에서는 부작위위법확인소송의 대상인 부작위에 해당하는
지 여부를 심사하기 위해 단순히 '신청'의 존부를 확인하는 정도에 그
쳐야 하며,[24] 부작위의 위법 여부는 본안에서 다루는 것이 바람직하다.
부작위위법확인소송의 심판대상인 '부작위'에 해당하는지 여부를 판단하
기 위해 원고의 신청이 있었고 행정청의 응답이 상당한 기간 내에 없
는 경우에 소의 적법요건은 충족한다고 보아야 한다. 그러나 부작위의
위법을 판단하기 위해 법률상의 의무위반을 도출하기 위한 전제로서
'공권'이 인정되어야 하며, 그러한 의미에서 부작위의 위법판단기준으로
서 '신청권'은 행정청에 대해 특정한 처분을 발급해 줄 것을 요구할 수

자체가 矛盾이며 매우 近視眼的 태도이다. 우리 항고소송제도는 독일의 제도와 같이
'主觀訴訟'의 구조로 되어 있으므로 이에 적합한 소송물이론을 구성할 필요가 있다. 그
러한 이유에서 필자는 소송물에 있어서 '권리침해'의 요건을 매우 의미 있는 것으로 보
고 있다. 소송물에 관한 논의에 대해서는 拙稿, "국가배상소송과 선결문제", 저스티스
통권 제116호(2010. 4), 114-116면 참조. 한편, 독일에서는 원고의 법적 주장으로서 행
정행위의 위법성과 권리침해 외에 生活關係(Lebenssachverhalts)를 포함시키는 유력
한 견해도 있다(Detterbeck, NVwZ 1994, S. 37 f.).
23) Schmitt Glaeser/Horn, Verwaltungsprozeßrecht, 15. Aufl., 2000, Rn. 305;
Würtenberger, a.a.O., § 22 Rn. 339.
24) 그러나 당해 사안의 경우에는 당해 지방자치단체가 소속 인사위원회의 심의를 거쳐 원
고를 3급 승진대상자로 결정하고 그 사실을 대내·외에 공표하였다. 이 경우 원고의 승
진임용신청은 이미 前提되어 있으며, 원고는 별도의 승진임용신청 없이 이에 대해 묵시
적 동의를 한 것으로 볼 수 있다. 즉 피고가 원고를 승진후보자로 결정하여 소속 인사
위원회에 심의를 요구한 사실에 비추어 보면, 피고는 원고의 승진임용신청을 받아들인
것으로 추정할 수 있다.

있는 공권으로 파악되어야 한다.[25] 따라서 법률상 의무위반을 도출하기
위해서는 행정절차법에서 보장되는 단순한 신청이어서는 아니되고, 적
어도 특정한 처분의 발급을 구하는 공권이 인정되어야 한다. 이 경우
행정청이 그 행정처분의 발급 또는 불발급(거부)의 의사표시를 하지 않
는 것은 법률상의 응답의무를 위반한 것이 된다. 신청권은 수익처분의
발급을 내용을 하는 것이 대부분이지만,[26] 제3자효 행정행위와 관련하
여, 시정명령이나 영업정지 또는 허가취소 등 침익처분의 발급도 포함될
수 있다. 예컨대 행정청(乙)이 환경오염배출업자(甲)의 시설에 대해 승인
처분을 한 경우, 이웃주민인 제3자(丙)는 관계 법령의 규정이나 해석에
의하여 그 승인처분의 취소를 다툴 법률상 이익을 가질 수 있으며, 나아
가 본안에서 응답을 요구할 수 있는 신청권이 인정될 수도 있다.

　한편, 우리나라에서는 부작위의 요건 중 '신청권'을 단순한 응답요구
권인 形式的 申請權을 의미하는 것으로 볼 것인지, 아니면 특정한 행
정결정을 요구하는 實質的 申請權인지 여부에 대해 다툼이 있다. 우리
행정소송법 제2조 제1항 제2호에는 '부작위'의 개념을 "일정한 처분을
해야 할 법률상 의무"를 이행하지 않는 것이라고 규정하고 있다. 이러
한 규정은 자칫 "부작위의 성립 그 자체가 곧 위법"이라는 결론을 가
져올 수 있다.[27] 생각건대 행정소송법상 '부작위'의 정의개념을 반드시
부작위위법확인소송의 적법요건으로 이해할 필요는 없다. 오히려 행정
소송법에서 문제가 되는 부작위는 단순 부작위가 아니라, 적어도 법률
적 관점에서 위법으로 판단할 수 있는 '부작위'임을 밝힌 것이고, 이러
한 부작위의 위법여부는 소송요건이 아니라 본안의 문제에서 다투어질
수 있다. 그리고 판결의 기속력에 의한 재처분의무와 관련하여 이미 언
급한 바와 같이, 형식적 신청권으로 이해하는 견해가 말하는 "單純한

---

25) 김남진, "부작위위법확인소송의 원고적격", 법률신문 제1954호 (1990).
26) 독일에서는 부작위에 대한 의무이행소송에 있어서 수익적 행정행위에 관한 신청을 요
　　건으로 한다는 견해가 유력하다(Schmitt Glaeser/Horn, a.a.O., Rn. 293; Hufen,
　　a.a.O., § 15 Rn. 5.).
27) 권은민, 전게논문, 16면.

應答"이 어느 정도 수준의 응답인지는 여전히 불명확할 뿐만 아니라, 실질적 신청권으로 이해하는 견해가 말하는 "特定한 處分"은 행정처분의 특성 내지 행정권의 독자적 판단권을 고려하지 않고 과도한 응답의무를 요구하는 것이다. 필자는 부작위의 요건에서 신청권이 형식적 신청권인지 실질적 신청권인지의 문제는 오히려 혼란만 가중시키는 불필요한 논쟁이며, 법률적으로 신청에 대한 행정청의 응답의무를 도출할 수 있는 논거를 살펴보는 것이 오히려 중요하다고 생각한다. 이러한 논의에 앞서 부작위위법확인소송의 적법요건으로서 '신청'은 단순한 문의나 질의 등을 포함하는 모든 신청권으로 보기는 곤란하며, 행정처분의 발급을 내용으로 하는 신청권으로서 개별 법률 등에 근거하여야 한다.

　요컨대 일반적으로 인정되는 부작위의 요건은 본안의 문제에서 다루는 것이 바람직하다. 또한 소송요건의 단계에서는 원고가 주장하는 바와 같이 "법률상 이익"이 침해되었는지 여부와 신청에 대해 "부작위"가 있었는지 여부를 판단하는 것이 바람직하다. 특히 부작위위법확인소송에서 문제가 되는 부작위와 관련하여, 신청은 적어도 "행정청에 대하여 처분의 발급을 구하는" 것으로서 서면으로 할 필요가 있다(행정절차법 제17조 제1항 참조). 또한 이러한 신청에 대해서 행정청은 접수증을 발급하도록 되어 있을 뿐만 아니라, 이를 보류 또는 거부하거나 부당하게 되돌려 보내서는 아니 되므로(행정절차법 제17조 제4항), 신청에 대한 부작위 여부를 쉽게 판단할 수 있다.

(나) 申請權과 裁量行爲

　본안판단에서 부작위의 위법과 권리침해를 심사할 때에 가장 어려운 문제는 재량행위이다. 원고가 신청한 특정한 처분이 기속행위일 경우에는 특별한 문제가 없으나, 재량행위에 해당하는 경우에는 적지 않은 어려움이 있다. 위에서 살펴본 바와 같이 부작위의 응답의무는 적극적인 처분뿐만 아니라 소극적 처분도 가능하다는 점에서, 재량행위도 포함될 수 있다. 이 문제는 '재량수축'의 법리를 통해 처분의무를 도출할 수 있다.[28] 이를 '無瑕疵裁量行使請求權'의 문제로 접근하는 견해도 있으나,[29] '行政介入請求權'과 관련이 있다고 보는 것이 타당하다.[30] 또한 우리 행정소송법에는 독일과 달리 무하자재량행사청구권을 실현할 수 있는 소송유형이 없기 때문에, 이러한 형식적 청구권을 인정할 실익은 매우 적다.

한편, 당해 사건과 관련하여, 지방공무원법 제38조 제1항에는 "1급 내지 3급 공무원에의 승진임용에 있어서는 능력과 경력 등을 고려하여 임용하며"라고 규정하고 있다. 또한 지방공무원임용령 제38조의3에서는 "2급부터 4급까지의 공무원을 승진임용할 때에는 임용권자가 승진후보자 중에서 행정실적, 능력, 경력, 전공분야, 인품과 적성 등을 고려하여 임용하여야 한다"고 규정하고 있다. 이러한 규정에 비추어보면 승진임용신청에 관한 직접적인 근거규정을 법령에서 도출하기가 쉽지 않음을 알 수 있다. 또한 당해 사안에서 원고가 구체적으로 언제 승진임용을 신청하였는지가 문제된다. 환송판결 및 원심판결은 2005. 9. 30.자 소청심사청구로서 조리상의 신청권을 인정하고 소청심사위원회의 소청을 '승진임용신청'으로 보고 있다. 그러나 소청심사청구는 공무원의 징계 기타 그 의사에 반하는 불리한 처분이나 부작위에 대한 '이의제기' 내지 '행정심판'의 성격을 가질 뿐이다.

승진임용처분은 대체로 행정청의 '裁量行爲'로 판단되며, 그 구체적인 요건에 대한 심사는 '判斷餘地'(Beurteilungsspielraum) 내지 '評價特權'(Einschätzungsprärogative)에 해당될 수 있다. 이 경우 독일에서는 의무이행소송의 특수한 형태인 適正裁量決定訴訟(Bescheidungsklage)[31]

---

28) 홍준형, 전게서, 714면.
29) 서원우, "부작위위법확인소송", 대한변호사협회지 제117호, 1986, 56면.
30) 김도창, 전게서(상), 831면.
31) 이 소송유형을 일본학설의 영향으로 '指令訴訟'이라고 부르는 경우도 있으나, 이러한 용어는 소송의 내용이나 본질에 부합하지 않는다. 이 소송은 행정청에 재량행위나 판단여지가 부여된 경우, 사건의 성숙성 요건을 충족하지 않아 사안이 판결을 내리기에 적합하지 않은 경우, 또는 원고가 무하자재량행사청구를 요구하는 경우에 행정청의 독자적 판단권존중과 권력분립원칙을 고려하여 행정부가 사법부의 판결취지에 따라 재량행사를 적정하게 해 줄 것을 요구하는 소송이다(Schoch/Scmidt-Aßmann/Pietzner,

을 고려할 수 있다. 실제 독일의 의무이행소송에서 事件의 成熟性
(Spruchreife)은 본안에서 원고가 희망하는 행정행위의 발급의무를 행
정청에게 부과할 수 있는지 여부를 판단하는 중요한 기준이다.[32] 만약
당해 사안이 행정청에게 재량이 부여되어 있고 아직 성숙성을 구비하
지 못한 경우, 법원은 행정청에 대하여 법원의 판단을 존중하여 적정한
재량결정을 내리도록 하는 '이행명령'을 내릴 수 있다(독일 행정법원법
제113조 제5항 2문). 한편, 미국에서도 행정청의 부작위가 司法審査
(judicial review)의 대상이 되는지 여부가 논란이 되고 있는데,[33] 행정
청의 '裁量行爲'(discretion)에 해당함을 이유로 부정되기도 한다.[34] 미
국 행정절차법(Administrative Procedure Act)의 관련 규정에 의하면,
사법심사의 대상이 되는 行政作用'(agency action)[35]에는 행정청의 '부
작위'(agency inaction)도 포함된다.[36] 이와 관련된 대표적인 소송으로

VwGO, § 42 Rn. 93 참조). 최근에는 이러한 취지를 반영하여 "재량행위요구소송"(홍
준형, 전게서, 726면) 또는 "재결정명령(소송)"(박정훈, 행정소송법 개혁의 과제, 서울대
법학 제45권 제3호, 405면) 등으로 부르기도 한다. 그러나 이러한 소송이 단순히 재량
행위를 다시 요구하는 것은 아니며, 행정청은 취소판결의 기속력에 의해 기속·재량행
위를 불문하고 모두 재결정을 내려야 한다는 점에서 일정한 한계가 있다고 여겨진다.
따라서 필자는 本稿에서 이러한 소송유형을 '適正裁量決定訴訟'으로 부르기로 한다.
32) Schmitt Glaeser/Horn, Verwaltungsprozeßrecht, Rn. 311 f. 사건의 성숙성은 후술하
는 바와 같이 미국에서 사법심사의 시기와 관련하여 논의되고 있다. 그러나 독일에서도
법적·사실적 상태에 비추어 제소내용에 대한 종국적 결정인지 여부와 관련하여 사건
의 성숙성이 논의되고 있다. 특히 행정청에 재량행위가 인정되는 경우에 適正裁量決定
訴訟(Bescheidungsklage)이 고려되고 있다(Würtenberger, a.a.O., § 22 Rn. 340 f).
33) 미국에서도 행정지연(agency delay)이 만연해서 사법심사를 통해 통제할 수 있는지
여부가 문제되고 있다. 이러한 행정지연의 이유로는 과중한 업무부담, 인적 또는 물적
자원의 부적절성, 難題, 장시간이 소요되는 의사결정절차 등을 들고 있다(Richard J.
Pierce, Jr. Administrative Law Treatise, 829-833 (4th ed. 2002).
34) Aman & Mayton, Administrative Law, 355 (2nd ed. 2001).
35) 미국 행정절차법 제551조 제13항에는 'agency action'을 "행정청의 규칙(rule), 처분
(order), 인가(license), 제재(sanction), 구제(relief) 또는 이에 상당하는 행위 그러한
행위를 거부하는 행위의 전부 또는 일부"라고 정의하고 있다. 국내에서는 이를 '행정행
위'로 번역하는 경우가 일반적이나, 인·허가, 면허 등 협의의 행정행위 이외에 행정입
법(rulemaking)도 포함하고 있다는 점에서 '행정행위'의 개념과 구별하는 것이 타당하
다. 물론 이를 광의의 행정행위로 볼 수 있으나, 필자는 이를 '행정작용' 정도로 번역하
는 것이 적절하다고 본다.
36) 5. U.S.C.A. § 702, § 551 (13). 이에 대한 상세는 Gellhorn & Levin, Administrative
Law and Process, 115 (4th ed. 1997).

는 Heckler v. Chaney 事件37)을 들 수 있다. 이 사건에서 死刑囚들
은 치명적인 약물을 사용해서 사형을 집행하는 것이 「食品, 醫藥品 및
化粧品에 관한 法律」(Food, Drug, and Cosmetics Act)을 위반하였으
며, 食品醫藥局(Food and Drug Administration, FDA)이 승인하지 않
은 약물을 교도관들이 사용하고 있다고 주장하였다. 나아가 사형수들은
이러한 약물사용이 원래 의도한 신속하고 고통 없는 사형집행보다는
고문을 받는 것과 같은 고통을 줄 수 있다고 주장하면서, 새로운 약물
사용에 대해서는 食品醫藥局(FDA)이 이에 대해 적절한 경고를 담은
레벨을 의약품에 붙일 것을 요구하였다. 그러나 食品醫藥局(FDA)은
이러한 요구를 받아들이지 않았다. 이에 受刑者들은 컬럼비아 特別區
(District of Columbia) 지방법원에 소를 제기하였으나, 당해 법원은 행
정청이 조사나 집행과정을 기피하는 것은 사법심사의 대상이 될 수 없
다고 판시하였다.38) 이에 대해 抗訴法院은 제1심 지방법원의 판결과
달리 의약품을 승인받지 않고 사용하는 것이 만연하고 공중보건을 위
협하는 경우 食品醫藥局의 政策宣言도 법적용의 대상이 될 수 있다고
판단하였다.39) 그러나 미연방대법원은 행정청이 刑執行節次의 개시를
거부하는 것은 행정청의 절대적 '재량행위'에 해당하며, 이는 "推定的으
로 司法審査를 할 수 없는"(presumptively unreviewable) 것이라고 결
정하였다.40) 이 사건 이후 법원은 행정청의 부작위에 관하여 개입하는
것을 자제하려는 경향을 보였다. 다만, Chaney 事件에서 법원은 의회
가 행정청의 재량행사를 제한할 수 있는 재량준칙을 설정한 경우에는
법원이 입법부의 위임을 존중해야 한다고 보았고, 그 후 Dunlop v.
Bachowsky 事件41)에서 사법심사의 가능성을 보여주고 있다. 이상의
내용에 비추어보면, 대상판결은 당해 사안이 판단여지 내지 재량행위에

---

37) 470 U.S. 821, 105 S.Ct. 1649, 84 L.Ed.2d 714(1985).
38) 470 U.S. 821 (1985).
39) 718 F.2d 1174, 1186.
40) 105 S.Ct. at 1655.
41) 421 U.S. 560, 95 S.Ct. 1851, 44 L.Ed2d 377 (1975).

해당하는 특성을 가지고 있음을 간과하였다는 점에서 다소 아쉬움을
남긴다.

(다) 相當한 期間의 解釋 및 判斷

독일에서는 '相當한 期間'(angemessene Frist)에 관한 명문의 규정을
두고 있다. 즉 독일 행정법원법 제75조의 해석에 의하면 부작위에 대한
의무이행소송은 원칙적으로 3개월이 경과한 후에 허용된다.[42) 독일 행
정법원법 제75조 제1항에는 "이의신청이나 행정행위의 발급에 관한 신
청이 상당한 기간 내에 내용적으로 충분한 근거도 없이 결정되지 않으
면, 제68조의 규정과 관계없이 소는 허용된다"고 규정하고 있다. 그러나
같은 조 제2항에는 "특별히 단기가 요구되는 특별한 사정이 아닌 한,
이의신청 후 또는 행정행위의 발급 신청 후 3개월이 경과하지 않으면
소를 제기할 수 없다"고 규정하고 있다. 만약 행정행위의 발급을 신청
하거나 이의를 신청한 후 3개월 내에 소를 제기한 경우에 법원은 각하
결정을 내릴 수 있다. 3개월의 기간이 경과 이전에 행정소송을 제기하지
못하도록 하는 것은 행정절차가 진행 중인 경우 법원이 성급하게 개입하
여 판단하는 것을 차단하고, 3개월의 기간 내에 행정청의 처분이나 거부
처분이 없는 경우에 의무이행소송을 통해 다투도록 하고 있는 것이다.
따라서 독일에서는 행정행위의 발급이나 이의제기 후 3개월을 상당한 기
간으로 볼 수 있다. 반면, 우리 행정소송법에는 '相當한 期間'에 관하여
명문의 규정을 두고 있지 않아 대체로 법원의 판단에 맡겨 두고 있지만,
행정절차법 제19조 제1항에 의하면 행정청에 의해 설정·공표하도록
되어 있는 처분의 '處理期間'을 상당한 기간의 중요한 준거로 볼 수 있
다. 이러한 처리기간 내에 처분을 하지 않는 경우에는 상당한 기간이
경과한 것으로 볼 수 있다.

---

42) Kuhla/Hüttenbrink, Der Verwaltungsprozess, 3. Aufl., 2002, D. Rn. 190.

(3) 小結

　부작위의 성립요건으로 당사자의 신청, 상당한 기간의 경과, 법률상 의무의 존재, 그리고 처분의 부존재를 인정하는 것이 일반적이다. 그러나 이러한 부작위의 성립요건에는 '訴訟要件'과 '本案判斷'의 문제가 혼재하고 있다. 즉 訴訟要件의 판단에 있어서는 당사자의 申請이 있어야 하나, 이러한 '신청'은 개별법이나 행정절차법 등에 근거하여 이루어진 것으로 충분하다. 그러나 이러한 신청은 부작위위법확인소송의 대상으로서 '부작위'의 성립요건을 판단하는 기준이기는 하나, 이를 '原告適格'의 문제와 혼동하여서는 아니 된다. 원고적격의 문제는 원고가 행정청의 부작위로 인하여 '법률상 이익'을 입었다는 사실을 명확히 주장하는 것으로 충분하다. 따라서 당사자의 신청이 있고 상당한 기간의 경과 후에도 행정청의 처분이 존재하지 않는다면, 대상적격으로서 '부작위'의 성립요건은 충족한다고 볼 수 있다. 그러나 부작위의 위법여부는 본안에서 판단하는 것이 타당하다.

　本案判斷에 있어서는 행정청이 응답을 하지 않은 것이 法令에 違反하였는지 여부를 검토하여야 한다(不作爲의 違法性 判斷). 이 경우 피고 행정청의 무응답 내지 부작위가 '법률상 의무'를 위반하였다고 판단하기 위해서는 이에 상응하는 원고의 '公權'이 인정되어야 한다. 이러한 공권은 소의 적법요건(소송요건)에서 부작위의 성립요건으로 인정되는 '신청'개념과 구별할 필요가 있으며, 적어도 행정처분의 발급을 요구할 수 있는 실체법적 권리이어야 한다. 이 경우 당사자의 신청내용은 단순한 질의나 문의가 아니라, 객관적으로 '행정처분'의 발급을 내용으로 하는 것이어야 하며, 신청권의 존부, 즉 법률상 의무에 상응하는 공권의 존부는 본안의 문제이다. 이러한 공권이 인정되기 위해서는 해당 법령의 규정에서 '私益保護性'이 인정되어야 한다. 우리 헌법에는 공무원의 신분보장과 공무담임권을 보장하고 있으며(헌법 제7조 제2항, 제25조), 지방공무원법에서도 선고·징계 또는 동법이 정하는 사유 외에 본인의

의사에 반하는 휴직·강임 또는 면직을 당하지 않도록 규정하고 있다
(제60조). 이러한 규정들은 공무원들이 정치적 영향이나 외압 등으로부
터 부당한 신분상 불이익을 당하지 않도록 보호하기 위한 것이다. 또한
지방공무원임용령 제38조의3에는 특별한 승진시험 없이 2급부터 4급까
지의 지방공무원을 승진임용할 경우에 임용권자가 승진후보자 중에서
행정실적·능력·경력·전공분야·인품 및 적성 등을 고려하여 임용하
도록 하고 있다. 지방공무원임용령 제38조의3은 한편으로는 임용권자의
권리를 보장하고 있지만, 다른 한편으로 능력과 자격을 갖춘 후보자가
승진임용될 수 있음을 의미한다. 이상의 헌법 및 관계 지방공무원법령
의 규정에 의하면, 승진임용의 능력과 자격 등을 갖춘 후보자는 부당하
게 신분상 불이익을 입어서는 아니 되며, 승진임용의 기회가 보장되어
있다. 따라서 이상의 관계 지방공무원법령을 종합적으로 해석할 경우,
승진임용의 요건을 갖춘 자도 승진신청을 위한 '사익보호성'을 가진다
고 있다고 볼 수 있다. 물론 해당 법령이 적극적으로 공권을 규정하지
않아 다소 미흡한 규정을 두고 있는 것은 사실이나, 대상 판례와 같이
원고가 일정한 요건을 구비하여 승진임용을 신청하여 심사를 거쳤다거
나 사실상 승진대상자로 결정되었다는 이유만으로 원고적격이 인정된다
고 해석하는 것은 다소 모호한 법리구성이다.

　또한 원고의 공권을 도출하기 위해서는 '작위의무'가 인정되어야 한
다. 법령상 이러한 작위의무가 인정됨에도 행정청이 아무런 응답을 하
지 않은 경우에 그 부작위는 위법이 될 수 있다. 특히 상대방이 신청한
행정처분이 '기속행위'인 경우에는 법률상 의무를 위반하였는지 여부를
쉽게 판별할 수 있다. 이 경우 법원은 행정청의 부작위가 법령을 위반
하였는지를 검토하여 그 위법 여부를 판단해도 된다. 그러나 행정청에
'裁量行爲'나 '判斷餘地'가 인정되는 경우에는 그 위법을 판단하기가
쉽지 않다. 당해 사안과 같이 공무원이나 국·공립대학의 교원의 승진
또는 승급 등도 여기에 해당한다. 따라서 부작위의 위법판단을 위해서
당해 재량행위가 부작위를 정당화시킬 수 있는 사유가 있는지 여부를

검토할 필요가 있다. 예컨대 고도의 전문성과 기술성, 업무의 난이도 등은 행정청의 부작위를 정당화시킬 수 있는 사유가 된다. 또한 재량행위의 경우라고 할지라도 개인의 生命・身體 또는 基本權, 公衆의 保健이나 安全 등 중요한 법익을 침해하는 경우에는 재량의 수축을 통해 '작위의무'를 도출할 수 있다. 당해 사안의 경우에도 임용권자의 승진여부에 관한 결정권은 재량행위에 속한다고 볼 수 있으나, 임용권자의 결정은 승진후보자(원고)의 권리에 중대한 영향을 미치며 승진임용신청에 대한 거부결정(승진탈락)은 승진후보자의 권리를 현저히 침해할 수 있다. 당해 사안과 같이 인사위원회의 심의를 거쳐 3급 승진대상자로 결정된 사실을 대내・외에 공표하였고 원고가 승진을 기대하고 피고에게 전출동의서를 제출하였다는 사실 등에 비추어 보면, 임용권자는 특별히 정당한 사유가 없는 한 상당한 기간 내에 승진임용 여부에 관하여 결정을 내려야 한다. 이 경우 임용권자의 재량은 零으로 수축된다고 볼 수 있다. 따라서 행정청이 상당한 기간 내에 원고의 승진임용 여부에 대한 결정과 응답을 하지 않은 것은 이를 정당화할 수 있는 특별한 사유가 없는 한 작위의무가 인정된다.

요컨대 모호한 '조리상'의 신청권의 개념보다는 구체적인 법령에 근거하거나 그 해석에 의하여 원고의 공권을 도출하는 것이 타당하다. 또한 부작위위법확인소송에 있어서 부작위의 요건('대상적격')과 원고적격의 구분, 소송요건과 본안판단의 준별, 그리고 '재량행위'가 인정되는 경우에 있어서 부작위의 위법판단 등을 구분해서 접근할 필요가 있다.

3. 不作爲違法確認訴訟의 提訴期間

(1) 提訴期間의 制限

당해 사건에서는 부작위위법확인의 소의 경우에 제소기간을 준수하였는지가 문제된다. 특히 전심절차, 즉 의무이행심판을 거쳐 부작위위법확인소송을 제기한 경우에 제소기간의 제한이 있는지가 문제된다. 이

미 언급한 바와 같이 행정소송법 제38조 제2항에 의하면 부작위위법확
인소송의 경우에도 제소기간에 관한 규정인 행정소송법 제20조가 준용
된다. 이와 관련하여 通說은 행정심판을 거치지 아니한 경우에는 제소
기간의 제한이 없으나, 행정심판을 거친 경우에는 재결서의 정본을 송
달받은 날부터 90일 이내에, 정당한 사유가 있는 경우를 제외하고는 재
결이 있은 날부터 1년 이내에 소송을 제기하여야 한다.[43] 이에 반해 유
력설은 부작위의 경우에는 법률관계를 조속히 확정지을 필요가 없고,
또한 부작위상태가 계속되므로 행정심판을 거치지 않은 경우에는 언제
든지 부작위위법확인소송을 제기할 수 있는 점 등을 고려하면, 의무이
행심판을 거친 경우에도 제소기간의 제한이 없다고 보는 것이 타당하
다고 보고 있다.[44] 이러한 견해는 해석론으로 받아들이기는 곤란하나,
당사자의 권리구제와 부작위위법확인소송의 특성을 고려한 주장으로 입
법정책적인 주장으로서 긍정적으로 고려할 필요가 있다.

　의무이행심판을 거친 경우에 부작위위법확인소송의 제소기간 제한에
관한 선행판례는 아직 없는 것으로 보인다. 다만, 대상판례는 다수설과
같이 부작위위법확인의 소는 부작위상태가 계속되는 한 그 위법의 확
인을 구할 이익이 있다고 보아야 하므로 원칙적으로 제소기간의 제한
을 받지 않는다고 보면서도, 행정소송법 제38조 제2항이 제소기간을 규
정한 같은 법 제20조를 부작위위법확인소송에 준용하고 있는 점에 비
추어 행정심판 등 전심절차를 거친 경우에는 행정소송법 제20조가 정
한 제소기간 내에 부작위위법확인의 소를 제기하여야 한다고 보고 있
다. 부작위에 대한 의무이행심판에 대해서는 심판청구기간의 제한이 없
는 반면, 적극적으로 행정심판을 거쳐 부작위위법확인소송을 제기한 경
우에는 제소기간의 제한이 수반된다는 것은 모순으로 보일 수 있다. 이
에 대해 행정심판의 제기여부에 따른 제소기간의 제한을 행정심판제기
에 따른 '리스크'로 보는 견해도 있다.[45]

---

43) 홍준형, 전게서, 719면 등 참조.
44) 박균성, 전게서, 1068-1169면.

한편, 의무이행심판을 거쳐 부작위위법확인소송을 제기한 후 소극적 처분이 있다고 보아 이를 거부처분 취소소송으로 소를 교환적으로 변경하고 여기에 부작위위법확인의 소를 추가적으로 병합한 경우에도, 과연 부작위위법확인소송이 제소기간을 준수하였다고 볼 수 있는지가 문제된다. 이에 대해 대상 판례는 "최초의 부작위위법확인의 소가 적법한 제소기간 내에 제기된 이상 그 후 처분취소소송으로의 교환적 변경과 처분취소소송에의 추가적 변경 등의 과정을 거쳤다고 하더라도 여전히 제소기간을 준수한 것으로 봄이 상당하다"고 판시하고 있다. 이와 같은 대상판례의 입장은 우선 행정소송법 제38조 제2항, 같은 법 제20조에 규정된 제소기간의 제한에 관한 규정에 위배될 우려는 없는지, 또한 소변경의 남용을 통한 제소기간의 제한을 무력화시키는 문제점은 없는지 등이 검토될 필요가 있다.

(2) 比較法的 考察

(가) 獨逸

행정청의 부작위에 대한 효과적인 권리구제수단은 義務履行訴訟(Verpflichtungsklage)이다. 의무이행소송에는 '거부처분'에 대하여 새로운 행정행위의 발급을 통해 행정행위의 변경이나 폐지를 구하는 의무이행소송인 '反拒否處分訴訟'(Versagungsgegenklage)과 '부작위'에 대해 일정한 행정행위의 발급 내지 이행을 구하는 의무이행소송인 '特定處分發給訴訟'(Untätigkeitsklage)으로 구분된다. 그러나 후자는 장래에 회복하기 어려운 손해를 입을 것을 피하기 위해 사전예방의 차원에서 부작위를 명하는 소위 (豫防的) 不作爲訴訟 내지 禁止訴訟(Unterlassungsklage)과 구별된다. 이러한 부작위에 대한 의무이행소송은 독일 행정법원법 제68조의 전심절차와 상관없이 제기될 수 있다(독일 행정법원법 제75조 참조). 이 경우 부작위의 위법을 제거하고 일정한 행정행위의 발급을 구

---

45) 홍준형, 전게서, 710면.

하는 의무이행소송의 提訴期間이 문제된다(독일 행정법원법 제75조 참조). 거부처분에 대한 의무이행소송의 경우에는 거부처분의 통지, 이의신청 또는 행정심판의 재결의 통지 후 1개월 내에 제기하도록 규정하고 있다(독일 행정법원법 제74조 제2항). 다만, 예외적으로 기간연장의 가능성이 있다(同法 제58조 제2항).

　한편, 不作爲에 대한 義務履行訴訟의 경우에는 특별한 이유가 없는 한 이의신청을 하거나 부작위의 이행을 구하는 신청을 한 후 3개월이 도과하기 전에는 소를 제기할 수 없다(독일 행정법원법 제75조). 不作爲에 대한 義務履行訴訟은 원래 독일 행정법원법 제76조에 근거하여 이의신청 내지 행정심판을 제기한 후 1년 이내에, 또는 행정행위의 발급신청 후 1년 이내에 제기할 수 있었다. 그러나 독일 행정법원법 제76조는 1976. 8. 24. 행정소송규정 개정법률(Gesetz zur Änderung verwaltungsprozessualer Vorschriften)[46]에 의해 폐지되었고, 당해 조항의 삭제로 인하여 不作爲에 대한 義務履行訴訟에는 독일 행정법원법 제75조의 제척기간(1년)이 적용되지 않게 되어 不作爲에 대한 義務履行訴訟에는 제소기간의 제한이 없게 되었다.[47] 그러나 독일의 판례 및 통설은 대체로 失效(Verwirkung), 권리보호필요의 누락 등의 관점에서 대체로 1년 기간이 경과 후에는 소를 제기할 수 없다고 보고 있다.[48] 요컨대 不作爲에 대한 義務履行訴訟은 독일 행정법원법 제75조에 따라 3개월의 기간경과 후 제소할 수 있으며, 실효의 법리에 따라 1년의 제척기간이 적용된다고 보고 있다. 다만, 이해관계인이 행정청의 부작위에 대한 의무이행소송을 제기하지 않은 상태에서, 행정청의 거부처분이 있거나 이해관계인이 이의신청 내지 행정심판을 제기하여 재결을 받은 경우에는 通常의 提訴期間이 적용된다(독일 행정법원법 제70조, 제74조 및 제58조 제2항 참조).[49]

---

46) BGBl. I S. 2437.

47) Kopp/Schenke, VwGO, 13. Aufl., 2003, § 76 Rn. 1.

48) Ule, Verwaltungsprozessrecht, 9. Aufl., 1997, § 37 III; Kopp/Schenke, VwGO, a.a.O.

49) 이에 대한 상세는 Hufen, Verwaltungsprozessrecht, 4. Aufl., 2000, § 15 Rn. 34 f

(나) 日本

한편, 일본 행정사건소송법에는 항고소송에 취소소송, 무효등 확인소송 및 부작위위법확인소송 외에도 '義務履行訴訟'과 '禁止訴訟'을 도입하고 있다. 부작위위법확인소송의 제소기간에 대해서는 부작위상태가 계속되는 한, 언제든지 소를 제기할 수 있다고 보고 있다.[50] 다만, 일본 행정사건소송법에는 부작위위법확인소송의 경우 취소소송의 제소기간에 관한 규정(제14조)을 준용하고 있지는 않으므로(일본 행정사건소송법 제38조 제4항 참조), 부작위위법확인소송에는 행정심판절차를 거친 경우에도 원칙적으로 제소기간의 제한이 없다고 볼 수 있다.

일본의 부작위위법확인소송은 처분이나 신청을 한 자에 한하여 제기할 수 있다고 보고 있으며(原告適格의 問題), 법령상 신청권이 있는 자의 구제수단이라는 점에서 법령상 신청권의 유무는 訴訟要件으로 해석하고 있다.[51] 다만, 우리와 달리 '法令'에 기한 申請에 제한하고 있음은 특기할 만하다.[52] 즉 '법령'에 기한 신청을 한 사람만이 원고적격이 인정된다고 본다. 일부학설은 소송요건의 핵심이 되는 것은 '相當한 期間'의 경과로 보고 있으며, 일반적으로 상당한 기간의 유무를 통상적으로 필요한 기간이 기준이 된다고 보고 있다.[53] 그러나 상당한 기간의 경과를 부작위 위법판단의 중요한 기준으로 보는 견해도 있다.[54]

또한 부작위위법확인소송의 인용판결의 구속력(기속력)을 적극적으로 해석하는 것은 의무이행소송과 같이 운용될 가능성이 있고, 이러한 운용은 제도의 취지에 적합하지 않다는 비판이 제기되고 있다.[55] 다만, 위에서 언급한 바와 같이 일본 행정사건소송법에는 의무이행소송이 도

참조.

50) 宇賀克也, 改正行政事件訴訟法, 補訂版, 靑林書院, 146-147면.
51) 塩野 宏, 行政法 II(行政救濟法), 第四版, 有斐閣, 2005, 210면 이하.
52) 芝池義一, 行政救濟法講義, 第3版, 有斐閣, 2006, 132면 이하; 塩野 宏, 前揭書 , 211면.
53) 塩野 宏, 前揭書 , 211면.
54) 芝池義一, 前揭書, 134-135면.
55) 塩野 宏, 前揭書 , 212면.

입되어 부작위위법확인소송과 병합하여 제기할 수도 있게 되었다(同法 제37조의3 제3항 제1호).

(다) 美國

周知하는 바와 같이 오늘날 미국에서는 職務履行命令(mandamus)이 나 事件移送命令(certiorari)과 같은 大權的 令狀(prerogative writs)보 다는 선언적 또는 금지적 구제수단이 선호되고 있는 추세이다.[56] 특히 연방행정청의 행정작용을 다툴 수 있는 가장 효과적인 구제수단은 停 止命令(injunction)이다.[57] 연방지방법원에서는 행정청의 부작위에 대해 宣言的 判決(declaratory judgment)이나 命令的 停止命令(mandatory injunction)이 주로 사용되고 되고 있다.[58] 미국에는 사법심사의 '제소 기간' 제한에 관한 명시적 규정이 없으나, 법원은 前審節次의 消盡 내 지 履行與否(exhaustion of administrative remedies), 事件의 終局性 (Finality)과 成熟性(ripeness) 등을 통해 司法審査의 時期(timing)를 판단하고 있다.[59] 우선 전심절차의 요구 내지 소진은 '행정심판전치주 의' 또는 일종의 '보충성원칙'으로서, 행정청의 절차가 아직 진행 중인 동안에 원고가 성실하게 행정적 구제절차(administrative remedies)를 모두 거치지 않고 사법심사를 제기한 경우에 법원은 통상적으로 각하 판결을 내린다. 또한 사법심사의 대상은 終局的인 行政作用(final agency action)이어야 하며,[60] 사법심사의 대상이 되기 위해서는 구체 적인 事件性을 가져야 한다. 추상적이거나 이론적인 주장, 또는 자문의 견 등은 배제된다. 사건의 성숙성에 관한 헌법적 근거는 사법심사가 具 體的인 事件이나 紛爭(case and controversy)에 제한된다는 점을 명시

---

56) 특히 事件移送命令은 Degge v. Hitchcock 사건(229 U.S. 162 (1913) 이후 거의 사용 되고 있지 않다고 한다(Richard J. Pierce, Jr., supra note 33, at 1346 (4th ed. 2002)).
57) Id.
58) Aman & Mayton, supra note 34, at 355; 李尙圭, 英美行政法, 225면 참조.
59) Gellhorn & Levin, supra note 36, at 370-371.
60) 5 U.S.C.A. § 704.

하고 있는 미연방헌법 제3조에서 찾고 있다.[61] 요컨대 미국의 사법심사
제도에 있어서 사건의 종국성과 성숙성은 행정청의 부작위를 심사함에
있어서 매우 중요한 판단기준이 되고 있다.

(3) 訴變更과 提訴期間

전심절차를 경유한 부작위위법확인소송의 경우에는 행정소송법 제20
조가 정한 제소기간을 준수하여야 하나, 소변경의 경우에도 제소기간의
제한을 피할 수 있는지가 문제된다. 대상판례는 당사자가 동일한 신청
에 대하여 적법한 제소기간 내에 부작위위법확인소송을 제기한 후 거
부처분 취소소송으로 소를 교환적으로 변경한 후 다시 부작위위법확인
소송을 추가적으로 병합한 경우에는 제소기간을 준수한 것으로 보고
있다.

통상적으로 승진임용을 위해서는 승진시험을 보거나 본인의 신청을
받는 경우도 있으나, 실무상 자격을 구비한 승진후보자 중에서 선발하
여 임용하는 경우도 있다. 후자의 경우에 임용권자는 승진임용 후보자
의 능력과 경력 등을 고려하여 승진여부를 결정하고, 그 결과를 승진후
보자에게 명확하게 '통지'하는 것이 바람직하다. 그러나 慣行的으로 행
정청은 승진임용이 결정된 사람에게만 통지하고, 그 탈락자에 대해서는
통지를 하지 않는 경우도 적지 않다. 이 경우 승진임용의 통지를 받지
못한 해당 승진후보자는 승진임용거부처분 취소소송을 제기해야 하는
지, 아니면 부작위위법확인소송을 제기해야 하는지를 선택해야 하는 岐
路에 놓이게 된다. 경우에 따라 승진임용탈락으로 보고 거부처분 취소
소송으로 곧바로 다투기보다 승진임용처분이 유보된 것으로 보고 승진
임용결과를 좀 더 기다려 본 후 부작위위법확인소송을 제기하는 경우
도 있을 수 있다. 그러한 이유에서 대상판례도 "당사자의 법규상 또는
조리상의 권리에 기한 신청에 대하여 행정청이 부작위의 상태에 있는

---

61) Gellhorn & Levin, supra note 36, at. 379-380.

지 아니면 소극적 처분을 하였는지는 동일한 사실관계를 토대로 한 법률적 평가의 문제가 개입되어 분명하지 않은 경우가 있을 수 있다"고 지적하고 있다.

이미 언급한 바와 같이 대상판례는 당사자의 권익구제를 위해 전심절차를 거쳐 부작위위법확인의 소를 애초에 적법한 제소기간 내에 제기한 이상, 訴變更을 한 경우에도 제소기간에 관한 제한 규정을 유연하게 해석하고 있다. 이러한 판례의 입장은 취소소송의 경우에 청구취지를 변경하여 舊訴가 취하되고 新訴가 제기된 것으로 변경하는 경우 新訴에 대한 제소기간의 준수는 원칙적으로 소변경이 있은 때를 기준으로 하고 있는 선행판례(2004두7023 판결)에 대해 다소 상반된 입장을 보인다. 그러나 우리 대법원은 종전에도 소종류의 변경의 경우에 변경전 소제기 당시를 기준으로 제소기간 준수여부를 판단한 경우도 있다. 예컨대 무효확인소송이나 부작위위법확인소송을 제기한 후 취소소송으로 변경한 경우, 당사자소송을 취소소송으로 변경하는 경우, 또는 항고소송을 당사자소송으로 변경하는 경우 등이 그러하다. 이러한 경우에 변경 전 소제기 당시를 기준으로 제소기간 준수 여부를 판단해야 한다고 보는 견해도 있다(행정소송법 제37조, 제42조, 제21조 4항, 제14조 제4항 참조).[62] 그러나 제소기간과 관련하여 준용되는 행정소송법 제14조 제4항은 피고경정의 경우에 새로운 피고에 대한 소송에 적용되는 규정이다. 당사자소송을 취소소송으로 변경하는 경우에는 피고의 변경이 생기기 때문에 큰 문제가 없으나, 무효확인소송을 취소소송으로 변경하는 경우에는 피고의 변경이 없어 문제가 될 수 있다. 후자의 경우에는 제소기간을 무력하게 만들 우려가 있다. 그러나 판례는 무효와 취소의 구별이 용이하지 않음을 이유로 동일한 행정처분에 대하여 무효확인의 소를 제기하였다가 그 후 그 처분의 취소를 구하는 소를 추가적으로 병합한 경우, 주된 청구인 무효확인의 소가 적법한 제소기간 내에 제기

[62] 임승순, 주석 행정소송법(편집대표 김철용/최광율), 612면.

되었다면 추가로 병합된 취소청구의 소도 적법하게 제기된 것으로 보고 있다.63) 나아가 취소소송을 제기한 당사자가 국가 또는 공공단체에 대한 당사자소송을 행정소송법 제10조 제2항에 의하여 관련 청구로서 병합하였으나 위 취소소송이 부적법한 경우, 판례는 이를 소변경 청구로 보아 청구의 기초에 변경이 없는 한 이를 허가할 수 있다고 보면서, "취소소송을 제기하였다가 나중에 당사자소송으로 변경하는 경우에는 행정소송법 제21조 제4항, 제14조 제4항에 따라 처음부터 당사자소송을 제기한 것으로 보아야 하므로 당초의 취소소송이 적법한 기간 내에 제기된 경우에는 당사자소송의 제소기간을 준수한 것으로 보아야 할 것이다"라고 판시하고 있다.64)

4. 評價와 課題

행정청의 독자적인 판단권이나 재량행위 등이 인정되는 경우, 그 부작위에 대해 효과적인 구제수단을 확보하는 것은 매우 어려운 문제이다. 우리 판례는 부작위위법확인소송에서 부작위의 요건 중 '신청권'을 때때로 원고적격의 문제와 혼동하고 있으며, 법규상의 신청권 외에 '조리상'의 신청권을 인정하고 있다. 대상판례도 이러한 판례의 주류와 동일한 입장을 취하고 있다. 즉 대상판례는 종전의 판례이론에 따라 4급 공무원이 당해 지방자치단체 인사위원회의 심의를 거쳐 3급 승진대상자로 결정되고 임용권자가 그 사실을 대내·외에 공표까지 한 경우, 당해 공무원은 승진임용에 관한 법률상 이익을 가진 자로서 신뢰보호원칙 등 행정법의 일반원칙에 근거하여 임용권자에 대해 3급 승진임용을 신청할 '조리상'의 권리가 있다고 보고 있다. 그러나 신청권의 문제는 원고적격의 문제와 구별하여야 하며, 개별법이나 행정절차법 등에 근거한 '신청'에 대해 상당한 기간 내에 응답이 없는 경우 부작위의 소송요

---

63) 대법원 2005. 12. 23. 선고 2005두3554 판결.
64) 대법원 1992. 12. 24. 선고 92누3335 판결.

건은 충족되었다고 보아야 한다. 따라서 모호한 개념으로서 '조리상'의 신청권을 통해 곧바로 '법률상 의무위반'을 도출하는 것은 어색하고 무리한 해석이다. '법률상 의무위반'은 본안판단에서 당해 처분의 특성과 제반 사정을 고려하여 판단해야 한다.

우리 행정소송법의 해석상 부작위위법확인의 소는 부작위상태가 지속되는 한 그 위법확인을 구할 이익이 있으므로 제소기간의 제한이 없으나, 전심절차를 거친 경우에는 통상의 제소기간에 관한 규정이 적용된다고 보아야 한다. 그러한 점에서 대상판례는 정당한 판단을 한 것으로 보인다. 다만, 당해 사안의 경우와 같이 부작위와 거부처분의 구별이 명확하지 않고 그 판단이 어려운 경우에, 당사자가 적법한 제소기간 내에 부작위위법확인소송을 제기한 후 거부처분 취소소송으로 소를 교환적으로 변경하고 다시 여기에 부작위위법확인소송을 추가적으로 병합한 한 경우에는 당사자의 권리구제를 위해 제소기간을 준수한 것으로 보았다. 대상판례는 위에서 언급한 바와 같이 제소기간에 관한 여러 가지 입법적 문제점을 극복하기 위한 苦心 끝에 나온 판결로 보인다. 행정청의 부작위에 대해 제소기간을 설정한 입법례는 드문 것으로 보인다. 부작위위법확인소송제도를 두고 있는 일본이나 미국의 입법례에도 제소기간에 관한 규정을 특별히 두고 있지 않다. 다만, 독일의 경우에는 행정청의 부작위에 대한 의무이행소송과 관련하여 제소기간에 관한 규정(독일 행정법원법 제76조)을 명시하고 있었으나, 현재는 이를 삭제하고 실효의 법리를 적용하여 제소기간을 제한하고 있다. 또한 부작위에 대한 의무이행소송에서 전심절차를 거친 경우에는 통상의 제소기간을 적용하고 있다. 행정청의 부작위에 관한 제소기간의 설정은 입법정책적인 문제로 보인다. 독일의 입법례는 법적 안정성을 중시하며, 실효의 법리를 통해 1년의 제척기간을 인정하고 있는 점이 두드러진다. 반면 미국의 입법례는 부작위에 대한 사법심사가능성 여부, 그리고 전심절차의 이행이나 사건의 종국성과 성숙성 등을 통해 권력분립원칙과 행정의 독자성 등을 중시하고 있다. 우리 행정소송법에서 전심절차를 경유

한 경우에 부작위위법확인소송에도 취소소송의 제소기간을 준용하도록
한 것은 再考할 필요가 있다. 이 조항은 立法的 過誤라고 단언하기는
어렵지만, 적어도 부작위위법확인소송의 특성을 간과한 것으로 볼 수
있다. 특히 이행소송의 형태가 아니라 확인소송의 경우에도 제소기간의
제한을 받도록 하는 것은 타당하지 않다. 현실적으로 일반 국민들은 행
정청의 무응답이 법적으로 '부작위'인지 '거부처분'인지 여부를 판단하기
가 쉽지 않다. 또한 행정심판을 경유한 사람은 '권리 위에 잠자는 사람'
에 비해 제소기간의 제한을 더 받게 되고 자신의 권리구제에 있어서
현저한 불이익을 입게 된다. 이는 형평의 원칙에도 어긋난다. 따라서
전심절차를 거친 부작위위법확인소송에 대해서 제소기간의 제한을 두는
것은 부작위위법확인소송의 제도적 취지나 본질, 그리고 형평의 원칙
등에 비추어 바람직해 보이지 않는다. 이러한 입법례는 보기 드물 뿐만
아니라, 행정소송법의 개정에 있어서 재검토를 요한다.

한편, 거부간주제도를 두고 있는 프랑스의 입법례를 근거로 하여 일
정한 부작위에 대하여 거부처분으로 의제하고 이를 취소소송으로 다투
는 것이 바람직하다는 견해도 있다.[65] 이러한 주장은 법적 명확성과 신
속한 권리구제 등의 관점에서 긍정적으로 볼 수 있으나, 짧은 제소기간
으로 인해 당사자의 권리구제가 오히려 좁아질 우려도 있고, 나아가 취
소소송보다 더 拔本的인 구제수단인 의무이행소송을 도입하는 경우에
그 설득력이 떨어진다. 행정소송법 개정논의에서 알 수 있는 바와 같이
의무이행소송의 도입에 대해서는 실무계나 학계에서 많은 共感帶가 형
성되어 있는 것으로 보인다. 특히 부작위위법확인의 소는 인용판결을
받더라도 원고는 행정청의 거부처분에 대해 다시 취소소송을 제기해야
한다는 점에서[66], 의무이행소송은 소송경제의 관점에서도 행정청의 부
작위에 관한 실효적인 수단임에 분명하다. 다만, '不作爲'에 대한 義務

---

65) 김춘환, "행정행위의 발령을 구하는 소송제도", 조선대 법학논총, 1995, 21면; 권은민,
　　전게논문, 26면 참조.
66) 박정훈, 전게논문, 404면.

履行訴訟의 경우에도 제소기간을 제한하는 것이 바람직한지에 대해서는 보다 깊이 있는 논의가 필요하다. 이러한 논의에 있어서 당사자의 권리구제, 행정의 독자성(재량)과 효율성, 그리고 법적 안정성 등을 종합적으로 판단해야 할 것이다. 사견으로는 부작위에 대한 의무이행소송에 있어서는 제소기간에 관한 규정을 명문화하지 않고 법원이 개별 사건의 특성을 감안하여 유연하게 판단할 수 있도록 하는 것이 바람직할 것으로 보인다. 이 경우 법원은 독일의 경우와 같이 실효의 법리를 적용하여, 당사자의 권리구제와 법적 안정성을 고려한 해석을 할 수 있을 것이다.

第5章

建築申告와 隣人保護

– 獨逸 建築法制와의 比較法的 考察을 겸하여 –

I. 序 說

1. 論議의 狀況

규제완화(deregulation, Deregulierung), 민영화 등은 건축법영역에 적지 않은 영향을 주었다. 즉 허가제를 신고제로 대체하거나 허가제 외에 신고제를 별도로 신설하는 경우가 늘고 있다. 건축법분야에서는 투자의 장애요소를 제거하고 규제완화의 흐름에 부응하기 위해, 전통적인 건축허가 대신에 절차간소화를 위한 새로운 제도들이 도입되고 있다. 독일에는 건축허가절차의 간소화를 위한 제도로서 간소화된 허가절차, 신고절차 및 허가면제절차 등이 있다. 그러나 허가간소화절차의 제도적 본질에 대한 이해 없이 '허가'와 '신고'의 형식적 구별, 신고의 유형 등에만 초점을 맞추고 논의하는 것은 현안의 해결보다는 형식적 담론으로 흐를 우려도 있다.

우리 건축법에는 건축물을 건축 또는 대수선을 하고자 하는 경우에 시장·군수·구청장의 허가를 받도록 하면서, 소정의 요건을 충족하는 경우에는 건축신고만으로 건축허가를 받은 것으로 의제하는 규정을 두고 있다(건축법 제11조, 제14조 참조).[1] 이러한 허가의제의 효과를 가진

---

1) 즉 허가대상 건축물이라고 하더라도 ① 바닥면적의 합계가 85제곱미터 이내의 증축·개축 또는 재축, ② 「국토의 계획 및 이용에 관한 법률」에 따른 관리지역, 농림지역 또

건축신고를 소위 "建築許可擬制的 申告"라고 부른다. 그러나 이러한 건축허가의제적 신고는 건축법 제14조 제2항에 의해 건축법 제11조 제5항이 준용되어 다른 법령에 의한 인·허가의제의 효과를 발생시킨다. 즉 건축법 제14조 제1항에 의한 건축신고를 하면, 같은 법 제11조 제5항 각호의 허가 등을 받거나 신고를 한 것으로 보며, 공장건축물의 경우에는 산업집적활성화 및 공정설립에 관한 법률 제13조의2 및 제14조의 규정에 의하여 관계 법률의 인허가 등을 받은 것으로 본다. 이와 같이 건축법 제14조에 의한 건축신고는 이중허가의제의 효과를 가질 수 있다. 그러나 건축신고에 '이중'허가의제의 효과를 부여하는 것은 보기 드문 입법례이며, 법리적으로도 적지 않은 문제를 야기할 수 있다. 이러한 입법방식의 개선을 위해 건축신고제에 관한 깊이 있는 성찰이 필요하다.

우선 건축신고에 관한 법적 문제를 고찰하기 위해서는 건축신고의 법적 의미, 유사한 절차간소화제도 및 건축허가와의 구별 등을 고찰할 필요가 있다. 또한 수리를 요하는 신고와 수리를 요하지 아니하는 신고(자기완결적 신고)로 구별하는 신고유형이 일반적이나, 후술하는 바와 같이 그 구분기준이 모호할 뿐만 아니라 건축신고의 본질을 간과하는 등 여러 가지 문제점을 노정하고 있다. 이와 같이 '수리'의 요부에 의해 신고유형을 구분하는 것은 항고소송의 대상적격을 인정하기 위한 기준 이상의 의미를 가지기 어렵다. 특히 이러한 유형구분에 의하면, 건축신고는 행정청의 '수리'라는 별도의 조치 없이, 즉 사인의 '신고'에 의해 특별한 통제장치 없이 곧바로 건축을 할 수 있게 된다.[2] 그러나 건축신고를 한 건축주에게 '의제'에 의하여 절차법적으로나 실체법적으로

는 자연환경보전지역에서 연면적이 200제곱미터 미만이고 3층 미만인 건축물의 건축(다만, 제2종 지구단위계획구역에서의 건축은 제외), ③ 연면적이 200제곱미터 미만이고 3층 미만인 건축물의 대수선, ④ 주요구조부의 해체가 없는 등 대통령령으로 정하는 대수선, ⑤ 그 밖에 소규모 건축물로서 대통령령으로 정하는 건축물의 건축에 해당하는 경우에는 건축신고만으로 건축허가가 의제된다(건축법 제14조 제1항 참조).

2) 대법원 1967. 9. 19. 선고 67누71 판결.

매우 강력한 법적 효력이 부여될 수 있는 반면, 그 건축에 의해 피해를 입는 제3자(인근주민)의 권리보호는 취약할 수 있다. 따라서 건축신고의 의미를 재해석하고, 건축허가에 비해 권리구제수단이 매우 취약한 인인보호의 문제를 검토할 필요가 있다.

2. 論議의 出發點으로서 '建築의 自由'와 '統制'

건축신고와 건축허가의 본질을 정확히 이해하기 위해서는 자신의 토지 위에 건축물을 자유롭게 설치할 자유(소위 '건축의 자유')가 보장되는지를 숙고할 필요가 있다. 건축의 자유에 관한 고찰은 건축신고나 건축허가의 이해를 위해서도 필요할 뿐만 아니라, 건축법의 본질적인 문제이기도 하다. 이와 관련하여 독일 기본법 제14조(재산권보장) 및 개별 법률에 근거하여 '건축의 자유'(Baufreiheit)가 보장되고 있는 독일의 입법례를 소개하면서, 우리의 경우에도 "헌법상의 건축자유"가 논의의 출발점이 되어야 한다는 견해도 있다.3)

독일에서는 오래전부터 '건축의 자유'를 논하여 왔다. 1794년 프로이센 一般國法(ALR, Allgemeine Landrecht für die preußischen Staaten) 제1부 제8장(재산권) 제65조 제1항에서는 "모든 소유권자는 통상적으로 자신의 대지와 토양에 건축물을 점유할 수 있거나 건축물을 변경할 권한을 가진다"4)고 하여, '건축의 자유'를 보장하는 규정을 두고 있었다. 또한 건축의 자유는 그 유명한 크로이쯔베르크(Kreuzberg) 판결을 통해 극명히 보장되었다. 프로이센 고등법원은 경찰권에 대한 수권은 공공의 안전과 질서에 대한 위험방지를 위해서만 허용된다고 하면서, 전승기념탑의 전망확보를 위해 건축규제(고도제한)를 내용으로 하는 경찰명령(Polizeiverordnung)을 무효라고 판시하였다.5) 오늘날에도 '건축의 자유'

---

3) 金重權, "건축법상의 건축신고의 문제점에 관한 소고", 저스티스 제34권 제3호, 2001. 6, 154면 참조.
4) 【원문】: "In der Regel ist jeder Eigenthumer seinen Grund und Boden mit Gebauden zu besetzen oder sein Gebaude zu verandern wohl befugt."
5) PrOVGE 9, 353.

는 헌법상 재산권 보장(기본법 제14조 제1항 1문)에 포함된다고 보는 견해가 지배적이다.[6] 그러나 이에 대한 반론도 유력하다. 즉 건축의 자유는 헌법 제14조 제1항 제1문에서 직접 도출될 수 없고, 건축계획권은 국가에 의해 부여된다는 것이다.[7]

우리의 건축법제에서도 건축의 자유가 헌법적으로 당연히 보장되어 있다고 볼 수 있는지에 대해서는 좀 더 깊이 있는 성찰이 필요하다. 즉 건축의 자유를 헌법 제23조에서 직접 도출할 것인지, 또는 개별 법률에 의해 구체화된다고 볼 것인지가 문제된다. 우선 우리 헌법 제23조의 재산권보장 규정에서 '건축의 자유'를 직접 도출할 수 있는지가 문제된다. 사견으로는 '건축의 자유'가 헌법 제23조의 재산권보장과 밀접한 관련을 가지나, 건축의 자유 그 자체를 기본권 차원으로 승격시킬 수는 없다고 본다. 또한 건축의 자유가 헌법 제23조 제1항의 재산권의 내용에 포함된다고 하더라도, 그 구체적인 '내용'과 한계는 오히려 법률로 정해진다(헌법 제23조 제1항 제2문 참조). 그리고 건축의 자유는 무제한적인 것이 아니라, 불가피하게 강한 사회적 구속을 받을 수 있다(헌법 제23조 제2항). 따라서 건축의 자유는 개별 법률에서 정하고, 그 규정으로부터 건축의 자유가 구체화된다고 볼 수 있다. 현행 건축법령에서 '건축의 자유'를 명시하고 있는 규정을 발견하기는 쉽지 않다. 오히려 건축법에는 "이 법은 건축물의 대지·구조 및 설비의 기준과 건축물의 용도 등을 정하여 …… 공공복리의 증진에 이바지함을 목적으로 한다"고 하여, 건축의 '공익적' 성격이 강조되고 있다(제1조 참조). 이를 위해 건축법은 건축에 대한 규제를 주로 규율하고 있다. 그리고 토지이용규제와 관련된 법령인 국토의 계획 및 이용에 관한 법률, 토지이용규제기본법, 개

---

6) BVerfGE 35, 263/276; Krautzberger, in: Battis/Krautzberger/Löhr, BauGB, 7. Aufl., § 1 Rn. 7 ff.; Grotefels, in: Hoppe/Grotefels, Öffentliches Baurecht, § 2 Rn. 55 ff.; Finkelnburg/Ortloff, Öffentliches Baurecht, Bd. I, S. 20.
7) Schmidt-Aßmann, Grundfragen des Städtebaurechts, S. 89 f.; Breuer, Die Bodennutzung im Konflikt zwischen Städtebau und Eigentumsgarantie, S. 162 ff.; Dähne, Jura 2003, S. 455.

발제한구역의 지정 및 관리에 관한 특별조치법 등에도 '건축의 자유'를 보장하고 있는 규정을 발견하기 어렵다. 특히 국토면적이 협소한 우리나라는 건축 및 계획법령에서 건축의 자유에 대한 규제나 제한이 더 큰 비중을 차지하고 있고, 건축행위는 재산권의 행사와 관련하여 강한 사회적 기속을 받고 있다고 볼 수 있다. 오늘날 건축의 자유는 법으로부터 완전히 자유로울 수 없고, 법률에 의해 또는 법률이 정한 일정한 테두리 내에서만 보장될 수 있는 것이다.

건축의 자유에 대한 대표적인 통제수단은 건축허가이다. 건축허가는 또한 '통제허가'(Kontrollerlaubnis)이다. 즉 건축주가 일정한 요건을 충족하여 건축허가를 신청하면, 건축허가의 발급을 통해 예방적 금지가 해제되고 건축의 자유가 회복되는 것이다. 반면, 규제완화의 영향으로 도입된 건축신고의 경우에 건축허가에 비해 그 통제강도가 완화될 수 있다. 그러나 건축신고를 '수리를 요하지 않는 신고'로 보는 한, 건축신고에 대한 사법적 통제는 쉽지 않다. 행정절차의 간소화, 불필요한 규제해소 등과 같은 건축신고의 본래적 취지에 비추어, 건축허가의제나 이중허가의제라는 과도한 효력을 부여하는 것은 재고할 필요가 있다. 건축신고는 법률이 정한 예외적인 경우이며, 실체법적 효력보다는 절차법적 의미나 기능에 무게중심을 두어야 한다.

이하에서는 간소화절차의 수단으로서의 건축신고(Ⅱ), 신고에 대한 행정청의 심사범위(Ⅲ), 건축신고의 문제점과 개선방안(Ⅳ), 그리고 인인보호를 위한 권리구제수단(Ⅴ)의 문제 등의 순서로 검토하기로 한다.

Ⅱ. 建築許可의 簡素化節次로서 建築申告

1. 建築申告의 法的 意味

(1) 節次簡素化의 手段으로서 建築申告

건축신고를 정확히 이해하기 위해서는 허가면제절차, 신고절차 그리

고 간소화된 허가절차 등 절차간소화제도와의 구별이 선행될 필요가
있다.[8] 이 가운데에서 許可免除節次(Genehmigungsfreistellung)는 허
가가 면제되는 건축계획안의 경우에 원칙적으로 예방적 감독절차는
행해지지 않고, 건축계획과 관련된 서류만 지방자치단체인 게마인데
(Gemeinde)에 제출한다. 예컨대 건축주의 건축계획안이 게마인데의 건
축상세계획(Bebauungsplan)의 유효범위 내에 속하고 건축상세계획이나
지방의 건축규정에 위배되지 않거나, 건설법전상의 개발이 보장되고 게
마인데가 일정한 기간 내에 간소화된 건축허가절차가 실행되는 것을
선언하지 않는 등 소정의 요건에 해당하는 경우에 건축시설의 설치, 변
경 및 이용변경에는 건축허가를 필요로 하지 않는다(바이에른 州 건축법
제58조 제1항, 제2항). 그러나 건축주의 건축계획안이 확정된 게마인데의
계획에 저촉되는 경우에는 허가면제를 배제하고 다시 허가절차를 받도
록 한다. 이 경우 일정한 기간 내에 게마인데가 허가절차를 진행해야
한다고 선언하거나 신청을 반려하지 않는 한, 건축주는 건축계획안을
시행할 수 있다(바이에른 州 건축법 제58조 제3항, 제4항). 우리 실정법에
도 건축신고에 관한 규정 외에 허가면제절차에 관한 규정을 발견할 수
있다. 예컨대 개발행위허가의 면제(국토의 계획 및 이용에 관한 법률 제56
조 제4항), 개발제한구역내의 건축허가면제(개발제한구역의 지정 및 관리
에 관한 특별조치법 제12조 제3항) 등이 그러하다.

　반면, 申告節次(Anzeigeverfahren)는 건축주가 건축허가를 신청하지
않고 건축감독청에 서면으로 관련 서류를 구비하여 건축신고를 하는 절
차이다. 이 경우 행정청은 건축감독의 차원에서 서류를 심사하고, 경우
에 따라서는 건축개시를 '거부'할 수 있다. 그러나 건축행정청이 건축개
시를 거부하지 않으면, 건축주는 대기기간의 경과 후 건축을 개시할 수
있다. 舊 동독의 일부 주(란트) 건축법령에는 건축신고에 관한 규정이
있었으나,[9] 현재 대부분의 州는 허가면제절차로 변경되었다(노르트라인

---

8) 허가의 부존재란 점에서 공통점을 가진다는 이유로 '신고절차'와 '허가면제절차'의 구별
　에 대해 부정적인 견해로는 金重權, 전게논문, 150-169면.

베스타팔렌 州 건축법 제65조, 바이에른 州 건축법 제58조 참조). 다만, 브란덴부르크 州 건축법(BbgBauO) 제58조 제1항에는 여전히 '건축신고'에 관한 규정을 두고 있다. 즉 저층의 주거건물과 그 부속물(예컨대 주차장, 창고 등), 유효한 건축상세계획 내의 5m 이하의 온실 등의 경우에 건축신고가 허용된다. 그러나 건축감독청은 건축신고 후 1주일 내에 접수를 확인하고, 건축감독청의 건축거부나 사전면제를 하지 않는 한, 신고접수 후 1개월이 경과한 후에는 건축개시를 할 수 있다(제2항, 제3항). 또한 제1항의 요건을 제시하지 못하거나 독일 건설법전(BauGB) 제14조 또는 제15조의 요건을 충족하지 못하는 경우 등에는 행정청이 건축개시를 거부할 수 있고, 이에 대해서는 행정심판이나 취소소송을 제기할 수 있도록 하고 있다(제4항, 제5항).

한편, 簡素化된 許可節次(vereinfachtes Genehmigungsverfahren)의 경우에는 허가면제절차나 신고절차와 달리 '건축허가'를 받아야 한다. 다만, 건축감독청의 심사범위는 매우 제한적이다(바이에른 州 건축법 제59조). 예컨대 간격면적의 유지 여부에 대한 심사가 그러하다. 건축행정청은 관계 법령의 일부규정의 위배여부만 심사하여 건축허가를 발급한다. 이와 달리 허가절차의 신속화를 위해 일정한 기한이 설정된 경우에, 건축허가신청 후 행정청의 개시거부 없이 그 기한을 도과하게 되면, 건축허가는 의제된 것으로 보는 경우가 있다. 이를 소위 "의제적 건축허가"(fiktive oder fungierte Baugenehmigung)라고 한다.10)

건축감독의 심사강도는 대체로 허가면제절차, 신고절차 그리고 간소화된 허가절차의 순으로 높아진다고 볼 수 있다. 따라서 신고절차는 허가면제절차와 간소화된 허가절차의 중간영역에 속한다. 그러나 최근 독일의 입법례에서 보는 바와 같이 신고절차는 대폭 축소되고, 허가면제절차로 변경되고 있다. 특히 신고절차나 허가면제절차는 Ortloff가 적절히 지적한

---

9) 예컨대 § 62a SächsBauO, § 74 SchlHBauO, § 62b ThürBauO 등.
10) Martini, Baurechtsvereinfachung und Nachbarschutz, DVBl. 2001, S. 1489. m.w.N.

바와 같이 "建築許可와의 訣別"(Abschied von der Baugenehmigung)
을 의미한다.[11]

(2) 建築申告와 建築許可와의 구별

건축신고를 이해하기 위해서는 전통적인 건축허가와의 구별이 선행
되어야 한다. 건축허가는 통제허가로서 '예방적 금지'(präventives
Verbot)를 해제하여 건축의 자유를 회복시켜주는 행정작용인 반면, 건
축신고는 일반적으로 사인의 공법행위로 설명되고 있다.

독일에서는 건축신고의 경우에 건축허가와 달리 예방적 금지가 탈락
하지만, 건축행정청은 여전히 '억제적 금지'(repressives Verbot)의 차원
에서 실체법적 건축법규를 준수하고 있는지 여부에 대한 심사권한을
유보하고 있다고 보아야 한다. 즉 건축주는 건축신고에 의해 일정한 대
기기간이 경과하면 건축개시를 할 수 있을 뿐, 그 대기기간 동안에 건
축감독청의 심사권이 배제되지 않는다.[12] 예컨대 독일 브란덴부르크 주
의 경우에는 신고접수 후 1개월 내에는 건축개시를 거부할 수 있다(§
58 Ⅲ 1 BbgBauO). 건축주는 "건축감독청이 건축개시를 거부하거나 사
전에 면제하지 않는" 경우에 한하여, 대기기간인 1개월을 도과하면 건
축을 개시할 수 있다.

허가는 법령에 의한 일반적 금지를 특정한 경우에 해제하여 적법하게
일정한 행위를 할 수 있게 하는 행정행위이다. 예컨대 영업허가·건축허
가 등이 여기에 속한다. 이러한 허가는 예방적 금지를 해제하는 '통제허
가'로서 억제적 금지를 면제하는 예외적 승인(Ausnahmebewilligung)과
구별되기도 한다.[13] 다만, 이러한 구분이 항상 명확한 것은 아니다. 한
편, 수리를 요하는 신고는 '허가' 또는 '등록'으로 보아야 한다는 견해도
있다.[14] 허가와 신고는 그 법리와 기본구조를 달리 한다는 점에서, 실

11) Ortloff, Abschied von der Baugenehmigung – Beginn beschleunigten Bauens?, NVwZ 1995, 112 ff.
12) Martini, a.a.O., S. 1489.
13) Maurer, Allgemeines Verwaltungsrecht, 16. Aufl., § 9 Rn. 55.

질적으로 허가의 의미를 가지는 신고에 관한 규정들은 그 내용에 적합한 용어로 재정비될 필요가 있다.

2. 申告의 類型과 監督

(1) 申告의 類型 및 類型區分의 問題點

신고유형에 관한 학설로는 수리를 요하지 않는 신고(자기완결적 신고)와 수리를 요하는 신고(행정요건적 신고)로 구분하는 견해(제1설),[15] 정보제공차원의 신고, 자체완성적 공법행위로서의 신고 및 행정요건적 신고로 구분하는 견해(제2설)[16], 그리고 (예방적) 금지해제적 신고, 정보제공적 신고로 구분하는 견해(제3설)[17] 등이 있다. 우선 정보제공적 신고는 교통사고의 신고, 화재신고 등과 같이 단순히 사실을 통지하는 행위이다(건축법 16조의 착공신고, 공중위생관리법 3조의 영업소개설신고 등). 자기완결적 신고는 행정청에 대하여 일정한 사항을 통지함으로써 의무가 끝나는 신고로서 수리를 요하지 않으며 신고 그 자체로서 효과를 발생시킨다. 반면, 수리를 요하는 신고는 행정청에 대하여 일정한 사항을 통지하고 행정청이 이를 수리함으로써 법적 효과가 발생하는 신고를 말한다. 그 밖에 금지해제적 신고란 건축허가와 마찬가지로 행정당국의 사전통제를 위해 건축행위가 예방적으로 금지되어 있으나 신고 없이 착공하면 위법하게 된다. 그러나 신고절차에서는 허가의무가 없다는 점에서 허가절차와 차이가 있다고 본다. 건축법상의 건축신고, 집회 및 시위에 관한 법률 제6조 제1항에 따른 옥외집회신고의무 등이 여기에 속한다고 본다.[18]

---

14) 朴均省, "행정법상 신고", 고시연구, 1999. 11., 29면.
15) 金南辰, "건축신고반려조치의 법적성질", 법률신문 제2942호(2000. 12. 28); 朴均省, 전게논문, 32-33면; 洪井善, "사인의 공법행위로서의 신고의 법리 재검토", 고시계 제46권 제4호(2001. 4), 17-19면.
16) 鄭夏重, 행정법총론, 제3판, 221-222면.
17) 金重權, 행정법기본연구 I, 법문사, 2008, 132-135면.
18) 金重權, 전게서, 133면. 다만, 우리 헌법에는 집회의 자유를 기본권의 하나로서 강력하

이와 같이 신고의 유형은 다양하나, 그 구별기준이 항상 명확하다고 보기는 어렵다. 신고요건이 형식적 요건만으로 된 경우는 자기완결적 신고이나 실질적 요건도 포함하는 경우에는 수리를 요하는 신고라고 보는 견해,[19] 또는 등록제에 해당하는 경우(예컨대 정기간행물의 등록 등에 관한 법률 제7조 제1항)가 대체로 수리를 요하는 신고에 해당한다는 견해[20]도 있다. 그러나 수리를 요하는 신고와 수리를 요하지 않는 신고의 구별기준은 명확하지 않고, 신고에 대한 사법적 통제, 즉 신고의 수리거부에 대한 항고소송의 처분성을 인정하기 위해 필요할 뿐이다. 결국 '수리'의 유무에 의한 신고의 유형구분은 그 기준이 대단히 모호하고, 결국 법원의 해석에 달려 있다. 이와 같이 신고의 유형에 관한 구분은 이론적으로나 실무적으로 혼란만 초래하고 있는 것으로 보인다.[21] 정부가 규제완화를 위해 전환하려고 하는 신고는 바로 수리를 요하지 않는 신고(자기완결적 신고)일 것이다. 그러나 절차간소화를 위해 도입된 신고절차, 특히 허가가 의제되는 건축신고는 법적 안정성을 위태롭게 할 수 있다.[22] 우리 행정절차법 제41조 제1항에도 "행정청에 대하여 일정한 사항을 통지함으로써 의무가 끝나는 신고" 등 수리를 요하지 않는 신고만을 규정하고 있다.[23]

한편, 정보제공적 신고는 통지행위로서의 의미를 가질 뿐, 국민의 권리·의무에 어떠한 직접적인 영향을 미친다고 보기 어렵다. 이에 반해 수리를 요하지 않는 신고(자기완결적 신고)와 수리를 요하는 신고는 수

게 보장하면서 집회에 대한 허가제를 금지하고 있는 반면(헌법 제21조 제2항), 건축허가는 원칙적으로 허용되면서 일정한 경우에 건축허가를 건축신고로 대체한다는 점에서 차이가 있다. 다만, 우리 건축법은 건축신고에 의해 건축허가를 의제하는 특수한 효력을 부여하고 있다(건축법 제14조).

19) 朴均省, 행정법론(상), 제7판, 100면.
20) 洪井善, 전게논문, 19면.
21) 자기완결적 신고와 수리를 요하는 신고의 유형구분에 대한 비판으로는 金重權, 전게서, 136면.
22) Hullmann/Zorn, Probleme der Genehmigungsfiktion im Baugenehmigungsverfahren, NVwZ 2009, S. 760.
23) 朴均省, 전게논문, 32면.

리 여부에 의해 법적 효과를 발생시킨다는 점에서 정보제공적 신고와
구별된다. (신고유보부) 금지해제적 신고를 신고의 한 유형으로 소개하
는 견해도 있으나, 신고절차에 있어서 예방적 통제가 완전히 배제되는
지 여부에 대해 학설상 다툼이 있다. 신고절차에 있어서 예방적 통제는
허가절차보다 완화될 뿐 완전히 배제된 것은 아니며, 또한 건축감독청
에 예방적 통제의 의무가 부과된 것도 아니라는 견해가 있다.[24] 이에
대해 신고의 경우에도 예방적 통제가 완전히 배제되었다고 보는 견해
도 있다.[25] 다만, 실정법에 규정된 '금지'(Verbot)의 유형이 예방적 금
지 또는 억제적 금지에 해당하는지 여부를 판단하기가 쉽지 않은 것이
사실이다.

(2) 建築申告에 대한 監督手段

건축신고는 수리를 요하지 않는 신고, 즉 자기완결적 신고라는 것이
통설·판례의 입장이다. 특히 판례는 신고가 적법한 요건을 갖추기만
하면 행정청의 수리처분이라는 별단의 조치가 필요 없이 곧바로 건축
을 할 수 있다고 보고 있다.[26] 그러나 이러한 해석은 절차간소화의 측
면에서는 바람직하나, 제3자 보호(인인보호)의 관점에서는 적지 않은 문
제점을 야기할 수 있다. 또한 당사자에게도 건축반려를 통해 신고필증
을 교부하지 않거나 법적 지위를 불안하게 할 수 있다.

특히 건축신고는 허가절차의 간소화수단일 뿐, 행정청의 감독권한은
남아 있다. 즉 위에서 살펴본 바와 같이 예방적 금지의 존부에 관해서
는 논란이 있으나, 행정청에게 여전히 억제적 금지에 대한 심사권이 남
아 있다고 보아야 한다. 건축행정청은 제한적이기는 하나 감독수단으로
건축신고를 심사하고, 경우에 따라서는 건축개시거부권을 행사할 수 있
어야 한다. 우리 건축법에는 건축개시를 바로 거부할 수 있는 규정은

---

24) Brohm, Öffentliches Baurecht, 2. Aufl., § 4 Rn. 14.
25) R. Pfaff, Die neue Landesbauordnung für Baden-Württemberg - Ein Fehlgriff
    des Gesetzgebers?, VBlBW 1996, S. 281, 284.
26) 대법원 1967. 9. 19. 선고 67누71 판결.

없으나, 공익적 목적 또는 감독 차원에서 건축허가나 허가의제를 제한
할 수 있는 규정을 두고 있다. 즉 국토교통부장관은 국토관리를 위하여
특히 필요하다고 인정하거나, 주무부장관이 국방·문화재보존·환경보
전 또는 국민경제를 위하여 특히 필요하다고 인정하여 요청하면 허가
권자의 건축허가나 허가를 받은 건축물의 착공을 제한할 수 있다. 또한
시·도지사도 지역계획이나 도시계획에 특히 필요하다고 인정하면 시
장·군수·구청장의 건축허가나 허가를 받은 건축물의 착공을 제한할
수도 있다(건축법 제18조 제1항, 제2항). 그리고 국토교통부장관은 감독
수단으로 시·도지사 또는 시장·군수·구청장의 명령이나 처분, 또는
건축법이나 건축법에 따른 명령이나 처분 또는 조례에 위반되거나 부
당하다고 인정되면 그 명령 또는 처분의 취소·변경, 그 밖에 필요한
조치를 명할 수 있다(건축법 제78조 제1항, 제2항 참조). 그 밖에 허가권
자도 대지나 건축물이 건축법 또는 건축법에 따른 명령이나 처분에 위
반되면 허가 또는 승인의 취소, 공사중지명령, 철거·개축·증축 등 필
요한 조치를 명할 수도 있다(건축법 제79조 제1항).

　이러한 규제수단들은 주로 건축개시를 한 이후에 이루어진다는 점에
서 건축감독의 실효성 그리고 사회경제적 관점에서 비경제성을 가져올
수 있다. 일반적인 경우에 건축신고만으로 건축개시를 할 수 있지만,
실체적 건축법령을 위배한 경우에는 건축개시를 거부할 수 있어야 한
다. 규제완화의 명목으로 이러한 건축개시거부권을 배제하는 것은 행정
의 법률적합성의 원칙에 비추어 타당하지 않다. 판례는 후술하는 바와
같이 건축법 그 자체의 위반이 아니라 관계 법령을 준수하지 경우에
그 위법 여부를 우회적으로 심사하고 있다. 그러나 독일입법례와 같이
일정한 대기기간을 마련하는 것이 바람직한 것으로 보인다.

3. 建築申告의 受理와 受理拒否

(1) 建築申告의 受理

건축신고 그 자체에 대한 사법적 통제를 위해 건축신고의 수리거부의 처분성을 인정할 수 있는지가 문제된다. 우선 건축신고의 '수리'와 '수리거부'를 구분하여, 건축신고수리의 법적 성질을 검토할 필요가 있다. '수리'는 행정청이 타인의 행위를 유효하게 해 주는 準법률행위적 행정행위에 해당한다고 보는 것이 일반적이다. 다만, 건축신고의 수리에 독립된 법적 행위성을 부여하기는 곤란하다는 이유로 수리의 '처분성'에 의문을 제기하는 견해도 있다.[27] 다만, 이러한 비판적 견해도 수리를 요하는 신고의 경우에는 처분성이 인정될 수 있다고 본다.

수리의 법적 성질에 관한 문제는 수리 여부를 기준으로 신고유형(수리를 요하는 신고와 수리를 요하지 않는 신고)을 구분하는 것에서 기인한다. 그러나 건축신고의 본질을 정확하게 이해하여 건축개시에 대한 통제권(건축개시거부권)을 인정하면, 이를 대상으로 항고소송을 인정할 수 있다. 이미 독일의 입법례에서 살펴본 바와 같이, 신고절차나 허가면제절차에서도 일정한 기간 동안에 건축행정청의 감독수단으로 건축개시거부권을 보장하고 있다. 만약 그 기간 동안 건축개시거부권이 발동되지 않으면 건축주는 건축개시를 할 수 있게 된다.

판례 가운데에는 수리행위에 창설적 효과를 인정한 경우도 있다. 즉 식품위생법 제39조 제3항(구 식품위생법 제25조 제3항)에 규정된 영업양도에 따른 지위승계신고를 수리한 허가청의 행위를 "영업을 승계하였다는 사실의 신고를 접수하는 행위에 그치는 것이 아니라, 영업허가자의 변경이라는 법률효과를 발생시키는 행위"라고 보고 있다.[28] 이러한 수리행위를 '허가' 내지 '특허'의 성격을 가진 것으로 보는 견해도 있다.[29]

---

27) 金重權, "이른바 '수리를 요하는 신고'의 문제점에 관한 소고", 行政判例硏究 제8집, 76-77면.
28) 대법원 1995. 2. 24. 선고 94누9146 판결.
29) 金東熙, 행정법 I, 제14판, 394면.

그러나 이 사건의 핵심은 영업양도의 경우에 행정제재처분이 승계되는
지의 문제와 밀접한 관련이 있다. 판례는 수리행위에 처분성을 인정하
지 않으면 행정제재처분의 효과가 그대로 양수인에게 승계될 수 없는
결과를 초래하기 때문에 신고의 수리에 처분성을 인정하였다. 이에 의
하면 영업양도의 신고에 대해 수리처분이 있기 이전에는 여전히 종전
의 영업자인 양도인이 영업허가권자가 된다. 그러나 이 문제는 오히려
本末이 顚倒된 것이며, 수리행위의 처분성을 인정하는 논거로 확대되
어서는 아니 된다. 이 사건에서 양도인에 대한 행정제재처분은 대물적
처분이 아니라, 일신전속적 성격이 포함된 '혼합처분' 내지 '대인적' 처
분이다. 또한 건축신고의 '수리' 그 자체에 독자적인 법적 의미를 부여
하는 것은 타당하지 않다. 나아가 건축신고를 수리를 요하지 아니하는
신고로 보는 견해에 의하더라도 적법한 신고 그 자체에 의해 이미 법
적 효과가 발생하므로, 수리는 단순히 사실행위로서의 의미를 가질 뿐
이다. 판례도 그러한 입장에서 건축신고의 수리의 처분성을 부인하고
있다.30)

(2) 建築申告 受理拒否의 處分性

(가) 申告反戻行爲에 관한 學說 및 判例의 立場

건축신고에 대한 사법적 통제에서 주로 건축신고의 '수리거부'의 처
분성 여부가 문제가 되고 있다. 신고는 사인의 공법상 행위로서 일정한
형식상의 요건을 갖추면, 신고서가 접수기관에 도달된 때에 신고의 의
무가 이행된 것으로 본다(행정절차법 제40조 제2항). 이러한 형식상의 요
건에는 신고서의 기재사항에 흠(하자)이 없을 것, 필요한 구비서류가 첨

---

30) 즉 대법원은 "구 건축법(1996. 12. 30. 법률 제5230호로 개정되기 전의 것) 제9조 제1
항에 의하여 신고를 함으로써 건축허가를 받은 것으로 간주되는 경우에는 건축을 하고
자 하는 자가 적법한 요건을 갖춘 신고만 하면 행정청의 수리행위 등 별다른 조치를
기다릴 필요 없이 건축을 할 수 있는 것이므로, 행정청이 위 신고를 수리한 행위가 건
축주는 물론이고 제3자인 인근 토지 소유자나 주민들의 구체적인 권리 의무에 직접 변
동을 초래하는 행정처분이라 할 수 없다"고 판시하고 있다(대법원 1999. 10. 22. 선고
98두18435 판결).

부되어 있을 것, 기타 법령 등에 규정된 형식상의 요건에 적합할 것 등 이 요구된다. 행정청은 이러한 형식상의 요건을 갖추지 못한 신고서가 제출된 경우 지체없이 상당한 기간을 정하여 신고인에게 보완을 요구 하여야 한다. 만약 신고인이 이 기간 내에 보완하지 아니한 때에는 행 정청은 그 이유를 명시하여 당해 신고를 반려해야 한다(행정절차법 제40 조 제3항, 제4항). 이 경우에 신고의 '반려행위'를 처분으로 볼 수 있는 지가 문제된다.

먼저 행정절차법 제40조 제2항은 신고의 '효력'이 아니라, 형식상의 요건을 구비한 경우에 '신고의무의 이행'을 규정한 것이다. 한편, 대법 원은 건축법 제14조의 건축신고가 자기완결적 신고이기 때문에 수리거 부를 별도로 요하지 아니한다고 보고, 수리거부의 처분성을 부인하고 있다. 즉 담장설치공사의 신고가 수리를 요하지 않는 신고에 해당하므 로, 그 반려행위가 원고의 구체적인 권리의무에 직접 변동을 초래하는 것을 내용으로 하는 처분으로 보기 어렵다는 것이다.31) 그러나 최근 하 급심판례 가운데에는 건축신고의 반려행위에 처분성을 인정한 경우도 있다. 이 사건은 원고가 경매절차를 통해 취득한 대지 위에 건축연면적 43.2㎡의 단축건축물을 신축하는 내용의 건축신고를 한 것에 대하여, 피고 행정청이 건축신고를 반려한 경우이다. 이에 대해 서울행정법원은 건축허가의제, 인허가의제 등의 효과가 발생하는 건축신고는 일반적인 경우와 달리 수리를 요하는 신고로서, 그 신고를 거부한 행위를 처분으 로 판시하였다.32) 항소심인 서울고등법원도 제1심 판결이유를 그대로 인용하고 있다.33)

한편, 학설 가운데에는 건축법 제14조의 건축신고의 반려조치의 처분

---

31) 대법원 1995. 3. 14. 선고 94누9962 판결. 최근 대법원은 종전의 입장을 변경하여 건축 신고의 반려행위에 대해 처분성을 인정하였다(대법원 2010. 11. 18. 선고 2008두167 판결). 나아가 인·허가의제 효과를 수반하는 건축신고는 일반적인 건축신고와 달리 이 른바 '수리를 요하는 신고'라고 판시하였다(대법원 2011. 1. 20. 선고 2010두14954 판 결).
32) 서울행정법원 2009. 4. 9. 선고 2009구합1693 판결.
33) 서울고등법원 2009. 12. 30. 선고 2009누11975 판결.

성을 인정하는 견해도 늘고 있다. 즉 건축법상의 건축신고에서 반려조치는 개인이 신고에 의해 회복한 건축의 자유를 다시 제약하는 효과(부작위의무의 부과)가 발생하므로 처분의 성질을 가진다는 견해,[34] 신고가 형식적인 요건을 충족하지 못한 경우에 행정청의 반려행위는 거부처분의 성질을 가진 것으로 보는 견해,[35] 또는 건축법 제14조의 건축신고와 같이 금지해제적 신고는 신고인의 보호를 위해 수리거부를 처분으로 보아야 한다는 견해[36]도 있다. 그 밖에 수리와 수리거부를 구분하여 '수리'에 대해서는 처분성을 부인하면서도 '수리거부'는 수리를 요하든 자기완결적이든 모두 행정행위의 성질을 가진다는 견해[37]도 있다. 이러한 견해들은 각각 다른 논거들을 제시하고 있으나, 수리거부의 처분성을 인정할 필요성에 대해서는 대체로 공감하고 있는 것으로 보인다. 다만, 필자는 소극적인 성질을 가지는 건축행정청의 수리거부에 초점을 두기보다 실체법적 건축법규를 위반한 것에 대한 건축개시거부를 적극적인 '금지하명'으로 보는 것이 타당하다고 본다.[38] 요컨대 건축신고의 '수리' 그 자체는 특별한 의미를 갖기 어렵고, 건축개시거부처분에 대해 상대방(건축주)은 취소쟁송을 제기할 수 있다.

우리 건축법에는 건축신고와 관련된 규정에서 대기기간에 관한 것은 물론, 건축개시거부권에 관한 명시적 규정을 찾기 어렵다. 독일의 입법례와 같이 건축신고에 대해 건축감독청이 거부하지 않으면 일정한 기간(1개월)이 경과한 후에 건축주가 건축개시를 할 수 있도록 하고(예컨대 브란덴부르크 州 제58조 제2항, 제3항), 건축계획안이 건축법상의 규정을 위반한 경우에 행정청이 건축개시를 거부할 수 있는 명문의 규정을 두는 것이 필요하다. 나아가 건축법에 이에 대한 권리구제수단(행정심판이나 항고소송)을 명시하면 더욱 바람직할 것으로 보인다. 이러한 명문

---

34) 金南辰, 전게논문, 14면 이하.
35) 金東熙, 전게서, 394면.
36) 朴均省, 전게서, 99면.
37) 金重權, 전게논문, 88면.
38) 수리거부를 금지하명으로 이해하는 견해로는 金重權, 전게서, 122면.

의 규정이 없는 건축법상 건축신고의 단순 반려행위 그 자체만으로 처분성을 인정하기 어려운 이유도 바로 여기에 있다. 다만, 건축감독청은 건축허가 또는 건축신고나 인·허가의제 등에 의해 건축허가를 받은 경우에도 일정한 경우에 건축허가를 제한할 수 있다. 특히 소규모건축물의 건축인 경우에는 인인보호와 관련하여 도로가 설치된 경우나 통로가 봉쇄되는 경우도 적지 않다. 이 경우에 시·도지사는 "지역계획이나 도시계획에 특히 필요하다고 인정되는" 경우에 해당함을 이유로, 건축물의 착공을 제한할 수 있다(건축법 제18조 제2항 참조). 이러한 제한행위는 일종의 '금지하명'으로서 처분성이 인정됨은 물론이다.

(나) 申告畢證의 問題

자기완결적 신고의 경우에 '신고필증'은 신고사실을 확인하는 사실로서의 신고의 수리라고 볼 수 있고, 수리를 요하는 신고의 경우에는 그 자체로 새로운 법적 효과를 창출하므로 처분성을 인정할 수 있다는 견해도 있다.[39] 그러나 자기완결적 신고의 경우에 신고필증의 교부는 '확인' 이상의 의미를 가질 수 없고, 신고필증의 교부거부를 처분으로 보기도 어렵다.[40] 다만, 수리를 요하는 신고의 경우에 행정청이 신고필증의 '명시적' 거부의사를 밝히는 것을 두고 건축개시거부를 추론할 수 있는 징표가 될 수는 있다. 예컨대 신고필증의 지체를 '거부의제'로 보아 거부처분 취소소송을 제기할 수도 있을 것이다. 그러나 건축개시거부에 관한 실정법적 근거가 없기 때문에 신고필증의 교부를 막연히 지체한다고 하여도 이를 거부처분으로 보는 것은 법치주의의 관점에서 타당하지 않다. 건축신고를 수리를 요하지 않는 신고로 이해하는 한, 신고필증의 교부를 지체한다고 하여도 건축신고의 본질에 비추어 건축행위를 개시할 수 있다. 그러나 건축개시거부권의 보장을 통해 건축개

---

39) 유승남, "건축법상 건축신고의 법률적 성질", 행정소송실무연구 제2권, 서울고등법원, 407면 참조.
40) 洪井善, 전게논문, 21면.

시를 중지시키는 것이 법치주의의 관점에서는 보다 명확하다.

한편, 판례 가운데에는 이륜 소형자동차의 사용자가 하는 사용신고를 '수리를 요하지 아니하는 신고'로 보고, 수리 후 신고필증을 교부하는 행위를 신고사실을 확인하는 '행정행위'라고 판시한 바 있다.[41] 그러나 신고필증의 교부는 상대방의 권리의무에 영향을 미치는 행정처분으로 보기 어렵다.

(다) 體育施設業의 申告受理拒否

대법원은 체육시설업의 신고수리거부의 처분성을 인정한 바 있다.[42] 이와 관련하여 판례가 당구장[43]이나 골프연습장[44] 등의 신고와 같이 '수리를 요하지 아니하는 신고'의 경우에도 수리거부에 대해 처분성을 인정하고 있다고 보는 견해가 있다.[45] 그러나 판례가 당구장업의 신고 등에서 수리거부의 처분성을 명확히 인정하고 있다고 단정하기는 어렵다. 특히 대법원은 당구장업과 같은 신고체육시설업을 하고자 하는 자가 적법한 요건을 갖춘 신고를 한 경우에는 행정청의 수리처분 등 별단의 조처를 기다릴 필요 없이 그 접수시에 신고로서의 효력이 발생하는 것이므로 그 수리가 거부되었다고 하여 무신고영업이 되는 것은 아니라고 판시한 경우도 있다.[46]

(라) 小結

생각건대 건축신고를 둘러싼 불명확성은 건축신고의 본질을 제대로 파악하지 못하여 신고에 강한 실체법적 효력을 부여하고, 건축감독청의 심사권 및 건축개시거부권을 인정하지 않는 것에서 비롯된다. 또한 수리의 要否에 의한 신고의 유형구분은 그 기준이 모호할 뿐만 아니라,

---

41) 대법원 1985. 8. 20. 선고 85누329 판결.
42) 대법원 1996. 2. 27. 선고 94누6062 판결.
43) 대법원 1991. 7. 12. 선고 90누8350 판결.
44) 대법원 1993. 4. 27. 선고 93누1374 판결.
45) 유승남, 전게논문, 408면.
46) 대법원 1998. 4. 24. 선고 97도3121 판결.

법리적으로도 충분한 설득력을 갖지 못한다. 지금까지 수리를 요하는 신고를 인정한 것은 행정쟁송에 있어서 처분성을 인정하기 위한 이론구성이다. 행정청의 건축개시거부권을 인정하는 한, 수리 여부에 따른 신고유형의 구분은 무의미해진다. 특히 신고를 건축허가의 간소화절차의 한 모델로 이해하고, 건축감독청의 심사권이 비록 제한적이기는 하나 유보되어 있다고 보는 것이 타당하다. 이를 위해 건축법령에 건축신고의 대기기간의 설정, 건축행정청의 심사범위, 그리고 건축개시거부권 등에 관한 명확한 근거를 마련할 필요가 있다. 그러나 이에 대한 법적 근거가 마련되지 않은 상태에서 건축신고의 반려행위 그 자체에 처분성을 부여하는 것은 현실적인 필요성에도 불구하고 법리적으로 논란의 여지가 있을 수 있다. 비록 "국방, 문화재보존, 환경보전 또는 국민경제를 위하여 특히 필요하다고 인정하여 요청한" 경우에 제한되기는 하나, 건축법 제18조에 규정된 건축허가제한행위를 건축개시거부에 관한 근거로 볼 여지가 있다. 그러나 건축법령에 이에 대한 일반적인 근거규정을 마련하여, 행정실무에서 건축신고의 단순반려보다는 법적 근거를 구비한 건축개시거부처분을 인정하고, 이에 대해 행정심판이나 항고소송을 통해 다투도록 하는 것이 타당하다.

Ⅲ. 申告에 대한 行政廳의 審査範圍

(1) 앞에서 살펴본 바와 같이 수리의 要否에 의한 신고의 유형구분은 무의미하다. 건축신고의 의미를 제대로 이해하는 한, 수리를 요하는 신고와 수리를 요하지 않는 신고라는 형식적 기준에 의한 구분법은 지양되어야 한다. 또한 건축신고의 경우에도 감독청의 심사권 및 건축개시거부권을 인정할 필요가 있다. 다만, 건축법 제14조의 건축신고는 특수한 의미를 가진다. 즉 건축신고는 건축허가 의제규정에 대하여 수리를 요하지 아니하는 신고, 즉 '자기완결적 신고'로 이해하는 입장이 일반적이나, 위 규정은 신고에 대해 허가의 효과를 의제하는 것일 뿐이다.

따라서 건축개시거부 그 자체를 전면적으로 부인하는 것으로 볼 수 없다. 본래 건축신고는 적어도 불필요한 허가절차의 완화라는 의미를 가지며 절차의 간소화를 통해 건축개시를 할 수 있을 뿐이다. 이 경우에 신고의 접수가 단순한 사실행위의 의미를 능가하여, '수리'라는 법적 행위를 통해서 신고를 유효하게 하고 일정한 법적 효과를 부여한다고 보는 것은 법적 명확성을 위해서 바람직한 것으로 보이지 않는다. 또한 수리거부의 처분성을 부인하면, 결과적으로 건축감독청의 심사권 및 건축개시거부권을 형해화시킬 수 있다. 특히 대법원판례는 수리를 요하지 아니하는 신고를 "적법한 요건을 갖춘 신고만 하면 행정청의 수리행위 등 별다른 조치를 기다릴 필요 없이 건축을 할 수 있는"것으로 파악하면서, 적법한 요건이 무엇인지를 명확히 언급하고 있지 않다.[47] 다만, 체육시설의 설치·이용에 관한 법률에 따른 골프연습장의 신고요건을 갖춘 자라 할지라도 골프연습장을 설치하려는 건물이 건축법상 무허가 건물이라면 적법한 신고를 할 수 없다고 판시하고 있다는 점에서 적어도 관련 법령규정을 준수해야 한다는 의미로 해석할 수 있다. 이러한 판시는 건축법의 실체적 규정이 아니라 타 법령에서 신고의 위법성을 우회적으로 판단하고 있음을 보여 준다.

(2) 한편, 행정절차법 제40조 제1항은 자기완결적 신고를 규정하면서, 동조 제2항에서는 일정한 요건을 갖춘 신고서가 접수기관에 도달된 때에 신고의무가 이행된 것으로 본다고 규정하고 있다. 위 규정을 두고 수리를 요하지 않는 신고의 경우에 행정청의 심사범위가 형식적 심사에 제한된다고 볼 수 있는지가 문제된다. 또한 일부견해는 수리를 요하는 신고의 경우에도 단지 형식적 심사에 제한된다고 보고 있다.[48] 그러나 신고의무의 이행과 신고의 효과는 서로 구별될 필요가 있다. 행정절차법 제40조 제2항의 규정은 신고의무의 이행에 관한 것이지, 신고의 효력이나 신고에 대한 심사범위에 관한 것은 아니다. 수리를 요하는 신

47) 대법원 1999. 10. 22. 선고 98두18435 판결.
48) 洪井善, 전게논문, 19면.

고의 경우에도 단지 형식적 심사에 제한되지 아니하고, 실체적 건축법규의 위반 여부에 대한 실질적 심사는 여전히 남아 있다. 건축신고에 허가의 의제뿐만 아니라 다른 인허가의제의 효과를 부여하면서 이에 대해 형식적 심사만 인정하는 것은 타당하지 않다. 또한 행정절차법 제40조 제1항의 규정을 두고 행정청이 허가와 달리 단지 형식적 심사에 제한된다거나, 신고의 의무이행의 완수를 '불수리(不受理)'로 규정한 것으로 확대해석하는 것이 타당한지에 대해서는 의문이다. 따라서 행정청은 적어도 신고의 수리에 있어서 그 적법 여부에 대한 심사권을 행사할 수 있으며, 적법요건의 심사도 단순히 절차적·형식적 심사에 제한되지 아니하고 실질적 심사도 할 수 있다고 보아야 한다. 또한 형식적 심사를 이유로 하여 건축신고에 대해 건축행정청의 건축개시거부권을 전면적으로 배제할 수는 없다. 독일에서도 건축주가 건축허가 대신 건축신고를 하면, 건축감독청은 이를 심사하여 건축개시를 거부할 수 있다.49)

한편, 대법원은 주민등록전입신고의 심사와 관련하여, 시장 등 행정청에 수리거부권이 인정된다고 보았다. 그러나 헌법상 보장된 국민의 거주·이전의 자유를 침해할 수 있으므로, 행정청의 심사는 주민등록법의 입법 목적의 범위 내에서 이루어져야 한다고 판시하였다. 즉 거주의 목적 이외에 다른 이해관계에 관한 의도를 가지고 있는지 여부, 무허가 건축물의 관리, 건축신고를 수리함으로써 당해 지방자치단체에 미치는 영향 등과 같은 사유는 주민등록전입신고의 수리 여부를 심사하는 단계에서는 고려 대상이 될 수 없다고 보고 있다.50) 다만, 판례는 전입신고에 대한 행정청의 심사범위를 제한하고 있기는 하나, 주민등록법과 관련된 실체적 심사를 배제하고 있지는 않다. 요컨대 건축허가에 비해

---

49) Martini, a.a.O., S. 148. 일부견해는 수리를 요하지 아니하는 건축신고의 경우에 절차적 하자는 보정처분에 불과하기 때문에, 실체적 하자를 이유로 한 신고의 반려만이 쟁송법상의 처분에 해당될 수 있다고 보고 있다(金在協, "공법상 신고에 관한 고찰: 건축법상 건축신고를 중심으로", 特別法硏究, 제6권, 122면).
50) 대법원 2009. 7. 9. 선고 2008두19048 판결.

상대적으로 제한적이기는 하나 건축신고에 대한 실질적 심사권이 보장되어야 한다. 이와 관련하여 건축신고의 반려행위에 대한 '처분성'에 관한 논의보다는 건축법령에 건축행정청의 건축개시거부권을 명시적으로 규정할 필요가 있다.

Ⅳ. 建築申告의 問題點 및 改善方案

1. 建築申告의 法的 問題點

(1) 建築監督權 行使의 遮斷

허가대상 건축물이라고 하더라도 건축법 제14조 제1항의 일정한 요건 하에 건축신고를 하면 건축허가로 의제된다. 다수설 및 판례는 이러한 건축허가의제의 효과를 가진 건축신고를 수리를 요하지 않는 신고로 보고 있으며, 건축행정청의 수리여부와 상관없이 건축개시를 할 수 있다고 보고 있다. 가사 건축주가 건축법상의 법규정을 위반한 경우에도 건축감독은 물론, 수리거부를 처분으로 볼 수 없다는 점에서 행정소송을 제기할 수 없다. 이러한 문제는 후술하는 바와 같이 제3자(隣人) 보호와 관련하여 확연히 두드러진다.

특히 건축허가의제적 신고는 건축신고에 대한 행정청의 감독권을 전면적으로 박탈할 수 있다. 이러한 건축신고를 수리를 요하지 않는 신고로 보면, 실무적으로는 신고필증의 교부를 지체하는 것 이외에 건축개시를 막을 수 있는 방법이 없다. 건축행정청의 감독수단인 심사권을 인정해야 할 이유는 여기에서도 찾을 수 있다. 독일에서는 건축신고가 있으면 서류심사 등을 통해 감독차원의 심사가 이루어질 뿐만 아니라, 실체적 건축법규를 위반한 경우에는 건축행정청이 건축개시를 거부할 권한을 행사할 수 있다. 즉 건축신고는 행정절차의 간소화 내지 신속화를 위한 장치이지, 합목적성 통제 또는 합법성 통제를 완전히 배제하는 제도가 아님을 알 수 있다. 건축신고에 절차적 의미를 넘어 강한 실체법적 효력을 부여하는 입법례는 흔치 않다.

(2) 建築申告에 대한 司法的 統制手段의 封鎖

　건축허가의제 또는 관계 법령에 의한 인허가의제가 인정되는 건축신고의 수리거부는 처분성이 부인되기 때문에 건축주는 건축신고만으로 건축개시를 할 수 있고, 건축행정청 또는 제3자는 건축신고의 위법을 제거하거나 이를 다툴 수 있는 방법이 없다. 또한 판례는 건축신고 수리처분을 철회하였다고 하여 신고에 따른 건축행위가 건축법에 위반한 것이 아니므로 이를 이유로 '공사중지명령'을 할 수 없다고 판시하였다.[51]

　반면, 건축신고 수리거부의 처분성을 인정하거나 건축행정청의 건축개시거부권이 인정되지 않는 한, 건축주는 '신고'행위에 의해 상대적으로 매우 강한 법적 보호를 받게 된다. 이러한 건축신고의 효력은 규제완화, 민영화 등의 시대적 추세를 반영하여 도입된 건축신고 본연의 제도적 기능을 훨씬 상회하는 것이다. 특히 오늘날 건축법 및 도시계획법은 다원적 법률관계(행정청—건축주—제3자)를 전제로 하고 있으며, 위 당사자들은 계획법상 교호(交互)관계를 이루고 있다. 이 가운데에서 건축주와 제3자는 모두 사인으로서, 기본권의 주체가 된다. 건축주의 기본권(헌법 제23조의 재산권) 뿐만 아니라, 제3자의 기본권(인격권, 환경권, 재산권 등)도 간과할 수 없는 중요한 요소이다.

2. 認·許可擬制와 集中效의 區分

　건축법 제14조 제2항에 의하면 건축신고의 경우에도 건축허가와 마찬가지로 관계 법률의 인·허가의제 규정을 준용하도록 하고 있다. 이와 같이 건축법 제14조의 건축신고는 건축허가의제규정을 통해 건축허가의 효과를 발생시킬 뿐만 아니라, 같은 법 제11조 제5항을 준용하여

---

51) 대법원 1990. 6. 12. 선고 90누2468 판결.

관련 법률의 인·허가의제의 효과도 가져온다.

한편, 행정절차의 간소를 위해 우리 입법례에서 종종 발견하게 되는 인·허가의제 규정을 독일의 계획확정결정(Planfeststellungsbeschluss)의 특수한 효력의 하나인 '집중효'와 동일하게 보는 견해가 있다.[52] 또한 이러한 입장은 하급심에서도 발견된다. 즉 서울행정법원은 건축신고서반려처분취소사건(2009구합1693)에서 "건축신고시 그 신고로 인하여 건축법 제14조 제1항, 제11조 제5항에 따라 이른바 건축법상의 집중효(건축허가 내지 신고로 인하여 건축법 제11조 제5항 각 호 소정의 허가 또는 인가 등을 받은 것으로 의제하는 효력을 말한다)가 발생하는 경우에는 그 건축신고는 행정청의 수리를 요하는 신고로 봄이 타당하고, 따라서 그 신고를 거부하는 행위는 항고소송의 대상이 되는 처분이다"라고 판시하고 있다.

집중효와 인허가의제는 절차의 간소화라는 점에서 유사한 측면을 가지나, 그 제도적 본질과 기능을 달리 한다. 독일 행정절차법 제75조 제1항 제1문에는 "다른 시설에 필요한 후속조치를 포함한 관계된 모든 공익과 관련하여, 계획확정에 의해 사업계획안의 허용성이 확정되면, 계획확정 이외에 다른 행정청의 결정, 특히 공법상 인가·특허·허가·승인·동의 및 계획확정을 필요로 하지 않는다"고 규정하고 있다. 이 규정을 일반적으로 계획확정결정의 '집중효'(Konzentrationswirkung)라고 부르고 있다.[53] 유력설은 우리 법제에는 집중효가 인정되는 독일의 계획확정절차에 상응하는 제도가 없고, 행정계획뿐만 아니라 건축허가와 같은 일반적인 행정행위에도 인허가의제를 광범위하게 인정하고 있고, 또한 행정계획의 집중효는 행정계획과 관련된 모든 인허가에 걸쳐 인정되지만 인허가의제의 경우는 법률에 열거된 인허가행위에 한정되어 인정된다고 지적하고 있다.[54] 매우 타당한 지적이다. 독일의 계획확

---

52) 洪井善, 행정법원론(상), 216-268면; 유승남, 전게논문, 413면; 김재협, 전게논문, 100면.
53) Kopp/Ramsauer, VwVfG, Kommentar, 9. Aufl., § 75 Rn. 7.
54) 정태용, "인·허가의제제도에 관한 고찰", 법제, 2002. 2, 4면; 金東熙, 전게서, 187면.

정절차는 주로 고속도로의 건설, 고속전철, 공항건설 등 대규모국책사업 등 전문계획(Fachplanung)과 관련된 절차이며, 여기에서 말하는 집중효란 원칙적으로 다른 법규정에 의해 요청되는 인가, 허가, 계획확정 등의 대체를 의미한다. 또한 집중효의 효력도 실체적 집중효(materielle Konzentrationswirkung)가 아니라, 다른 행정청의 절차적 관할권을 통합시키는 형식적 집중효(formelle Konzentrationswirkung)를 의미한다.[55] 이와 같이 독일의 집중효제도는 대규모국책사업의 계획결정을 함에 있어서 충분한 절차적 보장을 함과 동시에 행정의 신속성・효율성・간소화를 고려하는 제도이다. 그러나 우리 건축법 제14조의 건축신고는 단순히 절차의 간소화 내지 신속화의 의미를 넘어 법률의 의제에 의한 강한 법적 효력을 부여하고 있다. 따라서 "집중효 있는 건축신고" 운운하는 것은 '집중효'의 내용과 '건축신고'의 본질을 잘못 이해한 것이다. 나아가 건축신고의 본질, 연혁 및 제도적 기능 등에 비추어 건축법상의 이중허가의제는 개선되어야 한다.

3. 制度的 改善方案

위에서 언급한 바와 같이 건축법상 건축신고의 이중의제(특히 인허가의제)제도는 적지 않은 문제점을 가지고 있으며, 건축법 제14조 제2항은 재정비되어야 한다. 우선 건축신고의 '허가의제'에 관한 규정을 재고할 필요가 있다. 독일의 입법례에서 살펴본 바와 같이 규제완화와 더불어 주 건축법령에 도입된 건축신고제는 점차 폐지되거나 허가면제제도로 대체되고 있다. 따라서 건축허가를 전혀 요하지 않는 경우에는 허가면제절차를 건축법에 상세히 규율할 필요가 있다. 예컨대 인근주민의 법익이나 기타 공익을 침해하지 않는 등의 경우와 같이 규제가 필요하지 않은 정도의 소규모건축물은 불필요한 절차와 규제를 피할 수 있도

---

55) Kopp/Ramsauer, a.a.O., § 75 Rn. 7a f.; Stelkens/Bonk/Sachs, VwVfG, Kommentar, § 75 Rn. 10 ff.

록 허가면제제도로 변경하는 것도 적극적으로 고려해 볼 필요가 있다. 물론 이 경우에도 건축개시거부의 가능성은 존재한다.

둘째, 건축신고제를 그대로 유지하는 경우에 독일의 주 건축법령과 같이 건축감독권의 행사를 위한 심사권보장 및 제3자 보호를 위해 건축개시거부를 할 수 있는 경우를 명시할 필요가 있다. 건축신고의 본질이 간과되지 않도록 적어도 건축신고의 형식적 요건 외에 제한된 범위 내에서 건축행정청에 건축법 및 관계 법령의 실체법규정에 위반되는 경우 등을 심사할 수 있는 권한을 부여하는 방안을 마련할 필요가 있다.

셋째, '건축개시시점'을 법률에 명확히 규정하거나 건축개시거부를 할 수 있는 '기한' 등을 규정하는 방안 등을 고려해 볼 필요가 있다. 이는 한편으로 행정청에게 행정의 법률적합성의 원칙을 실현시키고 건축감독권을 보장할 수 있으며, 다른 한편으로는 건축주 및 제3자(인인)에게 예측가능성과 법적 명확성의 보장 그리고 사법적 권리구제의 확보 등의 기능을 할 수 있다.

V. 隣人保護를 위한 權利救濟手段

1. 問題의 所在

건축신고의 문제의 핵심은 행정쟁송에 귀결된다. 그러나 건축법 제14조의 건축신고를 '수리를 요하지 않는 신고'로 전제하면, 수리거부는 무용지물이 되고 만다. 즉 수리거부에 대한 건축행정청의 심사권은 박탈되고, 더불어 이에 대한 권리구제수단도 차단당하게 된다. 예컨대 건축법 제14조 제1항 각 호에 해당하는 소규모 건축물을 신축하는 내용의 건축신고에 의한 건축물 신축행위로 인근주민이 장기간 이용하였던 통행로를 폐쇄할 수 있다. 이러한 경우에 건축신고 반려행위의 처분성을 부인하는 판례에 의하면, 제3자(인근주민)의 권리구제는 제한될 수 있다.

이러한 문제점을 고려할 때, 통상적인 건축신고의 경우에 일정한 요건만 구비하면 간소화된 절차로 건축허가를 받게 되지만, 건축행정청은 감독수단으로 여전히 실질적 심사권을 가진다고 해석하여야 한다. 건축행정청은 건축법령에 명백히 위반되는 건축신고에 대해 건축개시를 거부할 수 있어야 한다. 특히 감독의 심사강도가 가장 약한 '허가면제절차'도 실체적 건축법의 적법요건의 '면제'(Suspendierung)가 아니다.56) 이러한 전제하에 건축개시거부와 권리구제의 문제를 조망할 필요가 있다.

한편, 우리 건축법에는 건축신고의 건축개시거부, 그리고 이에 대한 권리구제방안을 규정하고 있지 않다. 이에 반해 독일의 주 건축법령에는 건축개시거부에 관한 권리구제수단도 명확히 규율되어 있다(특히 브란덴부르크 州 건축법 제58조 제5항). 이와 같이 건축신고 수리거부의 법적 성질, 건축개시거부권의 인정 여부, 이에 대한 권리구제수단의 미비 등은 행정소송실무에 혼란만 가중시키고 있다.

지금까지 건축신고를 둘러싼 행정소송은 片面的인 구도였다. 즉 건축주와 건축행정청 사이에 양극적인 법률관계(bipolare Rechtsbeziehung)가 중심을 이루었고, 건축주는 행정청의 건축허가나 불허가(거부처분), 또는 철거명령 기타 시정명령 등에 대해 취소쟁송을 제기하는 것이 일반적이었다. 물론 독일에서는 취소소송 이외에 의무이행소송(Verpflichtungsklage)도 고려할 수 있다.57) 그러나 오늘날 다원적 법률관계를 특징으로 하는 현대분쟁은 복선적인 구조를 이룬다.58) 이러한 현상은 건축법의 영역에서도 예외가 아니며, 삼각관계(행정청—건축주—인근주민)가 형성된다. 인인보호를 위한 행정쟁송도 이러한 삼각관계를 전제로 하여 논의할 필요가 있다. 한편, 독일에서는 공법상 상린관계에 관한 심도 있는 논의가 진행되고 있으며, 건축허가의 간소화절차와 관련된 제3자의 권리구제수단을 검토하고 있다. 이러한 논의는 우리의 경우에도 많은 도움을 줄 것으로 보인다. 이하에서는 인인보호를 위한 구체적인 청구권과 행정쟁송

---

56) Martini, a.a.O., S. 1491. m.w.N.
57) Brohm, a.a.O., § 30 Rn. 2 ff.
58) Brohm, a.a.O., § 30 Rn. 1.

법상 권리구제수단을 검토하기로 한다.

2. 隣人保護를 위한 具體的인 請求權

(1) 私人에 대한 公法上 禁止請求權

독일에서는 건축법상의 인인보호를 위한 권리구제방안으로, 사인에 대해 私法上의 방해배제청구권을 고려할 수 있다. 즉 건축법상의 삼각관계(행정청―건축주―인근주민)에 있어서 인근주민은 건축주의 건축물 신축행위로 인해 손해를 입게 되면, 민사상 손해배상을 청구할 수 있다 (독일민법 제823조 제2항 참조). 그 밖에 인근주민이 건축주에 대해 '공법상 금지청구권'(Unterlassungsanspruch)을 주장할 수 있는지가 문제된다. 이를 긍정하는 견해가 있다.[59] 즉 건축주가 건축행정청이나 제3자에 대해 공법상의 건축법규를 준수할 의무가 있으므로, 이에 상응하여 공법상 금지청구권이 인정될 수 있다고 한다. 이와 관련하여 건축법 분야에 있어서 '民營化'(privatisation, Privatisierung)와 '규제완화'가 권리구제에도 새로운 변화의 바람을 가져오고 있다고 긍정적으로 평가하면서도, 이러한 청구권은 허용될 수 없다고 비판하는 견해가 있다.[60] 공법상 청구권이 인정되기 위해서는 적어도 공법에 속하는 법규범에 근거를 두어야 하며 '고권적인'(hoheitlich) 작용에 의하여 제3자의 권리를 침해하여야 한다. 그러나 공법상 금지청구권은 그러한 법적 근거가 없을 뿐만 아니라 사인의 건축행위가 고권적인 행위로 보기도 어렵다는 점에서 이러한 주관적 공권을 인정할 수 없다는 것이다. 위 견해가 주장하는 바와 같이 법리적으로 사인에 대한 공법상 금지청구권을 인정하기는 어려울 것으로 보인다.

---

59) Ortloff, Verwaltungsrechtsschutz zwischen Privaten?, NVwZ 1998, S. 932 ff.
60) Martini, a.a.O., S. 1490.

(2) 建築行政廳에 대한 行政介入請求權

건축감독청은 공공의 안녕과 질서유지에 대한 위험방지를 위해 개입할 수 있다. 이 경우에 인근주민은 건축행정청에 대해 행정개입청구권을 발급할 것을 주장할 수 있는지가 문제된다. 이는 소위 "인인의 행정개입청구권"에 관한 문제이다.61) 행정개입청구권이 성립되기 위해서는 강행법규상의 개입의무가 존재하여야 하고, 관련 법규로부터 사익보호성이 인정될 수 있어야 한다. 이러한 행정개입청구권은 원칙적으로 건축감독청의 재량사항이며, 독일에서는 제3자(인근주민)가 재량의 하자없는 행사청구권을 주장할 수 있다고 본다. 이러한 무하자재량행사청구권은 건축주의 건축계획안이 공법상의 인인보호규정을 위반하는 경우에 발생한다. 그러나 건축감독청의 재량은 인근주민의 중대한 법익에 대한 심대한 위험이나 인인보호의 규범에 대한 중대한 침해가 있는 경우 등과 같은 극단적인 경우에 감축될 수 있다. 이 경우에 건축행정청의 행정개입청구권이 발생하게 된다.62)

우리 건축법의 경우에도 재량의 영으로의 수축이론을 통해 행정청의 개입의무를 도출하는 것에는 큰 문제가 없어 보인다(건축법 제79조, 제81조 등 참조).63) 즉 위반건축물에 대한 중지명령이나 철거명령 등을 할 수 있는 재량이 허가권자에 부여되어 있으나, 중대한 공익을 침해하거나 긴급한 경우에는 재량의 수축이 발생하게 된다. 다만, 건축법규로부터 제3자의 '사익보호성'을 도출하는 것은 쉽지 않다. 생각건대 건축법 제81조 제1항 및 같은 법 시행령 제115조의3 제1, 2호 등의 규정에서 '사익보호성'을 도출할 수 있다고 여겨진다. 즉 비록 공익의 성격을 가

61) Borges, Der Nachbarrechtsschutz im Freistellungsverfahren, DÖV 1997, S. 900 ff.
62) BVerwG, NJW 1961, S. 793; Brohm, a.a.O., § 30 Rn. 24.
63) 한편, 건축법상의 개입수권규범과 관련하여, 건축법 제78조 제1항(구 건축법 제69조 제1항)의 "기타 필요한 조치"를 개괄조항으로 이해하는 견해가 있다(金重權, 전게서, 71-72면). 그러나 이러한 개념은 건축법 제79조, 제81조 등에서도 사용되고 있어, 개괄조항으로 보기 어려운 측면도 있다.

진 것이기는 하나 인근주민의 도로 등 공공시설의 설치에 장애가 된다
고 판정된 건축물이거나 허가권자가 지방건축위원회의 심의를 거쳐 붕
괴되거나 쓰러질 우려가 있어 다중에게 위해를 줄 우려가 크다고 인정
되는 건축물인 경우에는 해당 건축물의 철거·개축 등 시정명령을 발
할 수 있다(건축법 제81조 제1항 및 같은 법 시행령 제115조의3 제1, 2호
참조). 한편, 독일의 유력설은 건축주의 건축계획안이 인인보호에 관한
공법규정을 침해하고 그 사업계획안을 통해 관련된 인근주민의 이익이
경미하지 않은 경우에도 행정개입청구권을 인정할 수 있다고 본다.[64]

3. 行政爭訟法上의 權利救濟手段

(1) 抗告爭訟

(가) 抗告爭訟의 提起에 있어서 問題點

독일에서는 종전에 건축허가나 불허가에 대해 제3자(인근주민)가 제
기하는 항고소송은 건축법규가 공익적 성격만 가지며 사익보호성을 담
고 있지 않다는 이유로 허용되지 않았다. 그러나 근년에 들어와서 인근
주민은 건축주에 대해 私法上의 禁止請求權(Unterlassungsanspruch)
또는 妨害除去請求權(Beseitigungsanspruch) 등을 제기할 수 있을 뿐
만 아니라, 건축행정청에 대해 행정소송을 제기할 수도 있다고 보고 있
다. 이를 "權利救濟의 複線化原則"(Grundsatz der Doppelgleiskeit der
Rechtsschutzes)이라고 한다.[65]

한편, 허가면제절차나 신고절차의 경우에 건축행정청은 '예방적 통
제'(präventive Kontrolle)와 결별하지만, 위법한 건축행위가 인근주민
(인인)의 권리를 침해한 경우에는 여전히 억제적 통제(repressive
Kontrolle)를 할 수 있다. 그러나 건축신고는 행정행위에 해당하지 아니

---

64) Martini, a.a.O., S. 1492 f.
65) Löhr, in: Battis/Krautzberger/Löhr, BauGB, 7. Aufl., § 31 Rn. 51; Martini,
a.a.O., S. 1491.

므로 인근주민은 건축신고 그 자체를 대상으로 한 취소소송을 제기할 수 없다. 다만, 인근주민은 건축주의 건축개시에 대해 '행정개입청구권'에 근거한 의무이행소송을 고려할 수 있다. 즉 독일에서는 인근주민이 건축주로부터 자신의 권리나 이익을 제약하는 건축개시를 통보받은 경우에, 건축개시의 중지처분의 발급을 구하는 '의무이행소송'(Verpflichtungsklage)을 제기할 수 있다.66) 다만, 우리 행정쟁송법상으로는 의무이행소송이 인정되고 있지 않으므로 의무이행심판이나 부작위위법확인소송을 고려할 수 있을 뿐이다.

또한 건축신고를 '수리를 요하지 않는 신고'로 이해하는 한, 건축신고의 거부에 대해 처분성을 인정할 수 없다. 이와 같이 건축신고를 이해하는 한, 건축행정청의 공법행위를 매개하지 않고 사인(건축주)의 신고에 의해 법적 효과가 부여되고, 제3자(인근주민)는 건축신고에 대해 항고소송을 제기할 수 없다는 결론에 이른다. 인인보호에 관한 권리구제의 공백상태가 존재한다. 건축행정의 삼각관계(행정청―건축주―제3자)에 있어서, 건축주는 법이 정한 일정한 요건을 준수하는 한 신고행위에 의해 절차간소화보다는 실체법적으로 강한 법적 보호를 받게 된다. 설사 제3자가 불측의 손해를 입는다고 하더라도 행정쟁송법상 권리구제의 가능성이 없게 된다. 그와 같은 모순을 해결하기 위해 이미 언급한 바와 같이 학계일각에서는 수리거부의 처분성 또는 건축개시거부의 처분성을 인정하려는 노력이 경주되고 있다. 또한 건축개시의 대기기간을 마련하여, 행정청의 건축개시거부권과 사인(건축주, 경우에 따라서는 제3자)의 법적 안정성 사이의 조화를 꾀할 수 있는 길을 모색할 필요가 있다.

(나) 擬制된 建築許可에 대한 取消爭訟可能性

우리 건축신고제도는 건축허가, 나아가 관계 법령의 인·허가의제라고 하는 특수한 규율을 두고 있다. 즉 건축신고에 의해 건축허가를 받

---

66) Battis, Öffentliches Baurecht und Raumordnungsrecht, 5. Aufl., S. 243.

은 것으로 의제되는데, 이를 "의제적 건축허가"라고 함은 이미 언급한
바와 같다. 한편, 독일에서는 의제적 행정행위에 관한 논의는 행정절차
법이 제정되기 이전부터 논의되어 왔으나,[67] 최근 독일 행정절차법 제
42a조에 허가의제(Genehmigungsfiktion)를 명문화하였다. 그러나 건축
신고에 대해 허가의제의 효과를 인정한 규정을 찾기 쉽지 않다. 다만,
간소화된 건축허가절차와 관련하여 허가의제규정을 두고 있다. 예컨대
2009. 11. 18. 개정된 베를린 주 건축법 제70조 제4항에는 간소화된 건
축허가절차와 관련하여, 관할 건축행정청이 1개월 이내에 건축신청에
대해 결정하지 않는 경우에 건축허가가 발급된 것으로 의제된다는 규
정을 두고 있다.[68]

　이 경우에 의제된 행정행위인 건축허가에 대한 취소쟁송이 가능한지
가 문제된다. 수리거부의 처분성 논의는 別論으로 하고, 건축신고 그
자체는 처분성이 인정되지 않기 때문에 이에 대해 직접 항고소송을 제
기할 수 없다. 그러나 의제된 건축허가를 대상으로 소를 제기할 수 있
다면 인인보호를 위해 실질적으로 기여할 수 있다. 독일에서는 '의제된
행정행위'(fiktiver Verwaltungsakt)를 행정행위에 포함시키고, 행정행위
의 취소·철회에 관한 규정도 적용되는 것으로 보고 있다.[69] 나아가
이에 대한 이의제기(행정심판)나 취소소송이 가능하다고 본다.[70] 그러나
건축신고는 허가의제의 효과를 발하나, 그 적법성까지 의제되는 것은
아니다. 따라서 의제된 건축허가는 비록 관할권 있는 건축행정청에 의
해 발급된 건축허가는 아니지만 동일한 조건하에 취소될 수 있다고 한
다.[71]

　따라서 건축신고에 허가의제가 되지 않는 독일에서는 건축주가 행정

---

67) Müller, Über den fiktiven Verwaltungsakt, DÖV 1966, S. 704; Caspar, Der fiktive
　　Verwaltungsakt: Zur Systematisierung eines aktuellen verwaltungsrechtlichen
　　Instituts, AöR 125 (2000), S. 131.
68) § 70 Abs. 4 BauO Bln.
69) Kopp/Ramsauer, a.a.O., § 35 Rn. 24, § 48 Rn 15a, § 49 Rn. 11.
70) BVerwGE 91, 7/9; Stelkens/Bonk/Sachs, VwVfG, § 35 Rn. 52a.
71) Hullmann/Zorn, a.a.O., S. 759.

청의 건축개시거부에 대해 취소소송을 제기하고, 인근주민(인인)은 건축
행정청에 대해 행정개입청구권을 주장할 수 있다. 그러나 우리의 경우
에는 건축신고에 허가의제의 효과가 부여되므로, 건축주는 의제된 행정
행위인 건축허가의 취소를 대상으로 취소소송을 제기할 수 있다고 볼
수 있다.[72] 이 경우에 의제된 건축허가에 대한 취소쟁송을 제기함에 있
어서 문제가 되는 것은 쟁송제기기간의 산정에 관한 문제이다. 관할 행
정청에 의해 명확하게 건축허가가 발급된 것이 아니기 때문에 현실적
으로 제소기간을 산정하는 것이 어렵다. 특히 제3자(인근주민)는 건축신
고에 의해 언제 건축허가가 의제된 것인지를 명확히 알 수 없다. 특히
우리 행정심판법이나 행정소송법에는 쟁송제기기간을 원칙적으로 "처분
등이 있음을 안날부터 90일 이내"로 기산한다(행정심판법 제18조 제1항,
행송소송법 제20조 제1항). 그러나 건축신고의 경우에는 신고에 의해 건
축허가가 의제되므로, 일반적인 행정행위와 같은 절차의 요건을 기대하
기 어렵다. 이와 같이 건축신고에는 통지가 요구되지 않기 때문에, 위
제소기간을 그대로 적용하기 어렵다.

한편, 행정쟁송법에는 제척기간을 두고 있다. 즉 행정심판의 경우에
는 처분이 있은 날부터 180일 경과하면 행정심판을 청구하지 못하며,
취소소송의 경우에도 처분이 있은 날부터 1년을 경과하면 소를 제기하
지 못한다(행정심판법 제18조 제3항, 행정소송법 제20조 제2항). 이러한 제
척기간을 적용하는 것은 건축허가가 언제 의제되었는지를 정확히 모르
는 인근주민에게 불가쟁력이 발생하여 쟁송제기 자체를 할 수 없는 가
혹한 결과를 가져올 수 있다. 반면, 인근주민이 의제된 건축허가에 대
해 무제한적으로 쟁송을 제기할 수 있다고 보면, 건축주의 법적 지위를
매우 불안정하게 할 수 있다. 이와 관련하여 독일에서는 권리구제기간
에 대한 통지가 흠결된 경우에, 이의신청이나 취소소송의 쟁송제기기간

---

72) 그 밖에도 의제적 행정행위는 형식이나 절차에 관한 요건, 명확성 요건 등 적지 않은
문제점이 있다. 이에 대한 소개는 金重權, "의제적 행정행위에 대한 소고", 법제 제520
호 (2001. 4), 53-63면; 同人, 전게서, 340-353면.

으로 1년의 기간을 부여하고 있다(행정법원법 제58조 제2항, 제70조 제2
항). 그러나 우리 행정심판법에는 심판청구기간을 고지하지 않은 경우
에도 제18조 제3항의 제척기간을 적용하도록 규정하고 있다(행정심판법
제18조 제6항). 따라서 처분이 있은 날로부터 180일을 경과하면 행정심
판을 제기하지 못한다. 다만, 정당한 사유가 있는 경우에는 예외가 적
용될 수 있다. 건축신고에 의해 건축허가가 의제되어 제3자가 건축허가
의제를 알지 못한 경우에도 '정당한 사유'에 해당한다고 볼 수 있는지
가 문제된다. 판례는 이를 긍정하고 있다. 즉 대법원은 "행정처분의 직
접상대방이 아닌 제3자는 행정처분이 있음을 곧 알 수 없는 처지이므
로 행정심판법 제18조 제3항 소정의 심판청구의 제척기간 내에 처분이
있음을 알았다는 특별한 사정이 없는 한 그 제척기간의 적용을 배제할
같은 조항 단서 소정의 정당한 사유가 있는 때에 해당한다"고 판시하
고 있다.[73] 이와 관련하여 제3자의 보호뿐만 아니라, 건축주의 권리보
호도 고려해야 하므로 '실권의 법리'를 적용해야 한다는 견해도 있다.[74]
행정소송법은 행정심판법과 달리 제소기간의 '不告知'에 관한 규정이
없다. 따라서 행정심판법 제18조 제6항을 유추적용하여, 행정소송법 제
20조 제2항이 적용되는 것으로 볼 수 있는지가 문제된다. 그러나 판례
는 부정적이다.[75] 제3자(인근주민)는 현실적으로 건축신고의 시점은 명
확히 알 수 없는 경우가 대부분일 것이다. 따라서 건축신고에 의해 건
축허가가 의제된다고 하더라도 제3자는 건축허가의 발급시점을 정확히
알기 어렵다. 다만, 인근주민(隣人)은 건축주가 건축물의 신축행위를 시
작한 경우에 건축허가가 있었음을 알 수 있다고 판단된다. 이러한 문제
점도 건축신고에 소정의 대기기간을 설정하면 해결할 수 있다. 즉 소정
의 대기기간 동안 건축개시거부가 없으면, 건축허가가 의제되므로 그
의제시점을 '처분시'로 볼 수 있다.

---

73) 대법원 1989. 5. 9. 선고 88누5150 판결.
74) 金重權, 전게서, 349면.
75) 대법원 2008. 6. 12. 선고 2007두16875 판결.

(2) 假救濟(執行停止)의 可能性

건축신고는 신고의 수리 여부에 상관없이 건축이 개시될 수 있다는 점에서 신속한 권리구제가 요구된다. 이와 관련하여 가구제의 문제가 검토될 필요가 있다. 독일에서는 행정법원법 제80조, 제80a조에 근거한 집행정지는 불가능하다고 보고 있으나, 인근주민은 건축행정청에 대해 중지처분이나 제거처분 등의 발급을 구하는 가명령(einstweilige Anordnung)을 청구할 수 있다고 한다(독일 행정법원법 제123조).[76]

그러나 건축신고를 수리를 요하지 않는 신고라고 이해하는 한, 제3자(인근주민)는 건축신고에 대해 취소쟁송을 통해 다툴 수 없다. 또한 의제된 건축허가에 대한 쟁송을 통해 본안에 계속되지 않으면, 집행정지를 구할 수도 없다.[77] 우리의 경우에도 적극적인 가구제제도로서 민사소송법상의 가처분이 인정될 수 있는지 여부에 대해 학설이 대립하고 있다. 판례는 소극적이다.[78] 그러나 행정소송법의 개정논의에서 가처분제도의 도입이 적극적으로 논의된 바 있다. 신고절차나 허가면제절차 등에 대한 권리구제수단으로 독일의 가명령제도가 매우 유용할 것으로 생각된다.[79] 다만, 2010. 1. 25. 법률 제9968호로 개정된 행정심판법에는 '임시처분'제도를 도입하고 있다. 종래에는 행정심판의 청구인이 처분이나 부작위에 의하여 회복하기 어려운 손해를 입게 되는 경우에 집행정지제도만으로 청구인의 권익을 구제하기에 미흡하였다. 이에 개정된 행정심판법 제31조에는 처분 또는 부작위 때문에 당사자의 중대한 불이익이나 급박한 위험을 막기 위해 임시의 지위를 부여할 수 있는 임시처분제도를 신설하였다. 앞으로 건축신고에 의한 건축주의 건축개시에 대해 제3자(隣人)는 임시처분제도를 활용할 수 있을 것으로 보인다.

---

76) Martini, a.a.O., S. 1495.
77) 一說은 의제적 행정행위를 통상의 행정행위와 동일하게 보면, 제3자도 당연히 집행정지제도를 통하여 잠정적 권리구제가 가능하다고 본다. 金重權, 전게서, 350면.
78) 대법원 1980. 12. 22. 선고 80두5 결정; 대법원 1965. 11. 23. 선고 65두11 결정.
79) Brohm, a.a.O., § 30 Rn. 23.

Ⅵ. 結　語

위에서 살펴본 바와 같이 우리의 건축신고제도는 법적 불명확성과 법치주의의 공백을 단적으로 보여주고 있다. 특히 규제완화, 민영화 등의 변화의 물결에 의해 건축법에 도입된 신고제도는 절차간소화라는 본래의 취지를 망각하고, 그 본질에 부합하지 않을 정도의 과도한 실체법적 효력이 부여되어 있다. 즉 건축신고에 의한 건축허가의 의제, 나아가 관계 법령의 인·허가의제까지 인정될 수 있다. 이러한 건축신고에 대해 '수리'를 요하지 않는다고 보는 통설·판례에 의하면, 건축행정청의 감독은 물론 사법적 통제도 불가능하다. 이와 관련하여 독일의 입법례는 우리의 건축신고제도의 문제점을 反芻하는 데에 많은 도움을 줄 수 있다. 이미 살펴본 바와 같이 독일에서는 절차간소화제도로서 주건축법령에 건축신고 이외에 허가면제절차나 간소화된 허가절차 등이 있고, 신고제도가 점차 허가면제절차로 대체되고 있음을 알 수 있다. 특히 주목할 점은 신고절차나 허가면제절차의 경우에도 건축행정청에 감독수단으로서 '건축개시거부권'이 인정된다는 사실이다. 즉 건축행정청의 예방적 통제가 감축 또는 소멸된다고 하여도, 여전히 위법한 건축개시행위에 의해 제3자의 권리를 침해하는 경우에는 억제적 통제가 남아 있다. 그 밖에 법적 안정성을 보장하기 위해 일정한 대기기간을 두고 있음도 고려할 만한 요소이다. 신고의 '수리' 여부에 의해 신고의 유형을 구분하고 그 수리거부에 대해 처분성을 판단하는 것은 신고제도의 본질을 간과한 낙후된 방식이다. 또한 이러한 구분방식은 이론적으로나 실무적으로 큰 도움을 줄 수도 없다.

또한 종전의 판례에 의하면 건축신고는 수리 여부와 관계없이 건축개시를 할 수 있고, 항고소송의 대상인 건축허가가 발급되지 않았기 때문에 건축주의 위법한 건축개시에 대해 제3자(인인)는 공법적인 권리구제수단을 강구하기가 쉽지 않다. 지금까지 이원적인 법률관계(건축주—

행정청)에 치중한 나머지, 건축법상의 삼각관계(행정청—건축주—인근주민)에 대해서는 매우 소홀하였다. 이러한 문제는 공법상의 인인보호와 관련이 있다. 이와 관련하여 독일에서는 인근주민이 건축행정청에 대해 행정개입청구권을 주장할 수 있다는 논의가 있다. 이를 실현하기 위하여 제3자는 행정청에 대해 건축중지 내지 결과제거 등의 행정처분 발급을 구하는 의무이행소송을 제기할 수 있다고 한다. 우리의 경우에도 행정개입청구권을 인정하기 위한 적극적인 법리를 검토할 필요가 있다. 개입의무의 인정 이외에도 건축법규에서 '사익보호성'을 도출할 수 있어야 한다. 그러나 이에 대한 쟁송형식은 현재로서는 부작위위법확인소송이나 의무이행심판이 가능할 뿐이다. 그러나 건축신고에 대한 취소쟁송이 완전히 불가능한 것은 아니다. 우리 건축법상의 건축신고제도는 독일과 달리 허가의제의 효과가 부여되어 있다. 이러한 '의제된 행정행위'에 대해서는 취소·철회를 할 수 있을 뿐만 아니라, 취소쟁송이 가능하다고 보는 견해가 독일에서는 유력하다. 따라서 행정청은 일반적인 행정행위의 취소·철회사유에 의해 의제된 건축허가를 취소·철회할 수 있으며, 인근주민은 의제된 건축허가에 대해 취소쟁송을 제기할 수도 있다. 다만, 의제된 건축허가에 대한 취소소송의 제소기간의 산정은 매우 어려운 문제로 남는다. 인근주민은 건축허가가 의제되는 시점을 정확히 알기 어려운 측면이 있으나, 무제한적으로 취소소송을 제기할 수 있다고 한다면 건축주의 법적 지위는 매우 불안정해질 수 있다. 그러나 인근주민은 대체로 건축주의 건축행위를 통해 건축신고(또는 건축허가)가 있었음을 알 수 있을 가능성이 높다. 따라서 법원은 개별 사례에서 "처분이 있음을 안 날"을 판단하거나, 또는 "처분이 있은 날부터 1년"이라는 제척기간의 판단에 있어서 제3자가 "정당한 사유"에 해당하는지 여부를 고려할 필요가 있다. 그 밖에 독일에서는 인근주민의 권리구제와 관련하여 적극적인 '가명령'이 검토되고 있다. 현행 행정쟁송법상 인인보호를 위한 법적 수단은 대단히 미미하다. 이상의 제 문제는 좌절된 행정소송법 개정논의의 속행을 통해 개선될 수 있다.

결론적으로 신고제도의 본질은 불필요한 행정절차를 간소화하고 규제를 완화하기 위한 것에 있다. 따라서 '절차간소화'를 넘어 건축신고에 이중허가의제의 효과를 부여하는 것은 재고되어야 한다. 특히 건축신고에 관련 법령의 인허가의제를 하고 있는 건축법 제14조 제2항은 시정되어야 한다. 또한 건축신고의 경우에도 실질적 심사권은 여전히 유보되어 있으므로, 건축행정청의 감독권인 '건축개시거부권'을 명시적으로 인정할 필요가 있다. 다만, 건축허가에 비해 완화된 심사가 보장되어야 하므로, 일정한 '대기기간'을 두어 이를 시간적으로 제한할 필요가 있다. 이 경우에 건축주는 행정청의 건축개시거부에 대해 직접 항고쟁송을 제기하여 권리구제를 받을 수 있다. 따라서 행정청의 건축개시거부를 처분(일종의 '금지하명')으로 이해하는 한, 수리거부의 처분성을 별도로 논할 필요성이 없다. 향후 건축법을 개정함에 있어 '대기기간'과 더불어 행정청의 건축개시거부권을 명확히 규율하는 것이 더욱 바람직할 것이다.

第 6 章

行政立法不作爲에 대한 司法的 統制
– 當事者訴訟에 의한 規範制定要求訴訟의 實現可能性을 中心으로 –

I. 序 說

현대행정은 '행정입법에 의한 행정'이라고 보아도 과언이 아니다. 그러나 행정입법의 폭증은 국민의 권익을 위태롭게 하고 법치주의의 위기를 가져 오고 있다. 특히 무분별하게 이루어지는 형식적·포괄적 위임에 의한 행정, 법령보충적 행정규칙의 보편화로 인해 법규적 사항을 고시·훈령 등 행정규칙에 '위임'하는 행정편의주의 현상의 고착화 등 행정입법의 현주소는 우리에게 警鐘을 울려주고 있다. 특히 법률이 구체적으로 위임을 하고 있음에도 행정입법을 제정하지 않거나 평등의 원칙에 위반되게 제정하여, 국민의 권리가 침해되는 경우도 있다.

행정입법의 '부작위'에 대한 권리구제수단으로는 국가배상[1], 행정소송 및 헌법소원 등이 검토될 수 있다. 이 가운데 국가배상 및 헌법소원에 의한 권리구제가능성은 인정되고 있으나, 행정입법부작위에 대한 행정소송(특히 부작위위법확인소송)은 부인되고 있다. 즉 대법원은 피고(대

---

[1] 일반적으로 '立法上 不法'(legislatives Unrecht)이란 위헌적인 법률의 제정행위에 의하거나 필요한 법률상 규정을 위법하게 '방치'하여 행정법상의 집행행위를 매개하지 않고 직접 타인에게 손해를 야기한 경우를 말한다. 따라서 입법상 불법은 적극적인 입법행위뿐만 아니라, 입법부작위에 의한 국가배상을 포함하고 있다. 그러나 이론적으로 (형식적 의미의) 법률뿐만 아니라 법률하위규범(법규명령, 조례)에 의한 불법행위를 망라하므로, 입법상 불법이란 표현보다 '規範上 不法'(normatives Unrecht)이라는 표현이 보다 적확한 것으로 보인다. 이에 대한 상세는 拙稿, "規範上 不法에 대한 國家責任", 公法硏究 제33집 제1호(2004. 11), 543-562면 참조.

통령)가 특정다목적댐법 제42조에 따라 동법 제41조에 정한 손실보상절차 및 그 방법 등에 관한 사항을 대통령령으로 정하지 아니한 행정입법부작위처분의 위법확인을 구한 사건에서, "행정소송은 구체적 사건에 대한 법률상 분쟁을 법에 의하여 해결함으로써 법적 안정을 기하자는 것이므로 부작위위법확인소송의 대상이 될 수 있는 것은 구체적 권리의무에 관한 분쟁이어야 하고 추상적인 법령에 관하여 제정의 여부 등은 그 자체로서 국민의 구체적인 권리의무에 직접적 변동을 초래하는 것이 아니어서 그 소송의 대상이 될 수 없다"고 판시하고 있다.[2] 이에 반해 행정입법부작위에 대한 항고소송(부작위위법확인소송 또는 취소소송)을 적극적으로 해석하는 견해가 유력하다.[3]

한편, 독일에서는 소위 '規範制定要求訴訟'(Normerlaßklage)이 허용되고 있다. 즉 행정청의 규범제정의무의 위법확인 또는 일반이행소송을 제기할 수 있다는 견해가 지배적이다. 다만, 규범제정요구소송의 소송형식에 대해서는 후술하는 바와 같이 다툼이 있다. 여기에서 말하는 규범은 '법률하위규범'을 의미하며 법규명령과 조례가 포함될 수 있으나, 주로 문제가 되는 것은 법규명령(시행령, 시행규칙)의 경우이다.

한편, 헌법재판소는 전문의자격시험 불실시 위헌확인사건[4]에서, 보건복지부장관이 의료법과 대통령의 위임에 따라 치과전문의자격시험제도를 실시할 수 있도록 시행규칙을 개정하거나 필요한 조항을 신설하는 등 제도적 조치를 마련하지 아니한 '부작위'가 청구인들의 직업의 자유를 침해한 것으로서 위헌이라고 결정하였다. 즉 위 사건에서 시행규칙이 관련 법령의 규정에 의한 개정입법 및 새로운 입법을 하지 않고 있는 것은 진정입법부작위에 해당한다고 보았다. 또한 군법무관의 봉급과 그 밖의 보수를 법관 및 검사의 예에 준하여 지급하도록 하는 대통령

---

2) 대법원 1992. 5. 8. 선고 91누11261 판결.
3) 朴均省, "行政法不作爲에 관한 考察", 人權과 定義 제224호, 1995. 05., 67-82면; 朴正勳, "行政立法 不作爲에 대한 行政訴訟: 독일법과 우리법의 비교, 특히 처분 개념을 중심으로", 判例實務研究 Ⅵ, 박영사, 2003. 8, 167-197면.
4) 헌재 1998. 7. 16. 96헌마246, 판례집 10-2, 283-311.

령을 제정하지 않은 것이 진정입법부작위에 해당한다고 결정하였다. 이
사건에서 헌법재판소는 "우리 헌법은 국가권력의 남용으로부터 국민의
자유와 권리를 보호하려는 법치국가의 실현을 기본이념으로 하고 있고,
자유민주주의 헌법의 원리에 따라 국가의 기능을 입법·행정·사법으
로 분립하여 견제와 균형을 이루게 하는 권력분립제도를 채택하고 있
어, 행정과 사법은 법률에 기속되므로, 국회가 특정한 사항에 대하여
행정부에 위임하였음에도 불구하고 행정부가 정당한 이유 없이 이를
이행하지 않는다면 권력분립의 원칙과 법치국가의 원칙에 위배되는 것
이다"고 하여, 행정입법부작위에 의한 기본권침해를 인정하고 있다.5)

우리 헌법재판소는 위 결정들에서 행정권의 행정입법 등 법집행의무
는 '헌법적'의무이며, 입법자가 명령제정권자에게 위임을 했음에도 불
구하고 법규명령을 제정하지 않는 것은 권력분립의 원리에 위배된다는
점을 강조하고 있다. 또한 대법원이 행정입법부작위에 대해 부작위위법
확인소송의 대상으로 삼을 수 없다고 판시하고 있어, 다른 구제절차가
없다는 점을 이유로 보충성의 원칙도 충족하는 것으로 보고 있다.

그러나 행정입법의 작위의무가 헌법적 문제인지에 대해서는 독일의
입법례에서 보는 바와 같이 다소 의문이다. 물론 대법원이 행정입법부
작위에 대한 사법심사의 문제에 대해 소극적인 입장을 보이고 있고, 행
정쟁송의 유형이 제한적이기 때문에 헌법소원을 통한 권리구제가 불가
피한 측면이 있었던 것도 사실이다. 그러나 행정입법부작위에 대한 사
법심사가 한계에 봉착한 것은 지나치게 항고소송(부작위위법확인소송이
나 취소소송)에 의한 쟁송가능성에 穿鑿한 까닭도 있을 것이다. 따라서
현행 행정소송법상 행정입법부작위에 대한 행정소송이 가능한지 여부를
다시 검토할 필요가 있다. 만약 이러한 소송이 가능하다면 어떠한 소송
유형을 선택해야 하는지, 그리고 그 소송요건과 관련하여 제소기간의
준수나 원고적격 등의 문제는 없는지가 검토되어야 한다. 이와 관련하

---

5) 헌재 2004. 2. 26. 2001헌마718, 판례집 16-1, 313-326.

여 행정입법의 不備 내지 방치가 부작위위법확인소송의 대상인 '부작
위'에 해당하는지, 그리고 이러한 부작위와 관련하여 규범제정의무를
도출할 수 있는 근거는 어디에 있는지 등이 문제된다. 종래 행정입법부
작위에 대한 사법심사와 관련하여, 항고소송의 제기가능성에 치중하였
던 것이 사실이다. 그러나 외국입법례에서 보는 바와 같이 확인소송 내
지 (일반)이행소송의 가능성을 검토할 필요가 있다. 이러한 관점에서 현
행 행정소송법에 규정된 당사자소송을 통한 행정입법제정의무의 '확인'
내지 '이행의 특성'을 고려해야 한다.

이하에서는 규범제정요구소송에 관한 논의를 하기 이전에 명령제정
권자의 형성적 자유와 그 한계, 그리고 규범제정의무의 도출근거 등을
검토하고(Ⅱ), 현행 행정소송법상 행정입법부작위에 대한 쟁송가능성,
특히 當事者訴訟의 活用論에 대해 고찰하도록 한다(Ⅲ). 더불어 당사
자소송을 통한 규범제정요구소송을 인정할 수 있는지 여부를 검토하기
위해, 명문의 규정이 없음에도 불구하고 규범제정요구소송을 인정하고
있는 獨逸의 規範制定要求訴訟(Normerlaßklage), 우리 입법례와 유사
하면서도 최근 행정사건소송법의 개정을 통해 확인소송의 성격을 강조
하고 있는 日本의 當事者訴訟을 살펴보도록 한다(Ⅳ).

Ⅱ. 命令制定權者의 形成的 自由와 規範制定義務

1. 命令制定權者의 形成的 自由와 그 限界

행정입법부작위의 쟁송가능성을 적극적으로 검토하는 학설들은 대체
로 부작위위법확인소송이나 취소소송의 가능성에 초점에 두었다. 따라
서 행정입법부작위를 처분의 '부작위'에 상응하여 고찰하는 경향을 보여
주었다. 그러나 행정입법부작위의 문제에 있어서 가장 중요한 부분은
행정입법(시행령, 시행규칙)의 제정의무, 즉 규범제정의무의 도출이다. 이
러한 규범제정의무를 고찰하기 위해서는 먼저 법률하위규범을 제정할 의

무를 지고 있는 행정권의 형성여지를 고찰할 필요가 있다. 이를 소위 命
令制定權者의 形成的 自由(Gestaltungsfreiheit des Verordnungsgebers)
라 한다. 이러한 명령제정권자의 형성적 자유의 보장은 규범제정요구소
송의 기각 사유가 될 수 있다. 따라서 명령제정권자의 형성적 자유와 그
한계, 그리고 행정입법제정의무 등을 고찰하는 것이 선행되어야 한다.

위에서 언급한 바와 같이 명령제정권자는 행정입법(법규명령)을 제정
할 수 있는 형성적 자유 내지 형성여지를 가지는 한편, 授權規範의 문
언이나 내용에 따라 법규명령을 제정할 의무도 진다.6) 만약 명령제정권
자가 이러한 수권규범의 구속력을 간과하여 필요한 규율을 방치하고
행정입법을 제정하지 않으면, (규범제정)의무가 부과된 수권을 행사하거
나 상응하는 규정에 착수하는지 여부와 상관없이 위법하게 된다.7) 이러
한 명령제정권자의 형성적 자유는 헌법이나 개별 법률상의 의무로부터
제약될 것이다. 즉 명령제정권자의 형성여지도 평등원칙과 관련하여 예
외적으로 감축되어 특정한 규율을 제정해야 하는 경우에는 달리 판단
되어야 한다.8) 그러나 이러한 행정입법 제정의무가 있다고 하여도, 일
반적으로 존재하는 명령제정권자의 판단이나 형량여지를 완전히 박탈할
수는 없을 것이다.9)

또한 헌법재판소는 "법률이 행정부에 대한 수권을 내용으로 하는 것
이라면 수권의 목적, 내용 및 범위를 명확하게 규정함으로써 행정청의
자의적인 법적용을 배제할 수 있는 객관적인 기준을 제시하고, 국민으
로 하여금 행정청의 행위를 어느 정도 예견할 수 있도록 하여야 할 것
이다. 다만, 그 규율대상이 지극히 다양하거나 수시로 변화하는 성질의
것이어서 입법기술상 일의적으로 규정할 수 없는 경우에는 이와 같은
예측가능성의 정도가 완화된다 할 것이고, 또 예측가능한지 여부는 그
규정의 문언만으로 판단할 것이 아니라 관련조항을 유기적·체계적으

---

6) BVerwGE 42, 169/174.
7) BVerwGE 71, 1/6.
8) Kopp/Schenke, VwGO, § 43 Rn. 8a.
9) von Danwitz, Die Gestaltungsfreiheit des Verordnungsgebers, 1989, S. 181.

로 판단하여야 한다"고 결정하고 있다.[10] 위임명령은 구체성과 명확성
을 구비해야 하며, 그 명확성심사는 예측가능성에 의해 판단하면서 행
정의 독자적 판단이 존중되는 영역에서는 예측가능성 기준이 다소 완
화될 수 있다고 결정하고 있다.

　요컨대 법규명령을 제정하는 명령제정권자는 형성적 자유를 가지면
서도, 이러한 형성적 자유는 무제한적인 것이 아니라 일정한 한계가 존
재한다. 대법원은 명령제정권자의 형성적 자유를 소위 "立法裁量"이라
고 표현하고 있으나,[11] 엄밀한 의미에서는 법규명령을 제정할 행정권의
'행정입법'의 제정에 관한 형성적 자유, 즉 '행정'입법재량이다. 법규명령
은 법률의 수권에 의하는 것이 대부분이며, 수권의 목적·내용 및 범위
등이 명확하게 규정되어 행정청의 자의적인 법적용을 차단해야 한다.

---

10) 헌재 2007. 10. 4. 선고 2006헌바91.
11) 즉 대법원은 구 개발제한구역의지정및관리에관한특별조치법 시행령 제35조 제1항 본문
　　의 부담금의 부과율이 입법재량의 범위를 벗어난 무효인 규정인지 여부를 판단하면서,
　　"법 제23조 제1항은 '부담금은 개발제한구역이 소재하고 있는 시·군 또는 자치구의
　　개발제한구역 외의 동일지목에 대한 개별공시지가의 평균치에서 허가대상토지의 개별
　　공시지가를 공제한 금액의 100분의 150의 범위 안에서 대통령령이 정하는 비율에 허가
　　대상토지의 면적을 곱하여 산정한다'고 규정하고, 위 위임에 따른 법시행령 제35조 제1
　　항은 '법 제23조 제1항에서 대통령령이 정하는 비율이라 함은 100퍼센트를 말한다. 다
　　만, 개발제한구역의 지정목적 및 관리방향에 부합되는 시설의 설치를 위한 경우로서 다
　　음 각 호의 경우에는 20퍼센트를 말한다.'고 규정하면서 그 제1호로 '[별표 1] 제6호의
　　실외체육시설(동호 다목의 골프장을 제외한다)'을, 제2호로 '[별표 1] 제7호의 도시민의
　　여가활용시설'을 규정하고 있는바, 부담금은 개발제한구역에서 낮은 지가에 따른 대규
　　모 건축물 등 시설의 무분별한 입지로 인한 개발제한구역의 훼손을 억제하는 한편, 상
　　대적으로 낙후된 개발제한구역의 정비 및 주민지원을 위한 사업재원을 확보하는 등 개
　　발제한구역의 관리를 위한 재원을 확보하기 위한 데에 입법 취지가 있는 점과 부담금
　　의 부과율 및 산출방법 등에 비추어 보면, 법시행령 제35조 제1항 본문의 부담금의 부
　　과율이 부담금 부과의 입법목적의 달성을 초과하여 그 비율을 정한 것으로서 立法裁量
　　의 범위를 벗어나서 무효라고 할 수 없고, 한편 법시행령 제35조 제1항 본문의 부담금
　　의 부과율이 법 제23조 제1항의 부담금의 부과율의 범위 안에서 개발제한구역 및 부담
　　금의 입법 취지, 사회경제적 여건 변화, 사업시행자나 개발제한구역에 설치되는 시설의
　　종류 등과 같은 공익성을 감안하여 정하여진 것이라고 볼 수 있는 이상 개발제한구역
　　안에 설치되는 시설의 종류에 따라 부담금의 부과율에 차이가 있다는 것만으로는 부담
　　금 부과의 입법목적을 달성하기 위하여 필요한 수단의 범위를 초과하여 그 비율을 정
　　한 것으로서 立法裁量의 範圍를 벗어나서 무효라고 할 수 없다고 할 것이다"고 판시하
　　여, 명령제정권자의 형성적 자유를 '입법재량'으로 표현하고 있다(대법원 2004. 10. 15.
　　선고 2003두13243 판결).

2. 規範制定義務의 導出根據

행정입법의 제정이 법률의 집행에 필수불가결한 경우에, 명령제정권자가 법률하위규범을 제정하지 않아 입법권을 침해할 수 있다.[12] 헌법재판소는 규범제정의무와 관련하여, "三權分立의 原則, 法治行政의 原則을 당연한 전제로 하고 있는 우리 헌법 하에서 행정권의 행정입법 등 법집행의무는 憲法的 義務라고 보아야 할 것이다. 그런데 이는 행정입법의 제정이 법률의 집행에 필수불가결한 경우로서 행정입법을 제정하지 아니하는 것이 곧 행정권에 의한 입법권 침해의 결과를 초래하는 경우를 말하는 것이므로, 만일 하위 행정입법의 제정 없이 상위 법령의 규정만으로도 집행이 이루어질 수 있는 경우라면 하위 행정입법을 하여야 할 헌법적 작위의무는 인정되지 아니한다"고 결정하여,[13] 시행명령 제정의무를 헌법적 작위의무로 이해하고 있다.

또한 헌법재판소는 "국회가 특정한 사항에 대하여 행정부에 위임하였음에도 불구하고 행정부가 정당한 이유 없이 이를 이행하지 않는다면 권력분립의 원칙과 법치국가의 원칙에 위배되는" 것이라고 하여,[14] 법률이 위임한 행정입법의 의무를 태만히 하는 것은 권력분립원칙과 법치국가의 원리에 위배되는 것으로 보고 있다. 나아가 "행정권력의 부작위에 대한 헌법소원은 공권력의 주체에게 헌법에서 유래하는 작위의무가 특별히 구체적으로 규정되어 이에 의거하여 기본권의 주체가 행정행위를 청구할 수 있음에도 공권력의 주체가 그 의무를 해태하는 경우에 허용되고"라고 하여, 작위의무(행정입법제정의무)가 '헌법'에서 유래

---

12) 헌법재판소는 "행정명령의 제정 또는 개정의 지체가 위법으로 되어 그에 대한 법적 통제가 가능하기 위하여는 첫째, 행정청에게 시행명령을 제정(개정)할 법적 의무가 있어야 하고 둘째, 상당한 기간이 지났음에도 불구하고 셋째, 명령제정(개정)권이 행사되지 않아야 한다."고 결정하고 있다(헌재 1998. 7. 16. 96헌마246, 판례집 10-2, 283, 305-306). 학설도 대체로 행정입법부작위의 성립요건으로 ① 행정입법(시행명령)제정의 법적 의무의 존재, ② 제정 또는 개정을 위한 상당한 기간의 경과 및 ③ 규범제정의무의 해태 등을 주장한다(朴均省, 전게논문, 68면 이하).

13) 헌재 2005. 12. 22. 2004헌마66 전원재판부.

14) 헌재 2004. 2. 26. 2001헌마718 전원재판부.

하고 있음을 지적하고 있다. 그러나 헌법재판소는 위 결정에서 "이 사
건에 있어서 대통령령의 제정의무는 구법 제5조 제3항 내지 법 제6조
에 의한 위임에 의하여 부여"된다는 점을 인정하고 있으므로, 행정입법
의 작위의무는 헌법적 의무가 아니라, 개별 법률에서 도출된 것으로 보
는 것이 타당하다.

　한편, 독일의 다수설은 행정입법제정의무 또는 규범제정의무를 헌법
적 문제로 보고 있지 않고,15) 행정입법부작위를 헌법쟁송이 아닌 행정
소송의 대상으로 보는 것이 지배적 견해이다(독일 행정법원법 제45조 참
조).16) 다만, 독일 행정법원법 제47조의 유추적용에 의해 규범제정요구
소송의 관할을 고등행정법원으로 보는 것은 타당하지 않다. 왜냐하면
독일 행정법원법 제47조는 규범통제에 제한된 예외규정이기 때문이
다.17) 물론, 독일에서도 초창기 규범제정요구소송에 관하여 논란이 있었
다. 바이에른 주(州) 헌법재판소는 규범제정을 요구하는 헌법소원에 대
해 기각결정을 내리면서, 헌법에 명확히 위임규정을 두고 있는 경우에
규범내용이 본질적으로 사전에 프로그램으로 설정되어 있거나, 특정한
사항의 영역을 규율함에 있어서 평등원칙에 위반하게 된 경우에만 예외
적으로 규범제정을 요구할 청구권을 인정할 수 있다고 결정하였다.18)

　이와 관련하여 규범제정요구소송을 무제한적으로 확대해서 허용할
수 있는지가 먼저 검토되어야 한다. 독일에서 규범제정요구소송은 '특
정한 경우에 한하여'(nur in bestimmten Fällen) 허용되는 것으로 보는
견해가 유력하다. 즉 규범제정요구가 헌법상 기본권 보호의무나 평등원
칙으로부터 도출되어야 한다는 것이다. 또한 법률하위규범의 경우에는
개별 법률로부터 규범제정요구를 할 수 있는 근거가 있어야 한다고 주

---

15) 다만, 일부견해는 행정입법의 제정을 요구하는 소송을 형식적 법률의 제정을 요구하는
　소송과 마찬가지로 헌법적 쟁송이라고 보고 있다(Schenke, Verwaltungsprozeßrecht,
　9. Aufl., 2004, Rn. 347; Kopp/Schenke, a.a.O., § 47 Rn. 13 참조).
16) BVerwGE 80, 355. Hufen, Verwaltungsprozeßrecht, 5. Aufl.,, § 20 Rn. 8 f;
　Pietzcker in: Schoch/Schmidt-Aßmann/Pietzner, VwGO, § 42 Abs. 1, Rn. 160.
17) Hufen, a.a.O., § 20 Rn. 9.
18) BayVerfGH, NVwZ 1986, 636(637).

장한다.19)

Ⅲ. 現行法上 行政立法 不作爲에 대한 爭訟可能性

1. 爭訟對象으로서 行政立法不作爲

(1) 行政立法不作爲의 槪念 및 範圍

본격적인 논의에 들어가기에 앞서 논의의 '대상'을 확정하고, 이를 위해 개념사용을 명확히 할 필요가 있다. 즉 규범제정요구소송의 허용 여부를 논하기 전에 통상적으로 사용되고 있는 "행정입법부작위" 개념을 검토할 필요가 있다.

학설은 대체로 행정입법 속에 법규명령과 행정규칙이 포함된 것으로 보고 있다. 이러한 "行政立法"의 개념은 일본에서 통용되고 있다. 한편, 英美에서는 "委任立法"(delegated legislation)이라는 표현이 보다 일반적이다. 법규명령과 행정규칙은 제정목적이나 효력 등에서 중요한 차이를 가지며, 특히 법규적 효력(소위 "법규성"의 문제)의 유무에 따라 양자는 구분된다. 그러나 오늘날 판례에 의해 '法令補充的 行政規則'이 인정된다는 점에서 양자의 구별을 어렵게 하고 있다.20) 이와 관련하여 행정입법의 개념을 법규명령에 한정해서 이해하는 견해도 있다.21) 행정입법은 행정권에 의한 법제정행위를 의미하는 것으로, 이러한 '법'제정행위는 대체로 법률하위규범으로서 적어도 직접적인 대외적 구속력(통설적 의미의 법규적 효력)을 가지는 法規範(Rechtsnormen)이어야 한

---

19) Sodan, Der Anspruch auf Rechtssetzung und seine prozessuale Durchsetzbarkeit, NVwZ 2000, S. 601(609).

20) 법령보충적 행정규칙의 법적 문제점에 대해서는 拙稿, "法令補充的 性格의 行政規則의 整備方向과 委任事項의 限界", 行政判例研究 제11집, 2007. 6, 100-138면; 拙稿, "憲法訴願의 對象으로서 소위 法令補充的 行政規則", 憲法論叢 제16집, 445-478면.

21) 홍준형 교수는 "'행정입법'이란 개념은, '위임입법'이라면 몰라도 법규명령과 행정규칙의 이질성에 대한 전통적인 행정법체계에 입각하는 한, 일종의 자기모순에 해당하는 것으로서 적절치 못한 용어법이라 해야 할 것이다"라고 지적하고 있다(洪準亨, 行政法總論, 한울아카데미, 제4판, 2001, 171-172면).

다. 법리적으로는 행정입법의 개념을 법규명령에 제한하는 것이 타당하며, 행정규칙은 행정조직법에서 별도로 다루는 것이 바람직하다. 그러나 우리 판례는 행정규칙에도 '위임'의 법리를 적용하여 법규적 효력을 인정하고 있다.

독일의 一般履行訴訟을 통해 규범제정요구소송을 실현하는 경우에, 그 대상은 법규명령이나 조례 등이며 행정규칙이나 지침 등은 배제된다.[22] 즉 규범제정요구소송은 "법률하위규범의 위법한 부작위"(rechtswidriges Unterlassen untergesetzlicher Rechtsvorschriften)를 문제로 삼고 있다. 따라서 本稿의 핵심주제인 '行政立法不作爲'의 개념에도 법규명령 이외에 조례나 규칙이 포함될 수 있다.

한편, 행정입법부작위에 행정규칙의 부작위가 포함되는지가 문제될 수 있다. 그러나 행정규칙의 경우에는 수권법리가 적용되지 않는다는 점에서 제외되는 것이 원칙이다. 다만, 법령보충적 행정규칙의 경우는 논란이 있을 수 있다. 판례는 告示의 경우에도 행정입법부작위의무가 인정될 수 있다고 결정하고 있다. 즉 "산업재해보상보험법 제4조 제2호 단서 및 근로기준법시행령 제4조는 근로기준법과 같은 법 시행령에 의하여 근로자의 평균임금을 산정할 수 없는 경우에 노동부장관으로 하여금 평균임금을 정하여 고시하도록 규정하고 있으므로, 노동부장관으로서는 그 취지에 따라 평균임금을 정하여 고시하는 내용의 행정입법을 하여야 할 의무가 있다고 할 것인바, 노동부장관의 그러한 작위의무는 직접 헌법에 의하여 부여된 것은 아니나, 법률이 행정입법을 당연한 전제로 규정하고 있음에도 불구하고 행정권이 그 취지에 따라 행정입법을 하지 아니함으로써 법령의 공백상태를 방치하고 있는 경우에는 행정권에 의하여 입법권이 침해되는 결과가 되는 것이므로, 노동부장관의 그러한 행정입법 작위의무는 헌법적 의무라고 보아야 한다"고 판시하고 있다.[23] 다만, 이 결정의 반대의견(재판관 권성)은 "산업재해보상

---

22) Hufen, a.a.O., § 20 Rn. 13.
23) 헌재 2002. 7. 18. 2000헌마707.

보험법 제4조 제2호 단서 및 근로기준법시행령 제4조에 의하여 노동부
장관이 행하는 평균임금의 결정행위는 행정입법작용이 아니고, 오히려
구체적인 사안에 즉응하여 개별적이고 구체적인 금액을 결정하는 하나
의 행정작용으로 보아야 한다"고 하여, 고시를 위임(입법)의 법리가 아
닌, 행정작용의 하나로 판단하고 있다. 생각건대 헌법재판소는 중요한
'법규적' 사항을 법규명령에서 구체적으로 규정하지 않고, 이를 '고시'형
식에 위임해서 규율하는 것을 지적했어야 했다. 현행법령을 자세히 보
면 허술한 위임에 의해 행정규칙으로 그 규율을 轉嫁하는 경우가 적지
않다. 행정규칙에 '위임'의 법리를 적용하는 것이 타당하지 않음은 물론
이다.

(2) 行政立法不作爲의 類型

행정입법부작위는 학설상 진정행정입법부작위와 부진정행정입법부작
위로 구분할 수 있다. 이와 관련하여 판례는 "건축사법시행령 제4조 제
1항은 새로이 건축사면허를 취득하고자 하는 사람들만을 대상으로 할
뿐, 건축사면허를 취소당한 사람들에 관하여는 규정을 두고 있지 않다
하더라도, 위 조항은 입법자가 어떤 사항에 관하여 입법은 하였으나 불
완전, 불충분하게 규율한 경우에 불과하므로, 이를 부진정입법부작위라
할지언정 진정입법부작위에 해당한다고 할 수는 없으므로, 이 사건 심
판청구는 존재하지 않는 입법부작위를 심판의 대상으로 삼은 것으로서
부적법하다"고 판시하였다.[24] 동 결정에서도 별개의견(재판관 조승형)은
양자의 구분기준에 관한 다수의견을 비판하고, "입법부작위를 진정·부
진정의 두 가지로 나누어 그 판단기준을 어떤 사항에 관하여 '입법이
있었느냐'의 여부에만 두는 다수의견의 2분법적 기준은 애매모호하여
국민의 기본권 보호에 실효성이 없어 부당하며, 가사 위 2분법을 따른
다 하더라도, 헌법상 입법의무의 대상이 되는 입법사항이 여러 가지로

---

24) 헌재 1998. 11. 26. 97헌마310.

나누어져 있을 때에 각 입법사항을 모두 규율하고 있지만 입법자가 질적·상대적으로 불완전·불충분하게 규율하고 있는 경우를 부진정입법부작위로, 위 입법사항들 중 일부의 입법사항에 대하여는 규율하면서 나머지 일부의 입법사항에 관하여서는 전혀 규율하고 있지 아니한 경우 즉 양적·절대적으로 규율하고 있지 아니한 경우에는 진정입법부작위로 보아야 한다"고 결정하여, 양자의 기준을 좀 더 구체적으로 설시하고 있다.

한편, 헌법재판소는 공무원보수규정 제5조등 위헌확인사건에서, "행정부가 군법무관임용법 제6조의 위임에 따른 시행령을 제정하면서 계급에 의하여 지휘통솔되는 군 조직의 특성, 군인의 봉급 자체가 일반직 공무원에 비하여 상대적으로 높게 책정되어 있는 점, 군법무관의 승진 속도가 다른 군인들에 비하여 빠르다는 점을 고려하여 군법무관의 봉급에 관하여는 공무원보수규정 제5조에서 일반 군인의 봉급표에 의하도록 하는 대신 '공무원수당 등에 관한 규정' 제14조의3 및 '군인 등의 특수근무수당에 관한 규칙' 제4조로 군법무관수당을 신설함으로써 전체 보수를 일반공무원에 비하여 우대하면서 법관 등의 '예에 준하는' 상당한 수준으로 정한 이상 군법무관의 보수를 정하고 있는 이 사건 심판 대상 조항들이 불완전·불충분하여 청구인들의 재산권을 침해한다고 볼 수 없다"고 판시하였다.[25]

이미 언급한 바와 같이 부진정행정입법부작위, 즉 규범보충소송은 현존하는 법률하위규범에 대한 사법적 통제이므로 '규범통제'의 특수한 형태이다. 따라서 여기에서는 진정행정입법부작위의 문제에 제한하고, 이하에서는 현행 행정소송법하에서 (진정)규범제정요구소송을 실현할 수 있는 행정소송의 유형에 대해 검토하도록 한다.

---

25) 헌재 2008. 5. 29. 2006헌마170.

2. 爭訟可能한 行政訴訟의 類型과 批判的 檢討

(1) 問題의 所在

우리 행정소송법에는 규범제정요구소송을 명시적으로 규정하고 있지 않다. 또한 우리 헌법에는 독일기본법 제19조 제4항과 같은 포괄적 사법구제에 관한 명시적 규정은 없으나, 국민의 기본권침해에 대한 사법적 구제와 위법한 행정작용에 대한 사법적 통제에 관한 명문의 규정을 두고 있다. 즉 헌법 제1조, 헌법 제27조(국민의 재판청구권), 헌법 제37조 제2항 및 각 개별기본권조항을 통해 국민의 기본권침해에 대한 권리구제, 그리고 헌법 제107조 제2항과 헌법 제101조 등을 근거로 행정작용에 대한 사법심사의 가능성을 규정하고 있다.26) 그리고 현행 행정쟁송법은 그 대상과 관련하여 열거주의가 아닌 개괄주의를 채택하고 있다는 견해가 일반적이다.27) 따라서 현행법의 해석에 있어서도 마찬가지로 국민의 권익구제와 행정작용의 적정한 통제를 위해 소송유형의 '흠결'이 없도록 노력해야 한다. 비록 현행 행정소송법에는 행정쟁송의 유형이 제한적이지만, 행정입법부작위에 대해서도 실현가능한 행정소송의 유형을 적극적으로 검토할 필요가 있다.

법규범의 효력 유무에 대한 판단은 규범통제가 될 수 있기 때문에, 구체적 규범통제를 취하고 있다는 통설적 입장에서는 원칙적으로 부인된다. 그러나 규범제정요구소송은 일응 긍정될 수 있으나, 어떠한 소송유형을 선택하여 제소할 수 있는지는 논란이 있다.

(2) 抗告訴訟(不作爲違法確認訴訟 또는 取消訴訟)

행정입법부작위에 대해 항고소송을 제기할 수 있는지가 문제된다. 이와 관련하여 행정입법부작위가 항고소송의 대상인 '부작위'에 해당하는

---

26) 拙稿, "명확성원칙의 판단기준과 사법심사의 한계", 법조 통권 제624호(2008. 9), 108-134면 참조.
27) 李尙圭, 행정쟁송법, 제5판, 310면; 金南辰·金連泰, 행정법 I, 제12판, 603면; 金東熙, 행정법 I, 제14판, 박영사, 607면 등.

지, 또한 이해관계가 있는 국민에게 행정입법제정을 요구할 수 있는 '신청권'이 있는지가 문제된다. 또한 행정입법부작위에 대해 항고소송을 제기할 수 있는 법률상 이익 및 협의의 소익이 있는지 등이 문제된다.[28] 다만, 행정입법제정을 요구할 수 있는 신청권은 엄밀한 의미에서 원고적격에 해당하지만, 대법원판례는 부작위의 성립요건으로 인정하고 있다.

행정입법부작위에 대한 부작위위법확인소송의 가능성을 긍정하는 견해가 유력하다. 즉 一說은 "시행명령이 법령의 집행에 필수적인 경우에 시행명령의 제정 없이는 원고의 수익적 처분의 신청이 거부될 것은 필연적"이라고 하여, 시행명령의 제정신청에 대한 거부 또는 부작위는 쟁송법상 처분 또는 부작위에 해당한다고 주장한다.[29]

또 다른 견해는, 어느 정도의 구체성을 갖는 행정입법이 쟁송법상 처분개념에 포함될 수 있는 것으로 이해하고, 행정입법 제정의무도 행정소송법 제2조 제1항 제2호의 '부작위', 즉 "일정한 처분을 하여야 할 법률상의 의무"에 해당될 수 있다고 주장한다. 나아가 이러한 견해는 행정입법의 처분성을 전제로 하여, 행정입법 자체에 의해 개별적·직접적·구체적 이익이 침해될 때에는 침해적 처분을 기다릴 것 없이 곧바로 행정입법 자체에 대한 취소소송을 제기할 수 있도록 해야 한다고 주장한다.[30]

그러나 현행 행정소송법 제2조 제1항 제1호의 '처분등'의 개념에는 행정입법이 배제된다고 보는 것이 통설적 견해이며,[31] 부작위위법확인

---

28) 朴均省, 전게논문, 77면.
29) 朴均省, 전게논문, 77면.
30) 朴正勳, 전게논문, 192-193면.
31) 金南辰·金連泰, 전게서, 649면; 金道昶, 일반행정법론(상), 755면; 金東熙, 전게서, 656면; 李尙圭, 신행정법론(상), 770면 등. 다만, 대법원 행정소송법 개정안에는 명령(명령·규칙 및 지방자치단체의 조례·규칙)을 '행정행위'에 포함되는 것으로 보고, 항고소송의 대상에 포함시키고 있다. 이에 대해 학계의 비판이 강하게 제기되었다(홍준형, 2004『행정소송법 개정안』공청회, 대법원, 행정소송법 개정안에 대한 지정토론문, 55면 이하). 그 후 법무부 행정소송법 개정안에서는 현행 행정소송법의 쟁송법상 "처분" 개념을 그대로 유지하였다.

소송의 대상적격을 충족하기 어렵다. 즉 행정소송법상 처분개념은 "구체적 사실에 관한 법집행"이라고 규정하여, 적어도 일반적·추상적 규율로서의 법규범(법규명령, 조례)은 여기에서 제외된다. 우리 행정소송법은 처분성을 판단함에 있어 受範者를 기준으로 한 '개별성' 대신 규율의 '구체성'을 규정하고 있다. 이러한 점은 '일반처분'에 관해 별도로 규정하고 있지 않다는 점에서도 드러난다. 참고로 독일 행정절차법 제35조 제1항에서는 행정행위를 "행정청이 공법의 영역에서 個別事例의 규율을 위해 대외적으로 직접적 법효과를 가지는 모든 處分, 決定이나 기타 高權的 措置"라고 규정하여, 수범자의 개별성을 강조하고 있다. 또한 동법 제35조 제2문에서는 별도로 '일반처분'에 관한 규율을 두고 있다.32)

나아가 행정입법부작위에 대한 부작위위법확인소송을 긍정하는 견해는 시행명령의 제정거부가 수익처분의 거부에 준하는 결과를 가져온다고 하면서, 시행명령 제정거부는 "그 밖에 이에 준하는 행정작용"에 포함된다고 주장한다.33) 그러나 행정소송법상 "그 밖에 이에 준하는 행정작용"에는 대체로 권력적 사실행위가 인정된다고 보는 견해가 압도적이며, 대법원판례는 권력적 사실행위를 매우 제한적으로 인정하고 있다.34) 따라서 행정소송법의 개정 전에 행정입법의 거부나 부작위를 쟁송법상 처분개념에 포함시키는 것은 다소 무리한 해석이다. 따라서 우리 행정소송법상 항고소송의 대상에는 행정입법이 포함되지 않으며, 행정입법부작위를 부작위위법확인소송의 대상으로 삼기는 쉽지 않다.

---

32) 이에 대해서는 拙稿, "쟁송법상 처분개념의 확정에 관한 판단", 考試界 2007년 7월호 (제610호), 36-45면 참조.

33) 朴均省, 전게논문, 77-78면.

34) 판례는 권력적 사실행위 중 단수조치(대법원 1979. 12. 28. 선고 79누218 판결), 동장의 주민등록직권말소(대법원 1992. 8. 7.자 92두30) 등에 대해서만 처분성을 인정하고 있다. 또한 일본입법례의 영향으로 형식적 행위행위가 항고소송의 대상에 포함된다는 견해도 있다. 이에 대한 상세는 拙稿, 전게논문(각주 32), 41면 참조.

(3) 當事者訴訟

筆者는 행정입법부작위에 대한 사법적 통제수단으로 부작위위법확인소송 또는 취소소송 등 항고소송 위주의 고찰에서 벗어나, 현행 행정소송법상 '當事者訴訟'에 의한 구제가능성을 검토할 필요가 있다고 본다.

현행 행정소송법 제3조 제2호에서 당사자소송을 "행정청이 처분 등을 원인으로 하는 법률관계에 관한 소송 그 밖에 공법상의 법률관계에 관한 소송으로서 그 법률관계의 한쪽 당사자를 피고로 하는 소송"이라고 정의하고 있다. 이 중 전단부에 해당하는 "행정청이 처분 등을 원인으로 하는 법률관계에 관한 소송"을 形式的 當事者訴訟, 후단부에 해당하는 "그 밖에 공법상의 법률관계에 관한 소송"을 實質的 當事者訴訟이라고 구분하는 것이 통설이다. 그 중 실질적 당사자소송으로 행정입법부작위에 의한 공법상 법률관계를 다툴 수 있는지가 검토될 필요가 있다.

당사자소송은 일본입법례의 영향으로 1985년 시행된 행정소송법에 처음 도입되었으나, 민사소송 위주의 실무적 운영과 항고소송 중심주의의 지배에 의해 주목을 받지 못한 것이 사실이다.[35] 학계 일각에서는 公法上 當事者訴訟의 活用論이 강하게 대두된 바 있다.[36]

한편, 실질적 당사자소송은 공법상 금전지급청구소송(예컨대 봉급청구소송, 연금지급청구소송), 공법상 계약에 관한 소송, 공법상 지위나 신분을 다투는 소송 이외에, 공법상 법률관계에 관한 분쟁, 법률관계의 存否 내지 유·무효를 확인하는 소송유형이다. 특히 실질적 당사자소송을 통해 공법상 법률관계의 존부를 다툴 수 있다. 이 경우 행정입법 제정의무를 태만히 하여 방치하면, 법률에 의한 주관적 공권은 도출될 수 있다. 그러나 그 구체적인 실현을 위한 위임을 행정기관이 해태하여 행

---

[35] 이에 대해 홍준형 교수는 "일면 민사소송위주의 실무적 고려와 타면 행정소송법의 취소소송중심주의에 의하여 협공을 받아 거의 사문화되었다고 해도 과언이 아니다"라고 평가하고 있다. 洪準亨, 행정구제법, 제4판, 한울아카데미, 728면.
[36] 金南辰, "처분성확대론과 당사자소송활용론", 고시연구, 2005. 3, 15면 이하; 朴均省, 행정법론(상), 제7판, 박영사, 910면.

정입법(특히 법규명령)을 제정하지 않은 경우에, 개인은 공법상 법률관계의 존부를 확인하는 소송을 제기할 수 있다. 법원은 개인이 제기한 공법상 당사자소송에 의해 공법상 '권리'와 '의무'(행정입법제정의무 또는 규범제정의무)를 확인하고, 이에 의해 행정부는 사실상 행정입법을 제정할 의무를 강요당하게 된다. 그러나 당사자소송은 공법상 법률관계의 '확인'에 그치고, 이를 행정부에 강요할 수는 없다. 이러한 점에서 확인소송에 의한 사법적 통제는 일정한 한계를 가진다.

3. 當事者訴訟에 의한 規範制定要求訴訟의 實現可能性

(1) 公法上 當事者訴訟에 관한 法的 問題

당사자소송의 대상(공법상 법률관계), 포괄소송으로서 당사자소송 또는 當事者訴訟의 補充性論 등에 의해 항고소송의 대상이 되지 않는, 즉 처분성이 부인되는 행정작용에 대해 당사자소송이 가능하다. 특히 독일의 일반이행소송이나 확인소송은 당사자소송에서 발전된 것으로, 우리의 당사자소송에 이러한 일반이행소송을 포함시키자는 견해도 유력하다.[37] 이러한 주장들은 당사자소송의 활용 내지 활성화에 대해 긍정적 입장을 취하고 있는 것으로 보인다.

이와 관련하여 당사자소송이 제대로 활용되지 못하는 문제점은 어디에 있으며, 그 제도적 장점은 무엇인지에 대해 고민할 필요가 있다. 一說은 당사자소송이 실무상 잘 활용되지 못한 이유로, "당사자소송을 제기할 수 있는 사항이 입법적으로 구체화되어 있지 않고, 또 민사소송이 아닌 당사자소송을 이용함으로써 얻을 수 있는 편익도 많지 않다"고 지적하고 있다.[38] 그러나 당사자소송의 독자성을 간과할 수 없다. 당사자소송은 민사소송과 달리, ① 당사자소송과 항고소송 사이의 소변경이

---

37) 朴鈗炘, 최신행정법강의(상), 2004, 1039면.
38) 安哲相, "공법상 당사자소송의 의의·성격과 활성화방안", 특별법연구 제7권(특별소송실무연구회 편), 박영사, 2005, 193면.

가능하며, ② 당사자소송에 관련 민사소송청구를 병합할 수 있으며, ③ 당사자소송에는 행정청의 참가가 가능하고, ④ 직권탐지주의가 적용될 뿐 아니라, ⑤ 판결의 기속력이 당해 행정주체 산하의 행정청에도 미친다는 견해가 유력하다.[39]

생각건대 항고소송과 당사자소송의 이원체계를 포기하지 않는 한, '假死'의 상태에 있는 당사자소송을 부활시킬 필요가 있다. 즉 당사자소송은 항고소송에 의해 권리구제의 不備가 있는 경우에 '보완적'으로 활용될 수 있다. 이러한 견해는 소위 포괄소송적 당사자소송의 활성화론과 맥락을 같이한다고 볼 수 있다. 실무에서는 행정행위의 공정력을 이유로 먼저 항고소송(취소소송)으로 위법한 처분의 취소를 구한 후, 다시 금전지급을 다투도록 하는 것은 소송경제에 반할 수 있다. 이 경우 실질적 당사자소송을 통해 법원이 一擧에 처분의 위법성과 금전지급액을 확정한다면, 매우 유용한 소송유형이 될 수 있다. 그러나 이 경우에 구체적인 금전지급액의 산정 등은 법원의 부담으로 이어질 수 있고, 권력분립의 원칙상 행정부(특히 위원회)의 전문적·기술적 판단을 제약할 수도 있다.

(2) 當事者訴訟에 관한 主要 大法院判例의 檢討

판례는 국가배상청구권, 손실보상청구권 등에 대한 당사자소송의 활용에 대해 소극적인 입장을 견지하고 있다. 다만, 대법원은 개정 하천법 부칙 제2조와 하천구역 편입토지 보상에 관한 특별조치법 제2조에 의한 손실보상청구권을 종전에는 私權으로 보았으나, 전원합의체 판결에 의해 공법상의 권리로 판단하였다.[40] 그러나 어려운 産苦 끝에 탄생한 위 전원합의체 판결은 하천법의 개정(하천구역편입의 삭제)으로 그 의미가 많이 退色되었고, 현재는 孤島처럼 우두커니 서 있는 형국이다.

한편, 대법원은 광주민주화운동 관련자 보상 등에 관한 법률상의 보

---

39) 白潤基, "當事者訴訟의 對象", 行政判例研究 제4집, 서울대학교출판부, 1997, 359면.
40) 대법원 2006. 5. 18. 선고 2004다6207 판결.

상금지급청구소송에 대해서는 당사자소송으로 판단하면서,[41] 민주화운동관련자명예불인정처분취소소송에서는 취소소송으로 판단한 바 있다.[42] 이러한 판례는 深思熟考 끝에 나온 것이어서, 항고소송과 당사자소송의 구별의 어려움을 반증하고 있다. 실제 민주화운동관련자명예불인정처분취소소송에서 소수의견은 당사자소송으로 판단한 바 있다. 그러나 광주민주화운동 보상금지급청구소송의 경우에는 보상심의위원회의 결정을 행정처분이 아니라고 보았으나, 오히려 항고소송의 대상으로 볼 여지가 없지 않다. 반면, 민주화운동관련자명예불인정처분취소소송의 경우에는 '형식적' 당사자소송의 유형을 간과하고, 성급히 '항고소송'으로 판단한 것은 아닌지 하는 의문이 든다.

(3) 當事者訴訟의 提訴要件 및 法的 特徵

당사자소송의 제소요건과 관련하여, 대상적격·원고적격 및 제소기간 등의 문제를 고찰할 필요가 있다. 당사자소송의 피고는 항고소송과 달리, 국가 또는 공공단체가 된다. 행정소송법에는 원고적격에 관한 특별규정이 없으므로, 민사소송법상의 당사자적격에 관한 규정이 준용된다는 점에서 원고적격의 엄격성을 피할 수도 있다(행정소송법 제8조 2항 참조).[43] 또한 취소소송의 제소기간에 관한 규정도 당사자소송에 적용되지 않는다는 점에서 제소기간의 제한도 피할 수 있다.

행정소송법상의 당사자소송은 확인소송의 성격을 가지면서도, 동시에 이행소송의 성격도 가진다. 예컨대 공법상의 법률관계의 존부를 확인받기 위한 당사자소송은 '확인'소송의 성격을 가지며, 금전급부소송과 같이 이행명령을 목적으로 하는 한 '이행'소송의 성격을 가진다.[44] 따라서

---

41) 대법원 1992. 12. 24. 선고 92누3335 판결.
42) 대법원 2008. 4. 17. 선고 2005두16185 전원합의체 판결.
43) 민사소송에서의 당사자적격은, 이행소송의 경우에는 자기에게 이행청구권이 있음을 주장하는 자가, 확인소송에서는 그 청구에 대해 확인의 이익을 갖는 자가 갖는다. 다만, 형성의 소에서는 대체로 법규가 이를 직접 정하는 경우가 대부분이다. 이에 대한 상세는 李時潤, 新民事訴訟法, 제2판, 128-129면.
44) 金南辰·金連泰, 전게서, 655면; 洪準亨, 행정구제법, 468면.

독일의 일반이행소송에 의하는 쟁송대상 중 일부는 현행법상 당사자소송에 의해서도 실현될 수 있다. 독일의 일반이행소송의 대상은 원칙적으로 행정행위 이외의 모든 행정작용이 될 수 있으며, 규범제정요구소송을 일반이행의 소를 통해 해결할 수 있다는 견해가 유력해지고 있다.45) 일반이행소송은 항상 명확한 법이론적 근거를 요구하지 않는다는 점에서 "소송상의 다목적 무기"라고 표현되기도 한다.46) 이와 같이 당사자소송은 확인소송과 (일반)이행소송의 성격을 동시에 가지며, 항고소송의 보완적 수단으로서, 행정입법부작위에 대한 적절한 통제수단이 될 수 있다고 보여진다.

Ⅳ. 比較法的 考察

1. 獨逸의 規範制定要求訴訟

(1) 槪觀

독일 행정법원법에도 규범제정요구소송에 관한 명시적 규정은 없다.47) 다만, 독일기본법 제19조 제4항과 관련하여 이러한 소송이 고려될 수 있다. 즉 독일기본법 제19조 제4항에는 소위 포괄적 권리구제를 명문으로 규정하고 있다. 이를 근거로 독일 행정법원법에는 다양한 소송유형을 두고 있다. 예컨대 취소소송, 의무이행소송, 일반이행소송 및 계속확인소송 등이 그러하다. 규범제정요구소송의 경우에도 개인 또는 단체에게 授益的 성질을 가지는 규범이 제정되지 않아, 기본권보호영역에서 드물지 않게 침해적 의미를 가지게 된다. 이러한 기본권영역의 침해는 독일기본법 제19조 제4항에서 규정하고 있는 '高權力'(hoheitliche Gewalt)에 해당한다.48)

---

45) Hufen, a.a.O., § 17 Rn. 2.
46) Steiner, JuS 1984, S. 853.
47) Ule, Verwaltungsprozeßrecht, 8. Aufl., § 32 III.
48) Duken, Normerlaßklage und fortgesetzte Normerlaßklage, NVwZ 1993, S. 546 ff.

규범제정요구소송은 두 가지 유형으로 구분할 수 있다. 즉 법률하위규범(법규명령, 조례 등)을 제정하지 않아 새로이 규범을 제정할 것을 요구하는 眞正한 規範制定要求訴訟(echte Normerlaßklage)과, 제정되어 있는 법률하위규범이 상위법령에 적합하지 않거나 개정 또는 보충을 요구하는 不眞正한 規範制定要求訴訟(unechte Normerlaßklage)과 관련된 소송으로 구분될 수 있다. 후자는 規範補充訴訟(Normergänzungsklage)이라고 부르기도 한다. 진정한 규범제정요구소송 또는 부진정한 규범제정요구소송(규범보충소송)의 경우에 그 청구권은 기본권(평등권) 또는 개별법률로부터 도출될 수 있으며, 행정소송을 통해 실현될 수 있다는 점에 대해서는 의문이 없다.[49] 그러나 부진정한 규범제정요구소송은 명령제정권자가 특정사안을 평등원칙을 위반하여 파악하고 있음을 이유로 한 일종의 규범통제신청에 지나지 않는다. 따라서 本稿에서는 주로 진정한 규범제정요구소송에 집중하여 고찰하도록 한다.[50]

한편, 규범제정요구소송은 권력분립의 원칙상 당사자의 권리구제를 위해 불가피한 정도에서만 법제정기관의 형성여지를 제약하게 된다.[51] 또한 규범제정요구소송의 대상은 대체로 원·피고 사이의 법률관계이며, 단순한 사실이나 문서의 진정 여부의 판단은 배제된다. 다만, 연방행정법원은 피고와 제3자 사이의 법률관계의 존부도 그 대상이 될 수 있다고 판시하였다.[52]

(2) 規範制定要求訴訟의 訴訟形式

(가) 學說의 立場

독일에서는 규범제정요구의 소송의 형식으로는 확인소송에 의하는 방식, 일반이행의 소에 의한 방식, 그리고 독일 행정법원법 제47조의

---

49) Schmitt Glaeser/Horn, Verwaltungsprozeßrecht, 15. Aufl., Rn. 332.
50) Hufen, a.a.O., § 20 Rn. 3.
51) BVerwG, DVBl. 1990, 155 f.
52) BVerwG, DVBl. 1998, 49.

유추적용에 의한 독자적 소송유형에 의한 방식 등이 주장된다.

우선 위 세 가지 학설 중 일반적 '確認訴訟'(Feststellungsklage)의 대상이 된다는 견해가 다소 지배적이다.[53] 다만, 원고는 확인소송에 의해 법률관계가 존재한다는 사실을 확인할 뿐이지, 규범제정의무의 이행 (Verpflichtung zur Normsetzung)을 강요할 수는 없다. 또한 확인소송에 의해 확인되는 법률관계도 대체로 정의하기가 쉽지 않다.[54]

둘째, 확인소송에 의한 방식 외에 一般履行訴訟(allgemeines Leis-tungsklage)에 의한 구제를 주장하는 견해가 점차 유력해지고 있다.[55] 一般履行訴訟은 사실행위에 대한 청구권의 실행을 구하는 소송유형이었으나,[56] 점차 행정행위 이외의 모든 형식의 고권적 행정작용(작위, 수인 및 부작위)에 대한 포괄적 소송의 성격을 가지는 것으로 이해되고 있다.[57] 일반이행소송은 행정행위를 대상으로 하는 義務履行訴訟과 다르다.[58] 또한 법규범은 일반이행소송의 대상에서 제외된다고 보는 것이 일반적이나, 이에 대해 반대견해도 유력하다. 즉 헌법쟁송이 아닌, 규범제정요구소송은 일반이행소송을 통해 실현될 수 있다는 것이다.[59] 다만, 이 경우에 一般履行訴訟은 법률하위규범에 대해서만 허용되며, 의회가 제정한 법률에 대해서는 허용되지 않는다는 견해가 지배적이다. 후자는 헌법적 쟁송의 문제로 보고 있다.[60] 그리고 이 견해는 행정법원

---

53) Schmitt Glaeser/Horn, a.a.O., Rn. 332; Sodan, a.a.O., S. 601 ff.; Würtenberger, Verwaltungsprozeßrecht, Rn. 702; Robbers, JuS 1990, S. 978 ff. 일반이행소송에 의한 구제가 독일의 다수설이라는 견해도 있으나(朴正勳, 전게논문, 174면), 확인소송과 일반이행소송을 주장하는 견해는 팽팽히 대립되어 있는 상황이다.
54) Hufen, a.a.O., § 20 Rn. 11.
55) Duken, a.a.O., 548; Hufen, a.a.O., § 20 Rn. 13; Pietzcker, in: Schoch/Schmidt-Aßmann/Pietzner, VwGO, § 42 Abs. 1, Rn. 160 등.
56) 독일행정법원법은 一般履行訴訟을 명시적으로 규정하고 있지 않으나, 동법 제43조 제2항 및 제113조 제4항에서 간접적으로 그 법적 근거를 찾고 있다(Würtenberger, a.a.O., Rn. 375).
57) Hufen, a.a.O., § 20 Rn. 13; Duken, a.a.O., S. 546(547) 등 다수.
58) Pietzcker, in: Schoch/Schmidt-Aßmann/Pietzner, a.a.O., § 42 Abs. 1, Rn. 150.
59) Kopp/Schenke, VwGO, Vor zu § 40 Rn. 8a.
60) Kopp/Schenke, a.a.O., § 47 Rn. 13; Schenke, VerwA 1991, S. 336 ff.

법 제43조 제2항에서는 확인소송의 보충성을 규정하고 있는 점을 강조하고 있다. 즉 일반이행소송을 통해 목적을 달성할 수 없는 경우에 확인소송이 허용된다는 점을 중요한 논거로 제시한다. 그러나 독일실무상으로는 이러한 일반이행소송은 원칙적으로 적용되지 않고 예외적으로 허용되는 것으로 보고 있다.

마지막으로 독일 행정법원법 제47조의 유추적용에 의한 獨自的인 訴訟類型의 가능성이 검토되고 있다. 이러한 시도는 하급심법원에서 암시하고 있으나,[61) 그 가능성에 대해서 학설은 큰 反響을 보이고 있지 않다. 독자적인 소송유형을 도입하는 것은 법원에 의한 판결의 한계를 극복하는 데 도움을 줄 수 있으나, 근거조항인 행정법원법 제47조는 규범통제에 엄격히 제한되므로 유추적용하는 것은 타당하지 않다는 지적이 있다.[62)

한편, 독자적인 규범제정요구소송의 법적 근거로 행정법원법 제47조를 유추적용할 수 있는지가 문제되나, 이는 司法의 영역을 유월하는 결과를 초래할 수 있고 권력분립원리의 관점에서 비판이 제기되며, 규범제정요구소송에 관한 명문의 규정은 없지만, 確認訴訟에 의해 규범제정요구를 할 수 있다는 것이 지배적이다. 규범제정요구는 집행부(행정권)에 대해 구체적인 법률관계를 이유로 신청되기 때문이다.[63) 독일 연방행정법원도 이러한 점을 인정하고 있다. 그러나 확인의 소가 규범제정을 목적으로 하는 一般履行訴訟에 대해 '보충적'으로 적용되는 것은 아니다.[64)

(나) 獨逸 聯邦行政法院의 判例

독일 연방행정법원은 노사간의 임금협약(Tarifvertrag)에 관해 법규

---

61) VGH München, BayBVl. 1980, 209, 211.
62) Schmitt Glaeser/Horn, a.a.O., Rn. 332; Pietzcker, in: Schoch/Schmidt-Aßmann/Pietzner, a.a.O., § 42 Abs. 1, Rn. 160; Robbers, JuS 1988, S. 949(951).
63) Schmitt Glaeser/Horn, a.a.O., Rn. 332.
64) BVerwGE 80, 355/361.

범으로서의 성격을 가지고 일반적 구속력을 가진 선언, 소위 '一般拘束宣言'(Allgemeinverbindlichkeitserklärung)을 제정해 줄 것을 요구하는 확인소송을 제기한 사건에서 임금협약 당사자가 정당한 확인의 이익을 가진다고 판시하였다.[65] 이 경우 일반구속선언이 공익에만 기여하는 것이 아니라, 임금협약 당사자의 이익에도 기여하고 있다고 보았다.

이 사건에서 독일 연방행정법원은 관할 주(州)장관이 일반구속선언에 대한 공익의 판단시에 광범위한 규범적 재량(normatives Ermessen)을 가지고 있으나, 이러한 규범적 재량도 수권의 목적과 여기에 포함된 공·사익 그리고 임금협약 당사자의 이익을 모두 고려하여 법률하위규범을 제정하여야 하고, 이러한 규범적 재량이 불비례하거나 주장될 수 없는 경우에는 그 법적 한계를 유월한 것으로 보고 있다.

(3) 訴訟類型에 따른 訴訟要件

원칙적으로 일반확인소송을 통해 규범제정요구소송을 제기하는 경우에는 독일 행정법원법 제42조 제2항의 원고적격('권리침해')의 요건이 적용되지 않고, '즉시확정의 정당한 이익'이라는 요건이 충족되어야 한다(동법 제43조). 그러나 (진정)규범제정요구소송이나 규범보충소송의 濫用을 차단하기 위해서 독일 행정법원법 제42조 제2항을 유추적용해야 한다는 견해도 유력하다.[66] 이러한 견해에 의하면 원고는 적어도 주관적 공권에 근거하여야 하며, 이러한 주관적 공권은 개별 법률로부터 도출되어야 한다. 이 경우 개별 법률은 단지 공익뿐만 아니라 사익도 보호하고 있어야 한다. 따라서 개별 법률이 사익보호성을 포함하고 있지 않으면, 법원은 기각판결을 내려야 한다.[67]

한편, 一般履行訴訟에 의해 규범제정요구소송을 실현하는 경우에, 원고는 규범제정요구를 청구하여야 한다. 이러한 청구권은 법률, 확언,

---

65) BVerwGE 80, 355, BVerwG, NVwZ 1990, 162/163.
66) Würtenberger, a.a.O., Rn. 706.
67) Würtenberger, a.a.O.

평등원칙 또는 공법계약에서 도출될 수 있다고 보고 있다. 그러나 이 경우 수익적 규범의 受範者가 규범제정요구소송을 제기하여서는 아니 된다.68) 또한 제소기간을 준수하거나 행정심판을 거칠 필요가 없음은 물론이다. 또한 위에서 언급한 규범제정의무 외에 사익보호성의 요건을 모두 충족해야 하며,69) 다른 방식으로 청구권이 실현될 수 있는 경우에는 권리보호필요가 없다.70)

2. 日本의 當事者訴訟

(1) 當事者訴訟의 導入과 行政事件訴訟法의 改正

일본은 明治維新 후에 프로이센의 헌정제도를 채택하여 近代立憲國家로서의 기초를 마련하였으며, 明治憲法 아래에서 1890년 行政裁判所를 설치하였으나 동 행정재판소는 單審일 뿐만 아니라 列記主義를 채택하고 있었을 뿐이다. 그러나 戰後에는 행정재판소를 폐지하고, 일반법원이 행정사건을 심사하는 司法國家型을 선택하였다. 현재는 행정소송에 관한 行政事件訴訟法이 제정되어 있다.71)

일본 행정사건소송법 제2조에서는 당사자소송을 행정소송의 一類型으로 규정하고 있다. 일본의 당사자소송은 독일의 當事者訴訟(Parteistreitigkeit)을 계수하여 1932년 행정소송법안에 도입되었고,72) 개괄주의의 요청에 의해 行政事件訴訟特別法에서 당사자소송을 규정하게 된다. 즉 일본 행정사건소송특례법 제1조에서 "행정청의 위법한 처분의 취소나 변경에 관한 소송 기타 공법상 법률관계에 관한 소송"이라고 규정하고 있었다. 학설은 이 가운데에서 "其他 公法上 權利關係에 관한 訴訟" 부분을 공법상 당사자소송에 해당하는 것으로 보았다.

---

68) Hufen, a.a.O., § 20 Rn. 14.
69) 朴正勳, 전게논문, 175면 참조.
70) Hufen, a.a.O., § 20 Rn. 14.
71) 일본행정법의 연혁에 대해서는 塩野宏, 行政法 I, 第2版, 1994, 16-18頁.
72) 小早川光郎, 行政法講義 下III, 弘文堂, 2007, 325頁.

그러나 일본에서는 공·사법 이원론에 의문을 제기하는 견해가 대두하여 당사자소송은 항고소송에 비해 상대적으로 소홀히 취급된 감이 없지 않다.[73]

그 후 일본의 行政事件訴訟法은 2004년 개정을 통해 당사자소송의 一類型으로서 確認訴訟의 성격을 명시하고 있다. 즉 일본 행정사건소송법 제4조에서 당사자소송을 "이 법률에서 당사자소송이란 당사자 사이의 법률관계를 확인하거나 형성하는 처분 또는 재결에 관한 소송으로 법령의 규정에 의해 그 법률관계의 당사자의 일방을 피고로 하거나 공법상 법률관계에 관한 確認을 구하는 기타 公法上 法律關係에 관한 소송을 말한다"고 규정하여, 공법상 당사자소송의 확인소송적 성격을 분명히 하고 있다. 이러한 규정은 행정처분 이외의 다양한 행정의 행위형식에 의하여 사인의 권리나 이익을 침해하는 것에 대해 사법적 권리구제에 의해 항고소송을 확대하는 방책의 대안으로 확인소송의 활용을 촉진하는 방침을 채용하기 위해 도입된 것이라고 한다.[74] 일본 행정사건소송법 제4조의 전단부는 "형식적 당사자소송"으로, 후단부는 "실질적 당사자소송"으로 보고 있다. 일본에서는 실질적 당사자소송을 공법상 당사자소송이라고도 한다.

형식적 당사자소송의 전형적 사례는 토지수용법의 손실보상청구소송에서 토지수용위원회의 재결에 대해 불복하는 보상청구(보상금증감청구)소송이다. 이러한 토지수용법상 당사자소송의 법적 성질에 대해 형성소송설과 급부(이행)소송설이 대립하고 있다. 形成訴訟說은 원고가 수용위원회의 보상재결(처분)을 다투는 경우에, 재결의 변경(보상금증액)을 구하는 소송을 제기하게 된다. 이 경우 원고가 승소하면, 변경된 급부청구액을 얻게 될 수 있다는 것이다. 이에 반해 給付訴訟(履行訴訟)說은 원고로서는 단지 급부소송을 제기할 뿐이라고 주장한다. 그러나 양설은 하급심에서 주장되고 있으며, 일본최고재판소는 여전히 이에 대해

---

73) 鹽野宏, 行政法 II, 第2版, 197頁.
74) 宇賀克也, 改正行政事件訴訟法, 補訂版, 靑林書院, 2006, 5頁.

명확한 입장을 보이고 있지 않다.75)

(2) '確認訴訟'의 明示와 當事者訴訟의 活性化

한편, 일본에서는 종전에 행정입법, 행정계획, 사실행위 등에 대하여 취소소송의 대상으로 삼기 어려워, 이를 확인소송을 통해 권리구제를 확대하려는 논의가 있다. 특히 2004년에 개정된 일본의 行政事件訴訟法에서는 당사자소송에 대하여 확인소송의 성격을 명시하고 있다. 이에 관한 판례가 축적되어야 비로소 확인소송의 활용 및 확대가능성을 보다 정확히 판단할 수 있는 것으로 보인다. 학설은 광범위한 활용을 기대하는 견해와 그 실현에 부정적 견해 등이 주장된다. 이 경우 확인의 이익의 해석을 둘러싸고 논란이 있으며, 확인소송의 대부분은 예방소송으로서의 기능을 수행하게 되어 분쟁의 성숙성 판단이 중요한 문제가 되고 있다.76)

V. 結 語

지금까지 행정입법부작위에 대한 사법적 통제수단으로 당사자소송에 의한 규범제정요구소송의 가능성을 검토하였다. 종래에는 항고소송(부작위위법확인소송, 취소소송) 중심의 논의가 진행되었으나, 현행 행정소송법의 해석으로는 행정입법부작위를 항고소송의 대상으로 삼기에는 다소 무리가 있는 것으로 보인다. 그러나 행정쟁송의 개괄주의, 법률유보 및 국민의 재판청구권의 보장 등 실질적 법치주의를 보장하기 위해서는 공권력의 행사에 의해 국민의 권익이 침해된 경우에 권리구제의 공백이 생겨서는 아니 된다. 따라서 확인소송과 이행소송의 성질을 가지고 있는 당사자소송을 적극적으로 활용하면 행정입법부작위에 대한 사법적

---

75) 鹽野宏, 行政法 II, 197-198頁. 鹽野宏 교수는 給付訴訟說에 서 있다.
76) 이에 대한 상세는 南 博方, 高橋 滋(編集), 條解 行政事件訴訟法, 弘文堂, 2006, 122頁 이하 참조.

통제를 할 수 있다고 여겨진다. 외국의 입법례도 이러한 해석가능성을 더욱 설득력 있게 해 준다. 특히 독일의 행정법원법에도 규범제정요구소송에 관한 명문의 규정을 두고 있지 않지만, 학설 및 판례는 확인소송이나 일반이행소송에 의해 행정쟁송이 가능하다고 보고 있다. 또한 2004년 개정된 日本의 行政事件訴訟法에서는 당사자소송의 '확인소송'적 성격을 명시하고 있다. 그 동안 우리는 항고소송 중심의 권리구제에 편중되어 있었다. 그러나 다행스럽게도 대법원의 부단한 노력으로 당사자소송의 활용에 생명력을 불어넣는 판결도 등장하고 있다. 현대행정은 행정입법이 중요한 역할을 수행하고 있고, 행정입법의 부작위가 평등원칙과 관련하여 결과적으로 국민의 권익을 침해하는 경우가 발생할 가능성이 적지 않다. 이러한 경우에 당사자소송을 통해 행정입법부작위를 통제할 수 있는 길이 보장되어야 한다. 本稿는 그러한 논의의 실마리를 제공할 수 있을 것으로 보며, 향후 이에 대한 심도 있는 논의가 계속되기를 기대해 본다.

第7章

行政訴訟法의 改革과 課題
— 行政訴訟法 改正案의 內容 및 問題點을 中心으로 —

I. 行政訴訟法의 改正經緯와 特徵

행정소송법 전부개정 법률안은 오랜 산고(産苦) 끝에 지난 2013년 3월 20일 마침내 입법예고를 하게 되었다. 행정소송법은 1951년 8월 24일 처음 제정된 후, 1984년에 전면개정이 있었다. 1984년 개정에서는 행정소송의 다양화(항고소송, 당사자소송, 민중소송 및 기관소송), 처분개념 및 소익의 확대, 제소기간의 연장 및 행정심판전치주의의 완화 등 괄목한 만한 성과가 있었다. 그러나 이번 개정안은 1984년 개정 이후 거의 30년만의 전면개정일 뿐만 아니라 그 동안의 행정법학계의 연구성과와 판례이론의 축적 등을 반영하고 있다는 점에서 비록 만시지탄(晚時之歎)은 있으나 대체로 환영할 만한 일이다. 물론 1994년에 문민정부의 등장 후 사법제도의 개혁을 위해 또 한 차례의 행정소송법 개정이 있었으나, 행정심판의 임의절차화와 행정소송의 3심제의 도입 등을 제외하고 근본적인 변화는 없었다. 그 후 국민의 권리수준의 고양, 권익구제의 실효성확보 등 사회사정의 변화에 따라 행정소송법의 개정요구가 지속적으로 있었고, 이에 대법원은 2002년에 들어와서 법관·교수·변호사 및 검사 등 14인으로 구성된 행정소송법 개정위원회를 출범하여, 2006년 9월 8일 입법의견의 형식으로 행정소송법의 개정안을 국회에 제출한 바 있었다.[1] 그러나 이러한 대법원의 행정소송법 개정안도 우여곡절(迂餘曲折) 끝에 결국 수포로 돌아갔다.

한편, 법무부도 2007년 행정소송법 전부개정안을 국회에 제출하였으나[2], 2008년 5월에 제17대 국회의 임기만료로 폐기되었다. 그러나 사회일각에서는 국민의 권리의식이 높아지고 있음에도 불구하고 현행 행정소송법이 급변하는 시대적 상황과 국민의 요구를 제대로 반영하지 못한다는 비판이 계속해서 제기되었다. 이에 법무부는 2011년 11월 15일 행정소송법 개정위원회를 다시 발족하여, 행정소송법 개정안을 제출하여 입법예고를 하기에 이르렀다. 이러한 경위를 거쳐 입법예고가 된 개정 법률안(이하 "입법예고안"이라 한다)의 제안이유를 살펴보면, "신속하고 실질적인 권익구제의 도모", "쉽고 편리하게 이용할 수 있는 행정소송제도의 마련"을 목적으로 하고 있음을 알 수 있다. 그 주된 내용으로는 ① 국민의 권익구제 확대를 위한 소송제도의 개선(의무이행소송의 도입, 원고적격의 개정), ② 사전적 권리구제절차의 정비(집행정지 요건의 완화 및 담보부 집행정지제도의 신설, 가처분제도의 도입), ③ 이용하기 쉬운 행정소송제도의 마련(소의 변경·이송의 허용범위 확대, 관할지정제도의 도입, 결과제거의무 규정의 신설 등), 그리고 ④ 행정소송의 전문성 강화(당사자소송의 활성화) 등이 있다.

그러나 입법예고안은 법무부의 행정소송법 개정위원회의 개정안(이하 "위원회안"이라 한다)과도 다소 차이가 있을 뿐만 아니라, 법리적인 관점에서도 다소 문제가 있는 부분이 적지 않다. 우선 위원회안과 상당한 차이가 있는 부분은 소송유형이다. 입법예고안에는 위원회안에 포함된 예방적 금지소송이 삭제되고, 부작위위법확인소송이 그대로 존치되었다. 이에 따라 부작위에 대한 항고소송으로는 부작위위법확인소송과 의무이

---

1) 당시 대법원의 개정안에는 ① 원고적격의 확대를 위해 "법률상 이익"이라는 개념 대신에 "법적으로 정당한 이익"이라는 개념을 사용하였고, ② 항고소송의 대상에 명령·규칙을 포함시켰다. 그 밖에 ③ 예방적 금지소송과 의무이행소송의 도입, ④ 가처분제도의 신설, 그리고 ⑤ 소송상 화해제도의 도입 등을 주요한 내용으로 하고 있었다.

2) 당시 법무부의 개정안에는 대법원의 의견과 달리, 원고적격과 대상적격에 관하여 현행 행정소송법을 그대로 유지하였다. 다만, 의무이행소송과 예방적 금지소송의 도입, 가구제제도의 보완 등의 내용을 담고 있었다.

행소송이 병존하게 되었다. 또한 위원회안과 동일하지만, 거부처분에 대해서도 취소소송과 의무이행소송이 함께 규정되어 있다. 나아가 당사자소송의 정의도 부정확하다. 둘째, 위원회안이 그대로 반영되기는 하였으나, "법적 이익"이라는 새로운 원고적격 개념이 도입되었다. 그러나 이러한 원고적격의 개념해석에 있어서는 여전히 논란의 소지가 있다. 셋째, 입법예고안 제12조 제1항에서는 애초의 위원회안과 달리, 부작위에 대한 의무이행소송에 대해서도 취소소송의 제소기간을 준용하도록 규정하고 있다. 또한 법무부의 행정소송법 위원회에서 충분히 검토하지 않은 쟁점 중의 하나는 부작위에 대한 의무이행소송의 제척기간에 관한 문제이다. 넷째 입법예고안은 위원회안과 마찬가지로 집행부정지원칙을 고수하면서, 가처분제도를 도입하고 있다. 그 밖에 위원회가 검토한 화해권고결정제도도 입법예고안에서 제외되었다. 이하에서는 행정소송법 개정안의 내용을 살펴보고, 개별적인 문제점을 검토하기로 한다.

Ⅱ. 原告適格의 改正과 解釋

1. 原告適格의 槪念과 範圍

입법예고안 제12조 전문에서는 원고적격과 관련하여 "처분 등의 취소를 구할 법적 이익이 있는 자"라고 규정하고 있다. 종래 원고적격의 요건인 "법률상 이익"이라는 개념을 "법적 이익"이라는 개념으로 대체하고 있다. 이러한 새로운 원고적격의 개념은 위원회안을 그대로 받아들인 것이다. 당시 발표된 위원회의 공청회 자료 및 발표문 등에 의하면, 개정이유는 원고적격의 확대에 있음을 알 수 있다. 특히 공청회자료에서는 "오늘날의 복잡한 행정현실에서 국민의 권익을 충분하게 보호할 수 없을 뿐만 아니라, 근거 법률 이외에도 헌법, 관련 법률, 판례법, 관습법 등에서 보호되는 이익도 고려되어야 하며, 판례 역시 근거법률뿐만 아니라 관련 법률에서 보호되는 이익을 원고적격에 포함되고 있음을 반영하여 원고적격의 '법률상 이익'을 '법적 이익'으로 개정하였다"
고 밝히고 있다3).

무엇보다 일본 행정사건소송법 제9조에서 사용되고 있는 "법률상 이
익"의 개념을 탈피한 점은 일단 긍정적으로 생각한다. 그러나 이러한
새로운 개념의 도입에는 몇 가지 문제점이 있다. 실제 "법적 이익"의
개념을 도입함에 있어서, 위원회 내에서도 반대의견이 있었던 것으로
보인다. 현행 "법률상 이익"개념은 판례에 의해 적극적으로 확대되어
비교적 넓게 이해되고 있음에도, 이러한 새로운 법률개념을 도입하는
것에 다소 의문이 생긴다. 특히 환경법분야나 도시계획법 등의 분야에
서 원고적격의 확대는 두드러졌다. 우리 대법원은 새만금사건에서 보는
바와 같이, 환경영향평가 대상지역 안의 주민들은 법률상 이익의 침해
에 관한 특별한 입증이 없이도 사실상 추정되어 원고적격을 가진다고
보면서, 환경영향평가의 범위 밖의 주민들도 그 처분 전과 비교하여 수
인한도를 넘는 환경피해를 받거나 받을 우려가 있는 경우에는 이를 입
증함으로써 원고적격을 인정받을 수 있다고 판시하여 원고적격을 확대
하고 있다.4) 이러한 점은 이미 쓰레기소각장입지지역결정고시 취소청구
사건에서도 인정된 바 있다. 즉 300m 이내의 간접영향권 내의 모든 주
민에 대해서 원고적격을 인정함은 물론, 300m 밖의 주민들도 수인한도
를 넘는 환경피해를 입었거나 입을 우려가 있다는 '입증'을 하는 경우
에는 원고적격을 확대하여 인정하고 있다.5) 나아가 대법원은 김해시장
이 낙동강에 합류하는 하천수 주변의 토지에 구 「산업집적활성화 및
공장설립에 관한 법률」 제13조에 따라 공장설립 승인처분을 한 사건에
서, 공장설립으로 수질오염 등이 발생할 우려가 있는 취수장에서 물을
직접 공급받는 인근도시(부산광역시 또는 양산시)에 거주하는 주민들도
위 처분의 근거 법규 및 관련 법규에 의하여 법률상 보호되는 이익이

---

3) 정하중, "행정소송법 개정 논의경과", 법무부, 행정소송법 개정 공청회 자료, 2012, 5.
   24., 7면 참조.
4) 대법원 2006. 3. 16. 선고 2006두330 판결.
5) 대법원 2005. 3. 11. 선고 2003두13489 판결.

침해되거나 침해될 우려가 있는 주민으로서 원고적격이 인정된다고 판
시한 바 있다.6) 무엇보다 이 사건은 상수원인 물금취수장이 소감천이
흘러 내려 낙동강 본류와 합류하는 지점 근처에 위치하고 있어 수도관
에 의해 직접 취수를 하게 되는 특수한 상황을 반영한 것이기는 하나,
원고적격의 근거로 처분의 근거 법규뿐만 아니라, '관련' 법규에 의하여
원고적격을 인정하고 있는 점이 특징이다.

그러나 대법원은 "행정소송법 제12조 소정의 (중략) 법률상 이익은
당해 처분의 근거 법률에 의하여 보호되는 직접적이고 구체적인 이익
이 있는 경우"7)라고 하여, 법률상 이익을 원칙적으로 당해 처분의 근거
법률에 의해 보호되는 이익이라고 보고 있다. 판례는 사익보호성의 도
출을 위해서는 법적 근거가 필요하다고 보면서도, 당해 처분의 근거 법
률로 제한하고 있다. 그러한 의미에서 원고적격의 확대를 위해 기본권
과 관계 법령을 포함시키는 것은 긍정적으로 평가할 수 있다.8) 그러나
이러한 해석은 현재의 "법률상 이익" 개념으로도 불가능한 것은 아니

---

6) 즉 "행정처분의 근거 법규 또는 관련 법규에 그 처분으로써 이루어지는 행위 등 사업
으로 인하여 환경상 침해를 받으리라고 예상되는 영향권의 범위가 구체적으로 규정되
어 있는 경우에는, 그 영향권 내의 주민들에 대하여는 당해 처분으로 인하여 직접적이
고 중대한 환경피해를 입으리라고 예상할 수 있고, 이와 같은 환경상의 이익은 주민 개
개인에 대하여 개별적으로 보호되는 직접적·구체적 이익으로서 그들에 대하여는 특단
의 사정이 없는 한 환경상 이익에 대한 침해 또는 침해 우려가 있는 것으로 사실상 추
정되어 법률상 보호되는 이익으로 인정됨으로써 원고적격이 인정되며, 그 영향권 밖의
주민들은 당해 처분으로 인하여 그 처분 전과 비교하여 수인한도를 넘는 환경피해를
받거나 받을 우려가 있다는 자신의 환경상 이익에 대한 침해 또는 침해 우려가 있음을
증명하여야만 법률상 보호되는 이익으로 인정되어 원고적격이 인정된다"(대법원 2010.
4. 15. 선고 2007두16127 판결).
7) 대법원 2010. 5. 13. 선고 2009두19168 판결; 대법원 1995. 10. 17. 선고 94누14148 전
원합의체 판결 등 참조.
8) 박정훈, "원고적격·의무이행소송·화해권고결정", 법무부 행정소송법 공청회 자료 18
쪽 참조. 기본권에 근거하여 원고적격을 인정하는 견해도 있다(홍정선, 행정법원론(상),
박영사, 2012, 949쪽). 한편 헌법재판소는 헌법상 기본권(경쟁의 자유)에 근거하여 법률
상 이익을 인정한 바 있다(헌재 1998. 4. 30. 97헌마141, 판례집 10-1, 496). 즉 헌법재
판소는 헌법소원의 보충성을 판단하면서, "법률상 이익"의 해석을 하고 있으나, 행정소
송법상 "법률상 이익"의 해석은 대법원이 판단하는 것이 바람직하다. 물론 기본권에 근
거하여 행정소송의 원고적격을 인정할 경우에 보충성의 원칙에 의해 헌법소원의 심판
대상은 상대적으로 좁아질 것이다.

다. 나아가 새로운 개념을 도입하면서 판례법·관습법 등에 근거하여 원고적격을 인정할 경우, "법적 이익"이라는 개념에도 불구하고 간접적·사실적·경제적 이익도 사실상 포함하게 될 수 있게 된다. 판례법이나 관습법 등에 근거하여 원고적격을 인정하는 것은 '법적'이라는 개념적 표지와 일치하는 것도 아니다. 그 밖에 이러한 해석에 의할 경우 통설인 "법적 보호이익설"을 포기하고 "법률상 보호가치 이익설"로 변경한 것으로 해석해야 하는지도 분명하지 않다. 무엇보다 "법률상 이익"에 관한 판례가 축적되어 이에 대한 해석이 어느 정도 확립된 상태에서 새로운 개념을 도입하는 것은 신중할 필요가 있다. 또한 앞으로 행정소송을 제기하는 국민의 입장에서는 새로운 원고적격의 요건에 관하여 당분간 혼란스러울 수도 있으며, 법원은 새로운 원고적격의 개념을 다시 확립해야 할 부담을 지게 되었다. 이 경우 법원은 현행 "법률상 이익"의 개념과 입법예고안의 "법적 이익"의 개념이 서로 어떠한 관계에 있는지를 명확히 해 둘 필요가 있다.

2. 原告適格과 狹義의 訴益의 關係

입법예고안 제12조 후문에는 전문과 마찬가지로 협의의 소익으로 "법적 이익"이라는 동일한 개념을 사용하고 있다. 즉 현행 행정소송법 제12조 후문에서 "취소로 인하여 회복되는 법률상 이익이 있는 자"를 "처분 등의 취소를 구할 법적 이익이 있는 자"라고 변경한 것이다. 그러나 입법예고안에 규정된 제12조 전문과 후문의 관계가 문제된다. 종전부터 현행 행정소송법 제12조 전문과 후문의 관계에 대하여도 학설이 대립하고 있었다. 그 해석과 관련하여, 다수설은 대체로 협의의 소익을 원고적격보다 넓게 파악하고, "권리보호의 필요"로 이해하고 있다.9) 이에 반해 소수설은 양자를 동일한 개념으로 해석하고 있다. 이러

---

9) 김남진, 행정법 I, 제7판, 659면; 김동희, 행정법 I, 18판, 734면; 홍준형, 행정구제법, 제4판, 592면.

한 소수설 가운데에는 취소소송을 확인소송으로 이해하고, 행정소송법 제12조 제1문과 제2문의 취소를 위법성의 확인으로 보는 견해도 있다.[10]

한편, 판례는 이를 "권리보호의 필요성"이라고 넓게 해석하여, 다수설과 동일한 입장을 취하고 있다.[11] 이러한 판례의 입장과 같이 행정소송법 제12조 후문(협의의 소익)을 원고적격보다 넓게 해석하는 것이 타당하며, 장기적으로 다른 입법례(독일, 일본)와 마찬가지로 명예·신용 등 정신적 이익도 포함하는 것이 바람직하다.[12] 이러한 해석의 논거로 현행 행정소송법 제12조 전문과 후문이 비록 "법률상 이익"이라는 표현을 사용하고 있으나, 이를 수식하는 표현이 달리 규정되어 있어 양자의 해석을 달리 볼 여지가 있다. 예컨대 "그 처분 등의 취소로 인하여 회복되는" 등의 표현이 그러하다. 그러나 입법예고안에는 그러한 차이를 고려하지 않고, 제12조 전문과 후문을 동일하게 "처분 등의 취소를 구할 법적 이익"이라고 규정하여, 더욱 소수설의 입장에 가깝게 개정한 것으로 보인다. 이와 관련하여 2012. 5. 24. 개최된 법무부의 행정소송법 개정 공청회에서, 박정훈 교수는 "처분 등의 취소로 인하여 회복되는"이라는 문구를 삭제한 것은 "반드시 어떠한 법적 이익이 상실되었다가 그 당해 이익이 회복되는 경우에 한정하지 않고, 처분의 취소를 통하여 어떠한 법적 이익을 새로이 얻거나 어떠한 법적 불이익을 제거할 수 있는 경우에도 협의의 소익이 인정될 수 있음을 명문으로 확인하는 취지이다"[13]라고 설명하고 있다. 그러나 행정소송법 제12조 전문과 후문을 동일하게 규정하면서, 이러한 해석을 논리적으로 당연히 도출할 수 있을지 의문이다. 또한 협의의 소익의 본질에 비추어, "어떠한 법적 이익을 새로이 얻거나 어떠한 법적 불이익을 제거할 수 있는 경우" 등

---

10) 박정훈, 행정소송의 구조와 기능, 319면.

11) 대법원 2006. 6. 22. 선고 2003두1684 전원합의체 판결.

12) 이에 대해서는 拙稿, "행정소송법 제12조 후문의 해석과 보호범위", 행정판례연구 제14집(2009), 314면 이하 참조.

13) 박정훈, "원고적격·의무이행소송·화해권고결정", 법무부 행정소송법 공청회 자료 19면 참조.

이 인정될 수 있는지도 문제가 된다. 앞에서 수식하고 있는 "처분등의 효과가 기간의 경과, 처분등의 집행 그 밖의 사유로 인하여 소멸된 뒤에도"라는 문구를 그대로 둔 채, 단순히 전문과 동일하게 "처분 등의 취소를 구할 법적 이익"으로 변경하면서 협의의 소익이 확대되었다고 보는 것은 설득력이 약하다. 이러한 개정안은 향후 양자의 관계는 물론, 취소소송의 성질을 두고 더욱 학설이 다투어질 가능성이 높다.

Ⅲ. 不作爲 또는 拒否處分에 대한 抗告訴訟의 重複

1. 不作爲違法確認訴訟과 義務履行訴訟의 竝存

입법예고안은 위원회안과 동일하게 의무이행소송을 도입하면서, 의무이행소송의 하위유형인 適正裁量決定訴訟(Bescheidungsklage)을 규정하고 있다. 즉 입법예고안 제44조 제2호에서, 법원은 "행정청이 그 처분을 하지 않는 것이 재량권의 한계를 넘거나 그 남용이 있다고 인정하는 경우에는 행정청에게 판결의 취지를 존중하여 처분을 이행하도록 선고"할 수 있도록 하고 있다. 이러한 소송유형은 독일에서 연유하고 있는데, 이를 학자에 따라 "再決定命令訴訟"14), "裁量行爲要求訴訟"15), 또는 "指令訴訟"16) 등으로 부르고 있다.17) 향후 이러한 소송유형에 대한 명칭 사용에 관한 합의가 필요하다. 나아가 이러한 의무이행판결의 인정은 행정의 독자성 존중, 권력분립원칙 및 재량통제 등의 관점에서 유용한 수단으로 여겨지며, 앞으로 무하자재량행사청구권의 법리를 발전시킬 수 있는 중요한 논거가 될 수 있다.

한편, 입법예고안은 의무이행소송을 도입하면서, 부작위위법확인소송

---

14) 박정훈, "행정소송법 개혁의 과제", 서울대 법학 제45권 3호, 405면.
15) 홍준형, 행정구제법, 제4판, 726면.
16) 김남진, 전게서, 105면.
17) 이러한 용어사용의 문제점에 대해서는 拙稿, "부작위위법확인소송의 위법판단 및 제소기간", 행정판례연구 제17집 1호, 246-247면 참조.

을 존치시키고 있다(제4조 제3호). 그러나 부작위에 대한 항고소송으로 부작위위법확인소송과 의무이행소송이 서로 어떠한 관계에 있는지가 명확하지 않다. 행정청의 부작위에 대하여 부작위위법확인소송과 의무이행소송을 선택적으로 행사할 수 있는지, 또는 경우에 따라 양자를 병합하여 제기할 경우에 그 실익은 무엇인지 등이 문제된다. 참고로 부작위위법확인소송과 의무이행소송이 병존하는 입법례로는 일본 행정사건소송법이 있다. 일본의 의무이행소송(의무화소송)에는 두 가지 유형이 있는데, 학자에 따라 申請型과 非申請型[18] 또는 申請滿足型과 直接型[19] 등으로 구분되고 있다(일본 행정사건소송법 제3조 제6항). 특히 직접형 내지 비신청형은 공해방지를 위해 규제권한을 발동하지 않는 경우에 일정한 처분을 하지 않아 중대한 손해가 발생할 수 있고 그 손해를 피하기 위한 다른 적당한 방법이 없는 경우에 한하여 인정된다(일본 행정사건소송법 제37조의2 제1항 참조). 이와 같이 直接型 내지 非申請型 의무이행소송의 경우에는 重大한 損害, 補充性 등의 요건을 필요로 하며, 이러한 의무이행소송의 제기는 매우 '제한적'이다. 한편, 일본에서는 거부처분이나 신청의 무응답에 대하여 의무이행소송을 제기하면서, 취소소송(또는 무효확인소송)이나 부작위위법확인소송을 병합하여 제기할 수 있다고 보고 있다.[20]

2. 拒否處分에 대한 抗告訴訟과 義務履行訴訟의 混線

거부처분에 대해 의무이행소송을 규정하면서, 취소소송을 남겨두는 것은 소송경제적인 측면에서 바람직하지 않다. 거부처분에 대한 취소소송은 불완전한 측면이 없지 않다. 거부처분에 대한 취소판결의 기속력에 의해 행정청은 다시 재처분을 하여야 하나, 그 취소의 사유가 절차의 위법을 내용으로 하는 경우에는 그 절차상 하자를 치유하여 종전의

18) 芝池義一, 行政救濟法講義, 第3版, 138頁 이하.
19) 塩野 宏, 行政法 II, 第四版, 214頁.
20) 塩野 宏, 前揭書(II), 220頁; 芝池義一, 前揭書, 140頁.

신청에 대해 또 다시 거부처분을 할 수도 있다(행정소송법 제30조 참
조).21) 물론 거부처분에 대해 의무이행소송과 취소소송을 병합하여 제
기하고, 의무이행소송이 기각될 우려가 높은 경우에 취소소송을 예비적
으로 제기하는 장점은 있다. 그러나 이러한 경우에도 법원에 부담만 가
중시키고 소송물·심리 등 소송의 쟁점이 불명확하거나 복잡해질 우려
가 있으며, 그 실효성도 그다지 높지 않다고 생각한다.

독일의 행정법원법에서는 거부처분에 대해 원칙적으로 취소소송을
제기할 수 없고, 의무이행소송만 제기할 수 있다고 규정하고 있다(동법
제42조 제1항 후단부 참조).22) 일본의 行政事件訴訟法에서도 부작위나
거부처분에 대해 의무이행소송을 제기할 수 있도록 규정하고 있으나(동
법 제3조 제6항 참조), 일정한 처분이 없는 경우에 중대한 손해가 발생
할 수 있는 경우에 그 손해를 피하기 위한 다른 적당한 방법이 없는
경우에 의무이행소송을 제기할 수 있도록 하고 있다(동법 제37조의2 제1
항 참조). 즉 거부처분에 대해서는 먼저 취소소송을 제기할 수 있을 뿐,
곧바로 의무이행소송을 제기하기는 쉽지 않다(보충성의 원칙). 특히 의
무이행소송은 취소소송과 달리 거부처분에 의해 '중대한 손해'가 발생
하는 경우에 허용되고 있다.

3. 不作爲와 拒否處分 槪念의 無用性

(1) 입법예고안은 부작위에 대하여 현행 행정소송법과 마찬가지로,
"당사자의 신청에 대하여 상당한 기간 내에 일정한 처분을 하여야 할
법률상 의무가 있음에도 불구하고 이를 하지 아니하는 것"이라고 규정
하고 있다. 이러한 "부작위"에 대한 개념정의는 다소 엄격하다는 느낌

---

21) 대법원 2005. 1. 14. 선고 2003두13045 판결. 거부처분의 취소소송의 구제절차로서의
문제점은 실무에서도 지적되고 있다(김창석, "의무이행소송 도입의 행정소송에 대한 영
향", 저스티스 제75호(2003), 82면).
22) 다만, 수익처분신청의 거부에 대해 거부의 효력만을 제거하는 분리된 취소소송(isolierte
Anfechtungsklage)이 허용되는지가 다루어지고 있다(Hufen, Verwaltungsprozessrecht,
7. Aufl. § 14 Rn. 19 f.

을 준다. 특히 위원회안에서 부작위를 "행정청이 당사자의 신청에 대하여 상당한 기간내에 일정한 처분을 하지 아니하는 것"이라고 정의하고 있는 것을 보면, 더욱 그러한 느낌을 가지지 않을 수 없다. 종래 부작위의 요건(특히 신청권의 해석)에 관한 판례의 입장에 대해 비판이 있었다. 특히 신청권 개념을 둘러싸고 원고적격의 문제나 본안판단의 문제로 볼 여지도 있어, 부작위개념은 혼란을 주는 측면이 없지 않았다.[23] 소송요건의 단계에서 부작위는 신청에 대해 '무대응'이나 '방치'의 상태만 있으면, 부작위의 요건은 충족된다고 볼 수 있다. 다만, 본안에 들어가서는 부작위의 위법을 판단함에 있어서 신청권의 존부를 심사할 수 있다. 입법례 중에서 이러한 정의규정을 두는 것은 흔치 않으며(일본 및 독일의 입법례 참조), 이러한 "부작위"에 관한 정의규정은 불필요하다고 생각한다. 그러나 불가피하게 이를 규정해야 할 필요가 있는 경우에는 적어도 위원회안과 같이 부작위의 요건을 완화할 필요가 있다고 생각한다.

(2) 입법예고안 제2조에서는 처분개념을 정의하고 있는 데, 종전의 개념과 대동소이하며, "처분등"의 개념에는 행정심판에 대한 재결을 포함한다는 점을 좀 더 명확히 하고 있을 뿐이다. 그러나 이 개념에는 여전히 "그 거부"라는 표현을 남겨 놓고 있는데, 소극적 행정처분으로서 거부처분을 의미함은 주지의 사실이다. 그러나 다른 입법례에서 소극적 행정행위의 개념을 명시하는 사례는 거의 없다. 행정행위 개념을 두고 있는 독일의 행정법원법에는 물론이고, 일본 행정사건소송법을 보더라도 거부처분에 관한 정의규정을 별도로 두고 있지 않다. 독일 행정법원법 제42조 제1항에서는 취소소송의 대상으로 "행정행위"(Verwaltungsakt)를 규정하고 있고(전단부), 의무이행소송의 대상으로 "거부된 행정행위"나 "무대응의(부작위의) 행정행위"를 규정하고 있다(후단부). 부작위나 거부행위도 모두 행정행위 개념을 중심으로 규정하고 있다. 이와 관련

---

23) 이에 대한 상세는 拙稿, "부작위위법확인소송의 위법판단 및 제소기간", 239-249면.

하여 독일 행정절차법 제35조 제1문에서는 행정행위의 개념을 "행정청이 공법분야의 개별 사례에 적용되고 외부에 직접적 법효과를 발생시키는 것을 목적으로 하는 모든 처분, 결정이나 기타 고권적 조치"라고 정의하고 있다. 여기에도 거부처분을 별도로 정의하고 있지 않다. 또한 일본 행정사건소송법 제3조 제1항에서도 취소소송을 정의하면서, 처분 개념을 규정하고 있을 뿐이다. 여기에서 처분은 "행정청의 처분 그 밖의 공권력의 행사에 해당하는 행위"라고 규정하고 있을 뿐이다. 거부처분의 개념은 공권력의 행사에 포함된다고 볼 수 있다. 요컨대 입법예고안과 같이 행정처분의 개념에 거부처분을 포함시키는 것은 큰 실익이 없다.

Ⅳ. 不作爲에 대한 義務履行訴訟의 提訴期間 및 除斥期間

입법예고안 제42조에는 의무이행소송의 제소기간을 규정하고 있다. 그러나 입법예고안은 '부작위'에 대한 의무이행소송에 대해서도 취소소송의 제소기간을 준용하고 있다(제42조 제1항 참조). 이러한 규정은 입법예고안 제12조 제2항의 규정과의 관계에서 혼란을 야기할 수 있으며, 이론적으로도 타당하지 않다.

위원회안에서는 거부처분에 대한 의무이행소송의 경우에는 취소소송의 제소기간을 준용하면서도, 부작위에 대한 의무이행소송의 경우에는 법령상 처분기간이 정해져 있는 경우에는 그 기간이 지나기 전에, 그리고 법령상 처분기간이 정해져 있지 아니한 경우에는 특별한 사정이 없는 한 처분을 신청한 날부터 90일이 지나기 전에 소를 제기할 수 없도록 규정하고 있었다(위원회안 제45조 참조). 참고로 독일 행정법원법 제75조에는 부작위에 대한 의무이행소송의 경우 특별한 이유가 없는 한 이의신청을 하거나 부작위의 이행을 구하는 신청을 한 후 3개월이 도과하기 전에는 소를 제기할 수 없다는 규정을 두고 있다. 또한 일본 행정사건소송법에는 의무이행소송에 관한 제소기간의 규정을 두고 있지 않으며, 취소소송과 병합제기할 경우 취소소송의 제소기간을 준수할 따름이다.[24] 따라서 '부작위'에 대한 제소기간의 준용규정을 두고 있는 입법예고안 제42조 제1항은 이론적으로도 재고되는 것이 바람직하다.

나아가 부작위에 대한 의무이행소송이 무제한적으로 허용될 것인지가 문제된다. 이는 소위 '제척기간'의 문제인데, 행정소송법 개정위원회에서 특별히 검토된 바가 없는 것으로 보인다. 이와 관련하여 종래 독일 행정법원법 제76조에는 이의신청 내지 행정심판을 제기한 후 1년 이내에, 또는 행정행위의 발급신청 후 1년 이내에 제기하는 규정을 두었으나, 1976년 행정법원법의 개정에 의하여 위 제척기간이 폐지되었다. 그러나 독일의 학설 및 판례는 이에 대해 '실효'의 법리를 적용하고 있음을 주목할 필요가 있다.[25]

V. 行政訴訟法上 假救濟制度의 問題點

1. 問題의 所在

(1) 입법예고안은 행정소송상 가구제제도에 관하여 대폭적으로 정비를 하고 있다. 그 동안 학설상 논란이 되었던 가처분제도를 도입하였고 (입법예고안 제26조), 집행정지의 요건을 완화하였으며, 나아가 담보부 집행정지제도를 신설하고 있다. 한편, 법무부는 입법예고안의 제안이유에서 부담적 행정처분의 경우에 "위법성이 명백한 경우", "금전상 손해가 중대한 경우"에 집행정지를 할 수 있도록 하여, 그 요건을 완화하였다고 주장한다. 종전의 집행정지의 요건 부분에서 주목할 점은 "회복하기 어려운 손해"라는 요건을 "중대한 손해"로 변경하고 있다는 사실이다. 그러나 이러한 개념은 이하에서 보는 바와 같이 일본 행정사건소송

---

24) 芝池義一, 前揭書, 141頁.
25) 예컨대 Ule, Verwaltungsprozessrecht, 9. Aufl., § 37 III; Kopp/Schenke, VwGO, 13. Aufl., 2003, § 76 Rn. 1. 이에 대한 참고문헌 및 상세한 내용에 대해서는 拙稿, "부작위위법확인소송의 위법판단 및 제소기간", 256면 참조.

법 제25조 제2항을 답습한 것이다.[26] 이러한 용어의 답습은 그 해석에 있어서 일본 판례의 기속으로 이어질 가능성이 높다.[27] 실제 우리 대법원 판례 가운데에도 그러한 사례가 적지 않다. 또한 법무부의 제안이유와 달리, 필자는 집행부정지의 요건이 결코 완화되었다고 보기 어렵고, 집행정지가 오히려 더욱 어려워진 점도 없지 않다. 예컨대 담보부 집행정지제도는 제3자를 보호하는 측면도 있으나, 집행정지를 신청하는 자에게 상당한 부담을 줄 수 있다. 또한 본안 전에 집행정지를 신청하는 경우, 판례의 입장[28]을 반영하여 "본안 청구가 이유 없음이 명백한 경우"에도 집행정지를 불허하고 있다. 이 규정은 집행정지의 요건이라기보다, 집행정지의 남용을 막기 위한 것이다. 이 규정도 일본 행정사건소송법 제25조 제4항에 규정된 것을 모방한 것이다. 이 규정은 또 다른 소극적 요건("공공복리에 중대한 영향을 미칠 우려가 있는 경우")과 함께 집행정지의 '한계'에 관한 것으로 이해할 수 있으며, 이 규정의 명시에 의해 집행정지의 신청은 보다 제한되는 측면도 있다.[29]

---

26) 한편, 일설은 "중대한 손해"의 해석에 있어서, 회복곤란성 여부를 우선 고려해야 한다고 이해하면서도, 현행법상의 기준보다는 완화해서 "회복이 용이하지 않다고 볼 수 있는 정도", "금전배상의 실효성 정도" 등을 고려요소로 볼 수 있다고 한다(서태환, "행정소송에 있어서의 집행정지요건", 사법연수원 논문집, 제5집, 2008, 427-428면). 그러나 "중대한 손해"의 개념은 여전히 모호하며, 일본의 입법례를 참고할 때, 집행정지는 손해의 성질이나 정도, 처분의 내용 및 성질 등을 종합적으로 고려하여 결정될 것이다.
27) 이러한 문제점은 일본의 行政不服審査法을 그대로 답습하고 있는 우리 행정심판법도 마찬가지이다.
28) 우리 판례는 행정처분 자체의 위법 여부를 집행정지를 구하는 신청사건에서 판단할 것이 아니라고 보면서도, 본안청구가 이유 없음이 명백하지 않아야 한다는 것도 효력정지나 집행정지의 요건에 포함시키고 있다. 즉 대법원은 "행정처분의 효력정지나 집행정지를 구하는 신청사건에서 행정처분 자체의 적법 여부는 궁극적으로 본안재판에서 심리를 거쳐 판단할 성질의 것이므로 원칙적으로는 판단할 것이 아니고 그 행정처분의 효력이나 집행을 정지할 것인가에 대한 행정소송법 제23조 제2항, 제3항에 정해진 요건의 존부만이 판단의 대상이 된다고 할 것이지만, 효력정지나 집행정지는 신청인이 본안소송에서 승소판결을 받을 때까지 그 지위를 보호함과 동시에 후에 받을 승소판결을 무의미하게 하는 것을 방지하려는 것이어서 본안소송에서 처분의 취소가능성이 없음에도 처분의 효력이나 집행의 정지를 인정한다는 것은 제도의 취지에 반하므로 효력정지나 집행정지사건 자체에 의하여도 신청인의 본안청구가 이유 없음이 명백하지 않아야 한다는 것도 효력정지나 집행정지의 요건에 포함시켜야 한다"고 판시하고 있다(대법원 1997. 4. 28. 자 96두75 결정).
29) 한편, 프랑스에는 당사자의 신청에 의해 집행정지가 인정되는데, "본안의 승소가능성"

(2) 더불어 어렵게 도입된 '가처분'제도는 부담적 행정처분에 대한 집행정지제도와 달리, 주로 수익적 행정처분의 사전적 권리구제를 위하여 인정된다고 설명하고 있다. 특히 입법예고안에서 예시한 것은 어업면허와 같은 수익적 행정처분의 경신(更新)거부에 대하여 판결확정시까지 임시로 어업활동을 할 수 있도록 보장할 급박한 사정이 있는 경우이다. 그러나 가처분은 두 가지 유형을 규정하고 있다. 즉 입법예고안 제26조 제1항에는 처분 등이나 부작위가 위법하다는 현저한 의심이 있는 경우로서, 다툼의 대상에 관한 현상을 유지할 긴급한 필요가 있는 경우(제1호)와 당사자의 중대한 손해나 급박한 위험을 피하기 위하여 임시의 지위를 정하여 긴급한 필요가 있는 경우(제2호)를 규정하고 있다. 후자는 임시지위를 정하는 가처분이고, 전자는 다툼의 대상에 관한 가처분 내지 현상유지를 명하는 가처분이다. 그러나 임시의 지위를 정하는 가처분은 반드시 수익적 행정처분의 사전적 권리구제를 위해 사용되는 것에 제한되지 않는다. 또한 이러한 가처분도 집행정지로 목적을 달성할 수 없는 경우에 허용되며, 마찬가지로 담보를 설정하도록 하고 있다(입법예고안 제26조 제2항, 제5항).

한편, 이러한 가처분에 관한 규정은 민사집행법의 가처분에 관한 규정과 유사하다. 즉 민사집행법 제300조 제2항에는 "특히 계속되는 권리관계에 끼칠 현저한 손해를 피하거나 급박한 위험을 막기 위하여" 가처분을 할 수 있다고 하여, 임시지위를 정하기 위한 가처분을 규정하고 있는데,[30) 민사집행법상 가처분과 행정소송법 입법예고안의 가처분의 차이가 두드러지지 않는다. 또한 민사집행법 제300조 제2항의 "현저한

과 "회복하기 어려운 손해"를 집행정지의 요건으로 하고 있다. 이러한 집행정지의 요건은 매우 엄격하다는 평가를 받고 있다. 이에 대해서는 이현수, "프랑스 행정소송법상 가구제절차의 개혁- 기본적 자유보전을 위한 급속심리(refere-liberte)를 중심으로", 공법학연구 제5권 1호, 2004, 397면; 同人, "행정소송상 집행정지의 법적 성격에 관한 연구", 행정법연구 제9호, 2003년 상반기, 2003. 5, 161-162면.

30) 한편, 학설은 "현저한 손해"를 "본안판결의 확정까지 기다리는 것이 가혹하다고 생각될 정도의 불이익이나 고통"이라고 이해하고 있다. 판례는 이러한 현저한 손해에 재산적 손해뿐만 아니라 정신적 손해와 공익적 손해도 포함된다고 보고 있다(대법원 1967. 7. 4. 선고 67마424 판결).

손해"와 입법예고안 제26조 제1항 제2호의 "중대한 손해"가 개념상 어떠한 차이가 있는지도 명확하지 않다. 따라서 입법예고안에 규정된 가구제제도의 문제점을 살펴보기 위해서는 외국입법례에 대한 비교법적 고찰이 필요하다.

2. 比較法的 考察

(1) 獨逸

독일의 가구제제도는 이념적으로 헌법이 보장하는 포괄적이고 효과적인 권리구제의 요청에 바탕을 두고 있다(독일 기본법 제19조 제4항).[31] 독일 행정법원법에는 두 가지 유형의 가구제제도를 두고 있다. 먼저 독일 행정법원법은 집행정지의 원칙을 채택하고 있다. 집행정지효(aufschiebende Wirkung)는 법률이 정하는 경우를 제외하고 주로 부담적 행정행위에 대한 것으로서, 이의제기나 취소소송의 경우에 한하여 인정된다(독일 행정법원법 제80조 제1항). 집행정지와 관련하여, 행정청에 의한 행정행위의 집행 배제, 법원에 의한 명령의 가능성 및 집행정지의 원상회복이나 유지 등이 가능하다(同法 제80조 제2항 및 제5항, 제80a조 제3항, 제80b조 제2항 참조). 또 다른 하나는 소극적 행정행위(거부처분이나 부작위)에 대한 가명령(einstweilige Anordnung)제도가 있다. 가명령은 주로 의무이행소송에서 인정되나, 기타 소송(일반이행소송이나 확인소송 등)에서도 인정된다는 것이 다수설이다.[32] 집행정지는 신청을 요하지 않고 소를 제기하면 자동적으로 인정되지만, 가명령은 당사자의 신청이 필요하다. 또한 집행정지는 일반적·추상적으로 규율되어 있어 모든 경우에 원칙적으로 동일한 효력을 가지지만, 가명령은 경우에 따라

---

31) Schmitt Glaeser/Horn, Verwaltungsprozessrecht, 15. Aufl., Rn. 241.
32) Schmitt Glaeser/Horn, a.a.O., Rn. 395; Hufen, a.a.O., § 31 Rn. 7. 따라서 독일에서는 사실행위에 대한 가명령도 가능하다고 볼 수 있다. 입법예고안에는 단순한 사실행위에 대한 가구제제도가 흠결되어 있다. 물론 권력적 사실행위는 행정처분에 포함되는 한, 집행정지나 가처분의 가능성이 있다.

다르다.33) 다만 두 가지 유형의 가구제제도가 있어, 그 적용에 있어서 양자의 우열이 문제된다. 독일 행정법원법 제123조 제3항에는 집행정지가 적용되는 경우에는 가명령이 적용되지 않도록 규정하고 있다(보충성의 원칙).

한편, 집행정지가 정확히 무엇을 의미하는지를 두고, 효력설(Wirksamkeitstheorie)과 집행가능성설(Vollziehbarkeitstheorie)이 대립하고 있다. 효력설은 집행정지가 행정행위의 효력 그 자체에 대한 가구제라고 보고 있는 반면, 집행가능성설은 행정행위의 효력이 아니라 단순히 집행행위의 차단이라고 보고 있다.34) 독일 연방행정법원은 후자의 입장에 서 있다.35)

집행정지의 대상은 원칙적으로 부담적 행정행위이다. 또한 복효적(이중효과적) 행정행위에도 집행정지가 가능하다. 즉 동일한 수범자에 대해 수익과 부담을 동시에 주는 성질을 가진 혼합효 행정행위(Mischwirkung)의 경우에도 가능하다. 예컨대 부관부 행정행위에 대한 집행정지가 그러하다. 그리고 1인에게 이익을 타인에게 불이익을 주는 제3자효 행정행위의 경우에도 가능하다(독일 행정법원법 제80조 제1항 제2문 참조).36) 그 밖에 집행정지의 유효기간이 문제된다. 독일에서 집행정지효는 이의제기를 하거나 취소소송을 제기한 시점에 발생하나, 행정행위의 발급시점으로 소급한다. 또한 집행정지효는 불가쟁력이 발생할 때에 종료한다.37)

위에서 언급한 바와 같이 취소소송 이외의 모든 소송유형에 가능한 가구제제도로서 가명령이 보장되어 있다. 규범통제절차에서도 집행정지효는 인정되지 않고, 가명령만 가능하다. 즉 법원은 신청에 의해 중대한

---

33) 양 제도의 차이점에 대해서는 Schmitt Glaeser/Horn, a.a.O., Rn. 242 ff. 참조.
34) 학설 및 문헌에 대해서는 Hufen, a.a.O., § 31 Rdn. 7 참조. 한편, 종전의 유효설을 엄격한 유효설이라고 지적하고, 행정행위의 효력을 일시적으로 제한하는 것을 집행정지로 이해하는 제한된 유효설(eingeschränkte Wirksamkeitstheorie)도 있다(Schenke, Verwaltungsprozessrecht, 12. Aufl., Rn. 949).
35) BVerwGE 13, 1/5; 66, 218/222 ff.
36) Schmitt Glaeser/Horn, a.a.O., Rn. 253
37) Hufen, a.a.O., § 32 Rn. 8.

손해의 방지를 위하거나 그 밖의 중요한 이유에서 긴급히 요청되는 경우에는 가명령을 발할 수 있다(독일 행정법원법 제47조 제6항). 독일 행정법원법 제123조에 따른 가명령제도는 두 가지 유형이 있다. 먼저 제1유형은 소송물과 관련하여 현존하는 상태의 변경을 통해 신청자의 권리실현이 좌절되거나 중대하게 어려워지는 경우에 당사자의 신청에 의하여 제소 전에 발하는 것이다(독일 행정법원법 제123조 제1항 제1문). 이를 보장명령(Sicherungsanordnung)이라고 한다. 제2유형은 다툼이 있는 법률관계와 관련하여, 계속적인 법률관계에서 중대한 손해(wesentliche Nachteile)를 방지하고 임박한 위험을 방지하거나 그 밖에 필요하다고 인정되는 경우에 발해지는 것이다(행정법원법 제123조 제1항 제2문). 이를 규율명령(Regelungsanordnung)이라 한다. 가명령의 신청요건은 필요하지 않으나, 당사자의 신청이 처음이 아닌 경우에는 대체로 권리보호필요가 흠결된다고 보고 있다.[38] 적어도 신청자가 임시로 자신의 권리를 보호하고 현존하는 손해를 방지하기 위해 가명령이 필요한지 여부를 심사하여야 한다. 그러나 다른 경미한 구제수단이 있는 경우, 또는 애초부터 본안에서 승소가능성이 없거나 남용의 우려가 있는 경우에는 권리보호필요가 인정되지 않는다.[39]

(2) 日本

일본 행정사건소송법 제25조에는 가구제제도로서 취소소송의 집행정지를 규정하고 있다. 일본 행정사건소송법에서도 집행부정지의 원칙을 채택하고, 집행정지는 예외로서 인정된다. 집행정지의 요건으로는 "처분을 취소하는 소가 제기된 경우에 처분, 처분의 집행 또는 절차의 속행에 의해 생기는 중대한 손해를 피하기 위해 긴급한 필요가 있을 경우에 재판소는 신청에 의하거나 결정으로 처분의 효력, 처분의 집행 또는 절차의 속행의 전부 또는 일부를 정지할 수 있다"고 규정하고 있다. 개

---

38) Hufen, a.a.O., § 32 Rn. 10.
39) Hufen, a.a.O.

정 전에는 "회복이 곤란한 손해"라고 규정되어 있었으나, 2004년 행정사건소송법의 개정에 의해 "중대한 손해"로 변경되었다. 또한 일본 행정사건소송법 제25조 제4항에는 집행정지의 소극적 요건으로 공공복지에 중대한 영향을 미칠 우려가 있거나 본안의 이유가 없는 경우에는 집행정지를 할 수 없다고 규정하고 있다. 그 밖에 내각총리대신의 이의(異議)를 보장하고 있다(일본 행정사건소송법 제27조).

입법예고안은 이러한 일본의 입법례를 그대로 모방한 것이다. 또한 일본 행정사건소송법에는 의무이행소송에 대해서도 가구제로서 집행정지에 준하는 假(臨時)義務履行을 보장하고 있다(同法 제37조의5 제1항). 즉 의무이행소송과 관련된 처분이나 재결이 행해지지 않음으로써 발생하는 보상할 수 없는 손해를 피하기 위해 긴급한 필요가 있는 경우에 인정된다. 또한 본안에 이유가 있을 것으로 보이는 경우에 인정되도록 함으로써 그 요건을 가중하고 있다. 이와 같이 의무이행소송의 가구제로서 가(임시)의무이행의 요건은 집행정지와 달리, "중대한 손해" 대신에 "보상할 수 없는 손해"라고 규정하고 있으며, 본안의 이유가 있을 것을 추가적 요건으로 규정하고 있다.[40] 일본은 행정사건소송법의 개정에 있어서 민사보전법의 가처분제도를 배제하고(동법 제44조), 종전의 가구제 현상을 유지하면서 의무이행소송과 금지소송에 가구제제도(假義務履行·假禁止)라는 제도를 정면으로 인정하여, 실질적으로 민사상 가처분절차와 동일한 효과를 도모하고 있다고 한다.[41]

(3) 美國

미국의 행정절차법 제705조에서도 가구제심사(relief pending review)를 보장하고 있는데[42], 여기에서는 "회복할 수 없는 손해"(irreparable

---

40) 이에 대해서는 塩野 宏, 前揭書(II), 224頁.
41) 塩野 宏, 前揭書(II), 206頁.
42) 미국 행정절차법 제705조(가구제): "행정청은 정의가 요구된다고 판단할 때, 사법심사를 보류하여 행정작용의 효력발생일을 연기할 수 있다. 상소나 사건이송영장 그 밖의 영장에 의해 사건을 맡은 수소법원은 요청되는 조건에 의해, 그리고 회복할 수 없는 손

injury)를 요건으로 규정하고 있다. 이 규정은 집행정지에 가깝지만, 적극적 구제도 포함한 것으로 보고 있다.43) 특히 정지명령(injunction)은 원고가 회복할 수 없는 손해를 입을 경우, 정지명령이 없으면 그러한 행위가 지속될 수 있는 경우에 내려진다. 이러한 정지명령에는 금지적 정지명령(prohibited injunction), 강제적 정지명령(mandatory injunction) 및 구조적 정지명령(structural injunction)이 있다. 그러나 강제적 정지명령은 정부정책의 민주적 통제에 위협이 된다는 우려 때문에 매우 제한적으로 인정되고 있다.44) 이러한 강제적 정지명령은 일종의 적극적 의무를 부과한다는 점에서 기능적으로는 직무이행명령(mandamus)과 동등한 것으로 이해되고 있다.45)

3. 個別 爭點에 대한 檢討 및 改善方案

(1) 執行停止原則으로의 發想의 轉換

입법예고안은 현행 행정소송법과 마찬가지로 집행부정지원칙을 그대로 유지하면서, 가처분제도를 도입하고 있다. 이러한 내용은 일본의 입법례를 따른 것이다. 그러나 2004년 일본 행정사건소송법의 개정 논의에서, 집행부정지원칙을 유지할 것인지, 아니면 독일과 같은 집행정지원칙을 채택할 것인지를 검토한 것으로 보인다.46) 다만, 鹽野 宏 교수는 집행부정지원칙의 내재적 한계에 대해서도 지적하고 있는데, 특히 집행정지의 소급효 불인정에 의해 집행정지결정 전의 급부청구권을 주장할 수 없는 점이 그러하다. 이와 관련하여 면직처분의 집행정지의 경

해를 방지하기 위하여 필요한 범위 안에서 심사절차의 종료를 보류함으로써 행정작용의 효력발생일을 연기하거나, 지위 또는 권리를 보전하기 위하여 모든 필요하고 적절한 절차를 취할 수 있다".
43) 李尙圭, 行政爭訟法, 제5판, 424면.
44) Richard J. Pierce, Jr., Administrative Law Treaties, 1346-1347 (4th ed. 2002).
45) Aman & Mayton, Administrative Law, 349 (2nd ed. 2001).
46) 塩野 宏, 日本における行政訴訟法の改正と今後の方向, 한일 행정소송법제의 개정과 향후방향, 한국법제연구원·한국행정판례연구회 공동주최 국제학술회의 자료(2003. 4. 18). 42-43면 참조.

우 과거의 봉급에 대해 청구를 할 수 없는 점을 구체적 사례로 들고 있다. 또한 외국인 퇴거명령의 경우에 집행정지 결정 이전에 만족스러운 집행을 할 수 없다는 점 등도 문제점으로 지적하고 있다.[47) 그러나 우리 입법예고안에는 일본과 달리 가처분제도를 도입하고 있어, 외국인 퇴거명령의 경우에 대해서는 큰 문제가 없을 것으로 보인다. 다만, 우리 행정소송법에는 일본 행정사건소송법과 마찬가지로 집행정지의 소급효에 대해서는 특별한 규정이 없다.[48) 집행부정지원칙은 집행정지결정의 효력시기, 시간적 효력 등과 관련하여 후술하는 바와 같이 실무에 있어서도 문제가 되고 있다.

우리 행정소송법은 사정판결, 집행부정지의 원칙 등 공익을 우선하는 제도를 규정하고 있다. 그러나 비록 독일 기본법 제19조 제4항과 같이 포괄적·실효적인 권리구제에 관한 규정이 명문화되어 있지는 않으나, 우리 헌법에도 실질적 법치주의에 바탕을 둔 사법적(司法的) 권리구제 제도를 마련하고 있다. 즉 헌법 제10조 및 제37조 제2항, 기본권조항, 평등조항(헌법 제11조), 재판청구권(헌법 제27조) 등을 근거로 실효적인 사법적 권리구제가 헌법적으로 보장되어 있다고 볼 수 있다. 이러한 헌법적 이념과 가치를 바탕으로 하여, 우리 행정소송법에서도 위법한 행정작용에 대해 국민의 권익구제를 보장하고, 이를 통해 실질적 법치주의를 실현하고 있는 것이다. 실질적 법치주의의 핵심내용은 헌법과 법률의 우위에 있으며, 행정은 헌법과 법률에 기속되어야 한다. 또한 행정소송의 본질에 대한 논란은 있으나, 행정소송은 행정의 합법성 통제를 통하여 궁극적으로 국민의 권익구제에 기여하는 것이다. 비록 위원회안에서 "행정의 적법성 보장"을 강조하였으나, 이 조항도 입법예고안에서 제외되었다. 행정소송법 개정안에서 이러한 점을 강조하려고 한 것은 종래 행정구제기능보다 행정의 적법성통제를 부각시키려는 의도도

---

47) 塩野 宏, 앞의 발표문, 35-36면 참조.
48) 집행정지의 소급효를 모두 부인하는 것이 다수설이나, '효력'정지에 대해서는 소급효를 인정할 수 있다는 견해가 있다(김연태, "행정소송법상 집행정지-집행정지결정의 내용과 효력을 중심으로", 공법연구 제33집 1호(2004. 11), 630-631면).

있었던 것으로 보인다. 이는 주관소송보다 객관소송의 특징을 강조하려
는 소수설과 맥락을 같이한다. 그러나 이러한 사정은 역설적으로 현행
행정소송법의 목적이 국민의 권익구제에 보다 큰 비중을 두고 있었음
을 반증하는 것이다. 따라서 집행부정지원칙을 반드시 고집할 필요는
없을 것으로 보이며, 집행부정지원칙에서 파생되는 문제점을 고려하고
국민의 효과적인 권익구제에 기여하기 위해서는 차제에 집행정지원칙으
로 발상을 전환할 필요가 있다. 다만, 입법예고안과 위원회안에서는
"다른 법률에 특별한 규정이 없는 한"이라는 규정을 두어, 개별법에 특
별규정을 두는 경우에는 집행정지가 가능하도록 하였다.49)

(2) 執行停止決定의 時間的 效力

우리 행정소송법에는 執行停止決定의 시간적 효력에 관하여 명시적
인 규정을 두고 있지 않다. 그러나 집행정지결정의 효력은 "당해 결정
의 주문(主文)에 정하여진 시기까지" 존속하는 것으로 보고 있다.50) 그
러나 主文에 특별히 정한 바가 없는 때에는 본안소송에 대한 판결이
확정될 때까지 존속하는 것으로 보고 있다.51) 이와 관련하여 실무에서
는 "1심 판결선고시까지"로 하는 경우가 대부분이다. 이 경우 원고가
제1심의 본안에서 승소한 때에 집행정지기간의 연장에 대해 특별한 언
급이 없으면 집행정지결정의 효력은 소멸하고 제재처분(영업정지처분)이
다시 부활하게 되며, 행정청이 항소할 경우에 원고는 항소심에서 다시
집행정지결정을 신청해야 한다. 재판부에 따라서는 "판결이 확정될 때
까지", "판결선고일로부터 일정한 기간(1주일 또는 30일)의 경과일까지",

---

49) 이에 대해 법무부 행정소송법개정위원회의 위원이었던 김중권 교수는 "미약하나 의미
　로운 변화의 일단"이라고 술회(述懷)하고 있는데(김중권, "권리구제확대를 위한 획기적
　인 전환의 마련: 잠정적 권리구제방도의 확대와 개선 및 당사자소송의 활성화와 관련하
　여", 법무부, 행정소송법 개정 공청회 자료, 2012. 5. 24., 50면), 집행정지원칙을 주장하
　는 견해가 적지 않은 저항을 받았음을 보여주는 부분이다.
50) 대법원 2007. 11. 30.자 2006무14 결정; 대법원 1999. 2. 23. 선고 98두14471 판결; 대
　법원 1996. 1. 12. 선고 95부23 판결.
51) 대법원 1954. 5. 27. 선고 4286행상25 판결.

또는 "본안사건의 항소심 판결선고시까지"로 집행정지의 기간을 연장하여 탄력적으로 운용하는 경우도 있다고 한다.[52] 당사자의 권리구제를 위해서는 집행정지기간을 행정소송법에 명시하는 방법을 고려할 수도 있으나, 사건의 성질이 각양각색이어서 이를 획일적으로 정하기가 어려운 경우도 적지 않을 것이다. 이러한 문제의 근본적 원인은 집행부정지 원칙에서 연유하고 있다고 볼 수 있다.

(3) 對象 및 訴訟類型에 따른 假救濟制度의 選擇

집행정지와 가처분의 관계, 대상(특히 拒否處分) 및 소송유형별 가구제도의 선택 등이 문제가 될 수 있다. 특히 거부처분에 대해서는 취소소송과 의무이행소송이 허용되고 있어, 집행정지와 가구제를 모두 신청할 수 있다고 볼 수 있다. 참고로 독일의 입법례에서는 후술하는 바와 같이 취소소송에 대해서만 집행정지효를 인정하고, 기타 소송유형에 대해서는 가명령만 허용하고 있다. 일본의 입법례에서도 취소소송에 집행정지를 규정하고, 의무이행소송에서는 집행정지에 준하는 가구제제도(假義務履行)를 별도로 규정하고 있다(日本 行政事件訴訟法 제37조의5 제1항). 그러나 입법예고안에는 의무이행소송의 경우에 취소소송의 가처분에 관한 준용규정만 둘 뿐, 집행정지에 관한 규정에 대해서는 준용하고 있지 않다(입법예고안 제47조). 따라서 거부처분에 대한 의무이행소송의 경우에는 집행정지를 할 수 없고, 가처분을 신청할 수 있을 뿐이다.

그 밖에 종래 거부처분에 대한 취소소송에서 집행정지가 가능한지가 문제되었다. 다수설은 대체로 부정적이나[53], 유력설은 거부처분에 대해서도 집행정지가 가능하다고 본다. 즉 외국인의 체류기간갱신허가의 거

---

52) 이러한 문제점에 대해서는 법률신문 제3841호 (2010. 5. 17. 자), 1-2면 참조.

53) 尹炯漢, 註釋行政訴訟法(편집대표: 김철용·최광율), 박영사, 2004, 667쪽; 서울고등법원에서 발간한 행정소송실무편람에서는 거부처분에 대한 집행정지에 대해 원칙적으로 부정적으로 보면서도, 거부처분의 집행정지만으로도 법적 이익이 있는 경우에는 거부처분에 대해서도 집행정지가 가능하다고 본다(행정소송실무편람, 서울고등법원 재판실무개선위원회, 212-213면 참조).

부처분의 경우와 같이, 그 불허가처분의 집행정지는 신청인의 체류기간
이 경과한 후에도 불법체류자로 문책당하지 않게 되어 곧바로 추방당
하지 않을 수 있는 실익이 있다고 한다.54) 종래 대법원은 거부처분이
집행정지의 대상이 될 수 없다고 보고 있다. 즉 거부처분의 효력을 정
지하더라도 거부처분이 있기 전의 상태로 되돌아갈 뿐이고 행정청에게
신청에 따른 처분을 하여야 할 의무가 생기는 것은 아니라는 것이다.55)
그러나 앞으로 거부처분에 대해서는 집행정지보다 가처분제도를 통해
보다 효과적으로 권리구제를 도모할 수 있을 것이다.

한편, 부작위위법확인소송의 경우에도 집행정지는 물론, 가처분에 관
한 준용규정도 없다(입법예고안 제40조 제2항). 다만, 부작위에 대한 의
무이행소송에서 가처분을 신청할 수 있을 뿐이다(입법예고안 제47조 및
제26조 제1항). 가구제에 관한 입법예고안은 독일이나 일본의 입법례에
비해 다소 혼란스럽다. 대상이나 소송유형별로 가구제제도를 정비하는
것이 보다 합리적이며, 의무이행소송을 도입함에 있어서 거부처분에 대
한 취소소송이나 부작위위법확인소송은 재고되어야 한다.56)

VI. 豫防的 禁止訴訟의 導入 批判論에 대한 反論

예방적 금지소송은 행정청으로 하여금 특정한 행정행위의 발급을 금
지하도록 하는 소송유형이다. 이를 "예방적 부작위소송"이라고도 한다.
이러한 소송유형의 허용과 관련하여 국내학설에서도 다툼이 있으나, 대
체로 이를 제한적으로 허용하자는 견해가 다수설이다. 그러나 일부견해
는 행정청의 제1차적 판단권의 존중, 권력분립원칙 등을 근거로 예방적
금지소송의 도입을 반대하고 있다.57) 행정소송법 개정위원회에서는 학

---

54) 김남진·김연태, 행정법 I, 제17판, 822-823면.
55) 대법원 1995. 6. 21. 자 95두26 결정.
56) 한편, 행정입법에 대한 가구제제도를 도입하여야 한다는 견해도 있다(선정원, "명령·
   규칙에 대한 사법적 통제와 집행정지", 특별법연구 제7권, 박영사, 2005, 98면).
57) 다만, 이러한 소송유형의 필요성은 인정하면서도, 입법적 해결이 있을 때까지 허용될

계의 다수의견을 적극적으로 반영하여 예방적 금지소송을 도입하는 개
정안을 마련하였으나, 입법예고안에는 결국 행정부 내부에서 제기된 비
판론과 반발을 수용하여 예방적 금지소송을 배제하고 있다. 그러나 독
일·일본 등 주요국의 입법례에서는 예방적 금지소송을 대체로 인정하
고 있다.

한편, 오래 전부터 예방적 금지소송을 인정하고 있는 입법례로는 독일
을 들 수 있다. 독일 행정법원법에는 비록 예방적 금지소송(vorbeugende
Unterlassungsklage)58)에 관한 명문의 규정은 없으나, 통설 및 판례는
대체로 이를 허용하고 있다.59) 그러나 이러한 예방적 금지소송은 비판론
이 우려하는 바와 같이 일반적으로 허용되는 것이 아니라, "특별한 권리
보호필요"가 있는 매우 예외적인 경우에 허용된다.60) 즉 독일 연방행정
법원은 예방적 금지소송이 불이익한 행정행위의 발급을 기다려서는 안
되는 수인할 수 없는 예외적인 상황에서만 허용된다고 보고 있다.61) 예
방적 금지소송이 허용되는 경우로는 사후에 발급되는 위법한 행정행위
가 법적·사실적으로 취소되기 어려운 경우, 행정벌이 수반되는 행정행
위가 곧 발급될 수 있는 경우, 행정행위가 지연되거나 또는 대량의 행정
행위가 발급될 예정인 경우 등이다.62) 다만, 원칙적으로 '행정행위'에 대
하여 예방적 금지소송을 인정하나, 법규범이나 사실행위 등에 대해서는
논란이 있다. 유력설은 일반이행소송의 하나로 이해하면서 사실행위도
허용될 수 있다고 보지만, 법규범에 대해서는 원칙적으로 반대하고 있
다.63) 이에 반해 또 다른 견해는 1차적으로 발급이 임박한 사실행위에

수 없다는 견해로는 류지태, 행정법신론, 516면.
58) 한편, 독일에서는 예방적 금지소송을 소극적인 형식의 의무이행소송으로 보는 견해도 있
으나(Schmitt Glaeser/Horn, a.a.O., Rn. 313), 일반이행소송의 하위유형으로 보는 것이 다
수의 견해로 보인다(Hufen, a.a.O., § 16 Rn. 1; Würtenberger, Verwaltungsprozessrecht,
2. Aufl., § 27 Rn. 485; Schenke, Verwaltungsprozessrecht, Rn. 354).
59) 상세한 문헌은 Kopp/Schenke, VwGO, Vorb § 40 Rn. 33 참조.
60) Schmitt Glaeser/Horn, a.a.O., Rn. 313.
61) BVerwGE 26, 23/25.
62) Schenke, a.a.O., Rn. 356 ff.
63) Schenke, a.a.O., Rn. 354.

대해서도 예방적 금지소송은 허용된다고 보면서도, 법률을 제외한 법률
하위규범도 예방적 금지소송의 대상이 된다고 본다.[64] 그 밖에 사실행위
에 대해서는 언급하지 않으면서 행정행위 이외에 일반적·추상적 행정
작용(집행작용)으로 법규범에 대한 예방적 금지소송이 허용된다고 보는
견해[65]도 있다.

　한편, 일본에서는 2004년 行政事件訴訟法을 개정함에 있어서 (예방
적) 금지소송(差止訴訟)을 도입하였다(同法 제37조의4). 즉 공권력 행사
를 미리 방지하기 위한 소송으로서, 일정한 처분이나 재결을 하지 않아
중대한 손해가 발생하는 경우에 한하여 금지소송을 제기할 수 있으며,
다른 적당한 방법이 있는 경우에는 그에 의하도록 하고 있다(보충성).
금지소송은 급부소송의 하나로서 다루어지는데, 주로 단계적 행정처분
에서 유용하게 사용될 수 있다고 한다. 즉 선행처분에 대한 취소소송을
제기할 수 있으나, 이미 불가쟁력이 발생한 경우에는, 금지소송으로 본
안에서 선행처분의 위법성을 주장할 수 있다고 한다.[66] 이미 언급한 바
와 같이 금지소송의 가구제로서 가(임시)금지를 도입하고 있다(일본 행
정사건소송법 제37조의5 제2항).

　권력분립원칙이나 행정청의 제1차적 판단권 등을 이유로 일반적인
의무이행소송도 허용하면서, 매우 예외적인 경우에 인정되는 예방적 금
지소송의 도입을 반대하는 것은 설득력이 약하다. 독일에서도 권력분립
의 원칙에 대해 숙고하면서도, 이러한 소송유형을 허용하는 것이 정당
화될 수 있다는 견해가 압도적 다수설이다.[67] 우리의 경우에도 실효성
있는 포괄적 권리구제를 내용으로 하는 실질적 법치주의의 관점에서
이러한 권력분립원칙의 제한이 헌법적으로 정당화될 수 있다고 생각한
다. 행정소송법의 개정 논의에서 권력분립원칙과 행정의 독자성 존중
등을 근거로 예방적 금지소송의 도입을 반대하는 것은 궁색한 논리이

64) Würtenberger, a.a.O., § 27 Rn. 486.
65) Hufen, a.a.O., § 16 Rn. 11.
66) 塩野 宏, 前揭書(II), 226頁.
67) Schmitt Glaeser/Horn, a.a.O., Rn. 313; Hufen, a.a.O., § 16 Rn. 10.

다. 이러한 비판에도 불구하고 주요 선진국에서는 이미 예방적 금지소
송을 인정하고 있다는 점에 유의해야 한다. 따라서 예방적 금지소송의
도입을 전면적으로 재검토할 필요가 있다.

VII. 結　語

지금까지 행정소송법 개정안의 내용과 문제점을 고찰하여 보았다. 원
고적격의 개정으로 새로운 개념의 해석이 요구되나, 그 범위에 대해서
는 여전히 명확하지 않은 부분이 있다. 특히 원고적격과 협의의 소익의
관계에서 좀 더 신중한 고려가 요구된다. 협의의 소익에 관한 종전의
판례를 고려할 때, 후자의 범위를 넓게 해석하는 것이 타당하다고 생각
한다. 이에 후자의 개념을 달리 규정하거나, 양자의 관계를 보다 분명
히 할 수 있도록 변경할 필요가 있다. 또한 의무이행소송의 도입과 그
하위유형으로서 행정청의 재량결정에 대한 적정재량결정소송의 인정은
매우 고무적이나, 의무이행소송과 부작위위법확인소송과의 관계가 명확
하지 않다. 의무이행소송을 도입하면서 소극적인 구제수단인 부작위위
법확인소송은 남겨둘 실익은 크지 않으며, 부작위위법확인소송은 폐지
하는 것이 바람직하다. 나아가 거부처분은 취소소송에서 배제하여, 의
무이행소송의 대상으로 삼는 것이 정도이다. 거부처분에 대한 양 소송
이 병존할 경우에 가구제·제소기간 등에서 혼선이 생길 우려도 있다.
또한 부작위의 개념은 무용할 뿐만 아니라 너무 엄격하다. 가구제제도
는 국민의 권익구제를 위해 집행정지원칙으로 근본적인 발상의 전환이
필요하며, 일본의 입법례를 그대로 답습하는 것은 진부(陳腐)하다. 무엇
보다 가구제제도의 체계가 복잡하며, 대상 및 소송유형별로 가구제제도
를 정비하는 것이 합리적이다. 행정청의 1차적 판단권 존중, 권력분립
원칙 등을 이유로 예방적 금지소송의 도입을 반대하는 것은 시대착오
적(時代錯誤的) 발상이다. 또한 부작위에 대한 의무이행소송의 제소기
간과 제척기간에 대한 신중한 검토가 요구된다. 그 밖에 입법예고안에

는 화해권고결정에 관한 규정을 삭제하였으며, 민사조정법의 준용규정이 없어 실무상 시행되고 있는 행정소송상 '조정'제도의 근거도 배제되었다(제7조 제2항 참조). 대체적 분쟁해결수단(ADR)에 대한 진취적인 자세가 요구된다.

찾·아·보·기

[저자 약력]

고려대학교 법과대학 및 동 대학원 졸업
독일 Münster 대학교(법학석사; LL.M.)
독일 Humboldt 대학교(법학박사; Dr. iur.)

헌법재판소 헌법연구원, 대법원 재판연구관(전문계약직)
미국 버클리 로스쿨(UC Berkeley School of Law) 방문학자
 (Visiting Scholar)
국회입법지원위원, 국회입법조사처 조사분석지원위원
법제처 법제자문관
진실・화해를위한과거사정리위원회 행정심판위원회 위원
사법시험・행정고시・입법고시 등 시험위원

현 숙명여자대학교 법과대학 교수

行政救濟의 基本原理 [行政法研究 1] (제1전정판)

2013년 12월 25일 초판 발행
2015년 2월 10일 제1전정판 발행

저 자	鄭	南	哲
발 행 인	裵	孝	善

발행처 도서출판 法 文 社

주 소 413-120 경기도 파주시 회동길 37-29
등 록 1957년 12월 12일 / 제2-76호(윤)
전 화 (031)955-6500~6 FAX (031)955-6525
E-mail (영업) bms@bobmunsa.co.kr
   (편집) edit66@bobmunsa.co.kr
홈페이지 http://www.bobmunsa.co.kr

조 판 법 문 사 전 산 실

정가 32,000원   ISBN 978-89-18-08476-3